实用管理工具大全系列
Encyclopedia of MANAGEMENT Tools

市场策划·品牌建设·销售模式 实用工具大全

Management Tools of Marketing, Brand-building and Sales

鞠晴江　主编

［实战精华版］

化学工业出版社

·北京·

《市场策划·品牌建设·销售模式实用工具大全》一书，从市场调查、产品策划、促销策划、品牌管理体系建立、广告宣传推广、销售渠道管理、客户管理、销售团队管理、销售业务过程控制9个方面对常用的管理工具进行了详解。

每章以"要点+流程+制度+表格+文案"的形式，深入解析企业经营管理所需技巧，使整个管理知识体系一目了然。读者可以结合所在企业的实际情况随时拿来修改、运用，形成企业个性化的文本。

《市场策划·品牌建设·销售模式实用工具大全》一书，可供公司经理、部门主管及一线营销人员日常使用，也可供企业培训师、咨询师及大专院校相关专业师生阅读参考。

图书在版编目（CIP）数据

市场策划·品牌建设·销售模式实用工具大全/鞠晴江主编．—北京：化学工业出版社，2016.5（2022.8重印）
（实用管理工具大全系列）
ISBN 978-7-122-26491-6

Ⅰ.①市… Ⅱ.①鞠… Ⅲ.①企业管理-市场营销学 Ⅳ.①F274

中国版本图书馆CIP数据核字（2016）第046931号

责任编辑：陈　蕾　　　　　　　　　　装帧设计：尹琳琳
责任校对：程晓彤

出版发行：化学工业出版社（北京市东城区青年湖南街13号　邮政编码100011）
印　　装：天津盛通数码科技有限公司
787mm×1092mm　1/16　印张30$\frac{1}{4}$　字数800千字　2022年8月北京第1版第5次印刷

购书咨询：010-64518888　　　　　　　售后服务：010-64518899
网　　址：http://www.cip.com.cn
凡购买本书，如有缺损质量问题，本社销售中心负责调换。

定　　价：98.00元　　　　　　　　　　　　　　　　　版权所有　违者必究

FOREWORD 前言

Management Tools
市场策划·品牌建设·销售模式 实用工具大全

竞争是企业的生命，是促进企业发展的动力，在现代市场经济中竞争正在全范围地跃动着。特别是在经济飞速发展的今天，竞争日趋激烈，企业将面临更加严峻的考验和挑战。企业要在竞争中立于不败之地，并获得持续发展，必须要做好市场策划、品牌建设、销售模式管理。

市场策划是对企业未来营销行为的超前决策，是企业开展营销活动的前提。通过市场营销策划，企业可以对营销环境做出具体分析，根据要达到的营销目标，制订具体的营销方案，从而有效地完成任务。

品牌是企业竞争力和生命力的集中体现，品牌意味着高附加值、高利润、高市场占有率；品牌意味着高质量、高品位，是消费者的首选。好的品牌可以为企业带来较高的销售额，可以花费较少的成本让自己的产品或服务更有竞争力。未来营销之战将是品牌之战，是为获得品牌主导地位而进行的竞争。拥有市场比拥有企业更重要，而拥有市场的唯一途径是拥有占据市场主导地位的品牌。由此可见，品牌及品牌战略已经成为企业构筑市场竞争力的关键。

销售模式指的是把商品通过某种方式或手段，送达至消费者的方式，完成"制造→流转→消费者→售后跟进"这样一个完整的环节。对销售的控制是企业营销管理中的最重要的内容，所谓销售控制是指企业通过系统的管理手段和具体的管理方法能够使企业的销售过程及销售结果进行有效管理并最终达到预期目标。

企业要做好市场策划、品牌建设、销售模式管理，就必须有一套规范的、标准化的管理工具，通过管理方法、流程、制度、表格等工具予以控制。所以，企业在市场策划、品牌管理、销售管理中不仅需要技巧，更需要一本综合性的管理工具书作为参考。

基于此，我们组织编写了本书，分三大模块——市场策划、品牌建设、销售模式，从市场调查、产品策划、促销策划、品牌管理体系建立、广告宣传推广、销售渠道管理、客户管理、销售团队管理、销售业务过程控制9个方面常用的管理工具进行了讲解。读者可以结合所在企业的实际情况随时拿来修改、运用，形成企业个性化的文本。

为了便于阅读和查找资料，我们在每章前加了引言作为阅读提示，同时提炼了本章的学习目标，通过表格的形式把本章内容汇总出来便于阅读；每章结尾，设置学习总结的栏目，通过学习，读者可以根据自己企业的特点、实际情况，对所学内容进行补充完善，学以致用。

本书由鞠晴江主编，在编写过程中，获得了许多朋友的帮助和支持，其中参与编写和提供资料的有丁红梅、王红、王纪芳、王月英、王群国、王建伟、陈秀琴、陈运花、陈宇、刘建忠、刘俊、刘雪花、刘作良、刘奕、刘少文、刘云娇、李敏、李宁宁、张丽、张桂秀、张巧林、马丽平、冯永华、杜小彦、郑时勇、江长勇、罗玲、齐艳茹、赵艳荣、何春华、黄美、杨飞、邢艳、骆振中、薛永刚、匡仲潇、滕宝红。在此对他们一并表示感谢！

本书适合于与企业市场策划、品牌管理、销售管理相关的人士参考使用。由于时间仓促，加上编者水平有限，如有不妥之处，敬请指正。

编　者

目录 CONTENTS

第一部分 市场策划实用工具

第一章 市场调查管理工具

市场调查是市场营销领域中的一个重要元素，它把消费者、客户、公众和营销者通过信息联系起来，这些信息有以下职能：识别、定义市场机会和可能出现的问题；制订、优化营销组合并评估其效果。

003/ 第一节 市场调查管理要点
003/ 要点1：常见市场调查活动
003/ 要点2：调查方法
004/ 要点3：市场调查实施
006/ 要点4：竞争对手调查
007/ 要点5：调查数据整理

009/ 第二节 市场调查管理制度
009/ 制度1：市场调研控制程序
012/ 制度2：市场调研工作制度
014/ 制度3：零售企业门店市场调查管理制度

016/ 第三节 市场调查管理表格
016/ 表格1：市场调研立项申请单（自行）
017/ 表格2：市场调研立项申请单（委托）
017/ 表格3：专项（自行）调研审核意见单
018/ 表格4：例行调研审核意见单
018/ 表格5：专项（委托）调研评估单
019/ 表格6：竞争对手详细情况调查表

021/ 表格7：某食品企业商圈调查表
025/ 表格8：商业消费调查问卷表
026/ 表格9：媒体调研问卷表
028/ 表格10：同类产品价格调研表
028/ 表格11：市场各区域竞争产品对比表
029/ 表格12：市场占有率分析表
029/ 表格13：消费者购物意识分析表
030/ 表格14：市场开拓分析表
031/ 表格15：产品营销分析表
031/ 表格16：畅销产品分析表（一）
032/ 表格17：畅销产品分析表（二）
033/ 表格18：市场总容量调查估计表
033/ 表格19：市场绝对占有率分析表
034/ 表格20：市场相对占有率分析表
034/ 表格21：新商品销路调查分析表
035/ 表格22：产品市场调研分析表
035/ 表格23：市场调研状况月报表
036/ 表格24：市场月度信息反馈报告

037/ 学习总结

第二章　产品策划管理工具

产品策划是以实现企业利益为出发点，以满足目标消费群体的需求为导向，从市场营销的角度，通过对产品明确定位、产品组合策略和产品生命周期管理，实现产品从无到有，到卖给消费者（规划、设计、开发、采购、生产、销售）等的一系列规划和管理。

039/ 第一节　产品策划管理要点

039/ 要点1：产品定位
040/ 要点2：新产品策划
045/ 要点3：产品定价策划
047/ 要点4：产品组合策划

048/ 第二节　产品策划管理制度

048/ 制度1：产品市场营销策划管理办法
055/ 制度2：产品定位策划程序
057/ 制度3：新品上市推广策略控制程序
059/ 制度4：新产品宣传制度
061/ 制度5：产品定价方案审批管理规定
063/ 制度6：产品销售价格管理办法

065/ 第三节　产品策划管理表格

065/ 表格1：产品方案——区域厂商结构表
066/ 表格2：产品方案——厂商增长表
067/ 表格3：产品方案——区域增长表
067/ 表格4：客户需求分析表
067/ 表格5：竞争产品对比表
068/ 表格6：区域机会描述表
069/ 表格7：重点客户机会描述表
069/ 表格8：产品方案——目标设定表
069/ 表格9：产品方案——目标时间分解表
070/ 表格10：产品方案——目标区域分解表
070/ 表格11：关键成功要素分析表
070/ 表格12：产品报价表
071/ 表格13：软文宣传规划表
071/ 表格14：市场活动规划表
072/ 表格15：市场促销规划表
072/ 表格16：代理商调查评估表
074/ 表格17：代理商选择标准表
074/ 表格18：产品方案——区域市场描述表
075/ 表格19：产品方案——区域市场布局表
075/ 表格20：产品方案——损益表
076/ 表格21：新产品策划内容表
076/ 表格22：新产品上市计划表
077/ 表格23：新产品营销策划书模板
079/ 表格24：产品售价表
079/ 表格25：产品售价计算表
080/ 表格26：产品定价分析表
080/ 表格27：产品市场性分析表

081/ 表格28：产品营销分析表
081/ 表格29：产品降价申请表
082/ 表格30：价格变动影响表
082/ 表格31：定价方案审批表

083/ 学习总结

第三章 促销策划

促销策划是指运用科学的思维方式和创新的精神，在调查研究的基础上，根据企业总体营销战略的要求，对某一时期各种产品的促销活动作出总体规划，并为具体产品制订周详而严密的活动计划。

085/ 第一节 促销策划要点
085/ 要点1：促销策划的层面
085/ 要点2：促销策划的形式
085/ 要点3：开展促销调查
088/ 要点4：策划促销活动
097/ 要点5：促销前人员的培训
099/ 要点6：布置促销活动现场
103/ 要点7：促销的现场管理
104/ 要点8：促销的效果评估

105/ 第二节 促销策划管理制度
105/ 制度1：促销方案制订控制程序
106/ 制度2：促销管理制度
109/ 制度3：促销活动管理办法
112/ 制度4：全国大型促销活动组织管理办法
113/ 制度5：促销品管理规定
119/ 制度6：促销赠品发放办法
120/ 制度7：促销员管理办法（生产企业）
124/ 制度8：促销员管理办法（零售门店）
132/ 制度9：临时促销员管理及培养办法

136/ 第三节 促销管理表格

136/ 表格1：促销企划表
137/ 表格2：促销工作计划表
137/ 表格3：K/A促销计划表
138/ 表格4：客户促销计划表
138/ 表格5：促销申请表
138/ 表格6：促销活动申请表
139/ 表格7：促销安排表
139/ 表格8：促销专柜申请表
140/ 表格9：促销品领用申请表
140/ 表格10：促销赠品申请表
141/ 表格11：促销费用明细表
141/ 表格12：产品领用申请表
142/ 表格13：____区域____月份促销物品申请表
142/ 表格14：非常规促销品发放登记明细表
142/ 表格15：门店赠品接收表
142/ 表格16：赠品发放领取表
143/ 表格17：门店赠品回收表
143/ 表格18：____区域____月份促销品发放反馈表
143/ 表格19：促销总结表
144/ 表格20：促销总结报告
145/ 表格21：重点客户促销报告表
145/ 表格22：临时促销员月度培养状况表
145/ 表格23：临时促销员储备名单
146/ 表格24：促销成果汇总表
146/ 表格25：促销效率分析表
147/ 表格26：市场促销活动反馈表
147/ 表格27：铺货记录表
148/ 表格28：铺货率汇总表
148/ 表格29：铺货进度追踪表
148/ 表格30：铺货失败记录表
149/ 表格31：导购代表月度考评表
150/ 表格32：市场部巡店报告

151/ 学习总结

第二部分　品牌建设实用工具

第四章　品牌管理体系建立工具

媒体在变化，消费者在变化，企业本身在变化，市场环境也在变化，在未来，没有品牌的产品或服务是很难有长久生存的空间的。只有成功的品牌管理才有持续成长的企业和未来的辉煌。

154/　第一节　品牌管理体系的建立要点

154/　要点1：品牌的调研及测试

155/　要点2：品牌的市场定位

155/　要点3：品牌的策略规划

155/　要点4：品牌形象的设计

156/　要点5：品牌的整合传播

157/　要点6：品牌与消费者的互动

157/　要点7：品牌的维护

157/　要点8：品牌培育体系的建立

162/　第二节　品牌管理制度

162/　制度1：品牌培育手册

176/　制度2：品牌管理中心企划管理制度

183/　制度3：集团品牌管理制度

184/　制度4：品牌宣传推广管理办法

187/　制度5：品牌管理控制程序（一）

190/　制度6：品牌管理控制程序（二）

192/　制度7：品牌目标管理程序

193/　制度8：品牌策划推广管理程序

194/　制度9：品牌推广的媒体广告投放程序

195/　制度10：品牌推广的新闻发布管理程序

196/　制度11：品牌推广的活动推广管理程序

196/　制度12：品牌广告制作管理程序

197/　制度13：品牌形象终端管理细则

201/ 第三节 品牌管理体系建立表格

201/ 表格1：品牌推广费用支持审核表

201/ 表格2：品牌推广广告预算书

203/ 表格3：品牌推广的广告计划申报表

203/ 表格4：品牌推广的门店促销活动申请表

204/ 表格5：关于召开专题新闻发布会和记者招待会的签呈

204/ 表格6：新闻发布会和记者招待会发布内容的审批表

204/ 表格7：关于支付相关媒体新闻报道酬金的申请报告

205/ 表格8：品牌专卖店装修申请表

207/ 表格9：市场竞品调查报告

207/ 表格10：品牌推广设计、文案项目申请单

208/ 表格11：品牌市场客户巡回调查日报表

208/ 表格12：品牌市场巡回调查状况月报表

209/ 学习总结

第五章 广告宣传推广

通过媒体宣传，企业可以在一定程度上提高知名度、扩大影响力。广告信息的传播活动中，媒体的选择是广告信息与消费者见面的最后环节，媒体选择科学与否，直接关系到广告传播的效果。广告媒体选择应从企业实际出发，透彻分析市场，依据促销目标，选择覆盖面适中、传播速度快、直接接触目标的市场。

211/ 第一节 广告宣传推广要点

211/ 要点1：确定广告目标

215/ 要点2：广告费用预算

218/ 要点3：广告媒体选择

221/ 第二节 广告宣传推广制度

221/ 制度1：广告宣传管理办法

226/ 制度2：公司广告设计、制作、发布管理办法

228/ 制度3：广告宣传管理标准

229/ 制度4：广告费管理办法

231/ 制度5：分公司广告费管理办法
237/ 制度6：广告宣传品制作管理办法
238/ 制度7：公司广告宣传用品管理规定
242/ 制度8：广告宣传促销物资管理办法
243/ 制度9：终端广告制作管理制度

246/ 第三节　广告宣传推广管理表格
246/ 表格1：广告预算表
247/ 表格2：年度广告预算表
248/ 表格3：年度广告费预算分解表
248/ 表格4：媒体年度计划安排表
249/ 表格5：广告投入申请表
250/ 表格6：广告计划方案表
250/ 表格7：广告实施报表
250/ 表格8：大型展示会广告方案计划表
251/ 表格9：广告费申请报告
252/ 表格10：广告画制作申请表
252/ 表格11：制作横幅等宣传广告申请表
253/ 表格12：广告宣传图片设计、制作申请表
253/ 表格13：户外广告验收表
254/ 表格14：广告费用分析表
255/ 表格15：灯箱片设置申请表
255/ 表格16：广告投放效果评估表
256/ 表格17：终端生动化检查表格
256/ 表格18：宣传品强化执行复查表
257/ 表格19：广告宣传品需求申请单
257/ 表格20：户外广告发布申请表
258/ 表格21：广告、宣传、展示品制作时限要求表
258/ 表格22：日常宣传品领用制作申请表
259/ 表格23：媒体广告（广播、电视）发布申请表
260/ 表格24：终端形象建设申请表

261/ 学习总结

第三部分　销售模式实用工具

第六章　销售渠道管理

在一定程度上，渠道是企业制胜市场的关键。在产品、价格高度同质化的背景下，渠道建设及管理成为企业得胜的关键点。渠道是否合理和畅通至关重要，可以说是一个企业的命运所系。如果不能牢牢控制销售渠道，企业的产品就难以转化为货币，企业就将失去生存发展的源泉和动力。因此可以说，渠道管理是一个企业是否能生存的命脉。

264/　第一节　销售渠道管理要点

264/　要点1：渠道的建设

264/　要点2：选择经销商

266/　要点3：管理经销商

267/　要点4：渠道激励

268/　要点5：销售渠道冲突解决

268/　要点6：处理好渠道恶性窜货

270/　第二节　渠道管理制度

270/　制度1：营销渠道管理办法

274/　制度2：经销商分级管理制度

275/　制度3：代理商管理制度

280/　制度4：跨区冲货管理办法

281/　第三节　渠道管理表格

281/　表格1：经销商资格申请表

283/　表格2：目标经销商评估表

287/　表格3：新经销商发货申请表

288/　表格4：区域经理渠道支持工作周志

288/　表格5：×××渠道建设____月工作总结

289/　表格6：区域经理渠道拜访计划、总结表

290/　表格7：年度×××渠道规划推进表

290/　表格8：年度×××（分销商、代理商）销售指标完成情况表

290/　表格9：年度×××季度销售指标完成情况表

291/　表格10：年度×××价格支持记录表

291/ 表格11：年度×××分销（代理）商市场规划
294/ 表格12：×××分销（代理）商业绩回顾表
295/ 表格13：××渠道动态变化反馈表
296/ 表格14：年度×××代理支持档案
297/ 表格15：年度×××重点客户档案
298/ 表格16：市场秩序管理月报
298/ 表格17：代理授权申请书
300/ 表格18：代理授权认证书
301/ 表格19：分销商、代理商签约申请表
301/ 表格20：特约经销商三方协议签约申请表
302/ 表格21：代分销业绩回顾表
302/ 表格22：代理业绩回顾表
303/ 表格23：代理商资信调查表
304/ 表格24：代理商考核表（一）
305/ 表格25：代理商考核表（二）
307/ 表格26：业务代表渠道拜访计划、总结表
307/ 表格27：区域市场信息反馈表
309/ 表格28：样品表
309/ 表格29：第（）季度A类客户计划销售目标表
309/ 表格30：第（）季度B类客户计划销售目标表
310/ 表格31：第（）季度C类客户计划销售目标表
310/ 表格32：出差路线图
311/ 表格33：A类经销商区域网络图
311/ 表格34：B类经销商区域网络图
312/ 表格35：二批经销商档案表
312/ 表格36：直营终端档案表

313/ 学习总结

第七章 客户管理

据统计，常规企业每年的客户流失率超过10%，争取一个新客户所耗费的成本是保持一名现有客户的5倍，如果客户的流失率降低5%，其利润就能增加25%～85%。因此，现代企业不得不承认：客户是给企业发工资的人，客户是企业最宝贵的财富。

第一节　客户管理要点

315/ 要点1：了解客户管理的对象
316/ 要点2：建立客户管理资源系统
318/ 要点3：导入CRM管理系统
322/ 要点4：对客户进行ABC分类管理

第二节　客户管理制度

324/ 制度1：销售客户管理办法
327/ 制度2：客户分级管理制度
328/ 制度3：客户信用管理制度
332/ 制度4：客户信用风险管理制度
333/ 制度5：客户信用期限、信用等级和信用额度管理制度
336/ 制度6：大客户管理制度
340/ 制度7：客户拜访区域规划制度
341/ 制度8：公司客户接待管理规定

第三节　客户管理表格

342/ 表格1：客户评级表综合评定表
344/ 表格2：客户资信等级评估表
345/ 表格3：客户基本信息采集表
345/ 表格4：客户信用风险客观评估表
346/ 表格5：客户信用等级、信用额度、信用期限申请表（新客户）
347/ 表格6：客户信用等级、信用额度、信用期限申请表（老客户）
349/ 表格7：临时额度申请表
349/ 表格8：客户信用额度核定表
350/ 表格9：变更信用额度申请表
350/ 表格10：客户信用评估与建议表
351/ 表格11：各类客户信息管理跟踪调查表
351/ 表格12：客户地址分类表
351/ 表格13：客户总体分类表
352/ 表格14：客户区域分析表
352/ 表格15：客户销售分析表
352/ 表格16：客户分级表
353/ 表格17：重点客户管理表
353/ 表格18：重要客户对策表

353/ 表格19：问题客户对策表
354/ 表格20：客户关系评估表
354/ 表格21：客户联络计划表
354/ 表格22：客户联系预定表
355/ 表格23：客户拜访记录表
355/ 表格24：客户拜访日报表
356/ 表格25：客户招待申请表
356/ 表格26：客户招待报告表
356/ 表格27：客户接待安排表
357/ 表格28：接受客户招待时的检查表
357/ 表格29：礼品馈赠计划表
358/ 表格30：礼品馈赠申请表
358/ 表格31：客户资料管理卡
359/ 表格32：新产品潜在客户追踪表
359/ 表格33：新开发客户报告表
359/ 表格34：客户统计表
360/ 表格35：客户销货统计表
360/ 表格36：客户地域分布表
360/ 表格37：一级客户登记表
360/ 表格38：客户名册登记表
361/ 表格39：问题客户检核表
361/ 表格40：特殊客户申请表
361/ 表格41：客户投诉处理报告表

362/ 学习总结

第八章 销售团队管理工具

销售团队是公司的"血液"。一支优秀的销售团队，不但可以开拓市场，同时也会增加企业的影响力。做好销售团队的建设和管理就尤为重要。

364/ 第一节 销售团队管理要点
364/ 要点1：营销人员招聘

364/ 要点2：营销人员培训
365/ 要点3：营销人员薪酬设计
368/ 要点4：营销人员考核

369/ 第二节 销售团队管理制度

369/ 制度1：营销团队管理办法
373/ 制度2：销售部薪资及绩效考核管理方案
378/ 制度3：营销人员招聘方案
382/ 制度4：营销人员培训管理制度
383/ 制度5：销售日常行为管理制度
389/ 制度6：销售员业绩考核方案
391/ 制度7：营销例会管理制度
393/ 制度8：销售拜访作业计划查核细则
394/ 制度9：销售工作日报表审核制度
395/ 制度10：销售人员士气调查管理办法

396/ 第三节 销售团队管理常用表单

396/ 表格1：销售人员应聘登记表
397/ 表格2：营销人员培训计划表
398/ 表格3：营销人员培训记录表
398/ 表格4：营销人员培训报告书
398/ 表格5：营销人员培训实施表
399/ 表格6：营销人员培训考核表
400/ 表格7：请假申请单
400/ 表格8：未参加例会罚款单
400/ 表格9：晨会主持安排表
400/ 表格10：值日主任帮助成长统计表
401/ 表格11：营销会议记录单
401/ 表格12：营销人员工作日志
401/ 表格13：客户拜访计划
402/ 表格14：客户拜访报告
402/ 表格15：拜访日报表
403/ 表格16：部门销售管理月报
403/ 表格17：产品营销分析表
403/ 表格18：个人月份销售实绩统计表

404/ 表格19：部门销售业绩分析报告
404/ 表格20：销售部目标完成情况分析表
405/ 表格21：销售目标管理分类分析表
406/ 表格22：销售终端分析表

408/ 学习总结

第九章 销售业务过程控制工具

企业的销售业务并不是简单的交易过程，而是分步骤的交易行为：从收到对方的订单，洽谈交易事宜，到货物的交接，再到货款的支付，甚至还有退货和折让的发生。这些业务都需要加以控制。

410/ 第一节 销售业务过程控制要点
410/ 要点1：销售业务的流程
410/ 要点2：销售业务各环节的主要风险防范
414/ 要点3：销售和收款业务风险控制制度

416/ 第二节 销售业务管理制度
416/ 制度1：销售计划管理规定
418/ 制度2：销售与收款内部控制制度
423/ 制度3：销售退货内部控制制度
426/ 制度4：销售过程控制程序
428/ 制度5：客户调查制度
429/ 制度6：客户拜访管理制度
431/ 制度7：销售合同管理细则
438/ 制度8：销售合同执行跟踪管理规定
440/ 制度9：发货（发样）管理制度
441/ 制度10：销售货款回收管理制度
442/ 制度11：销售退货管理规定
443/ 制度12：销售档案管理制度

446/ 第三节 销售业务过程管理表格
446/ 表格1：年度销售计划表

446/ 表格2：市场年度销售计划表
447/ 表格3：月工作计划及执行结果说明
448/ 表格4：周销售计划及执行结果说明
448/ 表格5：日拜访记录表
449/ 表格6：丢单报告
450/ 表格7：___月份丢单汇总分析报告
450/ 表格8：法人委托书申请书
451/ 表格9：法人委托书发放记录
451/ 表格10：销售合同专用章申请书
451/ 表格11：销售合同专用章发放记录
452/ 表格12：资信调查表（合同签订前）
452/ 表格13：合同评审记录表
453/ 表格14：销售合同评审表
454/ 表格15：合同登记表
454/ 表格16：销售合同跟踪记录表
454/ 表格17：销售合同执行跟踪表
455/ 表格18：销售合同执行协调书
456/ 表格19：销售合同偏差处理报告
456/ 表格20：风险发货申请报告
456/ 表格21：销售合同执行月度记录表
457/ 表格22：合同变更申请单
458/ 表格23：合同变更通知单
458/ 表格24：____年1～____月货款回收统计表
459/ 表格25：欠款通知函
459/ 表格26：欠款催收函
460/ 表格27：欠款确认函
461/ 表格28：延期付款协议书
462/ 表格29：产品发货明细单
462/ 表格30：应收账款分析表
462/ 表格31：销售费用控制表
463/ 表格32：销售档案借阅申请表
463/ 表格33：销售档案资料销毁审批表
463/ 表格34：销售退货通知单
464/ 表格35：销售退货评审单
464/ 表格36：客户退货报告

465/ 学习总结

第一部分　市场策划实用工具

第一章 市场调查管理工具

引言

市场调查是市场营销领域中的一个重要元素,它把消费者、客户、公众和营销者通过信息联系起来,这些信息有以下职能:识别、定义市场机会和可能出现的问题;制订、优化营销组合并评估其效果。

本章学习指引

目标	了解市场调查管理的要点,并能够运用所提供的范本,根据本企业的实际情况制订相应的管理制度、表格

学习内容

管理要点	· 常见市场调查活动 · 调查方法 · 市场调查实施 · 竞争对手调查 · 调查数据整理
管理制度	· 市场调研控制程序 · 市场调研工作制度 · 零售企业门店市场调查管理制度
管理表格	· 市场调研立项申请单(自行) · 市场调研立项申请单(委托) · 专项(自行)调研审核意见单 · 例行调研审核意见单 · 专项(委托)调研评估单 · 竞争对手详细情况调查表 · 某食品企业商圈调查表 · 商业消费调查问卷表 · 媒体调研问卷表 · 同类产品价格调研表 · 市场各区域竞争产品对比表 · 市场占有率分析表 · 消费者购物意识分析表 · 市场开拓分析表 · 产品营销分析表 · 畅销产品分析表 ······

第一节　市场调查管理要点

市场调查要确定说明问题所需的信息，设计收集信息的方法，监测和执行数据收集的过程，分析结果，并把调查中发现的信息及其含义提供给客户。

要点1：常见市场调查活动

通常所见市场调查活动有许多，具体见表1-1。

表1-1　常见市场调查活动

序号	项目	说明
1	市场研究	市场潜在需求量、消费者分布及消费者特性研究
2	产品研究	产品设计、开发及试验；消费者对产品形状、包装、品位等喜好研究；现有产品改良建议、竞争产品比较分析
3	销售研究	公司总体营销活动研究、设计及改进
4	消费购买行为研究	消费者购买动机、购买行为决策过程及购买行为特性研究
5	广告及促销研究	测验及评估商品广告及其他各种促销的效果，寻求最佳促销手法，以促进消费者有效购买行为
6	行销环境研究	依人口、经济、社会、政治及科技等因素变化及未来变化走势，对市场结构及企业营销策略影响
7	销售预测	研究大环境演变、竞争情况及企业相对竞争优势之下，对于市场销售量作长期与短期预测，为企业拟订长期经营计划及短期经营计划之用

要点2：调查方法

市场调查的方法分为观察法和问卷法两种。

（一）观察法

观察法是指通过直接观察取得第一手资料的调查方法。市场调查人员直接到商店、订货会、展销会等消费者比较集中的场所，借助于照相机、录音机或直接用笔录的方式，身临其境地进行观察记录，从而获得重要的市场信息资料。

观察法的优点是可以客观地收集资料，可以集中地了解问题。不足之处在于许多问题观察不到，如被调查者的兴趣、偏好、心理感受、购买动机、态度、看法等。

（二）问卷法

问卷法是指通过设计问卷的方式向被调查者了解市场情况的一种方法。按照问卷发放的途径不同，可分为当面调查、通信调查、电话调查、留置调查四种。

当面调查，即亲自登门调查，按事先设计好的问卷，有顺序地依次发问，让被调查者回答。

通信调查，是将调查表或问卷邮寄给被调查者，由被调查者填妥后寄还的一种调查方法，这种调查的缺点是：问卷的回收率低。

电话调查，是指按照事先设计好的问卷，通过电话向被调查者询问或征求意见的一种调查方法。其优点是取得信息快、节省时间、回答率较高，其缺点是询问时间不能太长。

留置调查，指调查人员将问卷或调查表当面交给被调查者，由被调查者事后自行填写，再由调查人员约定时间收回的一种调查方法。这种方法可以留给被调查人员充分的独立思考时间，可避免受调查人员倾向性意见的影响，从而减少误差，提高调查质量。

要点3：市场调查实施

（一）市场调查步骤

市场调查步骤如图1-1所示。

步骤一 发现与提出问题，确定调查课题

市场调查的目的是给决策提供依据，但市场活动错综复杂，其问题可以各种形式反映出来，有些是已经明显存在的问题，有些则处于潜伏状态，有些则能否给企业带来重大影响尚在模棱两可之间，因此必须抓住实质，对问题作出准确的判断

步骤二 制订市场调查计划方案

经过上述可行性研究，如认定调查课题可行，企业就应拟订一个调查计划方案，这是对调查工作的设计和预先安排，保证市场调查有计划有组织地进行

步骤三 建立或选择市场调查机构（组织），选配人员

确定了市场调查课题以后，可以安排市场调查机构开展工作，也可以委托专业企业开展工作，不管何种形式，为保证市场调查的质量，都要做好事前培训工作

步骤四 组织调查人员，收集现成资料

组织调查人员，收集现有的资料

步骤五 深入市场，收集原始信息资料

深入市场，开始收集原始信息资料

步骤六 汇总整理分析信息资料

这是市场调查的最后一个步骤，由于市场调查活动是由人分头进行的，所以获得的信息就是大量的、零散的，可能还存在着片面性和不真实性，因此必须系统地加以整理分析，经过去繁取精、去伪存真、由此及彼、由表及里的处理，才能提示市场现象之间的因果联系和问题的本质

图1-1 市场调查步骤

（二）调查对象与实施要点

市场调查对象与实施要点见表1-2。

表1-2 调查对象与实施要点

序号	对象	实施要点		
1	销售记录分析	在过去记录的基础上，对商品的需求变动趋势进行比较分析，以指导未来的经营，需要分析研究的资料有：营业旬报、营业月报、营业概况、收支实际情况表、经费开支报表、未承兑票据明细表、承兑票据明细表、银行往来账户明细表		
2	销售活动调查	对销售活动的调查主要包括：对本公司在同行业中的地位进行调查、测定推销能力与效率、测定各地区市场潜力、计算各商品的销售量、计算或测算目标市场与结构容量等事项		
3	销售费用分析	在市场调查基础上，计算各项销售开支与费用，并确定合理的费用开支额度		
4	消费者调查	对消费者的调查主要包括：消费者所在地人口分布、消费者受教育程度、消费者购买力情况（收入阶层情况）、消费者价值倾向调查		
5	大宗消费者调查	大宗消费者调查是指比如公司、厂家以及其他企业单位或政府部门、社会团体等事业单位进行的调查		
6	商标地位调查	对商标地位的调查分析主要有：对同行或同类商品商标的变化情况、变化地点以及变化时间进行系统调查，调查经销单位商标的特点、倾听消费者对商标的意见等项目		
7	批发部门调查	对批发部门的调查有：地理位置调查、经营方针和政策调查、经营状况和经营条件、市场占有率或覆盖面调查、财务方针、习惯和信誉调查等项		
8	产品与包装调查	产品与包装的调查分析主要包括：寻找或发现商品的新需求或新用途；对消费者所喜欢的外观包装进行调查；对新产品开发方向和内涵进行研究和探索；寻找流通中不良品产生的原因；对消费者的质量评价进行调查等方面		
9	舆论调查	为了弄清公司内外的舆论倾向，需要对公司经营的评价、公关工作的效果、商品销售地域的舆论进行调查，以及与交易伙伴的公关效果等事项进行调查		
10	市场动态分析	对市场动态分析的内容是：一年以上的长期分析（预测）、一年以下的短期分析（预测），以及其他必要的财政、金融和贸易市场趋势分析（预测）		
11	价格调查	在新产品定价时，事先应进行价格方面的调查：一般物价的涨落趋势、与代用商品的价格关系、竞争商品的价格调整趋势		
12	批发市场调查	进货（供货）关系	（1）年供货量、供货增长率、供货企业、供货地区的供货量比例 （2）各供货企业、供货地区的供货额比例	
		支付方式	预付、现付和其他支付方式的比例，现金支付的比例，比如，批发商的进货期、进货间隔期、间隔期的长短；批发商与供货企业的关系，有无特殊关系，关系如何	
		销货（批发）关系	（1）各购货商业机构购货额比例 （2）各购货商业机构、购货地区的购货量比例 （3）年购货量、购货额增长率 （4）货款回收方式，货款回收周期长短 （5）利润率变动情况 （6）购货方式以及各种购货方式（如上门订货、通信订货和现货交易等）的比例 （7）呆账比率增长率 （8）退货比率增长率 （9）与购货商业机构的关系，有无特殊关系，关系如何等	
		经营状况	（1）广告宣传的方法 （2）广告宣传费占销售收入的比率，以及比率的增减情况 （3）商品周转率或商品周转速度 （4）营业开支情况 （5）月平均库存情况，包括库存增减趋势、各商品库存增减趋势等	

续表

序号	对象	实施要点
13	一般消费者调查	一般消费者调查的内容包括： （1）消费者的实际情况，比如职业、年龄构成、收入等 （2）消费者的态度、价值观、意识以及舆论倾向 （3）购买动机和购买方式 （4）对广告宣传的态度，包括对各种广告宣传媒介，如电视、广播、报纸杂志的态度
14	通过零售商调查	通过零售商可以了解诸如：在该地区、该商店的销售量；对本公司商品的质量、价格有何评价与希望；有关该地区消费者需求倾向，以及广告宣传的问题和消费问题等情况
15	零售店调查	（1）对零售店与批发商的关系，包括从哪家批发商购进商品、与批发商的地理联系如何、对方是否负责运送 （2）零售店所处的地域是住宅用地、商业用地或者工业用地 （3）与生产厂家的直接联系如何、生产厂家提供何种便利、成立何种机构从事这项工作 （4）零售店的规模大小，是新店还是老店，销售收入是多少，商品周转率和利润率水平是否稳定；在店面的宣传，包括特价销售、有奖销售和宣传品等存在什么问题，舆论评价如何 （5）零售店的有奖销售规模有多大、奖励有多高、有多少人关注等问题进行调查
16	销售现场动态调查	（1）商品调查：必须在各种商品分类的有关栏目中填写商品的具体特征，尤其是区别于同类商品的明显特征 （2）店铺布局调查：必须经常对商品陈列格局进行合理调整，目前格局须如实记录，如果需要对店铺布局进行调整，则须把调整的设想绘成图表 （3）顾客调查：参考有关商品分类的规定，然后对现有分类进行研究、分析，以确定适宜的分类办法，并据此对顾客购买行为进行调查，对于难以归类的商品，须作为例外处理

要点4：竞争对手调查

（一）从经营者的动向来把握信息

1.经营者评估的内容

（1）如果将经营者评价作区分的话，可将其大致分为：经验、能力、性格三点。如果能做到不偏向任何一方而取其平均值的话，就可称其为优秀的经营者了。

（2）"经验"并不只意味着经历。虽然说其有十年的事业经历，但是过去在事业上有没有失败过，或者在经历上有不凡的风格和实绩，这些都是非常重要的评估资料。

（3）"能"有着许许多多的要素，比如，营销能力、计数能力、劳务能力、管理能力、金融能力等，这些均可从日常的营业活动中得知。

（4）经营者的"性格"可以从营业员的身上反映出来。从营业员的言语、作为、动作中就可判断其经营者是否是一个不平凡的人物。

2.对经营者进行评价的注意事项

（1）对经营者的评价往往是信用调查中最困难的一环。

（2）对经营者进行评价时应和其保持密切的接触，而依此做判断虽然是原则性的，但如果不可能做到或者有困难，应配合联系以几个已知的要素来做推测。

（二）从营业状态抓住信息

所谓营业状态，并不是指和本公司交易额的多少，而是指顾客将销售款提高而得到的利益，是否顺利上升的事情。销售状态，是把握经营实态的第一步。判断营业状态的基准大致可分为：营业情况；与交易往来客户的关系，决裁条件、支付情况；与交易往来银行的关系和评价、业绩现况等。从"交易往来户关系的好坏"就可以看出该企业的将来极为重要的进货处在质量上、信用上是否有问题，是否真正有实力等。根据"决裁条件、支付情况"即可知其经营恶化的前兆，应注意其原因、经过，这些是非常重要的。"与交易往来银行的关系和评价"虽然在调查上相当困难，但却可以知道许多事情真相。

（三）从会计方向来抓住信息

（1）要从会计上抓住信息，大前提就是要能拿到损益表。在此之前，交易开始时即应确实将损益期中的损益表的交付明确订立规则。

（2）如果不能拿到损益表，也可根据许多信息做推测。诸如，连续3～4年赔钱的企业是相当危险的，除了一些大企业或者优良企业，否则连续赔钱在资金上当然没有理由能支持。

（3）如果支付期间是长期性的，必须有周密的检查追踪。本着公司的利益，以缩短支付期为原则，平常就要做到严格地检查计算错误，而且要确实遵守已约束的支付条件。以损益表为基准，财务比率分析和损益表分析是营业员必需的基础知识。

（四）分析资产状态获得信息

（1）从借贷报告表中可得知资产有流动资产和固定资产，固定资产更可分为有形固定资产、无形固定资产、投资等，如果能拿到财务报表就可以从数字上做判断。

（2）一般对于流动资产的把握很困难，但是从资金往来情况比如现金的入账、支票付款期很短等，都可看出是不是好的往来对象。

（3）唯一可以从外表衡量的事物就是商品的库存量。不但要看实际的库存量，亦要检查其入货、出货的情况。

（4）固定资产在此指的大部分是事业用（并非商用的）的土地和建筑物，可在所辖的区县土地登记部门取得其不动产登记记录。

（5）能知道其固定资产的价值额也很重要。在贷款时，不论是个人或者法人，一定有担保的抵押品。如果分析其土地登记情况就可发现相当不可思议的事情，像企业资金操作的状况都可以分析出来做判断。

要点5：调查数据整理

市场调查数据的整理，是将回收的调查表的答案进行归纳分类，统计出有关数据，各项调查结果综合成能反映市场活动现状的有用资料。当市场调查全部工作结束后，市场调查人员无疑将会搜集到大量的资料，包括有关谈话记录、统计数字、复印图片、文章剪辑等。但所有这些资料如未加工整理和分析，是不能用以说明问题的。因此，有必要首先对全部市场调查所得到的资料进行一系列的加工整理工作，以便为下一步的资料分析工作和制作调查报告做好必要的准备。

调查数据整理的步骤如下。

（一）资料编辑

资料的编辑主要是对问卷答案的归类整理，根据问题的性质决定答案的分类归属。

（1）检查工作误差。通过检查调查员的工作程序，检查其调查结果是否真正反映被调查者的意愿，其中有没有施以不当的诱导甚至加入调查员本人的主观意见，以确定其工作的客观性。

（2）从中选取一切有关的、有重要参考价值的资料，与此同时，剔除无关紧要的、没有参考价值的资料。应答者回答一些问题的答案可能会与前后其他问题的答案相矛盾，以致前后口径不一。矛盾的答案容易造成混淆，影响问卷对实际情况反映的正确性，统计人员对这些答案应进行合理的技术处理。

（3）将已经挑选出来的全部资料按照一定的逻辑顺序排列，使之前后连贯。要根据实际需要，将其中某些数据进行换算或调整，如换算某些统计数字的衡量单位或统计年份等，以便进行分析比较。

（4）核对资料的可靠性，这也是资料编辑工作的重要作用之一。它要求调查人员必须确保调查资料的合理、准确和可靠。有时候，对实地调查过程中的同一个问题却有几种不同的答复，答案会有很多并可能极不相同，为便于统计及从总体上把握被调查者意向，需要对这些问题的答案进行分类归并，经过调查分析最后才能确定。

（二）资料汇总

资料汇总是将已经搜集到的，并经过编辑选取出来的大量资料从形态上进行编组或按大类分别集中，使之成为某种可供备用的形式，而且，这步工作须在资料分析工作开始之前做妥。

汇总资料应从建立专用的资料案卷入手，根据市场调查报告主要论述的题目设立案卷，并将有关资料分专题，如价格、竞争对手、消费情况等入卷归案，以供随时调用。

（三）资料编号

资料编号是对问题及问题答案的编号。在设计调查表时，如已对问题加以编号，则此项工作只需对问题答案加以编号。编号可以使用数字或字母。简单的调查表，问题较少，内容也不复杂，可用人工整理。如遇问题多、内容复杂的调查表，往往借助于电脑进行处理，如果有编号，就易于数据录入及机器运算。

（四）资料制表

"制表"就是把有关实地调查的资料用适当的表格形式展示出来，以便说明问题或从中发现某种典型的"模式"。"制表"过程就是根据资料的分类去具体统计经过市场调查所得的各种反映意见的工作过程。

（五）资料分析

资料分析是对经统计整理的资料数据的科学性及代表性的判断。资料分析主要包括以下内容。

1.确定统计数值的含义

统计数值包括绝对值、相对值，绝对值是具体数据，相对值是一种比例。绝对值能表示具体数值的大小，并且是计算相对值的基础。相对值提供了某种绝对值相对于某种总体数据的比例，能提供更多的有价值的情况，更有利于比较。对于一个具体问题，必须确定其统计数值尤其是相对值的含义，才能作出正确的判断。如果无法确定每个统计数据的含义，就无法利用这些数据描绘样本总体的真实情况。

2.判断统计数值的科学性

统计数值的科学性首先取决于其真实性。关于调查资料的真实性审查，在市场调查实施阶段的核检及市场调查数据整理阶段的资料编辑中已得到解决。统计数值的科学性还取决于对数据资料的概括及赋值,这部分内容在资料编辑、编号、列表等项工作中完成,但需要在资料分析阶段予以进一步审核其概括是否得当、赋值是否合理。

3.确定样本对总体的代表性

调查数据毕竟只是样本数据,样本数据能否代表总体数据,仍需分析,加以区别处理。在大样本的情况下若没有更详尽的资料或更严格的要求,一般可直接由样本推断总体。但对于出现某种事件的程度,在同一总体中对这一部分样本的调查数据与另一部分样本的调查数据差异很大,由此直接推断总体情况显然是不合适的,对此类数据就要考虑抽样误差。

第二节　市场调查管理制度

制度1：市场调研控制程序

××公司标准文件		××有限公司 市场调研控制程序	文件编号××-××-××	
版本	第×/×版		页次	第×页

1　目的
统一规范公司市场调研自立项、方案制订、实施、调研报告编写、记录档案等各过程的管理程序及相应权责,以实现公司市场调研工作的规范化、程序化、标准化,为公司决策提供准确、真实、有效的信息,提高决策效率,提升公司竞争力,特制订本规定。

2　适用范围
适用于本公司营销部市场调研的管理。

3　职责
公司营销部职责如下。
3.1　负责所在地区的例行调研。
3.2　负责本部门工作需要的专项调研。
3.3　负责被委托单位市场调研的控制及评估。
3.4　负责本部门调研资料的存档。

4　市场调研释义及分类
4.1　市场调研是指根据公司房地产开发业务流程,以满足客户需求为中心,以实现产品和客户需求匹配为目标,运用科学的方法,有计划地、系统地收集、整理、分析研究有关营销方面的信息,提出解决问题的方案,为企业营销管理者了解营销环境、发现机会与问题、制订正确的营销决策提供依据。
4.2　市场调研分类。
4.2.1　专项调研:针对具体的营销要求,在特定时间段内进行的调研。
4.2.2　例行调研:针对公司长期发展、掌握市场动态需要而例行开展的调研活动。

5　市场调研管理程序
5.1　立项。
5.1.1　专项调研立项。
(1)营销部门根据有权指令人的指令,进行专项调研的立项。
(2)营销部门提出调研立项要求[自行调研填写"调研立项申请单(自行)",委托调研填写"调研立项申请单(委托)"],营销部门所在公司职能分管领导审批同意后立项。
(3)需委托专业公司开展的市场调研须公司总经理审批。
(4)专项市场调研立项后,公司职能分管领导指定该项市场调研的调研负责人,调研负责人全面负责该项市场调研的全面执行。
(5)调研负责人编制《市场调研任务书》。《市场调研任务书》由营销部门责任人初审,职能分管领导复审。
5.1.2　例行调研立项。
(1)例行调研立项由公司营销部门根据公司项目发展的需要在计划月度第一个星期提出,提交《月度例行调研方案》,经职能分管领导同意后立项。

××公司标准文件		××有限公司	文件编号××-××-××	
版本	第×/×版	市场调研控制程序	页 次	第×页

（2）在调研内容、方式、人员上发生较大变化时，报所在公司职能分管领导审核。

5.2 任务下达。

5.2.1 专项调研任务下达。

（1）自行开展的专项调研。

——营销部门责任人与调研负责人共同进行调研实施团队的组织。

——调研负责人依据《市场调研任务书》拟订《调研方案》。

——营销部门责任人审核《调研方案》，职能分管领导复审。

（2）委托专业市场调研单位的专项调研。

——须按《营销协作单位管理规定》进行协作单位的聘请。

——依据《市场调研任务书》向协作单位下达任务。

5.2.2 例行调研任务下达。营销部门责任人指定专人进行。

5.3 实施。

5.3.1 专项调研。

（1）自行开展的专项调研。

——调研负责人负责调研团队和调研实施过程的统筹协调。

——调研团队实施调研，调研资料整理、调研报告撰写。

——营销部门负责人对调研过程进行监控。

（2）委托专业协作单位的专项调研。

——须按《营销协作单位管理规定》进行协作单位的管理。

——《市场调研任务书》是协作单位实施调研的基本依据。

——调研负责人对市场调研实施过程进行严格监控。

5.3.2 例行调研。营销部门责任人指定专人依据《月度例行调研方案》实施调研。

5.4 审核。

5.4.1 专项自行调研由营销部门责任人进行《调研报告》的初审，初审通过后，职能分管领导组织营销部有关人员对《调研报告》进行专项审核，营销部负责人负责填写《专项调研（自行）审核单》。

5.4.2 例行调研由营销部门责任人审核《调研报告》，例行调研在计划月度后一个月中旬进行月度总体审核，由营销部负责人和调研组成员共同审核，调研负责人填写《例行调研审核单》。

5.5 内部共享。

5.5.1 专项调研成果需传阅至各所在公司相关职能部门，由职能分管领导根据专项调研的具体情况确定需传阅部门。

5.5.2 例行调研在营销部门责任人审核通过后，调研责任人输入营销部市场调研数据库。

5.6 评估。

5.6.1 只有专项委托调研报告需要专项评估。

5.6.2 专项委托调研报告评估，由职能分管领导组织，公司总经理、副总经理、工程部、财务部、办公室、前期部、营销部等部门负责人共同评估，由营销部负责人作评审会议纪要及填写《专项调研（委托）评估单》，职能分管领导初审，总经理最终审核后，由调研责任人传送给被调研公司对调研报告进行补充修改。

5.7 存档。营销部门应在调研报告完成后（经职能领导审批）在本部门即时存档。

5.8 专项调研工作程序及控制要点如下图所示。

续表

××公司标准文件		××有限公司 市场调研控制程序	文件编号××-××-××	
版本	第×/×版		页　次	第×页

流程	控制要点
有权指令人、营销职能部 下达调研指令、提出调研要求	(1)有权指令人下达调研指令，营销部门根据调研指令立项 (2)营销部门提出调研要求，调研要求根据"市场调研立项申请表"填写 (3)立项后营销部门责任人指定调研负责人编制《市场调研任务书》，《市场调研任务书》内容包括但不限于：调研目的、时间段、详细内容、成果要求、费用预算、调研人员
营销部门责任人 组织调研团队	(1)营销部门责任人和调研负责人组织调研团队，调研团队人员可以来自本部门、相关部门，也可以外聘 (2)若调研要委托专业调研公司，须按《营销协作单位管理规定》办理
调研责任人 负责调研方案的制订	项目责任人负责完成调研方案的编制，提交营销部门责任人审核，调研方案依据《市场调研任务书》拟订，内容包括但不限于：调研目的、时段、调研内容、调研方式、调研方法、详细的调研步骤及其对应责任人和对应的完成时点、费用控制
调研团队 实施调研	(1)调研团队在项目负责人的统筹协调下按调研方案实施调研 (2)项目负责人撰写并提交《调研报告》，报告内容详见《营销公文范例库》 (3)若调研委托专业调研公司，在此工作步骤中，要求由调研负责人对该过程进行严格监控
营销部门责任人 初审	(1)审核《调研报告》是否符合《市场调研任务书》 (2)审核《调研报告》格式是否符合公司营销公文范例要求 (3)审核调研过程中花费是否合理
职能分管领导 复审	(1)以调研结论的实际应用结果来评估调研报告的科学性和价值 (2)指出报告中应改进的地方
公司各部门汇审评估报告 专项委托评估《调研报告》	(1)调研负责人对汇审情况进行全场录音 (2)营销部负责人做评审会议纪要及填写《专项调研（委托）评估单》 (3)调研负责人将需要对报告内容修改的部分发送给被委托调研公司
调研报告存档	存档资料包括但不限于下列内容：市场调研立项申请单、调研任务书、调研方案、调研报告、审核和评估记录、会议纪要、函件等

专项调研工作程序及控制要点

续表

××公司标准文件		××有限公司 市场调研控制程序	文件编号××-××-××	
版本	第×/×版		页　次	第×页

6 相关记录
6.1 市场调研立项申请单。
6.2 《市场调研任务书》。
6.3 《调研方案》。
6.4 《调研报告》。
6.5 月度例行调研方案。
6.6 专项调研（自行）审核单。
6.7 例行调研审核单。
6.8 专项调研（委托）评估单。
6.9 《会议纪要》。

拟订		审核		审批	

制度2：市场调研工作制度

××公司标准文件		××有限公司 市场调研工作制度	文件编号××-××-××	
版本	第×/×版		页　次	第×页

1 目的
为使本公司及时掌握市场情况，搞好市场调研及预测工作，对市场信息进行有效的管理，从而作出符合实际的市场预测，并据此制订正确的经营方针，特制订本制度。

2 权责人员
本公司市场调研活动由市场部经理领导，市场调研主管负责具体实施的组织工作。

3 管理规定
3.1 调研类型
3.1.1 定期调研。每年1月底和7月底前确定半年度的调研项目和具体方案。
3.1.2 临时调研。新产品推出后或临时需了解市场动态和反应时，随时拟订调研方案。
3.1.3 资料收集。市场调研部门会同有关营业部门收集国内外有关统计资料和文献报告。
3.2 市场调研的内容
3.2.1 市场需求调研。市场需求调研主要包括市场需求量、需求结构和需求时间的调研。
（1）市场需求量主要取决于社会购买力水平。
（2）需求结构调研，主要是了解购买力的投向。
（3）需求时间调研，主要是了解消费者需求的季节、月份、具体购买时间，以及需求内的产品品种和数量结构等。
3.2.2 市场环境调研。企业的经营活动要受企业自身条件和外部环境的制约，环境的变化可以给企业带来市场机会，也可以给企业形成某种威胁，所以，市场环境调研是企业有效开展经营活动的基本前提。市场环境调研主要包括以下三个方面的内容。
（1）政治、法律环境调研。
（2）经济与技术环境调研。
（3）社会文化环境调研，包括知识、信仰、艺术、道德、风俗习惯以及人作为社会成员一分子所获得的任何观念与习惯。
3.2.3 市场营销事务调研。营销事务调研是围绕营销活动而展开的市场调研，主要包括产品调研、销售渠道调研、促销和服务调研、竞争对手调研4个方面的内容。
（1）产品调研：即对可能提供的产品的品种、数量、质量、包装、生产周期等进行调研。
（2）流通渠道调研：对产品在流通过程中所经过的流通环节或中间层次进行调研。其主要内容有以下7个方面。
——产品流通渠道的参加者以及市场占有率的变化。
——产品流转环节的具体层次，了解、掌握流转环节形成的客观因素的变化。

续表

××公司标准文件		××有限公司 市场调研工作制度	文件编号××-××-××	
版本	第×/×版		页次	第×页

　　——各类交通运输条件的变化。
　　——经销商网点和零售商网点布局的变化。
　　——产品花色品种和新产品发展方向的变化。
　　——企业经营管理条件的变化。
　　——产品购销形式的变化。
　（3）促销和服务调查。
　　——促销调查。促销是企业把生产经营的商品及所提供的服务向消费者宣传，促使和影响消费者进行购买和消费的活动。
　　——销售服务调查。销售服务分为售前服务、售中服务和售后服务。
　销售服务调查，应了解客户服务需要的具体内容和形式。了解企业目前所提供服务在网点数量、服务质量上能否满足消费者的要求，消费者对目前服务的反馈。调查了解竞争对手所提供服务的内容、形式和质量情况。
　（4）竞争对手调查。对竞争对手的调查，应主要了解以下6个方面的内容。
　　——竞争对手的数量，是否具有潜在的竞争对手，主要的竞争对手是谁。
　　——竞争对手的经营规模、人员组成以及营销组织机构情况。
　　——竞争对手经营商品的品种、数量、价格、费用水平和营利能力。
　　——竞争对手的供货渠道情况，是否建立了稳定的供货关系网。
　　——竞争对手对销售渠道的控制程度，是否拥有特定的消费群体，所占有的市场份额情况。
　　——竞争对手所采取的促销方式有哪些，提供了哪些服务项目，消费者反应如何。
　3.3　编制市场调研计划
　3.3.1　明确调查目的。调查项目的选择取决于调查目的和调查目标，即根据调查目的和调查目标，对各项问题进行分类，规定每项问题应调查、收集的资料内容、范围。调查项目正是为了取得所需的资料而设置的，所以，编制市场调研计划，首先应明确调查目的。
　3.3.2　明确调查方法。调查方法是指取得资料的方式，它包括在什么地点、找什么人、用什么方法进行调查。
　（1）确定调查地点。首先要从市场调查的范围出发，如果是调查一个城市的市场情况，就要明确是在一个区调查还是在几个区调查。其次要明确调查对象的居住地点，是平均分布还是分布在不同地区。
　（2）确定调查对象。主要是确定调查对象应具备的条件，如有关性别、文化水平、收入水平、职业等方面的选择要求。确定调查对象，就是根据市场调查的目的选择符合条件的市场活动参与者，确定调查对象的数目。
　（3）确定用什么方法进行调查。主要应从调查的具体条件出发，以有利于搜集到第一手原始资料为原则，一般如果是直接面对消费者作调查，直接搜集第一手材料，可以分别采取访问法、观察法和实验法，如果调查内容较多，可采用问卷法。
　3.3.3　确定调查人员。确定调查人员，主要是确定参加市场调查人员的条件和人数，包括对调查人员的必要培训。
　3.3.4　编制调查费用预算。编制调查费用预算的基本原则是：在坚持调查费用有限的条件下，力求取得最好的调查效果，或者是在保证实现调查目标的前提下，力求使调查费用支出最少。调查费用以总额表示，至于费用支出的细目，如人员劳务费、问卷印刷费、资料费、交通费、问卷处理费、杂费等，应根据每次调查的具体情况而定。
　3.3.5　编制市场调研计划。
　（1）编制工作进度日程。工作进度日程是对各类调查项目、调查方法的工作程序、时间、工作方法等要求作出的具体规定。如何时作好准备工作、由谁负责；何时开始培训工作，由谁主持；通过什么方式进行等。
　（2）编制工作进度的监督及检查。对工作进度的监督及检查，是及时发现问题，克服薄弱环节，保证整个调查活动顺利进行的重要条件。
　（3）编制市场调研计划。根据以上确定的内容编制市场调研计划，作为市场调研活动实施的指导方案。
　3.4　市场调研的实施
　3.4.1　市场调研准备。

续表

××公司标准文件		××有限公司 市场调研工作制度	文件编号××-××-××	
版本	第×/×版		页 次	第×页

（1）设计调查问卷。市场调查问卷设计需遵循如下程序。
——确定调研需要的信息，框定调研问卷问题的范围。
——确定问题的内容，明确在问卷中要提出哪些问题、包含哪些调查项目。为了保证调研效果，在保证获取所需信息的前提下，要尽量减少问题数量，降低回答难度。
——根据问卷内容的特点，确定问题的类型。问题主要有自由问题、多项选择题和二分问题三种。
——设计问题词句，避免引起被调查者的误解、反感等。
——确定问题的顺序，以提高被调查者的兴趣。
——针对设计好的问卷，选择小样本进行预试，以发现并改善问卷的缺点，提高问卷的质量。
（2）组织市场调研人员培训。对配备的调研人员进行适当的培训，以保证调查任务的准确完成。
3.4.2　市场调研执行。市场调研人员根据市场调研计划采用设计好的调研方法和工具实施市场调研活动。
3.4.3　市场调研部门可按以下程序，对市场调研结果进行分析与整理。
（1）对调研资料、调研结果或调研表进行整理和初步分析，然后汇总或编辑成册。
（2）对所收集的调研资料进行分类、分项目分析研究，并结合原始记录或历史数据等资料，进行对比研究。
（3）对调研结果或调研资料的真伪、可靠性和误差进行计算和分析。
3.4.4　编制市场调研报告。
（1）资料整理、分析。市场调查获得的资料大多数是分散的、零乱的，难免出现虚假、错误、冗余等情况，甚至被强加上调查人员的偏见，难以反映调查对象的特征和本质，因此必须对资料进行整理加工，使之真实、准确、完整、统一。
——整理资料，是指运用科学方法对调查资料进行编校、分类和分析，使之系统化、条理化，并以简明的方式准确反映调查问题的真实情况。
——编校，是指对收集到的资料进行检验、检查，验证各种资料是否真实可靠、合乎要求，剔除调查中取得的不符合实际的资料。
——检查调查资料的真实性和准确程度。作真实性检验时，可以根据以往的经验对调查资料进行判断，也可以根据其内在逻辑关系对调查资料进行判断，还可以通过各种数字检查调查资料。
——检查记录的一致性和口径的统一性。经过检查，对含糊不清的资料或记录不完备的地方，应及时要求调查人员辨认，必要时可复核更正。对于不合格的调查资料应剔除不计，以保证资料的完整性、准确性。
——资料分类，是指将经过编校检验的资料归入适当的类别，并制作成统计表或统计图，以便于观察、分析与运用。
——对资料的分析，是指计算各类资料的占有率，以便人们对调查结果产生清楚的概念。
（2）编制调研报告。市场调研报告应包括以下3个方面的内容。
——序言，主要说明调查的目的、调查过程及采用的方法。
——主体部分，根据调查的目的分析情况，作出结论与工作建议。
——附件，主要是报告主体部分引用过的重要数据和资料，必要时可以把详细的统计图表和调查资料作为附件。

拟订		审核		审批	

制度3：零售企业门店市场调查管理制度

××公司标准文件		××有限公司 零售企业门店市场调查管理制度	文件编号××-××-××	
版本	第×/×版		页 次	第×页

1　目的
　　为了了解门店周边市场的商圈信息以及消费市场的动态、商品发展趋势，进而开发新商品，引进市面新品项，充实卖场商品丰富感，更能及时调整商品价格、结构优化，了解本身经营类型的优劣缺失，继而拟订更完善的经营策略，树立公司良好的商品价格形象，提高其商品的价格竞争力，保持并创造良好的经营业绩与利润。

续表

××公司标准文件		××有限公司 零售企业门店市场调查管理制度	文件编号××-××-××	
版本	第×/×版		页　次	第×页

2　适用范围

适用于门店的市场调查活动。

3　管理规定

3.1　市场调查对象

凡具有竞争力及具有良好经营能力的业种，均可视为市场调查对象，如商圈半径距离在1000米内的以下对象。

（1）超市。

（2）传统农贸市场。

（3）便利店。

（4）零售小贩等。

3.2　市场调查商品类别

（1）生鲜类商品。

（2）食品类商品。

（3）百货类商品。

3.3　市场调查内容

（1）商品价格。

（2）商品质量。

（3）商品组合情况。

（4）新品引进情况。

（5）商品陈列方法。

（6）商品促销方式。

（7）顾客服务方式。

（8）员工服务方法。

（9）购物环境。

（10）人流状况。

3.4　市场调查时间及频率

3.4.1　生鲜类商品。

（1）市场调查时间：每天上午8:30前；每天下午15:30前。

（2）生鲜类商品，每天必须最少市场调查二次，上午8:30前必须市场调查一次，下午15:30前必须市场调查一次。

3.4.2　食品、百货类商品。

（1）每周星期一上午10:00前。

（2）每周星期五下午16:30前。

（3）食品、百货类商品，每周必须最少市场调查二次，即每周星期一上午10:00前必须市场调查一次，每周星期五下午16:30前必须市场调查一次。

3.5　市场调查商品品类定位和安排

3.5.1　市场调查品项定位。

（1）生鲜类商品，市场调查每小分类销售前10名单品。

（2）食品、百货类商品，市场调查每小分类销售前100名单品。

3.5.2　市场调查品项安排。

（1）生鲜类市场调查单品，每天下午16:00前，由总部信息部负责提供第二天需要门店执行市场调查的单品品项数给门店，门店收到后负责安排员工第二天执行市场调查。

（2）食品、百货类市场调查商品，每周星期六下午16:00前和每周星期四下午16:00前，由总部信息部负责提供需要门店执行的市场调查单品品项数给门店，门店收到后负责安排员工执行市场调查。

3.6　市场调查注意事项

3.6.1　市场调查商品以总部信息部提供的单品为市场调查前提。

3.6.2　市场调查商品必须针对同种、同质量、同规格、同包装方式、同销售单位（如可确认）。

3.6.3　市场调查价格高低，要注明是否为DM促销价、店内促销价或其他降价活动，如限时抢购等。

3.6.4　市场调查资料必须注明市场调查时间、地点、市场调查人员、对象、品项。

××公司标准文件		××有限公司 零售企业门店市场调查管理制度	文件编号××-××-××	
版本	第×/×版		页 次	第×页

3.6.5 市场调查时间、市场调查对象与范围均不得固定，随时机动变化。

3.7 市场调查方法

门店在做市场调查时，可采取观察记忆法、录音法、电话法等。若遇特殊商品，可予以购买商品，提供新商品开发。

3.8 抄录、录制市场调查商品流程

商品名称→包装规格→正常售价→促销售价、惊爆特价→是否为新商品（产地、厂家名称、电话）。

3.9 市场调查结果处理流程

3.9.1 门店安排员工市场调查完后，员工应在店长或组长的时间要求下，及时返回门店填写好市场调查表，并交店长或组长进行审核。

3.9.2 店长或组长收到门店员工市场调查表后，应第一时间对员工提交的市场调查表进行审核，在审核的过程中，如对其市场调查信息有疑惑，则必须另外安排其他员工对其疑惑项目进行二次市场调查，如没有疑惑，则审核后，在市场调查表上签字确认，再交给门店信息员。

3.9.3 门店信息员收到店长或组长签过字的市场调查表后，应第一时间对其生鲜商品做系统变价，并打印变价价格标签给部门理货员，作变价处理事宜。食品百货商品和生鲜商品的市场调查信息，应于第二时间上报给总部信息部。

3.9.4 总部信息部接到门店信息员上报的市场调查表后，应于1小时内汇总门店市场调查信息，打印或转发给采购部和营运部。

3.9.5 采购部接到信息部打印或转发的市场调查信息后，应在2小时内针对竞争者的情况作出市场反应和对策，并及时将其对策下发给各门店和营运部。

3.9.6 总部营运部接到总部信息部的市场调查表和接到采购部的市场调查反应对策后，及时监督门店、采购部做相应的市场调查反应对策。

3.10 处罚措施

3.10.1 门店店长或组长在安排员工做市场调查时，应重点强调和监督员工做好市场调查工作，不得弄虚作假、乱填数据，如经查出商品市场调查价格不真实，每发现一处扣市场调查当事人10分，超过5个单品市场调查价格不真实的门店，除处罚市场调查当事人外，另处罚店长和组长各50分。

3.10.2 在市场调查的过程中，对市场调查数据弄虚作假而造成公司销售毛利损失的，视损失情况，追究其有关人员经济责任。

3.10.3 门店信息员接收到店长或组长提交的市场调查表后，如不在店长或组长要求的时间内做出变价动作，则扣信息员10分。

3.10.4 总部信息部收到门店上报的市场调查表后，如不在规定的时间内打印或转发给采购部相关采购员，则扣总部信息部该工作负责人10分。

3.10.5 采购部相关负责人接收到总部信息部打印或转发的市场调查表后，如未在规定的时间内作出相应的反应和对策，并不及时将对策下发给门店者，扣该负责人10分。

拟订		审核		审批	

第三节 市场调查管理表格

表格1：市场调研立项申请单（自行）

市场调研立项申请单（自行）见表1-3。

表 1-3　市场调研立项申请单（自行）

编号：　　　　　　　　　　　　　　　　　日期：

申请单位、部门		项目负责人	
市场调研名称			
调研目的			
调研时段	注：包括市场调研报告撰写时间		
调研基本内容			
所需支持条件（人员、费用等）			
部门意见			
职能分管领导意见			

表格2：市场调研立项申请单（委托）

市场调研立项申请单（委托）见表1-4。

表 1-4　市场调研立项申请单（委托）

编号：　　　　　　　　　　　　　　　　　日期：

申请单位、部门		项目负责人	
市场调研名称			
调研目的			
调研时段	注：包括市场调研报告撰写时间		
调研基本内容			
所需支持条件（人员、费用等）			
部门意见			
职能分管领导意见			
总经理意见			

表格3：专项（自行）调研审核意见单

专项（自行）调研审核意见单见表1-5。

表1-5 专项（自行）调研审核意见单

编号：		日期：	
市场调研责任部门		项目负责人	
市场调研名称			
部门责任人 初审意见			
职能分管领导 复审意见			

表格4：例行调研审核意见单

例行调研审核意见单见表1-6。

表1-6 例行调研审核意见单

编号：		日期：	
市场调研责任部门		项目负责人	
市场调研名称			
调研责任人 初审意见			
营销部 意见			

表格5：专项（委托）调研评估单

专项（委托）调研评估单见表1-7。

表1-7 专项（委托）调研评估单

编号：			日期：		
市场调研责任部门			项目负责人		
市场调研名称					
公司各部门评估意见	报告肯定点（空白不足，可以另附纸张）：				
	需补充及修改内容（空白不足，可以另附纸张）：				
	营销部	市场推广部	工程部	财务部	办公室
公司副总审核意见	职能分管副总：		副总：		副总：
总经理意见					

表格6：竞争对手详细情况调查表

竞争对手详细情况调查表见表1-8。

表1-8 竞争对手详细情况调查表

1. 销售信息汇总

品牌	A	B	C	D	E	F
公司名称						
注册资金						
注册时间						
生产基地						
占地面积						
年生产能力						
员工人数						
组织架构						
售后服务人数						
主要产品						
价格						
表面处理						
边门配套						
生产设备						
安装方式						
专利技术						
认证						
营销模式						
渠道						
市场占有率						
工程情况						

2. 竞争对手企业介绍

企业名称					
行业类别		成立时间		注册资金	
生产基地		工业产值		职工总数	
主要产品					
企业介绍：					
企业地址					
联系电话		传真号码			
网址		E-Mail			

注：（1）本表填报上一年度相关统计数据。
（2）此表只能填写一个产品的资料，多个产品时要复制后相应填写。

3.竞争对手产品资料

企业名称			产品名称	
产品描述					
产品照片：			产品编号	
			产品分类	
			专利情况	
			产品水平	
			技术来源	
			是否获得认证的高技术产品	1.是（ ） 2.否（ ）
			表面处理	
边门配套			安装方式	
综合分析					
产品功能				
产品卖点				
年销量				
销售政策				
推广方式				
销售区域	□ 华北地区：北京、天津、河北、山西、内蒙古 □ 东北地区：辽宁、吉林、黑龙江、大连 □ 华东地区：上海、江苏、浙江、安徽、福建、江西、山东、宁波、厦门、青岛 □ 中南地区：河南、湖北、湖南、广东、广西、海南、深圳 □ 西南地区：重庆、四川、贵州、云南、西藏 □ 西北地区：陕西、甘肃、青海、宁夏、新疆 □ 其他			
主要经销商的销量				
分支机构				
营销队伍	业务员人数			
	业务员姓名			
	学历、年龄			
	服务时间			
	业务员口才			
	待遇			
	销售的对象			
	营销能力			
	业务员给客户的印象			
	业务方针及做法			
优势、劣势				
最新动向				
备注				

注：（1）专利情况：① 发明专利，② 实用专利，③ 外观专利，④ 未申请专利保护。
（2）产品水平：① 国际领先，② 国际先进，③ 国内领先，④ 国内先进，⑤ 其他。
（3）技术来源：① 国外，② 国内，③ 合作研究，④ 自主技术。
（4）此表只能填写一个产品的资料，多个产品时要复制后相应填写。

4. 竞争对手产品技术研究开发合作

合作项目名称				
合作单位名称				
通讯地址		邮政编码		
合作联系人		联系电话		
项目起止时间	年　月　日至　　年　月　日			
项目内容简介：				
提交材料	合作协议书（复印件）			

注：此表只能填写一个项目的资料，多个项目时要复制后相应填写。

5. 竞争对手科技资源

科技经费投入情况：					
科技活动经费/千元		其中：	研究开发经费/千元		
			占收入比例/%		
科技人员投入情况：					
科技活动人员/人			研究与试验发展人员		
获职称人数	高级职称（　）中级职称（　）初级职称（　）				
文化程度构成	博士（　人）大学（　人）大专（　人）				

注：本表填报上一年度相关统计数据。

6. 竞争对手企业动态信息

企业动态	
供求信息	
招聘信息	

表格7：某食品企业商圈调查表

某食品企业商圈调查表见表1-9。

表1-9 某食品企业商圈调查表

商圈调查表

地址：　　　　　　　　　　　　　　　调查时间：

一、商圈人口结构

1. 人口规模（调查门店可以达到多少销售量）
5000～8000户 □　　　3000～5000户 □　　　3000户以下 □
2. 住户密度：从周边小区入住率观察得出（调查门店的销售潜力）
80%以上 □　　　60%以上 □　　　40%以上 □　　　40%以下 □
3. 消费水平：到该区域比较大的超市去看看，然后到菜市场转一圈，看看差距，如果超市的价格比菜市场的高很多，那就说明该区域的消费水平不高，反之则说明消费水平较高（注意要以连锁超市为调查点）（调查该区域的消费水平，从而制订门店的销售价格）
高于城市平均水平 □　　　等同于城市平均水平 □　　　低于城市平均水平 □
4. 消费者的购物主要交通出行方式（多选）（可调查消费者到门店的距离，从而得出商圈的分级）
私家车 □　　　公交车 □　　　机动车（助力车、电动车、摩托车）□　　　步行（自行车）□
5. 消费习惯（调查哪类门店更受消费者的喜好）
习惯于在农贸市场及周边便利店购物 □
习惯于在超市购物 □

二、商圈经济结构（以1公里为辐射半径）

1. 购物环境要求（调查消费者对门店的环境要求，从而制订门店的装修方式及产品包装）
对于购物环境要求高 □　　　对于购物环境要求一般 □　　　对于购物环境要求低 □
2. 竞争环境（调查竞争对手的数量）
竞争对手数量30个以上 □　　　竞争对手数量20个以上 □　　　竞争对手数量10个以上 □
3. 该区域猪肉日销量（通过从早上6:30左右观察各肉摊的猪肉的数量，可以从猪头的数量或者猪脚的数量得出，然后在11:30观察各肉摊的销售数量得出该区域大概的猪肉日销量：_____头（调查该区域猪肉的需求量）
4. 构成交通流量的场所（调查消费者到该区域的目的，以及门店的广告策略）
百货商店（超市）□　　　大型集会场所（大型广场）□　　　娱乐场所 □　　　其他 □
5. 是否有不同的商业行业企业（如有，请注明企业名称）（调查出该区域是否有吸引人群的企业）
饮食业：_____
服务业：_____
娱乐业：_____
在建的房地产：_____
6. 是否有同类型门店（如有，请注明门店名称）
有 □　　　没有 □
名称：_____

三、商圈入驻条件

1. 租金水平（调查该区域入驻的成本）
商超抽点能否与其提供的销售条件符合　　是 □　　否 □
店租与周边门店相比较　　偏高 □　　等同 □　　偏低 □
2. 位置优势及障碍
（1）周边街道环境（调查该区域交通是否便捷）
是否位于交通主干道　　是 □　　否 □
是否位于交通次干道　　是 □　　否 □
道路中间有无隔离栏　　有 □　　无 □
（2）商圈范围内是否有类似河流、铁路等阻碍客流因素
是 □　　否 □

续表

(3) 主要公交路线（调查消费者到该区域是否方便，有多少小区的人群会到该区域消费）

序号	车次	起始站	终点站	途径主要社区	载客量
					多□ 一般□ 少□
					多□ 一般□ 少□
					多□ 一般□ 少□
					多□ 一般□ 少□

3.交通状况（调查该区域交通畅通情况，是否会经常堵车，导致客流量减少）
道路宽度　　8车道□　　6车道□　　其他□
停车场情况：（消费者出行的最大问题就是哪里有位置停车，有些区域的停车场是收费的，所以消费者更倾向于到不收费的停车场停车）
　自行车停放处：有□　　无□
　存放数量：_____位
　收费情况：_____元/位
　私家车停车处：有□　　无□
　存放数量：_____位
　收费情况：_____元/位
4.户外广告位：（是否有良好的广告宣传）
　(1) 橱窗　　　　　　有□　　无□　　_____个
　(2) 户外广告牌　　　有□　　无□　　_____个
　(3) 路灯挂旗　　　　有□　　无□　　_____个
　(4) 灯箱广告　　　　有□　　无□　　_____个
5.公共设施：（卫生间有时候也是吸引小部分消费者的关键因素）
　卫生间　　　有□　　无□
6.教育机构（接送孩子上学放学的有一部分为老年人，在早上送完孩子上学后，途中可以买菜）
　幼儿园□　　小学□　　中学□　　无□
7.金融机构（早上银行的客户多为老人、妇女）
　银行的数量_____

四、商圈政策条件
　1.政府对于农贸市场的监管力度
　强□　　一般□　　低□
　2.周边是否有在建的农贸市场
　有□　　无□
　3.周边是否有在建的大型商超
　有□　　无□

五、商圈特征
　1.产业结构
　商业区□　　工业区□　　其他□
　备注：商业区是指零售商业聚集，交易频繁的地区办公区
　工业区：在城市发展战略层面的规划中，要确定各种不同性质的工业用地，如机械、制造工业，将各类工业分别布置在不同的地段，形成的各个工业区
　2.行业形态（如果消费者到该区域附近买食品类的商品，可能会顺带买生鲜）
　食品行业为主□　　其他行业□
　3.建筑形态（消费人群的类别）
　住宅用途为主□　　商业用途为主□

续表

六、住宅特征
1. 房产性质
临建□　　稳定□　　待拆□　　租赁□　　自行开发□
2. 人流集中区域
周边是否有大型的广场吸引人群　　　是□　　否□
3. 人潮流动方向
小区人群习惯走向（从小区的哪个门）
人群购物时的走向＿＿＿＿＿＿＿＿＿＿＿＿＿＿＿＿＿＿＿＿＿＿＿＿＿＿＿＿＿＿＿＿
＿＿
＿＿

七、客流量的统计
人流量的测试

人流量：在店门前人流量的测定，是在所选择的门店店门前掐表记录经过的人流，测单位时间内多少人经过该位置。除了该位置所在人行道上的人流外，还要测门店所在市场几大主要通道的人流量，重点是计算出进店人群跟到门店消费者数量的比例，从当中可以得知该门店的盈利潜力如何，是否有足够的发展空间

方法：带上秒表到选定地址进行统计，正常统计时间为3～5天，不包括双休日

在每天高峰期的时间段内统计人流，人流统计的目的主要是计算门店人流数量，对流向和人群特点记录分析，以便估算以后的营业额，同时还可以根据人流特征来调整产品结构，制订门店的宣传策划

主要根据以下信息统计

走向：消费者是从哪个方向走向门店的

性别：是男性多还是女性多，平均数字是多少

年龄：各年龄阶段人数统计

时间段	经过人数	进店人数	购买人数	品项	金额
6:30～7:00					
7:00～7:30					
7:30～8:00					
8:00～8:30					
8:30～9:00					
9:00～9:30					
10:30～11:00					
11:00～11:30					
11:30～12:00					
16:30～17:00					
17:00～17:30					

（备注：画正号来记录）

八、销售环境
1. 竞争对手

通过查看该门店周边一公里之内的同行业的数量，得出该市场热鲜肉与冷鲜肉的销售比例以及肉摊经营与门店经营的比例

2. 猪肉日销量

通过在促销前三天考察该市场的同类行业的猪肉日销量来制订该门店促销当天的报货量（通过从早上6:30左右观察各肉摊的猪肉的数量，可以从猪头的数量或者猪脚的数量得出，然后在11:30观察各肉摊的销售数量得出该区域大概的猪肉日销量

表格8：商业消费调查问卷表

商业消费调查问卷表见表1-10。

表1-10　商业消费调查问卷表

商业消费调查问卷表

感谢您能对此次调查提出宝贵意见：
1. 您目前居住在哪个区域？（按行政区划分）
请填写：_____
2. 您前往商场的出行方式是：
□步行　　□骑自行车　　□摩托车　　□出租车　　□公交车　　□自驾车
3. 您进行消费娱乐活动时，最多的活动方式是？
□单独活动　　□约会　　□朋友等多人活动　　□家庭活动
4. 您经常去哪家商场或购物中心购物？
请填写：_____
5. 在下列选项中，您在选择购物地点时特别注重的主要因素是：（限选三项）
□与居所之间的距离和交通便利性　　□商场内商品种类是否丰富
□商场内是否有自己喜欢的品牌　　□商场的知名度和形象　　□商场的规模
□商场规划良好、环境舒适　　□人流是否旺盛　　□商场是否位于商业中心区
□商场是否经常举办促销活动　　□商场内商品是否高档
□与工作地点之间的距离和交通便利性　　□附近是否有其他高档商场
6. 您经常去哪家大型超市购物？
请填写：_____
7. 在下列选项中，您在选择超市时特别注重的主要因素是：（限选三项）
□商品售价　　□交通方便　　□商品种类　　□服务态度　　□是否有鲜活食品
□知名度　　□超市规模　　□邻近住所　　□店内装修　　□邻近工作地点
□周边有许多其他类型的商店　　□邻近经常光顾的餐厅　　□邻近经常光顾的休闲娱乐场所
8. 您外出就餐或聚餐首选是哪里？（商业区或者商业街）
请填写：_____
9. 您光顾的餐厅类型：

高档中式餐厅	□经常	□偶尔	□很少	□从未光顾
高档西餐厅	□经常	□偶尔	□很少	□从未光顾
连锁快餐厅	□经常	□偶尔	□很少	□从未光顾
一般餐馆	□经常	□偶尔	□很少	□从未光顾
小吃店	□经常	□偶尔	□很少	□从未光顾
咖啡厅	□经常	□偶尔	□很少	□从未光顾
酒吧	□经常	□偶尔	□很少	□从未光顾
茶楼	□经常	□偶尔	□很少	□从未光顾

10. 在下列选项中，您在选择餐厅时特别注重的主要因素是：（限选三项）
□与居所之间的距离和交通便利性　　□与工作地点之间的距离和交通便利性
□餐厅的气氛和环境舒适、卫生好　　□价格较其他餐厅便宜
□大量餐厅聚在一起可供选择　　□位处市内主要商业点
□周边有很多其他类型商店或休闲娱乐设施
11. 您经常参加的休闲娱乐项目是：（限选三项）
□看电影　　□购物逛街　　□唱歌（KTV）　　□运动健身　　□棋牌
□游戏机中心、网吧　　□泡吧（休闲吧、咖啡吧、茶楼、酒吧）　　□桑拿、按摩、足浴
12. 您最希望进行的休闲娱乐项目是：（限选三项）
□看电影　　□购物逛街　　□唱歌（KTV）　　□运动健身　　□棋牌
□游戏机中心、网吧　　□泡吧（休闲吧、咖啡吧、茶楼、酒吧）　　□桑拿、按摩、足浴
13. 您进行休闲娱乐消费首选区域是：（商业区或者商业街）
请填写：_____

续表

14.在下列选项中，您在选择休闲娱乐设施时特别注重的主要因素是：（限选三项）

□与居所之间的距离和交通便利性　　　□与工作地点之间的距离和交通便利性
□休闲娱乐场所的气氛和环境舒适、卫生好　□价格较其他便宜　　□位处市内主要商业点
□大量休闲娱乐场所聚在一起可供选择　　□有喜爱的休闲娱乐活动或习惯经常光顾

15.您对本区目前商业设施的评价是：
品牌服装专卖店　　　□极需要增加　　□需要增加　　□适中　　□供应过多
一般超市　　　　　　□极需要增加　　□需要增加　　□适中　　□供应过多
大型超市　　　　　　□极需要增加　　□需要增加　　□适中　　□供应过多
普通商场、百货公司　□极需要增加　　□需要增加　　□适中　　□供应过多
中高档商场、百货公司□极需要增加　　□需要增加　　□适中　　□供应过多

16.您对本地目前商业环境的评价是：
商品价格　　　□太高　　□较高　　□适中　　□较便宜　　□很便宜
交通便利程度　□很差　　□较差　　□一般　　□较好　　　□很好
连街环境　　　□很差　　□较差　　□一般　　□较好　　　□很好
商店分布　　　□太少　　□较少　　□适中　　□较好　　　□很好
商品种类　　　□缺乏　　□较少　　□足够　　□较多　　　□很丰富

17.请问您的年龄属于以下哪一范围？
□24岁以下　　□25～29岁　　□30～39岁　　□40～49岁　　□50岁以上

18.请问您的职业是：
□公司、企业管理人员　　□公司、企业一般职员　　□私营业主、个体户
□公务员、事业单位　　　□自由职业者　　　　　　□其他

19.请问您的月收入约为（含工资以外收入）：
□2000元以下　　□2001～3000元　　□3001～4500元　　□4501～5999元
□6000～7500元　□7501～8999元　　□9000元以上

受访者基本资料：
受访者签名：　　　　　　　　　　　　　　　受访者电话：

表格9：媒体调研问卷表

媒体调研问卷表见表1-11。

表1-11　媒体调研问卷表

1.报纸调研问卷

报纸调研问卷

1. 报纸名_____
2. 广告部负责人_____
   电话_____　手机_____　QQ_____　微信_____
3. 广告联络人_____
   手机_____　QQ_____　微信_____
4. 发行量_____份　零售额_____元
5. 地区发行份数：（该发行量前三位的地区）
   （1）　　　　　　　　　　地区　　　　　　　份
   （2）　　　　　　　　　　地区　　　　　　　份
   （3）　　　　　　　　　　地区　　　　　　　份
6. 读者层
   该报主要读者是_____（15～35岁年轻人、35～50岁中年人、50岁以上的老年人）
   　　　　　　　_____（单身、家庭）
   　　　　　　　_____（男性、女性）
   　　　　　　　_____（工人、初级职员、中高级人员、公务员或国家干部、个体户）
7. 该刊的最好的普通版是_____最好的专题版是_____
   最受欢迎的栏目是_____（举1～2个即可）
8. 对该媒介的综合评价：
   _____
9. 一周内该媒介广告发布量百分比统计（以发布频次及额度为例）
   _____发布频次_____金额_____
10. 附该媒体的价目表：

2. 电视台调研问卷

电视台调研问卷

1. 电视台名_____
2. 广告部负责人_____
   手机_____ QQ_____ 微信_____
3. 广告联络人_____
   手机_____ QQ_____ 微信_____
4. 估算每天观众人数_____
5. 该电视台黄金（甲级）时间为_____
   该时间目前的广告为_____、_____、_____
6. 该电视台乙级时间为_____
   该时间目前的广告为_____、_____、_____
7. 该电视台覆盖区域_____
   该区域人口总数_____
8. 该电视台的著名栏目_____、_____、_____
9. 该台黄金时段收视率最低_____ 最高_____
   该台乙级时间收视率最低_____ 最高_____
10. 该台日常电视剧受欢迎程度_____（高、中、低）
11. 该电视台与公司产品有关的栏目为_____、_____、_____、_____
12. 对该媒体的综合评价

13. 附该电视台广告价目表

3. 广播调研问卷

广播调研问卷

1. 广播台名_____
2. 广告部负责人_____
   手机_____ QQ_____ 微信_____
3. 广告联络人_____
   手机_____ QQ_____ 微信_____
4. 估算收听人数_____
5. 电台覆盖区域_____ 总人口_____
6. 该电台黄金（甲级）时间为_____
   该时间目前的广告为_____、_____、_____
7. 该电台乙级时间为_____
   该时间目前的广告为_____、_____、_____
8. 该电台的著名栏目_____、_____、_____
9. 该台最高收听率_____ 最低收听率_____
10. 该台最受欢迎的主持人_____
11. 该台与产品有关的栏目_____、_____
12. 该台广告价目表

4.辅助媒体调研问卷

辅助媒体调研问卷

1. 该地区常见辅助媒体　如：车体广告_____、_____、
_____、_____、_____、
_____、_____、_____、
_____、_____、_____、
2. 最常使用的是_____、_____、_____
3. 该地区辅助媒体的优缺点述评_____
4. 同类产品最常使用的辅助媒体是_____、_____、_____
5. 价目单

表格10：同类产品价格调研表

同类产品价格调研表见表1-12。

表1-12　同类产品价格调研表

调研区域：_____

产品名称	规　格	品　牌	单　价	价格数据来源
备注				

制表人：　　　　　　　　　　　　制表时间：

表格11：市场各区域竞争产品对比表

市场各区域竞争产品对比表见表1-13。

表1-13　市场各区域竞争产品对比表

调研地点（卖场、超市）	
地址	
品牌名称	
品牌功能与特点	
产品规格	
陈列方式	
包装样式	
零售价	
陈列数量	
备注	

制表人：　　　　　　　　　　　　制表时间：

表格12：市场占有率分析表

市场占有率分析表见表1-14。

表1-14 市场占有率分析表

区域_____
年度_____

月份	本品牌		主要竞争品牌1		主要竞争品牌2		主要竞争品牌3	
	销量	市场占有率	销量	市场占有率	销量	市场占有率	销量	市场占有率
1								
2								
3								
4								
5								
6								
7								
8								
9								
10								
11								
12								
合计								
备注								

制表人：　　　　　　　　　制表时间：

表格13：消费者购物意识分析表

消费者购物意识分析表见表1-15。

表1-15 消费者购物意识分析表

区域_____

消费者构成分析	
消费者年龄构成	
消费者性别构成	
消费者收入范围	
企业应对策略：	

续表

消费者观念分析	
消费者个性分析	
消费者价值观分析	
消费者购物理念分析	
企业应对策略：	
消费者需求分析	
消费者工作需求分析	
消费者生活需求分析	
消费者文化需求分析	
企业应对策略：	

制表人：　　　　　　　　　　制表时间：

表格14：市场开拓分析表

市场开拓分析表见表1-16。

表1-16　市场开拓分析表

市场情况	市场规模	
	目标群体	
	消费者需求	
	市场进入壁垒	
行业现状	竞争状况	
	技术发展	
	营运制度	
	市场领先者经营分析	
可行性分析	目标占有率	
	目标消费额	
	收支盈亏预算	
	人力配备情况	
市场分析结论		
备注与前提假设		

制表人：　　　　　　　　　　制表时间：

表格15：产品营销分析表

产品营销分析表见表1-17。

表1-17　产品营销分析表

产品分析项目	本品牌	市场主要竞争者
功能		
品质稳定度		
外观时尚美观度		
耐用程度		
故障率		
使用难易程度		
营销力度		
广告投入		
促销投入		
原料成本		
辅助材料成本		
人力成本		
制造费用		
利润率		
备注		

制表人：　　　　　　　　　　制表时间：

表格16：畅销产品分析表（一）

畅销产品分析表（一）见表1-18。

表1-18　畅销产品分析表（一）

区域_____
产品名称_____

条件		销量
门市	大型超市	
	百货公司	
	零售店	
时间	平时营业时间	
	假日营业时间	
消费者年龄	0～20岁	
	20～30岁	
	30～40岁	
	40～50岁	
	50岁以上	

续表

项　　目	特点描述
柜台环境	
促销活动	
产品品种	
产品价格	
相关负责人员	

制表人：　　　　　　　　　　　制表时间：

表格17：畅销产品分析表（二）

畅销产品分析表（二）见表1-19。

表1-19　畅销产品分析表（二）

品名			
条件		项目	内容
区位条件	地区	靠近车站或铁路线	
		靠近学校	
		其他地区	
	经销商	大型百货公司	
		超级市场	
		便利店	
顾客条件	性别要求	男	
		女	
	年龄层	10岁以下	
		10～20岁	
		20～35岁	
		35～50岁	
		50岁以上	
商品条件	畅销商品	商品种类	
		商品数量	
		商品特点	
		包装	
		品质	
		价格	
竞争产品	同类产品	同类产品性能	
		同类产品价格	
销售条件	促销	促销人员	
		销售柜台布置	
		销售柜台环境	
其他条件			

表格18：市场总容量调查估计表

市场总容量调查估计表见表1-20。

表1-20　市场总容量调查估计表

商品名称或类别：　　　　　　调查区域：　　　　　　调查时间：

项目	时间						说明
	年	年	年	年	年	年	
总人口							
消费群体占总人口比例							
物价指数							
居民存款调查							
消费群体购买力总和							
替代品或相关产品销售情况							
区域内市场总容量							
竞争对手销售情况							
企业历史销售情况							
经济景气趋向							
竞争关系发展趋势							
企业销售策略建议							

表格19：市场绝对占有率分析表

市场绝对占有率分析表见表1-21。

表1-21　市场绝对占有率分析表

商品名称或类别：　　　　　　调查区域：　　　　　　调查时间：

项目	过去三年分析			未来三年预测			说明
	年	年	年	年	年	年	
区域内该产品的总销售量①＝②							
其中：企业甲							
企业乙							
企业丙							
企业丁							
……							
本企业							
合计②							
本企业在该区域内的销售量③							
企业市场占有率④＝③÷①×100%							
企业策略建议							

表格20：市场相对占有率分析表

市场相对占有率分析表见表1-22。

表1-22　市场相对占有率分析表

商品名称或类别：　　　　　　　调查区域：　　　　　　　调查时间：

项目	过去三年分析			未来三年预测			说明
	年	年	年	年	年	年	
区域内该产品的总销售量①＝②							
其中：标杆企业甲							
标杆企业乙							
标杆企业丙							
合计②							
本企业在该区域内的销售量③							
本企业市场占有率④＝③÷①×100%							
本企业策略建议							

表格21：新商品销路调查分析表

新商品销路调查分析表见表1-23。

表1-23　新商品销路调查分析表

填写日期：　年　月　日

品名		售价	
购入客户		进价	
引进日	年　月　日	发售日	年　月　日

销售商店＼状况判断	销售估计	结果	未购买理由	月份销售预订	备注
可否销售	□可　□否	月份送货量		一次订购量	
标准库存量		最低库存量		销售期间	
保管场所					

表格22：产品市场调研分析表

产品市场调研分析表见表1-24。

表1-24　产品市场调研分析表

调研区域_____

项　目	内　容
推出日期	
销售年数	
利润率	
市场占有率	
价格	
品质	
外观	
竞争优势	
竞争劣势	
技术发展	
行业现状	
综合分析	
备注	

制表人：　　　　　　　　　　制表时间：

表格23：市场调研状况月报表

市场调研状况月报表见表1-25。

表1-25　市场调研状况月报表

调研区域_____

竞争对手本月销量	
竞争对手本月促销活动	
竞争对手本月新品上市	
本品牌本月销量	
本品牌本月促销活动	
本品牌本月新品上市	
销售渠道对本品牌本月业绩的反馈	
本月消费者对本品牌的反馈	
其他需要报告的事项	
备注	

制表人：　　　　　　　　　　制表时间：

表格24：市场月度信息反馈报告

市场月度信息反馈报告见表1-26。

表1-26　市场月度信息反馈报告

市　场：_____　　促销员：_____　　月份：_____
促销场所：_____　　地　址：_____

一、工作执行
1. 本月目标：_____　　完成情况：_____
   达成或未达成的原因：_____
2. 促销推广活动效果及原因：_____
3. 赠品、宣传品派送的品种、数量：_____
4. 考勤与纪律：_____
5. 顾客意见：_____
6. 个人建议：_____

二、获得支持
1. 每月培训_____次，例会_____次，效果：_____
2. 需要哪方面的培训：_____
3. 促销主管巡查_____次，现场指导_____次，效果：_____
4. 配送货：□很及时　□一般　□差。例：_____
5. 其他：_____

三、竞品信息
1. 销售情况：

品牌名称									
月销量									
畅销品种									
月销量									

原因：_____
顾客意见：_____
2. 新进场（指三个月内）的同类产品名称及销量：_____
_____
其最畅销的品种、规格、单价和数量：_____
原因：_____
顾客意见：_____
其他同类产品促销推广活动的内容及效果：_____
促销员：_____　　日期：_____　　营销主管：_____
注：1. 本表交营销主管，并就第二部分内容对促销员保密
　　2. 营销主管应充分并及时反馈本报告的相关信息，要求培养好促销员准确填制本报告的能力以及习惯
　　3. 每月收集后编号归档，备上级检查

 **学习总结**

通过本章的学习，我对市场调查管理有了以下几点新的认识：

1.＿＿＿＿＿＿＿＿＿＿＿＿＿＿＿＿＿＿＿＿＿＿＿＿＿＿＿＿＿＿
2.＿＿＿＿＿＿＿＿＿＿＿＿＿＿＿＿＿＿＿＿＿＿＿＿＿＿＿＿＿＿
3.＿＿＿＿＿＿＿＿＿＿＿＿＿＿＿＿＿＿＿＿＿＿＿＿＿＿＿＿＿＿
4.＿＿＿＿＿＿＿＿＿＿＿＿＿＿＿＿＿＿＿＿＿＿＿＿＿＿＿＿＿＿
5.＿＿＿＿＿＿＿＿＿＿＿＿＿＿＿＿＿＿＿＿＿＿＿＿＿＿＿＿＿＿

我认为根据本公司的实际情况，应制订以下制度和表格：

1.＿＿＿＿＿＿＿＿＿＿＿＿＿＿＿＿＿＿＿＿＿＿＿＿＿＿＿＿＿＿
2.＿＿＿＿＿＿＿＿＿＿＿＿＿＿＿＿＿＿＿＿＿＿＿＿＿＿＿＿＿＿
3.＿＿＿＿＿＿＿＿＿＿＿＿＿＿＿＿＿＿＿＿＿＿＿＿＿＿＿＿＿＿
4.＿＿＿＿＿＿＿＿＿＿＿＿＿＿＿＿＿＿＿＿＿＿＿＿＿＿＿＿＿＿
5.＿＿＿＿＿＿＿＿＿＿＿＿＿＿＿＿＿＿＿＿＿＿＿＿＿＿＿＿＿＿

我认为本章的内容不够全面，还需补充以下方法、制度和表格：

1.＿＿＿＿＿＿＿＿＿＿＿＿＿＿＿＿＿＿＿＿＿＿＿＿＿＿＿＿＿＿
2.＿＿＿＿＿＿＿＿＿＿＿＿＿＿＿＿＿＿＿＿＿＿＿＿＿＿＿＿＿＿
3.＿＿＿＿＿＿＿＿＿＿＿＿＿＿＿＿＿＿＿＿＿＿＿＿＿＿＿＿＿＿
4.＿＿＿＿＿＿＿＿＿＿＿＿＿＿＿＿＿＿＿＿＿＿＿＿＿＿＿＿＿＿
5.＿＿＿＿＿＿＿＿＿＿＿＿＿＿＿＿＿＿＿＿＿＿＿＿＿＿＿＿＿＿

第二章　产品策划管理工具

引言

产品策划是以实现企业利益为出发点，以满足目标消费群体的需求为导向，从市场营销的角度，通过对产品明确定位、产品组合策略和产品生命周期管理，实现产品从无到有，到卖给消费者（规划、设计、开发、采购、生产、销售）等的一系列规划和管理。

本章学习指引

目标	了解产品策划管理的要点，并能够运用所提供的范本，根据本企业的实际情况制订相应的管理制度、表格

学习内容

管理要点	·产品定位 ·新产品策划 ·产品定价策划 ·产品组合策划
管理制度	·产品方案市场营销策划管理办法 ·产品定位策划程序 ·新品上市推广策略控制程序 ·新产品宣传制度 ·产品定价方案审批管理规定 ·产品销售价格管理办法
管理表格	·产品方案区域厂商结构表 ·产品方案厂商增长表 ·产品方案区域增长表 ·客户需求分析表 ·竞争产品方案对比表 ·区域机会描述表 ·重点客户机会描述表 ·产品方案目标设定表 ·产品方案目标时间分解表 ·产品方案目标区域分解表 ·关键成功要素分析表 ·产品方案报价表 ·软文宣传规划表 ·市场活动规划表 ·市场促销规划表 ······

第一节 产品策划管理要点

要点1：产品定位

产品定位就是针对消费者或用户对某种产品某种属性的重视程度，塑造产品或企业的鲜明个性或特色，树立产品在市场上一定的形象，从而使目标市场上的顾客了解和认识本企业的产品。

（一）产品定位的内容

在产品定位中，一般说来应该定位表2-1所列内容。

表2-1 产品定位的内容

序号	项目	内容
1	产品的功能属性定位	解决产品主要是满足消费者什么样的需求、对消费者来说其主要的产品属性是什么
2	产品的产品线定位	解决产品在整个企业产品线中的地位，本类产品需要什么样的产品线，即解决产品线的宽度与深度的问题
3	产品的外观及包装定位	产品的外观与包装的设计风格、规格等
4	产品卖点定位	即提炼出产品USP（独特销售主张）
5	产品的基本营销策略定位	确定产品的基本策略——做市场领导者、挑战者、跟随者还是补缺者，以及确定相应的产品价格策略、沟通策略与渠道策略
6	产品的品牌属性定位	主要审视产品的上述策略的实施决定的品牌属性是否与企业的母品牌属性存在冲突，如果冲突，如何解决或调整

（二）产品定位的方法和步骤

1.产品定位的方法

产品的定位有许多不同的方法，对我们而言比较可行的定位法如图2-1所示。

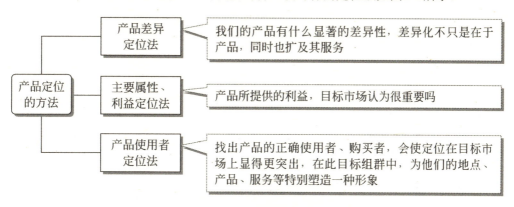

图2-1 产品定位的方法

2.产品定位步骤

实战中，应将产品固有的特征，独特的优点、竞争优势等和目标市场的特征、需求、欲望等结合在一起考虑。产品定位步骤如图2-2所示。

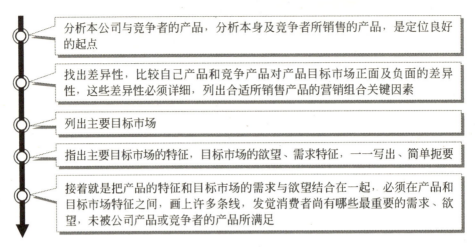

图2-2　产品定位步骤

要点2：新产品策划

新产品是指在产品整体概念中的任何一部分进行变革或创新，并能给消费者带来新的利益和满足的产品。新产品策划是使企业开发的新产品与消费者的需求进行动态适应的市场开发过程。

（一）新产品策划内容

新产品策划是指新产品从创造、发明、构想审查、研究活动及产品开发的调整、新产品的命名包装和商标的确定，到新产品上市、新产品的市场开发、产品改良及调整等的过程。

（二）新产品策划步骤

新产品策划是一个牵涉企业全局的系统工程，严密的组织和管理以及系统科学的工作程序，是避免新产品策划失败和减少失误的有效途径。不同的企业由于其生产经营条件的不同，新产品策划也各具特色。就一般企业而言，新产品策划的过程，大致可以分为新产品开发策划和新产品推广策划两个方面。具体如图2-3所示。

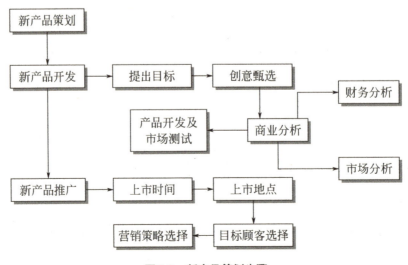

图2-3　新产品策划步骤

1. 新产品开发策划

新产品开发策划是指企业根据企业目标和市场需求,制订新产品开发和具体实施计划。具体见表2-2。

表2-2　新产品开发策划的步骤要点

序号	步骤	要点
1	提出目标,创意搜集	在企业战略基础上,根据市场发展趋势,提出新产品的开发设想,这是新产品策划的开始 企业创意搜集可以从消费者对现有产品的意见中发现,从专家的新的科技成果中寻找,可以从竞争对手企业的产品上得到启发,还可以设法鼓励企业内部的工作人员集思广益,如营销人员因其经常与顾客打交道,了解顾客对产品的看法,往往能产生出新的设想,将搜集到的好的设想,由有关部门进行完善
2	创意甄选	企业在搜集新产品开发的许多设想后,必然涉及对设想的甄选,这是新产品策划中一项十分重要的工作,甄选时一般可以考虑以下10个方面的因素 (1) 新产品与企业发展目标的关系 (2) 新产品的目标市场与可能的销售量 (3) 新产品可能获得的利润 (4) 新产品有突出的特点,容易为消费者所了解 (5) 新产品开发成本和企业现有资源的利用 (6) 新产品的原材料保证 (7) 新产品上市市场竞争状况估计 (8) 新产品的潜在需求量 (9) 新产品与企业现有产品的关系和对现有产品销售的影响 (10) 消费者对新产品的态度
3	财务分析	财务分析是指详细分析新产品开发在商业上的可行性,主要是对几个主要指标进行估算,如新产品的销售量、成本、利润、投资收益率等,判断它是否符合企业的目标
4	市场分析	市场分析是指拟订新产品市场营销组合策略的方案,如产品的结构、目标市场、消费者购买行为及新产品的市场定位、产品的定价、销售渠道策略、短期的销售量的预计以及销售费用的预算
5	产品实体开发和试销	产品实体开发主要是策划产品说明书的编写和产品技术经济指标的研究分析,即进行技术上的可能性、经济上的合理性与市场占有性的综合论证,然后对此进行全面评价;通过试销,让产品与消费者见面,了解消费者对新产品的意见,及时改进

2. 新产品推广策划

新产品推广策划主要包括新产品投放时机和地区的选择、市场销售渠道的选择和营销策略的选择。

(1) 制订上市时间。上市时间的选择关系到新产品推广的成败,因此新产品上市应尽可能选择最佳的上市时机,季节性产品最好是应季上市,如冬令商品在冬季上市。也可利用相应的节假日推出与之相关的商品,如儿童用品在儿童节上市就比较好。同时还必须考虑新产品上市对老产品的影响,如果对老产品销售影响很大,则应在老产品库存量下降到一定程度后再推出新产品。另外,由于新产品上市的准备工作牵涉面广,各方相互依赖性强,需要各方按时完成分内工作,因此需要制订准确的上市计划表并严格执行。

如果竞争对手也推出相类似的新产品,那么企业进入市场的时机有以下3种方案可供选择,如图2-4所示。

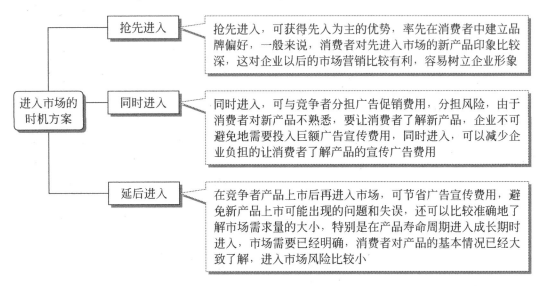

图2-4　进入市场的时机方案

（2）上市地点的选择。新产品最初上市地点的选择需十分慎重，这关系到新产品推广的成败。这方面需要策划的是究竟选择一个地区市场上市还是选择全国市场上市，选择城市市场上市还是选择农村市场上市。一般来说，小企业可选择一个中心城市推出新产品，然后再逐步推广，如果是大企业则可以多选择一些城市或在全国同时开展推广活动。

（3）目标顾客的选择。企业推出新产品时应针对最佳顾客群制订营销方案，新产品的目标顾客应具备以下条件，如图2-5所示。

条件一　产品的早期使用者，也称为革新型购买者

这类人对新产品比较敏感，易于接受新生事物，不同产品由于针对目标市场不同，表现会有所不同，但是任何产品（特别是消费品）的早期使用者都是存在的，我们的任务是找到他们，并进行行之有效的促销活动

条件二　产品的大量使用者

这类人可以保证产品一定的销售量，在新产品推广之初，一个关键的问题是不能形成有效的销售，导致销售成本费用过高

条件三　对产品有好评并且在社会上有一定影响力的消费者

榜样的力量是无穷的，在新产品推广中，可以利用人们对有一定影响力人士的崇拜心理，来打开新产品的销路

条件四　用最少的促销费用可以争取到的消费者

不同消费者接受商品的来源不同，并不是促销费用越多效果就越好，如一些医药保健品就采用专家免费门诊的方式推广产品，利用人们对专家的迷信达到促销的目的，如果选择广告媒体，就涉及受众接受广告信息的习惯问题

图2-5　新产品的目标顾客条件

(4)营销策略的选择。新产品推广的营销策略选择主要是营销组合要素的先后次序和投资比例的选择,对不同地区、不同市场和不同消费群体,应采用不同的营销策略。

(三)新产品策划应考虑的因素

新产品策划是一项十分复杂的系统工程,涉及的因素很多。从内容上来看,新产品策划比一般的营销策划更加丰富,做起来难度也比较大,但就其内容而言,不外乎内在因素和外在因素两个方面。

1. 策划中应该考虑的内在因素

(1)新产品选择应考虑的因素。新产品选择应考虑的因素见表2-3。

表2-3 新产品选择应考虑的因素

序号	因素	说明
1	市场情报	通过对市场环境如消费需求、竞争者等进行分析之后,发现市场机会
2	新产品性能	新产品种类很多,有全新产品、换代产品、改进产品和新牌子产品,不同类型的新产品性能特点不同,策划上的要求也不同
3	估计潜在市场	新产品由于还没有上市,无法掌握其需求的第一手资料,企业只能通过其他办法估计其可能的市场需求
4	消费者接受的可能性	将消费者心理、经济、社会文化等各种因素综合起来考虑,估计消费者接受新产品的可能性有多大
5	获利多少	企业推出新产品的最终目的是为了盈利,因此对盈利的估计就十分重要了,它直接影响企业的决策

(2)新产品再研究。

——同类产品的竞争情况:这里主要是指完全相同的产品或满足同一需求的产品。

——预计新产品的成长曲线:参考相关产品的产品寿命周期曲线。

——产品定位:本企业产品与其他企业同类产品或其他产品相比较所具有的特点,在消费者心目中本产品的个性形象。

——包装与式样:与目标市场消费者需要和产品特色相配套。

——产品促销:相应的促销方式。

——制造过程的情报:技术资料和原材料供应信息。

——产品成本:根据消费需求的特点,确定相应的制造成本和促销成本。

——法律因素:法律的制约。

——成功概率。

(3)市场计划因素列表。市场计划因素列表见表2-4。

表2-4 市场计划因素

因素	具体内容	因素	具体内容
产品计划	决定产品定位	销售渠道	直销
	确立目标市场		经销商
	品质与成分		连锁店
	销售区域		超级市场
	销售数量		百货公司
	新产品销售的进度表		零售店

续表

因素	具体内容	因素	具体内容
名称	产品的命名	商品陈列	商店布置
	商标与专利		卖点陈列和广告
包装	与产品价值相符的外貌	服务	售前服务
	安装的式样		售中服务（销售期间的服务）
	成本		售后服务
推销人员	推销技巧		投诉的处理
	推销素材		各种服务技能的训练
	奖励办法	运送	运送工具与制度
销售促进	新产品发布会		运送途中保持良好品质的条件
	各种展示活动		运费的估算
	各类赠奖活动		损耗率
广告	选择广告代理商		损耗产品的控制与处理
	广告主题及表现		退货的处理办法
	广告预算及进度表	信用管理	会计程序
	预测广告效果		客户信用调查
公共关系	与政府有关机构的公关		票据确认
	与厂商的公关（供应商与经销商）		信用额度
	与各传播媒体的公关		收款技巧
	公司内部公关	损益表	营业收入
价格	新产品定价		营业成本
	公司与经销商的利润分配		营业费用
	研究合理的价格政策		税前利润与税后纯利

2.策划中应考虑的外在因素

策划中应考虑的外在因素如图2-6所示。

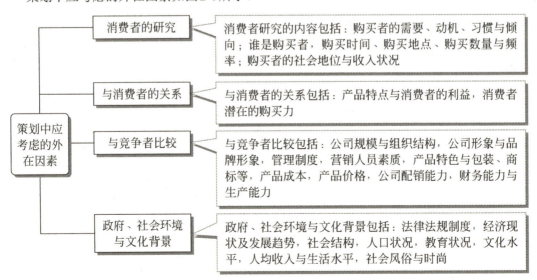

图2-6 策划中应考虑的外在因素

要点3：产品定价策划

（一）影响产品定价的因素

影响产品定价的因素有许多，具体如图2-7所示。

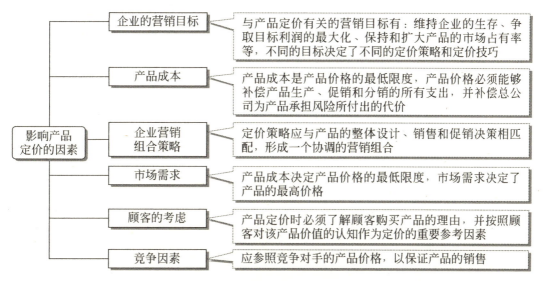

图2-7　影响产品定价的因素

（二）提高价格

提价的原因见表2-5。

表2-5　提价的原因

序号	提价原因	原因描述
1	成本膨胀	成本提高使利润减少，由于预期未来将继续发生通货膨胀，所以企业提价的幅度往往高于成本增长的幅度
2	需求过旺	企业在无法提供客户所需的全部产品时，可以通过提价或对客户实行产品配额手段进行协调
3	渠道管理不善	客户间恶意降价与串货，引起市场价格混乱，企业必须提高价格，重新优化网络建设，保证长期盈利

（三）降低价格

降价的原因见表2-6。

表2-6　降价的原因

序号	降价原因	原因描述
1	生产能力过剩	企业需要扩大业务，但增强销售力度、改进产品或者采取其他可能的措施都难以达到目的
2	市场份额下降	面临激烈的市场竞争，企业丢失了市场份额
3	成本下降	成本减少，产品的价格可相应下调
4	其他原因	如市场价格下跌、竞争对手降价、经济衰退等

（四）价格调整的策略

价格调整主要有4种策略，其具体见表2-7。

表2-7　价格调整的策略

调整策略	主要形式	相关说明
折扣	数量折扣	主要指刺激客户大量购买而给予的一定折扣 （1）折扣数额不可超过因批量销售所节省的费用额度 （2）数量折扣可按每次购买量计算，也可按一定时间内的累计购买量计算
	功能折扣	即贸易折扣，是企业给中间商的折扣，不同的分销渠道所提供的服务不同，给予的折扣也不同
	折让	是折扣的另一种类型，如旧货折价减让是在顾客购买一件新商品时，允许交换同类商品的旧货
	现金折扣	在赊销的情况下，企业为鼓励买方提前付款，按原价给予一定折扣
	季节折扣	是企业为均衡生产、节省费用和加速资金周转，鼓励客户淡季购买（如夏季购买羽绒服），按原价给以一定折扣
心理定价	参照定价	利用顾客心目中的参照价格定价
	奇数定价	即尾数用奇数3、5、7、9定价，特别是9，可产生廉价感
	声誉定价	把价格定成整数或高价，以提高声誉
	促销定价	利用客户心理，把某几种商品定为低价，或利用节假日和换季时机，把部分商品按原价打折出售，促进销售
地区性定价	区域定价	不同区域采取不同价格
	FOB原产地定价	由企业负责将产品装运到原产地的某种运输工具上交货，并承担此前的一切风险和费用，交货后的一切费用和风险包括运费均由买方承担
	基点定价	由公司指定一些城市为基点，按基点到顾客所在地的距离收取运费，而不管货物实际的起运地点
	统一交货定价	对不同地区的顾客实行统一价格加运费
差别定价	根据实际确定	（1）不同时间 （2）不同花色、式样 （3）不同顾客群体 （4）不同区域

（五）产品提价实施要点

正确的提价必须做好经销商、分销商及终端层面与顾客层面的工作，具体见表2-8。

表2-8　产品提价实施要点

序号	两个层面	实施要点
1	经销商、分销商及终端层面	（1）提价前尽量使其库存量较小，使提价具有逼迫感 （2）提价必须一步到位，保证整个区域的统一 （3）提价后可采取一定的促销活动，同时加强其他渠道的助销工作
2	顾客层面	（1）淡季提价，对销量影响不大，辅之一定的促销活动吸引注意力 （2）旺季提价，对销量影响较大，要做好有效的促销支持及相关工作

要点4：产品组合策划

产品组合策划是指对企业生产或经营的全部商品的有机构成方式的谋划。分析产品组合，既包括分析企业每一项产品所处的市场地位及其在企业经营中的重要程度，也包括对各个不同产品项目的相互关系和组合方式的分析，其最主要的目的在于弄清在不断变化的市场营销环境中，企业现有的产品组合与企业的总体战略、营销策略的要求是否一致，并根据内外部环境的要求对现有的企业产品组合进行调整。产品组合策划的内容如下。

（一）产品品类策划

产品品类策划就是产品组合的宽度策划。产品品类策划应注意以下3个方面。

1. 企业经营特色

每一家企业由于自身资源条件的限制，必须在市场细分的基础上，突出企业的经营特色，明确企业的主营业务，吸引消费者。

2. 所处的市场环境

不同企业所处的市场环境与目标市场不完全一致，在产品品类策划时必须充分考虑这些方面的因素。

3. 企业资源条件

不同企业资源条件不同，在产品品类策划时应充分考虑内部资源对企业生产经营的影响。

（二）产品项目策划

产品项目的策划主要解决企业经营的专业化程度问题，一般来说，专业化程度越高的企业，同一产品品类中的产品项目越多。产品项目策划主要是对企业经营的产品项目的档次构成进行选择，由于目标市场的需要和企业经营资源条件的不同，不同企业的产品项目策划也各具特色。原来生产经营高档产品的企业，若原来产品市场受挫或为了开拓新的细分市场，往往增加生产中低档产品；原来生产经营低档产品的企业，若市场变化或企业发展的需要，则会向中高档产品的生产经营发展。

（三）产品品类相互关联性策划

产品品类的关联度指企业产品组合中的各产品品类在最终用途、生产条件、目标市场、销售方式以及其他方面相互联系的程度。产品组合的相互关联性（也称密度）策划，是产品组合策划的重点。所有产品线的产品生产技术与原料越相近，产品品类的相互关联程度就越高。

1. 最终用途

产品的生产经营最终目的是为了满足消费者需要，因此在生产经营的时候必须考虑产品的最终用途，这一方面可以提高消费者满意程度，另一方面可以提高企业市场竞争能力。一般来说，企业在经营条件许可的前提下，可以增加相关产品的生产和经营。

2. 生产经营条件

企业的生产经营条件制约着企业产品品类的多少，不同企业的资源条件不同，选择适合自己生产经营条件的产品品类就十分关键。这可以节省生产经营的成本，提高企业资源的使用效率。

3. 目标市场

由于产品本身的技术含量和目标市场所处地区的经济发达程度不同，企业在进行产品品类相互关联性策划时应该根据目标市场的不同特点，进行相应的策划。比如，一些技术含量较高的产品,可采用配套组合供应的方式。在经济比较落后的地区的商店经营商品的品类就会比较多,而在城市经营的商店的商品专业化程度就比较高。

4.销售方式

就中间商而言,批发商商品品类比较少,而零售商商品品类就比较多。就生产企业而言,由于产品品类之间差异较大,如果产品品类多,势必要求增加销售渠道的建设费用,而渠道资源的充分利用是提高企业经济效益的重要一环,因此增加产品品类的相互关联程度,可以节省渠道费用。

第二节　产品策划管理制度

制度1：产品市场营销策划管理办法

××公司标准文件		××有限公司 产品市场营销策划管理办法	文件编号××-××-××	
版本	第×/×版		页　次	第×页

1　目的

对产品市场进行系统分析,把握市场趋势;分析客户需求和竞争产品,明确产品定位和市场位置;总结市场机会,制订产品市场营销目标;制订产品市场营销规划,指导市场营销工作;进行产品区域布局,为营销资源配置提供依据;系统化产品支持内容,加强后台资源支持;明确产品资源需求,支持产品目标实现。

2　适用范围

适用于市场人员。适用于所有经营单位的产品市场分析和市场营销策划。

3　总的管理规定

3.1　工作频率

3.1.1　经营单位年度进行产品市场营销策划,支持经营单位年度工作计划的制订。

3.1.2　每季度末根据所掌握的产品市场信息,对产品市场营销策划进行审视和修订,并以此制订下季度工作计划。

3.1.3　新产品根据上市日期制订新产品上市计划或新产品市场营销策划。

3.2　信息体系

3.2.1　产品所在行业信息。

(1)来源于《行业信息表》的产品所在细分行业政策法规发布与变更、信息化规划内容和进展。

(2)来源于《行业统计数据表》的产品所在细分行业相关统计数据和变动趋势。

(3)来源于《市场动态信息表》的产品所在细分行业主要专家观点和趋势分析。行业动态信息,比如展会、会议、行业新技术、行业新产品、行业上下游厂商动态等。

3.2.2　目标客户信息。

(1)来源于《行业客户属性表》的产品所在细分行业客户类型、数量和分布。客户组织架构、职责职能。客户采购模式、负责部门、决策流程、资金来源。

(2)来源于《客户需求表》的产品所在细分行业客户需求、业务现状信息。

(3)通过专项调研获取客户需求信息。

3.2.3　竞争产品信息。

(1)来源于《厂商基本资料表》的本产品主要竞争厂商产品、营销模式、客户服务等。

(2)来源于《厂商典型客户信息表》的本产品主要竞争厂商应用类型和典型客户。

(3)来源于《厂商市场推广信息表》的本产品主要竞争厂商宣传推广信息。

3.2.4　产品销售信息。来源于《行业销售数据表》的本产品历年销售数据及增长情况。本行业细分厂商、区域销售数据及增长情况。

3.3　总体流程

总体流程见下表。

续表

××公司标准文件		××有限公司 产品市场营销策划管理办法	文件编号××-××-××	
版本	第×/×版		页 次	第×页

总体流程				
步骤	时间	涉及部门、人员	步骤说明	
1.市场背景分析				
1.1	年、季度	经营单位市场人员	对产品所处市场、针对客户对象、竞争产品进行综合分析	
2.市场机会				
2.1	年、季度	经营单位市场人员	从区域或客户的角度总结市场营销机会	
3.市场营销目标				
3.1	年度	经营单位市场人员	基于市场分析和经营单位战略目标,制订该产品市场营销目标	
4.市场营销规划				
4.1	年、季度	经营单位市场人员	进行该产品市场营销规划,指导具体市场营销工作	
5.营销布局				
5.1	年度	经营单位市场人员	根据产品市场营销目标和区域特点,进行区域营销布局	
6.支持计划				
6.1	年、季度	经营单位市场人员	制订该产品的市场支持内容和计划	
7.资源需求				
7.1	年、季度	经营单位市场人员	根据支持计划和市场营销目标,明确资源需求	
8.时间计划				
8.1	年、季度	经营单位市场人员	制订具体的工作时间计划	

3.4 成果体现
(1)产品市场营销策划案。
(2)产品市场分析报告。
(3)产品价格体系。
(4)产品市场推广资料。
(5)产品市场培训资料。
(6)产品促销激励资料。
(7)产品代理合作资料。
(8)产品其他资料。
3.5 结果应用
(1)经营单位年度和季度经营规划和工作计划制订。
(2)产品市场营销目标制订。
(3)区域市场营销策划支持资料。
4 产品市场分析
4.1 分析目的
(1)分析市场现状,把握市场特征。
(2)研究市场趋势,把握市场环境变化。
4.2 分析内容
4.2.1 产品市场现状。

续表

××公司标准文件		××有限公司	文件编号××-××-××	
版本	第×/×版	产品市场营销策划管理办法	页 次	第×页

（1）产品市场规模与结构。需要统计或估计产品销售数据，包括总体、分区域、分厂商等维度，进而分析以下各项。
——各年份的市场总体规模情况和市场增长速度。
——通过各区域的市场销售情况判断区域结构和特点。
——通过各厂商的市场销售情况计算厂商结构和位置。
——通过各厂商在不同区域的市场销售情况分析厂商区域优势和布局。
（2）产品市场特征。通过定性和定量的分析，判断不限于以下市场特征。
——市场发展阶段。发展阶段包括萌芽、成长、稳定、再成长、衰退。
——市场竞争强度。产品市场的竞争激烈程度、竞争格局。
——客户需求特点。客户需求是否成熟、各客户需求相似程度如何、需求具有什么规律性。
——产业生态链特点。包括生态链成熟度、集中度、合作特点等。
4.2.2　产品市场趋势。
（1）产品市场潜力，可以来自于第三方或者依据其他指标进行估计，并计算估计发展速度，市场潜力的估计可以细分到各个区域。
（2）产品市场趋势，包括产业生态链变化、客户需求变化、竞争环境变化、市场增长速度变化、新产品或者新技术、服务变化等。
（3）产品未来发展的关键影响因素和发展瓶颈，从政策、需求、技术、服务、竞争等方面，分析产品未来发展的驱动力和阻碍因素。
4.3　分析方法
4.3.1　表格。
（1）《产品区域厂商结构表》。
（2）《产品厂商增长表》、《产品区域增长表》。
4.3.2　方法。
（1）产品历史轨迹法：通过统计行业或本公司该产品的销售额和增长率，判断该产品是处于萌芽、成长、稳定还是衰退阶段。
（2）厂商竞争分析图：按照市场占有率和市场增长率两个维度，划分为四个区域，根据各个厂商的实际数据将厂商归属于不同的市场位置，判断竞争格局。
5　客户对象分析
5.1　分析目的
5.1.1　分析客户对象情况，明确该产品的客户对象和属性。
5.1.2　研究客户需求情况，把握客户需求现状和趋势。
5.2　分析内容
5.2.1　客户对象情况。
（1）客户对象类型、数量、规模和区域分布。
（2）客户对象组织结构、职责职能。
（3）针对该产品的负责部门、决策流程、采购模式、资金来源。
5.2.2　客户对象需求。
（1）客户需求来源。即该客户需求属于客户的哪个业务和规划，相关的政策、法律法规。
（2）客户需求描述。即客户需求具体内容描述，包括要达到的目的或者解决的问题；计划采用的方式；对相关的产品的具体要求，包括技术、功能、服务等。
（3）客户需求现状。客户需求目前满足的程度，或者相关业务建设的情况（时间、方式、产品、提供商等），未来一年还存在哪些机会。
（4）客户需求趋势。根据规划、进度和目前的问题，未来该需求可能会产生的变化、对产品的影响。
5.3　分析表格
表格：《客户需求分析表》。
6　竞争产品分析
6.1　分析目的
6.1.1　了解市场竞争产品的情况，把握竞争态势。
6.1.2　寻找自身产品的优劣势，指导产品市场营销规划。

续表

××公司标准文件		××有限公司	文件编号××-××-××	
版本	第×/×版	产品市场营销策划管理办法	页次	第×页

  6.1.3 支持产品市场定位。
 6.2 分析内容
  6.2.1 产品综述。
 （1）产品应用。针对客户的具体业务和应用。
 （2）产品定位或价值诉求。即针对的目标客户、解决客户的需求或问题、本产品提供的整体价值、与竞争对手不一样的地方。
 （3）产品规格。产品的规格、设置这些规格的原因、针对客户应用类型。
 （4）产品价格。包括报价方式和对比。
 （5）产品功能。产品包括的功能，可以满足客户的需求或对应客户的应用。
 （6）技术实现。产品采用什么技术实现方式，这种技术实现方式的优劣势。
 （7）产品服务。采用的服务方式、服务人员配置和布局、目前存在的问题等。
  6.2.2 产品市场介绍。
 （1）客户分布。包括针对的客户业务、时间、规模等。
 （2）宣传推广方式。采用的宣传推广方式，具体类型、内容、区域、时间和效果等。
 （3）营销实现。包括采用的营销实现模式、营销人员数量和布局等。
  6.2.3 产品对比分析。
 （1）通过列表的形式，将竞争产品进行综合对比，分析差异和区别。
 （2）通过对比分析，总结各厂家产品的优劣势和存在的问题，便于制订有针对性的市场营销策划方案。
 6.3 分析方法
 表格：《竞争产品对比表》。

7 产品市场机会
 7.1 工作目的
  7.1.1 从区域或客户的角度对市场机会进行总结，支持市场营销目标的制订。
  7.1.2 根据市场机会总结，指导该产品的市场营销工作方向和重点。
 7.2 机会内容
  7.2.1 区域机会。
 （1）通过区域市场销售情况和各厂商在不同区域的销售情况分析，并结合各区域的市场背景信息和客户需求信息，判断该产品在哪些区域还存在市场机会。
 （2）区域机会描述包括区域机会名称、机会来源、客户应用、机会潜力、未来增长。
  7.2.2 客户机会。
 （1）通过客户需求现状和客户需求趋势的分析，判断该产品针对哪些客户还存在市场机会，如果客户能够与区域一一对应，可以只分析一个维度。
 （2）客户机会的描述包括客户说明、客户机会说明、机会依据、机会大小。
 7.3 工作表格
 表格：《区域机会描述表》、《重点客户机会描述表》。

8 产品市场营销目标
 8.1 设定目的
  8.1.1 设定产品定量和定性目标，作为经营单位市场营销目标制订的依据。
  8.1.2 根据产品目标，进行营销布局。
  8.1.3 根据目标分解，明确区域或营销人员的销售任务。
  8.1.4 分析关键成功要素和障碍性因素，作为策略制订和资源需求的基础。
  8.1.5 分析可能的潜在风险，制订市场营销对策。
 8.2 目标内容
  8.2.1 目标设定。
 （1）定量目标。包括产品销售量（额）、市场占有率等，需要根据公司规划和发展目标、行业发展计划以及事业部的发展计划，提出本产品的销售量（额）目标，或者提出市场占有率的目标。
 （2）定性目标。包括区域拓展、典型案例、提高产品知名度等，这些目标是为了支持产品发展或者区域布局，比如进入某个区域、做成某个成功案例等。

××公司标准文件		××有限公司	文件编号××-××-××	
版本	第×/×版	产品市场营销策划管理办法	页　次	第×页

8.2.2　目标分解。
（1）时间分解。将目标在时间上进行分解，可以按照自然时间并结合产品销售周期进行分解，分解的基础包括市场规律、客户采购周期、各区域拓展计划等。
（2）区域分解。将目标在区域上进行分解，按照加强型区域、新开拓地区域、未开拓地区域等，分解的基础包括公司战略布局、各区域拓展计划等。
8.2.3　关键成功要素。
（1）关键性成功要素。为了达成目标，必须满足的基本条件，可从技术和技能、人员、机构、市场、服务、政策等方面考虑。
（2）主要障碍性因素。指保障条件，如果具备了这些条件就能更好地完成任务，比如产品核心技术、专利、客户需求的了解等。
8.2.4　潜在风险对策。
（1）把潜在的问题列出，分析问题发生的可能性，包括市场、客户、竞争、政策等。
（2）制订风险对策，并指定处理这些问题的负责人。
8.3　设定运用表格
表格：《产品目标设定表》《产品目标时间分解表》《产品目标区域分解表》《关键成功要素分析表》。

9　产品市场营销规划

9.1　规划目的
9.1.1　制订产品市场营销规划，指导具体市场营销工作。
9.1.2　分析产品优势，确定市场定位。
9.1.3　确定产品价格策略，制订价格体系。
9.1.4　确定代理合作模式，指导代理合作工作。
9.2　规划内容
9.2.1　产品市场定位。
（1）客户需求和产品优势的匹配。将客户需求点和产品本身的优势进行匹配，寻找对客户有吸引力的亮点。
（2）产品市场定位提炼。根据产品亮点（卖点）确定产品市场定位，并描述产品市场定位，比如市场领导者、全面满足客户需求、技术引领、全方位服务等。
9.2.2　产品包装。
（1）形态包装。即产品营销形态，软件形态还是硬件形态，单个产品还是解决方案。如果是解决方案，自有产品包装还是行业合作提供。
（2）实体包装。对于需要实体包装的设计要求。
9.2.3　产品价格体系。
（1）产品价格制订依据和说明、价格调整依据和说明、价格权限依据和说明。
（2）产品价格体系制订，包括硬件价格体系、软件价格体系、服务价格体系、配件价格体系，报价体系包括公开报价、代理价、最低折扣价（内部）等。
（3）产品定价审批详见"价格管理办法"。
9.2.4　产品宣传推广。
（1）产品宣传推广方式。选择适合行业特点和产品特性的产品宣传推广方式，形式包括市场活动、软文宣传（针对行业内网站和报纸）、宣传册等，内容包括产品、案例、活动等。市场活动类型包括针对客户的研讨会、技术交流、客户培训，也包括客户参观、产品发布会等。
（2）产品宣传推广计划。根据市场特点和目标时间分解情况制订产品宣传推广计划，在已经有了明确的区域营销布局的情况下，可以分解到区域，支持区域开拓和发展。
9.2.5　产品促销激励。
（1）产品促销激励方式。包括针对客户、销售人员、代理商和技术支持人员分别制订产品促销激励方式。
（2）产品促销激励计划。包括对象、方式、内容、时间、目标、负责人等。
9.2.6　产品代理合作。
（1）代理商合作模式。寻找什么类型的代理商、有哪些代理商合作方式。
（2）代理商调查和评估标准。提供代理商调查和评估的标准。

××公司标准文件		××有限公司	文件编号××-××-××	
版本	第×/×版	产品市场营销策划管理办法	页次	第×页

续表

(3) 代理商合作协议。代理商合作协议需要包括的要素和要求，或者提供代理商合作协议模板。
(4) 代理商合作支持。针对代理商合作可以提供哪些方面的支持。
(5) 代理合作管理详见"代理合作管理办法"。
9.3 规划方法
9.3.1 应用表格。
(1)《产品报价表》。
(2)《软文宣传规划表》。
(3)《市场活动规划表》。
(4)《市场促销规划表》。
(5)《代理商调查评估表》。
(6)《代理商选择标准表》。
9.3.2 方法。产品市场定位图：分为客户关注和企业表现两个维度，形成四个区域，分别为推广、保持、改善、跟踪等，将产品特性归属于不同区域。

10 产品营销布局
10.1 布局目的
10.1.1 结合区域特点，制订产品营销布局，指导营销资源配置。
10.1.2 根据区域布局，明确未来产品区域营销方向和重点。
10.2 布局内容
10.2.1 区域市场特点综述。从区域特征、市场特征、营销特征三个方面进行描述。
(1) 区域特征包括政策规划、进展情况、采购计划。
(2) 市场特征包括销售现状、市场增长、市场潜力、竞争强度、竞争优势。
(3) 营销特征包括客户关系、营销配置。
10.2.2 区域市场布局
(1) 依据区域市场特点综述和区域机会分析，制订产品在各区域的布局，分析的要素包括政策规划、需求进度、市场潜力、市场增长、竞争强度、竞争优势、客户关系、营销资源等。
(2) 营销布局包括区域选择和区域排序，以及区域市场策略说明。
——区域选择即选择适合进入哪些区域。
——区域排序即区域开拓顺序和重点。
——区域策略即对目标和方式的大概说明。
10.3 应用表格
《产品区域市场描述表》、《产品区域市场布局表》。

11 产品支持计划
11.1 计划目的
11.1.1 明确产品支持内容和类型，便于支持申请和支持落实。
11.1.2 规范产品资料，系统化销售工具制作。
11.1.3 完善产品培训，提高产品营销技能。
11.2 计划内容
11.2.1 产品资料。
(1) 产品介绍。从市场角度概览性地介绍产品，适用于公司网站、公司宣传手册、产品单页等，包括产品概述、产品定位、产品功能、应用模式、产品优势等，需要制作成Word版本，必要时印刷成彩页。
(2) 产品技术白皮书。详细介绍产品功能和技术，适用于产品培训、客户详细交流等，包括研发背景和产品定位、产品功能详细介绍、产品特性和规格、产品技术简介和指标、产品评测数据、售后服务方式、实施运作方式，需要制作成Word版本和PPT版本。
(3) 竞争对比。与竞争对手产品的优劣势分析，适用于市场培训，包括功能对比、技术对比、优势分析等。
(4) 成功案例。该产品已经成功应用的案例，案例内容包括客户需求、产品、应用效果、客户评价等。
(5) 教战手册。产品的营销指导材料，适用于市场培训，包括行业信息化基本知识、客户对象和需求分析、产品如何介绍、产品对比和竞争优势、典型成功案例分析、产品常见问题回答、产品营销支持方式等。

××公司标准文件		××有限公司 产品市场营销策划管理办法	文件编号××-××-××	
版本	第×/×版		页 次	第×页

（6）服务手册。对于服务比较重要的产品需要制作服务手册，包括服务方式、服务标准、服务报价。

11.2.2 产品培训。

（1）产品培训资料。包括针对公司内部、代理商和客户的三种培训资料，以产品资料为基础，产品培训详见"市场培训管理办法"。

（2）产品培训计划和实施。根据产品推广阶段和需求，制订产品培训时间计划，并组织产品售前部、大客户部实施产品培训。

11.2.3 技术支持。

（1）技术支持方式。包括电话支持、网络支持、现场支持等，需要区分什么情况以及什么类型适用什么支持方式。

（2）技术支持内容。包括产品沟通、需求调研、解决方案、招投标等内容，并提供申请技术支持的流程，具体内容在营销实现支持模块介绍。

11.2.4 市场费用。

（1）市场费用类型。针对该产品可以提供的市场营销费用支持，包括客户活动费用、市场宣传费用等。

（2）市场费用申请。针对各种费用类型的申请方式和标准。

11.3 计划方法

11.3.1 方法。

（1）FABE方法，是产品介绍的思路方法，包括Feature（特征）、Advantage（优点）、Benefit（利益）、Evidence（证据）。

（2）可考虑的特征包括功能、性能、技术、方便性、扩展性、灵活性、兼容性、价格等。

11.3.2 模板。

（1）产品介绍模板。

（2）产品技术白皮书模板。

（3）产品教战手册模板。

12 其他计划

12.1 资源计划

12.1.1 目的。

（1）明确产品资源需求，支持产品市场营销工作的实现。

（2）经营单位资源需求制订的依据。

（3）作为公司资源配置的依据。

12.1.2 内容。

（1）费用资源。单独对产品市场营销费用进行预算，涉及与策划案相关的市场费用包括资料制作、产品培训、产品推广等，不包括大客户经理的营销费用。

（2）人力资源。人力资源配置，需要招聘哪些岗位的人员。人力资源支持，需要公司哪些岗位人员进行工作支持。

（3）其他资源。必要的情况下，对服务、技术支持、实施运作等资源做出具体说明。

12.2 时间计划

12.2.1 目的。

（1）依据市场营销规划，制订产品市场营销工作时间计划。

（2）作为经营单位制订工作计划的依据。

12.2.2 内容。可以按照自然时间并结合销售周期，安排产品市场营销时间计划，所要列出的内容包括但不限于产品市场信息收集、产品资料制作、产品培训、产品推广等工作的详细时间计划。

12.3 损益表

12.3.1 目的。

（1）制订产品损益表，预测预期收益，支持产品决策。

（2）作为经营单位盈利预测和销售计划的依据。

12.3.2 内容：根据产品销售预测，制作本产品年度损益表。

12.3.3 表格：《损益表》。

拟订		审核		审批	

制度2：产品定位策划程序

××公司标准文件		××有限公司 产品定位策划程序	文件编号××-××-××	
版本	第×/×版		页　次	第×页

1　目的
根据公司项目经营决策，完成项目的市场定位、产品建议。

2　适用范围
适用于公司新项目完成购买决策之后，对项目进行的深入市场定位和明确产品形态、主题和建设指标的工作。

3　术语和定义
3.1　市场定位：明确项目目标消费群体及其特征。
3.2　产品形态：项目产品类型选择。
3.3　产品主题：指对项目设计主题与产品形态的选择。
3.4　建设指标：项目各类型物业建设量的数据指标和比例关系。

4　职责
4.1　销售经营部。
4.1.1　负责制订《项目产品建议书》。
4.1.2　组织项目市场定位市场调研以及产品建议调研工作。
4.1.3　调研记录的总结分析、归档管理工作。
4.2　总经理。批准《项目产品建议书》。

5　工作程序
5.1　项目发展部提交的《项目可行性研究报告》是本阶段产品策划的输入。
5.2　工作准备。
5.2.1　销售经营部项目销售组安排调研时应事先与项目发展部、项目经理部协调和沟通。
5.2.2　工作展开前，项目销售组经理应组织销售组成员准备以下文件。
（1）《项目可行性研究报告》。
（2）过往同类项目的《项目产品建议书》。
5.3　调研工作实施。
5.3.1　项目销售组成员查阅并熟悉《项目可行性研究报告》，观察各方面的工作现状、现象和活动获取项目相关信息。
5.3.2　项目销售组实施关于目标客户群体、产品主题、产品形态和产品各建设指标的调研。
5.3.3　每次调研完成后，项目销售组必须完成一份《市场调研报告》，由项目销售组经理审核并保证调研报告的正确性和完整性，提交销售经营部总经理，报告应包括如下内容。
（1）调研的目的和范围。
（2）调研组成员。
（3）调研日期。
（4）调研所依据的文件。
（5）调研结果表述。
（6）调研结果分析、小结。
5.4　销售经营部项目销售组针对调研中的表述和结论性意见，提出修正性措施，形成《市场调研报告及初步产品建议书》，经销售经营部项目销售组分管经理审核修正，销售经营部总经理确认。建议书包括但不限于以下内容。
5.4.1　项目定位。
（1）潜在消费者背景资料分析。
（2）潜在消费者产品需求对比分析。
（3）市场现状。
5.4.2　产品定位。
（1）类型：生活设计、形象定位。
（2）档次风格：价格定位、建筑风格定位。
（3）建筑比例建议见下表。

续表

××公司标准文件		××有限公司 产品定位策划程序	文件编号××-××-××	
版本	第×/×版		页 次	第×页

建筑比例建议

建筑类型	比例	面积/万平方米	套数/平方米
合计			

5.4.3 预期价格（采用可类比物业加权比较法）。
5.4.4 注意营造的要点。
（1）交通设施。
（2）环境。
（3）小区配套。
（4）物业管理服务。
5.4.5 经营模式的考虑。
（1）住宅部分。
（2）公建部分。
（3）物业服务模式的提升。
5.4.6 机构潜在消费建议。
（1）机构消费者类型。
（2）使用目的。
（3）产品需求。
5.4.7 概念设计阶段工作重点。
（1）工作目的。
（2）工作重点。
5.4.8 开发节奏。
5.5 由销售经营部向××公司提交《初步项目产品建议书》，供××公司进行项目概念设计。
 概念设计确认后，由销售经营部、××公司共同向成本管理部提交《初步项目产品建议书》及项目概念设计成果，由成本管理部进行新项目建安成本概算，概算后提交财务管理部进行新项目完全成本概算及经营指标及资金要求概算。
5.6 经新项目成本概算后，由销售经营部项目销售组根据概念设计研究、新项目经营成本概算等资料组织编写《项目产品建议书》，包括但不限于以下内容。
5.6.1 项目定位。
（1）项目与周边的关系：与所在区域定位和规划的关系、地块或周边可利用的自然资源、地块或周边可利用的社会资源、项目周边的交通情况、项目周边的社会配套、市场现状、市场需求。
（2）项目定位：项目定位描述、项目差异性的营造。
（3）客户资源：潜在消费者消费判定、潜在消费者消费特征、客户购房用途、消费行为分析、内外销分析。
5.6.2 产品描述。
（1）产品规划要点综述。
（2）产品描述：总建筑面积、住宅、会所、商业（社区配套和特色商业）其他公建、住宅产品（住宅产品具体内容见下表）。

住宅产品

建筑类型	比例	面积/万平方米	套数	平均面积/m²	均价/(元/m²)
共计					

××公司标准文件		××有限公司 产品定位策划程序	文件编号××-××-××	
版本	第×/×版		页 次	第×页

（3）项目的环境定位要求。
（4）项目的公建定位。
（5）功能设计：会所、商业配套、学校（公建视产品情况需要有补充报告）。
5.6.3　服务。
（1）目前已有关联项目提供的服务。
（2）针对项目客户提供的服务、特殊产品提供的服务。
5.6.4　经营。
（1）项目的出发点和经营模式。
（2）经营方式建议。
5.6.5　项目开发方案。
（1）方案选取原则。
（2）方案建议（含初步成本、财务测算）。
（3）操作风险及规避方式。
5.6.6　项目开发节奏（主要产品的分期重点）。
5.6.7　营销思路
5.7　《项目产品建议书》经销售经营部总经理确认后，销售经营部组织××公司、项目经理部、成本管理部、财务管理部向公司总经理汇报。公司总经理最终批准，由销售经营部提交××公司、项目经理部，供××公司进行设计招标，供项目经理部编写《项目开发工作指导书》。
5.7.1　项目商业部分的产品建议按《产品建议书（商业部分）作业指引》执行。
5.7.2　《产品建议书》定稿后，根据项目进展对其所做的补充及修订，以会议纪要等形式备案，并提供××公司作为设计输入资料。
5.7.3　分期开发的项目，每期的产品建议视项目具体情况，可按以上程序进行，或在原《产品建议书》基础上修订完善。

拟订		审核		审批	

制度3：新品上市推广策略控制程序

××公司标准文件		××有限公司 新品上市推广策略控制程序	文件编号××-××-××	
版本	第×/×版		页 次	第×页

1　范围
本程序适用于新品上市推广方案的制订、审批、调整的管理。
2　目的
旨在明确新产品上市前期和上市后的品牌策略和推广方案，满足市场和消费者需求，提升品牌竞争力。
3　术语与定义
　3.1　概念定位：在新产品上市前期，对产品本身进行大致的市场和消费者定位，为新产品界定一个市场范围和传播形象。
　3.2　品牌推广策略：是指在新产品上市前对产品进行精准的市场定位，包括品牌定位、消费者定位、产品命名、宣传口号、卖点包装、上市前和上市后的市场推广策略、宣传物料设计、产品销售话术等。
　3.3　上市策略：是指为新产品在上市阶段量身制订的一系列上市活动，包括上市发布会、上市阶段的系列传播和推广活动。
4　职责
　4.1　公司主管业务领导：负责推广方案的审批。
　4.2　市场部。
　4.2.1　市场部领导：负责推广方案的审批、监督，给方案提出建议和修改意见。
　4.2.2　市场部产品策划处：负责牵头组织产品卖点初稿的提炼和讨论。
　4.2.3　市场部品牌管理处：负责制订推广方案，完善相关审批工作，组织执行并跟踪分析。

××公司标准文件		××有限公司	文件编号××-××-××	
版本	第×/×版	新品上市推广策略控制程序	页　次	第×页

4.3　销售公司：负责参与品牌策略和新产品推广传播计划讨论，组织区域执行。

5　工作程序及要求

5.1　工作程序。

5.1.1　市场部明确新品上市目标。

5.1.2　市场部品牌管理处根据新品上市目标及输入的新产品相关信息，对产品的品牌定位进行市场界定，确定品牌特征和个性，和其他品牌区分开来，并由品牌管理处组织会议进行讨论，形成最终方案，提交部门领导审核。

5.1.3　市场部领导审核提交的产品定位，如不通过则返回品牌管理处进行修订。

5.1.4　市场部品牌管理处根据前期制订的概念定位制订精准的品牌架构，为新产品命名，制订品牌策略和新产品推广传播计划，形成初步方案后，品牌管理处组织会议，销售公司参与进行讨论，然后将方案提交市场部领导。

5.1.5　市场部领导审核方案，确认可行后提交公司领导审核，审核不通过则返回品牌管理处修订。

5.1.6　公司领导审核方案确认可行后，下达品牌管理处，审核不通过则返回品牌管理处修订。

5.1.7　品牌管理处根据品牌推广策略制订新产品上市策略，形成初步方案后，品牌管理处组织会议，与销售公司进行讨论，然后将方案提交到部门领导。

5.1.8　市场部领导审核方案，确认可行后提交到公司领导审核，审核不通过则返回品牌管理处修订。

5.1.9　公司领导审核方案确认可行后下达品牌管理处，审核不通过则返回品牌管理处修订。

5.1.10　品牌管理处负责公司层面的上市发布会具体执行，销售公司负责区域上市发布会具体执行。

5.2　工作流程。

5.2.1　新品上市推广策略管理流程。

（1）新品上市推广策略管理流程图如下图所示。

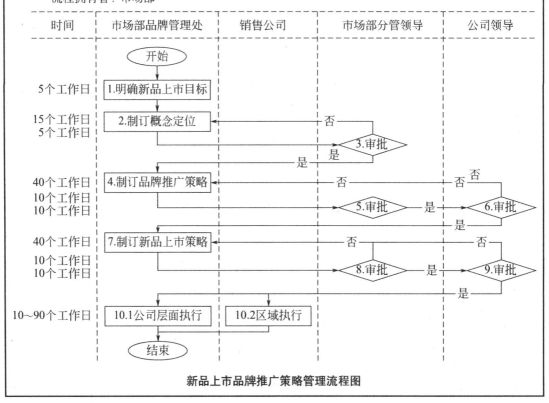

新品上市品牌推广策略管理流程图

续表

××公司标准文件		××有限公司 新品上市推广策略控制程序	文件编号××-××-××	
版本	第×/×版		页次	第×页

（2）新品上市推广策略管理流程说明见下表。

新品上市品牌推广策略管理流程说明

序号	活动名称	执行者	执行时间	输入物	参考文件	交付品
1	明确新品上市目标	产品策划处	5个工作日	产品前期定位		产品上市目标
2	制订概念定位	品牌管理处	15个工作日	新品上市目标及新产品相关信息		概念定位方案
3	方案审批	市场部分管领导	5个工作日	概念定位方案		审批意见
4	制订品牌推广策略	品牌管理处	40个工作日	审批后概念定位方案		品牌推广策略PPT
5	方案审批	市场部分管领导	3个工作日	品牌推广策略PPT		审批意见
6	方案审批	公司领导	7个工作日	品牌推广策略PPT		审批意见
7	制订新品上市推广策略	品牌管理处	40个工作日	审批后品牌推广策略PPT		新品上市推广策略PPT
8	方案审批	市场部分管领导	3个工作日	新品上市推广策略PPT		审批意见
9	方案审批	公司领导	7个工作日	新品上市推广策略PPT		审批意见
10.1	公司层面执行	品牌管理处	10～90个工作日	审批后新品上市推广策略		
10.2	区域执行	销售公司	10～90个工作日	审批后新品上市推广策略		

拟订	审核	审批

制度4：新产品宣传制度

××公司标准文件		××有限公司 新产品宣传制度	文件编号××-××-××	
版本	第×/×版		页次	第×页

1 通则
1.1 在新产品推广之际，广告宣传是不可缺少的手段，为此，特制订本制度，以保证新产品顺利进入市场。
1.2 本制度规定以外的事项，遵照《广告管理规定》办理。
1.3 新产品的宣传计划由新产品经理负责制订，并向全体科室人员讲解，使每一位工作人员都能确实把握基本方针的要点。
1.4 新产品经理必须以本月及长期销售计划为基础，制订新产品宣传计划方案，并落实到每一位部下。宣传计划内容包括以下3个方面。
（1）选择与确定宣传对象。
（2）确定宣传媒体。

××公司标准文件		××有限公司	文件编号××-××-××		
版本	第×/×版	新产品宣传制度	页　次		第×页

（3）新产品样品的选择、确定与分配。

2　实施宣传的办法

2.1　新产品经理所负责的新产品宣传工作涉及面非常广泛，需要企业内各部门与各机构的通力合作。

2.2　新产品经理在宣传实施期中，需要提醒销售部长，通过各营业分店向新产品科提供宣传活动必要的文献、样品等。

2.3　提醒销售部长，通过各营业分店帮助宣传工作顺利进行，诸如张贴宣传画、印发传单、布置展示厅等。

2.4　特别要求各分支机构在指定的时间和地点，配合展开广告宣传活动。

2.5　广告宣传要把握节奏与攻势，事先确定步骤，逐渐加强攻势，加大广告宣传的渗透力，以达到预期目的。

2.6　对大企业尚未控制的地区，应展开大力宣传，以求发在该区域内的影响力。

2.7　综合运用各种宣传媒介，包括报纸杂志的广告、商店销售现场的宣传、电台电视广告等，甚至可以利用批发商的宣传能力，强化新产品的普及宣传工作。

2.8　产品进入成长期后，其广告宣传工作可转让给销售部门及推销人员，但是，对那些竞争激烈的产品，依然需要新产品科负责监控，一旦销售收入下降，立即进行广告宣传攻势，以保持在预定的销售目标水平上。

2.9　对大宗交易以及大宗交易伙伴，新产品科仍有义务做出努力，予以维持。

2.10　为了提高广告宣传工作的综合效益，新产品科应该经常开展下列活动。

（1）以出行方式，巡回各地，与当地老关系户或主顾保持联系。

（2）不间断地以科室名义和个人名义，诸如寄挂历、发贺年卡、发信等，与客户保持广泛而经常性的联系。

（3）定期或不定期开展或参与各种宣传活动，如展示会、博览会、交易会、展销会等。

（4）办好橱窗展示，包括对负责橱窗展示人员的教育、选好宣传对象商品、对宣传费用进行概预算、对每天的展示成果进行总结、观察顾客在店堂中行走路线、观察顾客在店堂中停留时间、把握本公司商业被询问或打听的频率、顾客对广告宣传的反响等。

3　宣传物品和产品样品处理

3.1　新产品经理在每月末，经内勤组向总公司销售部长提出下月度进行新产品宣传所需宣传物品数量。

3.2　新产品经理每月一次，向销售部长报告本科月末各类宣传物品库存情况。

3.3　对制作的宣传物品办理所规定的手续之后，可以从各营业分支机构的仓库，转存入本公司的仓库，并由内勤组织保管。

3.4　宣传物品如何在各地区、各科员之间进行分配，由新产品经理决定。

3.5　在紧急状态下，新产品经理如果认为必要的话，可与营业分支机构负责人商量，由分支机构来制作宣传所需要的物品。

3.6　其他扩大宣传所必须的用品，也由新产品经理决定。

3.7　每月所需要的试销品、试用品数量，也必须事先向销售部长请示。

4　内勤业务

4.1　内勤工作作为新产品科的"护卫部队"，协助第一线新产品宣传活动的顺利展开。内勤工作包括文书工作、保管品工作、保管产品样本工作、报告书的处理和保管工作，以及花名册的管理等。

4.2　文书工作。内勤组长按新产品经理的指示，整理新产品科员的业务日报、询问记录卡，并把整理结果反馈给各位科员，提醒他们在工作中反省有无疏漏之处。

4.3　宣传物品的保管工作。

（1）内勤组长对保管与领取各种与新产品宣传有关的物品负有责任。

（2）内勤组长必须保证宣传物品的库存供应量，于每月末向新产品经理报告一次。

（3）内勤组长必须根据库存报表以及月度或季度宣传品需求量预测，向新产品经理积极进言。

（4）内勤组长有责任负责保管和整理台账，包括库存明细账、收发领用台账、分配记录簿，以及宣传品报废台账等。

4.4　产品样品出纳保管工作。

续表

××公司标准文件		××有限公司 新产品宣传制度	文件编号××-××-××	
版本	第×/×版		页次	第×页

（1）内勤组长对产品样品的出纳保管工作负有责任。
（2）内勤组长每月末向新产品经理报告新的样品库存情况。
（3）内勤组长根据库存情况及月、季度预测用量，向新产品经理提出新的样品进货建议。
（4）内勤组长必须对新样品明细账、收发领用台账和分配记录簿作好整理与保管工作。
4.5　报告书的整理与保管工作。
（1）内勤组长应及时安排和督促部下，做好科员在报告书中记载的新产品有关事项。
（2）内勤组长应及时从科员报告书中摘录各重要的事项，以及应该做出报告的事项，整理为规范文书，向新产品经理及有关部科长作出报告。
（3）内勤组长有责任把各报告书汇编成册，加以妥善保管。
4.6　花名册编辑工作。内勤组长应根据各种文件和新产品科员的报告书，整理汇编顾客或可能顾客的花名册。
4.7　其他业务工作。内勤组长除了以上规定的业务工作外，还应对新产品科有关联络业务，如顾客电话、信件、电报和传真等事宜，做出妥善处理，如应酬、记录、传达和帮助联系等。
5　附则
本制度要点的修订与废除由总裁办公室负责。

拟订		审核		审批	

制度5：产品定价方案审批管理规定

××公司标准文件		××有限公司 产品定价方案审批管理规定	文件编号××-××-××	
版本	第×/×版		页次	第×页

1　目的
规范公司产品（区域）定价方案审批过程，确保及时、有效地产生产品（区域）价格。
2　适用范围
适用于定价中心产品（区域）定价方案的审批。
3　管理规定
3.1　定价方案提交
3.1.1　定价中心完成产品（区域）定价方案之后，组织中研部门、专业产品部相关人员对方案进行讨论，讨论通过后交产品营销部总裁和定价中心主任预审。
3.1.2　定价方案预审通过后提交定价委员会评审。
3.2　方案评审
3.2.1　定价委员会原则上每月（时间在中旬15日左右）召开一次定价例会，对定价中心提交的产品（区域）定价方案进行评审。方案较多时可以每月召开两次。
3.2.2　方案评审采取会议听证、工作人员汇报的方式进行。大产品的方案评审会原则上要求定价委员会所有成员出席。小产品方案评审要求产品行销、国际营销、国内营销、营销管理委员会、定价中心等几个口的领导必须出席。上述主要领导因故不能出席时，会议延期举行。
3.2.3　方案汇报由专业产品部相关责任人主讲，定价中心工作人员协助。
3.3　方案会签
3.3.1　定价委员会对评审通过（或只需作小的修改）的方案在会议结束时进行会签，出席会议的定价委员会成员必须在方案上签字。
3.3.2　定价委员会全体成员会签后，方案报批。
3.4　方案审批
定价委员会评审会签之后的定价方案报营销管理委员会主任和公司总裁审批。完成审批之后方案生效，由定价中心下发相关部门执行。
3.5　产品定价流程
3.5.1　产品定价流程图，如下图所示。

续表

××公司标准文件		××有限公司	文件编号××-××-××	
版本	第×/×版	产品定价方案审批管理规定	页次	第×页

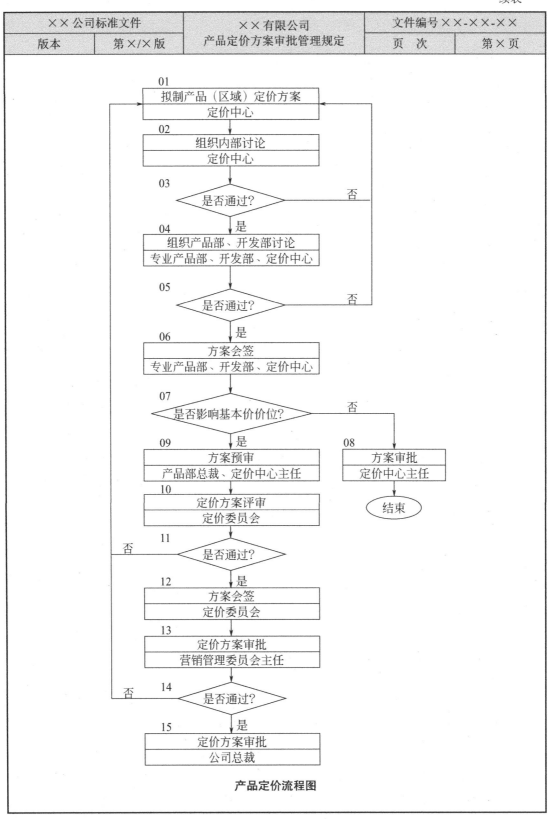

产品定价流程图

续表

××公司标准文件		××有限公司 产品定价方案审批管理规定	文件编号××-××-××	
版本	第×/×版		页次	第×页

3.5.2 产品定价流程说明。
(1) 拟制产品（区域）定价方案：定价部产品经理或区域定价部项目经理综合产品（区域）定价所需的各方面信息，制订产品（区域）定价方案。
(2) 组织内部讨论：产品定价部产品经理或区域定价部项目经理组织定价中心相关人员对产品（区域）定价方案进行讨论。
(3) 是否通过：产品（区域）定价方案是否通过定价中心内部讨论。
(4) 组织产品部、开发部讨论：定价中心产品定价部产品经理或区域定价部项目经理组织专业产品部、开发部相关人员对通过定价中心内部讨论后的产品（区域）定价方案进行讨论。
(5) 是否通过：产品（区域）定价方案是否通过产品部、开发部讨论。
(6) 方案会签：专业产品营销部、开发部和定价中心对产品（区域）定价方案进行会签。
(7) 是否影响基本价位：定价中心产品定价部产品经理或区域定价部项目经理根据产品（区域）定价方案内容判断是否对产品（区域）基本价位造成影响。
(8) 方案审批定价中心主任对不影响基本价位的价格方案进行审批。
(9) 方案预审：产品营销部总裁、定价中心主任对影响基本价位的定价方案进行预审。
(10) 定价方案评审：定价中心组织定价委员会半数以上领导（产品行销、国际营销、国内营销、营销管理委员会、定价中心等几个口的领导必须出席）对基本价位发生变动的产品（区域）定价方案进行评审。
(11) 是否通过：产品（区域）定价方案是否通过定价委员会的评审。
(12) 方案会签：定价委员会全体成员对通过评审的产品（区域）定价方案进行会签。
(13) 定价方案审批：定价委员会评审会签之后的产品（区域）定价方案报营销管理委员会主任审批。
(14) 是否通过：产品（区域）定价方案是否通过营销管理委员会主任的批准。
(15) 定价方案审批：公司总裁营销管理委员会主任批准之后的产品（区域）定价方案报公司总裁审批，审批通过后的定价方案下发相关部门执行。

拟订		审核		审批	

制度6：产品销售价格管理办法

××公司标准文件		××有限公司 产品销售价格管理办法	文件编号××-××-××	
版本	第×/×版		页次	第×页

1 目的
为了规范××集团有限公司产品销售定价行为，维护价格秩序，为价格管理、监督检查提供考核依据，确保实现效益最大化。
2 适用范围
适用于集团公司经营范围内的产品销售价格管理。
3 职责分工
3.1 集团公司价格领导小组。集团公司成立以总经理、分管财务副总经理、市场部、财务部、审计部、计划与发展部、产权与法律部、股份公司、石化公司及有关单位参加的价格领导小组。集团公司价格领导小组办公室设在市场部，职责如下。
(1) 集团公司价格领导小组是产品销售价格政策制订的最高决策机构，全面负责集团主要产品的销售价格管理工作。
(2) 负责对集团公司和各所属单位价格管理制度、办法进行审批。
(3) 集团公司价格领导小组工作采取会签的办法对重大的价格政策制订或调整进行决策。
3.2 各所属单位定价小组。各所属单位依据各自机构设置情况，组织相关人员成立定价小组，定价小组包括但不限于各所属单位总经理、分管销售副经理、销售部门负责人、企划部、财务部、生产部。职责如下。
(1) 各所属单位定价小组是所属产品销售价格的制订机构，负责对本单位销售部门提出的价格建议进行审核，形成定价方案。

××公司标准文件		××有限公司 产品销售价格管理办法	文件编号××-××-××	
版本	第×/×版		页 次	第×页

（2）采用价格会签的方式对本单位产品价格方案进行审批，签字后生效。
（3）负责本单位产品销售价格管理办法、实施细则、工作流程的制订。
（4）负责本单位销售订单、合同审核工作，对本单位价格执行情况全程监控。
（5）定价小组对定价方案的客观性、真实性负责。

3.3　市场部（集团公司价格领导小组办公室）职责如下。
（1）负责起草和建立健全相关制度、规定，协调、指导各所属单位建立健全各自产品销售价格管理办法、实施细则、工作流程。
（2）负责组织集团公司价格领导小组会议。
（3）调度协调各所属单位定价小组、销售部门的销售工作。
（4）检查、监督、考核各所属单位销售价格执行情况。
（5）汇总有关情况，编制《集团产品月度价格回顾报告》，为集团公司价格领导小组决策提供依据。

3.4　各所属单位销售部门职责如下。
（1）负责搜集市场信息，保证信息的真实性。
（2）负责对信息进行分析和对市场进行预测，依据市场变化状态分析客户、营销人员意见，书面提出价格建议，所提价格建议应客观真实。
（3）负责组织各所属单位定价小组会议，编写每次定价会议纪要。
（4）负责执行审批生效后的产品销售价格，并详细记录价格执行情况。
（5）对价格执行结果负责，把价格执行过程中出现的问题及时反馈到相关部门。
（6）负责定价过程中形成的一切文件、资料的保管，并报市场部备案。

3.5　保密规定。价格决策信息属于公司机密，参与定价过程的所有员工应严格保密，不得向外界泄漏定价策略和定价结果。

4　管理规定
4.1　定价原则。
4.1.1　成本导向原则：依据各产品成本测算产品销售价格。
4.1.2　市场导向原则：依据市场上产品供需状态及发展趋势，制订产品价格。
4.1.3　竞争性导向原则：针对区域市场，依据主要竞争对手产品价格，制订产品价格。
4.1.4　品牌战略原则：从集团公司品牌战略出发，以保证品牌得到推广、新产品得到使用为第一原则。
4.1.5　双赢原则：实现公司与客户之间的双赢原则。
4.2　定价依据。
4.2.1　在销售淡季，以成本导向原则为主，市场导向原则为辅制订产品价格。在销售旺季，以市场导向原则为主，成本导向原则为辅制订产品价格。
4.2.2　在竞争激烈的市场，结合市场导向原则与针对性竞争原则，制订产品价格。
4.2.3　产品结构调整、新产品开发等，依据集团公司品牌战略原则，制订产品价格。
4.2.4　产品库存情况。各所属单位应制订出合理的产品库存，产品库存的大小，是确定价格的重要依据。
4.3　定价流程。
4.3.1　各所属单位依据各自产品特点制订相关价格管理实施细则，辅以操作性强、可追查责任的定价流程。包括但不限于以下步骤。
（1）定价小组审批流程。
——营销人员预先收集与产品定价相关的信息，包括客户需求、同行定价、市场分析等，提出价格建议报销售部门负责人。
——销售部门负责人依据市场供求状况及趋势、行业定价、本单位产品库存、客户等级信用等情况对营销人员提出的价格建议进行初审汇总，然后组织定价小组会议。
——各所属单位定价小组依照产品的定价依据分析讨论、研究营销人员提出的价格建议，成员达成一致后方可形成定价方案，定价须填写《××客户定价方案审批表》。
——定价方案经本单位定价小组成员签字认可后即可执行，如不能达成一致，营销部门须再次提交新的价格建议申请，批准后方可执行。

续表

××公司标准文件		××有限公司 产品销售价格管理办法	文件编号××-××-××	
版本	第×/×版		页次	第×页

（2）价差审批流程。

——依据客户分级管理，价格可分级确定，由各所属单位定价小组对核心类客户、优选类客户、合格类客户逐一定价，对同级客户（同一时间、同一片区）原则上不能有价差，所定价格价差超过1%和非同级客户所定价格价差超过2.5%的定价方案，由各所属单位定价小组通过后书面报市场部汇总，市场部提出相关建议报集团公司价格领导小组审批，批准后方可执行。对同一片区同级客户当月均价差额超过1%和同一片区非同级客户当月均价差额超过2.5%时，须在《××单位产品月度价格回顾报告》里作详细说明。

——为开发有潜力的新客户，确实需要在价格上进行优惠，各所属单位销售部门须提供详细方案，经各所属单位定价小组审议批准，如所定价格比同一时间、同一片区合格类客户低2%以上，或者比其他工厂同一时间对该客户报价低2%以上时，需报集团公司价格领导小组审核批准。

——集团公司价格领导小组有权否决各所属单位定价小组确定的方案，遭否决的方案必须再次组织定价小组会议，形成新的定价后报批。

——各所属单位销售部门相关人员要及时跟客户沟通，围绕集团确定的价格精神，做好客户的解释和协调工作，工作中要讲究技巧和方法，严防丢掉市场。

4.3.2 灵活应变原则：如遇特殊情况，为保重要客户和市场不丢，各所属单位不能及时召开定价小组会议的，各所属单位依据市场、客户、同行业等情况可先定价，后补定价程序，其过程须做好详细记录并在记录右上角注明"补办"字样备查。

4.3.3 零散客户定价：零散客户价格由各所属单位定价小组确定，但不能优惠并且要高于同一时间、同一地区合格类客户价格2%以上。

4.3.4 关联交易定价：依据集团利益最大化原则由进行关联交易的各所属单位及上级主管单位领导协商制订，各所属单位销售部门负责记录并报市场部备案。

4.3.5 招投标业务：各单位产品销售过程中如有招投标业务，须成立招投标业务小组（各单位定价小组）。

（1）招标业务：各单位销售部门负责拟订标书，审查投标单位资料，确定竞标单位，由招投标业务小组进行议标，确定中标价格，并按定价流程进行审批。

（2）投标业务：各单位招投标小组制订投标价格建议，按定价流程进行审批。

4.3.6 记录与备案：在定价过程形成的一切文件、资料由各所属单位销售部门存档备查，每次定价会议必须形成会议纪要报市场部备案，股份公司各所属单位定价文件、资料同时抄报股份公司备案。

4.4 检查与考核。

4.4.1 各所属单位应严格执行本办法的各项要求。集团将对各所属单位开展产品销售价格规范性检查，并将此作为推动营销制度执行力建设和营销工作规范化管理的长效机制。

4.4.2 事前调研：市场部采取随机抽查的方式对产品市场情况进行调研，如调研结果与营销人员提供的信息出现较大差别，应查明原因，确保市场信息的可靠性。

4.4.3 事中检查：市场部有选择地参加各定价小组会议，对各所属单位价格管理办法、实施细则及定价流程执行情况进行监督、检查。

4.4.4 事后考核：市场部对价格执行结果进行全面考核，各所属单位月底之前上报《××单位产品月度价格回顾报告》，须对价格管理情况做出详细说明。

4.4.5 各所属单位不按规定建立并实施内部控制制度，或者不按规定报送各定价小组会议纪要、月度价格回顾报告及不如实提供有关情况的，集团将进行通报批评，并追究单位负责人及营销负责人的责任。

4.4.6 违反集团定价原则和价格决策程序，少数人决定重大事项，或者拒不执行或擅自改变定价决策和上级决定的，集团将进行通报批评，并追究单位负责人及相关责任人的责任。

拟订	审核	审批

第三节 产品策划管理表格

表格1：产品方案——区域厂商结构表

产品方案——区域厂商结构表见表2-9。

表2-9　产品方案——区域厂商结构表

事业部：　　　　　产品：　　　　　填写人：　　　　　年份、季度：

细分区域	指标	厂商1	厂商2	厂商3	厂商4	合计	区域比例
区域1	销售、客户量						
	销售额						
	市场占有率						
区域2	销售、客户量						
	销售额						
	市场占有率						
区域3	销售、客户量						
	销售额						
	市场占有率						
区域4	销售、客户量						
	销售额						
	市场占有率						
合计	销售、客户量						
	销售额						
	市场占有率						

备注：（1）该表使用对象为市场人员。
（2）该表信息来源包括《行业销售数据表》，以及针对该产品方案的专项市场调查。
（3）该表需要在产品方案市场营销策划前进行统计。
（4）该表按照年份或季度进行整理。

表格2：产品方案——厂商增长表

产品方案——厂商增长表见表2-10。

表2-10　产品方案——厂商增长表

事业部：　　　　　产品：　　　　　填写人：　　　　　填写时间：

年份	指标	厂商1	厂商2	厂商3	厂商4	合计/平均
20××年	销售额					
	市场占有率					
	市场增长率					
20××年	销售额					
	市场占有率					
	市场增长率					
20××年	销售额					
	市场占有率					
	市场增长率					
20××年	销售额					
	市场占有率					
	市场增长率					
平均	销售额					
	市场占有率					
	市场增长率					

备注：（1）该表由市场人员负责填写。
（2）该表信息来源于《行业销售数据表》，或者针对该产品方案的专项市场调查。
（3）该表在产品方案市场营销策划前进行统计。

表格3：产品方案——区域增长表

产品方案——区域增长表见表2-11。

表2-11　产品方案——区域增长表

事业部：　　　　　产品：　　　　　填写人：　　　　　填写时间：

年份	指标	区域1	区域2	区域3	区域4	合计/平均
20××年	销售额					
	市场占有率					
	市场增长率					
20××年	销售额					
	市场占有率					
	市场增长率					
20××年	销售额					
	市场占有率					
	市场增长率					
20××年	销售额					
	市场占有率					
	市场增长率					
平均	销售额					
	市场占有率					
	市场增长率					

备注：（1）该表由市场人员负责填写。
（2）该表信息来源于《行业销售数据表》，或者针对该产品方案的专项市场调查。
（3）该表在产品方案市场营销策划前进行统计。

表格4：客户需求分析表

客户需求分析表见表2-12。

表2-12　客户需求分析表

事业部：　　　　　产品：　　　　　填写人：　　　　　填写时间：

需求名称	需求来源	需求描述	需求现状	需求趋势

备注：（1）该表使用对象为市场人员。
（2）该表是从总体上描述该产品方案存在的客户需求，不具体到客户或区域。
（3）该表信息来源于产品方案市场分析、客户调查。
（4）该表在做产品方案市场营销策划时使用。

表格5：竞争产品对比表

竞争产品对比表见表2-13。

表2-13 竞争产品对比表

事业部：　　　　　产品：　　　　　填写人：　　　　　填写时间：

对比要素	竞争产品1	竞争产品2	竞争产品3	竞争产品4	竞争产品5
客户应用					
产品定位					
产品规格					
产品价格					
产品功能					
技术实现					
产品服务					
市场推广					
营销实现					
客户分布					
产品优势					
产品劣势					

备注：（1）该表使用对象为市场人员。
（2）该表信息来源包括《厂商基本资料表》，或针对该产品方案的专项调查。
（3）该表在进行产品市场营销策划时使用。

表格6：区域机会描述表

区域机会描述表见表2-14。

表2-14 区域机会描述表

事业部：　　　　　产品：　　　　　填写人：　　　　　填写时间：

区域名称	机会名称	机会来源	客户应用	机会潜力	未来增长	区域机会潜力和增长评价	产品区域策略
区域1							
区域2							
区域3							

备注：（1）该表使用对象为市场人员。
（2）该表信息来源于《客户需求表》，或者针对该产品的专项市场调查。
（3）该表在进行产品市场营销策划时使用。

表格7：重点客户机会描述表

重点客户机会描述表见表2-15。

表2-15 重点客户机会描述表

事业部：　　　　　　产品：　　　　　　填写人：　　　　　　填写时间：

客户名称	机会名称	机会来源	客户应用	机会潜力	未来增长	客户机会潜力和增长评价	产品客户策略
客户1							
客户2							
客户3							

备注：（1）该表使用对象为市场人员。
（2）该表信息来源于《客户需求表》，或者针对该产品的专项市场调查。
（3）该表在进行产品市场方案市场营销策划时使用。

表格8：产品方案——目标设定表

产品方案——目标设定表见表2-16。

表2-16 产品方案——目标设定表

目标类型	分项	20××年	20××年	20××年	平均增长率
定量目标	销售量				
	销售额				
	区域数量				
	客户数量				
	市场占有率				
定性目标	区域拓展				
	典型案例				
	知名度				
	其他				

表格9：产品方案——目标时间分解表

产品方案——目标时间分解表见表2-17。

表2-17 产品方案——目标时间分解表

目标类型	分项	第一季度	第二季度	第三季度	第四季度	合计
定量目标	销售量					
	销售额					
定性目标	区域拓展					
	典型案例					

表格10：产品方案——目标区域分解表

产品方案——目标区域分解表见表2-18。

表2-18　产品方案——目标区域分解表

目标类型	分项	区域1	区域2	区域3	区域4	区域5	区域6	合计
定量目标	销售量							
	销售额							
定性目标	区域拓展							
	典型案例							

表格11：关键成功要素分析表

关键成功要素分析表见表2-19。

表2-19　关键成功要素分析表

事业部：　　　　　产品：　　　　　填写人：　　　　　填写时间：

关键成功要素	要素标准说明	公司现状说明	保障条件	潜在风险	策略说明

表格12：产品报价表

产品报价表见表2-20。

表2-20　产品报价表

事业部：　　　　　产品：　　　　　生效时间：

硬件产品方案报价单						
商品编码	产品名称	型号	产品配置	公开报价	代理价	最低折扣价
软件产品报价单						
商品编码	产品名称	型号	产品功能	公开报价	代理价	最低折扣价
服务产品方案报价单						
商品编码	产品方案名称	型号	服务内容	公开报价	代理价	最低折扣价

续表

配件产品报价单							
商品编码	产品名称	型号	用途和适用	公开报价	代理价	最低折扣价

备注：（1）该表使用对象为事业部。
（2）该表由市场人员负责维护更新。
（3）该表在产品上市前制订，并定期更新。

表格13：软文宣传规划表

软文宣传规划表见表2-21。

表2-21　软文宣传规划表

事业部：　　　　产品：　　　　填写人：　　　　填写时间：

季度	月份	内容	目的	媒体类型	媒体名称	投放说明	字数或周期	预算
第一季度	1							
	2							
	3							
第二季度	4							
	5							
	6							
第三季度	7							
	8							
	9							
第四季度	10							
	11							
	12							
合计								

备注：（1）该表使用人为市场人员。
（2）该表在进行产品市场营销策划时使用。

表格14：市场活动规划表

市场活动规划表见表2-22。

表2-22 市场活动规划表

事业部：　　　　　产品：　　　　　填写人：　　　　　填写时间：

季度	月份	名称	目的	对象	形式	内容	预算
第一季度	1						
	2						
	3						
第二季度	4						
	5						
	6						
第三季度	7						
	8						
	9						
第四季度	10						
	11						
	12						
合计							

备注：(1) 该表使用人为市场人员。
(2) 该表在进行产品市场营销策划时使用。

表格15：市场促销规划表

市场促销规划表见表2-23。

表2-23 市场促销规划表

事业部：　　　　　产品：　　　　　填写人：　　　　　填写时间：

季度	月份	名称	目的	对象	形式	内容	预算
第一季度	1						
	2						
	3						
第二季度	4						
	5						
	6						
第三季度	7						
	8						
	9						
第四季度	10						
	11						
	12						
合计							

备注：(1) 该表使用人为市场人员。
(2) 该表在进行产品市场营销策划时使用。

表格16：代理商调查评估表

代理商调查评估表见表2-24。

表2-24 代理商调查评估表

区域		针对行业		针对产品		负责人		调查时间	
基本情况									
公司名称		成立日期		注册资金			公司电话		
公司地址		邮编		网址			传真电话		
企业类型		纳税人类型			法人代表		联系电话		
主营业务									
近期规划和目标									
系统资质									
营业情况									
营业收入	营业额	硬件营业额	软件营业额	服务营业额	其他营业额	主要项目			主要客户
人员情况									
员工总数		销售人员数量		市场支持人员		技术支持人员		服务人员	
客户情况									
客户名称		客户关系		历史交易情况		主要项目	合作厂商	合作方式	
项目情况									
项目名称		项目资源		介入程度		把控力度		合作厂商情况	
合作要求									
合作方式									
利润要求									
商务要求									
其他要求									
合作评估									
合作价值分析									
合作可能分析									
合作风险分析									
合作方式分析									
总体意见									

表格17：代理商选择标准表

代理商选择标准表见表2-25。

表2-25 代理商选择标准表

事业部：　　　　　产品：　　　　　填写人：

项目	细项	标准	评估方法
基本情况	注册资金		
	主营业务		
	系统资质		
营业情况	营业额		
	营业增长		
	项目经验		
人员情况	员工数量		
	销售人员数量		
	技术人员数量		
客户情况	客户类型		
	客户关系		
	历史交易		
项目情况	项目类型		
	项目资源		
	把控力度		
合作要求	合作方式		
	利润要求		
	商务要求		

备注：（1）该表由事业部使用，市场人员负责制作。
（2）该表在产品上市或者产品市场营销策划时使用。
（3）该表作为营销人员选择代理商的指导标准。

表格18：产品方案——区域市场描述表

产品方案——区域市场描述表见表2-26。

表2-26 产品方案——区域市场描述表

事业部：　　　　产品：　　　　填写人：　　　　填写时间：

区域名称	区域特征			市场特征					营销特征	
	政策规划	进展情况	采购计划	销售现状	市场增长	市场潜力	竞争强度	竞争优势	客户关系	营销配置

备注：（1）该表使用人为市场人员。
（2）该表信息来源于《区域行业信息表》，或针对该产品方案的专项市场调查。
（3）该表在进行产品市场营销策划时使用。

表格19：产品方案——区域市场布局表

产品方案——区域市场布局表见表2-27。

表2-27　产品方案——区域市场布局表

事业部：　　　　　　产品：　　　　　　填写人：　　　　　　填写时间：

区域名称	评价要素								评价结果			
	政策规划	需求进度	市场潜力	市场增长	竞争强度	竞争优势	客户关系	营销资源	评价得分	区域选择	区域排序	区域策略
分值权重	15	15	15	10	10	15	10	10	100			
说明	区域选择，选择适合进入的区域；区域排序，区域开拓顺序和重点；区域策略，对目标和方式的大概说明											

备注：（1）该表使用人为市场人员。
（2）该表信息来源于《区域市场描述表》。
（3）该表在进行产品市场营销策划时使用。

表格20：产品方案——损益表

产品方案——损益表见表2-28。

表2-28　产品方案——损益表

事业部：　　　　　　产品：　　　　　　填写人：

项目	2012财年/万元	2013财年/万元	2014财年/万元	2015年占销售净额百分比
销售量				
销售收入				
减销货折让				
销售净额				
减销售成本				
销售毛利				
毛利率				
减营销费用				
广告				
软文				
公关宣传				
市场推广				
促销				
其他				
管理费用				
销售团队费用				

续表

项目	2012财年/万元	2013财年/万元	2014财年/万元	2015年占销售净额百分比
销售业务费用				
后台人员费用				
杂支				
费用合计				
销售利润				
利润率				

备注：（1）该表使用人为市场人员。
（2）该表信息来源于销售预测、内部财务核算和市场推广预算。
（3）该表在进行产品市场营销策划时使用。

表格21：新产品策划内容表

新产品策划内容表见表2-29。

表2-29　新产品策划内容表

年　月　日

策划主题		策划部门		负责人	
环境					
目标顾客					
产品命名与概念					
产品规格					
产品市场定位					
产品印象					
产品商标					
产品包装					
市场发展分析					
产品价格及相应策略					
产品渠道					
企业技术支持					
促销策略					
诉求重点					
可能的问题及对应措施					
其他					

表格22：新产品上市计划表

新产品上市计划表见表2-30。

表2-30　新产品上市计划表

架构	负责执行的部门	完成时间
产品用途 特性 利益	由研发部编写	
定价	策划部制订，总经理核准	
销售渠道（即卖给哪些机构，或卖给其他种类的客户）	市场部	
业务员教育训练	研发部 市场部	
促销计划	市场部	
展示计划	销售部	
潜在客户追踪	销售部	
进度表	市场部	

表格23：新产品营销策划书模板

新产品营销策划书模板见表2-31。

表2-31　新产品营销策划书模板

新产品营销策划书模板
一、引言 （1）新产品名称——未注册的品牌和商标。 （2）目标市场及细分市场的区分与简要描述。 （3）计划的作用时效。 （4）编制计划的人员。 二、形势分析 　1.市场描述 （1）消费者或使用者及其他市场参与者。 （2）购买营销成果的过程。 （3）竞争。 ① 直接的和间接的竞争。 ② 预测的生命周期阶段。 （4）竞争战略。 （5）总体市场及相应细分市场的市场占有率。 ① 销售数量、销售金额。 ② 促销活动。 ③ 利润。 （6）有效的分销渠道及其态度和实践。 （7）经营的关键外部环境因素。 　2.新产品描述（包括产品性能、用户反应、包装等）包括竞争产品资料 三、机会和问题概述 （1）市场可开发的主要机会。 （2）计划需要解决的主要问题。

续表

四、战略
（1）总体指导战略说明——关键目标和每个目标的主要活动，包括数量和质量目标。
（2）市场细分和产品定位。
（3）总体营销努力。
① 产品的总体作用，包括产品计划的变动和增加。
② 广告的总体作用。
③ 个人推销的总体作用。
④ 其他手段的总体作用（如样品、贸易展销会，商品示范等）。
⑤ 批发商与零售商的总体作用。
⑥ 价格政策及详细说明（包括折扣、协议及计划变动）。
⑦ 非市场营销部门的特殊角色。

五、经济概述
（1）销售数量预测（对每一时期每一种产品而言）。
（2）销售额预测（对各时期）。
（3）各种活动的费用预算。
（4）对企业间接费用与利润贡献、预计收入。
（5）风险说明——上述计划的安全性。
（6）说明需要的或计划的资金投入及随后的现金流。

六、战术计划
1. 手段1（如广告）
（1）手段A（如电视广告）。
① 基本任务或目标。
② 细节（规划、商业类型、频率、费用、日期）。
③ 个人和代理商的责任。
（2）手段B（如印刷广告）。
① 基本任务或目标。
② 细节（规划、商业类型、频率、费用、日期）。
③ 个人和代理商的责任。
（3）其他。
2. 手段2（如个人推销）
3. 其他手段
依次为分销、定价、产品改进、商标、包装、专门促销、公共关系、技术指导、担保等。
4. 列出所有即将开发的有创造意义的手段

七、控制
（1）关键控制目标。
（2）有效降低费用的关键市场条件。
（3）信息收集顺序和预算。
① 内部的。
② 外部的。

八、对主要支持性活动的概述
包括所有非营销部门的活动，如仓储、数据处理、技术服务、研究与开发、财务、人事和公共关系等部门，概述应列出任务、日期和个人责任。

九、活动程序
计划期关键活动应按年月顺序排列。
确定计划的作用时效也是很常见的。短期营销计划适合生命周期短的消费品，期限只有3～4个月，然而一些工业品营销计划的期限却是无限制的。

表格24：产品售价表

产品售价表见表2-32。

表2-32　产品售价表

编号　　　　　　　　　　　　　　　　　　　　　　　　　　年　月　日

产品名称规格：				
产品说明及图样				
规定售价	销售条件说明	售价范围	决定者	备注

总经理：　　　　　　　　审核：　　　　　　　　拟订：

表格25：产品售价计算表

产品售价计算表见表2-33。

表2-33　产品售价计算表

编号　　　　　　　　　　　　　　　　　　　　　　　　　　年　月　日

			售货类别									
	成本项目	用量	外销A价		外销B价		外销C价		内销		中盘		内销零售	
			单价	成本	单价	成本	单价	成本	单价	金额	单价	金额
材料成本												
	合计											
	损耗											
	材料成品											
	项目	单位成本	用量	成本	用量	成本	用量	成本	用量	成本	用量	成本
其他成本	人工成本											
	制造费用											
	销管费用											
	利润											
	售价											
备注												

总经理：　　　　　　　　经理：　　　　　　　　分析员：

表格26：产品定价分析表

产品定价分析表见表2-34。

表2-34　产品定价分析表

年　　月　　日　　　　　　　　　　　　　　　　　编号：

	成本项目	生产数量								
			%		%		%		%		%
成本分析	原料成本										
	物料成本										
	人工成本										
	制造费用										
	制造成本										
	毛利										
	合计	100		100		100		100		100	
产品竞争状况	生产公司	产品名称		品质等级		售价		估计年销售量		市场占有率	备注
	1										
	2										
	3										
	4										

总经理：_____　　　经理：_____　　　分析者：_____

表格27：产品市场性分析表

产品市场性分析表见表2-35。

表2-35　产品市场性分析表

产品名称	推出日期	销售年数	获利率	市场占有率	价格	品质	外观	竞争产品	竞争产品差异性	产品改良状况	其他

表格28：产品营销分析表

产品营销分析表见表2-36。

表2-36　产品营销分析表

产品分析	品质类别	说明			竞争状况分析		厂牌	价格	等级	品质	外观	服务	信誉
	功能												
	品质等级												
	外观												
	耐久性												
	故障率												
	使用难易												
	……												
价格	产品名称 / 成本项目				市场动态		顾客评价 顾客转变状况						
	原料成本												
	辅助材料成本												
	人工成本												
	制造费用												
	制造成本				评定								
	期间费用												
	总成本												
	获利率												

表格29：产品降价申请表

产品降价申请表见表2-37。

表2-37　产品降价申请表

编号：　　　　　　　　　　　　　　　　　　　　　填写日期：

客户名称		订单号码		批　号	
产品名称		规　格		数　量	
责任部门申请描述	申请降价额度				
	申请降价原因				
	申请人			审核	
处理决定	□不准许降价销售　　□准许降价销售				
客户确认					
备　注					

表格30：价格变动影响表

价格变动影响表见表2-38。

表2-38　价格变动影响表

产品价格＼销售单位	产品一			产品二			合计
	价格A	价格B	价格C	价格A	价格B	价格C	
收　入							
销售成本							
毛　利							
毛利总和							
营业费用							
营业利润							
其他费用							
净　利							

表格31：定价方案审批表

定价方案审批表见表2-39。

表2-39　定价方案审批表

标题	
内容摘要	
附件	
相关部门签字	年　　月　　日
定价委员会会签	年　　月　　日
营销委员会主任审批	年　　月　　日
公司总裁审批	年　　月　　日

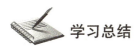 **学习总结**

通过本章的学习，我对产品策划管理有了以下几点新的认识：

1._____

2._____

3._____

4._____

5._____

我认为根据本公司的实际情况，应制订以下制度和表格：

1._____

2._____

3._____

4._____

5._____

我认为本章的内容不够全面，还需补充以下方法、制度和表格：

1._____

2._____

3._____

4._____

5._____

第三章 促销策划

引 言

促销策划是指运用科学的思维方式和创新的精神，在调查研究的基础上，根据企业总体营销战略的要求，对某一时期各种产品的促销活动作出总体规划，并为具体产品制订周详而严密的活动计划。

本章学习指引

目标	了解促销策划的要点，并能够运用所提供的范本，根据本企业的实际情况制订相应的管理制度、表格

学习内容

管理要点	·促销策划的层面 ·促销策划的形式 ·开展促销调查 ·策划促销活动 ·促销前人员的培训 ·布置促销活动现场 ·促销的现场管理 ·促销的效果评估
管理制度	·促销方案制订控制程序 ·促销管理制度 ·促销活动管理办法 ·全国大型促销活动组织管理办法 ·促销品管理规定 ·促销赠品发放办法 ·促销员管理办法（生产企业） ·促销员管理办法（零售门店） ·临时促销员管理及培养办法
管理表格	·促销企划表 ·促销工作计划表 ·K/A促销计划表 ·客户促销计划表 ·促销申请表 ·促销活动申请表 ·促销安排表 ·促销品领用申请表 ·促销赠品申请表 ·促销费用明细表 ……

第一节　促销策划要点

要点1：促销策划的层面

（一）整体促销策划

这是对企业整个促销工作的谋划和设计，即人员推销、广告、营业推广和公关促销如何实现最佳配合，包括主次配合、进程配合、手段配合、内容配合、主题配合、策略配合、目标配合等。策划的目的是使企业形成整体促销合力，在有限的促销预算下达成最好的促销效果。

（二）单一促销策划

这是对企业在一定时期内针对确定的市场采用特定的促销方式进行的单项促销活动进行策划，如公关促销策划、广告促销策划、营业推广策划和人员促销策划。它是整体促销策划的基础，具有相对的独立性和完整性。

要点2：促销策划的形式

企业的促销策划一般有以下3种形式，如图3-1所示。

形式一　独立策划，独立实施

由企业内部组织完成促销程序的全过程，实施环节也由内部促销组织完成，销售部门只是提供方便，通常在促销方式与企业业务活动没有直接关系时，这种情况较多，如促销性质的公关活动、形象促销广告、日常辅助性促销业务等

形式二　独立策划，联合实施

研究、策划环节由企业内部促销组织独立完成，实施环节由策划部门和销售部门相互配合、共同完成，促销活动涉及销售部门、存储和物流部门等，实施环节的联合就是必然的了

形式三　联合策划，联合实施

由企业内外促销组织和销售部门共同进行促销策划，共同实施，比较大型的促销策划，一般会采取内外结合、相互协调、统一监控的组织方式

图3-1　促销策划的形式

要点3：开展促销调查

策划促销活动前，促销人员需要通过调查活动，收集、整理影响促销活动的各种资料，分析企业产品的市场形势、竞争形势及分销渠道形势，了解产品的主要购买者及其购买行为。

促销调查是促销策划的重要基础工作，其工作程序如图3-2所示。

图 3-2 促销调查程序

(一)制订调查计划

在进行促销调查之前,促销人员首先应做好调查计划,以保证调查工作的顺利实施和有效完成。在制订调查计划时,促销人员应该从以下 6 个方面考虑。

1. 明确调查目的

确定好了促销调查工作的目标,促销人员可根据企业的具体情况和销售策略明确调查目的。调查目的一般用简明、扼要的语言阐述即可。通常,促销调查的目的就是了解企业的内外部环境,为企业的促销决策提供依据,为策划促销活动提供支持。常见的形式是"解决什么问题"、"做出什么决策"、"应从什么地方调查"、"运用什么手段"、"收集什么样的信息"等。

2. 规划调查内容

促销调查必须围绕调查目的进行,以便获得有价值的信息资料,为促销计划的制订提供依据。那么需要调查哪些内容呢?促销调查的内容主要是指那些影响促销工作的各种宏观、微观因素及其变化情况,具体内容见表 3-1。

表 3-1 促销调查的内容

类别	调查项目	具体内容
企业外部调查	市场状况	(1) 市场的规模与增长速度、市场前景、市场结构 (2) 各级流通渠道及流通效果 (3) 各级中间商的经营状况
	竞争对手情况	(1) 主要竞争对手的产品销售情况、企业发展情况、营销战略等 (2) 促销策略,包括产品、对象、方式、时间、地点等 (3) 销售人员的能力水平,包括企业的销售人员和促销人员的工作能力 (4) 主要目标顾客群的特点、消费习惯及对促销活动的反应等
	区域市场特点	(1) 地理差异 (2) 人口及收入情况 (3) 经济发展情况 (4) 行政管理制度、有关法律法规 (5) 社会文化、传统、生活习惯等
	消费者情况	(1) 主要的购买者、购买动机、对本品牌的认知度与忠诚度 (2) 主要的使用者及使用场合、对产品的需求量、需求偏好及影响因素 (3) 潜在顾客的数量、特点和需求状况等 (4) 顾客对各种促销活动的反应
企业内部调查	产品状况	(1) 市场份额 (2) 销售收入及各阶段销售数量 (3) 价格策略及利润率 (4) 技术水平、质量工艺 (5) 售后服务承诺等
	企业形势	(1) 营销能力,包括营销管理机制、营销组织结构、分销渠道的构成与规模、营销人员素质、促销策略及效果等 (2) 财务能力,包括企业经营状况、销售回款状况、资金周转状况等 (3) 企业管理能力,包括经营理念、企业文化、决策者风格、发展战略等

3.选定调查方法

明确了调查内容，促销策划人员还要掌握调查方法。调查方法一般可分为文案调查和实地调查两种。

促销人员可以根据调查内容的不同，灵活选择调查方法。具体见表3-2。

表3-2 调查方法的选择比较

调查内容	适用的主要调查方法
市场状况、产品状况、企业形势、区域市场状况特点	文案调查
消费者情况、竞争对手情况等	实地调查
竞争对手情况、企业形势、产品状况等	文案调查与实地调查相结合

4.设计抽样计划

大范围的市场调查虽然会有较高的准确度，但是调查的成本同样也较高。为了在有限的资源范围内尽可能地提高调查准确度，在进行调查时，就需要设计抽样计划。在进行抽样计划的设计时，需要考虑以下3个问题，如图3-3所示。

1 选择样本总体

在进行样本总体选择时，应该首先找到被调查对象的特性，并将其具体化，然后根据被调查对象的特性选定适当的调查范围

2 设计抽样方法

在进行调查时，为了在有限的资源条件下调查尽可能准确的数据，可以采用在样本总体中抽取部分访问者的方法来提高小范围市场调查的准确度，抽取样本的方法通常有随机抽样法（随机抽取调查对象）及立意抽样法（根据主观判断选择调查对象）两种

3 确定样本数量

根据调查经费、人力、时间、设备、工具及对调查结果准确度的要求，选择需要调查的样本数量

图3-3 设计抽样计划应考虑的问题

5.安排与培训访问人员

访问人员素质的优劣会直接影响调查结果，选择合适的访问人员，并对他们进行必要的培训，可以提高调查的质量。

（1）招募访问人员。在进行访问人员招募时应该尽量选择具备以下能力的人员。

——口齿清晰明白，通晓当地方言。

——性格开朗，愿意与被调查者讨论各种问题。

——诚实敬业，忠于工作，不偷懒或歪曲资料。

——有耐心，能诱导受调查者进行合作。

（2）培训访问人员。对招募的访问人员进行培训的内容有以下3方面。

——调查访问的有关知识，包括调查基本认识、抽样的方法、市场调查问题性质、访问

人员的态度和行为准则、受访者心态等。

——访问技巧，包括如何建立和谐气氛、提问技巧、处理拒绝访问技巧、自身安全保护等。

——问卷内容的解释及讨论，包括问卷设计观念、题目说明技巧、统一访问人员所提出的疑问等。

6.确定调查日程安排

在制订调查计划的最后，还要根据调查的各种具体事项，确定每一项调查工作的具体花费时间及调查任务最后完成日期。

（二）调查实施

做好各项准备工作之后，促销人员就要按照预先制订的调查计划，选择合适的调查方法进行实际调查工作。促销调查通常情况下都是文案调查与实地调查相结合进行。首先通过文案调查收集资料，并对这些资料进行分析整理，再根据问题的解决程度和实际需要确定是否进行实地调查，进一步获得资料。

（三）处理调查结果

1.整理调查资料

对于收集的各种资料，促销人员还应结合调查目的及工作需要进行整理，并按照调查的内容类别进行汇总分析，为下一步工作的开展打下良好基础。

2.整理资料的步骤

当调查完成时，必须将所有搜集来的资料加以编辑、组织及分类并制成表格，从而使调查资料变成可供分析解释的信息

整理资料的过程如图3-4所示。

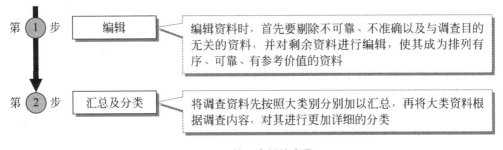

图3-4　整理资料的步骤

要点4：策划促销活动

策划促销活动的程序如图3-5所示。

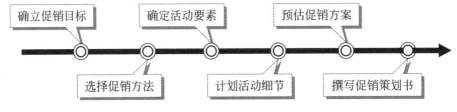

图3-5　策划促销活动的程序

（一）确定促销目标

策划促销活动首先应该确立促销活动的目标。促销目标应与整体营销目标以及该阶段促销目标相配合。

根据促销对象的不同，促销目标可划分为针对消费者、中间商和销售人员的目标，而根据促销的时效，促销又可分为长期目标与短期目标。

常见的促销目标，见表3-3。

表3-3　常见的促销目标

促销对象＼促销时效	短期目标	长期目标
消费者	促使未使用者试用、促使新顾客购买、促使竞争品牌消费者购买、促使现有消费者重复购买、提高单次购买量、增加购买频率、提前购买时间、接受产品的新用途和新使用方法等	提高顾客忠诚度、满意度和传播品牌形象等
中间商	扩展现有销售渠道、加快产品流转、鼓励经营新产品、鼓励开展本产品的各种促销活动、抵消竞争者的促销影响、鼓励购买过季产品、改进陈列、争取支持与合作等	密切与中间商的沟通及关系调整、教育和引导中间商、建立品牌忠诚度、维持较高存货水平、鼓励专营本企业产品、提高市场占有率等
销售人员	鼓励推销新产品、鼓励寻找更多的潜在顾客、鼓励推销过季产品、提升销售业绩等	培养竞争意识、提高销售专业水平、提升人员素质、提高工作积极性、树立团队意识等

对一个促销活动来讲，要同时完成以上的所有促销目标是不可能的，促销人员在选择促销活动目标时，应该考虑以下3个问题。

（1）促销目标要服从于企业的整体营销目标。

（2）促销目标的制订还要考虑到产品的差异性，应根据产品所处的不同生命周期及产品类型制订不同的销售目标。

（3）促销目标的制订还应该充分考虑时期的不同与地域的不同。如企业在强势区域与弱势区域需要制订不同的促销目标，在产品的销售淡季与销售旺季也要制订不同的销售目标。比如，在产品销售淡季，产品的促销目标通常为维持顾客对产品的兴趣，尽量增加产品的销售量，而在产品销售旺季，主要的促销目标为增加产品的销售利润，扩大产品的市场占有率。

（二）选择促销方法

策划人员只有在了解促销活动具体方式的基础上，才能灵活运用这些促销方式，并对其进行改变及组合，以使其满足企业具体的促销要求。

1.常见的促销方法

常见的促销方法主要包括竞赛与抽奖活动、赠送赠品、特价优惠、赠送试用品、优惠券、特惠包装、现金返还、会员制、积分兑换等，其适用范围、优点及缺点见表3-4。

表3-4　各种促销方法对比

促销方法	适用范围	优点	缺点
有奖竞赛	各种产品	（1）帮助建立或强化品牌形象 （2）增加广告吸引力 （3）可针对特定目标消费群 （4）提高顾客了解产品的兴趣	（1）活动参与率低 （2）参加者不一定是目标顾客 （3）竞赛活动的创新设计较难 （4）对销售帮助不大

续表

促销方法	适用范围	优点	缺点
抽奖活动	知名度高、品牌形象较好的产品	(1) 能覆盖宽广的目标消费群 (2) 对销售有直接的促进作用 (3) 吸引顾客注意产品广告 (4) 吸引新顾客尝试购买 (5) 促使老顾客再次购买或多次重复购买	(1) 顾客参与热情低 (2) 不利于提高品牌形象 (3) 需要大量的宣传费用 (4) 难以预估参加率及活动成效
赠送赠品	各种产品	(1) 营造产品的差异化,增加产品吸引力 (2) 通过赠品传达、强化品牌概念 (3) 凭借赠品达到市场细分的目的 (4) 能吸引新顾客尝试购买 (5) 能吸引老顾客再次购买 (6) 可增加顾客的产品使用量,加速重复购买 (7) 可以用来对抗竞争对手的市场促销活动	(1) 促销成本高,且容易造成赠品积压 (2) 赠品设计创意较困难,无法同时满足所有顾客的需要 (3) 赠品易遗失 (4) 差的赠品反而会影响产品的销售 (5) 体积大、影响运输与陈列的赠品会引起售点的不满
特价优惠	具有知名度、已经有一定品牌形象的成熟产品	(1) 效果迅速、明显,能增加产品短期内的销量 (2) 对顾客最具冲击力 (3) 受售点及销售人员欢迎 (4) 能够用来紧急对抗竞争对手的促销活动	(1) 无法帮助长期的销量增长 (2) 导致产品价格难以提升复原 (3) 有损产品利润 (4) 长期持续降价会损害品牌形象,影响顾客的"品牌忠诚度" (5) 不能有效吸引新顾客 (6) 易引发价格战或竞争对手反击
赠送试用品	新产品、新品牌,能够使顾客明显感到其优异性的产品	(1) 顾客接受度高 (2) 能够增加顾客阅读广告的几率 (3) 能够吸引顾客购买 (4) 能够加快顾客对产品的认识 (5) 对提升品牌知名度与形象有帮助	(1) 费用成本很高 (2) 对同质性强或个性色彩弱的产品效果差 (3) 活动操作管理难度大
优惠券	具有一定知名度、购买频率比较高的产品	(1) 吸引顾客去尝试新产品或经改良的产品 (2) 鼓励顾客在初次尝试新产品后,继续购买 (3) 用来推销大批量的产品	(1) 使用效率比较低 (2) 过多使用会损害产品形象,影响顾客对产品的忠诚度 (3) 使用者大部分为以前产品的购买者,从而导致产品利润的下降
特惠包装	适合于各种快速消费品	(1) 能够留住现有顾客 (2) 可以将降价进行得更加合理,防止降价带来的品牌形象的损失 (3) 吸引一些对价格敏感的顾客购买	(1) 成本较高 (2) 需要企业生产部门配合 (3) 实施的时间长
现金返还	新品牌或已经有一定知名度的产品	(1) 吸引新顾客试用 (2) 对品牌影响小 (3) 费用成本低 (4) 有助于收集顾客资料 (5) 不易引起竞争对手激烈的反击 (6) 可激励老顾客再次购买	(1) 对顾客的吸引力低 (2) 对结果难以预计
会员制	新品牌或品牌形象好的产品	(1) 培养顾客的品牌忠诚度 (2) 加强营销竞争力 (3) 不易被竞争者察觉	(1) 回报速度慢 (2) 费用高 (3) 难以预估效果
积分兑换	知名度高的快速消费品	(1) 费用成本较低 (2) 可以激励顾客重复购买,培养忠实、稳定的顾客 (3) 可以有效防止竞争对手激烈的反击	(1) 顾客兴趣较低 (2) 售点积极性较低 (3) 吸引顾客试用效果差

2.根据产品选择促销方法

在选择促销方法时,除了要考虑各种促销方法的优缺点及适用范围外,还要考虑产品的竞争状况、产品生命周期和促销目标等因素。

(1) 了解产品分类。

——按产品竞争状况对产品进行分类。

根据产品的竞争情况,可以将产品分为强势企业产品及弱势企业产品。

强势企业产品不仅销售额大、市场份额高,而且产品在顾客中还具有广泛的知名度和美誉度。

弱势企业产品销售额小、市场占有量低,而且企业自身经济实力不强,品牌影响力也较小。

——按产品生命周期对产品进行分类。

根据产品生命周期理论,一种产品从上市到被下一个新产品取代的期间叫作一个产品生命周期。根据产品的不同生命周期阶段,可将产品分为导入期、成长期、成熟期和衰退期。

导入期是新产品刚刚投入市场的时期,此时顾客对产品还不了解,除了少数追求新奇的顾客外,几乎没有人实际购买该产品。

产品度过导入期,销售取得成功之后,便进入了成长期。这时顾客接受了产品,需求量和销售额迅速上升。

经过成长期之后,随着购买产品的人数增多,市场需求趋于饱和,产品便进入了成熟期阶段。此时,竞争加剧,销售增长速度缓慢直至转而下降。

随着科技的发展、新产品和替代品的出现以及人们消费习惯的改变等原因,产品的销售量和利润持续下降,产品从而进入了衰退期。此时,产品的需求量和销售量迅速下降,同时市场上出现替代品和新产品,使顾客的消费习惯发生改变。

(2) 选择适当的促销方法。根据产品的属性、竞争状况及生命周期的不同,各种促销方式的适用情况见表3-5。

表3-5 不同产品对促销活动的适用情况

促销方法	强势产品	弱势产品	导入期	成长期	成熟期	衰退期
有奖竞赛	较好	较好	较好	较好	一般	一般
抽奖活动	较好	一般	较好	较好	较好	较好
赠送赠品	较好	较好	一般	较好	较好	一般
特价优惠	较好	较好	一般	较好	较好	较好
试用品	一般	较好	较好	一般	一般	一般
优惠券	较好	一般	一般	较好	较好	较好
特惠包装	较好	一般	一般	较好	较好	一般
现金返还	较好	一般	较好	较好	较好	一般
会员制	较好	一般	一般	较好	较好	一般

3.根据促销目标选择促销方法

选择促销方法时,还需要考虑所选择的促销方法是否有利于达到所制订的促销目标。如表3-6所列,不同的促销方法有不同的效果。

表3-6　不同促销方法的主要效果

主要促销目标	竞赛与抽奖	赠送赠品	特价	免费试用	优惠券	特惠包装	金还现返	会员制	积分兑换
鼓励试用				★	★		★		
改变购买习惯			★	★	★	★		★	★
引起冲动性购买	★	★	★		★	★			
增加每次购买量		★	★			★			★
刺激潜在购买者	★		★	★	★		★		★
维持现有购买者		★	★		★	★		★	★
加强广告阅读率	★	★							
巩固品牌形象	★	★						★	

说明:"★"代表促销方法较适用于所对应的促销目标。

4. 对促销方法进行合理组合

不同的促销方法之间有一定的互补作用,因此,多种促销方法比单独使用某一种方法更加有效。促销人员在选择促销方法时,应该特别重视促销方法的组合。

如图3-6所示列出了3种常见的促销组合方式,供促销策划人员在选择促销方法的过程中参考。

方式一　优惠券与抽奖的组合

为了增加优惠券的使用率,企业可以在优惠券上加上抽奖或竞猜的活动,使顾客既可以得到价格折扣,又可以参加促销活动,从而扩大促销活动的影响,同样对于抽奖活动,也可以设计成即使顾客没有中奖,也可以将抽奖凭证作为优惠券,在下次购物时使用,这样既能够实现较高的抽奖参与率,也可以减少那些没有中奖顾客的挫折感

方式二　样品赠送与优惠券的组合

企业可以将免费赠送的样品包装作为优惠券使用,使消费者在试用过后产生购买兴趣

方式三　会员制与积分兑换的组合

将会员制与积分兑换相结合,对成为企业会员的顾客的每一次购买产品的行为进行积分,并规定按照一定的积分可以兑换相应的奖品,这样就可以增加企业会员身份的吸引力,刺激更多的顾客成为企业的会员

图3-6　常见的促销组合方式

在确立了促销活动目标、选定了促销方法后,促销人员还必须明确以下活动要素:促销范围、促销时机、激励规模、参与条件、促销媒介、促销持续时间、促销活动费用预算。

(三)确定促销范围

在进行促销活动策划时,首先要确定促销的产品范围。由于企业的资源如人、财、物等是有限的,因此在进行促销活动策划时,只能选择部分产品进行促销。在确定促销产品范围时,应该考虑如图3-7所示3个方面。

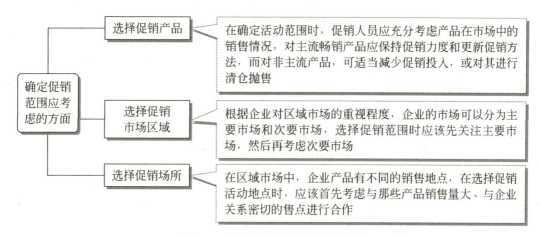

图3-7 确定促销范围应考虑的方面

（四）确定促销时机

把握最适宜的促销时机，能够收到事半功倍的效果。促销时机的选择应根据消费需求和市场竞争的特点，结合整体市场营销战略来确定。

一般来说，常用的促销时机有5种，如图3-8所示，促销策划人员一定要把握住恰当的机会，对产品进行促销。

时机一	重大节庆或社会活动，不同的节庆日顾客会有不同的购物需求，此时举办促销活动往往能够收到良好的效果
时机二	商场开业或周年庆典时，此时可以对销售的大部分产品进行促销
时机三	新产品上市时，可以同时对新产品及旧产品展开促销
时机四	对于销售带有明显季节性的商品，可以选择在旺季到来之前和旺季期间开展促销活动
时机五	发现竞争对手即将有重大促销政策出台时，可以抢在竞争对手之前开展促销活动

图3-8 常用的促销时机

（五）确定激励程度

促销从根本上说是通过给予顾客一定的激励，刺激顾客立即购买的方法。较高的刺激程度会产生较高的销售反应，但超过一定点时，其增加比率却是递减的。因此，促销人员在制订促销方案时必须使成本效益比达到最大的激励规模。

激励规模可以通过考察促销成本和效益的相对比率来制订。促销人员在确定激励规模时可以参考以前类似的促销活动以及竞争对手相应的促销活动。

（六）确定参与条件

某一个促销的影响范围是有限的。策划促销活动时要考虑促销活动具体面对的对象，是目标市场的每一个人，还是有选择的某部分人，哪类人员是主攻目标等。在设定参与条件时，既要避免将优惠给予不可能成为产品使用者的人，又要防止因条件太苛刻，阻碍了大部分品牌忠实者或喜欢优惠活动的顾客参与。

（七）决定促销媒介

促销策划人员还必须决定使用何种促销媒介，以及如何向目标顾客传达促销方案。假设促销方法是凭证优惠，则至少有4种方式可使顾客获得优惠券：置于包装内、在商店入口处派发、邮寄、印刷在报刊媒体上。每一种方式都有不同的对象、到达率和成本，促销人员要对其进行综合考虑。

（八）确定持续时间

如果促销活动持续的时间太短，一些消费者可能因为太忙而无法参加，而促销时间太长，则可能会让消费者认为这是长期降价，使促销活动失去应有的作用，并对品牌产生怀疑。促销人员在确定促销活动的持续时间时应综合考虑产品特点、顾客购买习惯、促销目标、企业经济实力、竞争策略等因素。

（九）制订费用预算

1. 了解促销费用的组成

促销活动费用预算确定以后，还须进一步确定总费用下的每一项费用的构成和金额大小。促销费用的组成主要包括以下3个方面，如图3-9所示。

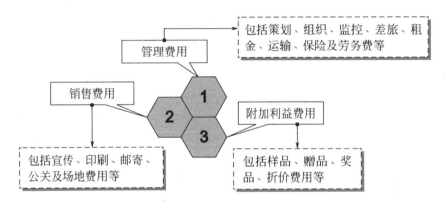

图3-9　促销费用的组成

2. 掌握制订预算的方法

促销活动费用预算是指某项促销活动的花费金额。促销费用总额的预算通常采用如图3-10所示的4种方法。

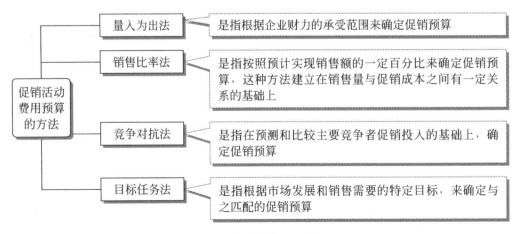

图3-10　促销活动费用预算的方法

（十）计划促销活动的细节

开展一项促销活动必然会带来繁重而琐碎的工作，这就需要在策划促销活动时要事先计划好活动的细节。促销人员在计划促销活动的细节时，应该从以下5个方面着手。

1.选择促销主题

促销活动首先应该有一个促销主题，好的促销活动主题不仅能够使促销活动更加吸引人，而且可以降低顾客对促销活动的警戒心，让顾客觉得促销活动举行得有道理，从而增加顾客对促销活动的信服程度。

2.准备活动用具

促销活动前还要将可能用到的各种道具准备好。准备促销用具时可以按照以下步骤。
（1）根据活动需要列出各种促销品、宣传品和促销道具的清单。
（2）根据清单安排制作相关的促销品、宣传品和促销道具。
（3）确定各种活动用具的制作完成时间以及具体到位时间。

3.计划活动流程

对于某项特定的促销活动内容，都需要设计一个标准的流程。比如，要开展一次简单的抽奖活动，就需要设计参与方法、抽奖地点、抽奖方式、中奖几率、奖品设置等。

4.进行人员安排

对于参加促销活动的人员，应该进行具体的安排，做到每一个人都有负责的问题、每一个问题都有负责的人。

5.促销现场控制

在进行促销活动细节策划时，还需要正确地预计促销现场可能发生的各种情况，并制订相应的解决措施。促销现场可能会出现以下4种问题，促销人员在制订促销计划时要充分考虑。
（1）顾客反应热烈，促销现场人员过多，产生拥挤。
（2）顾客反应冷淡，促销现场出现冷场。
（3）顾客由于对促销活动的误解或产品质量问题，出现顾客现场吵闹等情况。
（4）遭遇竞争对手的对抗性促销。

（十一）预估促销方案

促销人员可以通过内部测试、消费者调查、在选定的市场区域内进行实验等方式，对促销活动进行预先评估，以完善原来的设计方案，使促销活动的风险性降至最低。

1.促销方案和行动计划的评估内容

对促销方案和行动计划的评估内容见表3-7。

表3-7 促销方案和行动计划的评估内容

序号	评估项目	评估内容
1	法律方面	（1）活动方案和行动细节是否符合保护消费者权益方面的规定 （2）活动方案是否符合公平竞争的法规
2	物资后勤方面	（1）促销活动可能需要的各种器材、货源、促销品能否及时到位 （2）各部门的配合能否到位
3	预算方面	（1）评审预算是否全面准确，各项费用是否合理 （2）不同产品的促销活动之间是否相互协调 （3）经费是否能够到位

续表

序号	评估项目	评估内容
4	时间方面	(1) 促销时间是否符合大多数中间商和销售人员的实际状况 (2) 促销时间是否符合消费者的购买习惯
5	促销方法和激励规模方面	(1) 促销方法和激励规模是否适合本次促销活动所要达到的目的 (2) 促销方法和激励规模是否能够有效吸引顾客的参与
6	促销媒介方面	(1) 检查促销媒介是否有效、经济 (2) 促销媒介是否适用于本次促销活动

2. 评估方法

对促销方案进行评估时，促销人员可以事先制订好一张评估表，将每一个评估的内容细化，使填表人能够准确地填写内容。具体见表3-8。

表3-8 促销活动效果预估表

序号	预估因素	权数	得分					分值	改进建议
			很好	好	一般	差	极差		
1	是否选择了合适的时间	5	□1	□0.8	□0.5	□0.2	□0		
2	是否选择了合适的地点	5	□1	□0.8	□0.5	□0.2	□0		
3	是否选择了明确的促销对象	5	□1	□0.8	□0.5	□0.2	□0		
4	活动力度是否足够	5	□1	□0.8	□0.5	□0.2	□0		
5	赠品样品选择是否合适	5	□1	□0.8	□0.5	□0.2	□0		
6	顾客是否便于参与活动	1	□1	□0.8	□0.5	□0.2	□0		
7	活动进行中现场布置是否完善	1	□1	□0.8	□0.5	□0.2	□0		
8	活动是否与适当的媒介宣传相配合	1	□1	□0.8	□0.5	□0.2	□0		
9	是否为顾客提供了独特的购买利益	5	□1	□0.8	□0.5	□0.2	□0		
10	是否是对竞争者弱点有针对性的活动设计	5	□1	□0.8	□0.5	□0.2	□0		
11	竞争者是否会有较强的、影响活动进行的反应	5	□1	□0.8	□0.5	□0.2	□0		
12	活动是否有清晰的、便于衡量的目标	5	□1	□0.8	□0.5	□0.2	□0		
13	是否向合作者提供了明确的活动指引，各方是否明确各自的职责	10	□1	□0.8	□0.5	□0.2	□0		
14	活动的配套措施和准备工作是否完善	15	□1	□0.8	□0.5	□0.2	□0		
15	参与活动的中间商和零售终端是否有合理的利益	10	□1	□0.8	□0.5	□0.2	□0		
16	活动是否有良好的可操作性	10	□1	□0.8	□0.5	□0.2	□0		
17	活动过程是否便于控制	5	□1	□0.8	□0.5	□0.2	□0		
	合计								

（十二）撰写促销策划书

促销策划书是对所策划的促销活动各环节工作的书面性描述，是对整个促销活动的行动指南。

1. 促销策划书的内容

促销策划人员在撰写促销策划书时，需要撰写的内容见表3-9。

表3-9 促销策划书的内容

项目	具体内容
封面	策划书的名称、策划组织名称、日期
目录	主要章节的名称及所在的页码
摘要	对正文的概括性描述，便于阅读者了解促销活动的大致思路
正文	包括市场分析、促销目标、促销方案、广告媒介、促销活动步骤、意外防范、促销预算等内容
附录	促销调查资料、策划参考资料、数据来源

2. 撰写促销策划书需要注意的问题

促销策划人员在撰写促销策划书时，需要满足如图3-11所示要求。

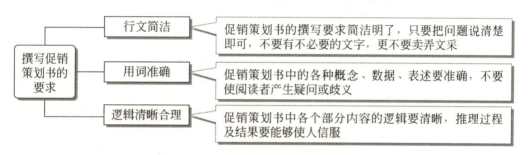

图3-11 撰写促销策划书的要求

要点5：促销前人员的培训

促销培训主要是围绕促销活动，对相关工作人员进行培训，让其了解促销活动的具体内容及工作职责，以便人尽其责，互相配合，使促销活动达到理想效果。

（一）促销培训的目的

促销培训的目的如下。

（1）培训企业及企业的产品情况，特别是新品上市的促销活动，一定要让促销人员了解清楚产品的技术特点、加工工艺、主要性能优点等，以便将产品信息有效地传达给顾客，吸引顾客购买。

（2）培训当次促销活动的具体情况，主要包括以下4个方面。

——当次促销活动的主题，以便在促销活动中准确地向顾客传送活动理念，正确引导顾客。

——当次促销活动的内容，包括时间期限、范围、具体条件要求、活动安排等，以便顺利进行促销工作。

——当次促销活动过程的每一个环节，以减少不必要的麻烦，增加顾客的满意度。

——当次促销活动的总体目标任务及自己的工作任务，以保证目标的达成，提高自己的销售业绩和收入。

（3）培训促销活动中自己及同事的岗位职责，以便在促销过程中做到默契配合，顺利完成促销工作。如现场抽奖的促销活动就需要将人员分为3组：现场销售组、抽奖登记组、奖品发放组等。

(4) 培训促销品的领用程序、发放原则及管理办法。

（二）常见对促销人员的培训内容

常见对促销人员的培训内容见表3-10。

表3-10 常见对促销人员的培训内容

培训类型	培训内容	主要培训方法
岗前培训	企业文化、企业规章制度、企业产品知识、竞争产品对比分析、常见顾客问题回答、沟通技能、销售技巧、人际关系处理、信息收集方法、工作态度等	以授课式培训为主，并辅以模拟练习
每周培训	销售知识与销售技巧培训、通过收集的顾客问题提炼回答用语、解决销售中遇到的新问题	授课式培训、讨论与模拟练习相结合
每月培训	总结本月工作，请优秀的促销人员分享好的方法和技巧	经验分享
新产品培训	新产品知识、特点、主要卖点、介绍方法等	授课式培训与讨论相结合
促销培训	促销活动的主题、内容、环节、分工及目标等	授课式培训与讨论相结合

（三）临时促销员的招聘

在销售旺季、节假日或举行某些大型促销活动时，企业往往需要临时雇用促销员。

招聘来的临时促销员主要协助正式促销人员进行销售工作或促销活动。当然，在他们上岗之前也要进行必要的培训。

临时促销员虽然只是临时工作人员，但他们的素质、在促销活动中的表现也对促销活动的成败具有重要影响。因此，负责促销的主管人员在招聘临时促销员时应遵循以下3个原则。

（1）临时促销员最好在大中专院校招聘，因为他们整体素质相对较高，节假日有闲余时间，而且他们需要通过这样的社会实践将理论知识融会贯通，增加毕业时找工作的筹码。

（2）临时促销员的招聘工作要提前，切不可临时抱佛脚。最好与几所学校的学生处或勤工助学处建立合作关系，以便随时招聘到合适人员，并有充分时间进行培训。

（3）储备优秀临时促销员。对于表现出色的促销员，应及时予以登记，作为储备力量随时征用。

（四）培训临时促销员

对于临时促销员，负责促销活动的主管人员可根据其性格特点、言谈举止、工作经验等做出科学、合理的分工，然后依据分工情况进行有针对性的培训。一般情况下，根据临时促销员的工作特点可分为现场促销组、现场宣传组、终端拦截组以及顾客服务组，他们所从事的工作及需要的培训内容见表3-11。

表3-11 临时促销员的工作分工及培训内容一览表

分工	工作内容	培训内容
现场促销组	现场介绍产品、介绍促销活动、引导顾客购买、发放促销品及赠品等	产品知识、促销技巧、赠品发放要求及注意事项等
现场宣传组	在户外、走廊及顾客主要出入点发放宣传品，在售点门口做接待	宣传资料的发放技巧、促销活动的宣传方法、简单的产品介绍
终端拦截组	（1）把对产品有兴趣的顾客热情友好地引导到本产品专柜 （2）主动迎接即将离开竞争对手专柜的顾客	顾客识别、宣传资料的发放方法、产品及促销活动的简单介绍、顾客引导的技巧
顾客服务组	协助做好销售以外的工作，如带领顾客付款、去仓库提货、填保修卡、领赠品、安排售后服务等	开票方法、付款、提货等流程，保修卡的填写及送货方法等

要点6：布置促销活动现场

（一）布置展台

1.选择展台位置

能够吸引顾客的目光是选择展台的首要原则，因此在进行促销活动时，促销人员应该尽量在如图3-12所示3种位置布置产品展台。

位置一	人流量大的线路，如卖场主要通道的旁边、主要的出入口旁边等位置
位置二	离销量大、知名度高的品牌展台近的位置
位置三	周围空间较大，容易被顾客发现的位置

图3-12　布置产品展台的三种位置

2.装饰有个性的展台

对展台的装饰也是展台布置的重要方面。如果展台的位置不好，促销人员可通过对展台的个性装饰来弥补缺憾，达到吸引顾客的目的。装饰展台时，可以考虑采用如图3-13所示的4种方法。

方法一	通过对展台地面的装修来突出展台，如展示区铺设地毯、木地板、地板砖等形式装饰展台，从而提升展台的档次
方法二	通过对空间的整体利用来提升展台形象，如在展台上面附加灯箱、在展示区吊天花板等方式，达到吸引顾客的目的
方法三	通过设定特定的展示主题来提高展台形象，如利用塑料柳叶、塑料花草装饰展台，将展台设计成一道自然风景，从而提高展台的受注目程度
方法四	通过铺设展台灯光，并调整灯光与色彩的组合，达到特定效果，从而吸引顾客的注意力

图3-13　装饰展台的四种方法

展台照明与色彩的布置应该注意如图3-14所示5个事项。

事项一	灯光最明亮的位置在90～145cm这个范围，其次是这个高度以下，然后才是这个高度以上，因此在铺设灯光时要注意位置的选择
事项二	吊在天花板的日光灯无法照亮下方的产品，为了弥补这个缺点，可改用强力灯对地面照射
事项三	照明要按照产品的陈列进行调整，使下方明亮
事项四	若墙面背景过于华丽，所陈列的商品就会相形失色，因此为更突出产品，背景灯光可用产品的对比色
事项五	展台后的墙壁常会变成产品的背景，因此要先考虑产品的色彩，再决定墙壁的颜色

图3-14　展台照明与色彩布置的注意事项

3. 清洁展台

展台的干净与否直接影响顾客对品牌、对商品的印象，因此将展台布置好之后，促销人员还要对展台进行清洁工作，做到整洁有序、明亮无污。清洁展台工作，以下两项工作促销人员均不可马虎。

（1）用抹布对展台的各个地方进行擦拭，保证没有灰尘、污渍。如背景墙、货架、工作台、橱窗玻璃等都要进行清洁，做到光亮如新。

（2）将展台中与产品展示、销售无关的物品整理后放置到适当位置，以保证展台的井然有序。

（二）陈列产品

1. 产品陈列的原则

不同的售点有不同的产品陈列规定，不同的产品其陈列要求也不同，但其最终的目的都是为了促进产品的销售，因此，促销人员在进行产品陈列时应遵循如图3-15所示的原则。

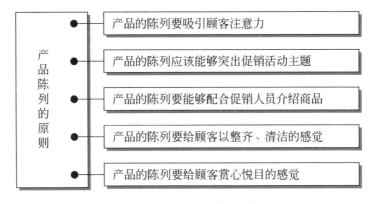

图3-15　产品陈列的原则

2. 陈列的形式

陈列的基本形式主要有填充式陈列、展示陈列、强调陈列这3种形式。促销人员可以通过表3-12所列掌握它们的特点，然后根据商品的特点和促销活动的需要选择合适的陈列形式。

表3-12　主要陈列形式及其优点

陈列形式	陈列方法	优　点	适用商品
填充式陈列	采用标准规格化陈列工具，将产品进行清楚的分类，在货架上进行分别陈列	（1）整齐美观 （2）分类明晰 （3）直观、便于顾客拿取	家居及建材行业
展示陈列	通过展台或柜台及设置在卖场内的重要地点集中陈列重点商品	（1）产品突出，容易被顾客看到 （2）能够通畅地指引顾客购买	家居及建材行业
强调陈列组合陈列	根据整体宣传，制订陈列主题，然后借由强调商品的价格、功能特色等，对产品进行组合陈列	（1）突出产品卖点 （2）凸现产品品质 （3）有效刺激顾客购买欲望 （4）引起连带销售	家居及建材行业

3. 陈列的方法

常见的商品陈列有以下3种基本方法，促销人员要灵活运用这些方法，达到吸引顾客的目的。具体如图3-16所示。

方法一 醒目陈列法

醒目陈列法就是要使顾客能够方便快速地注意到产品，使其产生购买欲望，正确地使用醒目陈列法，应该注意以下4点
(1) 充分利用黄金陈列位置：顾客最方便看见的高度是视线水平以下 20°的地方，一般男性为 85～135cm 的位置，女性为 75～125cm 的位置，在陈列商品时，促销人员要考虑到顾客的视线高度，最好将主要商品放置在 75～135cm 的位置，便于顾客选取
(2) 商品陈列要形成声势：数量小而少的东西，不容易引起顾客的注意，因此对这类产品的陈列，促销人员要将其成群陈列，集小为大以造成"声势"
(3) 合理搭配色彩和照明：促销人员要善于利用色彩，配合灯光的效果，给人以赏心悦目的印象，灯光要求光源隐蔽、色彩柔和，避免用过于鲜艳、复杂的色光，尽可能地反应商品的本来面目，让商品清楚易见，给人留下良好印象
(4) 产品陈列要重点突出：在陈列产品时，促销人员首先要挑选顾客欢迎、市场热销、包装或造型优美的商品作为陈列重点，将其放在黄金位置，以吸引顾客，然后再在周围陈列那些连带性的商品，以扩大顾客注目的视线范围

方法二 接触陈列法

接触陈列法是使顾客能够直接接触到商品，通过实际的接触，直接刺激顾客的感觉器官，这样常常能够取得更好的成果

方法三 连带陈列法

连带陈列法即把那些在使用上有连带关系的商品放在一起陈列，这样既便于顾客购买，又便于销售和商品保管

图3-16　常见的商品陈列方法

（三）摆放促销品

促销品是促销活动中的重要角色，促销人员对其进行摆放，不仅要注意整洁、美观，而且还要能够突出促销活动。促销品的种类有很多，气球、钥匙扣、开瓶器、自行车、消毒柜、电风扇等都可成为促销品，促销人员应灵活运用如图3-17所示的3种方法对其进行摆放，使顾客更好地了解促销品，进而促进产品销售。

方法一 让促销品多起来：大量的促销品可以烘托现场的促销气氛，但是促销品往往是有限的，因此促销人员在摆放促销品时，可以采用适当的技巧，让促销品看起来尽量的多

方法二 让促销品生动起来：促销人员可以现场演示促销品的功能，让顾客切实地感受到促销品的用处，从而联想到促销品能够给他们带来的利益

方法三 展现促销品的价值：对于能够与产品联系起来、一起使用的促销品，在摆放时可以将其与产品放在一起，通过促销品与产品的联动，提升促销品的价值

图3-17　摆放促销品的方法

（四）放置POP

POP是英文Point of Purchase的缩写，指在购买场所和零售店内部设置的展销专柜以及在商品周围悬挂、摆放与陈设的可以促进商品销售的广告媒体。它是产品无声的宣传员，可以让顾客更多地了解产品、了解促销活动，帮助促销人员销售产品。

1.POP的种类及作用

根据POP使用的地点及用途的不同，可将POP进行如下分类，见表3-13。

表3-13　POP种类及作用

区分	种类	具体作用
店外POP	店头招牌、商品名的表示	让顾客明白卖场到底卖什么
	橱窗的展示、旗帜	实施促销活动的信息，使顾客容易明白，也能使店里的气氛配合季节感
店内POP	柜台POP	指导顾客找到自己所要的商品
	传达信息的POP、服务性的POP	告知顾客特卖品或新产品上市信息、促销活动信息
	陈列架的POP	使顾客易于选择商品且易于了解商品的价值
陈列场所的POP	展示卡	介绍商品的使用方法、品质、生产商、商品特征等
	标贴、贴纸	粘贴于陈列架上，使顾客易于了解某种商品放置何处，并可保护产品陈列空间不被其他产品挤占
	价格卡	表示商品名称与价格

2.摆放POP的原则

POP广告的摆放，总的原则就是吸引顾客的目光，能够让顾客驻足观看其具体内容，进而吸引顾客对产品产生兴趣。对POP进行摆放时，促销人员要遵循如图3-18所示的4个原则。

原则一　高度适中

促销人员不要将助销用品摆放得过高或过低，以免影响效果和人们的视线，如悬挂式POP，悬挂高度一般在距离地面2米左右或以上，既不能遮挡顾客视线，也要避免因距离商品太远而影响促销效果，张贴式POP，张贴的高度在距离地面70～160cm的高度范围内比较合适

原则二　数量适中

数量过多的POP广告、宣传品等会让人产生厚重、压抑、环境杂乱的感觉，遮挡通道内的顾客视线，影响顾客购物心情，而摆放过少则影响宣传效果，因此POP广告等的物品摆放数量要适中

原则三　及时更新

助销用品在使用过程中需要保持清洁整齐，如有破损要及时更换，值得注意的是，POP广告设置时间要与促销活动时间保持一致，过期的POP广告也要及时清理更新，以免给顾客造成消费误导

原则四　放置合理

如果把助销用品放在橱窗或者货架上，要避免遮住商品，如果把POP广告等宣传用品直接贴在商品上，要注意POP广告的尺寸不能比商品本身大，一般粘贴在商品的右下角

图3-18　摆放POP的原则

3. 常见的POP摆放

常见的POP有大立牌、大布幔、横幅、促销海报、产品海报、易拉宝海报架、吊旗、角旗、单张、产品证书等，它们的摆放方法见表3-14。

表3-14　常见POP摆放方法

POP种类	主要作用	摆放方法
大立牌	醒目提示品牌，锁定顾客目光	摆放在卖场大门或主要通道口前
大布幔	宣传主要卖点，吸引顾客注意	悬挂于大型商场或高层建筑物外
横幅	宣传促销活动的主要内容	一般悬挂于卖场周围或卖场内的醒目位置
促销海报	发布促销活动的信息	张贴于卖场及户外促销场所
产品海报	传达产品的主要消费利益	张贴于卖场及户外促销场所，以醒目、有气势为准
易拉宝海报架	方便海报的展示	与海报组合，放置于卖场中的醒目位置
吊旗	包装卖场环境及品牌的传播	保持"一"字形张挂，使得形象统一
角旗	突出产品的最大功能卖点	悬挂于卖场或促销活动现场
单张	用于介绍产品的功能特点	整齐地放在卖场或促销现场的展台边及产品旁边，也可以用资料架单独陈列，以方便顾客随时取阅
产品证书	向顾客展示产品的优秀品质	获奖证书包括产品获得的各项奖励、各种认证以及各类荣誉等标识，应该放在卖场的醒目位置

要点7：促销的现场管理

（一）促销人员的管理

（1）促销现场管理人员必须严格进行促销现场控制，保证促销有条不紊地进行。

（2）现场促销人员严格执行本公司服务规范，无条件接受公司现场管理人员的管理，不得以任何理由与顾客发生争执。

（3）现场促销人员必须身着制服，在胸前佩戴工作证件，面带微笑接待顾客。

（4）促销活动过程中，现场促销人员不得擅自对促销活动的内容与方式进行改动，如必须对促销活动进行调整，则应经过促销活动最高负责人批准。

（二）促销场地的管理

促销现场各种产品及促销物品必须堆放整齐，保证所有通道畅通，保持现场干净整洁。

（三）促销产品的管理

（1）促销的销售流程必须分工明确，保证产品在促销销售过程中的畅通无阻。

（2）促销产品应保持供应，如该产品已经卖完应贴出通知或以其他方式告知消费者。

（四）客户及客户档案的管理

促销活动中必须有专人对顾客的档案进行管理，在促销活动结束后应派专人对客户进行跟进。

（五）促销赠品的管理

（1）各地分销商必须在促销开始前，完成促销赠品的储备，并安排专人统筹管理。

（2）所有促销参与人员必须熟悉活动内容和赠品发放办法，并严格按照规定的内容执行，严禁在执行过程中出现赠送偏差，如多赠、少赠、不赠、私自挪用和截留等违规行为。

（3）领取赠品，需凭真实有效的购物凭证，并在指定的赠品领取处领取，同时填写《赠品发放领取表》，赠品发放人按照规定在顾客购物凭证正面票面处使用黑色碳素笔书写"赠品已领"字样，也可加盖"赠品已领"的活动专用章，并发放赠品。"赠品发放领取表"内以下栏目必须真实填写：顾客姓名、联系方式、赠品数量、赠送时间、购物小票流水号码。

（4）赠品发放前，门店必须按照具体执行办法，制作POP或促销海报，并在门店入口、具体商品陈列位置、赠品领取处进行张贴。如有随同赠品的传单，应安排专人提前发放至门店辐射范围。

（5）POP或促销海报的书写内容要求规范，必须出现以下内容：赠送主题、赠送内容、赠品名称、具体赠送办法、赠送起止时间，以及"赠品数量有限，赠完为止"、"×××拥有此次活动最终解释权"等提示语句。赠品发放完毕，如不再发放，应及时撤掉POP或促销海报以免引起纠纷。

（6）赠送过程中，应注意保管赠品，如出现赠品品质低劣、破损而导致无法赠送，应联系公司调换。所有赠品在赠送后，均不予退换，如遇到特殊情况，如顾客强烈要求，可由店长决定处理，收回原赠品，调换新赠品。

（7）赠送过程中，赠品发放处在选择上应注意合理性和安全性，避免设在货架旁或收款台以及通道处，以免影响正常销售或造成安全隐患。

（8）赠品内容向顾客公告后，无特殊情况（如遇到天气原因或其他特殊原因导致赠送不能正常进行）不得变更停止。如需变更停止，应向顾客公示，同时张贴致歉公告。

（9）公司将对赠送活动进行评估和赠送行为核查。核查内容是检查门店《赠品发放领取表》，并对内容核对抽查。

要点8：促销的效果评估

（一）促销评估流程

（1）促销活动结束后，由促销活动执行者提交总结报告。
（2）促销活动监督者提供调查报告，由各部门核实数据，并抽样调查。
（3）总经理汇总评估，产生评估结果。

（二）促销评估分工

1.促销活动执行者

提供促销活动总结报告，提供的数据包括整个促销活动消耗了多少促销用品、运用了哪几种促销工具、促销活动中每个项目的支出及总支出、促销活动总共接触到了多少名目标消费者、提供了联络方式的目标消费者又有多少等。

2.促销活动的监督者

提供促销前、促销中、促销后、评估持续时间等各个时期的目标消费者调查数据及促销点销量变化数据。

3.分销商

说明当地的促销产品流向，提供各个时期促销产品的销量。

任何人不得以任何形式截流公司促销资源，并不得篡改公司同意实施的特价产品的执行价格。

（三）促销策划的保密措施

1.活动流程的保密

严禁将促销方案与涉及作品对外传播，促销现场禁止无关人员拍照、拍摄。

2. 促销产品与价格的保密

除公司广告已公布的产品与价格外,禁止在促销实施前对外传播促销产品结构以及价格策略。

3. 促销规模的保密

各地不得对外传播促销活动的销售数据及现场图片,经公司许可用于媒体的宣传除外。

第二节　促销策划管理制度

制度1：促销方案制订控制程序

××公司标准文件		××有限公司 促销方案制订控制程序	文件编号××-××-××	
版本	第×/×版		页　次	第×页

1　目的
监督编制促销方案过程,确保方案的有效性,以达到预期目标。
2　适用范围
适用于企业所有促销方案的制订。
3　人员职责
　3.1　营销总监
　营销总监负责促销方案的审核和批准。
　3.2　市场部经理
　市场部经理负责促销方案的初审及促销活动的监督指导。
　3.3　促销策划人员
　企业促销策划人员负责开展市场调研和促销方案的具体编写工作。
4　作业程序
　4.1　促销市场调研
　在制订促销方案前应进行市场调查,以明确企业现存问题点和发展的机会点。市场调查对象主要包括客户、中间商及企业内部。
　4.2　促销目的确定
　4.2.1　促销目标应该详尽,并确定指出需要获得的成果。
　4.2.2　促销目标必须是可以实现的,而且必须是真实的。
　4.2.3　促销目标必须是易于理解的。
　4.2.4　促销目标必须需要所有参与人员付出最大的努力,但是也必须是经过努力可以达成的。
　4.3　促销对象确定
　通过市场调研和促销目标确定,明确促销对象。促销对象有多种划分方法,如现实客户和潜在客户、消费者个人、家庭或社会团体,不同的对象群体购买习惯有明显差异,通过确定促销对象以便有针对性地选择最佳促销方式和制订促销策略。
　4.4　促销策略制订
　4.4.1　推、拉以及二者混合策略是企业的基本促销策略。
　(1)"推"策略也是高压策略,主要是通过分销渠道上所有各环节人员的推销活动,促成潜在客户购买决策的策略。
　(2)"拉"策略也是吸引策略,主要通过密集的广告宣传、销售促进等活动,刺激消费者的需求。
　(3)"推拉"策略也是混合策略,即在促销工作中同时采取"推"和"拉"的方式,该策略通常运用在新产品上市促销活动中。
　4.4.2　促销方式选择。企业的主要促销方式包括广告促销、销售促进、人员推销和公关宣传。通常企业以销售促进为主,以广告、公关和人员推销为辅。
　企业常用的具体促销方式包括下表所列5种,策划人员应综合各项因素酌情使用。

续表

××公司标准文件		××有限公司 促销方案制订控制程序	文件编号××-××-××	
版本	第×/×版		页 次	第×页

促销方案列表

促销方法	方法说明	备注
折扣促销	折扣促销指通过降低产品售价,以优待渠道成员以及客户的方式促进消费的方法	适合在旺季时候使用,对短期销售提升有立竿见影的效果
附送赠品促销	附送赠品促销指客户在购买商品的同时可以得到一份赠品	赠品一定是非同种产品,而且产品价值应低于所售产品
凭证优惠促销	凭证优惠促销指在客户依据某种凭证购买商品时可以享受到的优惠	凭证优惠指产品价格上的优惠,该方法常和其他促销方法同用
积分换购促销	积分换购促销指客户先购买产品,积累到一定积分,并通过积分参与不同的购物奖励	该方法能够有效鼓励客户进行重复购买,有利于培养客户忠诚度
免费试用促销	免费试用促销指将新产品免费赠送给市场人群使用的一种促销方法	通过试用使客户对产品产生直接的认识,同时起到产品宣传的作用

4.5　促销活动经费预算
4.5.1　促销活动经费预算编制。促销策划人员根据促销费用的历史使用情况、竞争对手信息以及媒体费用变化的数据等资料确定促销活动的预算,并报市场部经理及营销总监审批。
4.5.2　突发性预算。
(1)企业应增加突发性预算或保留预算,以应对环境状况变化的需要。
(2)企业的促销活动预算应保持一定的弹性空间。
4.6　方案评估
促销活动实施前,应对促销方案进行事前测试和评估,确定方案的可量化、可操作性。评估内容应包括合规性评估、可行性评估、业绩评估、目标达成评估、控制措施完善性评估等。

拟订	审核	审批

制度2:促销管理制度

××公司标准文件		××有限公司 促销管理制度	文件编号××-××-××	
版本	第×/×版		页 次	第×页

1　目的
1.1　指导各区域市场促销策划和实施,使产品在市场上更有竞争力。
1.2　加强管理和控制,提高促销资源的使用效率和促销的整体协同性,以保证公司整体市场目标的达成。
1.3　让促销管理制度化、规范化。
2　促销分类
本制度中的促销指的是以下3类。
2.1　A类促销:由公司统一规划的全国性大型促销,主要目的为配合公司品牌塑造、新产品推广、竞争策略实施等整体性目标的达成。
由公司企划部负责策划,各区域办事处和经理负责组织实施。
2.2　B类促销:主要是指快速响应社会上的短期突发性的焦点新闻,或者突发的公众危机以及应对竞争对手的进攻等突发事件的反应式促销。
由公司企划部和事发区域市场的办事处或负责经理共同策划,后者负责实施。
2.3　C类促销:主要是指各区域市场针对行销中一些经常性问题,如打击窜货、增加网点、拉动流量、维系客情关系、打击竞争对手等,而举办的日常小型促销。
由各办事处和区域负责经理申请,企划部协助策划,由市场人员决定和安排实施,公司内部提供"促销套餐"计划支持。

续表

××公司标准文件		××有限公司 促销管理制度	文件编号××-××-××	
版本	第×/×版		页次	第×页

3 管理规定

3.1 各种促销类型的费用来源及比例见下表。

促销费用来源及比例

促销类型	费用来源	费用总额（比例）	直接使用者
A	公司广告预算	销售额的0.7%	营销中心
B	公司广告预算	销售额的0.1%	营销中心
C	区域广告预算	销售额的1.5%	区域（办事处）经理

3.2 促销管理流程。

3.2.1 A类促销管理流程如下图所示。

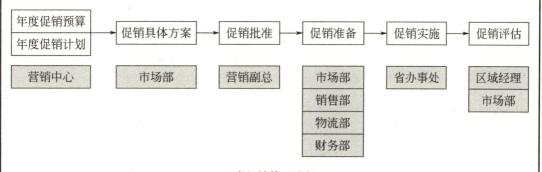

A类促销管理流程

3.2.2 B类促销管理流程如下图所示。

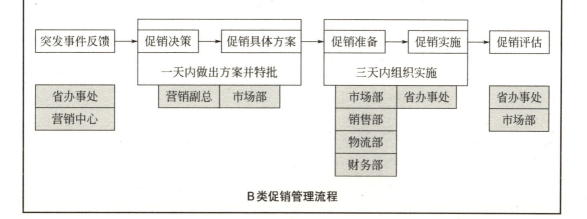

B类促销管理流程

续表

××公司标准文件		××有限公司	文件编号××-××-××	
版本	第×/×版	促销管理制度	页 次	第×页

3.2.3 C类促销管理流程如下图所示。

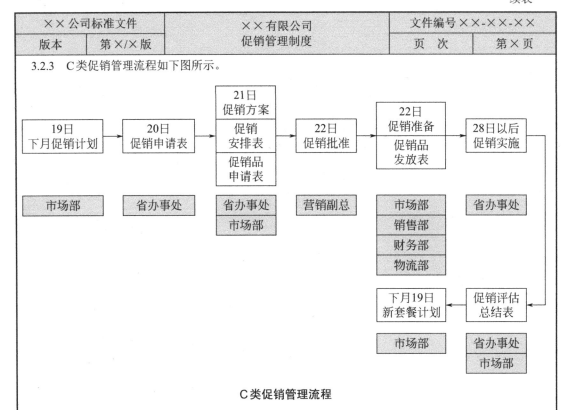

C类促销管理流程

3.3 相关各部门在促销管理中的责任。
3.3.1 营销副总：负责对各类促销方案的审核和批准，对促销的总体效果负责。
3.3.2 办事处（区域经理）：负责C类促销的决策和申请，选择和计划C类促销方案，同时实施、跟踪、监控本区域内执行的各类促销，对促销的区域性效果负责。
3.3.3 企划部责任如下。
（1）负责制订年度促销规划和预算。
（2）企划A、B类促销活动，并制订实施计划。
（3）每月协助各区域选定C类促销方案和实施计划，协助促销品的设计、选购和配给。
（4）负责对各类促销活动的评估和总结分析，收集相关资料，不断开发和丰富促销方案和工具。
3.3.4 采购部：负责根据各类促销品的采购计划进行按时保质保量的采购，加强供应商管理，不断反馈新促销品的信息。
3.3.5 财务部：负责根据批准的促销预算计划，及时办理相关费用支付，同时对各项促销费用进行审核和监督。
3.3.6 物流部：负责按照批准的促销品发放单，及时准确地将各类促销品发运到目标区域市场，做好物流保障工作。
3.4 C类促销的特殊规定。
3.4.1 时间上的分配。
（1）季度分配：1季度：2季度：3季度：4季度＝0.5∶1∶1.2∶1.8。
（2）第三、第四季数值按前半年的销售情况会做部分适当调整。
（3）每年未用完的部分不记入下一年度。
（4）每季度不可以超标使用费用，但上一季度未用完的部分可以累计至本季度。单月的费用最低为0，最高为季度总额的50%。
3.4.2 地域内的分配：每月至少有一半以上的地级市参加，每一地级市在季度内至少参加一次促销。
3.4.3 C类促销费用专款专用，不得挪作他用。

拟订		审核		审批	

制度3：促销活动管理办法

××公司标准文件		××有限公司 促销活动管理办法	文件编号××-××-××	
版本	第×/×版		页次	第×页

1　目的

为实现货品上市后在各个阶段折扣能够得到有效管控，及公司开展各项促销活动标准，为规范终端直营店铺与淘宝商城促销活动申请标准，特制订本办法。

2　适用范围

适用于公司组织的统一活动、直营店铺活动。

3　管理规定

3.1　活动申请的范围

3.1.1　终端店铺在不同阶段根据销售及周边市场环境情况，为了促进销售的增长，提出的活动申请。

3.1.2　日常促销活动。

（1）短期销售目标促进活动。

（2）季末促销。

（3）同城、同区域活动。

（4）完成保底销售。

（5）特卖。

注：特卖活动地区负责人需提前与商品主管沟通，确认货品是否能够满足，得到认可后才可以申请特卖活动，若有单独场地（即非本专柜的场地，原则上A和A-类店铺不能在同一楼层），所有等级的商场均可申请。若没有单独场地，A、A-类店铺申请特卖活动的，不予审批（厅房装修或商场整体除外）。

同城店铺每一季度只可申请一次单独特卖场活动。

3.1.3　节假日促销活动。元旦、春节、三八妇女节、五一国际劳动节、母亲节、端午节、教师节、中秋节、国庆节、圣诞节。

3.1.4　商场活动。

（1）商场店庆。

（2）年中（终）庆。

（3）商场VIP会员日。

（4）合同中约定的活动。

3.1.5　顾客关系管理部组织的活动。顾客关系管理部主要针对VIP会员，及新会员发展的要求定期在全国各店铺组织的活动。

（1）大型VIP会员活动。

（2）会员招募活动。

（3）新品推广活动。

3.1.6　公司统一策划的活动。公司为了维护品牌形象的统一性，重大节假日期间根据市场及主要竞品情况，制订具有针对性的活动方案。公司根据库存情况，定期制订计划性促销方案。

（1）重大节假日（以商场活动为主，公司活动为辅）：元旦、五一国际劳动节、端午节、中秋节、国庆节、三八妇女节、母亲节、教师节。

（2）指定产品的推广活动。

（3）季末清货活动。

3.2　折扣力度控制标准

3.2.1　每季新款在不同阶段折扣最低标准曲线图如下图所示。

续表

××公司标准文件		××有限公司 促销活动管理办法	文件编号××-××-××	
版本	第×/×版		页次	第×页

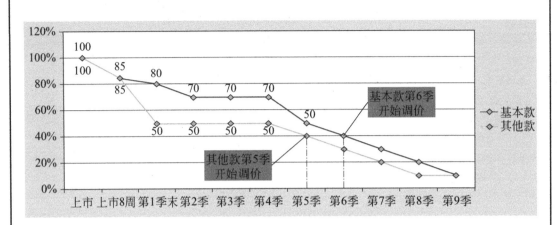

每季新款在不同阶段折扣最低标准曲线图

图表说明：如2015秋款在不同阶段折扣最低标准见下表。

2015秋款在不同阶段折扣最低标准

时间节点	新品上市	秋折扣（基本款）	秋折扣（其他款）	折扣标准（应季新款，不可以申请任何形式的明折活动，以下的折扣是指最低综合折扣力度标准）
上市8周	2015秋	≥85%	≥85%	所有款折扣不低于8.5折
第1季末	2015秋	≥80%	≥50%	基本款折扣不低于8折，其他款不低于6折
第2季	2016冬	≥70%	≥50%	基本款折扣不低于7折，其他款不低于5折
第3季	2016春	≥70%	≥50%	基本款折扣不低于7折，其他款不低于5折
第4季	2016夏	≥70%	≥50%	基本款折扣不低于7折，其他款不低于5折
第5季	2016秋	≥50%	≤50%	基本款折扣不低于5折，其他款商品中心进行调价，以最新公布的调价表为准
第6季	2016冬	≤50%	≤50%	基本款、其他款按照商品中心最新调价表执行
第7季	2017春	≤50%	≤50%	基本款、其他款按照商品中心最新调价表执行
第8季	2017夏	≤50%	≤50%	基本款、其他款按照商品中心最新调价表执行
第9季	2017秋	≤50%	≤50%	基本款、其他款按照商品中心最新调价表执行

3.2.2 应季新款，终端店铺不得申请任何形式的明折活动。

3.2.3 A和A-类店铺货品活动不得出现任何明折的活动，店铺的最低折扣标准不低于6折（暗折），不可以销售第5季之后的货品（商场大型换场活动除外，具体活动情况与促销活动专员沟通确认）。

3.2.4 B类店铺各季款根据公司的活动标准进行活动申请。

3.2.5 C类店铺只可销售第5季及之后的货品（部分特批的店铺除外），并按照商品中心定期公布最新调价表标准执行。

3.2.6 淘宝商城活动折扣必须与全国店铺折扣一致，不可低于任一家店铺活动折扣，若要有单独的折扣活动，淘宝货品必须与店铺货品区分开。

3.3 活动资源支持

3.3.1 促销活动配货标准。终端促销活动配货标准计算公式：预估销售/活动货品的均单价+标准库存。

续表

××公司标准文件		××有限公司 促销活动管理办法	文件编号××-××-××	
版本	第×/×版		页 次	第×页

3.3.2 商品专员根据活动店铺的折扣力度、商场氛围、店铺以往的销售业绩等情况，在货品准备时做适度调整。

3.4 促销活动费用标准

3.4.1 商场费用承担标准见下表。

商场费用承担标准

活动形式	折扣力度范围	费用承担比例	费用承担方
折扣、满减、满抵、满省等	8.5折及以上	不强行要求让扣（商场主动承担除外）	商场
	7～8折之间（含7折）	让扣2～5个点	
	6～7折之间（含6折）	让扣5～8个点	
	6折以下	让扣6～10个点	
	特卖商品	让扣5～10个点	
满送券、增值、满返券等	8折及以上（如满200送50及50以下券）	加扣10个点以内或65%以上回款	公司
	7～8折之间（折算后）	加扣15个点以内或60%以上回款	
	6～7折之间（折算后）	加扣20个点以内或55%以上回款	
	5～6折之间（折算后）	加扣25个点以内或50%以上回款	
	5折以下（折算后）	加扣30个点以内或45%以上回款	
抽奖、商场送礼等	无	加扣2～3个点，或承担一定额度的费用，具体视情况而定	公司

3.4.2 原则上促销活动应该尽可能安排在低扣点的商场进行，具体费用的合理性与促销活动专员具体沟通，最终以沟通结果为准。

3.4.3 费用承担方式现分为"减扣、加扣、费用"三种方式，"减扣、加扣"承担比例是在原来扣点的基础上减扣或加扣的比例，"费用"是店铺支持商场活动承担一定额度的费用。一般折扣、满减、满抵等活动形式，以减扣为主。满送券、收券、增值等活动形式，以加扣为主。

3.5 终端店铺活动表填写规范

3.5.1 提交时间要求。

（1）终端店铺所有活动在活动开始前七日申请，审批通过后活动方可开始。

（2）特殊情况报备：因特殊情况无法提前填表的，需提前与促销活动专员沟通确认，以OA办公系统或短信形式报备，并在两天内补填"促销活动申请表"。

3.5.2 填写规范要求。

（1）OA办公系统中"促销活动申请表"标题栏需填写店铺名称。

（2）《促销活动申请表》中要求填写的项目，必须如实填写，真实、清晰地反馈店铺的活动内容。

（3）活动销售额、承担方式与承担比例要求真实准确。此项数据与地区负责人、店员的工资薪酬密切相关（若因以上的数据错误导致薪酬核算有误，需在下期的薪酬中进行调整）。

（4）活动结束后三天内，终端店铺提交活动期间的参加活动款销售额（在OA办公系统中填写），并上传商场或竞品的活动照片。

3.6 相关处罚标准

3.6.1 以下行为记入《基础管理工作推行质量》KPI考核（以一家店铺为一次标准，记入《基础管理工作推行质量》KPI考核项）。

（1）未通过审批的，且无任何形式报备的情况下就已经开始的活动，记入地区负责人《基础管理工作推行质量》KPI考核。

（2）《促销活动申请表》未按照标准要求执行填报的，记入地区负责人《基础管理工作推行质量》KPI考核。

××公司标准文件		××有限公司 促销活动管理办法	文件编号××-××-××	
版本	第×/×版		页次	第×页

（3）活动销售额、承担方式与承担比例不准确，提供虚假信息的（该项数据由财务部搜集统计），记入地区负责人《基础管理工作推行质量》KPI考核。
（4）办事处经理没有按照规定的时间及时处理OA办公系统，致使店铺活动未能及时通过促销活动专员审批的，计入办事处经理《基础管理工作推行质量》KPI考核。
（5）未按照审批通过的标准执行活动的，记入地区负责人《基础管理工作推行质量》KPI考核。
3.6.2 其他责任追究。
（1）未按照审批通过的活动执行：终端店铺参加活动货品未按照审批通过的活动标准执行的，追究相关责任（未找到直接责任人的，由地区负责人承担），并按照公司折扣标准补足差价。
（2）提供虚假竞品活动信息：要求提供真实的竞品活动信息，并在规定的时间内将照片上传给促销活动专员备案。商品运营部会组织抽查并通报，报备给人力资源部作为评价管理者管理能力的参照依据。

拟订		审核		审批	

制度4：全国大型促销活动组织管理办法

××公司标准文件		××有限公司 全国大型促销活动组织管理办法	文件编号××-××-××	
版本	第×/×版		页次	第×页

1 目的
为规范全国大型促销活动的组织和管理，特制订如下管理办法。
2 范围
适用发布范围：××贸易有限公司。
3 名词解释
公司大型促销活动：是指由营运部门、采购部门、广告策划部提案，公司相关部门配合制订的，在公司范围内统一操作执行的促销活动，包含季节促销、重大节假日促销、公司庆典等。
4 职责
4.1 公司广告策划部、营运部门、采购部门负责方案的前期拟订、与各门店的沟通、报批和指导书下发、督导门店执行落实并总结活动效果。
4.2 采购部门配合提供厂家促销资源及特价商品等活动内容，制订具体操作实施方案并组织实施。
5 管理制度
5.1 大型促销活动要求各部门必须按流程规定的时间提供活动内容，经统一讨论和总经理最后审批，下发执行。
5.2 工作流程。
5.2.1 活动前期筹备。
（1）广告策划部于活动开始前30天准备活动方案及促销资源，并于活动开始前20天，由广告策划部提报策划方案至营运部、采购部审核，总经理审批并对于活动进行监督抽查。
（2）广告策划部根据批复结果，与营运部、采购部沟通，制作DM宣传稿及软文宣传资料，组织促销活动实施。
5.2.2 活动执行。
（1）活动开始后，广告宣传部需检查活动物品、设施等使用情况并根据使用情况及时调配。
（2）广告策划部需于活动开始后，检查门店活动落实、现场气氛及竞争对手活动动向，及时发现问题，提议调整或增加活动内容，并与营运部、采购部沟通，调整补充厂家资源，以应对市场竞争，保证促销效果。
5.2.3 活动总结。活动结束后3天内，广告策划部需总结促销期内销售任务达成情况，促销费、广告费投入产出分析、赠品使用情况等。

拟订		审核		审批	

制度5：促销品管理规定

××公司标准文件		××有限公司 促销品管理规定	文件编号××-××-××	
版本	第×/×版		页 次	第×页

1 范围

本标准规定了从促销品样品收集、确认，采购计划的编制、审批，及采购、验收、领用到最终使用的职责和管理方法与要求。

目的在于保证促销品从样品收集确认到促销品的最终使用能够得到有效控制，确保促销品质量，展示企业及产品形象，提高消费者的满意度，规避法律、财务风险，提高促销品使用效率。

本规定适用于××公司各项促销活动所需促销品的管理。

2 规范性引用文件

下列文件中的条款通过在本标准的引用而成为本标准的条款。凡是注日期的引用文件，其随后所有的修改单（不包括勘误的内容）或修订版本均不适用于本标准，然而，鼓励根据本标准达成协议的各方研究是否可使用这些文件的最新版本。凡是不注日期的引用文件，其最新版本适用于本标准。

3 定义

本标准采用下列定义。

3.1 带标识促销品：是指为促进销售，通过订制购买使其具有品牌宣传作用，带有公司产品品牌字样、标识或公司名称，涉及公司产品设计图案的投放给渠道或终端以及消费者用以增加公司销售的特殊商品，如酒杯、烟灰缸、桌卡、牙签筒、开瓶器、啤酒提蓝、雨伞、中性笔、钥匙扣、小镜子、围裙、台布、打火机、遮阳伞等常规促销品。

3.2 无标识促销品：是指公司为促进消费，增加产品销量，奖励产品消费者的物品，如豆油、洗衣粉、读书灯、工艺品、微电脑电饭煲、手机、笔记本电脑、液晶电视机等临时性促销物品。

3.3 非常规促销品：是指自行设计或选样的个性化产品，需要进行定制加工的促销品，主要包括冰柜、水柜、啤酒大棚、啤酒广场桌椅、啤酒车、售卖亭等带有品牌标识的物品。

3.4 促销方案：涉及采取实物促销产品进行产品销售的方案，包含采用实物促销品的品种名称、规格型号、采购价格、采购数量等信息，经区域副总经理、财务总监、总经理审批的书面文件。

3.5 安全库存量：最低安全库存量为一个采购周期的投放使用量（或最小采购批量）。

4 职责

4.1 营销中心市场部为本标准的归口管理部门。负责样品的推荐，依据库存量提出合理的采购需求计划；带标识促销品的图案设计，负责促销品需求计划的审批及监督、带标识促销品的外观质量验证，负责根据销售市场操作需要制订常规促销品安全库存量。

4.2 营销中心各大区负责需求计划的提出，样品的推荐、促销品的合理领用、使用意见的反馈并负责竞品促销品样品的搜集，负责非常规促销品的回收保存。

4.3 区域公司采购部负责促销品采购策略的制订、促销品采购目录的编制，带标识促销品采购渠道、价格的确定及采购的实施，无标识促销品采购价格的监督、采购渠道的调控，负责搜集、提供促销品样品。

4.4 公司采购部负责促销品的采购执行、合同的签订、订单的编制、促销品的发货跟踪、接到合格有效发票后办理入账。

4.5 公司财务部负责订单促销品的结算付款。

4.6 公司仓储部负责促销品到货接收、办理入库，根据需要向市场部和营销中心各大区部报库存促销品数量和品种；负责向营销中心市场部提出最低安全库存量预警。

4.7 公司品控部负责促销品质量验收。

5 管理活动内容与方法

5.1 促销品样品的确定。

5.1.1 促销品样品的收集。

（1）营销中心各大区及市场部向区域公司采购部推荐样品（也可将搜集到的竞品促销品样品提供给采购部作为对比参考）。

（2）区域公司采购部通过向提供促销品的公司索取等方法收集促销品图册及样品，建立促销品品种筐。

（3）区域公司采购部可根据市场部反馈的促销效果评价和促销品市场变化，及时更新品种筐，并定期或不定期向市场部提供最新式样样品及样本，由市场部根据价格、促销计划等因素决定促销品品种选定。

续表

××公司标准文件		××有限公司	文件编号××-××-××	
版本	第×/×版	促销品管理规定	页　次	第×页

5.1.2　促销品样品的确认。市场部根据初选的实物样品或促销品样本中的样品,与营销中心各大区沟通最后确认,同时将确认的样品由各公司采购部交本公司品控部一份(不能提供样品的必须提供产品合格证),作为质量验收的依据。

5.2　促销品价格的确定。

5.2.1　促销品的采购价格通过招标或询、比、议价的方式确定,原则上每款样品报价不得少于三家,特殊情况须做说明,独家经营、专利、开模产品应做详述质量功能分析报告。

5.2.2　带标识促销品的采购渠道及价格由区域公司采购部确定。无标识促销品单项物资采购金额在4万元以上及常年使用的由区域公司采购部确定渠道、价格(或委托各公司采购部),其他的由各公司采购部确定渠道和价格。

5.3　促销品需求计划的申报及审批。

5.3.1　营销中心各大区于每月5日前向市场部提交营销中心各大区经理签字确认的《月份促销品需求计划》,由市场部汇总后报营销中心市场总监、营销中心财务总监、营销中心总经理签字确认。如在其他时间有特殊需求,需填报《月份临时物资需求计划》,报营销中心市场总监、营销中心财务总监、营销中心总经理签字确认。营销中心市场部应在《月份促销品需求计划》获批后的一天内传递至区域公司采购部,确保《促销方案》及时运行。

5.3.2　营销中心各大区提出促销方案及需求促销品的样式及数量报市场部,由市场部审查各大区促销方案,统一规范视觉形象,达到深化和提升企业、品牌形象的效果。设计样稿或样品由营销中心相关领导和市场部共同确认。

5.3.3　根据审批后的《促销方案》,带标识的促销品由市场部依据各公司提报的库存物资量,向区域公司采购部提报,经营销中心市场总监、财务总监、总经理审批的下月《促销品需求计划》,需由区域公司内各公司间调拨的,由市场部在《促销品需求计划》中注明,由区域公司采购部执行采购或组织调拨(调拨所需运费由需求大区所对应的公司承担)。

5.3.4　根据审批的促销方案,无标识促销品由有需求的销售大区结合库存情况,向对应的公司提报,经营销中心市场总监、财务总监、总经理审批后的下月《促销品需求计划》,由所对应公司主管副总经理、财务总监、执行总经理审批后,报到公司采购部执行采购。

5.3.5　遇有紧急或特殊情况,区域公司采购部、公司采购部可按营销中心总经理的指令,直接实施采购,同时要求销售大区补办相关审批手续。

5.4　促销品采购与质量验证。

5.4.1　所有促销品的采购均由区域公司采购部及公司采购部执行,未经采购部授权,其他业务部门不得自行购买促销品。考虑到市场急需或运输问题需要在当地采购的,也应由区域公司采购部或各公司采购部统一询价和确定供应商,然后授权相应部门执行采购。

5.4.2　非常规促销品的采购周期由区域公司采购部提出,报经营销中心市场部审查确认。实施年度招标的带标识促销品的采购周期,由区域公司采购部组织编制,经区域公司主管副总经理、营销中心总经理审查同意后报给市场部,确保采购周期能够满足市场操作需要,以便于市场部能够根据采购周期调控市场运作。

5.4.3　带标识促销品经区域公司统一招标制订年度货源分配计划的,由区域公司采购部根据年度货源分配计划或采购目录编制"货源分配通知",下发至各公司执行采购。

5.4.4　带标识促销品未经区域公司统一招标的,由区域公司采购部组织招标或询比价,拟订采购策略报告,经区域主管副总审批后编入区域采购目录,下发至各公司执行采购。

5.4.5　各采购部接到无标识促销品需求计划后,立即进行询比价并形成询价报告(原则上要求附带有供应商盖章的原始报价单),经公司主管副总审批后执行采购。

5.4.6　各采购部按审批后的报告中的渠道及价格编制促销品采购目录,接到《促销品需求计划》后依照采购目录执行采购。采购目录由区域公司采购部根据价格有效期或市场行情变化及时更新,更新时须重新履行审批手续。

5.4.7　各公司采购部按《采购执行管理流程》的规定要求签订合同、下达订单、到货接收、办理入账、结算付款。对于冰柜、桌椅等非常规促销采购部可在合同中规定供应商可提供跟踪维护服务。

续表

××公司标准文件		××有限公司 促销品管理规定	文件编号××-××-××	
版本	第×/×版		页　次	第×页

5.4.8 到货后由品控部依据市场部或销售大区提供的验收标准或实物样检验，检验内容包括：产品规格、型号是否符合订单需求，内在质量是否达到样品规定的技术指标，外在品牌标识、宣传画面有无破损等。应于货到2日内报检验结果，如发现质量差异，应立即反馈至采购部和主管领导，暂缓办理入库手续，由采购部与市场部及销售大区与物资生产厂家共同协商解决方案或做出拒收或让步接收处理意见，报营销中心总经理审批确认后，由公司采购部与供应商协商退货或让步接收（可让步接收的，与供应商协商价格折扣后，各公司按规定履行让步接收手续；不能让步接收的，各公司按规定履行退货处理手续）。

5.5　促销品的保存及领用。

5.5.1　促销品从入库到出库的管理按《物资管理规定》执行。

5.5.2　各区域办事处要认真如实填写《促销品使用发放反馈表》，并要保留原始记录，每月一次，与下月《促销品需求计划》同时报市场部和客户服务部。

5.5.3　各区域办事处要认真如实填写《终端促销品使用记录》，并要保留原始记录，每月30日前报市场部（电子版），以备抽查执行情况。非常规促销品（冰柜、展柜）的投放，要有详细记录，包括终端名称、地址、电话、法人、投入日期、数量、是否有押金（押金金额）、投入性质、经办人等内容，以便进行跟踪核查。

5.5.4　销售大区办事处对促销品在市场上使用情况的反馈意见于每月28日报市场部、公司采购部，以便调整促销品样式，真正起到促销作用。如发现存在质量问题，应以书面形式反馈给市场部或直接反馈采购部，及时纠正，或在数量上弥补。各销售办事处可以提供市场上发现的款式新颖、别致、促销效果好的促销品样式，以便在今后采购中做出调整。

5.6　非常规促销品的使用管理。

5.6.1　使用场所见下表。

非常规促销品的使用场所

物资名称	材质	使用场所
展示柜	玻璃、铁制	中心市场A、B类店；啤酒广场及二级市场A类店
冰柜	玻璃、铁制	中心市场B、C类店；啤酒广场及二级市场A、B类店
水柜	玻璃、铁制	中心市场C类店及二级市场A、B类店
大棚	桁架、牛津布	中心市场的形象广场
售卖亭	钢架、喷绘布	中心市场形象广场、售卖广场
桌椅	木制	中心市场的形象广场
	铁制	中心市场、二级市场的售卖广场
	玻璃钢	利用库存（旧）现有量投入二级市场
	塑料	原则上中心市场尽量少投入此材质桌椅，主要用于二级市场以及其他市场临时性小批量使用的场所
折叠帐篷	钢骨、牛津布	中心市场及二级市场的售卖广场
太阳伞	钢骨、牛津布	所有市场售卖广场的补充及餐饮终端发放

××公司标准文件		××有限公司 促销品管理规定	文件编号××-××-××	
版本	第×/×版		页次	第×页

5.6.2 使用过程管理。
(1) 中心市场的形象广场选定后,由市场部统一设计制作,销售大区负责领用广场所需各类非常规促销品。形象广场建成后交区域办事处实施日常管理,发现损坏及时报市场部维修。
(2) 大型啤酒售卖广场由各办事处选定场地,报市场部确认,并申报非常规促销品需求量,市场部负责协调各类非常规促销品及物资的采购供应、广场的建设(大棚、生动化布置等),区域办事处负责各类促销品及物资的领用。小型啤酒售卖广场由办事处自主选定场地,投放桌椅、太阳伞等物资。
(3) 对于投放到终端店的展示柜、水柜、冰柜及桌椅等非常规促销品,由投放的办事处与终端店签订物资使用协议,并由办事处负责考核、检查终端店的物资使用情况。
(4) 区域办事处投放的非常规促销品要有明细的登记表,每年年末上报市场部,由市场部负责到终端店抽查,发生物资遗失时,办事处应写出书面说明报公司领导。

5.6.3 使用后回收管理。
(1) 非常规促销品及物资回收管理要求见下表。

非常规促销品及物资回收管理要求

物资名称	材质	负责回收部门	协助回收部门	存放地点	其他
展示柜	玻璃、铁制	办事处		办事处自存	(1)由采购部协调,生产厂家维修机器 (2)市场部负责破损画面的更换
冰柜	玻璃、铁制	办事处		办事处自存	
水柜	玻璃、铁制	办事处		办事处自存	
大棚	桁架、牛津布	市场部、供应商	办事处	统一存放	统一维修
桌椅	木制	市场部、供应商	办事处	统一存放	统一维修
	铁制	市场部、供应商	办事处	统一存放	统一维修
	玻璃钢	办事处	经销商	办事处自存	回收情况报市场部
	塑料	办事处	经销商	办事处自存	
折叠帐篷	钢骨、牛津布	市场部、供应商、办事处		中心市场统一回收统一存放,外埠由办事处回收后自存并上报需维修数量	市场部帮助协调维修
太阳伞	钢骨、牛津布	办事处		办事处自存	统计维修数量报市场部
扎啤壶、杯	玻璃	办事处		办事处自存	
扎啤机、桶		办事处		办事处自存	

续表

××公司标准文件		××有限公司 促销品管理规定	文件编号××-××-××	
版本	第×/×版		页次	第×页

（2）非常规促销品及物资回收的交接。

——由非常规促销品及物资回收负责部门与保管部门共同查点物资数量、物资损坏情况，并形成书面明细单，经双方签字后，方可办理入库手续，保管部门须登入台账。

——使用部门重新领用时，重新办理领用出库手续。

——已损坏的非常规促销品及物资，根据本规定的5.6.4条的要求由相关部门负责维修或做报废处理。

——各类广场使用的物资实行经理（由副经理以上人员担任）负责制，专管领用审批和发放数量控制，区域办事处指定专人建立台账、保管存储。

5.6.4 一次性使用的非常规促销品及物资的处理办法。

（1）对于像太阳伞、铁制或木制桌椅等物资，由于使用频次高，经过一个旺季的使用后，破损较大，确实无法回收或破损严重不能继续使用的，由区域办事处统计数量并说明原因后做一次性报废处理。

（2）审批流程为：各办事处统计数量，经销售大区总经理审核确认→市场总监审核→营销中心财务总监审批→营销中心总经理审批→公司财务总监、执行总经理签批。

（3）对于损坏小的，经维修可恢复使用功能的，区域办事处分类统计数量后与所对应的公司采购部联系，由采购部与供应商沟通确定维修事宜，修复后由区域办事处保存。

5.7 促销品的盘点与核查。

5.7.1 办事处所租库房存放的促销品，由办事处每月进行一次盘点，并将盘点结果报营销中心市场部，以此作为月份促销品计划审批依据。发现并杜绝促销品超储现象，形成盘点报告，报送营销中心财务总监和营销中心总经理。

5.7.2 每年由所在公司财务部组织对办事处外租库促销品进行一次全面盘点，彻底清查库存促销品数量、种类、金额，并形成盘点报告，报送主管领导、区域公司管理会计部、营销中心财务部、营销中心总经理。当遇到特殊情况时，财务部可组织进行专项盘点。

5.7.3 公司仓储部存放促销品由仓储部负责盘点，并将长期未出库促销品种类、数量报营销中心市场部。

5.7.4 由营销中心运营部每年在旺季结束后对投放市场的非常规促销品（如冰柜、展柜等）进行一次核查，核查内容包括：发放手续是否健全、是否有详细发放记录、是否存在弄虚作假、是否有回收情况的记录。将核查结果报区域公司综合管理部、管理会计部、营销中心主管副总、财务总监、市场总监、营销中心总经理。

5.8 报告和记录。

5.8.1 需求计划、报价单、询比价报告单按类归档保存。

5.8.2 已签订合同按序保存。

5.8.3 各类处理意见按类保存。

5.8.4 采购目录归档保存。

以上报告、表单的格式按《物资需求计划申报流程》中的模板实施。

5.9 检查与考核。本标准的实施情况由营销中心市场部实施日常检查，每年检查评估至少两次。对不按本标准规定执行的部门和个人，按区域公司绩效考核方案规定的要求和《员工守则》的相关条款予以考核和处罚。考核结果与团队及个人绩效工资挂钩。

附件：

关于_____区域____月份促销方案的请示

一、报告摘要

填报内容如下。

（1）策略概述，即在什么时期、什么环节、做什么事。

（2）经营结果预测，即市场操作后达到什么结果，包括销量、利润、市场覆盖率、市场占有率。

（3）其他需要说明事项。

二、背景、竞争格局表

填报内容如下。

（1）市场的基本信息，如人口、消费人群特点、市场覆盖率、占有率状况。

（2）市场背景中的异常信息，即与营销变化有关的啤酒销售变化信息。

（3）竞争格局表见下表。

续表

××公司标准文件		××有限公司 促销品管理规定	文件编号××-××-××	
版本	第×/×版		页 次	第×页

<table>
<tr><td colspan="10">竞争格局表</td></tr>
<tr><td colspan="2">档次、品种　　项目</td><td>开票价</td><td>一批价</td><td>二批价</td><td>终端价</td><td>零售价（现饮、非现饮）</td><td>占有率/%</td><td>覆盖率/%</td><td>促销政策</td></tr>
<tr><td rowspan="4">档次1</td><td>我品1</td><td></td><td></td><td></td><td></td><td></td><td></td><td></td><td></td></tr>
<tr><td>我品……</td><td></td><td></td><td></td><td></td><td></td><td></td><td></td><td></td></tr>
<tr><td>竞品1</td><td></td><td></td><td></td><td></td><td></td><td></td><td></td><td></td></tr>
<tr><td>竞品……</td><td></td><td></td><td></td><td></td><td></td><td></td><td></td><td></td></tr>
<tr><td>……</td><td>……</td><td></td><td></td><td></td><td></td><td></td><td></td><td></td><td></td></tr>
<tr><td colspan="2">合计</td><td>—</td><td>—</td><td>—</td><td>—</td><td>—</td><td></td><td></td><td>—</td></tr>
</table>

（4）其他需要说明事项。
三、上期市场操作效果评价
填报内容如下。
（1）市场结果。
——预定目标值是否实现？在市场操作中计划是否调整？什么因素影响目标实现？
——从4P角度逐项说明计划执行结果，涵盖目标达成情况、销量结果、占有率和覆盖率实现情况、计划执行情况说明、对未达成市场结果的原因分析（含调研结果）。
（2）财务结果。
——利润达成情况。
——从收入、费用、投入产出比等角度分析利润差异原因。
（3）消费者角度（市场操作后，消费者的认可和接受程度，品牌的知名度、美誉度等）。
（4）内部管理反思点。
（5）其他需要说明事项。
四、目前市场存在的问题
填报内容：从九要素角度概述目前市场上存在的问题。
（1）无问题的九要素不用说明（以最简捷方式说明）。
（2）九要素为，公关和环境、品牌和产品、渠道和终端、消费者、操作能力和日常管理、服务和效率、营业和物流、竞品。
（3）其他需要说明事项。
五、市场目标（量、利、品牌结构）
填报内容如下。
（1）销量目标。
（2）利润目标。
（3）市场覆盖率、市场占有率目标。
（4）品牌结构目标。
（5）其他需要说明事项。
六、为实现目标拟采取的操作方案
填报内容如下。
（1）当期重点解决问题及措施说明。
（2）工作排期，即在何时间，何品种，何环节，做何事。
（3）费用安排（一张表）。
（4）其他相关事项说明。
七、结果预测及分析
填报内容如下。
（1）销量、利润结果与同期及预算对比。

续表

××公司标准文件		××有限公司 促销品管理规定	文件编号××-××-××	
版本	第×/×版		页 次	第×页

（2）本期投入、产出分析。
（3）趋势分析。
（4）需支持部门的要求。
（5）其他相关事项说明。

八、相关部门意见

部门	市场部	销售财务部	营业部	生产部
负责人				

九、审批（相关领导）

拟订		审核		审批	

制度6：促销赠品发放办法

××公司标准文件		××有限公司 促销赠品发放办法	文件编号××-××-××	
版本	第×/×版		页 次	第×页

1 目的
因赠品管理不善造成的门店商品损耗及衍生违规问题的发生，特制订本赠品管理办法。

2 术语
2.1 赠品：指为吸引消费者光顾或提高销售，以有偿或无偿方式赠予顾客的物品。有偿方式是指消费者购买某种商品或是购满一定金额；无偿方式是指免费的、不需代价的赠送。
2.2 赠品接收人：指门店接收赠品并对赠品进行核查、保管的人员。一般是门店店长。
2.3 赠品发放人：指在实际的促销活动中，具体发放赠品并填制报表的人员。一般是门店店长或指定专人。
2.4 赠送偏差：指赠送活动中，未按照赠送办法正确执行的违规行为，如多赠、少赠、不赠、私自挪用和截留等行为。
2.5 核查：指对门店赠品的具体发放过程进行核查、控制的行为，以确保赠品的正确发放。
2.6 赠品库：分公司管理保管赠品的场所，一般安排专人负责（兼管）。
2.7 购物小票：由公司出具的电脑打印的顾客购物凭证。

3 管理规定
3.1 赠品接收。
3.1.1 所有促销赠品均由分公司工作人员从公司赠品库提取配发至门店（于活动正式实施前1～2天）。
3.1.2 随赠品同时到位的应有公司签署下发的《促销赠送办法》或是《促销执行方案》和"门店赠品接收单"。
3.1.3 门店赠品接收人核对赠品品质、数量均无误后，填写"门店赠品接收单"。"门店赠品接收单"一式两联，门店赠品接收人保留一联，分公司工作人员保留一联。
3.2 赠品发放。
3.2.1 门店接收赠品和《促销赠送办法》或是《促销执行方案》后，要使门店所有工作人员熟悉活动内容和赠品发放办法，并严格按照规定的内容执行。严禁在执行过程中出现"赠送偏差"，如多赠、少赠、不赠、私自挪用和截留等违规行为。
3.2.2 顾客领取赠品，需凭真实有效的"购物小票"，并在指定的赠品领取处领取，同时填写"赠品发放领取表"，赠品发放人按照规定在顾客购物小票正面票面处使用黑色碳素笔书写"赠品已领"字样，并发放赠品。"赠品发放领取表"内以下栏目必须真实填写：顾客姓名、联系方式、赠品数量、赠送时间、购物小票流水号码。

××公司标准文件		××有限公司	文件编号××-××-××	
版本	第×/×版	促销赠品发放办法	页 次	第×页

3.3 赠送核查。
3.3.1 公司定期或于赠送活动结束后，应对此次赠送活动进行评估和赠送行为核查。
3.3.2 核查内容是：检查门店"赠品发放领取表"，并对内容核对抽查。如门店有剩余赠品未发放完毕，应予回收，并需出具"赠品回收表"给门店赠品接收人，此单门店留存，赠品归还赠品库。
3.4 赠送准则。
3.4.1 赠品发放前，门店必须按照具体执行办法，制作不少于3张的POP或促销海报，并在门店入口、具体商品陈列位置、赠品领取处进行张贴。如有随同赠品的传单，应安排专人提前发放至门店辐射范围。
3.4.2 POP或促销海报的书写内容要求规范，必须出现以下内容：赠送主题、赠送内容、赠品名称、具体赠送办法、赠送起止时间，以及"赠品数量有限，赠完为（即）止"、"××超市拥有此次赠送活动解释权"等提示语句。赠品发放完毕，如不再发放，应及时撤掉POP或促销海报以免引起纠纷。
3.4.3 赠送过程中，应注意保管赠品，如出现赠品品质低劣、破损而导致无法赠送，应联系公司调换。所有赠品在赠送后，均不予退换。如遇到特殊情况，比如顾客强烈要求，可由店长决定处理，收回原赠品，调换新赠品。
3.4.4 赠送过程中，赠品发放处在选择上应注意合理性和安全性，避免位于货架旁或收款台以及通道处，以免影响正常销售或造成安全隐患。
3.4.5 赠送内容向顾客公告后，无特殊情况（如遇到天气原因或其他特殊原因导致赠送不能正常进行）不许变更停止。如需变更停止，应向公司申请，经公司同意后，并向顾客公示，同时张贴致歉公告。

拟订		审核		审批	

制度7：促销员管理办法（生产企业）

××公司标准文件		××有限公司	文件编号××-××-××	
版本	第×/×版	促销员管理办法（生产企业）	页 次	第×页

1 目的
规范促销员招聘、离职、工资发放、培训、考核的管理，达到以下目的。
1.1 通过录用审批改变随意增员现象，通过定期培训提升人员素质，达到减员增效。
1.2 通过考勤记录管理、促销员资料管理确保工资按时并正确发放。
1.3 通过合同、薪酬、离职手续、员工花名册等系列规范管理，避免劳动风险。
1.4 通过市场调查、导购主管总结、月通报等发现并解决促销员管理中的问题，通过促销员工作评价选出优秀的促销员，建设高素质的促销员队伍。
2 各部门管理职责
2.1 人力资源部、事业部负责分公司导购主管的管理。
2.2 人力资源部、事业部负责促销员招聘、考核和内部培训的指导、监督工作，必要时直接组织现场培训。负责促销员的工资表审核、工资发放监督。
2.3 人力资源部负责促销员用工协议起草和原始档案管理工作。
2.4 财务部负责促销员工资发放资料复核、工资打卡发放。
2.5 分公司负责本区域内促销员的招聘、考核和内部培训实施工作，包括招聘录用、签订用工协议、工资核算、离职管理、档案备份管理等。
3 管理规定
3.1 人员配置。
3.1.1 人力资源部设导购主管，全面负责全国市场导购主管、促销员管理。
3.1.2 分公司设兼职导购主管（北京、上海、深圳、武汉、广州市场可设专职导购主管），负责促销员面试、招聘录用离职手续办理、考勤监督、工资复核、考核、培训等管理工作。
3.1.3 促销员配置见下表。

续表

××公司标准文件		××有限公司 促销员管理办法（生产企业）	文件编号××-××-××	
版本	第×/×版		页 次	第×页

<table>
<tr><td colspan="3" align="center">促销员配置</td></tr>
<tr><td colspan="2" align="center">超市类型</td><td align="center">促销员类型</td></tr>
<tr><td colspan="2" align="center">A类店</td><td>长期专职促销员（有促销活动时配以周末促销）</td></tr>
<tr><td rowspan="2">B、C类店</td><td>竞品有促销员</td><td>长期专职促销员（有促销活动时配以周末促销）</td></tr>
<tr><td>竞品无促销员</td><td>兼职或周末促销</td></tr>
</table>

3.2 分公司导购主管的管理。
3.2.1 分公司导购主管条件：曾任导购主管现在职的，定为兼职导购主管。原导购主管不在职的，新任导购主管须符合以下条件。
（1）年龄：40岁以下。高中以上学历。
（2）××产品促销经验1年以上，能对导购进行培训。
（3）工作认真细致、责任心强。
（4）住地离分公司5公里范围内，能早、晚到分公司参加会议。
3.2.2 分公司导购主管职责。
（1）导购资料收集、管理、上交。
（2）导购招聘录用手续办理、离职手续办理。
（3）导购工资复核。
（4）导购考勤监督。
（5）导购考核。
（6）导购会议、导购培训。
3.2.3 分公司导购主管录用报批。
（1）分公司按任职资格条件申报：《员工登记表》《××公司员工录用审批表》。
（2）销售区经理审核签字。
（3）事业部经理审核签字。
（4）事业部人事主管将各市场申报的导购主管资料汇总（汇总项目：姓名、性别、出生年月、进公司年月、促销经历、现住址），连同个人资料及审批表一起报人力资源部审批。
3.2.4 分公司导购主管薪酬及考核。专职导购主管按薪酬制度中机关职员级别（非经营岗），由分公司申报、公司审批，保险由公司代扣代缴。兼职导购主管每月补助标准××元，按基础工作完成情况考核发放。专职导购主管以《日工作记录表》作为考勤记录，兼职导购主管（兼职业务员、理货员）以《业务员工作日志》作为考勤记录，月底交事业部人事主管，由事业部人事主管统一造表。
3.2.5 分公司导购主管离职手续：按《员工异动人事手续规定》办理。
3.2.6 分公司导购主管总结、培训、会议、通报。
（1）总结：分公司导购主管每月将月度总结三找交事业部人事主管，事业部人事主管将本部总结收齐后交人力资源部，人力资源部汇总后报总经理，并转事业部经理。
（2）培训及会议：人力资源部每年组织两次分公司导购主管培训及会议，对导购主管进行培训，并对导购工作进行总结。
——培训计划及实施：人力资源部制订分公司导购主管年度培训计划，并组织实施。
——培训内容：包括公司概况、企业文化、产品知识、质量知识、促销知识、竞品应对、促销员管理办法、促销员培训技巧、促销员会议组织方法等内容，使导购主管具备管理促销员、培训促销员的能力。
——培训时间：端午节前2月、春节前2月。
——培训评估：人力资源部负责对培训效果进行评估，并提出改进计划。
——培训计划见附表。
（3）通报：人力资源部每月对分公司导购管理工作进行通报：将好的做法进行交流推广，对违规的通报批评和处理。
3.2.7 将分公司导购主管纳入公司先进表彰参评人员，按照公司规定名额评选三大节及年度先进工作者，并予以表彰奖励。

××公司标准文件		××有限公司	文件编号××-××-××	
版本	第×/×版	促销员管理办法（生产企业）	页　次	第×页

3.3　促销员管理。
3.3.1　促销员招聘录用。
（1）促销员任职条件。
——年龄40岁以下，初中以上学历，身体健康。
——工作勤奋认真、责任心强。
——有在超市的促销经验。
——担任超市导购组长的优先录用。
（2）促销员招聘录用流程见下表。

促销员招聘录用流程

工作流程	工作要求
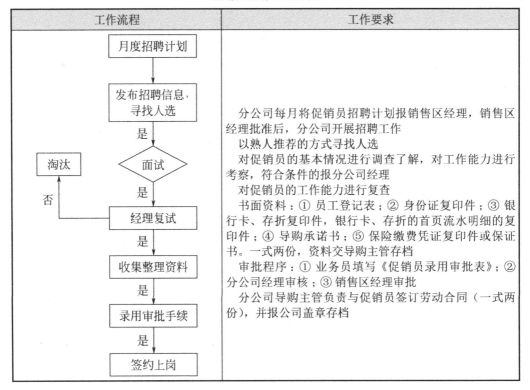	分公司每月将促销员招聘计划报销售区经理，销售区经理批准后，分公司开展招聘工作 　以熟人推荐的方式寻找人选 　对促销员的基本情况进行调查了解，对工作能力进行考察，符合条件的报分公司经理 　对促销员的工作能力进行复查 　书面资料：① 员工登记表；② 身份证复印件；③ 银行卡、存折复印件，银行卡、存折的首页流水明细的复印件；④ 导购承诺书；⑤ 保险缴费凭证复印件或保证书。一式两份，资料交导购主管存档 　审批程序：① 业务员填写《促销员录用审批表》；② 分公司经理审核；③ 销售区经理审批 　分公司导购主管负责与促销员签订劳动合同（一式两份），并报公司盖章存档

3.3.2　促销员资料存档及上交要求。
（1）书面资料。
——员工登记表（必须有照片）。
——身份证复印件（新身份证需要正反面）。
——银行卡、存折复印件（复印件上须有本人签名、身份证号、店名）；银行卡、存折首页流水明细复印件（必须能分辨出姓名、卡号或存折号，并附银行进出流水记录）。
——导购承诺书。
——保险缴费凭证复印件或保证书。
——录用审批表。一式两份，分公司存档一份，交事业部存档一份。上交时间：每月随工资表一起于2日前交到事业部。
（2）电子资料：每月对《××分公司促销员花名册》进行更新，分在职人员、本月离职、本月新聘三类上报花名册，每月26日发事业部人事主管。
3.3.3　离职手续办理。

续表

××公司标准文件		××有限公司	文件编号××-××-××	
版本	第×/×版	促销员管理办法(生产企业)	页次	第×页

(1) 促销员离职的,填写《离职申请》(只填写一份),月底随工资表一同交到事业部存档。
(2) 分公司需裁减促销员的,须用促销员能接受的协商方式。
3.3.4 考勤、工资管理。
(1) 考勤管理。
——促销员的考勤管理由业务员负责,导购主管、分公司经理进行检查监督。
——促销员每日填写当日工作情况,月底将考勤记录交业务员,业务员审核后交会计造表。业务员每周对促销员的出勤进行不少于2次(地市每月2次)的现场检查。
——事业部经理、销售区经理、公司导购主管在市场出差期间,必须完成不少于3家超市的促销员出勤情况抽查,发现违规者对相关责任人予以处罚。
(2) 工资管理。
——工资标准:人力资源部在每年的薪酬制度中制订各市场促销员工资标准。
工资造表及审批程序:分公司会计造表,分公司导购主管复核,分公司经理、事业部人事主管、销售区经理、事业部经理、财务部经理审核,人力资源部经理审批。具体见下表。

审批程序与项目

审核人	主要审核项目
分公司导购主管	出勤天数、工资标准、考核分数、银行卡号
分公司经理	全面审核
事业部人事主管	工资表格式、工资标准、保险、业务员签名,发放监督(电话抽查)
销售区经理	人头数、导购工资总额

——分公司促销员工资表造表、交表要求详见《促销员工资表造表、交表规范要求》(OA公告通知中)。
3.3.5 培训。
(1) 培训计划及实施:人力资源部组织制订分公司促销员培训年度、月度培训计划(培训计划包括:培训对象、时间、内容、讲师、教材、费用预算、考核方式等),并监督实施。
(2) 基本培训内容:包括公司概况、企业文化、产品知识、质量知识、促销知识、竞品应对等内容。通过培训使促销员了解公司、了解产品,具备终端促销和现场投诉处理的技能,能出色完成销售任务。
(3) 培训周期:一次/月。
(4) 培训效果评估及改进。
——促销员培训须保持原始培训资料,由导购主管填写《培训记录表》,参训。
——导购主管负责对促销员培训效果进行评估。
——人力资源部、分公司根据促销员培训记录了解培训的有效性,包括培训机构的选择、培训课程的选择、培训方式、培训周期等内容,并不断改进。
3.3.6 考核及评价。
(1) 考核。基薪考核表附后,每月一次。按薪酬制度规定进行提成考核。
(2) 促销员排名。排名指标:当月销售完成率、增长率、货损率、呆滞品、陈列。
排名奖惩如下。
——促销员月度销售区内按5%奖励:第一名奖励150元,第二名奖励120元,第三名奖励100元,通报表扬。分公司排名按20%奖励,按下表标准奖励,不重复奖励。

××公司标准文件		××有限公司 促销员管理办法（生产企业）	文件编号××-××-××	
版本	第×/×版		页次	第×页

分公司奖励标准

人数 \ 名次	第一名	第二名	第三名及以后
3人以上	100	80	50
2人	80	50	—
1人	80	—	—

——每月获奖的导购，分公司将其照片和得奖名次张贴于分公司光荣榜上。
——若3个月中有2次排销售区后5名的，由分公司导购主管进行沟通，对工作进行调整，调整后连续2个月排分公司后5名而业绩无改进的洽谈离职。
3.4 执行检查。
3.4.1 事业部人事主管负责导购主管工作完成情况的检查监督。
（1）促销员资料、合同核对、催收、保管。
（2）促销员花名册（电子档）催收、检查、存档。
（3）促销录用审批表、离职申请手续检查。
（4）促销员工资表催收、检查核对、报批。
（5）导购主管月度考核。
（6）促销员培训记录表催收上交、电话抽查。
（7）促销员考核检查。
3.4.2 人力资源部对事业部人事主管的工作完成情况进行检查监督。
（1）促销员花名册（电子档）（每月27日）。
（2）现在职促销员书面资料、合同检查（每月26日）。
（3）促销员工资审核（每月5日）。
（4）新增促销员的录用审批手续、书面资料、合同检查（工资审核时）。
（5）离职促销员的离职申请手续检查（工资审核时）。
（6）导购主管录用审批。
（7）促销员培训记录表检查，现场培训组织。
3.4.3 违规处罚。
（1）促销员未经审批上岗、无考勤记录的，不发当月工资，并对分公司经理、导购主管通报批评。
（2）促销员资料上报不齐全的，对导购主管通报批评并按月度考核表予以处罚。
（3）分公司谎报促销员在岗造成冒领工资的，一经发现，追回工资，由分公司经理承担所有损失，并在全公司范围内通报批评。

拟订		审核		审批	

制度8：促销员管理办法（零售门店）

××公司标准文件		××有限公司 促销员管理办法（零售门店）	文件编号××-××-××	
版本	第×/×版		页次	第×页

1 目的
　　为加强门店对促销员的统一管理特制订本流程，以规范促销人员分类、申请、报到、奖惩、终止派驻及相关工作要求。
2 适用范围
　　适用于供应商派驻至大型超市、综合性超市门店推介其商品的各类促销人员。

续表

××公司标准文件		××有限公司 促销员管理办法（零售门店）	文件编号××-××-××	
版本	第×/×版		页　次	第×页

3 规则

3.1 促销员，是指供应商为提升销售派驻至门店推介其商品的人员，分为长期促销和短期促销两种。

3.2 长期促销员，指在合作档口、租赁柜台、形象专柜等必须派促销员的柜台工作的促销员。

3.2.1 派驻期为一年。

3.2.2 派驻原则：必须有促销人员工作的岗位则派驻长期促销员，如合作档口、租赁柜台、形象专柜等。

3.3 短期促销员，指在超市内货架、非专柜散架、堆头、促销车等促销位进行促销的促销人员。

3.3.1 派驻期为半年、3个月、1个月、临时（临时为1个月以下）。

3.3.2 如短期促销中半年期促销员是合作档口、租赁柜台、形象专柜的按长期促销人员派驻原则安排，其他按以下原则派驻。

（1）根据半年的销售排行榜，在同类产品中销售名列前茅的品牌或商品。

（2）对于代理品牌多的供应商，根据同类产品半年的销售排行榜，销售名列前茅的厂家。

（3）属于系列化商品的品牌。

（4）对于特殊的、专业化的、必须有人员配合销售的品牌或商品。

（5）卖场根据实际情况提出人员需求的。

（6）DM商品、堆头商品、季节性商品、配合公司和门店各类促销活动的商品。

（7）供应商大型促销活动期、新商品上柜推广期、节假日期间。

（8）经采购员审核认为必要的并经公司特批商品。

（9）长期促销人员休假时间超过1周时。

3.4 门店的促销员派驻编制，由采购提出，经营运部门签署意见后报公司批准，采购员据此与供应商洽谈促销员派驻的具体事宜。

3.5 促销员根据派驻时间有不同的试用期，试用期内供应商提出换人不需缴纳违约金。试用期结束后换人原则上需缴纳违约金，采购可根据实际情况决定是否收取。

3.6 门店负责管理促销员日常工作，可以调派促销员协助门店其他区域工作，但应遵循促销员调派原则。

3.7 门店对严重违反公司规章制度的促销员有权辞退，但同时应知会采购部。对于促销员不符合门店工作要求的，门店可以要求换员，但应须向采购提出换人申请，由采购部负责与供应商谈判换人事宜。

3.8 供应商不得随意更换、增减促销员，所有供应商提出的促销员变动要求，皆应经采购部批准后由采购通知相关门店执行。

3.9 供应商欠薪由促销部提供欠薪清单，人力资源部协助办理。

4 涉及部门的主要职责

4.1 采购部：负责提出促销员初步编制，并征求营运部门意见；与供应商洽谈促销员派驻、更换等事宜；出具促销员报到证明；审批供应商换人申请；实施对供应商的处罚；填开供应商缴费单。

4.2 财务部：负责促销员培训费、管理费、押金等费用的收取；收取欠薪扣款及相关扣项；退还离职促销员工服及人员押金。

4.3 事业部：审核采购提出的门店促销员编制。

4.4 门店促销部：针对门店实际状况提出促销员编制建议；负责促销员入、离职手续的办理（包括对促销员实施入职培训及工作考核、发放促销员工服及开具押金收取单等）；对不合格促销员提出更换建议；对供应商违规处理提出处罚建议；对供应商欠薪情况进行调查。

4.5 门店总经理：负责促销员、供应商罚项相关意见的签署。

5 管理规定

5.1 确定促销员编制。门店促销员编制由采购和营运部门共同确定，具体由采购提出，交营运部门加签意见后，报公司领导审批。

5.1.1 无论新店旧店，促销员编制一律由买手提出需求，经相关商品经理和总商品经理签字确定后报采购营销部，明细格式由采购促销部提供。

5.1.2 采购促销部将汇总的促销人员需求报告发华南营运各业态事业部征求意见。

5.1.3 采购本部各商品采购部需在新店开业前45天向采购本部营销促销部提供标准格式的《新店促销人员编制申请明细》。

××公司标准文件		××有限公司 促销员管理办法（零售门店）	文件编号××-××-××	
版本	第×/×版		页 次	第×页

5.1.4 采购本部各商品采购部需在新店开业前30天向采购本部营销促销部提供以所申请的编制为依据的标准格式的《派驻促销人员供应商明细》。

5.1.5 《促销人员编制申请明细》和《派驻促销人员供应商明细》需经相关部门经理签字确认。

5.1.6 营运各业态事业部根据门店意见、门店员工数量、营业面积、商品数、柜台情况、门店最大容纳人数等具体情况，对门店促销员编制申请提出意见，反馈给营销促销部。

5.1.7 采购促销部根据营运部门反馈的意见，与营运共同协商修改后，将确定的促销员编制报公司审核批复，并在公司批复后执行。

5.2 促销人员收费标准。

5.2.1 供应商促销人员在促销合同期内需根据促销期的不同，一次性收取一定的培训费和管理费，同时为便于管理，还需收取一定的促销人员押金，押金在促销期满退场后予以退还。

5.2.2 收费标准及收费方式见下表。

收费标准及收费方式

收费项目	长期 促销员	短期促销员				收费方式	缴交 地点	押金返还 地点
		6个月期	3个月期	1个月期	临时期			
培训费	100元/人	100元/人	50元/人	50元/人	10元/人	现金、支票、扣货款	城市 财务	—
管理费	600元/人 （50元/月）	600元/人 （100元/月）	450元/人 （150元/月）	200元/人 （200元/月）	20元/人/天	现金、支票、扣货款	城市 财务	—
押金	1000元/人	1000元/人	500元/人	500元/人	300元/人	现金、支票	门店 财务	城市财务
工衣押金	100元/人	100元/人	100元/人	100元/人	100元/人	现金	门店	城市财务

5.2.3 促销人员培训费和管理费由相关采购按以上标准开单，华南各城市财务收取，押金由收取押金门店按以上标准开单并收取。

5.2.4 工装押金、人员押金由促销员在门店办理入职手续时交纳。

5.2.5 需要派驻促销员，但由于供应商的原因未能按时参加培训的，培训费照收。

5.2.6 促销结束后，供应商、促销员持门店促销部签字确认的押金收据至城市财务办理退款手续。

5.3 供应商申请派驻促销员。

5.3.1 采购根据公司已批准的促销人员编制与供应商洽谈。

5.3.2 供应商提交申请并填写一式两份的《供应商派驻促销人员确认书》，申请与确认书由采购营销促销部提供，如在派驻人员的同时还有促销活动的，还需由供应商填写《供应商促销活动申请表》。

5.3.3 采购审核后开具促销通知单并将相关资料上报相关商品经理和总商品经理审批。

5.3.4 供应商凭促销通知单在各城市财务缴纳相关费用。

5.3.5 供应商凭收款收据到采购营销促销部开具《供应商促销通知单》。

5.3.6 《供应商促销通知单》、《供应商促销申请表》和《供应商派驻促销人员确认书》需经采购促销部加盖促销专用章后方可生效。促销部盖章日为周一、周三、周五下午，如因特殊情况在非盖章日需盖章的，需由本部分管副总经理签字后，促销部方可盖章。

5.3.7 供应商通知促销员到相关门店办理报到手续。

5.4 促销员报到。

5.4.1 促销员凭有效的《供应商促销通知单》及以下相关个人资料证明前往门店促销部报到。

（1）供应商介绍信（应注明供应商促销人员的姓名及身份证号码）。

（2）身份证、学历证书正本及复印件。

（3）经市卫生疾控中心出具的，在有效期内的健康证和公共卫生知识培训证（其中接触食品人员须有食品卫生知识培训）。

续表

××公司标准文件		××有限公司 促销员管理办法(零售门店)	文件编号××-××-××	
版本	第×/×版		页　次	第×页

　　(4) 非本地户口人员的流动人口婚育证明原件和复印件等。
　　(5) 一寸免冠彩色照片1张。
　5.4.2　门店促销部按公司要求对供应商促销人员的资格进行审核，要求如下。
　　(1) 年龄小于26周岁（特殊情况或技术工除外）。
　　(2) 男性身高不低于1.60米，女性身高不低于1.50米。
　　(3) 具有高中以上学历。
　　(4) 口齿清楚，容貌端正，无身体残疾。
　　(5) 愿意接受本公司的管理和工作时间、班次安排。
　　(6) 熟悉所促销的商品，具有一定促销经验。
　5.4.3　对于审核合格的人员，门店促销部办理入职手续，发放"促销人员工牌"。对于审核不合格的促销人员退回供应商，被本公司其他门店辞退的人员不得录用。
　5.4.4　门店促销部在办理促销人员入职手续时，应做好相应登记工作。对于短期促销员通知报到后7日内仍未办理报到手续的，供应商应知会采购促销部取消其派驻资格，并按公司规定处罚（长期促销员只作处罚，不取消派驻资格）。
　5.4.5　促销员缴纳物品押金。
　　(1) 促销人员在促销部办理入职手续后，凭促销部开出的押金收费单，到门店财务部交纳人员押金及工衣押金。
　　(2) 促销员凭收据到门店支持部物料专员处领取工衣、建立考勤卡，并由物料专员作好相应登记工作。
　　(3) 需用促销车的，由促销人员凭财务部开具的押金收据到促销部领取，促销专员将促销车发出后，留下促销人员的押金收据并做好登记工作，同时指引促销人员到相应楼层（区域），由相应商品部门经理根据要求安排促销地点。
　5.4.6　促销员培训及考核。促销人员必须参加我公司组织的各种入职培训及考核。
　5.5　促销人员试用期和违约金的收取。
　5.5.1　促销员根据派驻期限的不同分为不同的试用期。
　5.5.2　试用期内，供应商和卖场共同对促销人员的销售业绩和工作表现等方面进行考核，不符合要求的促销人员供应商和卖场可以向采购提出更换要求，在试用期内无论哪方提出更换均不收取违约金，但需在新的促销员到位后原不合格促销方可离开，否则需收取违约金。
　5.5.3　试用期后如果供应商更换人员需交纳违约金。违约金的收取需经相关采购审核确认后方可收取。
　5.5.4　促销人员试用期和违约金收取标准见下表。

促销人员试用期和违约金收取标准

项目	长期促销员	短期促销员				备注
		6个月期	3个月期	1个月期	临时期	
试用期	1个月	1个月	1周	1周	0天	临时人员无试用期
违约金	1000元/人	1000元/人	500元/人	500元/人	300元/人	违约金从押金扣除

　5.6　不合格促销员的更换。
　5.6.1　供应商提出换人申请的，由供应商交书面申请，经门店商品部门经理、店长签字确认后由门店促销部统一反馈采购部相关品类经理。
　5.6.2　由门店提出换人申请的，由门店提交书面申请，经门店商品部门经理、店长签字确认后由门店促销部统一反馈采购部相关品类经理。
　5.6.3　采购接到换人申请后，与供应商洽谈，给供应商开具《供应商更换促销人员通知单》，在等同于试用期的时间内要求供应商将所换促销员到位，同时知会采购本部营销促销部登记备案。
　5.6.4　在新促销员到位后，原促销方可办理离职。
　5.6.5　如因特殊原因，采购无法满足门店换人的要求的，由相关品类与门店协商解决。
　5.7　促销员请假。

续表

××公司标准文件		××有限公司	文件编号××-××-××	
版本	第×/×版	促销员管理办法（零售门店）	页 次	第×页

5.7.1 请假在3日以内的，经区域主管、部门经理签字同意后，将申请及请假条交至门店促销部，方可开始休假。

5.7.2 请假超过3日的但不超过1周的，由派出供应商出具证明，经区域主管、部门经理及门店副总签字同意后，将申请及请假条交至门店促销部，方可开始休假。

5.7.3 因事情紧急，无法当面请假的，应在休假前向部门经理电话请假，征得同意后方可休假，休假完毕后应至门店促销部办理补假手续。此类请假一般不得超过3天。

5.7.4 未经办理上述手续擅自不上班的，一律视为旷工。

5.8 促销员离职。

5.8.1 促销员凭供应商证明和本人申请经部门经理签字同意后，至门店促销部领取"员工离职（申请）表"，并根据表中所示项目至有关部门办理手续，交清领用物品。

5.8.2 办理完毕后，将"员工离职（申请）表"交门店促销部，门店促销部签字后，执离职申请表及押金条，到门店财务出纳领取押金。

5.8.3 供应商所更换的促销人员应于通知之日起7日内至门店促销部办理报到手续，或由供应商办理停止派驻促销人员手续。如未能在上述时间内开始办理有关手续或提供合适人员，将取消该供应商的促销人员派驻资格（长期固定促销员除外），并按公司规定处罚。

5.8.4 因违反纪律，被本公司辞退者，不得再进入本公司属下的任何门店进行促销。

5.9 门店间促销员调动程序。

5.9.1 促销员在调出门店办辞职手续，然后到调入门店办理报到手续。报到时视同新到岗促销人员办理入职手续。

5.9.2 如人员调动涉及人数变动，则需供应商填写"促销人员编制调整申请表"，报采购批准后方可办理调动手续。

5.10 终止派驻促销员。

5.10.1 供应商提出终止派驻促销人员申请。

（1）供应商向采购部索取"终止派驻促销人员申请表"，并填写表中第一部分内容，加盖申请公司印章。

（2）供应商将表格交相关采购员，经商品经理级以上人员签字同意后执行并通知相关门店。

5.10.2 未按以上程序办理有关手续而擅自撤出促销人员者，对派出供应商按公司规定处罚，并终止促销合作关系。

5.10.3 因促销人员或供应商违反公司有关规定，情节严重者，公司将终止其合作关系。

5.11 促销员日常工作要求。

5.11.1 仪容仪表。

（1）头发应修剪、梳理整齐，保持干净，禁止梳奇异发型。男员工不准留长发（以发脚不盖过耳背及衣领为适度），禁止剃光头、留胡须。女员工留长发应以发带或发夹固定，头发扎起后从头顶量起的长度不得超过40cm。

（2）女员工提倡上班化淡妆，不得浓妆艳抹。男员工不宜化妆。

（3）指甲修剪整齐，保持清洁，不得留长指甲，不准涂有色指甲油（化妆柜员工因工作需要可除外）。

（4）上班前不吃葱、蒜等异味食物，不喝含酒精的饮料，保证口腔清洁。

5.11.2 着装。

（1）形象柜专柜的长期促销员和半年期的短期促销员可以着能够体现其品牌形象的服装，但需供应商在"供应商派驻促销员确认书"和"供应商促销申请单"上注明。

（2）临时期促销人员在促销活动期，若是其促销活动内容与品牌形象有关的（有形象道具和形象宣传的），如化妆品的现场演示、形象堆头、供应商自备的形象促销台等也可申请着其品牌服装。

（3）采购根据供应商促销确认书和申请单上的服装要求对其服装进行审核，对有损公司形象的服装需要求供应商更换，若无法更换的，则要求着本公司服装。

（4）场内促销车、超市内其他柜组促销人员原则上需着本公司服装，如有特殊情况的确需要着自己服装的，需另外申请报批，由分管副总经理和分管营销促销总经理审批后方可着自己的服装。

（5）着装应整洁、大方，不得有破洞或补丁。纽扣须扣好，不应有掉扣。不得卷起裤脚，不得挽起衣袖（施工、维修、搬运时可除外）。

续表

××公司标准文件		××有限公司 促销员管理办法(零售门店)	文件编号××-××-××	
版本	第×/×版		页 次	第×页

(6)上班必须着工衣。工衣外不得着其他服装,非因工作需要,不得在商场、办公场所以外着工衣。

(7)男员工上班时间应着衬衫、西裤,系领带。女员工应着有袖衬衫、西裤、西装裙或有袖套裙,不得着短裤、短裙(膝上10cm以上)及无袖、露背、露肩、露胸装。

(8)男员工上班时间应穿深色皮鞋,女员工应穿丝袜、皮鞋,丝袜不应有脱线,上端不要露出裙摆。鞋应保持干净,禁止穿拖鞋、雨鞋或不着袜子上班。

5.11.3 言谈举止。

(1)应面带微笑,主动使用礼貌用语和顾客打招呼。注意称呼顾客,来访客人为"先生""小姐""女士"或"您",指第三者时不能讲"他",应称为"那位先生"或"那位小姐(女士)"。

(2)站立时应做到:收腹、挺胸、两眼平视前方,双手自然下垂或放在背后,身体不得东倒西歪,不得驼背、耸肩、插兜等,双手不得叉腰、交叉胸前。

(3)不得搭肩、挽手、挽腰而行,与顾客相遇应靠边行走,不得从两人中间穿行。请人让路要讲对不起。非工作需要不得在工作场所奔跑。

(4)不得随地吐痰、乱丢杂物,不得当众挖耳、抠鼻、修剪指甲,不得敲打柜台、货架、商品,不得跺脚、脱鞋、伸懒腰。

(5)不得用手指、头部或物品指顾客或为他人指示方向。用手指示方向时,要求手臂伸直,四指并拢,大拇指自然弯曲,掌心自然内侧向上。

(6)不得模仿他人说话的语气、语调。上班时间不得开玩笑、闲聊,不得大声说话、喊叫,不得哼歌曲、吹口哨。

5.11.4 顾客服务要求。

(1)到岗一天内应熟悉所派驻门店各楼层的商品分布情况,对本楼层的商品则要能指出准确陈列位置。应熟悉所派驻门店各种服务项目分布情况,如服务台、收银台、办公区、存包处、提款机、修鞋处、锁边房、公用电话、维修处、储值卡查询及购买储值卡等项目所处位置等。

(2)为顾客提供真诚的服务,如实介绍商品,不夸大其辞。

(3)当顾客需要帮助时,应该主动上前帮助顾客,绝不允许对顾客说:"我正忙着"。如果正忙于接待其他顾客,则应该尽快完善对前一位顾客的服务,同时还应注意商品的安全。

(4)如果遇到不会讲普通话的顾客,而又听不懂对方语言,应微笑示意顾客稍候,并尽快请能听懂该语言的人员协助。

(5)在接待顾客有关询问时,应耐心细致地给予解释,对于不清楚的内容应该请求其他知情的同事给予协调,给顾客一个满意的答复。

(6)不得以任何形式推介顾客到本公司各门店以外地点购物。在介绍本单位产品时,不得贬低本商场经销的其他商品。

(7)在对商品做现场促销时,如有顾客走到促销商品前,应及时停止使用喇叭并为身旁的顾客推荐商品。

(8)顾客要求打折时,对不属于公司规定打折范围的商品,应委婉地解释:本商场属于明码标价,商品价格合理,不能够打折。对于一次性购买金额较大(2万元以上)的顾客,可通知团购主管,由团购主管根据公司规定处理。

(9)服务完毕后或顾客离开时,应由衷地向顾客致谢:"谢谢光临,欢迎再度光临××!"

(10)营业时间过后,如果仍有顾客在商场内挑选商品,不得有任何催促的言行,应像平常一样耐心为其提供服务。

(11)如果怀疑顾客偷拿商品,不得强行检查顾客的物品,应及时与防损员联系或提醒顾客是否忘了付款。

(12)对顾客在商场内拍照、吸烟或在超市内吃食物的行为,应婉言制止。提醒顾客不要将手提包(袋)等贵重物品放在购物车(篮)中。制止小孩在商场内奔跑或在扶梯(含扶梯踏板)上玩耍。

(13)顾客反映商品价格过高时,应详细了解具体情况,做好记录,并及时向上级反馈。如果顾客要求退货,应指引其到商场服务台办理。

(14)在接待顾客投诉时应注意:以冷静的态度聆听顾客的意见。不要逃避顾客的抱怨,不要为自己辩护,不要太过感情用事,不因时、地、人的不同而改变说话的内容,不要争着下结论,但处理要迅速,必要时将情况向上级汇报。

续表

××公司标准文件		××有限公司 促销员管理办法（零售门店）	文件编号××-××-××	
版本	第×/×版		页　次	第×页

（15）在任何情况下不得与顾客、客户或同事发生争吵。
5.11.5　班次安排。
（1）促销员上班时间按派驻门店作息时间执行。
（2）促销员每周上班班次由所在区域主管负责安排，并由部门经理进行审核。
（3）上下班时必须在门店指定位置打卡。
（4）上下班时必须走员工通道，并自觉接受门店值勤防损员的检查。
（5）不允许私自换班、顶班，班次调换必须经由所在区域部门经理批准。
（6）顶班人上下班必须按规定打卡，真实反映顶班人作息时间。顶班时间不视为加班。
（7）上班时间未经部门以上人员同意不得离开商场。
（8）未经主管同意上班时间不得随意离开工作岗位。
5.11.6　促销员跨岗调派。根据实际需要可以安排促销员离开促销岗位，协助其他岗位的工作，但应遵循以下原则。
（1）临时安排促销员到其他岗位工作，不应跨越楼层调派。如食品的促销员，不能安排到日杂区去工作。
（2）需要安排促销员为顾客送货的，原则上百货类商品由各百货类商品的促销员负责送货，超市商品由超市商品的促销员负责送货。安排促销员从事送货工作，应该订立时间表安排不同厂家促销员轮流工作，每名促销员每天从事送货工作不应超过一小时。
（3）各个楼层的迎宾员由该楼层促销员担任。各楼层要订立排班表安排不同厂家促销员轮流服务，每名促销员每天在此岗位工作不超过1小时。
（4）不得安排促销员到快餐厅、面包房做外买或洗碗、清台工作。
（5）对于形象柜、专柜员工，不应调派到其他岗位工作。对于电器柜、生鲜合作档口员工，不应跨商品大类调派。
5.11.7　班前、班后例会与交接班
（1）促销员工上下班必须准时参加班前、班后例会。例会时按规定要求站立。
（2）班前、班后例会分为门店例会、区域例会和柜组例会。早班员工于每日上班时先在商场大厅集合参加门店例会，然后为区域例会。区域例会每天营业前、营业结束后各召开一次。柜组例会每天中午、下午交接班时间进行。
（3）每天下班前必须在交接班本上记录交接事项，要求简洁明了，字迹清晰。交接内容包括：例会所传达的工作要求、当班工作中遗留的问题。
（4）班后应及时查看交接班本，跟踪落实所交代的工作。
5.11.8　清场。
（1）部门经理、防损人员或服务台值班员通知清场后，促销员应迅速到指定地点列队，听从主管的指挥有序地从员工通道离开商场。
（2）加班人员在员工通道进口防损岗处完善登记手续方可进入商场。
5.11.9　环境要求。
（1）应在非营业时间完成对所负责区域的清洁工作。营业后应对商品及其他营业用品进行整理，归类摆放在指定位置。促销车每天使用后应予以清洁，方可放回到指定位置。
（2）营业中，在不影响顾客购物的前提下，做到随时清洁，对于废弃的封箱纸、条码纸、标价贴等必须随时清理。先检查废弃纸箱中是否还有商品，检查完毕后，应拆平折叠并摆放于指定地点，随时保持整洁的购物环境。
（3）见到商场内的垃圾应随时捡起丢入垃圾桶。对顾客遗留的杂物，应即时清理。对掉落的商品应立即捡起摆回原位。残渣等应倒在指定位置，禁止倒入水池。
（4）遇到个人无法清洁的污渍，应立即通知保洁员清理。
（5）就餐后应自觉将垃圾扔入垃圾桶。
5.11.10　商品管理要求。
（1）商品搬运。
——搬运商品时，商品必须离开地面，切勿在地面上拖拉、用单手托或以脚踢商品。传递商品时，要等到对方接稳后，才可以放手。搬运30千克以上的大件商品时，应两人或多人共同搬运。

续表

××公司标准文件		××有限公司 促销员管理办法（零售门店）	文件编号××-××-××	
版本	第×/×版		页　次	第×页

——禁止坐、踏商品，禁止抛、抢商品。
——上下货架时必须使用梯子，使用梯子时要摆正放稳，人字梯应完全打开再使用，禁止双脚同时站在梯子最高层。
（2）商品陈列。
——陈列商品必须摆放整齐，外包装有摆放标识的商品必须按照标识要求摆放。体积大、重量重的商品应摆放在下面，并随时整理商品，保持陈列丰满，避免顾客看到货架隔板及货架后面的挡板。
——陈列商品的"正面"必须全部面向通道一侧，每层陈列商品的高度与上段货架隔板必须留有一个手指的距离，每种商品之间的距离一般为2～3毫米。
——商品标价签应保持整洁，无卷边，不允许用透明胶缠绕标价签。保持标价签卡座、卡条应完好无损，内无污渍、杂物。
——促销车、堆垛商品摆放必须整齐，整箱商品展示时应将向外展示面拆除或切开，并将商品信息完全展示出来。
——所有促销车的商品必须配置促销海报和标价签。促销牌摆放位置要求既能准确指示商品，又不遮挡商品。促销海报和告示牌等各类宣传品如有脱落、坏损应马上重新粘贴或更换，拆除后应彻底清理干净。
（3）促销赠品管理。
——促销赠品不能为超市内销售的商品。
——禁止不按公司规定赠送促销赠品，不得将促销赠品私自赠与熟人或朋友。
——应及时向柜组长反馈促销商品的货源情况，不得出现促销商品或赠品断货现象。
——如果赠品上外包装的明显位置未印刷有"赠品"、"非卖品"字样，须粘贴本公司"赠品"专用标签。
——对于试吃试饮品，促销人员应及时收回或指引顾客到指定地点丢弃所剩杂物，自觉维护商场环境卫生。
5.11.11　设备使用要求。
（1）打价机。
——合上打价机底盖时，严禁用力过大。严禁用手向外拉打价纸底带。
——核对实物和标价签无误后，按照标价签上编码和价格调出相应的数字，并核对打出的价格、编码是否正确。
——调校数字时，轻轻拉动数字调节器尾端，将指示箭头对准所调数字的位置后，再转动数字调节旋钮，调出所需数字。当箭头在两数字中间位置时，严禁转动调节旋钮。
——使用打价机时不能用力过大，应将机身出纸部位轻触商品，严禁敲击商品。
——当打出的字迹不清晰时，应该给油墨头加墨，加墨量一次在2～3滴。
（2）平板车。
——平板车上的商品堆放最高严禁超过1.5米（单件大电器除外），超过1米时需有人扶住商品。
——使用平板车时严禁奔跑，要环顾四周，避免平板车及所载商品与周边人员、商品、设施发生碰擦，转弯时速度要放慢。
——使用拼装式平板车时，只能从后面双手扶住商品向前推，商品体积较大或数量较多时，左右还需有人扶住商品。
——当协助顾客将商品搬运出商场，必须在商场出口防损员处进行登记，留下"促销人员工牌"，完毕后将车送回商场时取回"促销人员工牌"。
5.12　促销员奖惩规定。
5.12.1　根据人事管理规定，对表现突出的促销人员给予通报表扬、颁发奖金、授予"优秀促销员"称号等奖励。
5.12.2　对违反公司规定的长期促销人员和6个月的短期促销人员视同公司正式员工，按奖惩条例进行处理。
5.12.3　对促销期在6个月以下的促销人员视情节轻重、认识态度不同等给予警告、通报批评、罚款、停岗、退回供应商等处罚。具体罚款金额标准如下。
（1）迟到（指超过正常上班时间半小时以内的）每次罚款20元。
（2）未穿工衣打卡每次罚款20元。
（3）早退30分钟以内者每次罚款50元，早退30分钟以上者，根据具体情况要求供应商换人。

续表

××公司标准文件		××有限公司 促销员管理办法（零售门店）	文件编号××-××-××	
版本	第×/×版		页　次	第×页

（4）旷工半天罚款50元，根据具体情况要求供应商换人。
（5）上班佩戴手机等通信设备罚款50元，并根据具体情况要求供应商换人。
（6）代打卡者（包括被代方）每人每次罚款50元，累计两次对供应商罚款100元，并根据具体情况要求供应商换人。
（7）未经主管允许，上班时间打私人电话者罚款20元。
（8）其他违纪行为罚款一次性最高应不超过150元（特殊情况除外）。
5.12.4　处罚程序。
（1）促销人员违纪处罚必须使用"犯规警告通知"，在开单时被处罚人栏应写为派驻促销的供应商，用括号注明具体违纪人员姓名，违纪员工本人签名确认，经分管副总签字后生效。
（2）分管副总签字同意后，由门店促销部保留一联留档，另两联交所在区域，违纪人员凭"财务联"至门店财务部缴纳罚款。
（3）促销员缴纳罚款后，"犯规警告通知"一联交员工本人留存，一联交财务做收款凭证，一联由门店留档。财务部在开收据时交款人应写明派驻促销的供应商名称（厂编）。
（4）由门店促销部对促销供应商所派驻促销人员的处罚情况进行登记统计，按供应商登记累计次数，按人员登记累计金额，每月报店总经理并存档。
（5）一次罚款金额50元以上的（或当月累计处罚金额100元以上），需报门店总经理批准后方可进行处罚。
（6）促销员工本人不肯签名或在签名后24小时内未缴纳罚款的，由门店开具双倍罚单并通知相关供应商于3天之内去门店处理，若仍不缴纳者，经相关采购审核确认后可从押金中扣取违约金。
5.13　供应商欠薪处理。
5.13.1　欠薪，是指供应商承诺员工应发而未发给促销人员的工资（公司只负责调查长期促销员的基本工资）。基本工资的发放应每月一次，如超过半月仍未发放基本工资，视为欠薪行为，公司将根据本规定及政府相关规定给予处罚。
5.13.2　供应商欠薪情况了解。
（1）门店促销部每季度第一周进行一次店内长期促销员上季度欠薪情况调查，并填写"供应商欠薪调查（登记）表"。除此之外，长期促销员也可以书面形式向门店促销部反映供应商欠薪情况。
（2）门店促销部每季度第1个月内将"供应商欠薪情况处理表"传采购部促销部，由采购促销部转给各相关品类经理，由其通知供应商填写供应商意见，并在"供应商欠薪调查（登记）表"上签收。
5.13.3　欠薪处理。
（1）供应商必须签收"供应商欠薪情况处理表"，并于两日内反馈该表，否则，将视同默认欠薪情况属实，公司将从供应商货款中代发拖欠薪金。
（2）供应商必须于反馈"供应商欠薪情况处理表"之日起7日内，自行解决欠薪问题，并提供有关证据，如附员工签收、供应商盖章确认的工资发放表等。能如期解决问题的供应商，给予警告处分，不能如期解决，将默认欠薪情况属实，公司将从供应商货款中代扣代发拖欠薪金，并给予所欠薪金50%～200%的罚款。
5.13.4　采购部应于规定的期限内将处理情况反馈门店促销部。
5.13.5　对欠薪情况达3次的供应商，将取消其促销资格。
5.13.6　因供应商欠薪涉及的劳动纠纷由城市人力资源协助解决。

拟订		审核		审批	

制度9：临时促销员管理及培养办法

××公司标准文件		××有限公司 临时促销员管理及培养办法	文件编号××-××-××	
版本	第×/×版		页　次	第×页

1　目的
1.1　切实管理好临时促销员，确保临时促销员作用得到充分发挥，有效指导一线对临时促销员招聘、培训和管理工作，确保招聘到理想的临时促销员，培训合格的临时促销员方可上岗，对临时促销员实施有效的绩效管理。

续表

××公司标准文件		××有限公司 临时促销员管理及培养办法	文件编号××-××-××	
版本	第×/×版		页次	第×页

1.2　要求下属机构建立临时促销员的培养机制，建设好临时促销员的储备库，将临时促销员的培养作为一项日常工作，建设好临时促销员储备库，平时做好培养准备，便于节日或周末促销活动需要。

2　临时促销员的分类及职责

2.1　临时促销员的分类。

2.1.1　单店活动临时促销员：在促销台旁进行推介的临促，负责单店活动的临促人员需要对消费者进行积极推介和引导，将对产品感兴趣的消费者引领至我司专柜前，交给驻店促销员实现产品销售。

2.1.2　贴柜临时促销员：在销售柜台前引导顾客，拦截竞品，协助驻店促销员推介产品，分解工作量，推动成交达成。

2.1.3　进柜临时促销员：对于人流量大，驻店促销员无从顾及的柜台协调临促进柜销售，协助驻店促销员销售或直接进行销售。

2.1.4　举牌临时促销员：为有效营造商圈氛围，进行举牌宣传临促（主要是针对中低端产品）。

2.2　各类临时促销员的工作职责。

2.2.1　各类临时促销员的工作职责见下表。

各类临时促销员的工作职责

单店活动临时促销员	贴柜临时促销员	进柜临时促销员	举牌临时促销员
展示各款活动产品模型机及发放宣传单	招呼、引导靠近柜台的顾客	招呼靠近柜台的顾客	在指定商圈内的各门店内外进行列队巡回展示
介绍各款活动产品各项功能、参数及卖点	拦截来到柜台旁关注非本公司产品的顾客	推荐活动期间各款主推产品	按照现场负责人的安排，举牌宣传促销产品
演示各款活动产品功能（配真机的临促）	推荐活动期间各款主推产品	解答顾客关于产品、促销、价格、服务的各项疑问	—
介绍促销活动内容	协助驻店促销员处理各项出柜工作事宜（如领机、带领顾客至收银台付款等）	协助驻店促销员开票或处理各项出柜工作事宜（如领机、带领顾客到收银台付款等）	—
指引或带领顾客到本公司柜台	争取更多的成交机会，推动更多的成交达成	直接或间接实现成交	—

2.2.2　其他。

（1）微笑服务。

（2）服从公司相关负责人的安排，积极协助促销员完成销售工作。

（3）及时反馈顾客以及卖场对我司产品的建议和竞争品牌的有关信息。

（4）保证促销台规范布置，模型机陈列整齐美观，POP、赠品露出等符合公司的陈列要求。

（5）遵守零售店的纪律，主动协调零售店各方面关系，保证促销工作正常开展。

（6）主动向我司驻店促销员、市场代表、零售培训主任反映工作情况，保持经常性沟通。

（7）配合促销员认真准确地填写销售记录、保卡和赠品发放签收或登记表等，不得弄虚作假。

3　临时促销员的招聘和储备

3.1　招聘和储备的原则。

3.1.1　根据周末单店活动和大型节日促销活动的需求，由下属机构市场部制订合理的临时促销员的编制计划，在计划内招聘。

3.1.2　下属机构的人才储备库的储备人数为编制计划人数的两倍，活动前根据需要择优上岗。

3.2　招聘途径。通过劳动中介公司、校园招聘、促销员介绍等形式公开招聘。

3.3　招聘对象。

3.3.1　当地各大学在校学生。

3.3.2　当地中专、技校在校学生。

续表

××公司标准文件		××有限公司	文件编号××-××-××	
版本	第×/×版	临时促销员管理及培养办法	页　次	第×页

3.3.3　其他愿意从事临时促销工作的社会人士。
3.4　招聘时间。
3.4.1　大型节日临时促销员（如十一、五一、春节等）应于节日之前1个月完成招聘培训工作。
3.4.2　常规临时促销员（周末使用）的招聘按照实际需要进行，如A公司确定临时促销人员储备库为30人，当出现原临时促销员离职或联系不上时，应立即进行招聘，维持30人的供给标准。
3.5　招聘要求。
3.5.1　年龄限定在18～××岁之间。
3.5.2　身高：女不低于××cm，男不低于××cm。
3.5.3　具有高中、中专及以上学历。
3.5.4　形象较好，时尚、有朝气，穿戴整洁、大方。
3.5.5　仪表端庄、身体健康。
3.5.6　思维灵活、口齿伶俐、表达能力强。
3.5.7　吃苦耐劳，有责任心和团队协作精神。
3.5.8　对于有××从业经历且特别优秀者可适当放宽条件。
3.6　入职要求及手续。
3.6.1　要求纳入临时促销员储备库的所有临时促销员都要办好入职手续，没有办理入职手续的临时促销员不可上岗。
3.6.2　临时促销员的入职手续如下。
（1）如实填写《入职申请表》。
（2）提供身份证复印件一份，和《入职申请表》一同存档。

4　临时促销员的日常管理及薪酬建议
4.1　临时促销员管理的隶属关系如下图所示。

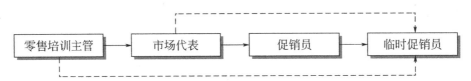

临时促销员管理的隶属关系

图示说明如下。
（1）实线代表直接管理的关系。虚线代表指导的关系。
（2）驻店促销员作为临促的直接管理责任人对临促的表现进行考核和评价。
（3）市场代表对于临促实施现场培训和指导，对于不合格的临促及时进行淘汰。
4.2　临时促销员的日常考核及薪酬建议。
4.2.1　临时促销员的考核与薪酬由下属机构市场部制订，但是临时促销员薪酬必须以"固定日薪＋浮动日薪"的方式发放，日薪标准由下属机构市场部根据当地收入情况自行确定，浮动日薪与考核挂钩，由市场代表或驻店促销员对临时促销员进行考核评价。
（1）单店活动临时促销员：重点考核牵引顾客作用发挥、现场展示或演示作用发挥、主动性。
（2）贴柜和进柜临促：重点考核直接或间接创造的终端销量和销售机会。
（3）举牌临促：重点考核工作的主动性、努力程度。
4.2.2　临时促销员薪酬费用来源于下属机构整合营销市场费用。
4.3　临时促销员的考勤管理。
4.3.1　临时促销员的考勤由市场代表负责，操作方法等同于正式促销员。
4.3.2　各区域需在每月底提供真实的临时促销员考勤表给下属机构市场部，用作核算临时促销员工资。
4.3.3　下属机构市场部和财务部需联合按10%的比例进行电话抽查临时促销员的考勤是否属实。

5　临时促销员的培训及任职资格管理
5.1　临时促销员的培训责任部门。
5.1.1　各下属机构各区域主管全面负责临时促销员的培训、培训考核及上岗资格确认。

续表

××公司标准文件		××有限公司 临时促销员管理及培养办法	文件编号××-××-××	
版本	第×/×版		页 次	第×页

5.1.2 下属机构市场部进行指导和监督。
5.2 临时促销员的培训项目见下表。

临时促销员的培训项目

单店活动临时促销员	贴柜临时促销员	进柜临时促销员	举牌临时促销员
单店活动内容	招呼顾客的技巧	招呼顾客的技巧	着装或佩戴促销物品规范
各款主推产品主要功能、卖点、促销活动	拦截顾客的技巧	各款主推产品的功能与卖点、推荐话术、促销活动	工作范围、举牌要求
各款主推产品演示规范	各款主推产品的功能、卖点、产品推荐话术、促销活动	基本销售技巧	明确举牌临促小组负责人及活动现场负责人
辅导器材演示规范（如蓝牙打印机，需要演示蓝牙打印机的临促才进行培训）	基本销售技巧	手机三包知识	服务形象与服务礼仪
服务形象与服务礼仪	零售店手机销售操作流程	零售店手机销售操作流程	
	服务形象与服务礼仪	服务形象与服务礼仪	

说明：临时促销员的培训教材单独下发，并放到FTP中市场中心公共目录供下载。

5.3 临时促销员的培训实施见下表。

临时促销员的培训实施

	用于常规周末促销	用于大型节日促销
培训时数	2小时/期	3小时/期
培训时间安排	双方确定劳务关系后，每月定期安排两期培训	活动开始前两周安排进行，至活动日为止至少进行两期培训
培训讲师	区域主管、区域主管指定人员、零售培训主任支持	区域主管、区域主管指定人员、零售培训主任支持
培训考试	需要，每次培训后安排笔试，笔试不合格者可以在下期培训时有一次补考机会，补考不合格者应予以撤换	需要，每次培训后需要笔试，不合格者直接撤换

5.4 试用临时促销员和正式临时促销员：临时促销员参加完各项培训并笔试合格后，即进入试用期，试用期为两周（两个周末，4天），试用期由该区域市场代表负责对其个人表现进行考核，具体考核项目及考核负责人见下表。

续表

××公司标准文件		××有限公司 临时促销员管理及培养办法	文件编号××-××-××	
版本	第×/×版		页　次	第×页

考核项目及考核负责人

序号	试用考核指标	考核负责人
1	考勤（20%）	市场代表
2	工作期间精神面貌、个人形象（10%）	市场代表
3	产品知识及推广话术的掌握程度（20%）	市场代表（结合门店意见）
4	直接或间接创造终端销量和销售机会的能力（30%）	驻店促销员
5	工作期间的主动性、配合度、努力程度（20%）	市场代表（结合门店意见）

（1）以上考核指标，下属机构可以适当进行调整。
（2）试用期间临时促销员的收入一律只发放固定日薪，不发放浮动日薪，试用期结束后转为正式临时促销员，可视需要发放浮动日薪。
（3）试用期内考核不合格的临时促销员应直接解除雇佣关系，另行招聘。
5.5　临时促销员的任职资格管理。
5.5.1　临时促销员需要经过如下程序后，方可成为公司的正式临时促销员，可以正式上岗，可以建立长期合作关系，纳入临时促销员储备库，享受正式临时促销员的薪酬待遇。
（1）招聘合格。
（2）培训合格。
（3）试用合格。
5.5.2　正式临时促销员的考核为一月一次，考核指标与试用考核指标相同，考核不合格的临促应更换。
5.5.3　每月最后一天由零售培训主任将"月度临时促销员的培养状况"及"临时促销员储备名单"上报总部终端管理部促销员管理主任进行备案。

拟订		审核		审批	

第三节　促销管理表格

表格1：促销企划表

促销企划表见表3-15。

表3-15　促销企划表

促销主题		
招募人员	招募构想	
	招募人员说明	
展示会	地点	
	时间	
	方式	
语言传播计划		
样品工具计划		
情报分析		

表格2：促销工作计划表

促销工作计划表见表3-16。

表3-16　促销工作计划表

产品名称	预计销售额	实际销售额	本月营业目标	配销方式	目前销售方式	销售客户	促销方法	方法说明	督导人员

表格3：K/A促销计划表

K/A促销计划表见表3-17。

表3-17　K/A促销计划表

营业所：_____　　　　　　　　　　　　　　_____年___月___日

客户名称		促销方案	预计陈列位置
促销时间			
促销产品			
预估量（箱）（促销期间）			
销量（箱）			
平时同期销量			
客户反应			
促销执行情况			
辅助物DM，POP，陈列架（名称）			
费用预告	产品搭赠折扣金额：_____		效果预估价格影响、竞争力、商品销售情况、形象、产品供给能力
	促销人员费用：_____		
	陈列位置费用（堆箱，端架，货架）：_____		
	其他费用（条码，DM，店庆）：_____		
	合计		

注：本表由业务代表填写，产品经销方按年度预算审核。

表格4：客户促销计划表

客户促销计划表见表3-18。

表3-18 客户促销计划表

月份：_____　　　　　　　　　　　　　　　　　　　　　　日期：_____

客户名称	销售产品类别	预计销售额	实际销售额	预计访问次数		协同处理问题	目前配销方式	付款状况	负责人	促销方法
				每周	每月					

主管：_____　　　　　　　　　制表人：_____

表格5：促销申请表

促销申请表见表3-19。

表3-19 促销申请表

申请人：_____

区域		月份	
预计费用		占本季费用百分比	
本季预算总额		已使用费用	
促销点数目、有资格的促销点总数		促销地级市、地级市总数	
促销形式			
促销目的：			

营销副总：_____　　市场部：_____　　销售部：_____　　省办事处：_____

表格6：促销活动申请表

促销活动申请表见表3-20。

表3-20 促销活动申请表

区域：_____　　　　　　申请人：_____　　　　　　申请日期：_____

促销活动名称		促销产品	
促销日期		促销地点	
活动地点销售情况		我公司销售情况	
促销活动背景及目的			
促销活动内容			
促销效果预计			
费用预估			
需配合部门及相关物品			
部门经理批准：		市场部批准：	

表格 7：促销安排表

促销安排表见表 3-21。

表 3-21　促销安排表

_____区域　__月　　　　　　　　　　　　　　　　　申请人：_____

促销点	所在地	店主	促销类型	促销时间

营销副总：_____　　市场部：_____　　销售部：_____　　省办事处：_____

表格 8：促销专柜申请表

促销专柜申请表见表 3-22。

表 3-22　促销专柜申请表

卖场名称				开业时间	
地址				综合实力排名	
联系人		电话		传真	
主管单位		法人代表		邮编	
零售业态		人流最大时段		注册资金	
营业时间		去年总营业额		营业面积	
营业楼层				同类产品面积	
主要竞品名称					
月均销量					
费用					
陈列位置和大小					
平柜尺寸				立柜尺寸	
促销员人数		专（兼）职		工资待遇	
需附促销专柜位置分布平面图，建柜后需要有建柜协议						

表格9：促销品领用申请表

促销品领用申请表见表3-23。

表3-23　促销品领用申请表

日期：_____　　　　　　　　　　　　　　　　　　　单号：_____

领用部门		申请人姓名		
使用区域		客户名称		
序号	促销品名称	规格	数量	用途
1				
2				
3				
4				
…				

市场部批准：_____　　　部门经理：_____　　　经办人：_____

表格10：促销赠品申请表

促销赠品申请表见表3-24。

表3-24　促销赠品申请表

目标市场		填表人		填表日期	
赠品名		数量		宣传品	份数
赠品名		数量		宣传品	份数
赠品名		数量		宣传品	份数
赠品名		数量		宣传品	份数
促销活动日期	月　日～　月　日			促销口号	
	月　日～　月　日			促销口号	
具体促销安排					
促销活动效果预计： （1）本次活动预计新增销售额 （2）本次活动重点促销的产品					
企划部经理意见：		销售部经理意见：		总经理意见：	

表格11：促销费用明细表

促销费用明细表见表3-25。

表3-25　促销费用明细表

```
1. 堆头：_____个，时间_____至_____，共计_____元
2. 试饮品：_____个/点，_____件/天，计_____件，共计_____元
3. 促销小姐：_____名，_____元/人每天，共计_____元
4. 促销品：气球_____个，共计_____元；手提袋_____个，共计_____元
  其他：(1)_____
        (2)_____
        (3)_____
        (4)_____
        (5)_____
        (6)_____
        (7)_____
        (8)_____
        (9)_____
       (10)_____
5. 赠品：_____产品，共_____件，共计_____元
6. 其他费用请详列：_____
   _____

合计金额：
填 报 人：
审    批：
```

表格12：产品领用申请表

产品领用申请表见表3-26。

表3-26　产品领用申请表

日期：_____　　　　　　　　　　　　　　　　　　　　　单号：_____

领用部门		申请人姓名	
使用区域		客户名称	
序号	产品名称	规格	数量	用途
1				
2				
3				
4				

市场部批准：_____　　　部门经理：_____　　　经办人：_____

表格13：＿＿＿区域＿＿＿月份促销物品申请表

＿＿＿区域＿＿＿月份促销物品申请表见表3-27。

表3-27　＿＿＿区域＿＿＿月份促销物品申请表

制表日期：＿＿＿＿＿＿＿

品名	单位	单价	订购数	金额/元	备注
	合计金额				

市场部：＿＿＿＿＿＿　　省级经理：＿＿＿＿＿＿　　区域经理：＿＿＿＿＿＿

表格14：非常规促销品发放登记明细表

非常规促销品发放登记明细表见表3-28。

表3-28　非常规促销品发放登记明细表

物资名称	终端店名、地址	店主姓名、电话	物资数量	发放时间	协议编号

表格15：门店赠品接收表

门店赠品接收表见表3-29。

表3-29　门店赠品接收表

编号：＿＿＿＿＿＿＿

赠品名称	规格、型号	数量	接收人	接收时间	赠品发放方法

注明：本单两联，门店赠品接收人保留一联，公司保留一联。

表格16：赠品发放领取表

赠品发放领取表见表3-30。

表3-30　赠品发放领取表

编号：＿＿＿＿＿＿＿

赠品名称	赠送时间	规格型号	领取数量	领取人（顾客）姓名	联系方式	购物小票流水号码

表格17：门店赠品回收表

门店赠品回收表见表3-31。

表3-31　门店赠品回收表

编号：_____

赠品名称	规格、型号	回收数量	回收人签字	回收时间	回收原因

表格18：____区域____月份促销品发放反馈表

____区域____月份促销品发放反馈表见表3-32。

表3-32　____区域____月份促销品发放反馈表

制表日期：_____

品名	单位	单价	原申请数	实发数	金额	备注
合计金额：						

市场部：_____　　省级经理：_____　　区域经理：_____

表格19：促销总结表

促销总结表见表3-33。

表3-33　促销总结表

1.促销主题及广告主题 　印象度： 　喜好度： 　关联度： 2.促销时间及地点 3.海报文案 　述说清楚： 　简洁易懂： 　文字张力： 　新奇度： 4.促销用品及用途 　不受欢迎的项目： 　喜欢的项目： 　价格： 　比例和级差设计合理程度：

5. 氛围布置要求
   醒目：
   形象：
6. 促销品兑奖方法
   出错：
   不方便：
7. 物品控制出现的问题及改进建议

8. 监控方式出现的问题及改进建议

9. 效果及效率
   每元效率：
   促销点销量÷总费用＝
   覆盖面：
   促销城市÷城市总数＝
   促销点数÷网点总数＝
   消费者满意度：
   经销商满意度：
   广告效果：
10. 其他

表格20：促销总结报告

促销总结报告见表3-34。

表3-34　促销总结报告

填表日期：_____　　　　　　　　　　　编号：_____

客户名称		促销区域	
促销活动名称		促销产品	
本次促销时间	从___月___日至___月___日	本次促销地点	约　　　平方
本次促销目标实现情况：			
现场气氛、顾客接受程度：			
本次促销存在的问题：			
当区业务员促销改进建议：			
促销实际总费用：			
实际销量及分销商意见：			
市场部意见：			

表格21：重点客户促销报告表

重点客户促销报告表见表3-35。

表3-35　重点客户促销报告表

客户名称		法人代表	
促销活动针对部门：			
该部门的特点分析：			
促销经过：			
促销效果：			
注意事项：			
可能扩大促销的其他部门：			
促销活动对其他部门的影响：			
今后针对该客户的政策：			

表格22：临时促销员月度培养状况表

临时促销员月度培养状况表见表3-36。

表3-36　临时促销员月度培养状况表

区域（办事处）	临促编制计划人数	参加培训的临促人数	培训合格的临促人数	试用合格的临促人数	储备临促人数	备注
合计						

表格23：临时促销员储备名单

临时促销员储备名单见表3-37。

表3-37　临时促销员储备名单

区域（办事处）	临时促销员姓名	联系电话	性别	年龄	身份证号码	入职资料是否齐全	入职时间	招聘是否合格	培训是否合格	试用是否合格	是否可以正常使用

表格24：促销成果汇总表

促销成果汇总表见表3-38。

表3-38 促销成果汇总表

客户名称			年度计划促销次数		
促销名称		编号		负责人		促销时间	
促销品项		预估销量		预算费用		预算费用率	
客户情况		实际销量		实际费用		实际费用率	
申办单位		原零售价		现零售价		成交率	
费用、成品领用明细					
差异说明及活动评价					
活动改进建议					
品牌经理建议					
总经理：		企划部经理：		销售部经理：		主管：	

表格25：促销效率分析表

促销效率分析表见表3-39。

表3-39 促销效率分析表

项目时间	促销额	客户数	促销人员数	每一客户促销额	每一销售员促销额	促销员工资额	每万元工资促销额	（净利润）净利润促销额
本月								
去年同月								
和去年的比率								
今年总计								
每月平均								
摘要								

表格26：市场促销活动反馈表

市场促销活动反馈表见表3-40。

表3-40 市场促销活动反馈表

活动主题			
活动日期：_____年___月___日		活动效果	□显著　□一般　□没影响
对销售的影响			
顾客的反应			
卖场的反应			
经（分）销商的反应			
执行中存在的问题			
对竞品的影响			
建议			

填表人：_____　　　日期：_____

表格27：铺货记录表

铺货记录表见表3-41。

表3-41 铺货记录表

终端商名称				电　话	
通信地址				邮　编	
负责人姓名		柜组长姓名		商业性质	
商店类型	A		B	C	D
支付形式	现金		现金支票		汇票
赊销的最后付款日					
品种		价格		数量	金额
总计金额（大写）					
铺货代表			客户代表		
客户编号				年　月　日　时	

说明：客户编号在实际使用中用电话区号区分不同城市终端客户；商业性质是指国营、集体、民营、便利店是否连锁等；在实际运用中可以加注一个大的备注栏，便于将铺货中的注意事项和建议写进去，也可以加注一些其他项目，以便于以后的管理，甚至在备注的旁边加上一个主管人员批示，可以作为考核和总结的依据

表格28：铺货率汇总表

铺货率汇总表见表3-42。

表3-42 铺货率汇总表

区　　域	通　路　别	产品铺货率（产品别）		

主管：_____　　　　　　　　　记录人：_____

表格29：铺货进度追踪表

铺货进度追踪表见表3-43。

表3-43 铺货进度追踪表

填表日期：_____年____月____日

序号	客户名称	地址	新产品（价格）				竞品（价格）			
			1	2	3	……	1	2	3	……
1										
2										
3										
4										
5										
6										
7										

表格30：铺货失败记录表

铺货失败记录表见表3-44。

表3-44 铺货失败记录表

终端商名称				电　话			
通信地址				邮　编			
负责人姓名		性别		年龄		联系方法		爱好	
柜组长姓名							
铺货不成功的原因							是	否
（1）怕卖不出去								
（2）怕无广告支持								

续表

(3) 产品价格高						
(4) 产品的包装差						
(5) 已经营同类产品						
(6) 其他原因						
商业性质	国有	民营	个体	连锁	是□	否□
商店类型	A	B	C	D		
铺货代表			客户代表			
客户编号			年 月 日 时			

说明：填写此表选择部分用"√"选择，客户编号用城市电话区号区分不同城市终端；写此表的目的主要是为了收集市场信息，同时进行终端策略研究；此表后可以加一个备注栏和批示栏，便于分析问题和总结经验，同时也可以作为一个考核依据

表格31：导购代表月度考评表

导购代表月度考评表见表3-45。

表3-45 导购代表月度考评表

分公司名称：_____ 商场：_____ 导购员：_____ 日期：　年　月　日

序号	项目	检查细分	考核标准	标准分	实际得分	差异构成
1	配置及形象	配置	在岗	3		
		仪态	统一着装，仪态稳重，端庄自然	3		
		精神面貌	精神饱满，面带微笑，保持愉快心情，做好顾客咨询服务，树立企业形象	4		
		姿势	站立，不得倚靠或坐卧	3		
2	工作纪律	考勤制度	遵守上下班及其他规章制度，不经常请假	5		
		商场纪律	上班时不吃零食，不看报纸，不聊天打闹	3		
		保守秘密	保守商业秘密	3		
		服务忠诚	不为竞争品牌提供任何服务	3		
		迎候顾客	积极主动，礼貌大方	4		
3	工作表现	产品介绍	详尽介绍产品特性优点及使用方法，对顾客提出合理化建议，不搪塞顾客	5		
		售中服务	耐心接受顾客挑选货品，不急不躁	5		
		售后服务	乐意帮助，提供解决方法	3		
		信息收集	竞争品牌市场动向、产品信息等，当日销量、畅销机型、商场库存等情况及时反馈	4		
4	售点管理	产品陈列	抽查提问应答自如	5		
		卫生状况	样机无尘，柜台清洁	3		
		POP张贴	按公司规定标准规范	2		
		宣传品	齐全整洁，摆放恰当	5		
		销售报表	及时准确，规范详尽	5		

续表

序号	项目	检查细分	考核标准	标准分	实际得分	差异构成
5	业务素质	公司政策	熟悉了解，支持配合	2		
		产品知识	熟悉所有产品，了解技术优势	5		
		推销技巧	精通推销技巧，能够主动争取顾客	5		
		口头表达	具有较强的语言表达能力，说服力强	5		
		对竞品	了解对手信息，但不诋毁	10		
6	月度考评			5		
	总分			100		

表格32：市场部巡店报告

市场部巡店报告见表3-46。

表3-46 市场部巡店报告

店名：_____ 店长：_____ 市场部人员：_____ 日期：_____

序号	内容	结果	责任人	完成期限	完成人	完成时间	备注
1	促销商品是否按要求陈列						
2	促销商品是否够量						
3	POP是否按要求悬挂						
4	特价标签是否符合要求						
5	POP特价标签的书写是否规范						
6	POP标签是否干净整洁						
7	宣传画是否按要求张贴						
8	灯箱广告是否干净						
9	门店店内自行的促销是否达到要求						
10	促销台的摆入是否规范						
11	促销人员是否服从门店管理						
12	是否有未经市场部审批的促销人员进店促销						
13	赠品是否已到位、够量						
14	赠品的派发是否符合要求						
15	店内促销工具是否破损						
16	是否要添加促销工具						
17	店内广播是否有促销宣传内容						

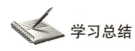 **学习总结**

通过本章的学习，我对促销策划有了以下几点新的认识：

1._____
2._____
3._____
4._____
5._____

我认为根据本公司的实际情况，应制订以下制度和表格：

1._____
2._____
3._____
4._____
5._____

我认为本章的内容不够全面，还需补充以下方法、制度和表格：

1._____
2._____
3._____
4._____
5._____

第二部分　品牌建设实用工具

第四章　品牌管理体系建立工具

引言

媒体在变化，消费者在变化，企业本身在变化，市场环境也在变化，在未来，没有品牌的产品或服务是很难有长久生存的空间的。只有成功的品牌管理才有持续成长的企业和未来的辉煌。

本章学习指引

目标	了解品牌管理体系建立的要点，并能够运用所提供的范本，根据本企业的实际情况制订相应的管理制度、表格

学习内容

管理要点
- 品牌的调研及测试
- 品牌的市场定位
- 品牌的策略规划
- 品牌形象的设计
- 品牌的整合传播
- ……

管理制度
- 品牌培育手册
- 品牌管理中心企划管理制度
- 集团品牌管理制度
- 品牌宣传推广管理办法
- 品牌管理控制程序（一）
- 品牌管理控制程序（二）
- 品牌目标管理程序
- 品牌策划推广管理程序
- 品牌推广的媒体广告投放程序
- 品牌推广的新闻发布管理程序
- 品牌推广的活动推广管理程序
- 品牌广告制作管理程序
- 品牌形象终端管理细则
- ……

管理表格
- 品牌推广费用支持审核表
- 品牌推广广告预算书
- 品牌推广的广告计划申报表
- 品牌推广的门店促销活动申请表
- ……

第一节 品牌管理体系的建立要点

品牌管理是公司整体市场竞争战略的重要组成部分，随着市场成熟度的逐步加强，以及竞争产品的同质化，品牌管理成为公司获取竞争优势和争夺顾客的重要手段之一，品牌管理是现代企业发展的必由之路。制订公司品牌管理规范，协调与管理公司品牌策略，增强公司全体员工的品牌意识，通过品牌管理达到品牌效应，产生巨大的附加效益，稳固产品的市场地位，同时为公司的企业形象和企业文化的建立、发展推波助澜。良好的品牌将为公司稳固一大批忠诚顾客，保证公司稳定长足的发展，促进公司全方位营销工作的开展和进步，激发全体员工的全局意识。

品牌管理的主要内容包括品牌规划与品牌策略、品牌设计与实施、品牌维护与管理。

根据公司的整体发展战略，制订品牌规划与策略，围绕品牌理念主题，根据消费环境、季节、潮流等变化推出有新意的广告、营销、活动方案，使公司品牌与产品品牌形象深入人心，给消费者诚信、实用、责任心、行业楷模的形象。通过多方的投入，包括广告、营销、策划、产品研发、设备、人力、贯彻CI、公关人力、公益、人员培训、信息收集分析等，增强公司品牌推广力，提高品牌形象。

要点1：品牌的调研及测试

品牌的调研及测试要从表4-1所列的9个方面来拓展。

表4-1 品牌的调研及测试内容

序号	内容	说明
1	产品概念	了解消费者对产品概念的理解程度，是否符合企业事先设计的策略，同时也检验这种策略是否正确，这样有助于企业开发出真正符合市场需求的产品
2	品牌概念	它反映着产品的内在价值，关系着产品能否建立持久的生命力，了解消费者对品牌的理解程度，并与企业的品牌设计意念进行对比，找出差距加以调整，使之始终配合产品概念的发展
3	品牌联想	了解消费者对品牌的直观认知，以此判断品牌的诉求是否反映了品牌的内涵，关系着品牌价值的实现
4	品牌知名度	了解消费者对品牌的认知程度，以此检验企业的传播策略是否有效，这也是品牌价值的直观判断标准之一
5	品牌美誉度	了解消费者对于品牌的感情，以此检验品牌在传播过程中是否准确传达了策略，或者说是否准确打动了消费者
6	品牌形象认知	了解消费者对于品牌的符号、字体、色彩、形象代表等要素的认知程度，检验这些视觉要素是否准确传达了品牌的策略，对于出现的误差一定要及时调整，否则将削弱品牌的传达力
7	品牌与产品的连接	了解消费者对于品牌的理解是否符合产品的特质，以及产品的品质是否符合品牌所诉求的内涵，要使产品和品牌随时都保持一种和谐的状态，使得消费者对产品和品牌的认知始终一致
8	品牌试用率	了解消费者认知品牌比例和购买品牌比例之间的差距，从中可以反映品牌的传播是否打动了消费者，从而检验品牌是否真正符合消费者的需求，或者品牌的诉求是否有偏差，可以说品牌的试用率高低是对品牌价值最直接的检验
9	品牌的市场地位	这是对品牌的一个整体认识，通过与其他竞争品牌进行详尽的比较，了解品牌对市场的影响程度，以及与竞争品牌的具体差距，从而检验品牌策略的准确程度，并对品牌策略保持动态调整

要点2：品牌的市场定位

品牌的市场定位是品牌的策略基础，关键在于了解品牌的市场基础和所处的市场位置，了解品牌在消费者心目中的具体位置，对品牌有一个正确的认识，然后根据市场和竞争态势来判断品牌应该处于什么位置才可以取得竞争优势，并制订出品牌发展的明确目标，以此为品牌的策略规划建立充分的依据。

定位的关键在于两点：本品牌在消费者心目中的位置和与竞争品牌的差别，这是定位的原则。据此可以发展出以下3种主要的定位策略。

（1）强化本品牌在消费者心目中的现有地位。
（2）从全新视角寻找未满足消费者需求的市场空隙，尽量取得消费者心目中的第一位。
（3）根据竞争形势对本品牌进行重新定位。

这三种策略各有成功之处，其核心在于对市场的准确把握。

要点3：品牌的策略规划

规划需要解决的是需要采取何种手段以及何时才能达成品牌的既定目标、如何确定品牌的发展步骤、如何测定品牌的资产价值、如何维护品牌的良性发展，以及如何保证策略的有效执行等，对这些问题都要做出非常清晰、明确的策略规划，如此方能确保品牌价值的实现。

（一）多品牌策略

在企业的产品品种增加时，就涉及多品牌策略，有两个选择，一是将一个品牌运用在多个产品上，如乐百氏集团即是将"乐百氏"品牌统一运用在其乳酸奶、纯净水、牛奶和果冻等产品上，这种方式可以充分利用已有品牌的资源，减少投入和启动周期，但是它容易在消费者心目中引起混淆，尤其是对于有一定历史的品牌，而且某一种产品一旦出现问题就会影响到整个品牌。二是针对不同的产品都设计相应的品牌，如宝洁公司在洗发水和洗衣粉产品上的品牌策略，这种方式的优点在于充分表现出了不同产品的品牌特质，品牌概念清晰，在市场上有丰富的层次感，可以占据各类细分市场，扩大市场规模，但这种方式的投资很大，且对品牌专业推广的要求非常高，对市场要有准确的了解。

（二）品牌延伸策略

这是一把双刃剑，关键在于具体的分析和灵活运用。浙江"娃哈哈"和广东"乐百氏"都较成功地运用了品牌延伸策略，将品牌从乳酸奶产品延伸到了纯净水产品。从品牌延伸较为成功的企业分析，对于品牌的延伸应该是相关产品、行业或概念的延伸，这样可以提高延伸的成功率，比如娃哈哈和乐百氏都是在食品领域内延伸品牌，广东美的是在家电领域内对电风扇、空调和小家电进行品牌延伸，都比较成功，巩固了品牌价值。而太阳神的品牌延伸就不太成功，它是从保健品延伸到食品、化妆品领域，因为跨度太大，而太阳神在消费者心目中的保健形象根深蒂固，从而限制了品牌的延伸，反而影响到了太阳神核心品牌的价值。

要点4：品牌形象的设计

首先是对产品概念和品牌概念的界定，在此基础上构思出品牌的表现方式，包括品牌名称、内涵、符号、字体、色彩、形象代表等，实际上就是CI系统中的VI部分，重点是设计品牌的视觉形象，使之具备能直观、准确表达品牌内涵的条件。

要点5：品牌的整合传播

（一）制订品牌传播目标

制订目标要符合SMART原则，如图4-1所示。

S SPECIFIC——具体的
能准确说明要达到的最终结果，而不是工作本身，包括品牌的知名度、美誉度、试用率、占有率等

M MEASURABLE——可衡量的
是指目标要能有考评的绩效标准来衡量成果，要确定品牌知名度、美誉度、试用率的具体数字

A ACHIEVABLE——具挑战性
指设计的目标，实现起来要有一定的困难，并不是轻而易举能达到的，然而也并非不能达到的，需要努力才行

R RELEVANT——现实的
是指在设定目标时，根据市场调研结果及各种资源和能力来看是可以达到的

T TIMEFRAMED——时间限制
是指目标的完成日期，包括中长期的最后期限及短期内可调整（因具体情况而变）的期限

图4-1　SMART原则

（二）选择恰当的传播对象

在品牌传播过程中，要特别注意的是一定不能脱离目标消费群体，要保证传播资源的针对性，不少品牌在传播时总是想取得所有群体的支持，往往将品牌表现得面面俱到，但这样也就失去了品牌的特性，什么都想得到反而什么也得不到。

（三）选择合适的传播形式

现在是一个传媒日益丰富的时代，更是一个选择多样化的时代。电视广告的威力正在受到威胁，迅速增加的电视频道分化着消费者的注意力，而遥控器也使得品牌要产生足够的影响力将会比以前付出更多的资源。报纸和杂志趋向于细分化，在资讯丰富的时代，大众化的媒体将日趋没落，崛起的媒体将是能充分满足特定消费群体的形式。因此在这种变化下，品牌必须要对各种媒体进行详尽分析，选择能满足目标消费群体需求的媒体进行传播，并且充分利用媒体广告、公关活动、营销事件及新闻报道等多种形式，如此方能准确、有效地传播品牌。

（四）对各种形式进行整合

即在品牌的传播过程中，综合各种方式的特点，将广告、公关、事件、新闻等各种传播

形式有机地整合起来,更有效地强化品牌的传播力量。品牌传播的整合具有策略性和动态性,策略性要求品牌的传播必须符合策略的规划,针对品牌的目标群体,运用统一的传播主题。动态性则要求品牌的传播必须循序渐进,充分考虑品牌的成长规律,根据市场和竞争态势将传播分为不同的发展阶段,每个阶段都有相应的品牌发展目标和传播重点。

要点6:品牌与消费者的互动

其重点在于密切关注消费者从品牌中获得的利益、对于品牌的态度及其变化,通过这种关注,可以掌握品牌的发展动态,诸如消费者能否顺利获得品牌、对品牌的认知程度、品牌提供的利益是否符合消费需求、品牌知名度等指标的变化程度等,从而可以维护品牌的健康成长。

要点7:品牌的维护

(一)品牌发展的跟踪

必须建立一套制度如品牌指数评估体系,对品牌的发展状态保持跟踪测试,定期收集各项品牌指标的数据,并加以分析,通过品牌指标的变化程度来评估品牌推广的成效。

(二)品牌的延伸

当企业增加产品或进入新行业时,将会涉及品牌的多元化应用,无论是"一牌一品"策略还是"一牌多品"策略,都要根据具体的情况加以分析,要对品牌进行详尽的评估,充分了解消费者的认知和市场的竞争态势,同时还要考虑企业的资源条件,谨慎地确定品牌的延伸决策。总体而言,品牌的核心价值在于专业优势,因此不要轻易地采取品牌延伸策略。

(三)品牌的重新定位

随着市场竞争态势的不断发展,各种复杂的因素对品牌的成长都会产生影响,有可能品牌的初始定位已经不符合当前的现实状况,那就必须对品牌进行重新定位。重新定位的重点仍然是遵循对于消费心理和竞争态势的准确把握,同时对于消费需求以及市场发展的趋势都要有清晰、准确地判断,如此才能保证品牌定位的稳定性,否则品牌定位的不断变动将会影响到品牌价值的实现。因此,品牌定位或重新定位的原则都在于:保持稳定,动态调整。要做到这点,就要避免品牌定位发生大的动荡,也就必须依靠专业的品牌指数评估体系,尽量使品牌保持健康的发展状态。

要点8:品牌培育体系的建立

品牌培育是指组织为提升品牌价值而开展的旨在提高履行承诺能力、增强竞争优势,并使这一承诺和竞争优势被其顾客获知和信任的全部活动。

(一)品牌培育管理体系产生背景

2008年11月以来,中央领导多次对品牌工作作出批示。

2009年,工信部《关于加强工业产品质量工作的指导意见》。

2010年,工信部《关于加强工业产品质量信誉建设的指导意见》。

2011年7月,工信部、国家发改委等七部委《关于加快我国工业企业品牌建设的指导意见》。

总体目标:到2015年,我国工业企业创新能力和品牌培育能力显著增强,工业企业品牌成长的市场环境明显改善;50%以上大中型工业企业制订并实施品牌战略,品牌产品市场占有率和品牌附加值显著提高；重点培育一批具有国际影响力的自主品牌。

（二）品牌培育体系模式

《品牌培育管理体系实施指南》为评价组织的品牌培育能力提供了框架。该评价有助于组织持续改进品牌培育过程，改善品牌培育的绩效。如图4-2所示。

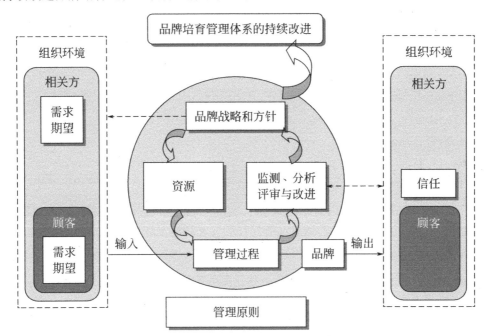

图释：——→ 增值活动，---→ 信息流

图4-2　以过程为基础的品牌培育管理体系模式图

（三）品牌培育体系的架构

《品牌培育管理体系实施指南》的结构如下。

《品牌培育管理体系实施指南》的结构
引言： 正文： 1. 范围 2. 引用和参考文件 3. 术语和定义 4. 品牌培育管理体系 5. 品牌战略和方针 6. 资源 7. 过程管理 8. 监视、测量、分析、评审和改进

具体内容说明如下。

前言
·指导组织增强品牌培育能力，提高品牌培育的有效性和效率。 ·着重说明了与培育品牌直接相关的过程。对合规、保证质量等没有进行专门的阐述，但这些过程及其结果仍将作为评价的重要因素。

续表

- 不对品牌专业知识带有倾向性观点，为应用品牌培育知识和方法创造更好的环境。
- 不是对品牌培育管理体系提出要求，而是提供指导。

1. 范围
- 用途：指导组织建立和实施品牌培育管理体系。
- 作用：增强品牌培育能力，持续改善品牌培育绩效。
- 适用对象：不同性质、不同规模和提供不同产品的工业企业。对其他类别组织的品牌培育活动也具有指导作用。
- 不适用于认证或合同目的。

2. 参考文件和标准
- 《关于加快我国工业企业品牌建设的指导意见》
- ISO 9004:2009《组织持续成功管理——一种质量管理方法》
- GB/T 19001—2008《质量管理体系　要求》
- GB/T 19000—2008《质量管理体系　基础和术语》
- ISO 10668:2010《品牌评价——货币化品牌评价要求》

3. 术语与定义

4. 品牌培育管理体系

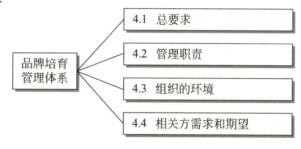

5. 品牌战略和方针

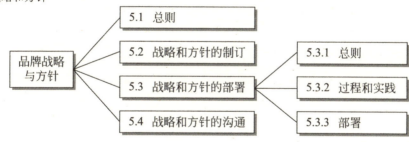

6. 资源

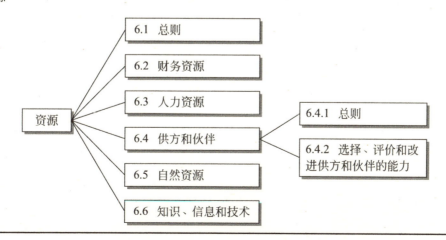

续表

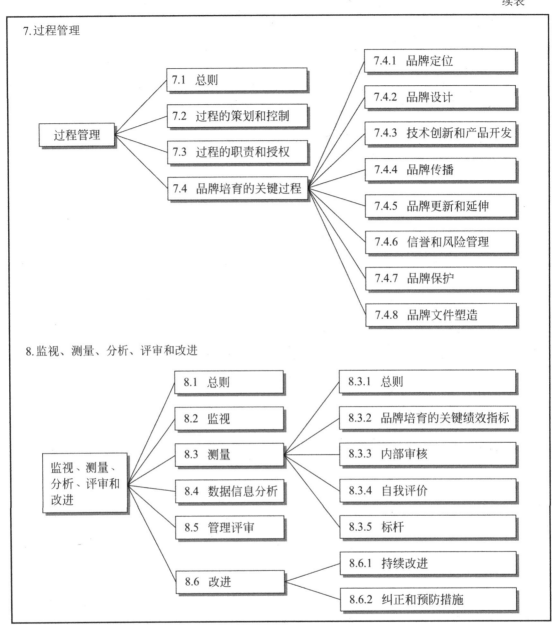

（四）建立和实施品牌培育管理体系

建立和实施品牌培育管理体系的步骤如图4-3所示。

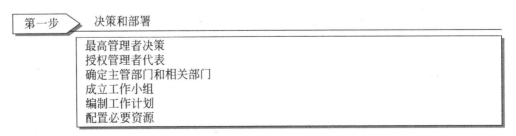

| 第二步 | 内部培训和动员 |

内部培训《指南》
发布工作计划
提出工作要求

| 第三步 | 开展现状调研（初始评价） |

调查内容包括：
(1) 品牌战略和方针
(2) 职能和过程
(3) 目标及其在职能和过程上的分解
(4) 现有的与品牌培育相关的文件
(5) 自身及主要竞争对手的品牌表现
(6) 现有的信息收集渠道和信息内容
(7) 对品牌培育能力和品牌价值进行哪些测量活动
(8) 与品牌培育相关的资源供给

| 第四步 | 分析和研究影响因素 |

(1) 组织的环境
(2) 相关方的需求和期望

| 第五步 | 制订（完善）和部署品牌培育战略和方针 |

最高管理者应确保品牌战略和方针与其总体战略相适应，应制订（完善）和部署战略、方针

| 第六步 | 确定和分解品牌培育目标 |

要在企业中沟通战略和方针，制订和分解品牌培育目标

| 第七步 | 分析、提供和管理资源 |

包括财务资源、人力资源、供方和伙伴、自然资源、知识信息和技术等

| 第八步 | 分析和确定过程，明确关键过程 |

过程方法
过程的策划和控制
过程的职责和授权
识别和管理关键过程

| 第九步 | 制订和完善管理体系文件 |

品牌培育管理体系文件可包括：
(1) 形成文件的品牌培育方针和品牌培育目标
(2) 品牌培育手册
(3) 组织确定的为确保其过程有效策划、运作和控制所需的文件（包括记录）

| 第十步 | 发布管理体系文件，运行管理体系 |

正式发布管理体系文件
管理好体系文件和记录
按照管理体系文件要求实施品牌培育活动
完善信息渠道，进行数据分析
开展日常性监视和测量活动，并保存记录
定期组织内部审核、自我评价和标杆对比
开展管理评审
持续改进品牌培育能力和绩效

图4-3 建立和实施品牌培育管理体系的步骤

第二节　品牌管理制度

制度1：品牌培育手册

××公司标准文件		××有限公司 品牌培育手册	文件编号××-××-××	
版本	第×/×版		页　次	第×页

0　引言
0.1　公司简介。
（略）。
0.2　批准令。

批　准　令

　　××公司根据集团公司经营及发展的需要，按照工信部下发的《品牌培育管理体系　实施指南》和《评价指南》要求，现编制《品牌培育手册》。
　　本体系为××公司总部实施品牌培育管理体系的纲领性文件，现批准颁布。
　　公司其他管理文件相关规定应与之相适应，凡不适应的，原则上应以本手册为准进行修改。

　　董事长、总经理：

0.3　任命书。

任　命　书

　　根据工信部下发的《品牌培育管理体系　实施指南》和《评价指南》要求，为使集团公司品牌培育管理体系得到有效实施和持续改进，任命×××副总经理担任××公司品牌管理者代表，品牌管理者代表除履行本人原有职责外，还应承担以下职责权限。
　　（1）确保品牌培育管理体系所需的过程得到建立、实施和保持。
　　（2）向最高管理者报告品牌培育的绩效和任何改进的需求。
　　（3）确保在集团公司范围内提高品牌意识。

　　董事长、总经理：

0.4　品牌培育手册说明。
　　0.4.1　本手册是描述、证明集团公司品牌培育管理体系的重要文件，它阐明了集团公司的品牌战略方针、品牌培育目标、品牌培育管理体系要求，是实施和保证品牌培育管理体系有效运行并进行审核或评价的依据，符合工信部下发的《品牌培育管理体系　实施指南》和《评价指南》的相关要求。
　　0.4.2　本手册参照了《品牌培育管理体系　实施指南》、《品牌培育管理体系　评价指南》、GB/T 27925—2011《商业企业品牌评价与企业文化建设指南》、ISO 9004:2009《组织持续成功管理——一种质量管理方法》、GB/T 19001—2008《质量管理体系　要求》、GB/T 19000—2008《质量管理体系　基础和术语》、ISO 10668:2010《品牌评价——货币化品牌评价要求》、GB/T 19580—2004《卓越绩效评价准则》、集团公司质量管理手册的相关内容。
0.5　品牌战略方针。
　　0.5.1　品牌战略方针：高扬品牌旗帜，集聚一切资源，着力打造具有区域核心竞争力和全国影响力的自主品牌，促进企业经济持续良性发展，实现"重庆不可替代，国内不可忽视"的企业愿景。
　　0.5.2　品牌培育目标：××集团力争在3～5年内，培育销售规模10亿元以上的全国性品牌3个，培育销售规模5亿元以上区域性核心品牌5个，培育销售2亿元以上的品牌2个以上。在现有7件××市著名商标基础上，争取获得2～3件××市著名商标、3件中国驰名商标。

续表

××公司标准文件		××有限公司 品牌培育手册	文件编号××-××-××	
版本	第×/×版		页次	第×页

1　目的和适用范围
　1.1　目的。
　　1.1.1　阐明集团公司的品牌战略方针、品牌培育目标、品牌培育管理体系及各项品牌培育活动的要求。
　　1.1.2　描述和实施有效的品牌培育管理体系，促进品牌培育的有效进行和持续改进，并满足各相关方不断变化的需求。
　　1.1.3　作为集团公司品牌培育管理体系审核的依据。
　　1.1.4　对外介绍集团公司品牌培育管理体系，证明集团公司品牌培育管理体系符合规定标准的要求。
　1.2　适用范围。
　　1.2.1　本管理手册适用于××集团总部品牌培育相关过程，所覆盖的品牌包括企业品牌"××集团"，产品品牌"××"、"××"等。
　　1.2.2　三家试点子公司根据工信部品牌培育管理体系要求及自身实际建立完善的品牌培育管理体系，以应用于子公司自有品牌，从而基本建立起覆盖整个集团的品牌管理架构。
　　1.2.3　品牌培育管理体系是集团公司总的管理体系的组成部分，应与集团公司管理体系中的其他部分，如质量、环境、职业健康安全、诚信等管理体系协调一致，以保证集团公司总目标的实现。

2　引用标准和相关文件、规定
　2.1　《品牌培育管理体系　实施指南》。
　2.2　《品牌培育管理体系　评价指南》。
　2.3　ISO 9004：2009《组织持续成功管理——一种质量管理方法》。
　2.4　GB/T 19001—2008（ISO 9001：2008，IDT）《质量管理体系　要求》。
　2.5　GB/T 19000—2008（ISO 9000：2005，IDT）《质量管理体系　基础和术语》。
　2.6　ISO 10668：2010《品牌评价——货币化品牌评价要求》。
　2.7　GB/T 19580—2004《卓越绩效评价准则》。

3　术语
　3.1　品牌——为组织带来溢价、产生增值的无形资产。其载体是用以与其他竞争者的产品相区分的名称、名词、符号、设计等，或者它们的组合。在本质上代表组织对交付给顾客的产品特征、利益和服务的一贯性承诺。
　3.2　品牌培育——组织为提升品牌价值而开展的旨在提高履行承诺能力、增强竞争优势，并使这一承诺和竞争优势被其顾客获知和信任的全部活动。
　3.3　品牌培育管理体系——在品牌培育方面指挥和控制组织的管理体系。
　3.4　品牌战略——组织为增强品牌培育能力，改善品牌培育绩效而制订的总体发展规划和行动方案。
　注：品牌战略通常包括品牌培育方针和目标的制订、品牌化决策、品牌模式选择、品牌识别界定、品牌延伸规划、品牌管理规划等方面的内容。
　3.5　品牌培育方针——由组织最高管理者正式发布的关于品牌培育方面的全部意图和方向。
　注：通常品牌培育方针与组织的总方针相一致，并为制订品牌培育目标提供框架。
　3.6　品牌培育目标——在品牌培育方面所追求的目的。
　注1：品牌培育目标依据组织的品牌培育方针制订。
　注2：通常对组织的相关职能和层次分别规定品牌培育目标。

4　品牌培育管理体系
　4.1　总要求。
　　4.1.1　集团公司按照《品牌培育管理体系　实施指南》及《评价指南》的要求，根据集团经营管理实际需要建立品牌培育管理体系。为保证集团公司所建立的品牌培育管理体系得到有效实施和持续改进，集团公司各处室应严格执行体系文件所规定的相关要求。
　　4.1.2　集团公司所建立的品牌培育管理体系以文件化形式表示。
　（1）确定品牌培育管理体系所需的过程及其在集团公司的应用。
　（2）确定这些过程的顺序和相互作用。
　（3）确定所需的准则和方法，以确保这些过程的运作和控制有效。
　（4）确保可以获得必要的资源和信息，以支持这些过程的运行和监视。
　（5）监视、测量（适用时）和分析这些过程。
　（6）实施必要的措施，以实现所策划的结果和对这些过程的持续改进。
　上述内容已体现在本手册及集团公司制订的程序文件及作业文件中。

续表

××公司标准文件		××有限公司 品牌培育手册	文件编号××-××-××	
版本	第×/×版		页次	第×页

4.1.3 集团公司应加以实施和保持品牌培育管理体系，并持续改进其有效性和效率，以确保集团公司可以做到以下4点。
（1）更高效地利用资源。
（2）培养顾客的忠诚度。
（3）提升品牌价值。
（4）获得和保持竞争优势。
4.1.4 集团公司品牌培育管理体系所需过程如下。
（1）品牌战略方针（本手册第5章节）。
（2）资源（本手册第6章节）。
（3）过程管理（本手册第7章节）。
（4）监视、测量、分析、评审和改进（本手册第8章节）。
4.1.5 集团公司各处室通过"PDCA"的方法管理上述过程，"PDCA"模式如下。
P——策划：根据环境及相关方的要求及集团公司的品牌战略方针需要，为提供结果建立必要的目标和过程。
D——实施：实施过程。
C——检查：根据品牌战略方针、品牌培育目标，对品牌培育过程进行监视和测量，并报告结果。
A——处置：采取措施，以持续改进过程绩效。
4.1.6 集团公司将部分外部信息的监视、部分关键绩效指标的测量外包，对这些外包过程的控制需按集团公司与外包公司签订的协议执行，并注重过程监控及绩效考核。
4.2 管理职责。
4.2.1 管理承诺。集团公司最高管理者对建立、实施品牌培育管理体系并持续改进其有效性做出以下承诺。
（1）进行品牌培育的长远规划。
（2）不断监视和定期分析与品牌培育相关的环境。
（3）平衡地满足相关方对品牌的需求和期望。
（4）持续保持相关方的参与，并让其了解集团公司的品牌培育活动和计划。
（5）创造适于品牌培育的工作环境。
（6）预测未来的品牌培育资源需求。
（7）识别品牌培育过程中的风险，并制订应对措施。
（8）建立品牌培育程序，确保其对环境变化做出快速响应。
（9）定期评价品牌培育过程，并持续改进和创新。
4.2.2 集团公司领导及各处室主要品牌职责。
4.2.2.1 集团公司针对品牌培育工作专门成立了品牌培育试点工作领导小组，其中明确规定了品牌培育试点工作领导小组、最高管理者、管理者代表及领导小组办公室的职能，赋予其独立行使权力的权限。
4.2.2.2 本手册明确规定了集团公司与品牌培育有关处室的职能，并赋予其独立行使权力的权限。
（1）总经理办公室。
——负责品牌培育内部评审和管理评审的组织工作。
——主要负责与伙伴间的交流与合作。
——负责国内外宏观政治、经济环境的监视工作。
——完成本手册中所规定的其他工作。
——完成最高管理者或品牌管理者代表交办的其他工作。
（2）市场部。
——主要负责集团公司品牌培育工作的实施与推进。
——负责品牌培育过程的策划与控制。
——负责组织品牌培育现状调研、自我评价及标杆对照工作。
——协助总经理办公室完成内部审核和管理评审工作。
——负责完成品牌培育中的各项总结工作。
——负责收集、整理和传播与品牌培育相关的知识、信息及技术。
——负责通过多种方式传播集团的品牌培育工作，提升全体员工的品牌意识。
——完成本手册中所规定的其他工作。

续表

××公司标准文件		××有限公司 品牌培育手册	文件编号××-××-××	
版本	第×/×版		页 次	第×页

——完成最高管理者或品牌管理者代表交办的其他工作。
（3）销售部。
——负责供方的选择与评价。
——负责产品比重项关键绩效指标的测量及监控。
——负责监视市场和相关方的需求、期望和偏好等环境。
——完成本手册中所规定的其他工作。
（4）生产部。
——负责质量与研发类关键绩效指标的测量及监控。
——负责监视与集团经营相关的质量、技术和创新方面的环境。
——负责与技术机构类伙伴的交流合作。
——完成本手册中所规定的其他工作。
（5）财务部。
——负责与品牌培育相关的财务资源的供给，并监视和控制财务资源的使用。
——负责与财务机构类伙伴的交流合作。
——完成本手册中所规定的其他工作。
（6）人力资源处。
——负责保障品牌培育所需的人力资源的落实。
——负责提高公司员工的品牌培育能力。
——完成本手册中所规定的其他工作。
（7）其他与品牌培育相关的处室按照本手册规定完成好对应的各项品牌培育工作。
（8）各处室在品牌培育过程中要加强沟通、交流与合作，共同完成好承担的各项品牌培育工作。
4.2.2.3 集团公司品牌培育职能分布图（略）。
4.3 组织的环境。
4.3.1 影响集团公司品牌培育的主要环境如下。
（1）国内外宏观政治经济环境。
（2）市场和顾客的需求、期望和偏好。
（3）主要竞争对手的品牌相关活动。
（4）质量、技术和创新等方面的能力和水平。
（5）信誉、道德表现和遵守法律法规的情况。
4.3.2 集团公司通过监视不断变化的环境，识别、评价和管理与品牌培育相关的风险和机遇，及时做出变革和创新的决策，以保证品牌培育管理体系适应环境变化。
4.3.3 环境的监视过程按集团公司编制的《监视控制程序》实施。
4.3.4 环境风险和机遇的识别、管理过程按集团公司编制的《品牌培育风险管理及应急响应控制程序》实施。
4.4 满足相关方需求和期望。
4.4.1 集团公司通过识别并满足相关方需求和期望以提升品牌培育能力和绩效。
4.4.2 集团公司识别的相关方需求及期望见下表。

集团公司识别的相关方需求和期望

相关方	需求和期望
顾客	（1）高品质产品 （2）产品安全放心
所有者、股东	持续高效的盈利能力
员工	（1）自我价值实现 （2）个人能力提升
供方和伙伴	（1）业务连续性 （2）品牌价值的共同提升
社会	（1）质量可靠，安全放心 （2）供应充足、方便购买、服务良好 （3）履行社会责任

续表

××公司标准文件		××有限公司 品牌培育手册	文件编号××-××-××	
版本	第×/×版		页 次	第×页

4.4.3 相关方的需求和期望不同且是不断变化的，因此集团公司在品牌培育过程中要通过多种方式及渠道协调与满足相关方的需求和期望。

4.4.4 集团公司协调和满足相关方的需求和期望的主要方式如下。

（1）通过市场调研、走访顾客、趋势预测等多种渠道了解相关方目前和未来的期望，确保在满足法律法规及集团公司内外部环境的基础下，使相关方的要求得到持续满足。

（2）通过培训，确保全体员工以满足相关方需求和期望为己任，并将相关方要求和期望在集团公司内沟通传达。

（3）集团公司在品牌培育过程中，加强与相关方沟通，进一步了解相关方要求，并修订相应的产品设计、定位及传播。

4.5 文件要求。

4.5.1 总则。集团公司品牌培育管理体系文件包括以下文件。

（1）《品牌培育手册》。

（2）《品牌培育管理体系程序文件汇编》。

（3）集团公司确定的为确保其过程有效策划、运作和控制所需的作业文件（包括记录）。

文件可采用纸化形式或无纸化形式。

4.5.2 《品牌培育手册》。

4.5.2.1 集团公司编制和保持《品牌培育手册》。

（1）品牌培育管理体系的范围。

（2）品牌培育管理体系中编制并形成文件的程序。

（3）品牌培育管理体系对集团公司原有程序、制度的引用（见《引用程序文件及支持性文件目录》以及本手册各章节对程序文件的应用说明）。

（4）品牌培育管理体系过程的相互作用的描述。

4.5.2.2 《品牌培育手册》的编制。

（1）编写：在最高管理者和品牌管理者代表的领导下，由市场部负责《品牌培育手册》的编写工作，在编写时应充分考虑集团公司的实际情况。编写的内容包括《品牌培育管理体系 实施指南》和《评价指南》中所规定的要求。

（2）审核：《品牌培育手册》由品牌管理者代表进行审核。

（3）评审：《品牌培育手册》发布前，由最高管理者或品牌管理者代表组织相关部门和人员进行评审，评价其符合性和充分性。

（4）批准：《品牌培育手册》由最高管理者批准发布。

4.5.2.3 《品牌培育手册》的更改、发放和使用执行《文件控制程序》的有关规定。

4.5.3 文件控制。

4.5.3.1 文件控制具体要求。文件的编制、评审、批准、发放、使用、更改、再次批准、标识、回收和作废等全过程活动按集团公司编制的《文件控制程序》实施。

4.5.3.2 文件控制程序内容应做出如下规定。

（1）文件发布前应得到批准，以确保文件是充分与适宜的。

（2）文件在实施过程中可能由于各种情况发生变化（如组织结构、产品、工作流程、法律法规、生产场地等发生改变），这时有必要对原文件进行评审，集团公司也可以根据需要进行定期评审，以确定是否需要更新，若修改则文件须再次批准。

（3）集团公司所有文件的修订状态应能得到识别（如采用控制清单、版本、修订一览表等方式）。

（4）确保在使用场所能得到适用文件的有效版本。

（5）文件应清晰可辨、易于识别。

（6）市场部应识别与品牌培育管理体系有关的全部外来文件（包括法律法规、标准、规范等），并对其进行管理。

（7）作废文件从所有发放和使用场所及时收回或采取其他措施，若要保留作废文件时，应对这些文件进行适当的标识，以防止作废文件的非预期使用。

4.5.4 记录控制。

4.5.4.1 记录的编制、标识、储存、保护、检索、保存期限和处置按公司编制的《记录控制程序》实施。

××公司标准文件		××有限公司 品牌培育手册	文件编号××-××-××	
版本	第×/×版		页次	第×页

4.5.4.2 对于电子记录,如 Excel、Word 文档以及公司 OA 系统等,应按相关操作规程执行,并对其实行有效控制(如归类保存、更改、保存期限、删除以及刻录等)。

4.5.4.3 记录应注明记录日期,并按规定签字或盖章,需要时还应有会签、审批手续。对于电子记录应按其操作流程执行,经有关人员审核后,注意其保存,不得随意修改。

4.5.5 相关文件。
(1)《文件控制程序》。
(2)《记录控制程序》。

5 品牌战略方针

5.1 总则。最高管理者负责建立品牌战略方针,并确保品牌战略方针满足以下要求。
5.1.1 与集团公司总体战略相适应。
5.1.2 体现对满足要求和持续改进品牌培育管理体系有效性的承诺。
5.1.3 为品牌培育目标的制订、评审提供框架。
5.1.4 最高管理者签发品牌战略方针,全体员工应理解品牌战略方针的内涵。

5.2 品牌战略方针的制订。
5.2.1 总则。集团通过实施以下过程以保证品牌战略方针的有效性。
(1)持续监视和定期分析与品牌培育相关的内外部环境。
(2)识别并确定相关方及其需求和期望。
(3)评价当前和未来的资源与能力需求。
(4)适时更新品牌战略方针。
上述过程分别按照本手册章节 8.2、章节 4.4、章节 6.2～6.6 以及《品牌战略方针制订控制程序》的要求实施。

5.2.2 最高管理者负责品牌战略方针的制订,集团公司领导班子成员及各处室负责人参与制订工作。市场部负责品牌战略方针制订时相关信息的收集和总结。

5.2.3 战略和方针的制订、修订及评审过程的全部活动按集团公司编制的《品牌战略方针制订控制程序》实施。

5.2.4 相关文件。《品牌战略方针制订控制程序》。

5.3 品牌战略方针的部署。
5.3.1 总则。为实施品牌战略方针,集团公司建立、实施并保持以下过程。
(1)把品牌战略方针在集团公司各层次上转化为可度量的目标。
(2)设定每个目标完成的时间表并规定实现这些目标的职责和权限。
(3)评价品牌战略风险并确定适当的应对措施。
(4)提供部署必要活动所需的资源。
(5)执行为达到目标所需的活动。
上述过程均已体现在本手册章节 5.3.2 中。

5.3.2 部署过程。
5.3.2.1 策划。
(1)由最高管理者授权总经理办公室将品牌战略方针在集团公司各层次上转化为可度量的目标,并设定每个目标完成的时间表。
(2)为保障各层次实现品牌培育目标,集团公司采取以下措施。
——总经理办公室根据最高管理者要求,每年年初向与品牌培育相关的处室(简称相关处室)下达品牌培育目标,并明确目标考核部门。
——相关处室对各自的品牌培育目标实施情况进行监督检查,并对完成情况进行考核、汇总、分析。
——总经理办公室每年考核相关处室的品牌培育目标完成情况,并收集各项品牌培育目标完成数据。
——相关处室通过绩效考核促进品牌培育目标的实现。
(3)在品牌战略方针的部署过程中,集团公司应当识别品牌培育相关过程的顺序和相互作用,包括以下内容。
——明确组织结构、体系和过程之间的关系。
——识别过程相互作用中存在的潜在问题。
——确定改进的优先次序。
——为在集团公司各个层级上建立、调整和展开目标提供框架。

××公司标准文件		××有限公司	文件编号××-××-××	
版本	第×/×版	品牌培育手册	页次	第×页

5.3.2.2 赋职及授权。集团公司应赋予各层次完成归口品牌培育目标所需的职责和权限，并保证职责和权限在集团公司被认可。

5.3.2.3 执行完成目标的活动。

（1）与品牌培育相关处室根据各自归口品牌培育目标，策划并执行完成目标的活动。活动方案在每年年初由相关处室分别讨论并交分管领导审批通过后，交总经理办公室备案。

（2）与品牌培育相关处室做好活动的执行、监控及评价，并注意运行材料的整理、总结及保存。

5.3.2.4 资源的提供。根据活动的需要，由集团公司提供部署必要活动所需的资源。资源的提供过程按照本手册章节6.1～6.6的内容执行。

5.3.2.5 监视、测量程序。为确保实现品牌战略方针的过程和实践的有效性和效率，集团公司执行以下监视、测量活动。

（1）预测相关方对品牌的不同需求和期望所引起的潜在冲突。

（2）了解当前绩效，分析以往问题的根本原因，避免类似问题重复发生。

（3）评审品牌培育相关过程，并在必要时进行更新。

（4）提供所有必需的资源。

（5）监视、测量、分析、评审和报告。

上述监视、测量活动按照本手册章节8.1～8.3的内容执行。

5.3.3 相关文件。《集团公司年度方针目标和重点工作安排》《集团各处室年度重要工作目标责任表》。

5.4 品牌战略方针的沟通。

5.4.1 总则。

5.4.1.1 集团通过多层次多渠道对品牌战略方针进行沟通。沟通对象包括顾客、所有人或股东、员工、供方和伙伴、社会。沟通方式包括纵向沟通和横向沟通，并根据对象不同调整沟通内容。

5.4.1.2 沟通过程包括反馈机制和周期性的评审，并与主动适应环境变化相结合。

5.4.2 外部沟通。

5.4.2.1 集团公司选择多种适宜的方式对品牌战略方针与集团发展的相关方进行沟通。相关方包括顾客、供方和伙伴、社会等。

5.4.2.2 外部沟通主要有以下形式。

（1）调查表、网站、宣传资料、广告等。

（2）经销商大会及与伙伴间的各种交流会。

（3）现场走访及座谈。

（4）公益活动等。

5.4.3 内部沟通。

5.4.3.1 最高管理者确保在集团内建立适当的沟通过程，对品牌战略方针进行沟通。由总经理办公室和市场部主要负责内部沟通事宜。

5.4.3.2 内部沟通主要有以下形式。

（1）文件形式。

（2）会议形式。

（3）简报、内部刊物与网络形式等。

6 资源

6.1 总则。

6.1.1 针对集团公司品牌培育所需的内外部资源，集团公司建立各项资源的管理政策和方法，其中应至少包括资源的提供、分配、监视、评价、优化、维护和保护等方面。

6.1.2 资源管理程序由资源归口处室制订，在制订过程中要注意与品牌战略方针相适应。

6.1.3 各资源归口处室识别和评价与资源相关的风险，持续监视当前资源的利用情况以寻求资源利用的改进机会，同时寻找新资源、新技术，并优化过程。

6.1.4 与资源相关的风险管理过程按照集团编制的《品牌培育风险管理及应急响应控制程序》实施。

6.2 财务资源。

6.2.1 财务部负责品牌培育财务资源的归口管理。

6.2.2 总经理办公室、销售部、市场部、党群处等部门每年初提出与品牌培育相关预算，经市场部汇总审核后，由市场部汇总并提出预算计划，经集团领导班子办公会议决议后，由最高管理者批准执行。

续表

××公司标准文件		××有限公司 品牌培育手册	文件编号××-××-××	
版本	第×/×版		页次	第×页

6.2.3 财务部控制经费支付,并对经费使用情况及效果进行监控和评价,形成报告,每年年底报送最高管理者。

6.2.4 相关处室每年年底对品牌培育经费使用情况进行总结。

6.2.5 财务资源的提供、分配、监视、评价、优化、维护和保护具体按集团编制的《财务管理制度》及《××市××(集团)有限公司关于品牌建设资金管理的通知》实施。

6.2.6 相关文件。《财务管理制度》、《××市××(集团)有限公司关于品牌建设资金管理的通知》。

6.3 人力资源。

6.3.1 集团公司通过适当的教育、培训、技能和经验,使从事品牌培育工作的人员能胜任其工作。

6.3.2 具体要求。

6.3.2.1 人力资源处应对从事品牌培育工作的人员确定必要的能力要求,按集团公司岗位组织结构及工作说明书为各岗位配备与之相适应的人员,并对其胜任能力实施考核,并确保与品牌培育相关的职责和权限得到规定和沟通。

6.3.2.2 人力资源处根据集团公司员工绩效考核方案,组织实施对各岗位员工的工作业绩进行考核,并根据考核结果判断其是否能胜任该工作岗位,对不能胜任本职工作的人员,需进行培训并重新考核,或采取其他措施如转岗、招聘、外包等,使其具备的能力与承担的工作相适应。

6.3.2.3 由人力资源处对措施实施的有效性进行评价。对不能达到预期要求的,可再采取措施,直到符合要求为止。

6.3.2.4 集团公司应创造并保持使员工充分参与品牌培育活动的内部环境,并确保员工认识到所从事活动与品牌培育的相关性,以及如何为实现品牌培育目标做出贡献。

6.3.2.5 人力资源处保持教育、培训、技能和经验的适当记录。

6.3.3 人力资源的提供、分配、监视、评价、优化、维护和保护过程按公司编制的《品牌培育人力资源管理控制程序》实施。

6.3.4 相关文件。《品牌培育人力资源管理控制程序》。

6.4 供方和伙伴。

6.4.1 供方指集团公司生产经营过程中材料及服务的提供商。伙伴可能是与品牌培育相关的产品和服务的提供者、技术和财务机构、政府和非政府组织或其他利益相关方。

6.4.2 根据伙伴类别,集团公司灵活的与伙伴建立独立、互利的关系,并确保伙伴提供的产品或者其他资源满足品牌培育的要求和期望。

6.4.3 各处室根据业务关系与伙伴进行友好合作,并在品牌培育过程中充分利用供方及伙伴提供的各种类型的资源。

6.4.4 供方的管理控制过程按《供方评价准则》及集团"质量管理体系"中编制的《供方及采购管理控制程序》实施。

6.4.5 伙伴的管理控制过程按集团编制的《伙伴控制程序》实施。

6.4.6 相关文件。《供方及采购管理控制程序》。《供方评价准则》。《伙伴控制程序》。

6.5 自然资源。

6.5.1 集团公司总部品牌培育主营业务对自然资源的依存度较小,因此本手册中自然资源主要指保护自然环境。

6.5.2 集团公司应在产品设计和开发过程中考虑环境保护的要求,并在产品的全生命周期追求环境影响最小化。

6.5.3 产品设计和开发中降低环保风险的过程由技术创新中心归口管理,按集团公司编制的《技术与开发管理制度》实施。

6.5.4 在产品的全生命周期追求环境影响最小化的过程由安全环保处归口管理,按集团公司编制的《环保管理规定》实施。

6.5.5 相关文件。《技术与开发管理制度》。《环境保护管理制度》。

6.6 知识、信息和技术。

6.6.1 总则。

6.6.1.1 集团公司将与品牌相关的知识、信息和技术作为重要资源来进行管理。

6.6.1.2 适宜时,集团公司与相关方分享这些知识、信息和技术。

6.6.2 知识。

续表

××公司标准文件		××有限公司	文件编号××-××-××	
版本	第×/×版	品牌培育手册	页 次	第×页

6.6.2.1 品牌培育相关的知识包括：品牌建设理论知识、成功及失败公司的品牌建设的经典案例、品牌理论发展前沿、知名的品牌管理专业咨询公司情况等。

6.6.2.2 知识可通过内外部多种渠道获取，包括网络、书籍、伙伴、培训等。

6.6.2.3 市场部负责与品牌培育相关的知识的收集、建立、维护并保护，并分类归档。

6.6.2.4 总经理办公室和市场部负责通过工作简报、内部期刊、软文、培训、会议等多种方式在集团公司内部传播及沟通。

6.6.3 信息。

6.6.3.1 信息主要包括国内外宏观政治经济信息、竞争对手或竞争产品销售数据、产品销售，以及知名度、美誉度、忠诚度等多种品牌建设数据等。

6.6.3.2 市场部确定品牌培育所需的相关信息范围及收集周期，并分解到相关处室。

6.6.3.3 相关处室按期做好信息的搜集、整理、总结、传递工作，并确保与品牌培育相关信息的完整性、保密性和可获得性。具体按集团公司编制的《监视控制程序》及《品牌培育关键绩效指标控制程序》实施。

6.6.3.4 市场部负责汇总各部门传递的数据及信息，形成报告，作为品牌培育过程中进行评价和决策的主要依据。

6.6.3.5 相关处室做好数据和信息的维护和使用工作。

6.6.4 技术。

6.6.4.1 与品牌培育有关的技术主要包括知名度、美誉度、忠诚度的测量及监控方法，及专业分析方法、自我评价办法等。

6.6.4.2 技术的获取方式主要包括学习、培训、探索、借鉴等。

6.6.4.3 条件成熟时，相关处室应将这类品牌培育的成熟技术形成标准化文件。

6.6.5 相关文件：无。

7 过程管理

7.1 总则。

7.1.1 根据集团公司内外部环境、目标、产品、竞争对手的状况，由品牌管理者代表灵活确定集团公司品牌培育过程及关键过程。

7.1.2 集团公司采用"过程方法"对品牌培育过程进行管理，以确保其对于实现目标的有效性和效率。

7.1.3 品牌管理者代表确定品牌培育每个过程的管理者，并明确管理职责和权限。

7.2 过程的策划和控制。

7.2.1 总则。

7.2.1.1 集团公司策划和分析品牌培育的过程，识别过程之间的关系，并明确过程与品牌培育相关职能的联系。

7.2.1.2 品牌培育过程的策划和控制应与集团公司的品牌战略和品牌培育目标相适应。

7.2.1.3 市场部牵头负责品牌培育过程的策划和控制过程，各处室加强对所涉品牌培育过程的策划和控制。

7.2.2 过程策划和控制中应当考虑以下内容。

（1）集团公司的内外部环境。

（2）市场发展趋势的短期和长期预测。

（3）利益相关方的需求和期望。

（4）需要达到的品牌培育目标。

（5）法律法规中有关品牌培育的要求。

（6）潜在的财务和其他风险。

（7）过程的输入和输出。

（8）品牌培育过程和其他业务过程的相互作用。

（9）资源的获取与利用。

（10）要求或者需要的品牌培育记录。

（11）监视品牌培育绩效的测量和分析。

（12）针对缺陷和风险的改进和预防措施。

（13）品牌培育的提升或创新活动。

续表

××公司标准文件		××有限公司 品牌培育手册	文件编号××-××-××	
版本	第×/×版		页次	第×页

同时品牌培育过程的策划还应考虑到集团公司对于获得新技术、开发新产品、降低成本、提升质量和增加价值等方面的需要。

7.2.3 过程的策划。

7.2.3.1 市场部负责策划公司品牌及产品品牌实现品牌培育目标所需过程。策划应与品牌培育管理体系其他过程的要求相一致。策划内容应确定以下方面的适当内容。

（1）公司、产品品牌要达到的品牌培育目标和要求。

（2）针对公司、产品品牌确定过程、文件、内外部环境及资源的需求。

（3）公司、产品品牌所要求的监视、测量、分析、创新、提升等活动，以及针对缺陷和风险的改进和预防措施。

（4）为实现过程及其品牌培育目标满足要求提供所需的品牌培育记录。

7.2.3.2 策划的输出形式应符合集团公司的运作方式。

7.2.3.3 当集团公司实施的经营、推广模式发生改变或采用新的经营模式时，市场部应及时对公司、产品品牌的培育过程进行策划，制订相应的策划方案。

7.2.3.4 市场部负责市场调研和市场策划，拟订集团公司品牌发展规划，并拟订相关品牌管理规定。

7.2.4 过程的控制。

7.2.4.1 通过加强过程执行时与相关方的沟通及过程控制，并借助过程评价审查，使品牌培育过程实现预期目标，提高品牌培育绩效。

7.2.4.2 品牌培育过程的控制过程按集团公司编制的《品牌培育过程管理控制程序》实施。

7.2.4.3 各处室采用多种适宜沟通方式与相关方就品牌培育过程进行沟通，包括现场走访与电话、客户座谈、调查表、网站、宣传资料、广告等。

7.2.4.4 沟通主要内容如下。

（1）消费者对集团公司品牌及产品品牌的认知度、美誉度及忠诚度。

（2）与品牌培育相关的产品和服务的提供者等。

（3）企业形象、产品信息以及服务内容分享。

（4）竞争对手信息反馈。

7.2.4.5 根据章节"8监视、测量"等过程获得的多项数据信息及品牌培育绩效反馈对品牌培育过程进行及时调整控制。

7.2.5 相关文件：《品牌培育过程管理控制程序》。

7.3 过程的职责和授权。

7.3.1 品牌管理者代表负责任命品牌培育每个过程的负责人，并确保过程负责人有足够的能力完成任务。

7.3.2 集团公司根据过程需求给予过程负责人建立、保持、控制和改进过程的职责和权限，并确保过程管理者的职责和权限在集团公司被认可。

7.3.3 过程负责人基本职责如下。

（1）负责所管辖品牌培育过程中的各项工作。

（2）负责所管辖过程的建立、运行及保持。

（3）负责所管辖过程的策划及分析，并组织进行过程的测量、评审及改进等工作。

（4）负责所管辖过程所需相关资源的合理使用。

（5）负责向品牌管理者代表汇报所管辖过程工作开展情况，同时收集并报告各方对所管辖过程的改进意见。

（6）负责避免和解决品牌培育过程中的潜在争端。

（7）负责组织完成其他相关工作。

7.3.4 相关文件：无。

7.4 品牌培育的关键过程。

7.4.1 集团公司根据品牌战略方针和集团公司实际，识别并确定如下9项品牌培育关键过程：品牌定位、品牌设计、品牌传播、品牌更新和延伸、品牌保护、品牌文化塑造、信誉和风险管理、技术创新和产品开发、食品安全与社会责任。

7.4.2 当品牌战略以及集团公司内外部环境发生较大变化时，由品牌管理者代表组织对关键过程的评审与更新。

续表

××公司标准文件		××有限公司 品牌培育手册	文件编号××-××-××	
版本	第×/×版		页次	第×页

7.4.3 品牌定位、品牌设计、品牌传播、品牌更新和延伸过程的管理控制按集团编制的《品牌推广管理控制程序》执行。
7.4.4 品牌保护过程的管理控制按照集团编制的《品牌保护管理控制程序》执行。
7.4.5 信誉及风险管理过程的管理控制按照集团编制的《品牌培育信誉控制程序》和《品牌培育风险管理及应急响应程序》执行。
7.4.6 技术创新与产品开发过程的管理控制按照集团编制的《技术与开发管理制度》执行。
7.4.7 品牌文化的建设管理控制按照集团编制的《品牌文化塑造管理控制程序》执行。
7.4.8 相关文件。
（1）《品牌推广管理控制程序》。
（2）《品牌保护管理控制程序》。
（3）《品牌培育信誉控制程序》。
（4）《品牌培育风险管理及应急响应程序》。
（5）《品牌文化塑造管理控制程序》。
（6）《技术与开发管理制度》。

8 监视、测量、分析、评审和改进

8.1 总则。集团公司策划并实施以下方面所需的监视、测量、分析、评审和改进过程，以：证实品牌培育达到预期目标；确保品牌培育管理体系的符合性和有效性；评价并改进品牌培育能力和绩效。
8.2 监视。
8.2.1 集团公司建立并保持过程，以监视集团公司的环境、搜集和管理所需的信息。
8.2.2 集团公司监视的对象主要指与品牌培育相关的内外部环境，主要包括集团内部运营、相关方需求、竞争对手状况、市场及技术变化、法律法规变化、替代产品、竞争产品的信息等。
8.2.3 市场部负责组织相关处室对公司的内外部环境进行定期监视。
（1）总经理办公室负责对国内外政治经济情况及企业经营情况进行监视，并定期提供相关资料。
（2）市场部、销售部负责对市场环境及产品市场前景进行监视，定期搜集分析利益相关方的需求及期望，并提供相关资料。
（3）生产部负责对企业生产情况进行监视，识别产品需求，并定期提供相关资料。
（4）技术创新中心负责对产品研发情况及外部技术环境进行监视，评估市场和技术变化对品牌培育的影响，并定期提供相关资料。
（5）市场部负责公司内外部环境数据的汇总、整理及保管。
8.2.4 各处室应保证所获取监视信息的时效性、科学性。
8.2.5 监视过程的输出应能用于以下方面。
（1）识别利益相关方当前和未来的需求和期望。
（2）评估品牌培育的优势、劣势、机会和威胁。
（3）确定替代产品、竞争产品或新产品的需求。
（4）评估当前和未来的市场和技术变化对品牌培育的影响。
（5）预计当前和未来的法律法规要求的改变。
（6）评估集团公司当前品牌培育过程的能力。
8.2.6 监视过程的管理按集团编制的《监视控制程序》实施。
8.2.7 相关文件：《监视控制程序》。
8.3 测量。
8.3.1 总则。
8.3.1.1 集团公司在品牌培育管理体系的相关层次和职能上，对照品牌战略和目标，评估集团公司实现其策划结果的能力。
8.3.1.2 品牌培育过程的测量主要包括关键绩效指标、内部审核、自我评价、标杆等。
8.3.1.3 集团公司搜集确定关键测量和评价指标所需信息的典型方法如下。
（1）以访谈、问卷等形式对顾客和其他利益相关方进行满意度调查。
（2）标杆对比。
（3）绩效评审，包括供方和伙伴。
（4）监视和记录品牌培育过程及其结果的变化。
8.3.2 关键绩效指标。

续表

××公司标准文件		××有限公司 品牌培育手册	文件编号××-××-××	
版本	第×/×版		页 次	第×页

8.3.2.1 集团公司对影响品牌培育成功的关键因素进行绩效测量，并确定关键绩效指标（KPIs）。
8.3.2.2 关键绩效指标的确定原则。
（1）关键绩效指标要与集团公司的性质、规模、产品和过程相适应，并与集团公司的品牌培育目标相一致。
（2）关键绩效指标应可测量，并可获取准确、可靠的信息。
（3）关键绩效指标应对采用改进措施是有用的。
8.3.2.3 集团识别并确定的关键绩效指标及对应的测量处室见下表。

关键绩效指标及对应的测量处室

序号	关键绩效指标	测量处室
1	主要目标市场的市场占有率和渗透率	市场部
2	品牌溢价率	市场部
3	不同档次产品的比重	销售部
4	研发投入率、新产品产值率	生产部
5	主要产品实物质量水平	生产部
6	自主知识产权变化情况	市场部、法律事务室
7	品牌传播投入情况及传播效率	市场部
8	品牌知名度、美誉度和忠诚度	市场部
9	诚信和信誉表现	总经理办公室
10	资源利用的有效性和效率	归口资源处室
11	在利润和财务方面的表现	财务部

8.3.2.4 关键绩效指标的管理过程按集团编制的《品牌培育关键绩效指标管理控制程序》实施。由相关处室对归口关键绩效指标进行跟踪测量，并进行趋势预测，必要时采取纠正、预防措施。
8.3.2.5 相关处室每年应至少测量关键绩效指标一次，一般安排在每年年末。如发生特殊事件，由品牌管理者代表组织对关键绩效指标的测量。
8.3.2.6 市场部汇总关键绩效指标后，形成关键绩效指标的年度总结报告。
8.3.2.7 最高管理者将关键绩效指标年度总结报告作为调整品牌战略和改进品牌培育过程的基础。
8.3.3 内部审核。
8.3.3.1 内部审核用以评价品牌培育管理体系的符合性和有效性，并作为识别问题、风险、不符合项，以及监视过程运行的有效工具，也可用于识别好的做法或者改进机会。
8.3.3.2 内部审核的输出应提供有价值的信息。
（1）指明品牌培育管理体系中的不符合项，并实施改进。
（2）建立品牌培育内部标杆。
（3）在集团公司范围内推行品牌培育的良好实践。
（4）增进在品牌培育过程中的沟通和理解。
8.3.3.3 品牌管理者代表负责组织品牌培育内部审核工作，内审员负责授权范围内的内审工作，总经理办公室负责内审中的具体事务。
8.3.3.4 内审员的选择和审核的实施应确保审核过程的客观性和公正性。内审员不应审核自己的工作。
8.3.3.5 内部审核按策划的时间间隔进行，每次审核的间隔时间不超过12个月。
8.3.3.6 受审核部门根据不合格报告制订纠正措施并按计划实施，总经理办公室对纠正措施的完成情况进行跟踪监督，并验证其有效性。
8.3.3.7 总经理办公室负责策划和实施审核以及报告结果和保持记录。
8.3.4 自我评价。

续表

××公司标准文件		××有限公司 品牌培育手册	文件编号××-××-××	
版本	第×/×版		页 次	第×页

8.3.4.1 自我评价是对集团公司的品牌培育活动和结果进行的综合性、系统性评审,采用《品牌培育管理体系 评价指南》中确定的五级成熟度模型,以直观性识别当前品牌培育的能力和绩效水平。

8.3.4.2 品牌培育自我评价分为关键要素的自我评价和细节要素的自我评价两部分,其中关键要素的自我评价由最高管理者进行,以获得品牌培育活动以及当前绩效的总体概况。细节要素的自我评价由品牌培育工作负责人以及过程负责人进行,以获得对品牌培育活动和当前绩效的深入了解。

8.3.4.3 集团公司关键要素及细节要素的范围及成熟度等级评分标准按照《品牌培育管理体系 评价指南》中的相应规定执行。

8.3.4.4 自我评价按策划的时间间隔进行,每次间隔时间不超过12个月。

8.3.4.5 自我评价过程的管理过程按集团公司编制的《自我评价管理控制程序》实施。

8.3.4.6 市场部负责收集、汇总自我评价结果,并形成《品牌培育自我评价报告》。

8.3.4.7 《品牌培育自我评价报告》应是一个改进和创新的行动计划,同时也为以下方面提供支持。

(1)了解品牌培育能力和绩效表现水平的变化。

(2)品牌培育能力和绩效的持续改进。

(3)品牌培育过程、方法和手段的创新。

(4)识别或深化改进的机会。

(5)确定后续活动的优先顺序。

8.3.5 标杆。

8.3.5.1 标杆是企业用来寻找内部或者外部最佳实践的测量和分析工具。企业通过与标杆进行品牌培育过程或结果的对标,以高效地提升品牌培育能力。

8.3.5.2 标杆主要有如下三类,即内部标杆、竞争性标杆、通用标杆。其中内部标杆指企业内部品牌培育最佳实践;竞争性标杆指竞争对手的品牌培育过程和结果;通用标杆指优秀非竞争对手的品牌培育最佳实践。

8.3.5.3 企业根据实际情况灵活选择标杆,同时在设立和保持标杆时,应考虑以下内容。

(1)确定拟设立标杆的品牌培育过程和结果的范围。

(2)选择标杆对象,确定沟通或保密的方针。

(3)确定需要进行比较的特定指标和对应的数据搜集方法。

(4)搜集和分析数据。

(5)识别表现的差距,指出改进的方向。

(6)制订、实施和监视相应的改进计划。

8.3.5.4 标杆的选择、沟通与信息的获取和分析等过程按集团公司编制的《品牌培育标杆管理控制程序》实施。

8.3.6 相关文件。

(1)《品牌培育关键绩效指标管理控制程序》。

(2)《内部审核程序》。

(3)《自我评价管理控制程序》。

(4)《品牌培育标杆管理控制程序》。

8.4 数据信息分析。

8.4.1 市场部负责品牌培育数据信息分析的归口管理,以证实品牌培育管理体系的符合性和有效性。

8.4.2 数据信息来源如下。

(1)监视、测量、检查等结果记录。

(2)标杆对比数据记录。

(3)自我评价结果记录。

(4)内部审核报告中的有关数据。

(5)不符合项的改进记录。

(6)纠正措施、预防措施记录等。

(7)其他来源的数据。

8.4.3 市场部定期收集监视及测量过程中获取的各项数据,并汇总形成品牌培育数据分析报告。相关处室积极提供相应的数据、信息。

8.4.4 数据信息的分析方法主要包括比较分析法、调查分析法、SWOT分析法等,市场部根据数据信息性质灵活选择分析方法,并保证数据分析结果的正确性。

续表

××公司标准文件		××有限公司 品牌培育手册	文件编号××-××-××	
版本	第×/×版		页 次	第×页

8.4.5　数据信息分析按策划的时间间隔进行，每次数据信息分析的间隔时间不超过12个月。当出现影响品牌培育重大事件时，由品牌管理者代表组织数据信息分析。

8.4.6　数据信息分析应支持有关品牌培育问题能够基于事实进行决策，包括如下问题。

（1）利益相关方的需求和期望在长期内的潜在变化。

（2）创造最多价值的品牌、产品和过程。

（3）满足潜在需求变化的新品牌、新产品、新技术和新过程。

（4）资源的高效利用。

（5）顾客对品牌认知度、忠诚度的变化。

（6）品牌价值的变化。

（7）竞争优势的获得和保持。

（8）法律法规和资源方面可预期的变化及其对品牌培育的影响。

8.4.7　相关文件：无。

8.5　管理评审。

8.5.1　管理评审由最高管理者主持，每年（间隔不超过12个月）至少进行一次，以确定品牌培育管理体系的充分性、适宜性和有效性。

8.5.2　各处室负责人参加管理评审并提供有关材料，总经理办公室和市场部负责管理评审记录、资料的整理、保管。

8.5.3　管理评审的输入内容如下。

（1）监视集团公司的环境。

（2）对集团品牌培育管理体系过程及结果的测量。

（3）内部审核的结果。

（4）自我评价的结果，以及与标杆对比的情况。

（5）顾客和其他利益相关方的反馈。

8.5.4　管理评审的输出。

8.5.4.1　管理评审会议结束后，由总经理办公室和市场部负责编制《品牌培育管理评审报告》，其至少应包括以下内容。

（1）品牌战略方针和品牌培育目标的适应性、灵活性和响应性。

（2）品牌培育管理体系的改进决定和措施。

8.5.4.2　《品牌培育管理评审报告》经最高管理者批准后发给有关部门和人员。

8.5.4.3　总经理办公室和市场部负责对管理评审中提出的改进措施和执行情况进行跟踪验证，验证情况上报最高管理者和品牌管理者代表。

8.5.5　相关文件：《管理评审控制程序》。

8.6　改进。

8.6.1　持续改进。集团公司通过从品牌战略方针、品牌培育目标、评价结果、数据分析、纠正和预防措施以及管理评审活动等方面，持续改进品牌培育管理体系的有效性和效率。

（1）持续改进包括对品牌培育过程的改进，更重要的是对质量管理体系的改进，必要时应对品牌培育管理体系文件进行修订，以保证改进持续有效。

（2）纠正措施和预防措施是集团公司及相关部门实施持续改进的重要方式，应识别和确定：现实的或潜在的不符合及其原因→制订消除原因的计划和措施→实施计划和措施→结果验证和有效性评价。

（3）保持持续改进过程中的相关记录，以为持续改进提供依据。

8.6.2　纠正措施。

8.6.2.1　公司编制并执行《纠正措施控制程序》，根据发现的不合格原因，采取适当的措施，以防止不合格的再发生。纠正措施应与所遇到不合格的影响程度相适应。

8.6.2.2　纠正措施信息来源可包括：供方及伙伴反馈的不利信息、超出关键限值、不符合操作性前提方案、合规性评价、内部审核报告、数据分析、过程监视和测量的结果。

8.6.2.3　纠正措施程序应包括以下方面的要求。

（1）评审不合格。

（2）确定不合格的原因。

（3）评价确保不合格、不符合不再发生的措施的需求。

（4）确定和实施所需的措施。

续表

××公司标准文件		××有限公司 品牌培育手册	文件编号××-××-××	
版本	第×/×版		页　次	第×页

（5）记录所采取纠正措施的结果。
（6）评审所采取的纠正措施，以确保其有效。
8.6.3　预防措施。
8.6.3.1　执行《预防措施控制程序》，根据潜在的不合格原因，采取适当的措施，以防止不合格的发生。预防措施应与潜在问题的影响程度相适应。
8.6.3.2　预防措施程序应包括以下方面的要求。
（1）确定潜在不合格及其原因。
（2）评价防止不合格发生的措施需求（包括对可能向失控方面发展的监控结果的趋势进行评审）。
（3）确定和实施所需的措施。
（4）记录所采取预防措施的结果。
（5）评审所采取的预防措施。
8.6.4　相关文件。
（1）《纠正措施控制程序》。
（2）《预防措施控制程序》。

拟订		审核		审批	

制度2：品牌管理中心企划管理制度

××公司标准文件		××有限公司 品牌管理中心企划管理制度	文件编号××-××-××	
版本	第×/×版		页　次	第×页

1　前言
　　企划作为公司的一个职能部门，主要负责公司战略的研究、策划、组织、实施及相关业务管理。
　　本手册详细描述了企划的部门职能、组织结构、岗位职责、管理规范、操作流程及通用工具表格，用于规范与指导企划的业务工作，是企划的基础管理文件。
2　部门职能
　　2.1　负责公司战略的研究、策划、组织、实施及相关业务协调与管理。
　　2.2　建立并维护公司营销信息管理系统，研究与公司有关的宏观环境动态、行业状况、需求变化及市场竞争格局，收集市场信息，提交研究报告，拟订应对策略。
　　2.3　编制公司年度广告预算及年度广告策划方案，撰写与设计各类广告文案，统一制作广告宣传品，选择广告形式及传播媒体，评估广告效果，统一管理各区域市场广告推广工作。
　　2.4　编制公司年度产品销售促进预算及实施计划与方案，管理与组织实施公司及各区域市场产品营销活动，评估营销效果，改进营销方案。
　　2.5　依据公司发展战略、市场目标、企业形象制订相应的公共关系计划，策划与实施公关活动，调动社会资源为企业的发展服务。
　　2.6　根据市场动态、企业发展及资源状况，研究制订公司品牌策略及品牌规划方案，根据公司决策组织资源投入，负责企业形象与品牌管理。
3　组织结构及职责
　　3.1　根据企划部门职能制订本部门组织结构，如下图所示。

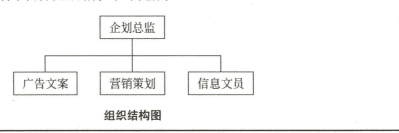

组织结构图

续表

××公司标准文件		××有限公司	文件编号××-××-××	
版本	第×/×版	品牌管理中心企划管理制度	页次	第×页

3.2 岗位职责。
3.2.1 企划总监岗位职责。
（1）全面负责并具体主持公司策划工作，对本部门的所有人和所有工作负所有的领导、组织、协调、纠正、帮助责任。
（2）负责参与董事长、总经理组织的公司战略委员会，为公司的发展战略制订服务。
（3）依据公司的业务营运模式，参与制订公司营销战略，根据营销战略制订公司营销组合策略和计划，经批准后组织实施，并对其效果进行及时评估和风险预测。
（4）根据公司的要求，做好本部门不同时间段的工作计划任务，并督促本部门不同岗位的人员完成相关的工作计划任务。
（5）负责制订本部门的管理和绩效系统以及相关的规定和工作手册，经董事长签发后督促各部门贯彻执行，并注意收集执行情况。
（6）负责收集相关行业市场信息和竞争对手的市场信息，为公司的市场营销策略调整提供决策依据并开拓和发展销售市场。
（7）负责参与、策划公司重人的经营促销和公关活动，提供相应的支持，并规划和管理市场活动的预算，合理有效、最大限度地使用预算执行广告和市场活动。
（8）定期对市场营销环境、目标、计划、业务活动进行核查分析，及时调整营销策划策略和计划，制订预防和纠正措施，确保完成营销目标和营销计划。
（9）负责公司内外重要信息的搜集、整理、分析，并登记、建档、立卷、归档，达到5S管理标准。
（10）负责协调公司各部门之间的关系，代表本部门做好与公司其他部门的沟通、协调工作，努力发挥公司的整体组织优势。
（11）负责建设和管理营销策划团队及文案人员。
（12）定期和不定期的拜访重点客户，及时了解和处理问题。
（13）负责重大营销合同的谈判与签订。
（14）完成上级交办的其他任务。
3.2.2 广告文案岗位职责。
（1）协助部门领导尽职尽责地完成好本部门的所有工作。
（2）认真负责地执行及遵守公司与部门的运营、管理和绩效三个系统的工作内容，做到跟公司的目标管理、数据管理相符合的工作业绩。
（3）主要负责企业广告宣传、品牌策划、营销策划的所有方案撰写并推广。
（4）和总监一起负责企业品牌策划和营销策划的各种纸质材料的编写，如企业宣传册、产品手册、企业内部材料等。
（5）和总监一起负责公司整体对外宣传策划文案、软硬性广告、广告片文案创意等编写工作。
（6）整理并修正公司各种宣传文稿、促销文案的撰写工作。
（7）负责及时更新产品官网内容和网络传播的文案撰写工作。
（8）负责与各媒体、广告公司等业务对接并与其保持良好的合作往来。
（9）协助部门主管完成各种申报项目的文案工作。
（10）负责调查与搜集竞争行业与本岗位相关的工作信息，及时反馈，并提出对公司其他部门的意见和建议。
（11）负责本部门重要文件的登记、建档、立卷、归档，并达到5S管理标准，放在相对应的七个文件夹中（包括纸质和电子文件）。
（12）对公司及本部门的商业机密严格保密。
（13）负责完成上级交办的其他临时性工作。
3.2.3 营销策划岗位职责。
（1）在企划总监的领导下，负责公司营销活动方案的设计、策划、实施与业务管理。
（2）负责编制公司年度营销活动预算，提交年度营销方案，制订与协调各区域营销活动推进时间与方案选择。
（3）负责各区域营销活动的工作指导与审批管理，协助各区域市场开展营销活动。
（4）负责制订公司公共关系计划与实施方案，策划与组织实施公关活动。
（5）负责营销活动的方案管理与文档备案，评估活动效果，提交季度营销活动分析报告。
（6）完成企划总监交办的其他任务。

××公司标准文件		××有限公司 品牌管理中心企划管理制度	文件编号××-××-××	
版本	第×/×版		页　次	第×页

3.2.4　信息文案岗位职责。
（1）在企划总监的领导下，负责公司营销信息管理、市场调研方案的策划及实施与业务管理。
（2）负责跟踪、研究与公司有关的宏观环境动态、行业状况、需求变化及市场竞争格局，负责制订公司年度市场营销信息调研计划及预算，提交调研报告。
（3）负责制订专项市场调研方案，收集市场信息，分析调研结果，提交调研报告，预测市场动态，拟订应对策略。
（4）负责各区域市场信息的指导、协调与管理，通报市场动态、公司基本状况及应对策略。
（5）负责或协助核查、处理与假冒商品相关的业务。
（6）完成企划总监交办的其他任务。

4　管理规范
4.1　市场调研管理规范。
4.1.1　根据公司的发展战略、销售目标和市场状况，每年第一季度末由企划制订并提交公司年度市场调研计划、费用预算，经公司批准后组织实施。
4.1.2　企划负责制订市场调研的详细工作规程和细则，监督按程序作业。
4.1.3　企划统一管理公司市场调研工作，各区域市场负责单个市场调查项目全过程的组织、实施，收集、整理市场信息，提出初步市场调研总结，企划汇总并撰写市场调研报告，供公司领导和有关部门决策参考。
4.1.4　企划广告文案负责市场广告发布与展示情况的调研工作，包括方案与组织实施、整理数据及资料的分类建档、协调广告相关事务和传递工作。
4.1.5　企划营销策划负责市场营销活动的调研工作，包括方案与组织计划、整理数据、分析结果及资料的分类建档、协调各区域营销相关事务和传递工作。
4.1.6　企划信息文案负责市场信息的调研方案与实施计划，负责日常国家和地区的相关法律、法规和政策动态及主要竞争对手和商业资讯的收集、整理、分析工作，每季度以书面报告形式呈报公司。协调各区域市场信息管理事务和传递工作。
4.1.7　各区域负责人主持和参与该区域市场调研、情报收集、分析与预测，负责执行该区域的广告发布与营销活动，并不断主动提出经营发展的建议和设想。
4.1.8　企划总监负责市场调研相关业务人员的指导、培训，并对其工作业绩进行考核。协调相关业务，对委托的市场调查项目进行协调、督促、验收和评价。
4.1.9　市场调研与监察的主要内容。
（1）调查国内各竞品在国内外全年的销售总量和同行业年生产总量，用以分析同类产品供需饱和程度和公司经销的产品在市场上的竞争能力。
（2）调查同行业同类产品在全国各地区市场占有量以及公司经营产品所占比重。
（3）对新加盟商资格认证的市场调查工作。
（4）对市场的价格信息进行收集与分析，以便公司准确预测及时调整产品价格，确保市场占有率。
（5）对竞品的价格、广告策略、营销办法等的收集与分析工作。
（6）同类产品品牌的调查及提出拟经营品牌的建议。
（7）了解各地区用户对产品质量、服务的反映及需求。
（8）对销售人员的行为监察。对经销商经营情况的监察、对广告营销效果监察、对业绩提成方案及合理分配的监察等。
4.1.10　所有参与市场调研人员要严格坚持市场调研原则和市场调研程序，不得弄虚作假、徇私舞弊，否则严肃处理。
4.1.11　公司各级员工接受公司部门及公司外界的市场信息咨询时，须征得企划总监的批准，不得私自泄露。
4.2　营销管理制度。
4.2.1　根据公司的发展战略、销售目标和市场状况，由企划于每年第一季度末制订并提交公司年度产品营销计划、费用预算，经公司批准后组织实施。
4.2.2　品牌中心负责制订营销方案的详细工作规程和细则，监督按程序作业。负责销售促进的全程跟进工作，包括物品的购置、物品的运输、方案的执行、方案的临时调整、人员的安排、物品的发放与管理、效果的评估、销售促进的总结。

续表

××公司标准文件		××有限公司 品牌管理中心企划管理制度	文件编号××-××-××	
版本	第×/×版		页次	第×页

4.2.3 品牌中心统一管理公司产品市场营销活动工作，各区域市场负责单个市场营销活动的组织、实施，整理评估营销效果，提出初步营销工作总结，品牌中心汇总并撰写市场营销工作报告，供公司领导和有关部门决策参考。品牌中心应确保公司存有备用营销方案及营销品，以应对市场竞争的需要。

4.2.4 品牌中心营销策划根据市场动态及时制订营销方案及具体实施办法，协助区域市场开展营销活动，整理、评估营销效果，总结经验及资料的分类建档，协调各区域及本部门营销相关事务和传递工作。每季度以书面报告形式呈报上季度营销工作总结及下季度营销活动安排。

4.2.5 企划广告文案负责营销有关的市场广告方案及制作工作。企划信息文案及时了解市场动态，提出开展营销活动的建议。

4.2.6 各区域负责人具体组织该区域市场营销活动，培训营销员，维护客情关系，收集、整理活动基础数据，提出初步效果评估报告。根据本市场的实际情况，提出营销建议及营销活动申请。

4.2.7 企划总监负责公司整体市场营销活动的指导，协调相关业务并对相关人员的工作业绩进行考核。

4.2.8 所有参与市场营销活动的人员要严格遵守营销活动的规定程序，及时管理市场营销品的发放，不得弄虚作假、徇私舞弊、挪作他用，否则严肃处理。

4.3 品牌管理规范。

4.3.1 董事长、总经理负责公司品牌规划与管理工作，品牌中心负责品牌的日常业务管理。

4.3.2 品牌中心根据公司品牌战略制订年度工作计划及经费预算，管理公司的广告、营销、公关业务，共同执行、协同与维护公司品牌形象。

4.3.3 营销中心客户服务部负责售前、售中、售后服务工作的组织监督，接受处理客户、消费者的投诉，及时将影响公司品牌形象的情况呈报董事长、总经理。

4.3.4 品牌中心负责与相关部门的沟通协调工作，统一领导公司的品牌推广与维护工作。

4.3.5 公司全体员工须树立品牌意识，坚持顾客第一，注重规范言谈举止和仪容。

4.3.6 公司员工须全力维护公司商标、产品、广告宣传品、各种策划方案，公司商标在策划方案和广告宣传品设计中，须报企划备案，呈公司领导批准方可使用。

4.3.7 公司员工须全力支持和执行已批准的策划活动，积极提出有关品牌策划的建议。

4.4 广告制作发布规定。为规范广告发布，加强广告管理，合理使用广告费用，避免无必要的广告支出，特制订本规定，公司及各区域在广告发布时，须按本规定的程序操作。

4.4.1 公司广告事务由品牌中心负责统一管理。每年第一季度由品牌中心牵头，各区域办事处，提交年度广告整体安排计划，包括公司总广告费用额度、各区域广告分配额度、各广告方式分配比例，报董事长、总经理审批。

4.4.2 各区域市场广告实行额度控制管理，各区域办事处要对所管辖区域的广告发布进行统一管理，在品牌中心的指导下合理规划。区域内的大型户外广告、专业市场大型广告要在每年第一季度确定发布方案，根据广告发布的具体时间段组织实施。

4.4.3 所有广告发布之前，各办事处（区域）必须填报《广告申请表》，将申请表中相关内容详细填写完整，并由经手人、办事处负责人签字后，传真至品牌中心，品牌中心负责组织审核并报董事长、总经理审批，经批准后，方可进行广告发布。

4.4.4 填报《广告申请表》的同时，需提供如下材料。
（1）媒体广告：需提供媒体报价单，如报纸、电视、电台等媒体的正规报价。
（2）户外广告：需提供广告的详细位置、广告具体尺寸、发布载体的合法使用证明。
（3）制作类广告：需提供制作规格、材料、人工费用明细。

4.4.5 广告申请批准后，由各办事处与代理方或发布方签订正式广告发布合同，并将合同原件签字盖章后寄回公司审核盖章。

4.4.6 户外喷绘广告由设计部统一组织制作，各办事处（区域）负责与代理方或发布方组织展示安装。

4.4.7 广告发布完毕后，各办事处（区域）应于15日内，将广告发票粘贴完毕并由办事处负责人签字后，连同批复的审批表、广告见证材料一同寄回公司报销，见证材料如下。
（1）报纸广告：需提供报样（必须为整张报纸）。
（2）电视、电台广告：需提供播出单、监播监听带。
（3）制作类广告：近景照片（证明其制作内容与质量）、远景照片（证明其发布位置）。

4.4.8 所有广告必须经审批后方可发布，凡未经审批擅自发布者，其广告费用自行承担，对影响到公司整体形象的，公司保留追诉的权力。

××公司标准文件		××有限公司	文件编号××-××-××	
版本	第×/×版	品牌管理中心企划管理制度	页　次	第×页

4.4.9 制作户外广告、门头广告时，办事处所提供的制作内容及要求画面尺寸必须准确无误，因提供尺寸错误而造成画面报废者，其喷绘画面费用的50%由办事处经办人承担。

4.4.10 广告发布完毕后，必须及时结算，凡于广告发布完毕15日内未将报销材料寄回公司者，将按10元/日对相关责任人进行处罚。

5　操作流程

5.1　市场调研管理流程。市场调研管理流程如下图所示。

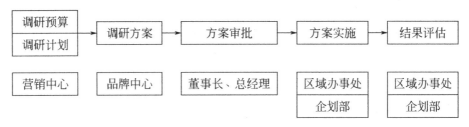

市场调研管理流程

5.2　营销管理流程。

5.2.1　A类营销管理流程如下图所示。

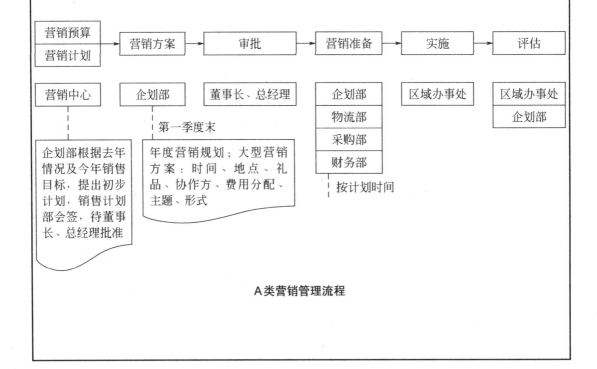

A类营销管理流程

××公司标准文件		××有限公司 品牌管理中心企划管理制度	文件编号××-××-××	
版本	第×/×版		页　次	第×页

5.2.2　B类营销管理流程如下图所示。

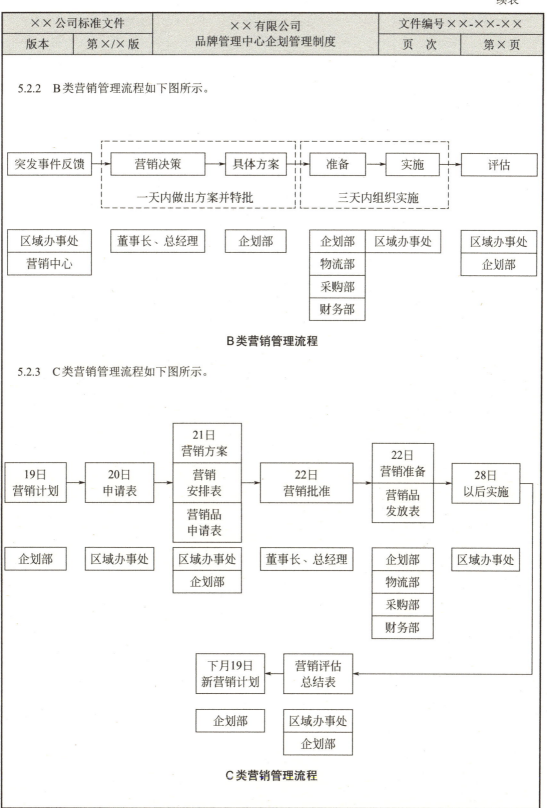

B类营销管理流程

5.2.3　C类营销管理流程如下图所示。

C类营销管理流程

续表

××公司标准文件		××有限公司	文件编号××-××-××	
版本	第×/×版	品牌管理中心企划管理制度	页　次	第×页

5.3 品牌管理流程。品牌管理流程如下图所示。

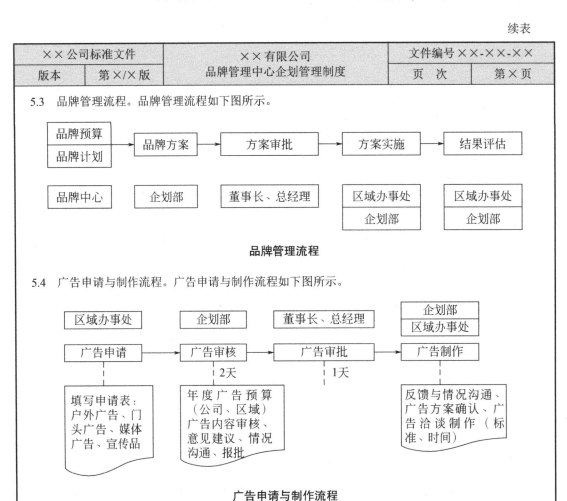

品牌管理流程

5.4 广告申请与制作流程。广告申请与制作流程如下图所示。

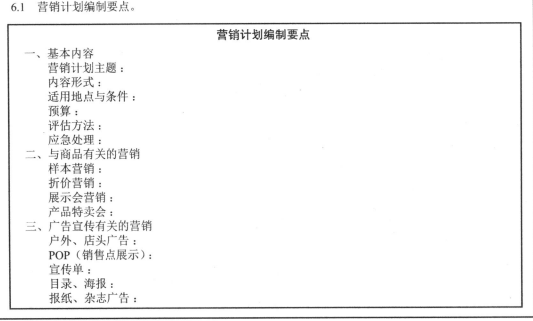

广告申请与制作流程

6　工具表格

6.1 营销计划编制要点。

营销计划编制要点
一、基本内容 　　营销计划主题： 　　内容形式： 　　适用地点与条件： 　　预算： 　　评估方法： 　　应急处理： 二、与商品有关的营销 　　样本营销： 　　折价营销： 　　展示会营销： 　　产品特卖会： 三、广告宣传有关的营销 　　户外、店头广告： 　　POP（销售点展示）： 　　宣传单： 　　目录、海报： 　　报纸、杂志广告：

续表

××公司标准文件		××有限公司 品牌管理中心企划管理制度	文件编号××-××-××	
版本	第×/×版		页 次	第×页

6.2 市场调查报告要点。

<table>
<tr><td colspan="2" align="center">市场调查报告要点</td></tr>
<tr><td colspan="2">
一、调查的目的
二、调查采用的方法
三、调查对象、范围、内容
    产品市场占有率及地域分布情况
    消费者购买动机及类型
    消费者对产品及服务的意见
    经销商对产品及服务的意见
    广告宣传效果
    品牌认知度
四、调查期间
五、调查结果分析
六、对策建议
七、其他必要说明事项
</td></tr>
</table>

拟订		审核		审批	

制度3：集团品牌管理制度

××公司标准文件		××有限公司 集团品牌管理制度	文件编号××-××-××	
版本	第×/×版		页 次	第×页

1 总则

1.1 为了统一集团品牌管理模式，规范品牌运作程序，促进品牌价值不断提升，树立集团品牌形象和防止品牌资产的流失，特制订本制度。

1.2 集团企划部负责集团品牌的管理，包括品牌战略策划及实施、品牌知识培训、品牌营销传播、品牌产权保护和对集团各部门、各公司、各投资项目和各外派机构（以下简称集团各单位）的品牌运营的宏观监控。集团企划部应及时向集团报告品牌管理情况。

2 品牌管理模式

根据集团跨行业经营特点，集团实行双品牌管理模式，即在统一的集团品牌下体现各种类产品或服务品牌，集团各单位的产品和服务可通过商标注册确立自己产品或服务的品牌标识，但对外宣传或产品包装上应在醒目位置标明集团统一的企业品牌标识（即集团标识）。

3 职责分工

3.1 集团聘请品牌专业顾问公司作为集团品牌管理的咨询机构，协助集团企划部负责对集团及各单位的品牌知识培训、品牌定位、品牌标识、品牌营销传播和品牌产权保护等进行总体规划和指导。

3.2 集团企划部借助品牌专业顾问公司，统一负责集团品牌战略策划和组织实施，其主要职责如下。

（1）拟订品牌管理的战略性文件，规定品牌管理与识别运用的策略和原则，确保集团品牌战略的实施。

（2）确立品牌的核心价值及定位系统，并根据集团文化建设与企业发展进行适当的调整。

（3）统一组织集团品牌推广的广告宣传策划，并负责组织实施。

（4）统一策划品牌延伸、品牌价值提升，并负责组织实施。

（5）负责与顾问公司保持沟通与联系，确保集团及各单位品牌形象和品牌内涵不断地得到更新和维护，并适时提出相关方案，报集团审定后统一组织实施。

3.3 集团各单位须按集团统一的品牌战略协助集团企划部组织实施本单位产品品牌战略，对本单位产品品牌战略实施过程中发现的问题要及时向集团企划部反馈，同时有义务就本单位产品品牌战略规划提出改进建议。

续表

××公司标准文件		××有限公司 集团品牌管理制度	文件编号××-××-××	
版本	第×/×版		页 次	第×页

4 品牌战略策划

4.1 集团品牌战略策划包括品牌定位、品牌命名、品牌形象、品牌扩张和品牌延伸等战略策划。

4.1.1 集团品牌定位、品牌命名战略策划。

(1) 集团统一企业品牌定位、命名战略策划：由集团企划部负责进行前期调研，拟订策划方案后交集团审定。

(2) 各单位产品品牌定位、命名战略策划：由各单位综合部门提出意见或建议，集团企划部组织前期调研，集团企划部拟订策划方案后交集团审定。

4.1.2 集团品牌形象战略策划主要是品牌识别系统的策划，由集团企划部拟订策划方案后交集团审定，由集团企划部统一组织实施。

4.1.3 集团品牌扩张和品牌延伸战略策划：由集团企划部拟订策划方案后交集团审定后，由集团企划部统一组织实施。

5 品牌战略实施

5.1 集团品牌战略实施主要包括集团形象宣传、产品营销和产品广告宣传。

5.1.1 集团形象宣传和各单位产品广告宣传由集团企划部统一组织实施，集团各单位负责协助。

(1) 集团形象宣传由集团企划部拟订方案后交集团审定，并负责统一组织实施。

(2) 各单位产品广告宣传由各单位综合部门向集团企划部提出申请，由集团企划部拟订方案，交集团审定后，由集团企划部统一组织实施。

5.1.2 各单位产品营销由本单位销售部门负责按集团统一的品牌战略拟订具体产品营销方案，报集团企划部审批后，由集团企划部会同本单位组织实施。

6 品牌产权保护

集团品牌产权保护的核心内容是集团及各单位商标注册，商标注册按《××集团商标管理办法》执行。

7 附则

7.1 集团品牌战略策划和实施只能由集团统一组织，集团各单位不得擅自组织本单位品牌战略的策划和实施，集团各单位对本单位品牌战略策划和实施的任何变动，须先向集团企划部申请，由集团企划部组织人员拟订具体变动方案报集团审批同意后，由集团企划部统一组织实施。

7.2 各单位未通过正常报批程序擅自组织本单位品牌战略的策划和实施及其变动，结果与集团整体品牌战略策划和实施相违背，给予单位负责人及直接责任人相应行政处分。

拟订		审核		审批	

制度4：品牌宣传推广管理办法

××公司标准文件		××有限公司 品牌宣传推广管理办法	文件编号××-××-××	
版本	第×/×版		页 次	第×页

1 目的

为贯彻××集团有限公司企业品牌下的全业务品牌战略，建立完整的品牌体系，对品牌进行统一规划和统一管理，不断提升品牌价值，充分发挥宣传推广在市场营销中的作用，使品牌管理和宣传推广工作科学化、规范化，并结合我市实际情况，特制订本办法。

2 适用范围

本办法适用于××有限公司××市分公司（以下简称市分公司）所属各县市分公司、市分公司各部门（中心）。

3 品牌管理职能划分

3.1 市分公司市场部为全市品牌管理和宣传推广工作归口管理部门，统筹公司品牌管理和宣传推广各项工作。主要职责如下。

3.1.1 负责根据总部和省公司品牌管理和宣传推广工作的各项制度、办法，结合本市实际情况，制订全区各项品牌和业务宣传推广管理办法、工作流程及实施细则。

3.1.2 负责公司广告宣传费用预算的管理，组织编制全区广告宣传费用预算，负责市分公司本部业务广告宣传费用预算的执行，对市分公司各单位及各县（市）分公司有关业务广告宣传费用的使用进行指导、审查和监督。

续表

××公司标准文件		××有限公司 品牌宣传推广管理办法	文件编号××-××-××	
版本	第×/×版		页次	第×页

3.1.3 负责根据总部企业品牌、全业务品牌的传播策略、方案，组织实施公司总部和省公司各项品牌及业务在全区的宣传推广。

3.1.4 负责根据营销计划，制订全区宣传推广计划，负责全区业务宣传推广的组织、实施和效果评估。

3.1.5 负责监督管理公司VI在全区的正确使用，对全区代理商、经销商等合作伙伴使用VI标识进行授权、培训、指导和监督，并对其发布的涉及××公司的广告进行授权、管理、审核、监督。

3.1.6 负责主办或组织参加各类境内、境外展览展示活动。

3.1.7 负责对县（市）分公司品牌管理和业务宣传推广工作进行指导、监督。

3.1.8 负责组织全区品牌宣传推广经验交流、业务培训等活动。

3.1.9 负责市级媒介资源管理，配合物资采购管理部选择并管理广告代理商，统一购买市级媒介资源和其他共享媒介资源，执行统一媒体投放，同时负责公司相关自有媒体资源的统筹管理。

3.2 市分公司市场部按照公司统一制订的品牌及宣传推广策略，管理企业对外形象宣传。主要职责如下。

3.2.1 负责根据总部企业对外形象宣传工作的各项规定，结合本市实际情况，制订全区企业对外形象宣传管理办法、工作流程及实施细则。

3.2.2 负责市分公司本部企业对外形象宣传费用预算的编制和执行。

3.2.3 负责对各县（市）分公司企业对外形象宣传工作进行指导、监督。

3.3 市分公司其他业务部门应按照公司统一制订的品牌及宣传推广策略，配合市场部开展相关产品和服务的宣传推广。主要职责如下。

3.3.1 负责根据营销需要，制订业务及服务宣传草案，并作为营销策划方案草案的组成部分，送交市场部研究审批，参与宣传策划方案和广告设计的审核，并配合市场部做好宣传推广方案的实施。

3.3.2 配合市场部进行相关产品、服务的全区性公关推广活动策划组织。

3.3.3 协助市场部主办或组织参加的各类展览展示活动，提供参展内容、资料及业务讲解，提供展览展示活动所需要的网络支持，协助展览展示活动的实施。

3.3.4 参与编制公司年度广告宣传费用预算。

3.4 各县分公司及营销中心按照市分公司统一要求，负责在本地范围内开展企业形象与产品、服务的宣传，并根据本地营销需要组织产品、服务推广活动和促销宣传。主要职责如下。

3.4.1 负责执行公司总部、省公司及市分公司品牌管理和宣传推广的各项制度、办法。

3.4.2 负责公司总部、省公司及市分公司各项品牌及业务宣传推广在本地的具体落实。

3.4.3 负责制订本地各项品牌和宣传推广管理实施细则。

3.4.4 负责根据营销计划，制订当地宣传推广计划和预算，配合物资采购管理部门选择并管理广告代理商，负责本地宣传推广的组织、实施和效果评估。

3.4.5 负责监督管理公司VI在本地的正确使用，对当地代理商、经销商等合作伙伴使用VI标识进行授权、培训、指导和监督，并对其发布的涉及中国××的广告进行授权、管理、审核、监督。

3.4.6 负责对下属单位品牌宣传推广工作进行指导、监督。

3.4.7 负责组织当地品牌宣传推广经验交流、业务培训等活动。

3.5 品牌使用规范管理。

3.5.1 市分公司市场部负责及时下发总部、省公司统一制作的企业品牌、全业务品牌的VI规范及各类广告，并根据公司总部、省公司发布的各类品牌VI规范及公司营销需要进行广告创意及制作，各类宣传素材通过网站或光盘等形式下发各县（市）分公司，各县（市）分公司应及时下载接收，并严格按要求执行。

3.5.2 市分公司市场部负责对各县分公司及营销中心的品牌及业务宣传推广工作进行指导、检查、监督和评比，对品牌及业务宣传规范进行严格管理。

3.5.3 公司的各类合作伙伴如需使用××公司的企业标识、业务标识，必须在符合国家有关法规要求的基础上经过公司授权，并在使用过程中严格遵照公司的有关规定。与××公司在全国范围内开展合作的公司，由总部统一授权，各县（市）分公司协助并给予指导、监督。与××公司在地方开展合作的公司，由地方分公司授权，并给予指导、监督。如发现使用过程中出现不符合公司要求的情况，应立即纠正，对××公司的形象及利益造成损害的，必须立即撤销使用授权，并追究其法律责任。

3.5.4 各县（市）分公司要做好各类品牌VI规范、广告素材及宣传推广资料的管理，及时进行备份并按照公司相关规定做好保密工作。

3.6 广告宣传费用管理。

续表

××公司标准文件		××有限公司 品牌宣传推广管理办法	文件编号××-××-××	
版本	第×/×版		页　次	第×页

3.6.1 广告宣传费用是指用于品牌、产品及服务宣传推广而发生的各项费用，包括品牌策划、广告制作、VI管理、媒介投放、展览展示、调研评估、公关活动、赞助合作及宣传物料、促销礼品制作等的费用。

3.6.2 市分公司市场部是广告宣传费用归口管理部门，统筹全区广告宣传费用的管理。各县分公司及营销中心的市场部为本地分公司广告宣传费用的管理部门，统筹当地广告宣传费用的管理，接受市分公司市场部的指导。财务部负责配合市场部对广告宣传费用的使用进行监督。

3.6.3 全区广告宣传费预算占通信服务收入的比例原则上控制在1.5%以内，广告宣传用预算需控制在公司规定的占收比范围内，专款专用、不得突破。

各县分公司及营销中心对广告宣传费用支出要实行"额度控制、计划管理"，在所控制额度内，各县分公司及营销中心应根据年初经营计划及当地市场宣传需求和实际情况，制订合理的广告宣传费用支出计划。基于投入产出的配比原则，同时适当考虑重点地区、重点业务、重点客户群，有针对性、有侧重地分配预算投入。

3.6.4 广告宣传费用预算执行严格的审批制度。年度预算由市分公司全面预算管理委员会审批，各县分公司及营销中心广告宣传费用额度及分配方式原则上按照年度预算目标的批复执行，由各县分公司及营销中心全面预算管理办公室审批。

3.6.5 广告宣传费以"集中管理、统一执行、适度分解"为原则。在市分公司全面预算管理委员会统一管理下，市分公司市场部负责年度广告宣传费用的需求统计、预算编制、分解和落实。各县分公司及营销中心按照年度预算目标的批复，落实广告宣传费用预算使用计划，计划实施前应报公司相关管理层审批，按广告宣传费使用用途严格控制成本支出，并按季度向市分公司市场经营部反馈预算使用情况。

3.6.6 广告宣传费用支出执行严格的审批制度。审批权限按照公司现行的授权制度和审批流程执行。

3.6.7 广告宣传费支出的付款结算，按照公司现行的成本费用管理相关规定执行，并根据财务要求提供支付依据。广告宣传费提供广告合同样本及电子照片。要严格按权责发生制原则进行报账，确保成本费用均衡反映在其受益期间内。在办理报销手续时，各相关单位应同时按财务要求填写凭证，加盖其公章，由本单位领导、主管人员分别签字。

3.6.8 广告宣传费用预算执行单位应建立经费使用档案，包括每个项目的审批手续、合同复印件、验收凭证等资料，招标文件、合同由合同发起部门留存。

3.7 媒体采购。

3.7.1 市分公司负责对市级媒体（含全区性经营或覆盖的媒体）进行统一采购，包括××电视台、××人民广播电台、全区发行的报纸和杂志、全区性的互联网等媒体。

3.7.2 市分公司可根据品牌及重点产品宣传推广计划的需要，对重点地区的楼宇电视、火车站、高速公路、车体、候车亭、电梯等媒体进行采购。

3.7.3 各县（市）分公司负责对当地电视、报纸、杂志、广播、户外等媒体，对有区域性影响的火车站及主要地区间的高速公路、国道、省道等位置的媒体进行选择和采购。

3.7.4 购买公司自有产品参照公司相关规定执行。

3.8 采购及供应商管理。

3.8.1 供应商主要是指品牌及广告策划创意、广告制作、VI管理、媒介投放、展览展示、调研评估、公关活动、赞助合作及宣传物料、促销礼品制作等方面的服务提供商。

3.8.2 应通过招标集中选取专业水平高、服务能力强、信誉良好的供应商进行合作，避免使用分散、频繁更换。供应商招标的操作应根据《××有限公司××省分公司招标投标管理办法》、《××有限公司××市分公司采购管理实施细则（暂行）》的相关规定进行（不包括具有垄断性的媒体资源的供方）。

3.8.3 根据公司采购管理的相关规定，广告宣传供应商招标工作可借助具有招投标资质的招标代理机构或各公司广告宣传需求部门选派员工组织评标小组进行评标。

3.8.4 对于日常广告宣传或时间要求紧的项目，可根据实际情况和中标供应商特点进行选择。对阶段性营销计划、产品包装策划、全区范围市场调查等大型广告策划项目，可在中标选定的供应商中采取比稿、比价或竞争性谈判的方式进行选择。

续表

××公司标准文件		××有限公司 品牌宣传推广管理办法	文件编号××-××-××	
版本	第×/×版		页　次	第×页

　　3.8.5　对于具有资源垄断性的项目，或考虑到保密性、延续性的需要，根据实际情况可采取优先谈判或定向采购的方式选择供应商。
　　3.8.6　供应商一经选择确定，须签署合同，约束双方权利义务。宣传推广工作涉及的各类服务合同需对公司品牌和业务策略的保密、设计方案等知识产权的保护等设定相应的条款。
　　3.8.7　宣传推广执行过程中应对供应商的工作进行监督和指导。每个项目在财务结算时必须提供验收依据。其中电视、广播、网络广告发布以电视台、广播电台、网站提供的播出证明或第三方监测报告为依据，报纸广告、软文发布以实际报样为依据，活动或展会承办以现场照片为依据，广告设计制作以打印样稿或制作脚本为依据，物品采购以实际样品照片及收货单为依据。
　　3.8.8　宣传推广工作中，应根据供应商管理相关规定每月对供应商进行考核，提高供应商的服务质量。考核成绩优良的供应商方有资格参与下一期的招投标，考核不合格的予以淘汰，重新选择。
　　3.9　监督检查。
　　3.9.1　各级市场部和相关部门要加强自身建设，规范操作行为，建立和完善内控制度，自觉接受、配合纪检监察、审计、法律等有关部门的监督与检查。
　　3.9.2　各级市场部和相关部门在使用广告宣传费用的过程中，对于重大项目应当提前通知纪检监察部门、审计部门和其他相关部门参与对宣传推广活动全过程的监督与检查，尤其是招标等重要环节。

拟订		审核		审批	

制度5：品牌管理控制程序（一）

××公司标准文件		××有限公司 品牌管理控制程序（一）	文件编号××-××-××	
版本	第×/×版		页　次	第×页

1　目的
　　为了规范本公司品牌宣传管理，更好塑造"××"牌商标的市场形象，提高市场占有率，扩大公司知名度和信誉度，更加有效地进行品牌保护，特制订本制度。
2　适用范围
　　公司所有涉及对公司"××"品牌宣传、商标塑造、品牌形象维护的工作等内容。
3　术语和定义
　　3.1　品牌：品牌是一种名称、名词、标记、符号或图形设计，或是它们的组合运用，其目的是借以辨认某个企业或某企业集团的产品或劳务，并使其区别于竞争对手。
　　3.2　商标：商标是商品的标志，即在商品上所使用的，由文字、图形或其组合所构成的，具有显著特征的标志。经商标局核准注册的商标为注册商标，包括商品商标、服务商标、证明商标。
　　3.3　品牌保护：品牌保护指用各种营销手段和法律手段来保护品牌形象及品牌自身利益。
　　3.4　品牌管理：品牌管理是指对品牌运营的监督与控制。在品牌管理实践中，企业可以根据自身状况和竞争态势，相应采取品牌负责制、职能管理等方式。
4　职责
　　4.1　各业务部门负责做好公司品牌对外宣传以及商标塑造工作，树立公司品牌良好形象。
　　4.2　办公室负责做好企业形象维护、品牌保护工作。
　　4.3　公司所有员工都有义务为维护公司品牌良好形象做贡献。
5　工作程序
　　5.1　工作流程见下表。

续表

××公司标准文件		××有限公司 品牌管理控制程序（一）	文件编号××-××-××	
版本	第×/×版		页　次	第×页

工作流程

序号	流程	工作内容、过程接口	职责
1	公司品牌、商标的描述	（1）公司品牌描述 （2）公司商标的描述 （3）公司品牌、商标现状	营销总公司办公室负责，其他部门协助完成
2	品牌规划监控	（1）制订与审核品牌战略 （2）制订与审核年度品牌宣传计划 （3）制订与审批年度品牌宣传预算 （4）制订品牌宣传规范 （5）品牌审计 （6）宣传规范执行情况检查	建议公司组织开展
3	品牌宣传、品牌塑造	（1）制订公司品牌宣传策略 （2）开展品牌宣传工作 （3）制订公司品牌、商标塑造的相关策略 （4）开展品牌、商标塑造工作	营销总公司办公室负责制订所有部门参与 营销总公司办公室负责制订所有部门参与
4	品牌保护	（1）明确品牌保护的内容 （2）制订品牌保护的相关措施 （3）开展品牌保护工作	营销总公司办公室负责制订所有部门参与
5	企业形象管理与品牌管理	（1）品牌管理与企业形象维护 （2）成立品牌管理小组 （3）品牌管理小组的常规工作	建议由公司开展
6	完善品牌管理体系	建立品牌管理绩效考核体系	

5.2　公司品牌、商标的描述。

5.2.1　公司品牌、商标。公司的品牌为"××"，公司的磷矿石、黄磷、钙镁磷肥、过磷酸钙、饲料级磷酸氢钙、硫酸，以及磷酸、磷铵、硫酸钾等产品，××××年××月经国家商标局批准注册，注册商标：××。注册商标的首次有效期为10年。

5.2.2　公司品牌、商标的现状。

（1）公司以抓好质量体系认证为主线，树立质量是市场、是效益、是企业"生命"的全员质量意识，建立质量管理制度，做到生产勘探、矿石生产、产品包装、产品运输等全过程质量检测和控制。发挥内部商检机构作用，做到不合格的产品不收购，不合格的产品不发运，在广大客户中牢固树立公司"××"品牌的良好形象。

（2）公司"××"品牌在全国同行业以及磷化工企业中均享有较好口碑和声誉，并获××省××××年著名商标称号。

5.3　品牌规划监控。品牌规划与监控方面的工作如下。

（1）制订与审核品牌战略。

（2）制订与审核年度品牌宣传计划。

（3）制订与审批年度品牌宣传预算。

（4）制订品牌宣传规范。

（5）品牌审计。

（6）宣传规范执行情况检查等。

5.4　品牌宣传、品牌塑造。

5.4.1　品牌宣传操作职能方面的工作如下。

（1）品牌分析。

（2）制订全国性品牌宣传计划。

（3）全国性品牌宣传执行管理等。

续表

××公司标准文件		××有限公司 品牌管理控制程序（一）	文件编号××-××-××	
版本	第×/×版		页　次	第×页

5.4.2　对于集团公司而言，品牌职能的分工主要是指集团与营销总公司在品牌管理上的分工。比如，集团公司以规划与监控为己任，统一进行品牌体系的规划与监控，统一负责品牌宣传，营销总公司则在业务推广层面发挥重要作用和自主性。

5.4.3　公司"××"品牌的传播。

（1）公司自身的广告、公共关系等宣传。公司可通过电视、平面媒体、网络等广告手段对"××"品牌进行宣传，扩大公司品牌的知名度和美誉度。公司也可通过参加各种社会机构、组织主办的各种公共活动，对外宣传公司"××"品牌。除此之外各种形式的赞助、各种形式的促销活动等都是品牌传播的好途径。

（2）广大客户在使用公司产品后对公司品牌的"隐性"宣传。公司坚持贯彻"质量是效益、质量是企业生命"的理念，让广大客户能放心使用公司产品，并在使用后对公司产品做出满意的评价，能在磷化工行业中对公司品牌进行传播。

5.4.4　公司"××"品牌、商标的塑造。

（1）公司人员形象塑造公司品牌。公司人员的对外形象非常关键，其中分为一般销售人员和公司其他人员。前者直接面对客户，影响力直接而迅速，其形象、谈吐、气质与品牌的契合度会影响品牌形象的塑造。后者的影响力更为潜在，他们所面对的大多是潜在客户。公司人员形象包括公司人员在与客户交往中的外在形象以及服务水平，提升人员外在形象以及服务水平以此来塑造公司"××"品牌在广大客户中的良好形象。

（2）公司产品质量塑造公司品牌。公司各单位、各部门都秉承"质量第一"原则，开展生产经营活动，严把产品质量关，做到不合格的原料不采购，不合格的产品不发运，用产品质量来赢得广大客户的"心"，提高"××"品牌的知名度和美誉度。

（3）扩大公司产品线塑造公司品牌。扩大公司产品线、增加产品类型并保持"××"品牌的主导地位，通过"多产品一品牌"策略来提高公司"××"品牌的知名度。

5.5　品牌保护。

5.5.1　品牌保护的内容。品牌保护主要包括品牌经营保护、法律保护与自身保护三方面内容。品牌保护的核心，是为品牌建立一个知识产权的壁垒，即品牌所有者对品牌的占有、使用、收益、支配、处分权的保护。品牌与商标都是产品传播的基本元素，都属于法律保护的范畴，但不能等同。商标是企业自主设计并申请注册的，而品牌必须是企业和消费者互动的，是长治久安的必备因素，需要市场和社会多方的认可。公司品牌保护工作主要是对公司"××"商标、"××"牌产品包装的保护以及"××"品牌的知识产权保护。

（1）品牌经营保护是指采取各种经营手段与措施，保护与提高"××"品牌形象。比如强化服务、提高服务质量、改进产品质量、提高技术水平、改善工艺和工艺配方、完善营销策略、改善企业文化等。

（2）品牌法律保护主要指依据各种法律和采取法律措施来保护公司自身利益和消费者利益，如打击假冒伪劣、采取有力措施保护消费者利益、提供质量担保、质量承诺等一系列措施与手段。

（3）品牌自我保护主要是指企业努力采取措施保护"××"品牌秘密、保护自身利益、不损坏公司自身形象等。

5.5.2　品牌保护的相关措施。

（1）通过提高服务质量、改进产品质量、提高技术水平、改善工艺和工艺配方、完善营销策略、改善企业文化等方式提高"××"品牌形象。

（2）利用相关的各种法律法规来保护公司"××"商标的专用权，利用各种法律手段来打击假冒伪劣，保护消费者利益。

（3）加强管理，采取各种措施保护"××"品牌的秘密，不让品牌策略、品牌经营目标等内容外泄。

5.6　企业形象维护与品牌管理。为了合理利用企业资源，进行有效准确的企业宣传，统一企业形象，积累品牌价值，需要认真贯彻和大力推行"企业视觉识别系统"，加强品牌管理。

5.6.1　品牌管理与企业形象维护的主要工作范畴。

（1）企业视觉识别系统的建立、推广以及实施监控。

（2）新的产品和服务品牌的设立和审核。

（3）产品和服务品牌的宣传和推广工作的管理。

（4）企业形象和产品服务品牌的公关工作管理。

（5）涉及以上范畴的总公司以及分公司所有印刷品、广告投放等媒体和介质的制作实施前的审核工作。

续表

××公司标准文件		××有限公司 品牌管理控制程序（一）	文件编号××-××-××	
版本	第×/×版		页　次	第×页

（6）其他与品牌管理工作相关的工作。
5.6.2　成立品牌管理小组。
（1）涉及企业形象、新品牌创立、品牌营销定位等重大事宜的，由公司领导参与讨论，并给出最终决策。
（2）讨论定案后的推广与实施，在既定方案和原则的前提下，本着提高效率、节约成本、保障质量的原则。
（3）所有涉及品牌管理和审核的工作，由品牌小组独立负责。
（4）品牌小组设在集团公司，根据需要配置具体组员，营销总公司负责监督和实施品牌管理工作的运作情况，贯彻和传达品牌小组的工作要求，并向品牌小组的领导汇报和负责。
5.6.3　品牌小组的常规工作。
（1）企业VIS、产品和服务品牌的培训和推广工作。
（2）总公司所有印刷品、广告投放等媒体和介质的制作实施前的审核工作。
（3）集团公司品牌管理制度的执行情况的检查和整改工作。
（4）品牌发展策略和规划。
（5）企业公关活动的组织与策划。
（6）其他涉及品牌管理范畴的工作安排与组织。
5.7　品牌管理体系的完善。完善品牌管理体系的关键是建立与品牌管理要求相配合的绩效考核指标，完善激励与约束机制，品牌管理绩效考核体系通常由以下几方面组成：品牌知名度、满意度、忠诚度、市场份额、新用户增长率、收入增长率、品牌宣传是否符合规范要求、是否存在不必要的品牌包装等。

6　支持性文件
6.1　《中华人民共和国商标法》。
6.2　《公司品牌建设管理制度》。

拟订		审核		审批	

制度6：品牌管理控制程序（二）

××公司标准文件		××有限公司 品牌管理控制程序（二）	文件编号××-××-××	
版本	第×/×版		页　次	第×页

1　目的
为有效进行品牌建设，精准传播品牌理念，指导品牌传播工作，确保产品在消费者心中有良好的品牌影响及高美誉度，促进销售，增强产品竞争力，特制订本程序。
2　范围
适用于××公司所属品牌及旗下产品品牌业务。
3　引用文件
凡是注日期的引用文件，其随后所有的更改单（不包括勘误的内容）或修改版不适用于本标准。凡是不注日期的引用文件，其最新版本适用于本部分。文件修订时，需关注引用文件是否需要修订。
4　术语和定义
　4.1　品牌
　品牌指一个名称、名词、符号或设计，或者是它们的组合，其目的是识别某个销售者或某群销售者的产品或劳务，并使之同竞争对手的产品和劳务区别开来。
　4.2　传播
　指在品牌战略的指引下，利用公共媒介资源、公关手段等一系列活动类、广告类手段，将企业文化、品牌理念、产品信息、促销信息、商务政策等精准传达给目标受众的行为。
5　职责
　5.1　营销公司（市场部）
　5.1.1　根据公司战略发展的需要确定品牌战略目标。
　5.1.2　制订品牌管理规范及传播体系。具体见下表。

××公司标准文件		××有限公司 品牌管理控制程序（二）	文件编号××-××-××	
版本	第×/×版		页次	第×页

品牌管理规范及传播体系

编写、修改	归口部门、审核	会签	审查	审定	批准	实施日期
周××	营销公司 何××					

5.1.3　负责制订年度品牌建设目标及传播预算。
5.1.4　根据市场需求及销售需要，制订相应的推广活动。
5.1.5　策划相关品牌活动，选择合适媒介平台进行传播推广。
5.1.6　终端品牌及推广活动的管控。
5.1.7　各种负面危机的处理。
5.2　营销公司（销售网络部）
5.2.1　负责根据营销公司品牌战略，制订区域终端推广活动。
5.2.2　负责规范终端VI，确保传播口径的统一。
5.2.3　负责配合终端传播活动的执行。
5.2.4　负责对经销商传播行为进行监控并及时反馈市场部相关接口人。
5.3　营销公司（商务部）
5.3.1　做好客户档案及客户咨询信息记录并将涉及品牌内容反馈至市场部。
5.3.2　根据品牌战略，组织术语回答有关品牌的客户咨询。
5.4　财务部
5.4.1　负责对传播推广费用进行结算。
5.4.2　负责核对年度传播费用。

6　管理内容

6.1　活动描述

活动描述见下表。

活动描述

节点	描述	备注
1	根据集团制订的经营目标，营销公司为确保销售计划完成，制订相应品牌战略	战略制订
2	营销公司为完成品牌战略目标，进行年度品牌建设的策划，主要包括以下内容 （1）根据品牌布局，规划品牌建设方向 （2）根据销售战略，制订相应的传播推广策略 （3）销售网络部、商务部及售后服务部需及时向市场部反馈相关建议并形成报告	年度品牌策划
3	营销公司为确保传播推广计划的实际效用，做到精准传播，需做市场调研及产品分析 （1）通过自主调研或第三方协助的方式完成调研 （2）对目标市场以及细分市场进行品牌和产品需求调研 （3）对竞品及其市场活动进行深入分析 （4）调研方法包括问卷、走访、数据分析、顾客座谈等	市场调研产品分析
4	营销公司根据调研及产品分析报告，制订推广计划方案，制订时需考虑以下内容 （1）严格按照年度战略目标的要求 （2）遵循市场调研及产品分析报告的结果要求 （3）需要参考销售网络部、商务部及售后服务部等相关部门的配合方案并形成报告 （4）做好相应的费用预算并报财务审批，通过即执行，不通过整改后执行，形成预算报告	推广计划方案
5	根据营销公司推广计划方案，按计划做好相应的品牌活动及传播推广节奏，并制订相应的推广执行方案	推广执行
6	对推广效果实行实时监测，主要注意以下内容 （1）是否按计划实施推广 （2）是否达到预期目标 （3）是否符合预算要求，符合即可结算，不符合整改后结算 （4）出具相应的执行监测报告	推广效果评估
7	根据推广监测及过程中出现的各种问题，对整个推广的效果进行客观科学的评估，以为下次计划的执行做参考	推广效果监测

××公司标准文件		××有限公司 品牌管理控制程序（二）	文件编号××-××-××	
版本	第×/×版		页　次	第×页

6.2　管理要求

品牌战略一定要符合公司战略要求，严格按照先调研后制订策略的顺序进行。

6.3　品牌推广

6.3.1　推广计划：制订年度品牌推广计划，主要包括传播主题和传播途径（公关、媒介、终端）确定、费用预算分配、传播节奏控制、效果评估策略制订。

6.3.2　推广执行：根据推广计划，按照项目进度逐步推进执行。

6.4　评审与更改

本文件每两年一次由营销公司组织评审其充分性、适宜性和有效性，并在必要时进行修改。

7　记录

各种记录见下表。

记录名称及保存

序号	名　称	保存地点	保存期
1	品牌战略报告	营销公司	2年
2	年度品牌策划方案	营销公司	2年
3	品牌策划建议报告	营销公司	2年
4	市场调研报告	营销公司	2年
5	推广计划配合方案报告	营销公司	2年
6	推广策划方案	营销公司	2年
7	品牌建设预算报告	营销公司	2年
8	品牌推广执行方案	营销公司	2年
9	品牌推广监控报告	营销公司	2年
10	品牌推广监测报告	营销公司	2年
11	品牌推广效果评估报告	营销公司	2年

拟订		审核		审批	

制度7：品牌目标管理程序

××公司标准文件		××有限公司 品牌目标管理程序	文件编号××-××-××	
版本	第×/×版		页　次	第×页

1　总则

1.1　为确保公司营销战略规划、品牌推广计划落实到实处，并实现目标管理，推广部特制订本程序。

1.2　目标管理的核心在于建立部门的目标管理体系，使推广部及其员工，和相关部门都有相应的工作目标，并制订实施措施、确定执行制度、明确组织实施方向和严格考核，从而实现工作绩效最大化。

2　管理规定

2.1　目标制订的依据。

2.1.1　公司及其品牌所处的行业形势、市场发展的变化趋势以及部门对品牌推广的研究是推广部制订目标计划的依据和基础。

2.1.2　推广部通过市场调研、行业分析所获得的各项调查、分析、预测资料和公司现有资源、营销战略方针、品牌管理制度等相关前提是推广部制订目标计划的重要考虑因素。

2.2　目标的编制程序。

××公司标准文件		××有限公司 品牌目标管理程序	文件编号××-××-××	
版本	第×/×版		页　次	第×页

2.2.1　根据公司所制订的品牌各阶段整体推广目标，制订年度、季度、月度目标计划。
2.2.2　组织推广部门进行市场调研、可行性分析论证，形成工作目标方案。
2.2.3　推广部门将根据目标计划与阶段管理，完成目标的制订、执行、评估与修正的整个流程。
　2.3　目标的执行。推广部在目标执行过程中，将建立检查和实施评估考核措施，确保公司与部门目标能落实到责任部门和责任人。
　2.4　目标的实施。
2.4.1　推广部将根据目标制订实施进度安排表，并定期或不定期的进行检查和评估。
2.4.2　推广部建立工作目标管理表格和实施方案，将目标的展开情况和实施过程中的计划、协调、检查、考核等情况登记在案，以实现公司目标管理的标准化。
　2.5　目标的检查和考核。
2.5.1　各职能项目组目标计划的进度检查和绩效考核由推广部完成。
2.5.2　推广部定期组织目标计划实施情况跟进讨论会，从中发现问题、分析原因、研究对策并提出整改措施。

拟订		审核		审批	

制度8：品牌策划推广管理程序

××公司标准文件		××有限公司 品牌策划推广管理程序	文件编号××-××-××	
版本	第×/×版		页　次	第×页

1　目的
　　为有力有效实现公司品牌的整体营销目标，使公司各项营销推广措施建立在完善的市场调研基础上，并对公司品牌各分布区域市场竞争状态具有较强的针对性，特制订本程序。
2　适用范围
　　适用于本公司品牌策划。
3　权责部门
　3.1　推广部制订的营销推广方案是在公司已制订的各个阶段总体推广目标的基础之上，针对目标市场的发展变化进行充分的市场调研，确定各区域市场的推广目标和阶段性目标，具体制订的实施执行方案。
　3.2　营销策划方案由营运中心营运部经理提出，由推广部进行市场调研并拟订详细的实施方案，报营运中心副总经理批准后实施。
4　管理规定
　4.1　市场调研。
4.1.1　推广部各项营销推广目标方案的提出和实施，都必须建立在详尽、真实、全面的市场调研基础之上。
4.1.2　推广部根据收集到的各项信息资料，结合公司品牌已经进入地区的经济发展水平、消费能力、人文环境等，测算公司品牌已经进入市场的市场容量、消费增长率，评价公司在该市场占有率及所处的行业位置、市场位置。
4.1.3　推广部根据公司各门店在市场分布情况，采用实地调查的方式，对公司所在的各个区域市场的市场地位、主要竞争对手、竞争对手营销推广策略进行分析。
4.1.4　推广部将采用发放调查表格、网络调查、电话回访、销售过程中询问等方式，调查公司品牌在消费者心目中的形象和服务、产品、购物环境满意度，以评估公司品牌在市场上的知名度和美誉度。
　4.2　营销推广方案策划。
4.2.1　推广部根据已掌握的信息资料和各类市场调查的基本资料，对公司品牌在进入市场的总体市场地位、主要竞争对手和市场竞争态势进行评价，分析公司品牌主要优势和需提升的问题。
4.2.2　推广部根据实地市场调查和门店提供调查资料，对公司门店所在各个区域市场的市场位置、主要竞争对手和市场竞争态势进行评价，分析公司各门店在各个区域市场的市场占有率、市场开拓程度、存在的机会和面临的问题。

续表

××公司标准文件		××有限公司 品牌策划推广管理程序	文件编号××-××-××	
版本	第×/×版		页次	第×页

4.2.3 推广部根据上述分析，确定具有可行性和针对性的区域和阶段性目标、整体实施方案和实施程序，向公司总经理提交具有可操作性的营销策划方案。

4.3 推广方案的审批。营销推广方案经营运中心副总经理审阅后，根据公司总经理的审阅意见进一步补充相关资料，由公司总经理报总裁审批批准后实施。

4.4 实施和反馈。

4.4.1 方案实施由推广部负责主持，各职能部门根据本中心职责要求全力配合执行。

4.4.2 方案在实施过程中，推广部应密切注意实施动态，做好相关中心的协调工作，并重点指导各门店按方案实施规范程序执行到位。

4.4.3 实施过程中，推广部还应随时注意通过销售部门收集方案实施过程中的反馈信息，根据市场环境的变化和竞争对手反应对策划方案进行适当调整，报营运中心副总经理批准后实施。

4.4.4 方案实施后，推广部应根据策划方案实施效果，向营运中心副总经理提交策划方案实施总结报告。

4.4.5 推广部推广策划作业具体细节将依照《营销推广作业流程图和作业说明》执行。

拟订	审核	审批

制度9：品牌推广的媒体广告投放程序

××公司标准文件		××有限公司 品牌推广的媒体广告投放程序	文件编号××-××-××	
版本	第×/×版		页次	第×页

1 目的

媒体传播策略的制订与执行是公司品牌营销推广策略的重要组成部分，是公司品牌主要传播途径及方式，为规范媒体广告的投放，特制订本程序。

2 适用范围

适用于公司媒体广告投放业务。

3 管理规定

3.1 媒体投放的特征

3.1.1 媒体广告投放在公司品牌传播过程中具备重要作用。

3.1.2 媒体投放策略的实施具有科学性，在不同类型的媒体之间、中央媒体和区域媒体之间，电视媒体、平面媒体、网络媒体、户外媒体之间以及根据特定区域市场的特征所选择的媒体，其选择与否、投放力度大小等要素对品牌传播效果影响很大。

3.1.3 媒体广告的投放结果的监控以及媒体投放效果的评估是可以量化的。

3.2 媒体广告投放操作流程

3.2.1 推广部根据营销策略制订媒体传播推广策略，推广部经理给予指导并修改，并提交公司总经理审核，根据公司总经理意见修改后的媒体传播方案提交给总裁审批。

3.2.2 再根据媒体传播策略制订可操作的媒体投放的具体实施计划，在推广部经理的指导下提交给公司总经理审核，最后由总裁批准执行。

3.2.3 由专业媒体代理广告公司操作的媒体广告投放过程中，推广部将进行全程跟踪与协作，公司总裁对最后投放方案进行审批，广告投放之后推广部将对其媒体投放结果进行监控，并进行效果评估。

3.2.4 推广部独立对平面媒体等广告的投放进行操作，制订具体的媒体投放方案和时间表。

3.2.5 由推广部策划组撰写媒体投放方案，包括广告诉求的主题及文案，其广告的设计与制作由设计组执行，推广部经理直接参与媒体投放的商务谈判。

3.2.6 媒体投放过程由推广部经理给予操作指导，服饰中心总经理或总裁则给予最后审核。

3.2.7 推广部进行具体媒体投放的联络和监控，并对效果给予评估。

拟订	审核	审批

制度10：品牌推广的新闻发布管理程序

××公司标准文件		××有限公司 品牌推广的新闻发布管理程序	文件编号××-××-××	
版本	第×/×版		页次	第×页

1 总则

1.1 随着品牌建设及推广，各阶段的新闻发布工作将持续开展。为使公司新闻发布管理规范化、程序化和标准化，切实维护公司利益，特制订本程序。

1.2 推广部为公司新闻发布的总责机构，公司所有新闻编撰、对外公布和实现媒介传播，均由推广部负责起草、审核、上呈、获准、发布。

1.3 公司总裁在发布新闻时，或其他得到总裁授权，有新闻发布权限的人员在发布新闻资讯时，所有操作和信息发布均须以本管理程序为准。

2 新闻发布的权责

2.1 集团董事长、总裁及公司总经理、推广部经理分别为"第一新闻发言人"和"第二新闻发言人"，新闻发言人可随时随地接受媒体采访或专访，但新闻发言人要对自己接受采访或专访的内容负全责。

2.2 其他任何部门或者个人，在未能得到总裁授权的情况下，不得以任何理由接受或者联络媒体进行采访报道，否则，后果自负。对公司和品牌形象造成不良影响的，公司将依法追究当事人的管理责任或法律责任。

2.3 公司总经理及推广部经理在接受或联络新闻媒体采访前，必须征得总裁的同意。推广部在接到总裁亲笔签名同意的函件后，方可按照规定安排相关主题的新闻发布会和记者招待会（新闻发布会和记者招待会的规格为至少有3名不同媒体的记者到会），相关人员必须对新闻发布的内容和方式方法负责。

2.4 推广部经理为公司新闻发布权责制度的监督人。推广部经理在得到总裁的授权后，将有权在履行岗位职责的期间内，策划、组织和实施一切计划内的新闻发布会和记者招待会。

3 管理规定

3.1 新闻发布授权的申请。

3.1.1 公司总经理和推广部经理以上人员在筹划新闻发布会或者记者招待会时，必须以内部书面签呈的方式征求总裁的意见。总裁在接到相关人员的签呈后，必须在该签呈上明确具体要求并签名方可生效，推广部全权参照签呈的具体要求执行。

3.1.2 凡本程序未作出明确规定的其他人员不具备申请资格，特殊情况必须由总裁特别批示。

3.1.3 所有签呈或申请表类文件均应按推广部提供的统一格式为准。该类表格均为一次性使用表格，推广部在受理后统一编号存档。对于因时间关系或其他特殊原因而不能成功操作的，推广部将及时反馈申请人，并保存申请材料。

3.2 新闻发布内容的控制。

3.2.1 新闻发言人的新闻发布内容由新闻发言人本人控制。推广部以新闻发言人定期发布的新闻内容为同期的传播主题或新闻主题的主要组成部分，新闻发言人特别要求的部分除外。

3.2.2 管理中心和推广部在得到总裁的书面同意后召开的新闻发布会、记者招待会，只能对本人所负责或本中心所负责事宜发表意见，并负全部责任。特批文件交推广部保存。

3.2.3 推广部公布的新闻内容，均由推广部经理全权负责。原则上，在日常执行的过程中，所有推广部决定发布的新闻稿件或其他宣传内容，均须上呈公司总经理审阅，并在新闻稿件的正文上方签署。

3.2.4 每一份新闻通稿类或重要新闻发布会和记者招待会的文字性材料，推广部均应永久保存，以备后用或后查。

3.3 新闻发布费用的申请与核销。

3.3.1 因所有新闻发布均涉及费用的申请与核销，故制订本规定。在推广部统一管理中心品牌传播的时期内，其他任何部门和个人报销私自发布新闻的费用均属违反公司规定的行为，财务将不予受理和报销。

3.3.2 因业务需要，推广部可向公司申请5000～10000元的备用金，可按客观情况的需求，事先向有关记者支付酬金的定金部分。在关于公司的新闻正式见报发表后，即可填写报销单报销。

3.3.3 报销的标准参照新闻发布同期的行业标准和市场行情，具体数额由推广部经理决定，报中心总经理审批，推广部经理必须对支付酬金的真实性负责。

3.3.4 签批流程按公司财务中心的规定执行。所有新闻发布酬金的申请均需以书面格式呈交总裁审批。

拟订		审核		审批	

制度11：品牌推广的活动推广管理程序

××公司标准文件		××有限公司 品牌推广的活动推广管理程序	文件编号××-××-××	
版本	第×/×版		页 次	第×页

1 目的
　　随着品牌建设及推广，各阶段的推广活动（其中包括招商会、订货会、展会、形象代言人见面会等）工作将持续开展。各类推广活动制订与执行是公司品牌营销推广策略的重要组成部分，是公司品牌主要传播途径及方式。为使公司各类推广活动管理规范化、程序化和标准化，切实维护公司利益，特制订本程序。
2 权责部门
　　推广部为公司所有推广活动的总责机构，公司所有活动方案的策划撰写，均由推广部负责起草、审核、上呈、获准、执行。
3 管理规定
　3.1 活动推广的特征
　3.1.1 媒体广告投放在公司品牌传播过程中具备重要作用。
　3.1.2 活动推广的策划及实施是具有策略性、科学性的，在不同阶段所开展的推广活动可在不同程度上推进品牌的发展，从而达到阶段性目标。
　3.1.3 活动推广的效果及传播效果的评估是可以量化的。
　3.2 活动推广的操作流程
　3.2.1 推广部根据营销策略制订媒体活动推广策略，推广部经理给予指导并修改，并提交公司总经理审核，根据公司总经理意见修改后的活动推广方案提交给总裁审批。
　3.2.2 再根据活动推广目的及策略制订可操作的活动实施的具体实施计划，在推广部经理的指导下提交给公司总经理审核，最后由总裁批准执行。
　3.2.3 在由专业活动推广广告公司操作执行的活动实施过程中，推广部将进行全程跟踪与协作，公司总裁对活动实施方案进行审批，活动开展之后推广部将对活动实施结果进行监控，并进行效果评估。
　3.2.4 推广部独立对公司内部活动（订货会）进行操作，制订具体的活动实施策划方案和时间表。
　3.2.5 由推广部策划组撰写活动推广策划方案，包括活动主题及文案，其广告的设计与制作由设计组执行，推广部经理直接参与活动推广的商务谈判。
　3.2.6 活动推广过程由推广部经理给予操作指导，服饰中心总经理或总裁则给予最后审核。
　3.2.7 推广部进行具体活动推广实施和监控，并对效果给予评估。

拟订		审核		审批	

制度12：品牌广告制作管理程序

××公司标准文件		××有限公司 品牌广告制作管理程序	文件编号××-××-××	
版本	第×/×版		页 次	第×页

1 目的
　　公司品牌广告拍摄与制作（产品画册平面广告、品牌形象广告等）为品牌产品信息发布和形象推广的前提工作，是品牌在推广过程中不可或缺的重要组成部分，为有效规划品牌广告策划、拍摄、制作、发行等流程，使其程序化和标准化，特制订本程序。
2 权责部门
　　推广部为公司品牌制作的总责机构，品牌所有广告项目的策划和制作，均由推广部负责起草、审核、上呈、获准、执行。
3 管理规定
　3.1 品牌广告制作特征
　3.1.1 品牌广告制作为品牌推广的前提工作。
　3.1.2 品牌广告的策划与制作是具备创意性、策略性的。在不同阶段所开展的推广过程中，品牌广告的制作起着至关重要的作用，它能有效凸现品牌推广中各个阶段的主题和策略。
　3.2 品牌广告制作的操作流程

续表

××公司标准文件		××有限公司 品牌广告制作管理程序	文件编号××-××-××	
版本	第×/×版		页　次	第×页

　　3.2.1　推广部根据产品开发部门及各阶段品牌推广策略，制订广告制作策划方案，推广部经理给予指导并修改，并提交营运中心副总经理审核，根据中心副总经理意见修改后的广告制作策划方案提交给总裁审批。
　　3.2.2　再根据审批后的广告制作方案所提出创意及费用预算在推广部经理的指导下提交给公司总经理审核，最后由总裁批准执行。
　　3.2.3　在由专业广告制作广告公司操作执行的创意、拍摄、制作过程中推广部将进行全程跟踪与协作，公司总裁对广告制作方案进行审批，活动开展之后推广部将对活动实施结果进行监控，并进行效果评估。
　　3.2.4　推广部独立对公司内部广告制作进行操作，制订具体的广告制作实施策划方案。
　　3.2.5　由推广部策划组撰写品牌创意方案，包括费用预算，其广告的设计与制作由设计组执行，推广部经理直接参与广告制作项目的商务谈判。
　　3.2.6　广告制作过程由推广部经理给予操作指导，公司总经理或总裁则给予最后审核。
　　3.2.7　推广部进行具体的广告制作实施和监控，并对效果给予评估。

拟订		审核		审批	

制度13：品牌形象终端管理细则

××公司标准文件		××有限公司 品牌形象终端管理细则	文件编号××-××-××	
版本	第×/×版		页　次	第×页

1　总则
　　1.1　以产品为核心，保证店面整体展示的简洁、明了和有序，促成销售的达成。通过终端形象展示把品牌的功能化、逻辑化、审美化、魅力化赋予生命力，让顾客感受到在店内购物是一种享受。
　　1.2　陈列部的职能。
　　1.2.1　陈列部具有监督、管理、评核的职能。
　　1.2.2　陈列部有权定期或不定期地对店铺巡查工作。
　　1.2.3　陈列部工作有独立性、客观性，贯彻独立性原则、政策性原则、服务性原则。
　　1.2.4　陈列部对各部门都有义务协助和积极配合工作。
　　1.2.5　陈列部工作制订与部署，报总经理审批，接受总经理委派。
2　陈列工作范围与内容
　　2.1　陈列工作范围与内容。
　　2.1.1　新店开业工作程序。
　　2.1.2　店铺日常维护程序。
　　2.1.3　陈列指引程序。
　　2.1.4　陈列员工作程序。
　　2.1.5　陈列培训程序。
　　2.1.6　店铺监督程序。
　　2.2　陈列工作的主要内容。
　　2.2.1　每年度陈列手册的编辑。
　　2.2.2　每季度陈列指引应用说明。
　　2.2.3　新开业店铺的物料配备与陈列。
　　2.2.4　日常店铺形象巡查：卫生、员工仪容仪表、货场陈列、货品色彩摆设、橱窗陈列。
　　2.2.5　店铺培训日常陈列知识培训。
　　2.2.6　公司组织大型陈列知识培训。
3　新店开业工作流程
　　3.1　新店开业工作流程如下图所示。

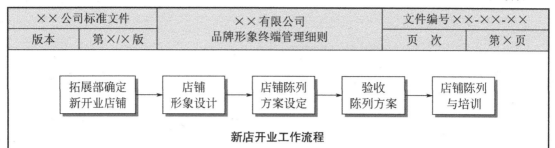

新店开业工作流程

3.2 作业说明。
3.2.1 销售中心拓展部根据公司的加盟制度，对加盟客户所提供的开店位置进行评估，确定加盟客户符合加盟条件。
3.2.2 新开业店铺形象设计根据开业店铺的资料（会派室内设计师到店量尺寸），陈列部出店铺陈列方案，平面设计师出POP方案，市场部配发物料准备。
3.2.3 店铺陈列方案设定是根据室内设计师店铺的平面装修图的情况对店铺的摆设（货架备量、模特备量、货场货架摆设、货品摆设）作出相应的方案设定。
3.2.4 市场部在新店开业前5天要对新开店的开业所需的物料进行验收，确认开业店铺的所有物料（货架、模特、头_、POP、辅料）到位，并交客户。
3.2.5 新开业的店铺员工必须在开业前3天内接受公司的培训，使每一位新员工都了解并执行公司的形象要求。

4 陈列指引程序
4.1 总则。
4.1.1 使公司各店铺的店内外陈列统一，形象以程序化、标准化执行到位。
4.1.2 店铺陈列的规定与模式均以本陈列手册为基准。
4.1.3 结合每季度的货品主题与广告主题的方向而制订，内容包括橱窗陈列、货品摆放、高架陈列。
4.2 陈列手册制作基本流程如下图所示。

陈列手册制作流程

4.2.1 陈列部编写阶段工作如下。
（1）明确陈列手册的性质。
（2）制订陈列手册项目计划。
（3）确定陈列手册的编定内容。
4.2.2 销售设计部讨论阶段工作如下。
（1）以品牌风格结合店铺的实际情况审阅手册。
（2）审阅手册的可操作性。
（3）确定可执行性。
（4）收集各部门意见，对正确意见要采纳并及时修正手册。
4.2.3 总经理审批。
（1）听取总经理审批意见。
（2）下达总经理审批决定，同时通知各部门执行日期。
（3）审批资料归档。
4.2.4 市场部统计店铺数印刷并发送到各店铺。
4.2.5 陈列手册使用规定。
（1）新入职陈列员与客户主任必须要了解并熟悉手册的使用范围。
（2）店铺的陈列以手册规定为基准。
（3）手册只供公司内部员工使用，不得转借他人。

续表

××公司标准文件		××有限公司 品牌形象终端管理细则	文件编号××-××-××	
版本	第×/×版		页　次	第×页

4.3　每季度陈列指引如下图所示。

```
陈列部编写 → 销售部讨论 → 总经理审批 → 市场部印刷
```

每季度陈列指引

4.3.1　陈列部编写工作。
（1）以陈列手册为基准，结合货品开发主题编写。
（2）编写内容主要是围绕货场陈列，范围：橱窗陈列、货品陈列、高架陈列、POP陈列、模特陈列。
4.3.2　销售部讨论。
（1）审阅陈列指引与货品开发主题是否符合。
（2）审阅陈列指引的可操作性。
（3）确定陈列指引可执行性。
（4）收集各部门对陈列指引意见，对正确意见要采纳并及时修正陈列指引。
4.3.3　总经理审批。
（1）听取总经理审批意见。
（2）下达总经理审批决定，同时通知各部门执行日期。
（3）审批资料归档。
4.3.4　市场部统计店铺数印刷并发送到各店铺。
4.3.5　陈列指引使用规定。
（1）陈列指引印制成册，并发送到每家店一本。
（2）由陈列员与客户主任（督导）到店铺协助店铺执行。

5　陈列员工作程序
5.1　新开店工作流程。
5.1.1　制订开铺计划确定出差日期。
（1）落实店铺装修所需时间。
（2）协助客户进行员工招聘。
（3）落实市场部平面设计师出确认设计方案。
（4）落实陈列部配店铺货架铺场数量与陈列方案、模特数量。
（5）收集客户资料（姓名、电话、地址、店铺、传真）。
（6）落实文员配备开铺物料、货品数量与出货日期。
（7）确定出差日期。
（8）定开业陈列模式。
5.1.2　出差前的准备工作。
（1）与市场部确认货架（模特、形象画、到铺日期）。
（2）与文员确认开业店铺货品、物料是否齐备。
（3）安排开业店铺前往总公司接受店铺管理培训（开业前一周）。
5.1.3　到店铺后的工作。
（1）进行货场全面验收并监督货架公司安装货架。
（2）进行店长及员工培训。
（3）点收来货（货架、模特、物料、货品）。
（4）按陈列模式布置货场。
5.2　开铺后跟进工作。
（1）根据店长、员工表现，结合实际情况加强店长及员工再培训。
（2）指定店长或收银员正确使用日常表格。
（3）记录需跟进工作，以便日后跟进。

6　日常店铺形象巡查程序
6.1　总则：协助店铺根据公司的形象要求，管理、维护、监督，使各店铺形象统一。

6.2 出差申请流程如下图所示。

出差申请流程

6.2.1 陈列员可根据实际情况制订出差计划。
6.2.2 在公司必须填写《出差申请表》于出差前一天给上级审批,否则不能出差。
6.2.3 出差人员如出差超过其所申请的日期,出差人必须以口头电话形式向上级汇报,出差回公司后再补写出差申请。出差人未经批准不得自行出差,违反者将按公司处罚标准处罚。
6.2.4 陈列员工出差回到公司必须把有关巡店事项以表格、报告形式向上级汇报。
6.3 到店铺后工作。
6.3.1 按公司每季所出的陈列标准对店铺进行评审并对执行力进行记录。
6.3.2 除了对店铺进行评审外,陈列员还需要对店铺员工的仪容、仪表、陈列知识进行评审,并根据店铺的实际情况对员工进行培训。
6.3.3 收集市场××店形象最新动向。
6.4 巡店后工作汇报。
6.4.1 陈列员巡店回公司必须把巡店表交到上级审阅。
6.4.2 陈列员对巡店中形象优秀或不合要求的店铺以申请的形式向上级申请奖励或处罚。

7 奖罚条例程序

7.1 为保证公司终端××店陈列形象统一,加强对终端店铺的监督,检查店铺或客户主任是否认真贯彻公司的决策、方针、计划和各项规章制度,促进店铺客户主任各项工作,根据公司的指示,陈列部制订本条例,对严格执行的优秀店铺和违反公司规定的店铺,作出相应的奖励和处罚。
7.2 奖罚条例流程如下图所示。

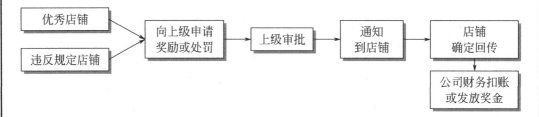

奖罚条例流程

(1)根据店铺对奖罚条例的执行情况分优秀店铺、违反规定店铺。
(2)陈列员出差巡店回公司后根据店铺的情况向上级申请,奖励或处罚店铺。
(3)奖励或处罚通知未经陈列员上级审批不得下传到店铺。
(4)经陈列员上级审批后,由陈列员下传到店铺。
(5)店铺确认后由客户主任监督回传公司。
(6)陈列员把相关的店铺确认回传交给公司财务,公司财务确认后扣账或发放奖金。

8 陈列培训程序

8.1 总则:以店铺实例配合理论知识,通过有系统、有条理的方法使店铺学员在培训中学习到服务理念和品牌文化,达到促进商品销售、树立品牌形象的目的。
8.2 店铺培训。
8.2.1 陈列员与客户主任根据陈列手册对店铺进行针对性的培训。
8.2.2 店铺可向公司申请陈列员到当地店铺培训。
8.3 公司组织培训。
8.3.1 公司会不定期举行大型培训课,如新入职员工培训、店铺精英培训等。
8.3.2 公司根据店铺信息反馈,制订更多对店铺有益的培训。

第三节　品牌管理体系建立表格

表格1：品牌推广费用支持审核表

品牌推广费用支持审核表见表4-2。

表4-2　品牌推广费用支持审核表

经销商名称				联系方式			
分销商名称				联系方式			
省份	□发展省份 □潜力省份	推广活动执行城市		城市类别	□一线城市　□二线城市　□三线城市		
实际零售额（单位：元）		实际增长率		实际零售额（单位：元）		实际增长率	
推广主题							
推广内容							
执行时段	年　　　月　　　日　～　　　年　　　月　　　日						
所属范围	选择具体形式						
推广形式	□户外　　□报纸　　□电视　　□网络　　□电台 □路演　　□开业宣传　　□运动营销　　□消费者促销						
实际总费用（单位：元）		实际费用分担比例				实际费用分担金额（单位：元）	
销售部备注							
经销商签字：				销售主管签字：			
销售经理签字：				运营总监签字：			
财务审核							

表格2：品牌推广广告预算书

品牌推广广告预算书见表4-3。

表4-3　品牌推广广告预算书

委托单位：　　　　　受委托单位：　　　　预算项目：广告代理　　　　期限：
广告预算总额：　　　　预算员：

项目	开支内容	费用	备注
一、市场调研	问卷调研费		根据实际发生量计费
	实地调查		
	资料整理		
	研究分析		
	其他		

续表

项目	开支内容	费用	备注
二、企业VI设计	企业名称标识 1.标准字 2.标准色 3.企业象征图形		
	办公用品设计 1.企业名片 2.信封 3.信纸		
	4.识别卡（工作证） 5.临时工作证 6.出入证 7.办公桌标识牌		
	8.纸杯 9.茶杯、杯垫 10.企业旗 11.吉祥物造型 12.标识伞		
	企业车体外观设计		
三、企业商品包装识别系统	设计费 1.外包装箱（木质、纸质） 2.商品系统包装 3.礼品盒包装		
四、广告设计费	软文撰写费		
	平面广告设计费		
	产品手册设计费		
	企业画册设计费		
五、广告媒介投放	1.报纸		
	2.杂志		
	3.电台		
	4.户外广告		
	5.电梯广告		
	6.车体广告		
	7.交通护栏广告		
	8.小区LED宣传栏		
	合计：		
六、促销费用			根据实际发生量计费
七、公关费用			根据实际发生量计费
八、机动费用			根据实际发生量计费
九、其他开支			根据实际发生量计费
十、管理费	8%		根据一至八项总费用计算
十一、税费	11.70%		
总计			

表格3：品牌推广的广告计划申报表

品牌推广的广告计划申报表见表4-4。

表4-4　品牌推广的广告计划申报表

部门（门店）：＿＿＿＿＿＿＿＿　　　　姓名：＿＿＿＿＿＿＿＿
联系地址：＿＿＿＿＿＿＿＿　　　　联系电话：＿＿＿＿＿＿

媒体	发布日期	次数	规格	单价	优惠价	总计
合计						
推广部意见				品牌中心意见		
总裁意见						
备注	1. 每月15日，推广部（或加盟商）提供月度《广告宣传计划》 2. 相关部门审核后，在5个工作日内，将此表传回 3. 此表视为广告计划批准书					

表格4：品牌推广的门店促销活动申请表

品牌推广的门店促销活动申请表见表4-5。

表4-5　品牌推广的门店促销活动申请表

申请门店		店长		联系方式		申请表递交时间	
门店基本情况说明： 1. 门店人数＿＿＿＿名，门店所处位置＿＿＿＿＿＿（很好、一般、差） 2. 门店主要竞争对手＿＿＿＿＿＿最近有无促销活动＿＿＿＿＿＿ 3. 门店近期销售额＿＿＿＿＿＿＿＿＿＿＿＿＿＿＿＿（上升、下降） 4. 促销场地多大＿＿＿＿m²，有无通过城管（环卫部门）审批＿＿＿＿＿＿ 5. 其他＿＿＿＿＿＿＿＿＿＿＿＿＿＿＿＿＿＿＿＿＿＿＿＿＿＿＿＿＿＿ ＿＿＿＿＿＿＿＿＿＿＿＿＿＿＿＿＿＿＿＿＿＿＿＿＿＿＿＿＿＿＿＿＿＿							
促销活动建议：							
区域管理部意见： 　　　　　　　　　　　　　　　　　　　　　　　　　　　经理： 　　　　　　　　　　　　　　　　　　　　　　　　　　　时间：							
推广部意见： 　　　　　　　　　　　　　　　　　　　　　　　　　　　经理： 　　　　　　　　　　　　　　　　　　　　　　　　　　　时间：							
备注：各门店须提前10个工作日递交申请，以便公司管理安排促销时间							

表格5：关于召开专题新闻发布会和记者招待会的签呈

关于召开专题新闻发布会和记者招待会的签呈见表4-6。

表4-6 关于召开专题新闻发布会和记者招待会的签呈

编号：_____

主题	
详细内容	
省级分公司：	品牌推广部：
中心总经理：	总经理审批：
呈：（ ）品牌推广部、（ ）管理中心 、（ ）总裁	
备注：此签呈经总裁审批后交资讯部，未获批准则返还申请人（单位）	

表格6：新闻发布会和记者招待会发布内容的审批表

新闻发布会和记者招待会发布内容的审批表见表4-7。

表4-7 新闻发布会和记者招待会发布内容的审批表

编号：_____

主题	
全部内容（详细要求）	
附件：共___页	
大区管理部	营销中心总经理
资讯部	公司总经理
备注	

表格7：关于支付相关媒体新闻报道酬金的申请报告

关于支付相关媒体新闻报道酬金的申请报告见表4-8。

表4-8 关于支付相关媒体新闻报道酬金的申请报告

编号：_____

呈报	
前言	

序号	媒介名称	日期、栏目	题目	作者	金额
1	《××××》				
2	《××××》				
3	《××××》				
4	《××××》				
…					

推广部经理审核：

中心总经理审批（审核）：	公司总经理审批：

备注：对于超出相应级别审批权限的，皆由上级领导审批，直至总裁

表格8：品牌专卖店装修申请表

品牌专卖店装修申请表见表4-9。

表4-9 品牌专卖店装修申请表

注：请根据实际填写或打勾。

一、店铺资料
　　店铺名称：_____ 申请日期：____年____月____日 申请人：_____
　　详细地址：_____省_____市_____路_____街_____号_____商场_____号店
　　联系人：_____ 联系电话：_____
　　传真号：_____ 手机：_____
　　邮箱：_____ QQ：_____ 微信：_____
　　店铺形式：街铺□ 商场铺边厅□ 商场中岛□ 展示厅□ 办公室□
　　装修日期：____年____月____日至____年____月____日 店铺面积大小：_____平方米

二、装修具体要求
　　（1）门头尺寸（根据要求，按照实际选择填写并另附详细尺寸图和现场照片）
　　商场店铺：有□ 无□ 门楣　 可□ 否□ 吊灯箱
　　（2）墙面（平面图上标明不可拆墙面或可拆墙面，须附现场照片）
　　墙体为：砖墙□　 水泥墙□　 木板墙□　 石膏板墙□　 其他_____
　　（3）天花（须附现场照片）：原有假天花材料_____ 是□ 否□ 可拆换
　　（4）地板：原有地板材料_____ 是□ 否□ 可拆换：地砖□ 木地板□ 地胶□
　　（5）楼层高度（天花板离地）：_____米 梁离地：_____米 消防喉离地：_____米
　　（6）门开启方式：拉闸□ 卷闸□ 玻璃推门□ 玻璃拖拉门□ 其他_____

续表

　　（7）是否需要：仓库□　　　　试衣间□　　____间
　　（8）总配电量：_____千瓦（平面图上标明电源位置）
　　（9）其他要求：_____

三、货架物料发货的详细地址
　　_____
　　收货人：_____　电话：_____　手机：_____
　　指定的物流公司：_____　　　　　　联系电话：_____

四、备注（客户必须如实填写该表，并对提供资料负责）
　　××公司在接到资料齐全的申请后（资料不齐，设计时间相应推迟），会在1个工作日完成平面设计方案。客户确定平面设计签字回传后，2～3个工作日完成效果图设计。客户确定效果图设计签字回传后，2个工作日完成施工图设计。施工图完成后，1个工作日完成装修预算参考表。在装修期间，申请者与公司推广部保持联系，以保证工作顺利进行。（如下午4:30后接到的资料，工作日期则顺延至第二工作日）
　　注：申请人须提供店面图如下。
　　（1）店铺平面尺寸图（标明柱和墙体位置、空调和音箱等限制物品摆放的设备位置、电源位置，单位：mm）
　　（2）店铺天花平面尺寸图（标明空调口、排气口、装修范围内的消防栓位置、尺寸，单位：mm）
　　（3）店铺门面立、侧面尺寸图（根据现场画尺寸图，标明原有材料，是否可拆换或包裹，单位：mm）
　　（4）商场店铺需提供所在楼层位置总平面图（标明店铺所在位置、电梯、通道、主入口、周边品牌）
　　（5）客户需向总公司提供专卖店的各角度的照片若干张，如天花、墙面、店内环境、外立面、周边环境、特别位置（如消防栓和冷、暖、排气）等，同申请表一起传回总公司。
　　（6）商场店铺应提供商场装修标准（商场管理处提供）。

五、装修设计收费标准
　　（1）店铺面积在40m^2（不含40m^2）内，2500元/套
　　（2）店铺面积在40m^2（含40m^2）以上，100m^2（含100m^2）以下的，60元/m^2
　　（3）店铺面积在100m^2（不含100m^2）以上，50元/m^2
　　设计图纸包括平面图、效果图1～3张、施工图、电路图、配电系统图、装修预算。

　　以上仅作参考，请按照实际情况绘图和填写上面表格。

客户签名：_____　　____年____月____日

营运部审核：_____
_____

营运部经理签名：_____　　____年____月____日
品牌推广部审核：_____
_____

广告部经理签名：_____　　____年____月____日

表格9：市场竞品调查报告

市场竞品调查报告见表4-10。

表4-10　市场竞品调查报告

调查对象			调查对象 为该品牌的	直营店□ 其他□		加盟商□	
上游供货商			该品牌主要销售渠道	专业市场□ 临街店□		酒店商场□ 其他□	
产品系列				生产规模			
通路设计							
价格体系	出厂价						
	最高返利			发放期限和形式			
一批进货价			一批出货价		利润空间		
二批进货价			二批出货价		利润空间		
零售商的利润空间							
已有过的营销方式							
业务人员拜访深入到			省	地	县		镇
售后服务体系及政策							
销售网络结构							
营销队伍结构							
经销商对该品牌的评价	优点						
	缺点						
你的评价	存在的优势						
	存在的劣势						
你认为怎样将劣势变成优势：							

表格10：品牌推广设计、文案项目申请单

品牌推广设计、文案项目申请单见表4-11。

表4-11　品牌推广设计、文案项目申请单

名称：				
尺寸：		数量：		材质
名称、内容及要求（如内容过多请附单页）				
申请时间：			完成时间：	
提交人：		联系方式		设计师
董事长、总经理签字批准：				

表格11：品牌市场客户巡回调查日报表

品牌市场客户巡回调查日报表见表4-12。

表4-12 品牌市场客户巡回调查日报表

客户名称		地址		电话	
巡回调查日期		时间			
产品品质					
客户对本公司产品及别种产品的比较					
同业销售策略动向及市场情况					
客户对本公司产品的希望及意见					
推销活动及其他活动情况					
备注说明					

制表人：_____ 　　制表日期：_____年____月____日

表格12：品牌市场巡回调查状况月报表

品牌市场巡回调查状况月报表见表4-13。

表4-13 品牌市场巡回调查状况月报表

公司名称		时间	自 年 月 日至 年 月 日	
市场别类产品品质价格和服务范围的分析				
客户对本公司产品品质价格和服务范围的批评及期望综述				
同行业的销售政策及分析报告				
本公司对同行业的销售政策应采取的政策及意见				
本公司本月份推销及巡回服务的情况		推销		巡回服务
其他必要的报告事项				
备注说明				

制表人：_____ 　　制表日期：_____年____月____日

 **学习总结**

通过本章的学习,我对品牌管理体系建立有了以下几点新的认识:

1.＿＿＿＿＿＿＿＿＿＿＿＿＿＿＿＿＿＿＿＿＿＿＿＿＿＿＿＿＿
2.＿＿＿＿＿＿＿＿＿＿＿＿＿＿＿＿＿＿＿＿＿＿＿＿＿＿＿＿＿
3.＿＿＿＿＿＿＿＿＿＿＿＿＿＿＿＿＿＿＿＿＿＿＿＿＿＿＿＿＿
4.＿＿＿＿＿＿＿＿＿＿＿＿＿＿＿＿＿＿＿＿＿＿＿＿＿＿＿＿＿
5.＿＿＿＿＿＿＿＿＿＿＿＿＿＿＿＿＿＿＿＿＿＿＿＿＿＿＿＿＿

我认为根据本公司的实际情况,应制订以下制度和表格:

1.＿＿＿＿＿＿＿＿＿＿＿＿＿＿＿＿＿＿＿＿＿＿＿＿＿＿＿＿＿
2.＿＿＿＿＿＿＿＿＿＿＿＿＿＿＿＿＿＿＿＿＿＿＿＿＿＿＿＿＿
3.＿＿＿＿＿＿＿＿＿＿＿＿＿＿＿＿＿＿＿＿＿＿＿＿＿＿＿＿＿
4.＿＿＿＿＿＿＿＿＿＿＿＿＿＿＿＿＿＿＿＿＿＿＿＿＿＿＿＿＿
5.＿＿＿＿＿＿＿＿＿＿＿＿＿＿＿＿＿＿＿＿＿＿＿＿＿＿＿＿＿

我认为本章的内容不够全面,还需补充以下方法、制度和表格:

1.＿＿＿＿＿＿＿＿＿＿＿＿＿＿＿＿＿＿＿＿＿＿＿＿＿＿＿＿＿
2.＿＿＿＿＿＿＿＿＿＿＿＿＿＿＿＿＿＿＿＿＿＿＿＿＿＿＿＿＿
3.＿＿＿＿＿＿＿＿＿＿＿＿＿＿＿＿＿＿＿＿＿＿＿＿＿＿＿＿＿
4.＿＿＿＿＿＿＿＿＿＿＿＿＿＿＿＿＿＿＿＿＿＿＿＿＿＿＿＿＿
5.＿＿＿＿＿＿＿＿＿＿＿＿＿＿＿＿＿＿＿＿＿＿＿＿＿＿＿＿＿

第五章 广告宣传推广

引 言

通过媒体宣传，企业可以在一定程度上提高知名度、扩大影响力。广告信息的传播活动中，媒体的选择是广告信息与消费者见面的最后环节，媒体选择科学与否，直接关系到广告传播的效果。广告媒体选择应从企业实际出发，透彻分析市场，依据促销目标，选择覆盖面适中、传播速度快、直接接触目标的市场。

目标	了解广告宣传推广的要点，并能够运用所提供的范本，根据本企业的实际情况制订相应的管理制度、表格

管理要点	·确定广告目标 ·广告费用预算 ·广告媒体选择
管理制度	·广告宣传管理办法 ·公司广告设计、制作、发布管理办法 ·广告宣传管理标准 ·广告费管理办法 ·分公司广告费管理办法 ·广告宣传品制作管理办法 ·公司广告宣传用品管理规定 ·广告宣传促销物资管理办法 ·终端广告制作管理制度
管理表格	·广告预算表 ·年度广告预算表 ·年度广告费预算分解表 ·媒体年度计划安排表 ·广告投入申请表 ·广告计划方案表 ·广告实施报表 ·大型展示会广告方案计划表 ·广告费申请报告 ·广告画制作申请表 ·制作横幅等宣传广告申请表 ·广告宣传图片设计、制作申请表 ……

第一节 广告宣传推广要点

要点1：确定广告目标

广告是实现企业经营策略的工具之一，成功的广告策略必须有明确的目标，比如是短时期内推销产品还是树立良好的企业形象，是扩大市场区域还是要提高市场占有率，是极力保护巩固现有市场还是通过向竞争对手发动进攻，进一步抢夺对手的市场……。这些问题在广告策划中必须首先明确，只有这样，制订的广告策略才能有的放矢。

（一）广告目标的类型

广告虽有其共同的、最终的目标，但是不同企业在不同的时期、不同的产品和不同的营销策略要求下，广告的目标是有所不同的。由于市场经济的复杂性，企业市场营销策略的多样性，广告目标也是多种多样的，不同的区分方法，广告目标的类型也有所不同。

1. 从市场营销策略上区分

从市场营销策略上区分有如图5-1所示的三类广告目标。

类别一 创牌广告目标

这类广告的目的，在于开发新产品和开拓新市场，它通过对产品的性能、特点和用途的宣传介绍，提高消费者对产品的认知程度，其中着重要求提高消费者对新产品的知名度、理解度和厂牌标记的记忆度

类别二 保牌广告目标

这类广告的目的，在于巩固已有市场阵地，并在此基础上深入开发潜在市场和刺激购买需求，它主要通过连续广告的形式，加深对已有商品的认识，使消费者养成消费习惯，使潜在消费者发生兴趣和购买欲望，广告诉求的重点在于保持消费者对广告产品的好感、偏好和信心

类别三 竞争广告目标

这类广告的目的，在于加强产品的宣传竞争，提高市场竞争能力，广告诉求重点是宣传本产品的优异之处，使消费者认知本产品能给他们带来什么好处，以增强偏好度

图5-1 从市场营销策略上区分的广告目标类型

2. 从广告的目的上区分

从广告的目的上区分有如图5-2所示的三类广告目标。

类别一 信息性广告目标

这类广告目标的作用一般在产品开拓阶段表现的比较突出，因为只有消费者对产品的性能、品质和特点有所认识，才能对产品产生某种需求，如对某种保健营养饮料，应首先把该产品的营养价值及其多种功效的信息传递给消费者

类别二 说服性广告目标

广告产品处于成长或成熟期阶段，市场上同类产品多了，代用品也不断出现，市场竞争也日趋激烈，消费者购买选择余地也就比较大，这时企业为了在激烈的竞争中处于不败之地，多采用说服性广告，通过说服或具体比较，进而建立某一品牌的优势，因此，在竞争阶段企业对说服性广告的运用越来越重视

类别三 提醒性广告目标

当产品处于成熟期阶段，虽然产品已有一定的知名度，消费者已有一定的消费习惯，但由于新产品不断涌现，同类产品选择余地大，所以提醒性广告不仅起"提醒"作用，更重要的是起"强化"作用，其目的在于使现有的购买者确信他们购买这类产品是作了正确的选择，从而加强重复购买与使用的信心

图5-2 从广告的目的上区分的广告目标类型

如图5-2所示的三种广告目标的具体运用见表5-1。

表5-1 不同广告目标的诉求目的

序号	类型	诉求目的
1	信息性广告目标	（1）介绍有关新产品信息 （2）推介产品的新用途 （3）价格变动的信息 （4）宣传产品的制造过程 （5）描述可提供的服务 （6）改正错误的印象 （7）减少消费者顾虑 （8）树立企业的形象
2	说服性广告目标	（1）培养品牌偏好 （2）鼓励顾客改用本企业的品牌 （3）改变顾客对产品特性的感知 （4）说服顾客现在就购买
3	提醒性广告目标	（1）维持最高的知晓度 （2）提醒人们在何处购买 （3）提醒顾客近期可能需要此产品 （4）淡季时保持产品在人们心目中的印象

（二）以行为或结果因素区别

有些广告能直接引起消费者的反应或行为，如广告以后消费者直接打听或询问、访问商店或企业，甚至直接购买广告产品。所以把这些能引起消费者直接反应或行为的因素可以确定为广告目标。

这些能引起消费者直接反应或行为的广告有如图5-3所示七类。

类别一 直接反应广告

为在广告以后直接引起消费者的行为,在广告中提示赠券(Coupon)或要求电话询问、访问的广告;作直接反应广告时,可以把赠券的回收数、询问电话次数、访问者数等确定为广告目标

类别二 宣传活动广告

通过直接邮递(Direct Mail)广告、网上购物广告、PC通信广告、产品说明书广告等来进行直接营销活动的时候,消费者直接向企业打听或订货,所以可以订货次数或打听的次数来确定广告目标

类别三 直接营销广告

企业通过一些宣传产品的活动来直接推销产品或者进行广告宣传,比如化妆品公司在百货商店门口进行宣传产品活动,这时可以把在一定时间内所集合的人数确定为广告目标

类别四 销售广告

提供有关零售商店商品的信息或告知一定期间内减价处理产品的信息广告,由于这类广告几乎不会引起时滞效果,所以可以把行为因素或结果因素,如商店的访问者数或销售额确定为广告目标

类别五 共同广告

制造企业不仅直接作产品广告,而且同时替零售企业作广告或者与零售企业共同作广告,或者与原材料供应企业共同作广告,这些广告叫共同广告(Cooperative Advertising),共同广告具体地提供有关零售企业或商品的信息,其直接的目的是短期内提高销售额,所以这时短期销售额等结果因素可以被确定为广告目标

类别六 提醒广告

针对消费者经常购买的成熟期产品,作提醒广告,从而直接引起消费者的购买行为,比如在炎热的夏天,如果看雪糕广告的小孩马上去购买雪糕,那么这是一则典型的提醒广告,由于提醒广告直接引起消费者的购买行为,所以可以把销售额确定为广告目标,一般来看,提醒广告的播放频次较多,但多是15秒以内的超短广告

类别七 社会营销广告

政府或社会团体或公民所开展的社会活动和公益广告活动是一种社会营销活动,如普法活动、禁烟活动、环保活动、夏季的节电节水活动等,这些活动的结果马上引起一些人的行为,所以以行为因素,如参加活动的人数来确定这些社会营销的广告目标

图5-3 以行为或结果因素区别的广告分类

（三）确定广告目标时应遵循的原则

广告目标是广告策划活动所要运作的方向和实现的目标，也是评定广告效果的标准。广告目标的确定是否得当，关系到广告计划的制订和实施，关系到广告效果的好坏，也直接影响到企业的经济效益。因此，广告目标的确定要遵循科学的原则，如图5-4所示。

原则一 要符合企业的营销目标

广告是企业营销活动中的一种促销手段，广告目标是企业营销目标在广告活动中的具体化，广告目标当然应服从、服务于企业的营销目标，否则，广告活动就失去了意义

原则二 广告目标要切实可行

在确定广告目标时，要考虑到目标实现的可行性，要从实际出发，全面分析，研究企业内外条件的影响和制约因素，既不要降低标准，也不要脱离实际盲目求高，力求使目标恰当合理，切实可行

原则三 广告目标要明确具体

广告目标不能含含糊糊、模棱两可，不能笼统地确定为开拓市场、扩大市场份额、促进商品销售等，广告目标应当尽可能地量化，确定衡量的标准，如产品知名度、市场占有率、产品销售增长率等，广告目标应具体明确，这样，既有利于广告计划的制订和实施，也有利于最后对广告效果进行测定和客观评价

原则四 广告目标应单一

在某一次具体的广告活动中，切忌追求多目标，多目标实际上是主次不分，力量也容易分散，中心不突出，难以收到应有的广告效果

原则五 广告目标要有一定弹性

广告在实施过程中，企业内外环境可能发生较大的变化，这些变化在制订广告目标时是难以预测的，广告活动为了适应这种变化，配合企业整体营销的进行，需要作适当的调整，这种调整，不是彻底地变换广告目标，而是在广告目标所能容许的限度内，以增强广告目标的适应性

原则六 广告目标要有协调性

广告活动是企业整体营销中的一个组成部分，为了配合企业的整体营销活动，在确定广告目标时，既要考虑到它与企业的其他促销手段的协调，又要考虑到与企业其他部门的活动相协调，以有利于实现企业的营销目标

原则七 广告目标要考虑公益性

尽量将企业利益同社会利益结合起来，使两者相互促进，建立起符合社会利益的企业形象，这也是企业广告目标的最终目标

图5-4 确定广告目标时应遵循的原则

要点2：广告费用预算

广告预算是企业根据广告计划对开展广告活动费用的匡算，是企业进行广告宣传活动投入资金的使用计划，它规定了广告计划期内开展广告活动所需的费用总额、使用范围和使用方法。

（一）广告费用内容

广告费一般是指开展广告活动所需的广告调研费、广告设计费、广告制作费、广告媒体费、广告机构办公费与人员工资等项目。有的企业把公共关系与其他促销活动费也记入广告费之内是不合理的。如馈赠销售的馈赠品开支、有奖销售的奖品或奖金开支、推销员的名片、公司内部刊物等的开支费用，均不应列入广告费。美国《Printer's Ink》杂志，将广告费分为白、灰、黑三色，白色单系可支出的广告费，灰色单系考虑是否支出的广告费，黑色单系不得支出的广告费，具体内容见表5-2。

表5-2 广告费用的内容

分类		主要费用	
白色单	可支出的广告费	广告媒体	报纸、杂志、电视、电台、电影、户外、POP、宣传品、DM、幻灯、招贴、展示等
		制作费	美术、印刷、制版、照相、电台与电视设计、与广告有关的制作费
		管理费	广告部门薪金、广告部门事务费、顾问费、推销员费、房租费以及广告部门人员的工作旅费
		杂费	广告材料运费、邮费、橱窗展示安装费、其他
灰色单	考虑支出的广告费	样本费、示范费、客户访问费、宣传卡用纸费、赠品、办公室报刊费、研究调查费	
黑色单	不得支出的广告费	社会慈善费、旅游费、赠品费、包装费、广告部门以外消耗品费、潜在顾客招待费、从业人员福利费等	

（二）广告预算的编制程序

广告预算由一系列预测、规划、计算、协调等工作组成。广告预算的基本程序大体如图5-5所示。

步骤一 确定广告投资的额度

通过分析企业的整体营销计划和企业的产品市场环境，提出广告投资的计算方法的理由，以书面报告的形式上报主管人员，由主管人员进行决策

步骤二 分析上一年度的销售额

广告预算一般一年进行一次，在对下一年度的广告活动进行预算时，应该先对上一年的销售额进行分析，了解上一年度的实际销售额是否符合上一年度的预测销售单位和预测销售额，由此分析，可以预测下一年度的实际销售情况，以便合理安排广告费用

步骤三 分析广告产品的销售周期

大部分产品在一年的销售中，都会呈现出一定的周期变化，即在某月上升、某月下降、某月维持不变等，通过对销售周期的分析，可以为广告总预算提供依据，以确定不同生命周期的广告预算分配

图5-5

| 步骤四 | 广告预算的时间分配 |

根据前三项工作得出的结论，确定年度内广告经费的总的分配方法，按季度、月份将广告费用的固定开支予以分配

| 步骤五 | 广告的分类预算 |

在广告总预算的指导下，根据企业的实际情况，再将由时间分配上大致确定的广告费用分配到不同的产品、不同的地区、不同的媒体上，这是广告预算的具体展开环节

| 步骤六 | 制订控制与评价标准 |

在完成上述广告费用的分配后，应立刻确定各项广告开支所要达到的效果，以及对每个时期每一项广告开支的记录方法，通过这些标准的制订，再结合广告效果评价工作，就可以对广告费用开支进行控制和评价了

| 步骤七 | 确定机动经费的投入条件、时机和效果的评价方法 |

广告预算中除去绝大部分的固定开支外，还需要对一定比例的机动开支做出预算，如在什么情况下方可投入机动开支、机动开支如何与固定开支协调、怎样评价机动开支带来的效果等

图5-5　广告预算的编制程序

（三）广告费用预算方法

广告费用预算方法有许多，具体简介如图5-6所示。

| 方法一 | 销售百分比法 |

销售百分比法就是根据过去经验，按计划销售额的一定百分比确定广告费用，好处是简便易行，缺点是实际操作中过于呆板，不能适应市场变化

| 方法二 | 目标任务法 |

目标任务法就是在明确广告目标后，选定广告媒体，再计算出为实现这一广告目标应支出的广告费用，这种方法在实际操作中难度较大，因为广告目标很难以数字来精确计算

| 方法三 | 竞争对抗法 |

竞争对抗法是根据竞争对手的广告宣传情况，来决定自己的广告费用支出的一种方法

| 方法四 | 直观判断法 |

直观判断法是指企业在不能测定广告目标和广告效果的情况下，常常采用有多少费用就做多少广告的办法，它的风险比较大

| 方法五 | 量力而行法 |

> 量力而行法就是企业根据往年利润所剩下来的——决定预算多少的焦点是资金的来源,而不是目标,因此往往并不能达到效果,以每项目计算,先订目标,然后算出所需费用,成本考虑需要有弹性,理论上是最合理,如订出GRP(毛评点)额,按CPRP(每收视点成本)算出整体费用所需

| 方法六 | 市场数据模式化法 |

> 市场数据模式化法是国外最成熟的做法,但数据需及时而且齐备,国内只有很少客户能短时间内做到此阶段

图5-6　广告费用预算的方法

(四)广告预算的分配

企业在确定了广告费用总额之后,就要按照广告计划的具体安排将广告费用分摊到各个广告活动项目上,使广告策划工作有序地展开,以实现扩大产品品牌的知名度、提高品牌资产、树立企业形象、增加商品销售的目的。

广告策划者在分配企业的广告费用时,可以按时间分配、按地理区域分配、按商品分配和按广告媒体分配。

1. 按时间分配

按时间分配是指广告策划者根据广告刊播的不同时段,来具体分配广告费用。根据时间来分配广告费用是为了取得理想的广告效果,因为在不同时间里,媒体受众的人数以及生活习惯是不同的。广告费用的时间分配策略包含以下两层含义。

(1)广告费用的季节性分配。在不同的季节里,由于市场需求情况的变化,就要求广告活动的规模有所侧重。以店面广告为例,在我国每年的12月到次年的2月是零售业的销售旺季,这时的店面广告可以营造一种节日的气氛,调动媒体受众的购买欲望,其广告效果非常好,一份广告投入可能取得数倍的广告收益,这一段时间内广告策划者应该扩大店面广告的规模,提高店面广告的艺术品位,要多投入。6～8月是销售淡季,再多的广告投入也难以改变商品销售不旺的规律,这一段时间内,广告策划者应理智地缩小广告规模,否则就是一种非理性的经营行为。

(2)广告费用在一天内的时段性安排。在一天的时间内,大多数消费者都表现出明显的生活规律:白天工作,晚上休息。广告策划者在选用电视媒体进行广告宣传时,应该侧重于18:00～23:00这一时段,因为大多数媒体受众在入睡以前,常常会观看电视,这一时段的电视广告具有较高的注目率,因此广告主的广告费用安排也应侧重于这一时段。

2. 按地理区域分配

地理分配策略是指广告策划者根据消费者的某一特征将目标市场分割成若干个地理区域,然后再将广告费用在各个区域市场上进行分配。广告策划者可以根据不同区域市场上的销售额指标,来制订有效的视听众暴露度,最终确定所要投入的广告费用额。假如某企业在全国销售M品牌产品,根据产品销售情况可以将全国市场划分为A、B、C三个区域市场,企业计划投入的电视广告费用为3500万元,该企业根据区域市场分配如下,见表5-3。

表5-3 企业电视广告费用的区域分配情况

市场名称	占销售总额的比例/%	视听众暴露度/千次	每千人成本/元	广告费用/万元	费用比例/%
A区域	50	32000	500.00	1600	45.70
B区域	30	28000	500.00	1400	40.00
C区域	20	10000	500.00	500	14.30
总计	100	70000	500.00	3500	100.00

表5-3就是该企业根据产品在不同区域市场上的销售比例，制订了有效的视听众暴露次数标准，再据引分配不同数额的广告费用。A市场的产品销售份额为50%，其广告投入为1600万元，占总投入的45.70%。在B市场上，M品牌产品的销售份额为30%，计划投入广告费用为1400万元，占广告预算总额的40.00%。C市场上M品牌产品的销售占总销售额的比例最小，所以计划只投入500万元的资金进行广告宣传。

按地理区域分配看起来简便易行，但操作起来很难兼顾各个市场的实际情况，通常的做法是：广告主将几个区域市场的广告费用拨付给某个选定的广告代理商，再由广告代理商根据各个市场的特点进行重新分配，以确保广告投资的效果。

3.按产品（品牌）分配

按产品分配与按区域市场分配在本质上是相同的，它是指广告策划者根据不同产品在企业经营中的地位，有所侧重地分配广告费用。这种分配策略使产品的广告的销售额密切联系在一起，贯彻了重点产品投入的经营方针。分配广告费用的依据可以是产品的销售比例、产品处在不同的生命周期的阶段、产品的潜在购买力等。

广告费的品牌分配法也属于产品分配法。广告策划者根据经营品牌的某些特征将广告费用进行具体分配，以美国宝洁公司为例，该公司的洗涤类产品有汰渍、快乐、Gain、Dash、Bold、象牙、Dreft、Oxydol、Exa、Solo等品牌，其中象牙品牌是一个成熟品牌，其广告投入可以相应少一点，Exa、Solo等品牌是新品牌，需要大量的广告推广，以提高品牌的知名度，其广告费用就需要多一些。一般说来，当产品或品牌处于上市期时，需要较多的广告投入，当产品或品牌处于成熟期和衰退期时，其广告费用应该少一些。如果企业使用的是统一品牌策略，如日本索尼电器公司，它的所有产品都只有索尼（SONY）一个品牌，公司在编制广告预算时，就应该采取产品分配法。

4.按媒体分配

按媒体分配是指根据目标市场的媒体习惯，将广告预算有所侧重地分配在不同媒体上的一种分配方法。在运用这种方法时，首先要考虑产品品牌的特性，其次要考虑目标市场的媒体习惯，使所选用的媒体能够充分展现广告产品的个性，针对这种媒体广告策划者要进行较多的广告投入。

要点3：广告媒体选择

企业应该根据各种广告媒体的特点，结合客户的需求，对广告投放和广告形式上进行大胆的创新，选择最适合本企业的广告媒体。

（一）合理匹配广告媒体

现代销售理论强调销售"消费者所需要的而不是企业能生产的"。

任何企业产品都有自己的消费者市场，要抓住、巩固消费市场，必须以消费者需求建立自己的产品特征。在广告活动中进行选择媒体时，应根据产品特征选择媒体。如消费者注重某产品的外观和细节,那么我们应选择艺术感染力强、失真率小的媒体(如电视、杂志等)。当消费者注重某产品的功能时,广告就应进行理性诉求,媒体选择就应重点选择报纸、杂志等媒体。

产品处于不同的生命周期,广告目标不同,媒体选择有差异。当产品处于投入期,广告目标就是创造品牌,广告对象主要是新的消费者,主要采用告知性广告策略,应选择关注率高、传播速度快的媒体(如电视、报纸、网络等)。当产品处于成长期,广告目标就是打败竞争者,往往采用向大众劝说性策略,应该选择相应主流媒体进行组合,并结合各种促销形式,抢占消费市场。

因此媒体选择时应充分考虑到产品的生命周期,据周期特点和目标任务而定。

(二)深度细分目标市场

发布广告的目的无非是把广告信息传递给目标消费者,因此应该选择媒体受众与产品的目标消费者比较吻合的媒体。

当前广泛使用定位理论的市场环境下,要求企业对消费群体进行更为深入细致的细分。

由于单一大众媒体的广泛性覆盖无法直接面对精准细分后消费者群,未来的企业广告投放策略必然应该关注开发各种媒体的优点,整合用之。

如大众媒体与分众媒体是互补的,互相融合、互相渗透。

企业既要利用大众媒体广泛的传播性、发行渠道完善、传播迅速、时效性强等优点,有效塑造企业品牌形象,又要借助分众媒体以其特殊的传播形态、针对企业的精确细分消费群,与其进行深度沟通,才是增强品牌美誉度与忠诚度的有效方式,也是对大众媒体广告有益的、必要的补充。

泰国是个常年炎热的国家,几乎没有人穿西装,可是泰国裁缝业却是非常流行的行业,在当地,大部分的裁缝店做广告都会选择户外广告,虽然看到广告的人很多,但是真正的顾客不多。

可是泰国有个叫Narry.com的裁缝店却不同,它明白自己的主要客源是外国人和游客,它的广告发布在到达当地航班所提供的杂志和旅游手册中,使得刚到当地的游客就知道其裁缝店。它的成功之处在于它懂得深度细分、充分考虑顾客与媒体的相适度,了解谁是自己的"目标消费者",更知道如何有效地利用有限的预算将广告信息传达到消费者手中。

(三)创新使用大众媒体

近年来国家加大对广播频率资源和电视频道资源的优化配置和专业化的改革,形成了专业性、多元化、多层次的收听收视平台。目前,全国已开办广播节目2416套,其中,经济、交通、音乐、资讯等专业广播节目450多套。开办电视频道1279个,其中,影视、体育、少儿、生活等专业化频道560多个。

广播、电视等传统媒体频繁地调整栏目节目内容和形式本身就是对重新受众定位的迎合。因此企业应根据媒体受众的调整选择更为精准的电视频道、报纸版面、广播频率进行分众传播。

自从DELL公司15年前在全球率先推出了互联网直销的经营模式之后,DELL一直在寻找一种更新的方式跟消费者进行沟通,创新使用大众媒体,仅仅用一年的时间,DELL在美国就聚集了350万的粉丝,并创造了超过1000万美金的营业额,这是一个非常庞大的数字。为了把这些成功的经验移植到中国来,DELL选择了与人人网合作,利用真实的用户社交关系进行好友互动,分享DELL品牌及产品信息,并通过好友新鲜事、分享、通知等SNS传播,不断提升消费者对DELL产品及品牌的认知和喜好。为了"让戴尔在人人扎根"，DELL在人人建立了公共主页——DELL潮流旗舰店，以此为核心与消费者进行了多维度的沟通，将"DELL小人"置于游戏场景中，借此DELL公共主页曾在一天内就获得了10万粉丝。

在欧洲，宝洁公司正在为一种新的洗发水展开广告攻势。

这种新的去屑洗发水带有柑橘香味，旨在吸引更多的青少年和女性消费者。

为了宣传这个新洗发水的"气味"特点，宝洁公司制作了大量能散发香味的海报张贴在伦敦。海报上一位年轻的女子一头秀发随风飘扬，上面有"请按此处"字样。按一下，就有一股柑橘香味飘出，海报底部，一条广告语写着："感受倾心柑橘的芳香"。时代变迁，消费者越来越喜欢新颖的事物，越来越愿意尝试新奇的东西，宝洁这种打破常规宣传方式，采用新的手段，为企业赢得了更多的忠实消费者。

（四）充分利用组合媒体

网络平台上适用于实力雄厚大企业的针对某一产品特定时间段推出广告的新媒体——富媒体（由2D及3D的Video、Audio、HTML、Flash、DHTML、JAVA等组成效果，这种广告技术与形式在网络上的应用需要相对较多的频宽），以及适用于制造、服务、教育培训、医疗、招商等中小企业的新媒体——窄告（客户投放的窄告直接投放到与之内容相关的网络媒体上的文章周围，同时窄告还会根据浏览者的偏好、使用习性、地理位置等信息，有针对性地将窄告投放到真正感兴趣的浏览者面前），都能让人们在愉悦的互动中触摸广告。手机作为受众随身携带的广告载体，可以随时随地发送广告信息，而发展势头锐不可当的博客、微信，更被认为是一种全新的信息发布空间。

对经营生产快速消费品的企业而言，关注新兴媒体组合，正确投入，将产生意想不到的效益。

企业应当根据自身特点和目标客户群的触媒习惯对新兴媒体进行选择和有机组合，以应对公众普遍的反感广告情绪，紧密贴近目标客户群。

1986年1月23日，广州百事可乐汽水厂投产，4月份就占领了广州市场，月销量达到2000多吨。之所以取得如此业绩，正是因为他们采取了行之有效的媒体组合策略。首先派业务员穿着百事可乐工作服在各个销售点张贴商标广告，紧接着他们又以"百事好味道，全球都赞好"为口号，配以有实物图案的广告画进行宣传，并在市内选择了5个地点进行免费赠饮活动，又及时投放一批印有"注意交通安全，百事可乐汽水厂"的太阳伞到交通岗上。此外，他们还赞助了社会公益事业和群众性活动。在这次广告活动中，他们采用了广告画、POP广告伞等载体，而且组合得相当成功，所以才能在极短的时间就打开并占领市场。

（五）适时调整广告策略

企业广告策略不可以一直没有变化，而是应该根据产品的生命状态，以及营销环境的改变适时调整广告策略。

一件产品在市场上的销售情况和获利能力不是一成不变的，随着时间的变化，原本适合产品的广告策略也许就不再适合这件产品。其次，一成不变的广告策略，企业的行为几乎是可以预知的，当对手能预知你的策略时，也就是制胜你的关键了。

所以企业要根据消费者触媒习惯的改变，适时调整广告策略，不断地把消费者重新拉回有效的广告影响范围内，以达到良好的传播效果，进而使企业广告资源达到最优配置，平衡投入产出比。

（六）巧妙运用避强策略

企业要清楚地了解竞争对手以往和现在的媒体策略，包括媒体选择、媒体组合及媒体收效等，既要了解当前竞争者，又要注意潜在竞争者。

第二节　广告宣传推广制度

制度1：广告宣传管理办法

××公司标准文件		××有限公司 广告宣传管理办法	文件编号××-××-××	
版本	第×/×版		页　次	第×页

1　目的
为了加强、规范公司的广告宣传管理，最大限度地发挥作用，特制订本管理办法。
2　适用范围
适用于公司销售的广告宣传方面工作。
3　执行者
3.1　总经理。负责广告宣传计划及费用的审批。
3.2　销售副总经理。负责广告宣传计划及费用的审核。
3.3　市场部。
3.3.1　负责广告宣传方案的制订、媒体选择、费用报销、广宣用品的制作、广告宣传活动效果评估。
3.3.2　负责进行公共关系的维护。
3.4　财务部。负责对广告宣传费用进行资金支持和财务监督。
4　管理办法
4.1　公司广告宣传工作如下图所示。

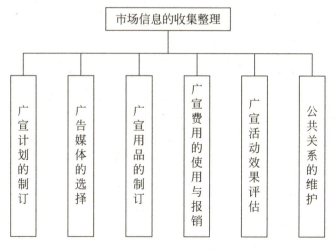

公司广告宣传工作

4.2　市场信息的收集整理。各片区经理负责市场信息收集整理，并报总部审核与备案。
4.3　广告宣传计划的制订。

××公司标准文件		××有限公司 广告宣传管理办法	文件编号××-××-××	
版本	第×/×版		页　次	第×页

4.3.1 广告宣传计划的制订流程如下图所示。

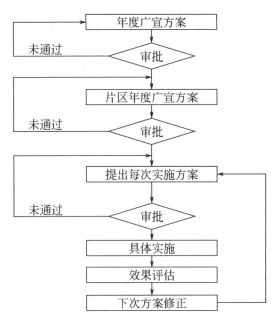

广告宣传计划的制订流程

4.3.2 年度广告宣传计划。
（1）市场部根据公司的销售战略和目标，本着提高品牌知名度、用户忠诚度和达成年销售目标的原则，每年12月20日之前制订全国市场的下一年度广告宣传计划，经销售副总经理审核与公司总经理批准后执行。
（2）市场部组织对每次广告宣传活动进行评审，以便为下一次活动打下基础。每次广告宣传活动方案和评估报告交公司市场部备案。

4.4 广告媒体的选择。
4.4.1 广告媒体选择流程如下图所示。

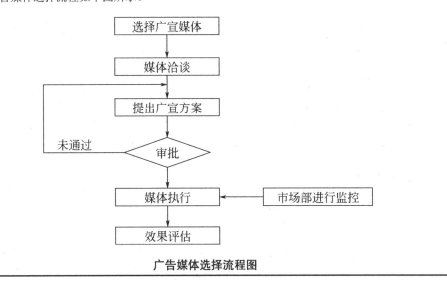

广告媒体选择流程图

续表

××公司标准文件		××有限公司	文件编号××-××-××	
版本	第×/×版	广告宣传管理办法	页 次	第×页

4.4.2 选择广告宣传媒体：在广告宣传的年度计划中，选择出公司全年主要的合作媒体，媒体主要有行业杂志媒体、报纸媒体、电视媒体、网络媒体等。
　　特殊情况下市场部根据广告宣传的要求及时选择所需的广告宣传媒体。
4.4.3 媒体洽谈：每次广告宣传活动前，市场部与媒体进行洽谈，讨论商定广告宣传的各项事宜。
4.4.4 提出广告宣传方案：市场部提出广告宣传方案并得到媒体的确认。
4.4.5 审批：市场部提交广告宣传促销方案，经过销售副总经理审核和公司批准后执行。
4.4.6 媒体执行：媒体负责审批后的广告宣传方案具体实施，市场部对全过程进行监控。
4.4.7 效果评估：媒体执行合同半个月内，市场部负责广告宣传方案的实施效果评估，效果评估报告销售副总经理及总经理，同时在市场部内备案，具体见4.6。
4.5 广告宣传用品的制作。
4.5.1 广告宣传用品的制作流程如下图所示。

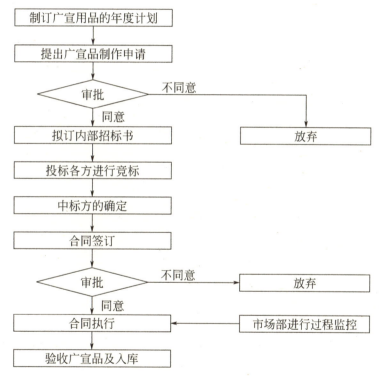

广告宣传用品的制作流程

4.5.2 制订广告宣传用品的年度计划。
（1）每年12月20日之前，市场部制订广告宣传用品的年度计划，根据计划提出广告宣传品制作申请，并报销售副总经理和总经理审批。
（2）市场部根据制作需要拟订内部招标书。
（3）投标方根据招标要求进行简单的招标，提出广告宣传用品制作材料、规格、日期和费用等。
（4）市场部初步确定中标方，报销售副总经理审核和公司批准。
（5）中标方按合同要求进行广告宣传品制作，市场部对制作过程进行监控。
（6）市场部负责按照合同对成品进行验收，未达到要求不予接受。

××公司标准文件		××有限公司	文件编号××-××-××	
版本	第×/×版	广告宣传管理办法	页 次	第×页

(7) 市场部负责把验收合格的广告宣传品进行入库。发放时执行《管理与发放办法》。

(8) 若片区需要，经理填写"印刷品及制作类广告宣传申请表"报市场部，经销售副总经理审核和公司总经理审批，进行片区印刷品及广告宣传品的制作。

4.6 广告宣传费用的使用与报销。广告分为电视广告、报纸广告、杂志广告等，促销活动分为全国性和片区性促销活动。这些广告宣传的分类和费用分配比例详见《促销活动管理标准》。

4.6.1 广告宣传费用。销售公司内部广告宣传费用的使用具体执行《广告宣传管理标准》。

4.6.2 广告宣传费用的报销。

（1）广告宣传费用的报销流程如下图所示。

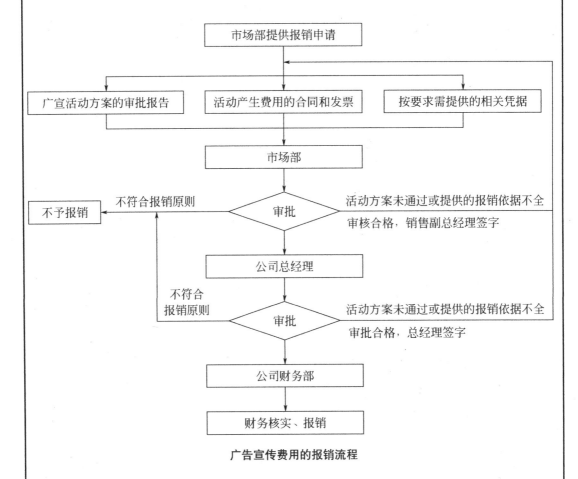

广告宣传费用的报销流程

（2）广告宣传费用的报销。

——市场部向销售副总经理提出报销申请，附活动产生费用的相关合同和发票及按要求需提供的相关凭据，并附上广告宣传活动方案审批报告。

——销售副总经理审批通过后，交公司。

——公司总经理审批通过后，交财务部进行核算、报销。

——市场部及时做好广告宣传费用的统计工作，填写"每月台账"并存档。

4.7 广告宣传活动效果评估。

续表

××公司标准文件		××有限公司	文件编号××-××-××	
版本	第×/×版	广告宣传管理办法	页次	第×页

4.7.1 广告宣传活动效果评估流程如下图所示。

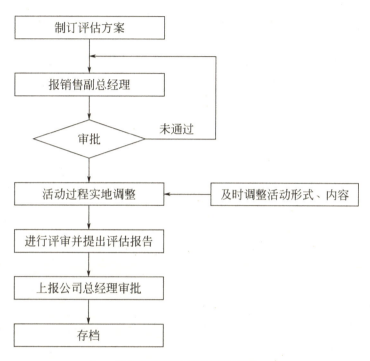

广告宣传活动效果评估流程

4.7.2 广告宣传活动效果评估。
（1）在制订广告宣传活动的同时，市场部负责评估方案报销售副总经理进行审批。必要时可以聘请专业市场调研公司对广告宣传活动进行效果评估。
（2）审批通过后，市场部负责在活动过程中按评估方案对效果进行现场调查、评估，并及时调整活动的形式、内容以期达到预期要求。
（3）活动结束后，市场部负责对整个过程及效果进行评审，写出评估报告，同时提出下次广告宣传活动的修正方案，上报公司总经理审阅。
（4）市场部对所有广告宣传活动的资料存档。
4.8 公共关系的维护。
4.8.1 公共关系的维护流程如下图所示。

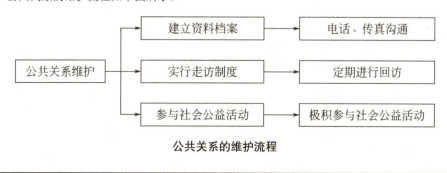

公共关系的维护流程

××公司标准文件		××有限公司	文件编号××-××-××	
版本	第×/×版	广告宣传管理办法	页　次	第×页

4.8.2　公共关系的维护
（1）市场部汇总建立有关公共关系的档案，不定时地通过电话、传真调查表等形式保持联系。
（2）片区经理每月定期组织对其负责的公共关系、客户进行走访，了解需要及收集其提出的意见和建议，加强公司与其之间的沟通联络，每月28日上报本月的情况。
（3）公司根据各地情况，配合销售积极参与社会公益活动，服务于广大群众，提升公司品牌形象。

5　本管理办法外涉接口
5.1　《广告宣传品的管理与发放办法》。
5.2　《广告宣传管理标准》。

6　记录表
6.1　印刷品及制作类广告宣传申请表。
6.2　大型宣传、公关活动申请表。
6.3　媒体宣传申请表。
6.4　每月广告宣传费用台账统计。

拟订		审核		审批	

制度2：公司广告设计、制作、发布管理办法

××公司标准文件		××有限公司	文件编号××-××-××	
版本	第×/×版	公司广告设计、制作、发布管理办法	页　次	第×页

1　目的
为适应公司发展需要，充分发挥公司对外宣传的积极作用，规范管理，树立良好的形象，特制订本办法。

2　管理部门及职责
2.1　公司对内外广告设计、制作、发布由市场部负责日常管理。平面设计师为主要工作联系人，负责对内外设计意向需求登记，市场部负责人对平面设计师提交设计需求做出审批、审核并由平面设计师进行平面设计。
2.2　市场部负责人指定平面设计师负责相关信息资料、素材图文的收集，对客户提供的资料进行整理工作，并对内容的真实性、准确性和时效性负责。

3　管理规定
3.1　原则。
3.1.1　公司对内外广告设计、制作、发布管理遵循统一管理负责的原则。
3.1.2　公司对内外广告设计、制作、发布秉承重点面向社会宣传公司信息和服务，树立公司品牌形象，建立公司口碑宣传，提升终端销量的原则。
3.1.3　本办法是对内外广告设计、制作、发布进行管理的主要依据。
3.2　设计内容要求及制作、发布程序
3.2.1　在公司对内外广告设计、制作、发布应严格履行审核程序，未经审核的信息不得制作和擅自发布。
3.2.2　公司发布广告有关信息必须遵守国家有关规定，涉密及禁止广告宣传信息不得发布。
3.2.3　公司对内外广告设计、发布范围如下。
（1）所有产品资料设计。包括：产品画册、产品折页、宣传单张、记事笔记本、便笺纸、信笺、信封、胸牌等。
（2）促销活动物料设计。包括：DM单、吊旗、地贴、海报、X展架、桁架喷绘、标价签、爆炸贴、横幅等。
（3）公司官方网站、微信、微博、软件等设计图片。

××公司标准文件		××有限公司 公司广告设计、制作、发布管理办法	文件编号××-××-××	
版本	第×/×版		页 次	第×页

（4）所有礼品类设计。包括：台历、精油、旋转拖把、地垫、水杯、雨伞、帐篷、气球、抽纸盒、咖啡壶、钥匙扣等。

（5）公司文化宣传类设计。包括：文化墙、宣传栏、宣传标语、部门牌等。

（6）所有媒体广告设计。包括：电视媒体广告、网络媒体广告、杂志、报社媒体广告等。

3.2.4 广告设计要求。提供设计需求后需确定信息真实性，及时与需求人沟通，确定后在规定时间内完成设计需求。设计完成及时再次与需求人确定设计信息，明确是否需要公司制作等要求。

3.2.5 广告制作与发布程序。平面设计师完成广告设计后，经部门经理审核方可统一对外发布制作，涉及公司重大事项的广告信息报请总经理，经批准后方可发布。

3.3 广告设计、制作、发布管理。

3.3.1 平面设计师负责人应及时跟踪信息，及时根据回复情况给予设计需求人答复处理。

3.3.2 任何人未经市场部和公司授权，不得随意对内外私自发布广告信息，禁止平面设计师私自在上班时间承接社会广告设计，一经发现，给予降级、辞退处理。

3.3.3 凡是违反规定擅自通过各种渠道发布广告信息，给公司造成损失的，公司对相关人员有权追究责任。公司保留法律诉讼权利，并对相关责任人进行降级、辞退处理，并追究法律责任。

广告制作与发布流程如下图所示。

```
        设计需求人提供详细信息
              ↓ 提供信息
          市场部平面设计师
              ↓ 设计整理
          市场部经理  ──提交重大事件──→  总经理
              ↓ 审核修订                    ↓ 审核
              ←──────── 定稿 ──────────────
              ↓
           平面设计师
              ↓ 发布
        广告公司制作或网络广告发布
              ↓ 跟踪广告公司制作时间
           广告公司制作
              ↓ 跟踪
           验收广告品
```

广告制作与发布流程

拟订		审核		审批	

制度3：广告宣传管理标准

××公司标准文件		××有限公司 广告宣传管理标准	文件编号××-××-××	
版本	第×/×版		页　次	第×页

1　目的

　　企业由小到大、由弱到强、由不知名到知名都与企业的广告宣传工作有密切的关系，一方面可以扩大影响，拓展市场创立名牌产品、名牌企业和企业名人，另一方面通过广泛的社会宣传，社会舆论的监督，提升企业的形象，完善产品质量，促进企业文化的建设，增强企业的凝聚力，使企业越来越大、越做越强，由此特制订企业广告宣传管理标准。

2　广告宣传工作内容

　　2.1　广告形式。

　　2.1.1　电视广告。电视广告的分类十分广泛，常用的有以下4种。

　　（1）电视短片：可以宣传企业内部建设或介绍某项新产品。

　　（2）新闻、简讯：可以宣传企业内部的新发明、新创造、突出人物等。

　　（3）产品专题广告。

　　（4）赞助活动：如赞助某项电视节目，如焦点栏目、电视剧、电视晚会、竞赛活动的转播等。

　　2.1.2　报纸、杂志、书籍、图片（挂历）等平面媒体。

　　（1）行业杂志：如《专用汽车》、《商用汽车》等，主要突出行业领先地位和技术水平。

　　（2）区域报纸：宣传企业理念，塑造名牌。

　　2.1.3　网络信息。包括建设企业网站，发布企业的信息，如企业的大型活动、新产品推广、企业领导人讲话、企业管理理念、生产动态、市场情况变化、市场导向等。

　　2.1.4　其他广告。如城市广告标语、横幅、彩气球、墙体广告、灯箱、路牌、宣传赠品。

　　2.2　以上四种广告宣传方式需申办者提供可行性调查报告、详尽的市场分析，主要提供的数据有电视收视率、报纸杂志的发行量、网站的点击率、预计销售额的提升量及品牌的市场占有率等相关数据资料，报销售副总经理和财务部审批后执行。广告宣传结束后10天内向营销部反馈活动情况报告，达到提高广告宣传力度的目的。

　　2.3　促销活动。

　　2.3.1　商业性赞助某项活动，包括活动的所有参与者和场所，扩大影响，提高知名度。

　　2.3.2　公益性赞助活动。如救灾捐款、扶贫助学、修造城市公益性设施等，通过对社会的关爱来获得社会的关爱。

　　2.3.3　独立举办某项社会性的广泛参与性的竞赛或娱乐活动。娱乐自身、娱乐他人、寓教于乐、提升自己、扩大影响、推广企业、推广产品、培育企业文化。

　　2.3.4　售后服务。质量宣传等专题性的促销活动。

3　广告宣传工作的资金

　　3.1　由于公司目前推行的是直销政策，因此广告宣传除了企业投入资金以外，各部门也应该与企业共同参与对企业及产品的宣传，包括技术文章发表、企业宣传稿件发布、企业文化活动开展、社会公益活动参加等。

　　3.2　企业投入广告宣传工作的资金是一个变量，这个变量是随着企业的知名度的不断提高而变化的。它的一般变化曲线是：较少→较多→平稳过渡→加大投入→平衡过渡。企业创业之初，没有资金实力和精力进行较多的广告宣传投入，当企业发展到一定阶段需要向上冲刺的时候，这时需进行较大的全方面广告宣传投入（以产生立体效应），以期对市场和用户有一种强烈的冲突力，加深社会对企业和产品的印象。随着企业走上正轨各方面需平衡过渡一段时期，以总结经验检查目标与措施是否背离企业的发展方向，然后进行适当调整以确定下一个更新更快更高的发展方向，这时也需要进行较大的投入稳固和提升企业的形象，使企业有一个质的飞越。随着企业的发展产品产量的递增，广告宣传工作投入的回报是一个由低到高的发展渠道，在产品成本的体现方面是由占很大比例到较少比例到可以忽略不计。

　　3.3　投入广告宣传工作的资金应与企业的产品销售额挂钩，否则会成为企业发展的桎梏。目前我们企业正处于关键发展阶段，需要考虑企业实际和行业运作特点，再进行广告宣传的投入。根据企业的实际情况，进行广告宣传资金费用预算。

4　广告宣传工作的资金使用途径

　　4.1　根据广告宣传工作的手段和分类，确定企业广告宣传资金使用途径即各类活动的投放比例。

　　4.2　一般情况下，公司广告宣传投放的比例如下。

　　4.2.1　大型会展活动占资金总额的60%。

续表

××公司标准文件		××有限公司 广告宣传管理标准	文件编号××-××-××	
版本	第×/×版		页　次	第×页

4.2.2　报纸杂志等平面媒体广告占资金总额的10%。
4.2.3　网络信息占资金总额的5%。
4.2.4　其他广告宣传占资金总额的25%。

5　广告宣传工作的具体实施办法

企业的广告宣传工作应随企业的发展变化而变化，应起到顺应形势推波助澜的作用，应分阶段分步骤地进行。

5.1　由市场部担当广告宣传工作，对企业的广告宣传工作进行详尽的策划、论证，提出可行性方案，再交由相应部门实施。

5.2　制订年度工作计划。由市场部根据企业的实际情况拟订年度工作计划，作为指导企业全年广告宣传工作的依据。要有定性和定量的分析，条理清楚、措施明确、方案得当、效果明显。

5.3　有单项活动的详尽工作方案。提出的广告宣传工作个案都必须是经过认真分析论证，进行效果预测，能真正起到作用的优秀的广告宣传策划行为。要有计划，并对阶段性效果进行检查，按计划实施，最后总结的一个完整的过程。全过程市场部进行有效监控，每项工作落实到具体的责任人。

拟订		审核		审批	

制度4：广告费管理办法

××公司标准文件		××有限公司 广告费管理办法	文件编号××-××-××	
版本	第×/×版		页　次	第×页

1　总则

1.1　为了确保公司预算目标的实现，以公司整体利益最大化为出发点，并使日常经济活动有效控制在预算范围之内，同时为了加大××集团广告费的管理力度，既满足日常经营工作的实际需要又能厉行节约、降低成本，特制订本办法。

1.2　广告费是指××集团各成员单位为反映公司形象、做好公司营销进行宣传而发生的合理广告费支出。其成本发生受广告费年度预算制订及调整、相关费用项目收取管理办法、广告费管理环节的控制、广告代理环节的控制等一系列流程的影响，从可控性来看，属于可控成本。

1.3　本办法中的广告费管理范围包括媒体宣传费和POP制作费两大类。

1.4　广告费成本控制目标为：集团各成员单位广告费年度预算总额，经分解后各项费用月度预算额度。

1.5　××集团各成员单位营业管理部为广告费归口管理部门，对其使用标准和总量控制负责。总量指标考核××集团各成员单位广告费归口管理部门负责人；分解后指标考核各使用部门负责人。

1.6　本规范适用的范围为××集团股份有限公司及各成员单位。

1.7　××集团各成员单位营业管理部负责人为本规范执行的责任人，相关部门负责人及具体责任人为本规范实施主体。集团及其各成员单位计划财务部为本规范执行的监督考核机构；集团及其各成员单位人力资源部为本规范执行考核奖惩机构。

2　广告费年度预算制订及调整管理办法

2.1　广告费年度预算的申报。

2.1.1　集团及其各成员单位的使用部门应根据集团年度全面预算的整体安排，申报本部门年度广告费预算明细，填写年度广告费预算分解表。

2.1.2　营业管理部应根据以前年度广告费实际使用情况，本年度各单位、各使用部门业务量变动情况，对各单位、各使用部门申报的广告费预算进行审核，本着成本节约的原则，制订全集团年度广告费预算。

2.2　广告费年度预算的审定。

2.2.1　集团及各成员单位计划财务部对已经营业管理部核定的广告费年度预算进行综合平衡和审定。核对的参考依据为广告费与销售收入的比例、市场广告价格等历史数据。

2.2.2　年度广告费预算应在规范和控制费用支出的原则下，确定集团各成员单位的预算总额，并按集团最终批准的全面预算额度执行。

续表

××公司标准文件		××有限公司 广告费管理办法	文件编号××-××-××	
版本	第×/×版		页 次	第×页

2.3 广告费年度预算的分解。

2.3.1 集团及各成员单位的计划财务部和集团各成员单位营业管理部对已经批准的广告费年度预算进行分解，根据历史数据以及可预见的业务量的变动情况分解到月。

2.3.2 集团各成员单位营业管理部应在分解后的额度内使用广告费。

2.4 广告费年度预算的调整。一般情况下不得对广告费年度预算进行调整，但若经营情况变化较大、市场广告成本价格发生较大变动等确需进行调整的，由集团及各成员单位计划财务部根据全面预算相关规定程序进行调整。

3 相关费用项目收取管理办法

3.1 申请使用范围及原则。

3.1.1 花车：在集团各成员单位卖场设有柜台的供应商积压商品特卖，对于无柜位的厂商原则上不能使用。

3.1.2 POP制作及支架：在集团各成员单位卖场设有柜台的供应商，可申请领用POP支架；在有大型促销或新品宣传活动时可申请制作POP。

3.1.3 中厅及正门外活动：须是世界500强、全国知名品牌或我公司3A级供应商经营的品牌；在集团各成员单位卖场设有柜台的供应商可申请正门外活动。

3.1.4 发放外来宣传品：在集团各成员单位卖场设有柜台的供应商及与本集团有合作协议的经营单位。

3.2 花车、POP制作及支架、中厅及正门外活动、发放外来宣传品等收费标准、允许发放地点、管理要求等具体工作程序，可参照集团各成员单位营业管理部《花车使用管理办法》《POP制作及支架管理办法》《中厅及正门外活动管理办法》《发放外来宣传品管理办法》。

3.3 申请程序。

3.3.1 花车、POP支架、POP制作申请程序。

（1）柜长填写《××集团特卖花车申请表》、《××集团POP支架申请单》、《××集团POP制作申请单》→区域经理签字→集团各成员单位营业管理部负责人签字→集团各成员单位营业管理部文员开出交款小票→供应商（或柜长）就近交至收款台→收银员收款后将POS流水单粘贴到交款小票第一联→集团各成员单位营业管理部文员在特卖花车、POP制作、POP支架明细表中进行登记→集团各成员单位营业管理部策划室统一安排位置→厂商领取花车。

（2）到集团各成员单位营业管理部策划室领取。

（3）由集团各成员单位营业管理部策划室制作。

3.3.2 中厅及正门外活动。申请活动的单位，需提前两周到集团及各成员单位营业管理部领取《××集团中厅、正门外活动申请表》→区域经理签字→活动方案及活动效果图一起交集团及各成员单位营销策划室审批登记→主管总经理审签→由集团及各成员单位营业管理部文员开具交款小票→各申请人员交至集团及各成员单位计划财务部出纳处→集团各成员单位营业管理部文员在中厅、正门外活动明细表中进行登记。

3.3.3 申请单位应提前一周提出并填写《××集团发放外来宣传品申请表》→集团各成员单位营业管理部审核→主管总经理签批→集团各成员单位营业管理部文员开具交款小票→各申请人员交至集团及各成员单位计划财务部出纳处→集团各成员单位营业管理部文员在发放外来宣传品明细表中进行登记。

3.3.4 对花车、中厅特卖活动、正门外活动、外来宣传品卖场悬挂、POP制作、POP支架等各项费用的收取标准，报集团各成员单位计划财务部备案。

3.3.5 对应收取的各项费用明细每月底由集团各成员单位营业管理部报集团及各成员单位计划财务部，集团及各成员单位计划财务部负责对各项费用的收取情况进行核对，发现责任心不强造成漏收、收取不及时等现象应呈报集团及各成员单位人力资源部，根据公司相关制度进行处罚。

4 广告费管理环节的控制

4.1 包括范围。

4.1.1 POP制作费包括内容：印刷、喷绘、布展、刻字、牌匾制作、POP制作等费用。

4.1.2 媒体宣传费包括内容：电视、报纸、广播等通过新闻媒体对外宣传发生的费用。

4.2 集团各成员单位营业管理部负责人对业务的真实性、效果及合同价格负责。合同或费用预算不报审或已报审但未批准就安排执行及超预算发生费用由经办人负责。

注：集团及各成员单位对外整体形象宣传、整体进行造势、支持卖场建设、支持二三级市场网络建设等大型活动方案，须由集团事业发展部审核。

续表

××公司标准文件		××有限公司 广告费管理办法	文件编号××-××-××	
版本	第×/×版		页次	第×页

4.3 预算审批流程。
4.3.1 合同审批流程。广告费单笔支出金额在3万元以上的须签订书面合同，审批程序参照《××集团合同管理办法》执行，并将合同原件留存集团及各成员单位计划财务部一份。
4.3.2 费用预审审批流程。集团各成员单位营业管理部在每次营销活动前，将《活动广告费预算表》或《广告费用报审表》及营销企划书上报集团及各成员单位计划财务部审核，并将营销企划书留存集团及各成员单位计划财务部一份。
4.4 广告费的收取流程。
4.4.1 对以从货款中扣除方式交纳：由集团各成员单位计划财务部相关会计人员根据合同或《××集团促销活动扣款明细表》规定直接从货款中扣除。
4.4.2 对以现金方式交纳：由集团各成员单位计划财务部相关会计据合同或《××集团促销活动扣款明细表》开具交款小票，由供应商交至集团及各成员单位计划财务部出纳处。
4.5 广告费的付款流程。
4.5.1 营业管理部文员填写《付款申请单》附审批完毕的《活动广告费预算表》或《广告费用报审表》及正式发票、明细、广告代理商开户行、账号、付款金额等票据及信息→按权责核决表审批程序进行签批→集团各成员单位计划财务部付款。
4.5.2 收集、评估、反馈策划活动效果，填写营销活动总结，总结包括投放效果、费用开支等情况。
4.6 促销活动的礼品由营业管理部与供应商协商确定，并且应利用××商业零售业的优势，在促销活动结束后据实际发放情况结账。礼品的结算价格最高不得超过供应商给我公司正常商品的价格。若所发礼品单项或单次金额在三万元以上的，应参照我公司《合同管理办法》的相关规定执行。
4.7 对交纳的各项广告费，要求开具公司统一定额发票的客户，须持交款小票（收款收据）第三联在扣款（现金交纳）后一个月内到集团计划财务部发票管理员处换取（发票管理员将此联粘贴在定额发票存根联上）。

5 广告代理环节的管理办法
5.1 集团及各成员单位大楼户外整体广告、对外媒体宣传、POP制作等广告支出，均需对外公开招标广告代理商。
5.2 集团各成员单位营业管理部应建立广告代理商资料库，通过综合考虑价格、质量、信誉和服务等条件，推荐三家以上广告代理商，广告代理商的确定必须采取公开招标的形式，由集团各成员单位营业管理部会同集团事业发展部、集团审法室、集团计划财务部协商确定。
5.3 由集团各成员单位营业管理部与广告代理商签订委托代理协议，并对协议进行日常管理。在协议执行中，集团各成员单位营业管理部应配合集团计划财务部对代理协议的执行情况进行监控，发现问题应及时上报。集团各成员单位营业管理部协议管理人员应重点从以下三个方面监督协议的执行。
5.3.1 代理协议的有效期限。协议签订以一年为期限，在协议即将超过有效期限时应及时重新签订协议。
5.3.2 代理商是否按协议条款执行协议。如对方降低质量标准或调整费用标准时，应及时调整协议。如增加了未在协议中列明的种类或项目，应及时报集团计划财务部审批，否则我公司将不予以支付，集团计划财务部对代理协议价格合理性具有审核权。
5.3.3 所有资料由集团及各成员单位营业管理部协议管理员专人保管并定期存档。

拟订		审核		审批	

制度5：分公司广告费管理办法

××公司标准文件		××有限公司 分公司广告费管理办法	文件编号××-××-××	
版本	第×/×版		页次	第×页

1 目的
为控制成本、降低费用，提高广告投放效果，明确广告投放流程，特制订本办法，由各分公司遵照执行。
2 适用范围
适用于本集团下属各分公司广告费的管理。

××公司标准文件		××有限公司 分公司广告费管理办法	文件编号××-××-××	
版本	第×/×版		页 次	第×页

3 管理规定

3.1 广告费使用范围及额度。

3.1.1 使用范围。分公司的广告费应该用于广告宣传活动,包括报纸、杂志、广播、电视、网络、大型户外广告牌、车体广告、候车厅广告、墙体广告等媒介投放费用,以及相关的设计、策划费用,其他费用如展台和展柜、门头和灯箱、单页和画册等制作费用,不得计入广告费项目。

3.1.2 分公司广告费的额度为分公司主营业务收入的0.15%。分公司全年实际使用的广告费必须控制在全年主营业务收入的0.15%以内。任一时间点的年度累计广告费不能大于该时间点年度累计主营业务收入的0.15%。

3.2 广告费使用流程。

3.2.1 分公司广告费使用原则。分公司对广告费的使用要参照"预算审批、总额控制、按月考核"的原则,具体如下。

(1) 预算审批。预算审批有两层含义,一层是分公司对广告费的使用要做好计划,另一层含义是分公司的广告费使用要报集团审批。

分公司广告费用的使用首先要有年度规划,即在年初要根据分公司的销售预测规划广告费的使用金额、使用项目,规划好在每类媒体上的资金分配计划。

另外分公司要做好月度计划。每个月末分公司要向总部市场部上报下月的广告费使用计划,各项广告费计划要有使用明细,以便于总部市场部审核。

只有计划被批准后,分公司方可使用该广告费,其中计划内的20000元以内的项目由分公司总经理审批实施,20000元以上的项目需单独报至总部市场部审批。而对于计划外的项目,无论费用多少,都必须报至总部市场部审批。

(2) 总额控制。总额控制指分公司在做广告费计划时,必须严格控制广告费用实际发生的总额,及确保在任一时间点上,年度累计发生的广告费总额不超过该时间点分公司年度累计主营业务收入总额的0.15%。

总部市场部在审核分公司广告计划以及计划外报告时,将严格按照上述要求进行控制,杜绝分公司超支使用广告费。

(3) 按月考核。在每月末分公司在报下月费用计划的同时,必须同时向总部市场部上报本月广告费发生的明细,包括计划内发生的项目、计划外发生的项目以及由集团承担费用的项目。该项目按照权责发生制,即只要发生的费用,无论费用支付与否,都计入本月发生,大的项目分公司可以在多个月份分摊,但不可以跨年度分摊。

总部每月考核分公司的广告费使用情况,考核项目包括计划完成率、计划外费用比例、年度累计广告费使用比例等指标。

分公司必须真实准确上报广告费发生情况,该数据应该与分公司各报表中的数据一致,不得虚报或少报。

总部对分公司广告费使用的考核结果将直接反映在对分公司广告计划的审批和向集团申请费用的审批上。

3.2.2 分公司广告费使用流程。

(1) 广告项目由分公司市场部提出申请,由分公司总经理审核或者审批,其中是否为月度计划内项目和项目费用是否超过20000元,是分公司是否要将报告或合同报总部审批的两个重要指标。分公司不得事后补报申请,不得将项目拆分使得分公司自行投放。一经发现有以上情况,除了对分公司总经理进行通报批评、罚款等处罚措施外,在对分公司的广告费支持上也有相关的处罚措施。

(2) 分公司使用广告费的流程示意图如下页图所示。

3.2.3 分公司使用广告费过程中要注意的相关问题。

(1) 广告项目评估。分公司市场部必要要对申报的项目负责,明确投放的目的、价格水平、比较成本等,并做出预期效果评估,确保费用得到正确和良好地使用。

(2) 组织洽谈,确定价格。根据集团相关文件规定,业务洽谈必须由两人或者两人以上参与,参与洽谈人需在合同申报表中签名。在条件允许的情况下,尽可能采用招标或者比价的方式,确保能够取得最低的价格。

××公司标准文件		××有限公司 分公司广告费管理办法	文件编号××-××-××	
版本	第×/×版		页　次	第×页

（3）起草合同。使用公司的格式合同，包括《媒体广告发布业务合同》《户外广告发布合同》等，如无特殊情况必须采用该格式合同，也可以根据需要领取印刷好的格式合同。

（4）合同申报。计划内的广告项目费用在20000元以内的申报至分公司总经理。计划内20000以上以及计划外的所有项目均需申报至总部，分公司在合同和申报表上加盖骑缝章后传真至多媒体市场部。

（5）广告内容。这里指电视广告Beta带或数字带、平面广告的菲林或光盘设计稿、户外广告的光盘设计稿。分公司必须严格把握广告的内容，确保广告的内容符合广告投放的目的。如果总部对于广告内容有特别要求的，需以总部的要求为准。

（6）广告监测和检查：广告发布之后，分公司需对广告的发布情况进行检查，如发现广告没有按照合同要求进行发布的，要尽快通知广告公司进行确认，并按照合同要求进行补播或者延长发布时间。

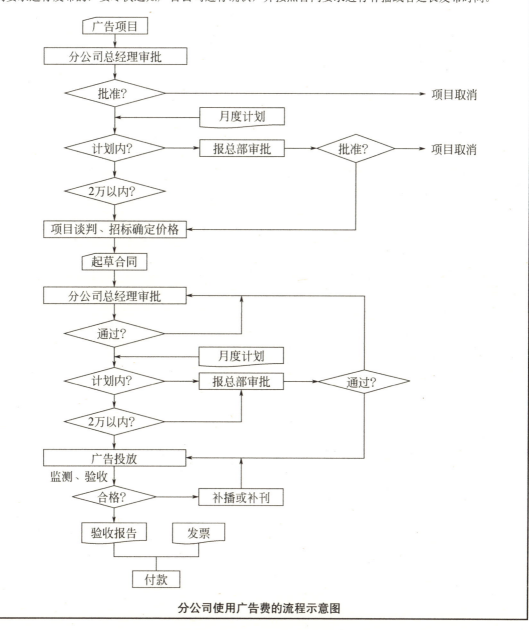

分公司使用广告费的流程示意图

续表

××公司标准文件		××有限公司	文件编号××-××-××	
版本	第×/×版	分公司广告费管理办法	页 次	第×页

(7) 广告验收。广告验收是付款的依据，只有验收合格的广告才能支付款项。相关验收资料由广告公司提供，由分公司对其真实性进行核实。不同的广告形式有不同的验收方式，具体如下。

——电视广告：电视台播出的广告要求有第三方出具的监测报告的原件，一般要求是A.C.Nielsen监测报告或者央视市场研究公司的监测报告。

——报纸、杂志广告：提供报样原件。

——电台广告：提供第三方监播或者节目录音带。

——户外广告：以照片和《户外广告验收表》进行验收，至少有不同角度或远近的照片两张，不可以采用打印的图片形式。《户外广告验收表》参见附件，由分公司市场部人员填写，总经理确认。

(8) 付款。只有验收合格并且对方提供发票后，方可申请付款。发票背面须有市场部经办人签名和分公司总经理的签名。付款原则上不采用现金方式，而以转账或者支票方式。分公司要做好资金预算计划，尽量按照计划付款。

3.3 总部对分公司广告费支持的管理办法。分公司在进行一些与集团形象相关或者项目比较大的广告项目时，可以由总部市场部申请承担部分费用，但是总部市场部承担各分公司广告费是有条件和额度的，具体如下。

3.3.1 各分公司可以向总部市场部申请广告费的额度。总部市场部每年将其总广告费（A）的10%拿出来用于支持分公司，具体分配主要依照以下4个参数。

(1) 本年度分公司高端产品销售任务比例（B）。

(2) 上一年度分公司花费的广告费（指分公司自身承担的部分）占分公司该年度可以使用的广告费（等于分公司主营业务收入的0.3%）的比例（C）。

(3) 上一年度所有分公司花费的广告费占所有分公司该年度可以使用广告费的比例（D）。

(4) 分公司本年度违规使用总部广告费的次数（E），每违规一次将额度减少10万元（违规项目包括但不限于所申请的项目与实际执行项目不符、所投放的广告内容与集团要求不符、转账手续不全或者伪造转账资料等）。

分公司全年可以获得的总部市场部的广告费额度（X）为：

$$X \leq A \times 10\% \times B \times \frac{C}{D} - E \times 10 \text{（万元）}$$

即只有上一年度在充分利用分公司自身广告费的条件下，才能获得总部更多的广告费支持。同样，本年度分公司对自身广告费的充分利用程度将直接影响到下一年度可以获得的广告费的多少。

分公司可以根据自身的实际需要向总部申请广告费，对于超出以上额度后将不再获得批准。

3.3.2 各分公司向总部市场部申请广告费的条件。分公司向总部申请广告费必须满足以下条件。

(1) 项目合理。一般来说，分公司申请的广告费应该用于提升品牌形象之用，对于常规的促销信息发布、分公司信息披露等，总部一般不予支持。

(2) 费用合理。分公司所申报的项目的价格应该合理，且累计申请的费用没有超过可批准的额度。

3.3.3 分公司向总部市场部申请广告费的流程。

(1) 分公司在向总部市场部申请广告费时，除了要在申请中写明所申请项目的资料外，还需附带分公司全年广告费使用计划、分公司累计广告费使用情况等资料，以便于审批。

××公司标准文件		××有限公司 分公司广告费管理办法	文件编号××-××-××	
版本	第×/×版		页 次	第×页

（2）分公司向总部市场部申请广告费的流程如下图所示。

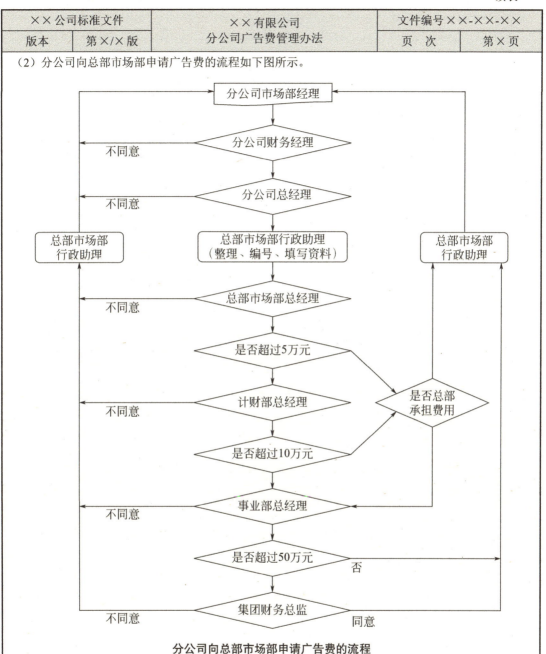

分公司向总部市场部申请广告费的流程

3.3.4 总部支持费用项目中应该注意的问题。

（1）分公司向总部申请的项目，只有在总部批准同意后才可以执行。对于分公司执行完或者已经在执行的项目，总部不予批准。如总部在不知情的情况下批准了该申请，总部也不予转单。

（2）分公司报告的项目中，对于总部承担部分费用的，分公司必须完成整个项目后，才可以转单回集团。如果分公司只执行了集团承担费用的部分而没有执行分公司自行承担费用的部分，总部将不予转单。

（3）分公司必须按照批准后的时间段执行项目，延期时间超过30天而未经总部同意的，总部将不予转单。

（4）总部承担费用的项目，广告内容必须符合总部的要求，特别是户外广告、电视广告等，必须采用集团统一规定的广告画面、广告带。对于内容不符总部要求的项目，总部不予转单。

（5）分公司完成项目后将费用转回总部时，手续必须齐全，具体如下。

××公司标准文件		××有限公司 分公司广告费管理办法	文件编号××-××-××	
版本	第×/×版		页次	第×页

——转账通知单：转账通知单上的项目必须填写完整明确，需有财务人员签名并加盖分公司财务专用章。

——转账原因：提供费用由总部承担的证明，如领导批复的报告、总部相关的文件等。

——费用支付证明：一般情况下分公司要对费用进行垫付，因此要提供银行转账单或者支票存根的复印件。

——发票：可以只提供由总部承担费用金额的发票，其余金额的发票分公司留存发；发票背面一定要有分公司市场部经办人签名、市场部经理签名以及分公司总经理的签名；发票上印章的名称要与合同中的乙方名称相同。

——合同申报表：必须按照要求申报。

——合同：要求提供一份双方签字盖章过的合同原件。

——项目验收报告：分公司必须提供报告及合同中涉及的所有项目的验收报告，而不是只提供集团承担费用部分。比如分公司申请发布5次报纸广告，其中3次费用由集团承担，那么分公司必须提供全部5次的报纸广告的样报，而不是3份。

——所有资料粘贴或者装订整齐。

对于手续不齐全的单据，总部将不予转单。

3.4 分公司户外广告管理办法。户外广告属于公司的形象广告资源，总部需要对该广告资源进行管理。

3.4.1 分公司户外广告的类型。总部统一管理户外广告，指广告发布时间在半年或半年以上的户外广告，既包括总部投放或者总部出费用户外广告，也包括分公司自行投放的广告。

（1）户外大牌：主要指市区繁华地段的楼顶、楼面的巨幅广告牌、霓虹灯或三面翻等平面媒体资源。

（2）路边立柱：主要指各种公路边的双面柱、三面立柱以及三面翻立柱形式的广告牌。

（3）售场外广告：指在各经销商卖场外投放的巨幅、灯箱以及门头广告。

（4）售场内广告：主要指商场内的包柱、灯箱、扶梯边等位置的灯箱或喷绘广告，包括展台或者店中店内的广告形式。

（5）候车亭：主要指公交车站牌。

（6）车身广告：主要指公交车身广告。

（7）墙体广告：特指在面向农村地区投放的，采用刷油漆、挂条幅或喷绘等形式的广告。

（8）其他：以上形式外的其他形式，如公交车内拉手广告、社区海报栏广告、电梯镜框广告等。

3.4.2 分公司户外广告选择指标。户外广告用于展现公司的品牌形象，因此在广告面积、视觉角度、视觉遮挡、视线干扰、视觉距离、人车流量和价格几个因素上进行评估，以保证广告投放的效果。

（1）广告面积。户外广告的面积越大，效果越显著，特别是对于室外的大牌。一般来说，在选择室外的广告时，广告面积应该不小于25m²。室内或候车厅等可以近距离观看的广告则不受此限制。

（2）视觉角度。视觉角度指广告牌正面朝向的人流通道上可以看到该广告牌的视野角度，视觉角度越大，传播效果越好。一般来说要求户外广告的视觉角度不能小于45°。

（3）视觉遮挡。选择广告形式时，要考虑广告牌是否被树木、建筑物等遮挡，被遮挡越多，效果越差。一般要求在画面正向50m的距离观看，画面被遮挡的面积不能大于总面积的20%。

（4）视线干扰。视线干扰是广告环境的指标，主要指周边广告牌的数量和大小。一般来说在广告牌周边50m范围内的大于或等于本广告牌面积的其他广告牌数量不宜多于5块。

（5）视觉距离。视觉距离指能看清广告画面的最远距离，该参数越大越好。一般来说，在广告面积25m²以上的广告牌的视觉距离不能低于300m。

（6）人车流量。人车流量是考核广告牌价值的一项重要指标，指在一段时间内（月）该广告牌的视觉距离和视觉角度内经过的人次和车次。一般要求月平均人流（车流）量不少于10000人（车）次。

（7）发布价格。价格是评估广告成本的指标，在满足1～6项因素的情况下，可以参考以下价格水平。

——一级城市（北京、上海、广州、深圳）：100～150元/m²。

——二级城市（省会及沿海发达城市）：60～100元/m²。

——三级城市（地级城市）：30～60元/m²。

——四级城市（县级城市）：10～30元/m²。

——乡镇墙体广告：5～10元/m²。

具体可以根据各地经济水平进行调整。

××公司标准文件		××有限公司 分公司广告费管理办法	文件编号××-××-××	
版本	第×/×版		页　次	第×页

3.4.3　分公司户外广告管理办法。
（1）分公司需做好对辖区内户外广告资源的管理工作，并报总部市场部备案，具体要求如下。
——广告内容：总部市场部会定期或不定期发布户外广告画面，分公司必须按照统一的要求发布广告内容，不得擅自根据自己的喜好设计。
——广告监控和维护：户外广告在发布一段后，可能会发生破损、褪色、褶皱、脱落等情况，影响品牌形象和发布效果，因此分公司必须定期或不定期对广告进行检查，如发生以上情况，必须尽快与广告发布公司联系，在最短时间内进行维护。
——广告档案：分公司为在使用中的广告资源建立档案和汇总管理表，详细记录各广告资源的投放时间、面积、位置、价格、到期时间及画面更换情况等，并及时更新。
（2）总部市场部将设置专门管理人员（兼职），定期收集整理分公司户外广告资源。分公司在收到反馈户外广告的通知后，必须在两日内将户外广告汇总管理表以邮件的形式发回总部市场部指定人员，请确认资料的准确和无遗漏。
3.5　分公司广告费报告格式。
3.5.1　分公司广告费在出现计划外费用、单项超过20000元的项目以及向总部申请费用支持的项目，必须向总部市场部提出书面申请。
3.5.2　申请报告中必须包括以下内容。
（1）费用类别：注明是分公司计划外项目、分公司权限外项目还是向总部申请费用支持项目，该类别可以复选。
（2）申请的背景或原因：如果是计划外项目，要说明超出计划的原因；如果是权限外或向总部申请费用的项目，需要说明申请的背景或原因。
（3）广告投放的具体排期：申请报告中必须写明广告投放的具体媒体名称、广告位置、投放时间和投放次数、刊例价、折扣、执行总价等项目，不得简单和笼统。其中各项目说明如下。
——媒体名称要填电视频道名称、电台名称、网站名称、报纸名称、杂志名称或户外广告的类型。
——广告位置要填写具体的电视、广播的节目的栏目和时段，杂志、报纸填写版位，网络填写频道名称，户外广告填写具体的街道号、建筑物名称与广告位置。
——规格填写电视广告长度，报纸和杂志填写版面大小（如1/3版），户外的填写尺寸，网络的填写广告位置。
——媒体指标要填写电视广告的收视率、广播的收听率、报纸和杂志的发行量、网络的浏览量和点击率、户外的人流量。
4　附件
4.1　分公司月度广告费计划表、实际发生汇总表。
4.2　总部对各分公司广告支持的额度。
4.3　户外广告验收表。
4.4　户外广告档案表及汇总管理表。
4.5　广告费申请报告的格式。

拟订		审核		审批	

制度6：广告宣传品制作管理办法

××公司标准文件		××有限公司 广告宣传品制作管理办法	文件编号××-××-××	
版本	第×/×版		页　次	第×页

1　目的
为加强公司宣传品制作管理，规范操作过程，提高工作效率，根据公司有关规定，特制订本办法。
2　适用范围
适用于公司所属各单位宣传品制作的审批、承印、审核与结算。
3　权责部门
3.1　行政部是宣传品制作管理的主管部门，其主要职责如下。

续表

××公司标准文件		××有限公司 广告宣传品制作管理办法	文件编号××-××-××	
版本	第×/×版		页次	第×页

3.1.1 负责集团内外部刊物、宣传画册、海报、横幅、广告用品等宣传用品的制作。
3.1.2 负责定点印刷厂、广告公司的招标管理工作。
3.1.3 负责向定点广告公司下达宣传品制作任务。
3.1.4 负责宣传品制作的质量管理工作。
3.1.5 负责宣传品制作的价格审核工作。
3.2 分子公司是本单位宣传品制作的承办部门，其主要职责如下。
3.2.1 负责本单位宣传品制作的统筹规划及业务申请工作。
3.2.2 负责本单位印刷品、宣传品的制作。
3.2.3 负责本单位印刷品、宣传品的质量、数量的验收工作。
3.2.4 负责本单位印刷品、宣传品制作经费的报销工作。
3.3 部门（中心）是本单位业务范围内宣传品制作的承办部门，其主要职责如下。
3.3.1 负责向行政部提供宣传品制作业务联系单，业务联系单内容要求填写及时、完整、准确。
3.3.2 负责本单位业务范围内印刷品、宣传品的制作。
3.3.3 负责本单位业务范围内印刷品、宣传品的质量、数量的验收工作。
4 管理规定
4.1 分子公司、部门（中心）海报、横幅、广告用品等宣传用品的制作，结合实际需求，报物资计划，由行政部分管领导审核后，分、子公司方可自行制作。
4.2 定点印刷厂、广告公司必须凭印刷品、宣传品制作业务联系单办理印刷品、宣传品制作业务，紧急需要的印刷品、宣传品制作可先制作后审批，但必须在3天内补办印刷品、宣传品制作审批单。
4.3 举行大型活动宣传广告，由举办部门打专项活动经费预算报告，由行政部分管领导审核、总经理审批后，方可制作。在填写申请单内容一栏时一定要填写清楚，一旦制作就不能随便更改，如果造成重新制作的费用由申请部门承担。未经审核批准而制作，一切后果由制作部门负责人承担责任。
4.4 分子公司、部门（中心）在收到宣传物料后，要严格按申请单要求进行验货，确保质量和数量。若在接收宣传物料时发现破损、缺失或与要求不符时，可拒收，或注明实收货物明细，并通知行政部，由行政部处理、协调、补发及赔偿事宜。
4.5 定点印刷厂、广告公司负责上门取稿、上门校对、上门送货、上门悬挂、上门拆卸（条幅除外）。
4.6 有特殊要求的印刷品、宣传品制作，需经行政部同意，总经理审批后，可由使用部门另选印刷厂或广告公司制作，制作价格由使用部门、行政部一并与厂家协商确定。
4.7 本着谁用谁保管的原则，每次活动临时悬挂的宣传广告及横幅，必须在活动完后由活动主办方或悬挂部门按时撤掉（临时悬挂横幅最多挂3天）。
4.8 行政部负责集团本部宣传品制作经费的结算，分子公司负责本单位宣传品制作经费的结算。
4.9 宣传品制作经费每季度结算1次，结算时间为下季度15日前。大型专项活动宣传品制作经费单独结算，结算时间为每次活动结束后15日以内。每年的宣传品制作经费必须在12月15日前结算完毕。

拟订		审核		审批	

制度7：公司广告宣传用品管理规定

××公司标准文件		××有限公司 公司广告宣传用品管理规定	文件编号××-××-××	
版本	第×/×版		页次	第×页

1 目的
为了规范公司广告宣传品的管理与发放，使其更加科学与合理，塑造良好的公司形象，特制订本制度。
2 范围
2.1 适用于相关部门或人员广告宣传品领用程序及具体领用广告宣传品所必须履行的手续。
2.2 适用于公司所有部门人员。
3 职责
3.1 总经理及相关部门经理负责广告宣传品发样的审批。
3.2 相关部门或人员对所领用广告宣传品及所造成的后果负责。

××公司标准文件		××有限公司 公司广告宣传用品管理规定	文件编号××-××-××	
版本	第×/×版		页次	第×页

3.3 市场部负责广告宣传品的发放及广告宣传品的日常管理工作。

4 细则

4.1 广告宣传用品的管理。

4.1.1 按计划验收入库。凡验收入库的广告宣传品必须要有经主管部门和公司领导批准的审批报告，库管员按批准报告上的数量、要求、价格等验收入库，如与报告不符可以拒绝入库并及时向部门领导反映。

4.1.2 广告宣传品的保管应严格按照物资管理办法执行。

（1）坚持分类摆放、分类管理的原则。坚持先进先出、后进后出的原则，避免广告宣传品的积压，力争做到广告宣传品及时到位，减少公司的损失。

（2）坚持账卡物相符、账账相符的原则。每种广告宣传品必须要建立管理卡片及时上账、下账，要做好收发月报交公司财务存档和库管存档。建好广告宣传品台账，要求名称、数量、规格、出入库时间、收发单位要清楚，同时要求每月底26日前将上月结转、本月收发、本月库存填写盘点表交公司财务。所有的账、卡、物、表，要做到账账相符、账物相符。

（3）坚持广告宣传品的合理存放原则，注意保管的物品防潮、防霉变、防腐蚀。

（4）坚持广告宣传品仓库整齐、清洁、通风、干燥。

（5）坚持广告宣传品的安全存放原则，注意防火、防盗。

4.2 广告宣传投放流程。

4.2.1 常规媒体广告投放流程。

（1）范围：在投放前无需签订投放协议的报纸、电视、电台、网站的广告以及人员流动率较大的区域门店、各市区主干道、城中村出入口，制作门头招牌、店内广告。

（2）流程。具体流程如下图所示。

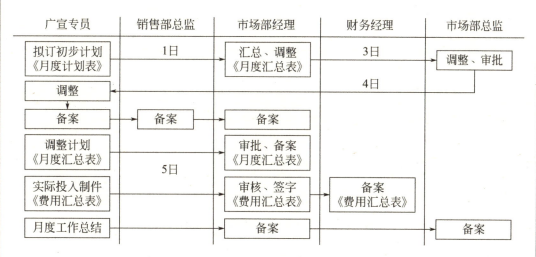

常规媒体广告投放流程

——根据市场状况，结合阶段销售策略和历史投放效果分析，并在听取销售部意见的前提下，由广告宣传专员于每月1日前制订次月的《广告宣传月度计划表》交市场部经理审核。

——市场部经理根据统一对外宣传要求，对内容、版面、时间进行调整，市场部经理根据各公司《广告宣传月度计划表》制成《广告宣传月度汇总表》，每月3日前回复至广告宣传专员，由广告宣传专员每月5日前交报市场部总监审核，审核通过后由市场部经理备案。

——如因市场推广活动或媒体特惠及关系需要而对当月计划做临时性调整，日期、版面规格、媒体调整应由广告宣传专员签字，说明变更原因，在投放前两日报市场部经理备案。如当月调整部分增减金额超5000元或增加，广告宣传专员需报市场部总监备案。

——每月5日由广告宣传专员提交上月广告总结，交市场部经理、市场部总监，由市场部总监备案。

续表

××公司标准文件		××有限公司 公司广告宣传用品管理规定	文件编号××-××-××	
版本	第×/×版		页 次	第×页

4.2.2 非常规媒体广告投放流程。
（1）范围：自行开展主题活动、厂家支持活动及各类路演，需签订投放协议的媒体，户外广告媒体。
（2）流程。具体流程如下图所示。

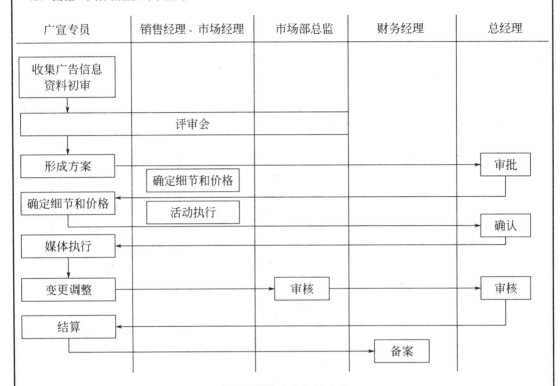

非常规媒体广告投放流程

——公司全体员工均可为广告宣传专员提供非常规广告信息和资源，由广告宣传专员进行资料初选，优选意向合作项目召集、召开评审会。
——评审会由广告宣传专员、销售经理、市场部经理、市场部总监出席（2000元以内可不出席），建议在销售周例会上由销售顾问进行集体方案评审，由销售经理提供方案介绍活动情况（如活动方案一目了然，也可直接评审），由评审会确定是否参加，以及参加的时间和形式。如属活动的，填写《活动审批表》；如属制作的，由广告宣传专员列清明细和报价；如属其他形式的，填写书面报告，并由广告宣传专员和部门经理签字。
——由广告宣传专员将评审结果报市场部总监审批，超过2000元（含2000元）的在市场部总监审批后，报总经理审批。
——审批通过的方案由广告宣传专员和市场部经理共同与活动提供方敲定细节，并开展价格谈判。最终确定的价格，由广告宣传专员和市场部经理签字确认（2000元以内：活动以广告宣传专员《月度市场推广活动计划表》和《活动审批表》进行审核备案，制作报价表审核备案）。
——形成的最后协议报总经理确认，协议由广告宣传专员留存。
——在活动期间，因促销需要发生项目增减导致总价改变时，应由广告宣传专员向市场部总监汇报审核，超过20%的报总经理审核，在决算时，作为补充附件。如预算时费用不超审批权限，决算时费用已超审批权限，在决算时应按审批权限报上级审批，并说明超支原因，超支不得超过预算40%，如超支40%应重新进行方案申报。
——广告费用在10000元以内由副总经理进行签批。广告费用在10000元以上（含10000元）需报董事会批准。

××公司标准文件		××有限公司	文件编号××-××-××	
版本	第×/×版	公司广告宣传用品管理规定	页次	第×页

4.3　广告宣传用品申请流程。

4.3.1　广告宣传物料管理。广告宣传物料管理共分为6个阶段：申请提报、审核、费用预算、制作、签收、使用。

（1）申请提报：销售部人员根据需求由各部门向市场部提报物料申请，市场部物料负责人填写申请表。

（2）物料申请审核：市场部物料负责人将填写的申请表报销售总监、市场总监进行审核，审核人员要根据活动实际情况判定是否进行制作及增减。

（3）广告宣传物料费用预算：销售总监、市场总监根据活动效果核算投入比例，决定是否制作及制作数量。

（4）广告宣传物料的制作：广告宣传经理在保证质量的前提下要注意节省费用，广告宣传经理要进行质量把关。

（5）签收：广告宣传专员在收到物料后要进行签收，交由市场部物料负责人备档保存。

（6）使用：根据物料使用规范要求进行使用，市场部给予监督使用到位情况。

4.3.2　公司礼品箱管理。礼品箱管理共分为6个阶段：申请提报、审核、费用预算、制作、签收、发放。

（1）申请提报：相关部门根据需求由各部门向市场部提报物料申请，市场部物料负责人填写申请表。

（2）申请审核：市场部物料负责人将填写的申请表报总经理进行审核，审核人员要根据活动实际情况判定是否进行制作及增减。

（3）费用预算：根据活动效果核算投入比例，帮助决定礼品是否制作及制作数量。

（4）制作：在保证质量的前提下要注意节省费用，相关人员要进行质量把关。

（5）签收：接收人在收到物料后要进行签收，备档保存。

（6）发放：根据礼品箱需求进行发放，并登记备查。

4.4　广告宣传品制作流程及财务付款流程。

4.4.1　广告宣传品制作流程如下图所示。

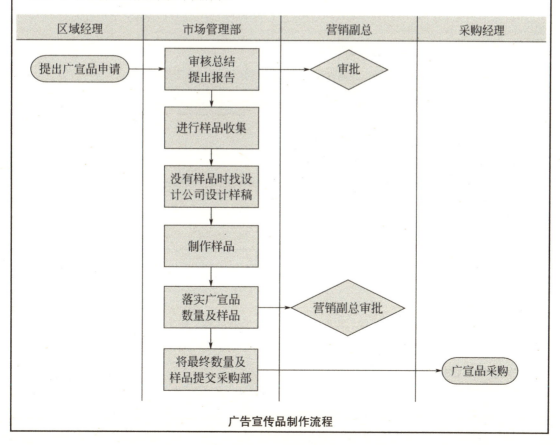

广告宣传品制作流程

续表

××公司标准文件		××有限公司	文件编号××-××-××	
版本	第×/×版	公司广告宣传用品管理规定	页　次	第×页

4.4.2　财务付款流程。付款流程如下图所示。

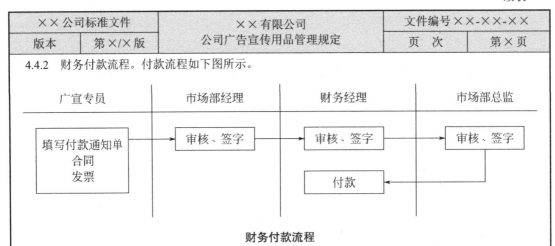

财务付款流程

（1）常规媒体付款周期为3个月，物料、礼品及活动付款周期为1个月，付款当月由广告宣传专员根据《费用汇总表》信息，填写费用报销单，报副总经理签字，需提前付款的应由广告宣传专员写明原因，报副总经理。

（2）非常规媒体付款周期视合同约定，付款由广告宣传专员附合同，填写费用报销单，报副总经理签字（汇总统算的最长不得长于一个季度），付款由广告宣传专员根据发票信息，填写费用报销单，报副总经理签字，再报财务经理签字。

4.5　广告宣传品的发放。

4.5.1　严格按照投放计划指标投放。严格按照公司年初确定的广告宣传经费指标量控制发放，超支不发。

4.5.2　广告宣传品下发需经销售副总审批。结合客户需求和公司广告宣传品的实际库存以及经费的控制指标进行审批，保证照顾全面突出重点。

4.5.3　广告宣传品发放应建立台账，账目必须清楚。

4.5.4　广告宣传品发放情况的检查。

（1）每位销售人员必须建立广告宣传品收发明细账，明确广告宣传品的最终去向。

（2）销售人员必须快速及时把广告宣传品投向客户终端。

（3）销售人员不得随意扣压、变卖公司投放的广告宣传品，公司检查一经发现将给予涉及金额5倍的罚款。

5　附件

《广告宣传品需求申请单》。

拟订		审核		审批	

制度8：广告宣传促销物资管理办法

××公司标准文件		××有限公司	文件编号××-××-××	
版本	第×/×版	广告宣传促销物资管理办法	页　次	第×页

1　目的

为了加强广告宣传物料管理，合理利用有限资源，扩大宣传效果，提升品牌形象，促进销售增量，结合现阶段广告宣传物料管理的实际情况，特制订本办法。

2　适用范围

适用于本公司全体驻外营销人员及代理商。

3　管理规定

3.1　计划管理

续表

××公司标准文件		××有限公司 广告宣传促销物资管理办法	文件编号××-××-××	
版本	第×/×版		页次	第×页

  3.1.1 广告宣传物料计划管理。每季度第一个月上旬，驻外营销人员征询代理商意见，代理商结合自身安排的促销活动计划，编制下一季度广告宣传物料需求计划报营销管理部审核，总经理批准。营销管理部汇总代理商需求计划，编制下一季度广告宣传物料制作计划，报总经理审批后交市场推广部审核制作。

  3.1.2 平面印刷品计划管理。每季度第一个月上旬，驻外营销人员征询代理商意见，代理商结合自身安排的促销活动计划，编制下一季度平面印刷品需求计划报营销管理部审核，总经理批准。营销管理部汇总代理商需求计划，编制下一季度平面印刷品制作计划，报总经理审批后交市场推广部审核制作。

  3.1.3 市场推广部根据公司促销活动总体安排和新品上市推介计划，编制季度或年度广告宣传物料和平面印刷品制作计划，报总经理批准后安排制作。营销管理部根据市场推广部提供的广告宣传物料或平面印刷品清单，结合代理商年度销售品种、销量及促销活动计划，分配代理商广告宣传物料或平面印刷品数量随车发运给代理商。

  3.2 广告宣传物料及平面印刷品制作合同管理

  3.2.1 市场推广部根据需求下达广告宣传物料或平面印刷品制作计划流程单，并明确工艺要求、制作质量、交货时间等要素，由行政部统一发放标书，采用价格比较法方式进行招标制作。

  3.2.2 行政部代表公司，按照市场推广部制作计划流程单要求与中标单位签订广告宣传物料或平面印刷品制作合同。

  3.2.3 制作公司在批量制作前，应提供样品交市场推广部评审，报总经理确认，市场推广部对总经理确认后的样品进行封样，并妥善保管样品，用于收货时作为验收标准的比对依据。

  3.2.4 该批广告宣传物料或平面印刷品合同制作完毕后，将合同和所有与合同有关的资料按批次装订成册保管备查。

  3.3 广告宣传物料或平面印刷品出入库及在库管理

  3.3.1 广告物料或平面印刷品的入库管理。

  （1）广告宣传物料或平面印刷品入库，必须严格按照合同规定和封样标准验收，认真核查和清点品种、规格、质量和数量是否与合同规定一致，如遇与合同或样品要求不符的，或质量有问题的暂不予入库，市场推广部应及时协调，提出处理意见和措施，达成共识。如处理未果，应及时将处理意见和措施向主管领导或总经理报告，执行主管领导或总经理裁定意见。

  （2）对验收合格的广告宣传物料或平面印刷品，应及时入库并妥善保管。入库时必须将物品以"大不压小、重不压轻"的原则，分类、分批次摆放整齐，便于出库和月底盘存。

  （3）广告宣传物料或平面印刷品管理人员，必须建立电子台账和手工台账，做好库房管理工作。

  3.3.2 广告宣传物料或平面印刷品的在库管理。

  （1）库管人员做好入库物资的保管工作，防止物料受潮、变形和损坏，确保物料清洁无污。

  （2）每月末库管人员对在库物资进行一次盘存，做到账、卡、物相符，同时将盘存情况上报营销管理部备查。如库存账与实存不相符时，库管人员应先查找原因，无果时，应立即向销售公司总经理汇报，说明情况，经同意后，方能调账处理，使其账物相符。

  3.3.3 广告物料或平面印刷品的出库管理。

  （1）广告宣传物料或平面印刷品出库，必须见经主管领导签字确认后的出库单方可出库。

  （2）库管人员凭出库单按"先进先出"原则发放，确保广告宣传资料的时效性，同时妥善保管出库依据，按时间顺序每月装订成册并妥善保管。

拟订		审核		审批	

制度9：终端广告制作管理制度

××公司标准文件		××有限公司 终端广告制作管理制度	文件编号××-××-××	
版本	第×/×版		页次	第×页

1 目的

  为统一企业形象，规范终端广告制作流程，进一步完善终端广告制作相关工作，明确工作职责，提高终端广告制作效率，特制订本制度。

××公司标准文件		××有限公司 终端广告制作管理制度	文件编号××-××-××	
版本	第×/×版		页 次	第×页

2 适用范围

适用于本公司下属各门店终端广告的制作。

3 名词解释

终端广告包括：门店门头广告、店内外灯箱、店内包柱、挂厨、电梯广告、端架画面制作、经销商自有车身广告等。

4 管理规定

4.1 终端广告制作中各部门或人员的职责

4.1.1 市场部：负责终端广告制作的计划、组织，广告画面的设计、审核，合同审核。

4.1.2 各省区经理：负责门店选择、广告具体位置选择，负责终端广告门店谈判与后期维护。

4.1.3 销售公司：负责审核各省区所申报的门店合理性和门店陈列费用投入的合理性。

4.1.4 市场专员：门店和广告具体位置审核；制作合同签订；具体制作实施；费用核报和日常维护。

4.1.5 采购课：价格审核。

4.1.6 财务课：负责广告预算控制，负责对广告费用核销，合同评审。

4.2 终端广告制作申请条件

4.2.1 除特殊情况外，终端广告制作所选门店必须同时符合以下要求。

（1）门店申请范围：KA及A类门店，样板市场和重点市场的B类门店。

（2）终端广告制作的门店销售要求如下。

——直营门店：月平均销售额（年度销售额月平均）在10000元以上。

——经销门店：月平均销售额（年度销售额月平均）在5000元以上的。

——申请电梯、过道形象制作的门店，费用超过5000元以上的，直营门店月销售必须在4万元以上，经销门店必须在20000元以上，或门店年度无其他陈列费用投入。

4.2.2 为确保终端形象制作费用能在更长的时间内发挥作用，特对制作后的陈列时间进行如下要求。

（1）制作金额在2000元以内的，我司产品陈列必须在9个月以上（必须包括春节期间）。

（2）制作金额在2000元以上的，确保我司产品免费陈列在1年以上。

（3）省区要利用终端形象制作争取免费陈列，但无论免费还是投入费用，都必须确保陈列时间按要求执行。未达到此要求的，市场专员必须立即报告，公司将追究相关门店责任人和主管的经济责任，且制作费用将划拨由各区域自行承担。

4.2.3 对于门店内具体广告位置的选择。

（1）位置要求：主通道或我司相关产品主货架陈列区。

（2）对于位置不符合要求的，市场专员可拒绝制作，并有权要求销售人员予以调整，因此而导致制作时间延误或费用浪费的，皆由门店销售人员承担相关责任或经济赔偿。

4.3 终端形象制作申报流程

4.3.1 年度申请。

（1）各区域必须按市场部规定的时间节点，以《终端形象制作申请表》提交年度终端广告制作计划，包括原终端广告的更新计划、预计新开客户（或门店）的终端建设计划，通过年度规划，初步确定终端广告制作的年度预算。

（2）市场部汇总各区域的终端广告制作计划，并进行审核，根据年度总费用，予以调整、汇总提交公司签批。

4.3.2 季度申请。

（1）年度费用审批后，由市场部按季度分配各省区终端广告制作的费用标准，市场专员以省区为单位，经省区财务和省区经理签字确认后，向市场部提交《终端形象制作计划申请表》，市场部汇同销售公司审核。

（2）特殊情况需要突破预算的，必须备注，由市场部审核。

续表

××公司标准文件		××有限公司 终端广告制作管理制度	文件编号××-××-××	
版本	第×/×版		页次	第×页

(3) 市场部将各区终端形象申请表汇总后，统一向公司提交申请，预算整体的季度终端形象建设费用，并将批复后的申请回传至各省区，市场专员按批复后的申请统筹安排各区域的终端形象制作。

(4) 市场专员必须按规定的时间节点完成制作。

4.3.3 临时申请。

(1) 由销售人员单独提交申请报告，附《终端形象制作计划申请表》，并注明临时增加的原因，市场专员审核后，交销售公司和市场部审核。

(2) 省区要加强季度规划，尽量避免临时申请。

4.4 形象制作谈判与合作规范

4.4.1 在终端形象制作过程中，市场专员必须选择2家以上制作单位进行谈判，并要求制作单位将谈判后的价格明细以书面的形式提报并盖章确认。

4.4.2 在确保质量的前提下，与较低价格的制作单位签订制作合同。

4.4.3 所有制作合同必须采用公司统一版本。

4.4.4 合同签订注意事项。

(1) 制作金额在1000元以内的，制作预付款不超过30%，余款待制作完成后一次性付清。

(2) 制作金额在1000元（含）以上的，合同预付款不得超过30%，其余款要求分两次付清，在制作完成后一个月内支付50%～60%，另10%～20%要求确保制作在3～6个月内无质量问题后方可支付。

4.5 制作合同会签与付款流程

4.5.1 合同会签流程。

(1) 1000元（含）以上的制作合同：市场专员将谈定的"制作合同"附"合同会签表"经各省区财务、省区经理确认后，提交市场部审核，并经采购科、财务科审核后，总经理签批，采购科必须于2个工作日内审核完毕，财务科、市场部、总经理3个工作日将合同审核会签完毕，市场部跟踪和回复各市场专员。

(2) 1000元以下的制作，无须经采购科和财务科审核，凭申请报告或公司已经批复的季度总计划表，经市场部审核和总经理签批后，即可盖章。

(3) 会签资料包括："合同会签表"、"申请报告"、"制作合同"、"2家或以上书面报价明细"、"现场设计效果图"与"陈列协议"。

4.5.2 预付款申请。

(1) 由市场专员填写"报销单"与"付款申请单"，经各省区财务、省区经理签字确认后，传真或邮寄至公司市场部，由市场部登记后统一办理付款（按财务付款流程付款）。

(2) "报销单"必附的材料包括："正式发票"、"一般合同会签表"、"制作合同"、"报价明细"、"现场设计效果"与"陈列协议"。

(3) 提交公司的报销单，在确认材料完整的情况下，市场部经理、总经理于2个工作日内签字完毕，财务于2个工作日内付款完毕。

4.5.3 余款支付申请。

(1) 由市场专员提前一周填写"报销单"与"付款申请单"经门店负责业代、各省区财务、省区经理签字确认后，传真或邮寄至公司市场部，由市场部登记后办理付款（按财务付款流程付款）。

(2) 在支付余款（除首批款外）时，"付款申请单上"必须有门店负责业代和省区经理对于"目前门店形象制作质量状况如何"的标注。

(3) "报销单"必附的材料包括："正式发票"、"一般合同会签表"、"制作合同"、"报价明细"、"实景照片或打印图"。

(4) 提交公司的报销单，在确认材料完整的情况下，市场部经理、总经理于2个工作日内签字完毕，财务于2个工作日内付款完毕。

续表

××公司标准文件		××有限公司 终端广告制作管理制度	文件编号××-××-××	
版本	第×/×版		页　次	第×页

4.6　终端广告申请与制作流程

终端广告申请与制作流程如下图所示。

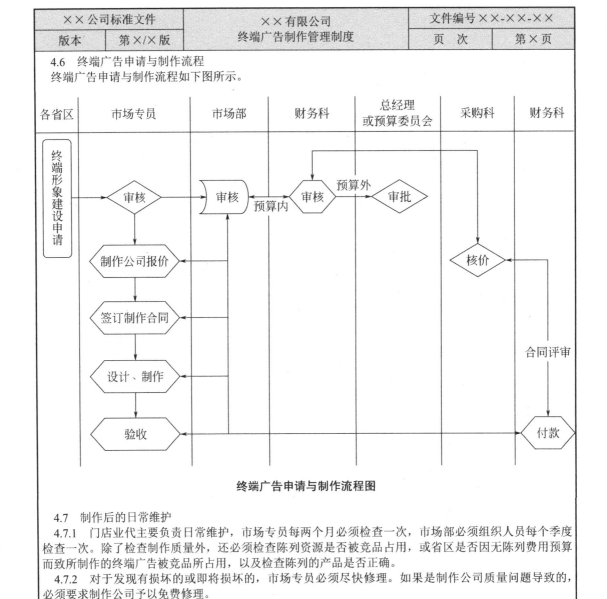

终端广告申请与制作流程图

4.7　制作后的日常维护

4.7.1　门店业代主要负责日常维护，市场专员每两个月必须检查一次，市场部必须组织人员每个季度检查一次。除了检查制作质量外，还必须检查陈列资源是否被竞品占用，或省区是否因无陈列费用预算而致所制作的终端广告被竞品所占用，以及检查陈列的产品是否正确。

4.7.2　对于发现有损坏的或即将损坏的，市场专员必须尽快修理。如果是制作公司质量问题导致的，必须要求制作公司予以免费修理。

4.7.3　在支付余款（除首批款外）时，"付款申请单上"必须有门店负责业代和省区经理对于"目前门店形象制作质量状况如何"的标注，如对有质量问题的，隐报、虚报、不报，则将追究其隐瞒责任。

4.7.4　对于终端广告制作维护不力的，则追究相关人员经济责任。

拟订		审核		审批	

第三节　广告宣传推广管理表格

表格1：广告预算表

广告预算表见表5-4。

表5-4　广告预算表

媒体	广告效率	单位成本	有效篇幅	频率		平常月份广告预算	旺季月份广告预算	其他配合促销预算	合计
				平常	旺季				
合计									

表格2：年度广告预算表

年度广告预算表见表5-5。

表5-5　年度广告预算表

费用	季度	第一季度			第二季度			第三季度			第四季度			占预算比例
		1	2	3	4	5	6	7	8	9	10	11	12	
媒体发布费用	电视													
	报纸													
	广播													
	杂志													
	路牌													
	网络													
制作费用	电视													
	报纸													
	广播													
	杂志													
	路牌													
	市场设备													
	POP、DM等													
	促销品													
	市场活动													
	合计													

表格3：年度广告费预算分解表

年度广告费预算分解表见表5-6。

表5-6　年度广告费预算分解表

部门名称：

项目	次数	单价	金额	月份			
				1	2	…	12
报纸							
电视							
广播							
厅内布置							
印刷品							
礼券							
喷绘							
挂旗							
包柱							
POP纸							
美工制作							
POP制作							
促销活动礼品							
周年庆典							
其他							
合计							

部门负责人签字：　　　　　　　　　　　　制表人：

表格4：媒体年度计划安排表

媒体年度计划安排表见表5-7。

表5-7　媒体年度计划安排表

媒体		季度	第一季度			第二季度			第三季度			第四季度		
			1	2	3	4	5	6	7	8	9	10	11	12
电视	央视													
	省卫视													
	凤凰													
	地视													
报纸	广播报													
	晚报													
	娱乐报													
	体育（专业）													
广播	交通台													
	音乐													
	新闻													
	娱乐													

续表

媒体		季度	第一季度			第二季度			第三季度			第四季度		
			1	2	3	4	5	6	7	8	9	10	11	12
杂志	经济类													
	娱乐类													
	休闲类													
	女性													
路牌	擎天柱													
	路牌													
	霓虹灯													
	地铁													
网络	新闻类													
	搜索													
	教育													
	娱乐													
其他														

表格5：广告投入申请表

广告投入申请表见表5-8。

表5-8　广告投入申请表

近2个月发货及回款状况（不足2个月以总量、时间为准）：
促销柜状况：
竞品销售促进和广告投入情况：
其他（效果预计等）：
简单描述当地媒体状况，并建议适合的投入方式及相关说明： 　　　　　　　　　　　　　　　　　　　　申请人：　　　　　　　　　　日期：
营销主管意见：
营销总监意见：

表格6：广告计划方案表

广告计划方案表见表5-9。

表5-9　广告计划方案表

实施项目	负责人	预估费用	时间/月											
			1	2	3	4	5	6	7	8	9	10	11	12
产品分析														
消费者购买分析														
市场规模和市场需求动向														
广告策略														
拟订广告表现计划														
广告制作														
媒体计划														
广告预算														

表格7：广告实施报表

广告实施报表见表5-10。

表5-10　广告实施报表

月份：

预定							实施			备注
目的			使用媒体	实施方法（期间）	预算	付款方式	广告代理商	期间	契约金额	
商品名	销售重点	目标								

表格8：大型展示会广告方案计划表

大型展示会广告方案计划表见表5-11。

表5-11　大型展示会广告方案计划表

实施项目	负责人	预估费用	时间/月											
			1	2	3	4	5	6	7	8	9	10	11	12
展示会目录														
展示会邀请对象及人数														
展示会时间														
展示会主题														
展示会诉求														

续表

实施项目	负责人	预估费用	时间/月											
			1	2	3	4	5	6	7	8	9	10	11	12
展会地点及场地布置														
展示人员训练														
各项宣传广告及印刷物制作计划														
赠品														
预计达成效果														
费用														

表格9：广告费申请报告

广告费申请报告见表5-12。

表5-12　广告费申请报告

分公司编号		总部编号		
分公司经办人		费用类别	□分公司计划外项目	
联系电话			□分公司权限外项目	
紧急程度	□紧急　□一般		□向总部申请费用支持	
申报日期	年　月　日	批复日期	年　月　日	

[关于××××的申请]

公司领导：
（申请的背景及原因）
因此，我分公司申请投放以下广告。
媒体类型：□电视　□广播　□户外　□网络　□杂志　□报纸　□其他____，具体投放计划如下。

媒体名称	广告位置	广告规格	媒体指标	刊例价	折扣	次数	总金额

以上项目总额共为_____元，该费用（以下可以复选）
□是我分公司本月计划外项目
□我分公司权限外项目
□申请由集团承担_____元，分公司自行承担_____元
妥否，请领导批示。

_____分公司
市场部经理：_____
财务经理：_____
总　经　理：_____
截至___月底，该分公司销售收入累计为_____万元，可使用的广告费为_____元，实际使用的广告费为_____元。截至目前集团已经支持该分公司的广告费_____元。（市场部行政助理填写）
领导批示：

表格10：广告画制作申请表

广告画制作申请表见表5-13。

表5-13 广告画制作申请表

经销商名称： 　　　　　　　　　　　　　　　地址：

编号	类别	级别	材质 建议	尺寸 cm	面积 m²	数量	总面积 m²	室内室外	备注	货运方式
1	店铺 球馆 户外		□背胶（□室内 □户外） □灯布（□留边 □打孔） □灯箱片 □其他	宽： 高：						□快递 □随货发 □单独发货
2	店铺 球馆 户外		□背胶（□室内 □户外） □灯布（□留边 □打孔） □灯箱片 □其他	宽： 高：						□快递 □随货发 □单独发货
（1）经销商需免费提供广告画位置，并承诺广告张贴最低期限为1年，同时必须承诺不可以用来张贴于非此经销点的位置否则将给予严厉惩罚 （2）需提供张贴位置的照片，并于照片上标出具体张贴位置 （3）经销商需承担广告画的运输及安装费用							经销商签名（盖章） 日期：　　年　月　日			

销售代表：　　　　　区域主管：　　　　　市场部主管：　　　　　批准：

表格11：制作横幅等宣传广告申请表

制作横幅等宣传广告申请表见表5-14。

表5-14 制作横幅等宣传广告申请表

　　　　　　　　　　　　　　　　　　　　　申请时间：　　年　月　日

申请部门		联系人	
申请事由				
宣传广告	横幅（　）　喷绘（　）　写真（　）　其他（　）			
宣传内容				
选用材料		规格	数量
安装具体位置		使用起止具体时间	
申请部门领导 审核意见	签章：　　　　　　　　　　　　　　　　年　月　日			
财务处 审核意见	签章：　　　　　　　　　　　　　　　　年　月　日			
主管领导 审核意见	签章：　　　　　　　　　　　　　　　　年　月　日			
备注	宣传内容的电子稿一份通过电子邮箱发送至××邮箱			

表格12：广告宣传图片设计、制作申请表

广告宣传图片设计、制作申请表见表5-15。

表5-15　广告宣传图片设计、制作申请表

地区：				申请人姓名及联系电话、QQ号、微信号：		
安装环境：□室内　　□户外				使用期限：□一周以内　□一周以上		
发布费用：□免费　　□收费，费用为：				期限为：		
安装地点：			尺寸/cm		数量：	
画面内容要求及理由：						
申请目的：　　□公司设计画面及效果图　　□公司设计并制作						
申请日期：　　　　达到时限：（请至少提前3天申请）						
材料：□写真　　□普通喷绘　　□高精度喷绘　　□写真裱纸板 　　　□写真裱KT板　□写真裱PVC板　□户外写真　　其他_____						
示意图及其他要求如下： 特别说明： 						
主任或代理商负责人签字：				年　　月　　日		
审批人签字：				年　　月　　日		
批准人签字：				年　　月　　日		
策划部确认签字：				年　　月　　日		
发货员签字：				年　　月　　日		

表格13：户外广告验收表

户外广告验收表见表5-16。

表5-16　户外广告验收表

广告牌类型	楼顶大牌□　　霓虹灯□　　巨型喷绘□　　立柱□　　墙体□		
广告牌位置			
广告发布单位		承制发布负责人	
上画时间		到期时间	
广告整体费用		分公司跟踪人	

续表

验收具体指标	地理位置描述：	优越□	较好□	一般□	差□	特差□
	广告整体效果：	优　□	良　□	一般□	差□	特差□
	画面内容是否符合总部发放的标准：	一致□	部分一致□	不一致□		
	CI标识：	标准□	不太标准□	不标准□		
	画面喷绘效果：	很清晰□	清晰□	一般□	差□	特差□
	颜色是否纯正：	纯正□	偏红□	偏绿□	偏紫□	其他□
	主要材料及工艺：					
	项目主体裂痕：	有□	无□			
	画面表面起泡：	有□	无□			
	配备灯具：	射灯□	内灯□	无灯□		
	亮灯情况：	很亮□	一般□	暗淡□		
验收意见	签名：					
分公司总经理确认	签名：					

时间：　年　月　日

表格14：广告费用分析表

广告费用分析表见表5-17。

表5-17　广告费用分析表

月　日至　月　日

媒体类别	广告媒体名称	广告次数	平均篇幅时间	广告费用	估计每次接触人数	总接触人数	每人次成本	广告选择性	广告效果	备注

表格15：灯箱片设置申请表

灯箱片设置申请表见表5-18。

表5-18　灯箱片设置申请表

市场：＿＿＿＿＿＿＿　　　填表人：＿＿＿＿＿＿＿　　　日期：＿＿＿＿＿＿＿

卖场名称	灯箱位置	数量	见光尺寸	实际尺寸	内或外打灯	有无合同	费用	现销量

其他要求	材质		封边	
	布线		灯光	
	到位时间			

邮寄地址、电话、联系人、邮编：

效果分析：

　　　　　　　　　　　申请人：　　　　　　　　　　日期：

经销商意见：

营销主管意见：

市场部意见：

表格16：广告投放效果评估表

广告投放效果评估表见表5-19。

表5-19　广告投放效果评估表

市场：＿＿＿＿＿＿＿　　　　　　　　　　日期：＿＿＿＿＿＿＿

广告投放方式	
执行监督结果	
是否按计划执行，其原因及对策	
消费者意见	
市场各类终端意见	
经（分）销商意见	
综合效果评估：	
建议：	

评估人：　　　　　　　　　　　　　　审核：

表格17：终端生动化检查表格

终端生动化检查表格见表5-20。

表5-20 终端生动化检查表格

店名	组合陈列	水平陈列	垂直陈列	端架陈列	交叉陈列	道具陈列	落地陈列	动感陈列	其他花式陈列	负责人	检查人
A商店（超市）											
B商店（超市）											
C商店（超市）											
D商店（超市）											
主要竞品陈列活化情况											
店名	组合陈列	水平陈列	垂直陈列	端架陈列	交叉陈列	道具陈列	落地陈列	动感陈列	其他花式陈列	负责人	检查人
A商店（超市）											
B商店（超市）											
C商店（超市）											
D商店（超市）											
与主要竞品陈列活化对比情况											
企业自身产品	组合陈列	水平陈列	垂直陈列	端架陈列	交叉陈列	道具陈列	落地陈列	动感陈列	其他花式陈列	竞争产品	
A商店（超市）											
										A商店（超市）	

表格18：宣传品强化执行复查表

宣传品强化执行复查表见表5-21。

表5-21 宣传品强化执行复查表

序号	强化点名称	地址	负责人	电话	宣传品数量	张贴效果	发放赠品	赠品签收	复查情况

市场： 片区： 执行人： 复查人： 日期：

表格 19：广告宣传品需求申请单

广告宣传品需求申请单见表 5-22。

表 5-22　广告宣传品需求申请单

申请区域			时间	
序号	广告宣传品	数量	要求发放日期	使用说明
1				
2				
3				
4				
经销商名称		联系电话		
发货方式		发货地址		
客户签名		办事处经理签名		
大区经理签名		总经理签名		

表格 20：户外广告发布申请表

户外广告发布申请表见表 5-23。

表 5-23　户外广告发布申请表

申请人：　　　　　　　　　　　　　　　　　申请日期：

发布地点			
所属地区			
月销量/万元			
计划发布时间			
制作期限			
计划费用总额			
经销商承担费用额度			
制作类型			
制作尺寸			
制作数量			
广告大小比例图			
发送地址			
联系人及电话			
广告位地理位置说明			
广告位陈列位置说明			
广告位不利因素说明			
广告效果预测			
区域、办事处负责人意见			
品牌中心意见			
董事长、总经理意见			

表格21：广告、宣传、展示品制作时限要求表

广告、宣传、展示品制作时限要求表见表5-24。

表5-24 广告、宣传、展示品制作时限要求表

类别	内容与要求	责任人	时限
广告喷绘（户外、门头）	制作申请、尺寸及内容说明：情况说明全面、清晰，尺寸内容准确无误，报品牌中心	办事处	
	内容审核，情况沟通，报审	企划	
	广告设计，情况反馈与确认；送喷绘公司	企划	
	喷绘制作，并托运至公司		
	广告宣传品入库，通知到货，核对，开具发货单，出库	物流部企划	
	托运	物流部	
展板、展品及通用宣传品制作与发放	收到要求，并确定是否制作，回复	企划	
	制作		
	入库、出库，安排托运，通知	企划物流部	
新海报、新宣传物品	季度计划或专题立项	企划	
	文案设计、修改，图案推荐	企划	
	审批确认	营销中心	
	平面设计、修改、定稿	企划	
	交付印刷，产品到仓	企划	
	按计划分配	销售部	
	托运	物流部	

表格22：日常宣传品领用制作申请表

日常宣传品领用制作申请表见表5-25。

表5-25 日常宣传品领用制作申请表

申请人： 填表日期：

事项名称	
情况说明 制作数量 内容要求	
发送地址	电话　　　　　收货人
要求发货时间	
办事处负责人意见	
品牌中心意见	
董事长、总经理意见	
备注	

表格23：媒体广告（广播、电视）发布申请表

媒体广告（广播、电视）发布申请表见表5-26。

表5-26 媒体广告（广播、电视）发布申请表

申请人：　　　　　　　　　　　　　　　填表日期：

发布媒体名称															
发布日期	年　月　日						样稿到市场期限								
计划费用总额							经销商承担费用额								
发布时间段位	段位1				段位2				段位3						
样带选择	＿＿版＿秒				＿＿版＿秒				＿＿版＿秒						
发送地址					电话				收货人						
媒体收视率															
辐射地区							辐射总人口								
该时段收视人群															
媒体发布不利因素															
发布时段单价	＿＿元/＿＿秒 ＿＿元/＿＿秒						该时段广告产品类别								
排播表		1	2	3	4	5	6	7	8	9	10	11	12	13	14	15
	段位1															
	段位2															
	段位3															
		16	17	18	19	20	21	22	23	24	25	26	27	28	29	30
	段位1															
	段位2															
	段位3															
办事处或区域负责人意见																
营销策划意见情况说明																
运营部意见																
品牌中心意见																
董事长、总经理意见																

表格24：终端形象建设申请表

终端形象建设申请表见表5-27。

表5-27 终端形象建设申请表

编号：

<table>
<tr><td rowspan="2">客户资料</td><td colspan="2">申请单位</td><td colspan="2">申请日期</td><td colspan="2">电话</td></tr>
<tr><td colspan="2">申请人</td><td colspan="2">职　位</td><td colspan="2">手机号码</td></tr>
<tr><td rowspan="14">申请内容分类明细</td><td colspan="7">专区申请
申请终端名称（全称）：_____
地址：_____
负责人名称：_____ 电话：_____
背景墙_____个，规格（高×宽）_____，单价_____元/m²，小计_____元
专柜_____个，单价_____元/个，合计____元</td></tr>
<tr><td rowspan="10">灯箱片、灯箱布、不干胶申请</td><td colspan="6">其中灯箱布____元/m²，不干胶____元/m²，灯箱片____元/m²</td></tr>
<tr><td>店名</td><td>地址</td><td>材料</td><td>规格（高×宽）</td><td>数量</td><td>室内、外</td><td>金额</td></tr>
<tr><td></td><td></td><td></td><td></td><td></td><td></td><td></td></tr>
<tr><td></td><td></td><td></td><td></td><td></td><td></td><td></td></tr>
<tr><td></td><td></td><td></td><td></td><td></td><td></td><td></td></tr>
<tr><td></td><td></td><td></td><td></td><td></td><td></td><td></td></tr>
<tr><td></td><td></td><td></td><td></td><td></td><td></td><td></td></tr>
<tr><td></td><td></td><td></td><td></td><td></td><td></td><td></td></tr>
<tr><td></td><td></td><td></td><td></td><td></td><td></td><td></td></tr>
<tr><td></td><td></td><td></td><td></td><td></td><td></td><td></td></tr>
<tr><td colspan="7">注：灯箱片、灯箱布、不干胶可多店同时申请</td></tr>
<tr><td colspan="7">专项申请</td></tr>
<tr><td>合计费用</td><td colspan="7">可用市场费用额度共计_____元，本次申请费用共计____元</td></tr>
<tr><td colspan="8">申请单位签名（盖章）：_____年__月__日</td></tr>
<tr><td rowspan="4">审批</td><td colspan="4">大区经理意见：

签名：_____年__月__日</td><td colspan="3">销售总监意见：

签名：_____年__月__日</td></tr>
<tr><td colspan="7">总经理审批意见：

签名：_____年__月__日</td></tr>
</table>

注：1.申请时请用电子版填写（除签字处），若以上未列明分类项目的，则在专项申请栏填写，如有特殊说明可用附件说明
　　2.自接到经销商申请之日起，将在7个工作日内予以回复
　　3.请将此表传真至本司市场部

学习总结

通过本章的学习，我对广告宣传推广有了以下几点新的认识：

1.＿＿＿＿＿＿＿＿＿＿＿＿＿＿＿＿＿＿＿＿＿＿＿＿＿＿＿＿＿＿＿
2.＿＿＿＿＿＿＿＿＿＿＿＿＿＿＿＿＿＿＿＿＿＿＿＿＿＿＿＿＿＿＿
3.＿＿＿＿＿＿＿＿＿＿＿＿＿＿＿＿＿＿＿＿＿＿＿＿＿＿＿＿＿＿＿
4.＿＿＿＿＿＿＿＿＿＿＿＿＿＿＿＿＿＿＿＿＿＿＿＿＿＿＿＿＿＿＿
5.＿＿＿＿＿＿＿＿＿＿＿＿＿＿＿＿＿＿＿＿＿＿＿＿＿＿＿＿＿＿＿

我认为根据本公司的实际情况，应制订以下制度和表格：

1.＿＿＿＿＿＿＿＿＿＿＿＿＿＿＿＿＿＿＿＿＿＿＿＿＿＿＿＿＿＿＿
2.＿＿＿＿＿＿＿＿＿＿＿＿＿＿＿＿＿＿＿＿＿＿＿＿＿＿＿＿＿＿＿
3.＿＿＿＿＿＿＿＿＿＿＿＿＿＿＿＿＿＿＿＿＿＿＿＿＿＿＿＿＿＿＿
4.＿＿＿＿＿＿＿＿＿＿＿＿＿＿＿＿＿＿＿＿＿＿＿＿＿＿＿＿＿＿＿
5.＿＿＿＿＿＿＿＿＿＿＿＿＿＿＿＿＿＿＿＿＿＿＿＿＿＿＿＿＿＿＿

我认为本章的内容不够全面，还需补充以下方法、制度和表格：

1.＿＿＿＿＿＿＿＿＿＿＿＿＿＿＿＿＿＿＿＿＿＿＿＿＿＿＿＿＿＿＿
2.＿＿＿＿＿＿＿＿＿＿＿＿＿＿＿＿＿＿＿＿＿＿＿＿＿＿＿＿＿＿＿
3.＿＿＿＿＿＿＿＿＿＿＿＿＿＿＿＿＿＿＿＿＿＿＿＿＿＿＿＿＿＿＿
4.＿＿＿＿＿＿＿＿＿＿＿＿＿＿＿＿＿＿＿＿＿＿＿＿＿＿＿＿＿＿＿
5.＿＿＿＿＿＿＿＿＿＿＿＿＿＿＿＿＿＿＿＿＿＿＿＿＿＿＿＿＿＿＿

第三部分　销售模式实用工具

第六章 销售渠道管理

引 言

在一定程度上，渠道是企业制胜市场的关键。在产品、价格高度同质化的背景下，渠道建设及管理成为企业得胜的关键点。渠道是否合理和畅通至关重要，可以说是一个企业的命运所系。如果不能牢牢控制销售渠道，企业的产品就难以转化为货币，企业就将失去生存发展的源泉和动力。因此可以说，渠道管理是一个企业是否能生存的命脉。

本章学习指引

目标	了解销售渠道管理的要点，并能够运用所提供的范本，根据本企业的实际情况制订相应的管理制度、表格

管理要点	·渠道的建设 ·选择经销商 ·管理经销商 ·渠道激励 ·销售渠道冲突解决 ·处理好渠道恶性窜货
管理制度	·营销渠道管理办法 ·经销商分级管理制度 ·代理商管理制度 ·跨区冲货管理办法
管理表格	·经销商资格申请表 ·目标准经销商评估表 ·新经销商发货申请表 ·区域经理渠道支持工作周志 ·×××渠道建设____月工作总结 ·区域经理渠道拜访计划、总结表 ·年度×××渠道规划推进表 ·年度×××（分销商、代理商）销售指标完成情况表 ·年度×××季度销售指标完成情况表 ·年度×××价格支持记录表 ·年度×××分销（代理）商市场规划 ·×××分销（代理）商业绩回顾表 ·××渠道动态变化反馈表 ······

第一节　销售渠道管理要点

要点1：渠道的建设

（一）选择合适的渠道模式

按照渠道成员之间的关系来划分，企业的渠道模式主要有：传统分销渠道模式、垂直分销渠道模式、水平分销渠道模式和多渠道分销模式。具体见表6-1。

表6-1　各渠道模式的优缺点

渠道模式	优点	缺点
传统分销渠道模式	灵活性强	整体分销效益低，渠道成员关系不稳定
垂直分销渠道模式	利于把握市场动向，对生产与销售、库存的管理能力强，能够降低成本，提高进入壁垒，保障商品质量	系统维持成本高，经销商缺乏独立创造性
水平分销渠道模式	易于实现优势互补和规模效益，节约成本，快速开拓市场	合作有一定的冲突和困难
多渠道分销模式	渠道之间的竞争可能促进销售额的增加	多渠道可能会导致冲突

（二）设计恰当的渠道系统

1.渠道长度设计

渠道的长度可以理解为企业分销渠道中中间环节的数目，中间环节越多，渠道越长。在选择分销渠道长度时，企业要综合考虑市场、购买行为、产品、中间商以及企业自身等多方面因素。

2.渠道宽度设计

分销渠道的宽度，是根据经销某种产品的批发商数量、零售商数量、代理商数量来确定的。如果一种产品通过多个销售点供应尽可能宽阔的市场，就是宽渠道。渠道宽度的设计主要受市场、购买行为、产品及企业自身等四方面因素的影响。

3.渠道广度设计

分销渠道的广度是指生产商选择几条渠道进行某产品的分销活动。生产商可以利用一条渠道进行分销，也可以利用多条渠道进行分销。多渠道分销比较普遍。

（三）渠道整合策略

渠道整合的策略如图6-1所示。

要点2：选择经销商

（一）进行经销商资信调查

选择经销商之前必须对其进行资信调查，调查的内容见表6-2。

策略一 ▶ 渠道扁平化

即减少供应链中不增值或增值很少的环节，其优势在于剔除了瓜分利润的中间层，以低价刺激消费者，可让利于经销商，减少销售成本，但这要依据具体的市场情况而定，国内市场区域广阔，地方经济发展不平衡，各地区人文差异较大，只有当地经销商才能为客户提供个性化服务

策略二 ▶ 渠道品牌化

专卖店是渠道品牌化的一种重要方式，开设专卖店可以使渠道建设品牌化、一体化、专业化，通过设立专卖店，企业可以建设统一的、具有个性、符合时尚的品牌文化，实现渠道增值

策略三 ▶ 渠道集成化

解决渠道冲突最好的办法是渠道集成化，即把传统渠道和新兴渠道完整结合起来，充分利用各自的优势，创造一种新的经营模式，渠道集成突破了企业能够自主控制的边界，但是这种方法要求生产商对传统渠道有足够的控制能力

策略四 ▶ 渠道伙伴化

与渠道成员建立伙伴型的渠道关系，渠道本身组成一个战略联盟，其中，服务意识、服务内容、服务手段在联盟运转中起着关键作用，生产商与经销商合作的形式有联合促销、信息共享，生产商还可以为经销商提供专门产品，为经销商提供销售、管理、营销方面的培训，紧密的伙伴关系有利于生产商与经销商的长远发展与合作共赢

策略五 ▶ 决胜终端

生产商一方面对经销商、零售商等各个环节的服务与监控，使产品能够准确迅速地到达零售终端，另一方面，在终端市场开展各种各样的促销活动，提高产品销量

图6-1 渠道整合策略

表6-2 经销商资信调查的内容

序号	项目	内容
1	经销商的基本情况	包括其家庭气氛、店铺氛围、员工满意度、经营理念以及经销商的兴趣爱好和教育背景等，店内氛围和谐、员工满意度高、经营理念清晰、无低俗爱好以及拥有良好的教育背景的经销商更容易合作
2	经销商公司内部状况	主要是指业务人员的表现，经销商业务人员的素质直接关系到厂家在当地市场的销售情况，包括员工是否遵守公司的规章制度、能否高效地完成工作以及领导不在时员工的表现情况
3	经销商以往与其他企业的合作历史、合作效果	了解经销商的信誉、管理能力、市场熟悉程度等，调查当地市场的终端，根据当地终端对经销商的评价来检测经销商的实际市场覆盖能力和美誉度
4	经销商的财务状况	包括其现金流、银行账户、与业务银行的关系、债务支付情况、集资途径等，生产企业适宜选择资金雄厚、财务状况良好的经销商，这样的经销商能保证及时付款，还可能为生产企业分担一些销售费用，提供部分预付款或者直接向顾客提供某些资金融通，如允许顾客分期付款等，从而有助于扩大产品销路和生产发展，若经销商财务状况不佳，则往往会拖欠货款

（二）分析候选经销商是否处于厂家的管控范围内

一级城市厂家利用自己的驻地机构直接进行市场运作，而二三级市场基本上由经销商操作，选择经销商时，首先要确保所选经销商的经营范围与企业产品的预期销售地区一致，另外，二三级城市的经销商大多属于中小型经销商，他们有可能只贪图短期利益，为了自己的利润最大化而违反厂家的市场规定，如进行窜货、出售假冒伪劣产品或是任意降价，这将很大程度上损害生产厂家的利益。因此，企业在选择经销商时要选择能够控制监督的经销商。

要点3：管理经销商

经销商直接把产品输送到终端，满足产品分销的需求，使企业实现规模经济效益。因此正确管理经销商对企业实现战略目标十分重要。监管和约束经销商的主要方法有许多，如图6-2所示。

方法一 收集并分析经销商进货的频率与数量、出货的流向等基本情况

如在同样的市场时机和营销推广策略下，经销商的要货量与销售量突然出现大幅度增加，可能意味着经销商在低价窜货，销售部门、财务部门及审计部门要做大量的工作来调查与分析

方法二 控制出货量，解决好库存

既要缓解经销商的库存压力，又要保障自己市场的安全和有序，另外如果经销商方面缺货情况经常发生，表明经销商对企业的产品不够重视，经销商缺货，会使企业丧失很多的机会，因此，做好库存管理是一项重要的工作

方法三 巡视与沟通

生产商要制订对经销商的拜访计划，指派人员依据计划定期或不定期地对经销商进行拜访，收集意见，了解情况，其中举办生产商与经销商之间的座谈会是一种有效的沟通形式

方法四 建立健全合同管理

合同是在经销商管理中最有约束力的法律文件，是管理的法律依据，生产商应要求所有有业务往来的经销商都签署合同，合同一要内容完整，二是要严加保管，保证合同的完整性和机密性

方法五 辅助经销商提高经销商的经营管理水平和销售能力

经销商管理的好坏最终要落实到业绩上，生产商要给经销商提出合理的分销目标，制订分销计划，并帮助经销商达成分销目标

方法六 售后服务管理

经销商往往不具备维修服务能力，生产商应提供技术支持，比如在产品销售过程中，会出现包装破损现象，企业应给予调换，当然要根据经销商的不同情况，规定不同的退换货时间，防止经销商恶意退换货行为

方法七 协助经销商了解竞争对手情况

一般来说，经销商缺乏专业的市场研究，生产商要结合平时的市场走访，分析竞争对手在市场上的表现，并把情况及时与经销商沟通，使经销商及时掌握市场行情，适当调整营销策略

图6-2 监管和约束经销商的主要方法

要点4：渠道激励

渠道激励的策略有直接激励与间接激励两种。

（一）直接激励

对于渠道管理来讲，利润刺激是激励的主要方式，生产商可以采取以下方式直接激励经销商。

1.返利

返利直接影响到厂商和经销商的既得利益，如果返利决策有失误，将对厂商和渠道发展造成很大的负面影响，所以在制订返利政策时一定要慎重。在制订返利政策时要考虑到如下因素，如图6-3所示。

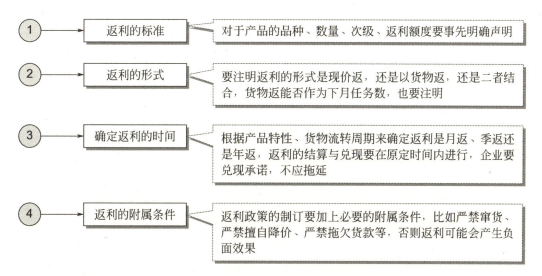

图6-3 制订返利政策时要考虑的因素

2.价格折扣

价格折扣包括以下4种形式，如图6-4所示。

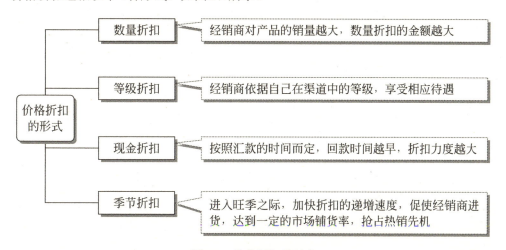

图6-4 价格折扣的形式

3.开展促销活动

经销商倾向于搞促销活动以提高销量，促销费用一般由生产厂商负担，亦可要求经销商合理分担。生产厂商还应经常派人协助经销商安排商品陈列、举办产品展览和操作表演、训练推销人员等。另外，促销政策既要激发经销商的积极性，又能保证各层经销商的利润，以期可以做到促进销售而不扰乱整个市场的价格体系。

（二）间接激励

间接激励就是通过帮助经销商获得更好的管理销售的方法，从而提高经销商销售绩效。间接激励通常的做法有以下4种形式，如图6-5所示。

形式一 对经销商进行培训

通过培训使合作伙伴与生产商共同成长，生产商可以在市场维护、促销策划、物流配送、库存管理、人员管理方面培训经销商，使其获得更好的管理技能

形式二 提供营销支持

帮助经销商建立进销存报表，使经销商了解某一周期的实际利润；帮助经销商做安全库存数和先进先出库存管理，建立安全库存数，可以帮助经销商合理安排进货，先进先出的库存管理，可以减少即将过期商品的出现

形式三 帮助经销商进行零售终端管理

终端管理包括铺货和商品陈列等，指派人员定期拜访，帮助经销商整理货架，设计商品陈列形式

形式四 帮助经销商进行客户关系管理

帮助经销商建立客户档案，处理与不同客户之间的关系，从而更好地服务于不同性质的客户，提高客户的忠诚度

图6-5　间接激励的形式

要点5：销售渠道冲突解决

所谓的渠道冲突是指渠道中的相关成员的一方或几方利用某些优势和机会对别的成员采取敌意行为的情况。

渠道冲突是不可避免的，冲突会造成渠道商效益下降，对生产商的经营也会产生很大的负面影响，采取正确的方式解决渠道冲突是十分重要的，典型的途径如图6-6所示。

要点6：处理好渠道恶性窜货

恶性窜货是指经销商为获取非正常利润，蓄意向自己辖区以外的市场倾销产品的行为。经销商最常见的窜货方式是降价销售，以低于生产商规定的价格向非辖区销货。

恶性窜货会扰乱企业的价格体系，易引发价格战，降低渠道利润，更严重的是使经销商和消费者丧失对品牌的信任与支持。鉴于恶性窜货危害如此之大，生产商需要严加防范和坚决打击恶性窜货。控制恶性窜货的常用方法如图6-7所示。

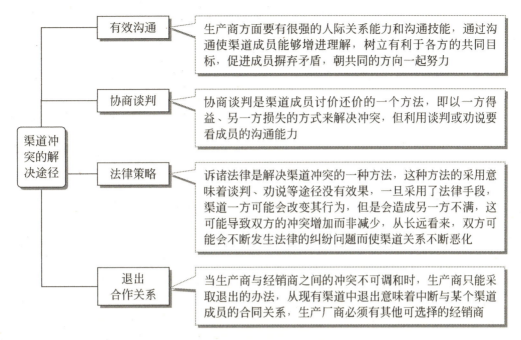

图6-6 渠道冲突的解决途径

| 方法一 | 归口管理，权责分明 |

企业分销渠道管理应该由一个部门负责，多头负责容易导致市场混乱；渠道管理部门首先要制订一整套管理规章制度，包括经销商的资格审查、设立市场总监、建立巡视员工作制度、建立严格的奖惩制度等，制度一经制订，就要严格执行

| 方法二 | 注重过程管理 |

生产商不仅要关心经销商的销售目标是否完成，更要注重达到目标的过程和手段；生产商可以帮助经销商做好市场秩序维护、产品培训、售后服务等，而对经销商的考核不但注重回款、销量，还要包括市场秩序、客户满意度、新客户开发等；生产商要建立畅通的信息沟通渠道，使信息反馈更加及时，以便及时控制窜货

| 方法三 | 外包装区域差异化 |

主要方式有四种：
(1) 使用产品编码，即给每一个区域的产品编上号码
(2) 对销往不同地区的产品外包装上印刷不同的条形码
(3) 使用文字标识，在产品外包装上印刷"专供某某地区销售"的字样
(4) 采用不同颜色的商标加以区分
采用适当的方法可以使厂家对产品的去向了如指掌，使经销商有所顾忌，不敢贸然窜货，另外即使发生了窜货现象，厂家也可以搞清楚产品的来龙去脉，处理起来相对容易

图6-7

方法四 使用合同约束

在与经销商签订的合同中,要申明"禁止跨区销售",将经销商的销售活动严格限制在规定的市场区域内,此外在合同中载明级差价格体系,限定市场最低价格,同时将经销商的激励措施与是否发生窜货相联系,一旦发生窜货,生产商有权取消经销商的某些奖励。

方法五 建立合理的差价体系

企业的价格政策要有利于防止窜货:
(1) 每一级代理的利润设置要合理,不可过高或过低
(2) 管理好促销活动,促销期间经销商可能会以低价销往别的地区形成窜货,生产商要严格控制促销时间和促销商品数量
(3) 价格政策要有灵活性,要有调整的空间

方法六 管理好营销队伍

营销人员自身的素质对窜货管理很重要:
(1) 要挑选高素质的销售人员,严格培训销售人员
(2) 合理地激励销售人员,调动销售人员的积极性
(3) 加强对营销人员的考核,建立合理的薪酬制度

图6-7 控制恶性窜货的常用方法

第二节 渠道管理制度

制度1:营销渠道管理办法

××公司标准文件		××有限公司 营销渠道管理办法	文件编号××-××-××	
版本	第×/×版		页 次	第×页

1 目的
1.1 指导业务经理渠道运作,提升营销网络和客户质量,为实现全年的营销目标提供保障。
1.2 规范客户管理,规避公司经营风险。
2 适用范围
销售部及所有驻外业务经理的渠道管理工作。
3 职责
3.1 销售部负责对各销售区域渠道相关工作的指导和监控。
3.2 各销售区域负责对本区域渠道工作规划、组织和实施。
4 管理规定
4.1 渠道规划。
4.1.1 各销售区域根据销售部下达的年度销售目标,结合本区域产品组合策略及渠道现状,分区域、分客户类型对本区域进行全渠道规划。
4.1.2 在年度渠道规划的基础上,形成月度渠道推进计划。
4.2 新增客户的资信审核及经销网点的销户报备。
4.2.1 新增客户的资信审核。

××公司标准文件		××有限公司 营销渠道管理办法	文件编号××-××-××	
版本	第×/×版		页次	第×页

（1）业务经理负责对新增客户的初审，符合开户条件，签订《买卖合同》，填写《新增客户资信审核表》，并负责收集对方已年检的营业执照及税务登记证、组织机构代码证、个体或私营业主的身份证及财务公函等资料交销售内勤。
（2）销售内勤将经销售部经理签字的《新增客户资信审核表》及以上相关资料报至公司，并将开户资料复印件留销售部存档。
（3）公司负责对新开户的资格进行审核，合格后交财务部设立客户代码、财务代码，并负责及时传达至销售部。
4.2.2　销户报备。客户的销户须由销售部申请，注明销户原因报公司审批并经财务部核清往来账目后方可执行。
4.3　经销商合同（协议）的签订。见《经销商合同、协议、客户档案管理规定》。
4.4　委托发货。
4.4.1　经销商需要委托我公司发货时，必须向销售部出具委托发货书原件。委托发货书必须注明收货地址、收货人，并明确所发货物的债权债务由委托方承担，委托发货书要加盖委托方的公章。
4.4.2　销售部在收到经销商的委托发货书后，财务经理和销售部经理必须在委托发货书上签字后报至公司，委托发货书原件由销售内勤存档。
4.4.3　公司审核合格后，将发货委托书交财务部增设送货地址。
4.5　客户资料变更。
4.5.1　经销商须向业务经理提供变更函告，函告应写明更改后的经销商承担原经销商与我公司所有债权债务关系，函告须加盖新、老经销商公章。经销商同时须提供变更后的已年检的营业执照及税务登记证、组织机构代码证、个体或私营业主的身份证。
4.5.2　销售内勤将销售部经理和财务经理签字的变更函告及经销商变更后的已年检营业执照及税务登记证、组织机构代码证、个体或私营业主的身份证报至公司，原件留销售部存档。
4.5.3　公司对以上资料进行审核，合格后交财务部予以变更。
4.6　账期管理流程。销售部申报流程如下。
（1）销售部与经销商洽谈并达成初步意见。
（2）销售部将洽谈结果书面报告公司。
（3）公司审批。
（4）公司批准报告内容。
（5）签订合同。
——销售部按公司批复报告内容拟订合同。
——销售部经理在合同上审核、签字并报至公司盖章。
4.7　授权书、特价商品的管理规定。
4.7.1　授权书。
（1）对销售部经理、财务经理的授权书包括各重点客户或者某一重点客户的所有分公司。
（2）销售部经理对其他人员有二次授权的权利，但内容公司规定。
（3）销售部经理对销售部承诺恪守公司政策规定，个人承担违规责任。
4.7.2　特价商品。
（1）销售部规定特价商品的型号并制订最低指导供价。
（2）特价商品的发货必须有有效的特价商品协议。
（3）业务经理签订特价商品协议并传回销售部。
（4）业务经理负责特价商品比例控制，财务经理核查，销售部抽查。
（5）对于重点战略市场，在合同中可适当上调特价商品比例。
（6）因未签订特价商品协议或特价商品比例超标给公司造成的损失，由销售部经理、财务经理承担连带责任。
4.7.3　要求。
（1）严格按销售部规定的权限使用授权书。
（2）业务经理负责各项特价商品指标的落实。
4.8　重点客户门店管理办法。
4.8.1　产品出样。
（1）销售部经理要确保重点客户门店中高端产品出样比例要达60%以上，其高端产品要出样。

续表

××公司标准文件		××有限公司	文件编号××-××-××	
版本	第×/×版	营销渠道管理办法	页　次	第×页

（2）业务经理要确保重点客户门店样品及时出样，否则，需书面上报销售部批准。

4.8.2　门店及样品维护。
（1）业务经理负责监督门店清洁卫生工作，保证其良好的展示效果。
（2）业务经理负责门店样品美化及更换、处理工作。

4.8.3　门店分销。
（1）业务经理将销售部下达的销售任务分解至各门店。
（2）业务经理落实门店销售计划，做好销售反馈工作。
（3）业务经理落实门店营业推广活动，用好、用足重点客户连锁资源，提升单店销售能力。
（4）业务经理做好区域门店产品售价的统一，维护正常市场价格秩序。

4.8.4　门店客情关系的维护。
（1）业务经理做好门店相关人员关系的维系工作。
（2）销售部经理维护重点客户相关人员的关系维护工作。
（3）销售部经理需定期拜访重点客户，每月需走访不少于30%的重点门店。

4.8.5　门店信息反馈工作。
（1）业务经理做好有关产品需求信息记录，并做好跟踪、服务工作。
（2）业务经理和销售内勤做好重点客户门店档案的收集、汇总、上报等工作。
（3）业务经理和销售内勤做好重点客户门店进销存分析工作，避免滞销品、残次品对业务的影响。
（4）销售部经理做好重点客户门店投入、产出分析工作，加强单店盈利能力。

4.8.6　要求。
（1）业务经理于每月5日前将重点客户产品库存结构及市场现状（竞争对手）进行分析，并将分析结果及滞销品、残次品等业务问题的解决方案、完成进度报销售部。
（2）业务经理于每月5日前将《重点客户门店月销售、费用表》报销售部，此表由财务经理组织填写，并对其数字真实性负责。
（3）业务经理于每月5日前将《重点客户门店信息情况表》、《重点客户门店月销售明细表》、《重点客户门店月销量表》、《重点客户门店样品明细表》报销售部。
（4）违反上述管理办法，将视情节严重程度给予责任人200～1000元罚款。

4.9　区域经销商管理。
区域经销商的确定条件与资格审定。
（1）区域经销商的确定条件。
——具有较强的资金实力，信誉良好，且第一个月实际销售额不低于年度销售目标的10%。
——销售网络健全，并具备较强的物流配送能力，以××产品为其主要经营业务。
——积极维护××产品市场秩序，无窜货、乱价行为。
——年度××产品最低销售额目标达1000箱，签订《年度××区域经销商协议》，并按既定目标进度完成销售任务。
（2）区域经销商资格审定。区域经销商资格必须经公司审定，业务经理填写《区域经销商资格审定表》报销售部审批后方可执行。未经公司审定，不得签订《年度区域经销商协议》，其区域经销商资格无效。
（3）区域经销商的调整与"红黄牌"制度。
——对于区域经销商的调整（或更换），业务经理只有建议权，决定权在公司。
——业务经理专题申请报告中必须详细汇报调整（或更换）理由、调整风险预测、风险防范、替代经销商人选和情况说明、更换步骤、控制办法等。
——对于调整（或更换）对象为年度销售目标3000箱以上的客户，公司原则上将派专人前往考察，并提交考察报告。
——为加强对区域经销商的管理，销售部每月根据各区域经销商完成进度情况对完成差的分别给予"黄牌警告"和"红牌处罚"，对"黄牌警告"的客户限期进行整改，对"红牌处罚"的代理商要求业务经理取消其代理资格，业务经理必须尽快寻求替代区域经销商。

4.10　分销客户管理。
4.10.1　主要针对三四级市场分销客户的出样、销售情况以及网点开发计划等进行监控、分析。

续表

××公司标准文件		××有限公司 营销渠道管理办法	文件编号××-××-××	
版本	第×/×版		页　次	第×页

4.10.2　业务经理根据销售部要求收集分销客户相关信息并填制相关表格报销售部，销售部对表格内容进行整理、汇总、分析并予以抽查、核实，对于弄虚作假行为给予严惩。

4.10.3　销售部对于各区域的分销客户开发与建设予以及时地指导、监控，对于执行不力的人员及时提出整改要求，分部应拿出相应整改措施。

4.11　渠道检讨。每年的旺季间隙，各区域根据前期的市场基础和业绩表现对营销渠道进行一次全面的检讨，重点在于通过对渠道现状的评估，制订下一步渠道规划，并着手实施整合。

4.12　窜货管理办法。

4.12.1　窜货是指经销商或其下线分销商超出指定区域销售××产品的行为，包括区域内部窜货和区域间窜货。

4.12.2　窜货预防。

（1）各地经销商要慎重选择分销渠道，严格把握好价格关，控制好销售渠道，防止货物外流，业务经理监督执行。销售部不定期进行抽查。

（2）销售部根据各市场反馈回来的信息对窜货情况做出深入调查，根据需要及时更新预防方法，并以不定期、不通知等抽查形式对各市场货物流向情况进行了解和检核。

4.12.3　举报及调查。

（1）经销商或营销人员发现所辖市场上有窜货情况发生，应及时将窜货产品的型号、数量、生产日期、产品编号、窜货源头、当地批发价格、窜货处批发价格、窜货造成的影响等情况详细说明以及相关证据一并提供给销售部予以确认。

（2）销售部对所反映的窜货情况予以调查、核实。

4.12.4　处理措施。

（1）销售部将责令窜货的业务经理督促其经销商在规定的时间内无条件收回窜货产品。

（2）受窜货行为危害的区域，为减少市场危害可从本区域参与倒货的经销商手中购买窜货产品，窜货的区域必须购回或督促其经销商购回，并赔偿20%的运费（由窜货的经销商承担），对于拒不执行的业务经理就地免职。

（3）窜货货品收回后，公司视情节将对窜货的商业单位给予10000～30000元罚款，从保证金中扣除。对于窜货的区域，公司将对销售部经理和相关的业务经理给予500元和1000元的罚款，对于情节特别严重的将加大处罚力度直至免职。

4.13　客户拜访制度。

4.13.1　对销售部经理的要求。

（1）对重点客户与区域经销商，每3个月至少访问1次。

（2）对辖区内的三四级分销网点，每3个月至少抽样访问8个。

（3）销售部经理应将拜访所获的重要信息及时处理或反馈公司。销售部经理应撰写访问日志，以备公司查阅。

4.13.2　对业务经理的要求。

（1）对辖区内的重点客户与区域经销商，每周访问至少3次。

（2）对辖区内的三四级分销网点，每月访问至少1次。

（3）对所辖区内所有客户，每天至少电话访问1次。

4.13.3　拜访基本内容。拜访对象、时间、出样情况、畅销产品型号、滞销产品型号、月销量、库存情况、宣传单页及 POP 的布置、促销活动执行情况、主要竞争对手的销售情况及主要举措、客户对我公司的主要意见和建议。

5　附件

5.1　《新增网点资信审核表》。

5.2　《重点客户门店月销售、样品及档案表样》。

5.3　《区域经销商资格审定表》。

5.4　《业务经理客户拜访记录表》。

拟订		审核		审批	

制度2：经销商分级管理制度

××公司标准文件		××有限公司 经销商分级管理制度	文件编号××-××-××	
版本	第×/×版		页次	第×页

1 目的

为强化经销商导向为市场导向的战略定位，从经销商的角度考虑销售策略以及区域市场的布局，集中优势资源扶持重点经销商，并进一步强化过程管理，特制订本制度。

2 适用范围

适用于所有已签订合同的经销商。

3 职责

3.1 销售部为本制度的归口部门。

3.2 销售部经理负责本制度的审核及对制度实施监控。

3.3 大区经理为本制度的过程执行者，负责本制度的相关事项落实与跟进。

3.4 销售内勤负责相关数据的统计整理与提报。

3.5 企划部负责本制度的规划设计与相关终端宣传物料的支持和发放。

3.6 生产调度科负责产品发货的调控。

3.7 总经理负责本制度的审批。

4 管理规定

4.1 经销商的分类。所有已签订合同的经销商，公司根据其相关软、硬件条件，分为A、B、C三类。

4.2 A类经销商。

4.2.1 A类经销商条件。

（1）本公司品牌为经销商本年度首推品牌。

（2）店内、店头按本公司品牌要求陈列。

（3）与公司签订合同年度销售额200万以上（特殊区域市场未达到200万以上者申请特批）。

（4）良好的回款信誉。

（5）拥有自营终端网络占销售网络的30%以上。

4.2.2 A类经销商配合事项。

（1）公司新老产品需95%以上进货并95%以上陈列。

（2）店面陈列面积25平方米以上。

（3）按公司要求及时提供市场信息和竞品信息。

（4）终端宣传物料利用率100%。

4.2.3 公司给予A类市场支持。

（1）优先发货。

（2）广告投入2%～4%。

（3）促销力度加大。

（4）终端宣传物料优先投放。

（5）协助经销商网络开拓与管理维护。

（6）为经销商提供培训支持。

4.2.4 区域经理支持A类经销商事项及工作要求。

（1）建立A类经销商网络图，根据区域网络动态及时更新网络图（覆盖三级市场）。

（2）协助经销商开发二级市场。

（3）协助经销商开发商超并参与终端管理。

（4）区域经理每月需10～15天协助经销商工作。

（5）区域经理要每周书面形式向公司提供一次A类经销商的市场动向及网络维护与推广建议。

（6）营销主管需随时保证与A类经销商进行沟通（每周至少1次），及时处理反馈意见。

4.3 B类经销商。

4.3.1 B类经销商条件。

（1）本公司品牌为经销商本年度主推品牌。

（2）店内、店头按本公司品牌要求陈列。

（3）需与公司签订100万元以上的合同。

（4）良好的回款信誉。

（5）拥有自营终端网络占销售网络的25%以上。

续表

××公司标准文件		××有限公司 经销商分级管理制度	文件编号××-××-××	
版本	第×/×版		页 次	第×页

4.3.2 B类经销商需配合事项。
(1) 公司新老产品需90%以上进货并90%以上陈列。
(2) 店面陈列面积20平方米以上。
(3) 按公司要求及时提供市场信息和竞品信息。
(4) 终端宣传物料利用率100%。
4.3.3 公司给予B类市场支持。
(1) 正常发货。
(2) 广告投入2%。
(3) 正常促销支持。
(4) 终端宣传物料的正常投放。
(5) 协助经销商网络开拓与管理维护。
(6) 为经销商提供培训支持。
4.3.4 区域经理支持B类经销商事项及工作要求。
(1) 建立B类经销商网络图,根据区域网络动态及时更新网络图(覆盖二级市场)。
(2) 协助经销商开发部分重点二级市场。
(3) 协助经销商开发重点商超并参与终端管理。
(4) 区域经理每月需5～10天协助经销商工作。
(5) 区域经理要每10天书面形式向公司提供一次B类经销商市场动向及网络维护与推广建议。
(6) 营销主管需随时保证与B类经销商进行沟通(每10天至少1次),及时处理反馈意见。
4.4 C类经销商。
4.4.1 公司给予C类市场支持。
(1) 正常发货,货紧时延后发放。
(2) 广告投入暂无,特殊地区经申请后不超过1%。
(3) 参加促销计划,促销品紧张时减发或不发。
(4) 部分终端宣传物料投放,宣传物料紧张时减发或不发。
(5) 为经销商提供培训支持。
4.4.2 区域经理支持C类经销商事项及工作要求。
(1) 区域经理每季度拜访经销商1～2天,并协助经销商工作。
(2) 区域经理每10天和C类经销商电话沟通二次以上,并向公司提供一次C类经销商市场动向及网络维护与推广建议。
(3) 营销主管需随时保证与C类经销商进行沟通(每15天至少1次),及时处理反馈意见。
5 相关表单
5.1 《区域市场信息反馈表》。
5.2 《样品表》。
5.3 《季度A、B、C类经销商计划销售目标》。
5.4 《A类经销商区域网络图》。
5.5 《B类经销商区域网络图》。
5.6 《二批经销商档案表》。
5.7 《直营终端档案表》。

拟订		审核		审批	

制度3:代理商管理制度

××公司标准文件		××有限公司 代理商管理制度	文件编号××-××-××	
版本	第×/×版		页 次	第×页

1 目的
　　为规范对各级代理商的管理,优化销售网络,辅导代理商融入公司管理模式,增强代理商对本公司的信心,使之与公司共同成长,特制订本制度。

续表

××公司标准文件		××有限公司 代理商管理制度	文件编号××-××-××	
版本	第×/×版		页　次	第×页

2　适用范围

本制度规定了代理商开发、调查、谈判签约、价格管理和货款管理等内容，适用于公司各级代理商的管理工作。

3　职责

3.1　营销部职责。

（1）负责代理商的开发和谈判，并促成签约。

（2）制订和执行公司产品价格政策，做好代理商货款管理工作。

（3）负责代理商销售支持和代理商维护管理。

（4）处理客户抱怨、投诉及公司平面宣传资料的策划和制作。

3.2　其他部门配合营销部做好代理商管理工作。

4　管理细则

4.1　代理商开发。

4.1.1　区域市场通过陌生拜访、媒体及第三方介绍等方式，收集负责区域内代理商资料和信息，登录于《区域代理商名录》。

4.1.2　市场经理对名录上代理商进行初步调查，以确定潜在客户并实施拜访，各级代理商的准入要求如下。

（1）省级代理商。

——必须专营本公司产品，不得兼营同行业其他企业的同种××产品。

——熟悉××产品市场，尤其是高档××市场。

——对所在省份或区域的××产品的整体市场运作，有清晰的运作思路且与本公司的发展思路高度一致。

——具有一定的二级分销网络。

——具备一定经济实力，能够缴纳进货保证金。

（2）市级代理商。

——熟悉××产品市场，尤其是高档××市场。

——熟悉所在区域的××产品的整体市场运作，市场运作思路清晰，且与本公司发展思路基本一致。必要时需提供区域市场拓展计划书。

4.1.3　区域市场经理定期将所收集的代理商资料信息呈报营销中心，营销中心审核后经总经理审定后归档保存。

4.2　代理商资信调查。

4.2.1　区域市场经理拜访和询问相关方面，对潜在客户资信度实施全面调查，调查项目参照《代理商资信调查事项表》。

4.2.2　区域市场经理根据《代理商资信调查表》调查得分对代理商的资信度实施评价和定级，定级标准见下表。

代理商的资信标准

信用等级	调查得分	信用状况	含义
AAA级	90～100	信用极好	代理商信用程度高，债务风险小，具有优秀的信用记录，经营状况佳，不确定性因素影响极小
AA级	80～89	信用优良	代理商信用程度较高，债务风险较小，具有优良的信用记录，经营状况较佳，不确定性因素很小
A级	70～79	信用较好	代理商信用程度良好，正常情况下偿还债务没有问题，具有良好的信用记录，经营处于良性循环状态，不确定性因素小
B级	60～69	信用一般	代理商信用程度一般，偿还债务能力一般，具有良好的信用记录，其经营业绩一般，存在一定不确定性因素
C级	50～59	信用较差	代理商信用度较差，偿债能力不足，其经营状况和经营业绩受不确定性因素影响较大，发展前景不明朗
D级	＜50	信用差	代理商信用度很差，偿还债务能力弱，企业经营状况恶化

续表

××公司标准文件		××有限公司 代理商管理制度	文件编号××-××-××	
版本	第×/×版		页 次	第×页

4.2.3　市场经理对代理商的资信调查报告应呈报营销中心审核和保存。
4.3　代理商谈判与签约。
4.3.1　对资信调查达到B级及以上代理商，区域市场经理与该代理商预约拜访进入实质性的谈判，并最终达成一致及签约。
4.3.2　营销总监、市场经理应熟悉公司各类营销制度和相关政策。与代理商进行谈判时，市场经理应向代理商解释公司有关的销售政策和措施，不得擅自承诺代理商提出的任何与现行政策和规定不相符的要求和让步。
4.3.3　代理商提出的一些要求或让步，目前公司制度尚无明确规定的，市场经理可报请营销中心裁决是否接受。
4.3.4　通过谈判达成合作意向的代理商，市场部经理报请营销中心批准后，代表公司与其签订经销合同，经销合同必须使用公司统一规范的合同范本。
4.3.5　所有与公司签订经销合同或协议的代理商，市场部经理均应建立《代理商资料卡》，呈报营销中心存档。
4.3.6　与公司签订经销合同的各级代理商，必须履行下列义务。
（1）省级代理商。
——组建3人以上团队专职销售公司产品。
——签订合同3个月内发展3家以上二级代理商。
——须有首批进货总金额限制，根据××××年全国市场管理规定，省代首批进货总金额不低于＿＿＿万元人民币。
——遵守公司价格政策，不得擅自提价或降价。
——维护公司品牌形象，不得有任何诋毁公司产品、声誉的行为。
（2）市级代理商。
——组建2人以上团队专职销售公司产品。
——签订合同3个月内发展3家以上下级代理商。
——遵守公司价格政策，不得擅自提价或降价。
——维护公司品牌形象，不得有任何诋毁公司产品、声誉的行为。
4.3.7　公司各级代理、经销商依据其享有的权责，又可分为三类：授权代理商、一般经销商和零售经销商
（1）授权代理商。
——享有公司制订的产品二级价格优惠。
——必须拓展区域所属分销商。
——享有市场保护政策，区域内业务优先推荐。
（2）一般经销商。
——享有公司制订的三级市场价格。
——主要从事产品分销和零售。
——所属区域市场空白时，也可拓展分销商。
（3）零售经销商。
——享有公司制订的三级市场价格。
——绩效显著的零售可以申请一定价格优惠，优惠幅度由营销中心呈总经理批准。
4.4　销售区域。
4.4.1　各级代理、经销商必须严格按照合同规定的销售区域进行销售，不得有跨区销售行为。
4.4.2　在市场销售过程中，各级代理商须对下级分销商的销售区域进行监控，根据市场发展状况组建销售队伍，维护市场销售网络。
4.4.3　各级代理、经销商严格从指定渠道进货，不得跨区进货。
4.4.4　代理商跨区销售（窜货）处理流程如下图所示。

续表

××公司标准文件		××有限公司 代理商管理制度	文件编号××-××-××	
版本	第×/×版		页　次	第×页

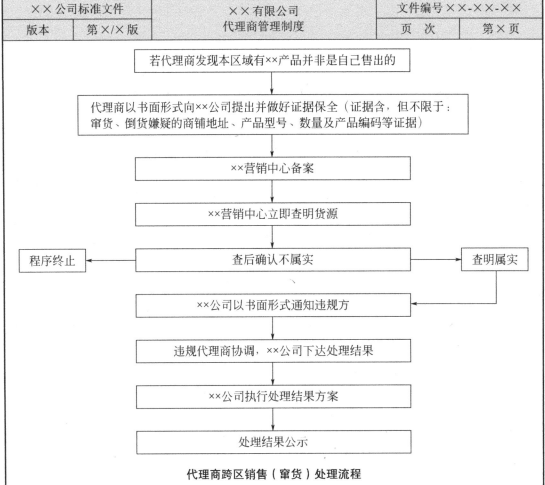

代理商跨区销售（窜货）处理流程

4.5　代理商跨区销售（窜货）处罚规定。

4.5.1　对第一次窜货的省级代理商，处以1000～5000元的罚款，对于不能查明数量的，根据本次窜货造成的影响情况给予3000～10000元罚款，罚款金额将全部支付给本次窜货区域的受害方，并将处理结果公示。

4.5.2　对第二次窜货的省级代理商，处以3000～10000元的罚款，对于不能查明数量的，根据本次窜货造成的影响情况给予8000～15000元罚款，罚款金额将全部支付给本次窜货区域的受害方，并将处理结果公示。同时公司将与窜货省级代理商沟通，严肃指出窜货造成的后果。

4.5.3　对第三次窜货的省级代理商，处以8000～15000元的罚款，对于不能查明数量的，根据本次窜货造成的影响情况给予30000元以上罚款，罚款金额将全部支付给本次窜货的受害方，并将处理结果公示，公司视情节的严重性保留单方面终止合同的权利。

4.6　价格管理。

4.6.1　市场部经理负责提供信息制订公司产品价格政策，目前公司产品价格以批发价为主，以后根据市场发展情况分为三个等级，具体到时将另有明细。

（1）一级价格：省级代理商享有。

（2）二级价格：授权代理商享有。

（3）三级价格：一般代理商享有。

4.6.2　各级代理、经销商应积极配合公司价格政策，按公司统一售价进行销售，不得未经公司批准擅自提价或降价。

4.6.3　各级代理、经销商之间有义务在市场价格上保持统一性，共同维护市场秩序。

续表

××公司标准文件		××有限公司 代理商管理制度	文件编号××-××-××	
版本	第×/×版		页 次	第×页

4.6.4 公司依据市场趋势和竞争对手的价格策略，不定期调整产品价格（政策），确保各级代理、经销商具有价格方面的竞争优势。

4.7 货款管理。

4.7.1 公司所有代理、经销商的订货款项均以银行转账等方式结算，原则上，本公司营销人员不得接受任何代理商的现金支付，特殊情况必须经营销总监或总经理批准。

4.7.2 公司所有代理商的货款均须以公司指定的银行账号进行结算，代理商货款转入非指定银行账号的，其损失由代理商承担。

4.7.3 代理商携带款项至公司订货的，允许使用现金结算的方式付款。

4.7.4 原则上，公司所有代理商订货均依款到发货方式处理，特殊情况必须经营销总监或总经理批准。

4.8 销售支持。

4.8.1 价格支持。公司根据区域销售情况和竞争对手的产品价格，为各级代理商提供具有竞争力的产品价格。公司承诺根据市场状况不定期调整产品价格（政策）。

4.8.2 促销活动。公司根据市场拓展需要不定期组织全国性的促销活动，扩大企业和产品在本区域的知名度和影响力。区域代理商也可根据市场竞争状况，向公司申请促销活动支援。

4.8.3 广告牌费用报销。各级代理商使用公司全国统一标识作为店面广告牌的，公司依据代理商提供的店铺广告牌照片报销其相关的喷绘费用。各级代理商也可将专卖店或是店铺广告牌尺寸报给公司，由公司统一设计。

4.8.4 宣传材料。省级代理商可向公司申请发放宣传材料，公司依据其业务情况和实际需要发放适当数量的宣传材料。

4.8.5 人员支持。必要时，公司可选派具有丰富市场拓展经验的市场专员协助和指导代理商拓展市场。

4.9 代理商维护。

4.9.1 市场部人员应定期对各级代理商进行回访，了解各级代理商市场开发状况和需求、建议，并协助其解决。原则上，省级代理商至少每季度回访一次，县市级代理商每半年回访一次。区域专员回访客户应编制《代理商回访记录》，呈报营销中心。

4.9.2 市场部应定期对公司各级代理、经销商实施电话回访，回访的内容包括代理、经销商对于公司产品、价格、包装等方面的建议和意见。

4.9.3 各级代理、经销商可根据市场反馈，对产品、价格、包装等方面提出合理的建议，并收集本公司产品或同类产品的市场信息，及时传递经营状况、销量、库存量等信息至公司，公司市场部将各级代理、经销商反馈信息做详细记录并备案，对代理商提供相关信息进行分析总结，报营销中心批准后提供必要的援助。

4.9.4 公司为各级代理商提供下列形式的技术服务支持。
（1）提供销售解决方案。
（2）电话咨询与技术指导。

4.9.5 公司定期向各级代理商提供最新产品信息和行业资讯，以帮助各级代理商及时了解市场最新动态。

4.9.6 必要时，公司将对代理商提供产品技术知识和销售技能等方面的培训，协助代理商建立和培养销售队伍，快速拓展市场。

4.10 代理商考核。

4.10.1 市场部于每年年初对代理商上一年度业绩实施考核，考核项目参照考核表。

4.10.2 市场部对代理商的考核应覆盖所有的省级代理商，但下列情况例外。
（1）当年5月份及以前与公司签订经销合同的，从第二年起参与考核。
（2）当年5月份以后与公司签订经销合同的，从第三年参与考核。

4.10.3 市场部应对考核结果进行汇总统计和分析，并将分析报告呈报公司营销总监和总经理。

拟订		审核		审批	

制度4：跨区冲货管理办法

××公司标准文件		××有限公司 跨区冲货管理办法	文件编号××-××-××	
版本	第×/×版		页次	第×页

1 目的

为了规范市场行为，保证渠道的合理利润，建立良好的品牌形象，特制订本办法。

2 跨区冲货的定义和界定

2.1 跨区冲货是在本地区批发市场或零售终端发现有非本地区的产品并以低于批发商建议最低出货价格售卖的现象。

2.2 批发商建议最低出货价格仅限于出货给二级批发商。

2.3 二级批发商的定义：固定从当地批发商处进货、拥有固定的下游客户的二级批发客户，它主要存在于大型批发市场或批发商没有能力覆盖的二、三级城市。

二级批发商仅限于电子化区域管理系统内文明的二级批发客户，二级批发商的增加须经大区总监和价格管理部门批准，并在申请时提供其下游客户名单。

2.4 界定跨区冲货的证据。

2.4.1 必要的证据：二者必备。

（1）产品激光码或二维码。

（2）产品照片（近拍、远拍）。

2.4.2 充分的证据：三者居一。

（1）出货单、收据、发票等。

（2）零售终端以低于批发商建议最低出货价格销售。

（3）在3个或3个以上的零售终端或批发档口销售。

2.5 地区特指××××年定义的××个小区。

2.6 重点客户后门出货同样受该办法约束。

3 管理规定

3.1 跨区冲货的处罚措施。

3.1.1 跨区冲货的商务人员处罚措施。

（1）第一次跨区冲货：给予口头警告，并处扣除当季度奖金。

（2）第二次跨区冲货：给予书面警告，并处扣除全年季度奖金。

（3）第三次跨区冲货：解除劳动合同

对象包括批发商负责人、城市负责人、地区经理或大客户执行人员或总部负责人。

3.1.2 跨区冲货批发商的处罚措施。

（1）第一次跨区冲货：扣除3个月返利，作为生意基金。

（2）第二次跨区冲货：扣除6个月返利，作为生意基金。

（3）第三次跨区冲货：终止合同，取消经销权利。

计算周期为24个月。

3.2 内部低价出货的定义和界定。

3.2.1 内部低价出货是指批发商以低于批发商建议最低出货价向下游客户出货但尚未构成跨区冲货的行为。

3.2.2 内部低价出货的界定：从营销通系统（DMS）直接抓取批发商出货的原始数据。

3.2.3 "批发商建议最低出货价"仅适用于电子化区域管理系统定义的二级批发商。

3.3 内部低价出货的处罚措施。第一次发现，限期3天调整价格；第二次发现，扣除商务人员当月奖金的价格管理部分，扣除相应批发商返利。

3.4 内部低价出货特殊情况处理。

3.4.1 批发商内部调拨低于规定建议价格：可以，但须提供证明文件备查。

3.4.2 批发商出货给重要门店低于规定建议价格：须取得大区总监、大客户总监和全国销售总监的批准，并在价格管理部门备案。

3.5 冲货的投诉流程。证据充分的投诉需要10个左右工作日处理。

3.5.1 地区销售发现本区域、城市的批发市场、零售终端有跨区冲货现象后，提供相关证据（必要证据和充分证据），并且填写《冲货投诉表》，以邮件附件方式投诉至总部冲货协调小组。

3.5.2 冲货协调小组汇总收集地区投诉后，与总部进行沟通，总部2个工作日内邮件反馈冲货产品查询信息。若地区销售提供的冲货投诉证据不充分，则直接提交总部冲货仲裁组进行裁决，由总部冲货协调人将裁决结果填写进《冲货记录表》，同时发送至冲货地区及被冲货地区商务经理，抄送大区商务总监。

续表

××公司标准文件		××有限公司 跨区冲货管理办法	文件编号××-××-××	
版本	第×/×版		页　次	第×页

3.5.3　若地区销售提供的冲货投诉证据充分，则总部冲货协调人直接填写《冲货记录表》同时发送至冲货地区及被冲货地区商务经理，抄送大区商务总监。
3.5.4　地区商务经理对于结果无异议的，则2个工作日内邮件反馈无异议，总部随即邮件通知冲货区及被冲区销售、总部，进入冲货处罚执行流程。地区商务经理对结果有异议的，则2个工作日内邮件反馈有异议的部分，由总部协调人组织仲裁组和双方当事人，作出终审裁决，在2个工作日内通知冲货区及被冲货区、总部，最后进入冲货处罚执行流程。
3.6　跨区冲货的处罚执行流程。
3.6.1　针对商务人员处罚的执行流程。
（1）最终处罚决定邮件发出2个工作日内，价格协调小组制作处罚决定书，邮件通知销售支持部门。
（2）销售支持部门根据处罚决定书，在下次奖金发放时执行。
3.6.2　针对批发商处罚的执行流程。
（1）最终处罚决定邮件发出后2个工作日内，口头传达至批发商双方。
（2）总部根据处罚决定，在下月或下季度返利时执行。
（3）总部每月提供批发商返利明细备案。
3.7　当事人双方的权利和义务。
3.7.1　投诉方的义务。密切关注市场状况，提供真实、有效的证据，不要刻意夸大事实。
3.7.2　被投诉方的义务。积极配合调查，督促批发商提供出货单据（包括数量、价格）供核查。

拟订		审核		审批	

第三节　渠道管理表格

表格1：经销商资格申请表

经销商资格申请表见表6-3。

表6-3　经销商资格申请表

请申请_____产品经销商的公司，真实、准确填写以下内容，并保证对所填写内容的真实。
（一）公司基本情况表

公司名称			申请时间	
申请授权类型	特约经销商□	经销商□	独家经销商□	
申请经销的产品				
申请经销授权的区域		承诺年销售额		
公司地址				
电话		传真		
邮编		电子信箱		
成立时间		注册资金	流动资金	
公司状态所处	新成立□　创业期□　过渡期□　管理期□　繁荣期□			
公司性质	纳税人类别	一般纳税人□	小规模纳税人□	
法人代表	电话		手机	
总经理	电话		手机	

续表

(二) 公司组织结构描述及人员构成情况
公司组织机构描述（含分支机构情况）
_____
_____

公司业务人员描述
销售人员_____名
技术支持人员____名
施工人员____名
_____
_____

(三) 公司业务情况介绍
公司业务范围：
有无经销相关产品经验：有□　无□　刚刚开始□
公司主要经营方向：专做产品销售□　以产品销售为主，兼做批发□　其他：

以往主要销售的产品和供货商：

产品	品牌	供货商名称

公司以往产品销售情况：
_____
_____

(四) 公司市场关系介绍
公司主要销售渠道及客户为哪些？
_____

公司的业务覆盖范围：
_____

主要的经营计划：
_____

(五) 销售_____或同类型产品的情况和业绩：
_____
_____

申请公司名称：　　　　　　　　　　法人代表签字：
公司盖章：　　　　　　　　　　　　日　　期：

表格2：目标经销商评估表

目标经销商评估表见表6-4。

表6-4　目标经销商评估表

加盟商姓名		加盟区域	
评估人员		评估时间	
一、背景实力调查			
1.注册资本			评分标准
A	30万元以上		得3分
B	20万元以上		得2分
C	10万元以上		得1分
经调查评估，应得分数：　　　分			
2.客户户口			评分标准
A	常住本地户口		得3分
B	从外地迁来本地3年以上		得2分
C	外来暂住户口		得1分
经调查评估，应得分数：　　　分			
3.经营年数			评分标准
A	公司经营5年以上		得5分
B	公司经营3～5年		得4分
C	公司经营2～3年		得3分
D	公司经营2年以下		得2分
E	公司刚开业		得1分
经调查评估，应得分数：　　　分			
4.上年度公司营业额			评分标准
A	200万元以上		得5分
B	100万～200万元		得4分
C	50万～100万元		得3分
D	20万～50万元		得2分
E	20万元以下		得1分
经调查评估，应得分数：　　　分			
5.上年度是否重点销售一家企业产品，单一产品销售量占总销售量的			评分标准
A	50%以上		得5分
B	30%～49%		得3分
C	30%以下		得1分
经调查评估，应得分数：　　　分			

续表

加盟商姓名			加盟区域	
评估人员			评估时间	
一、背景实力调查					

6.与当地政府、商界关系			评分标准
A	关系良好，且能获得当地特殊政策和商业优惠		得3分
B	关系一般，无不良记录		得2分
C	关系差，受当地政策和商业的限制		得1分
经调查评估，应得分数：　　　分				

7.商业信誉	评分标准
信誉极佳，能准时结款无任何风险	得5分
信誉较好，基本上可准时结款	得4分
信誉一般，虽拖款，但无风险	得3分
信誉较差，拖款很厉害，结款很难	得2分
信誉很差，不但拖款，而且风险很高	得1分
经调查评估，应得分数：　　　分	

8.行业知名度	评分标准
在当地××行业，人人皆知，具有影响力	得5分
在当地××行业，排名前列，具有一定影响力	得4分
在当地××行业，有良好口碑，具一定市场份额	得3分
刚进入当地××行业	得2分
从未进入过当地××行业	得1分
经调查评估，应得分数：　　　分	

9.写字楼状况	评分标准
自有写字楼，面积较大，有装修	得4分
租赁写字楼，面积较大，装修漂亮	得3分
租赁写字楼，面积较小，装修一般	得2分
无写字楼	得1分
经调查评估，应得分数：　　　分	

二、加盟商忠诚度		
10.上年度加盟产品数量		评分标准
A	1个	得4分
B	2个	得3分
C	3个	得2分
D	3个以上	得1分
经调查评估，应得分数：　　　分		

续表

加盟商姓名		加盟区域	
评估人员		评估时间	
二、加盟商忠诚度			
11.上个加盟品牌的经营时间			评分标准
A	3年以上		得5分
B	2～3年		得4分
C	1～2年		得3分
D	1年以下		得1分
经调查评估，应得分数：　　分			
12.对本品牌产品的认识			评分标准
A	熟悉该行业产品，评价很高，具有信心		得5分
B	不熟悉该行业产品，但评价高，极具有信心		得4分
C	不熟悉该行业产品，但评价一般，尚具商业价值		得3分
D	不熟悉该行业产品，评价差，但尚愿试销		得1分
经调查评估，应得分数：　　分			
13.拟投入资金占其资金总额的比例			评分标准
A	80%以上		得5分
B	60%～80%		得4分
C	50%～60%		得3分
D	30%～50%		得2分
E	30%以下		得1分
经调查评估，应得分数：　　分			
14.对本品牌市场营销方案及合作条件认可与接受度			评分标准
A	对本品牌方案评价很高，可接受条件，很有信心		得5分
B	对本品牌方案评价较高，对合作条件无重大异议，较有信心		得4分
C	认为对本品牌方案值得一试，对合作条件无重大异议		得3分
D	对本品牌方案和合作条件信心欠足，但愿意尝试		得1分
经调查评估，应得分数：　　分			
15.拟投入多大比例人员在本品牌业务上			评分标准
A	80%以上		得5分
B	60%～80%		得4分
C	50%～60%		得3分
D	30%～50%		得2分
E	30%以下		得1分
经调查评估，应得分数：　　分			

续表

加盟商姓名		加盟区域	
评估人员		评估时间	
三、业务能力			
16. 现有零售卖场数量			评分标准
A	8个以上		得5分
B	5～8个		得4分
C	3～5个		得3分
D	2～3个		得2分
E	1个		得1分
经调查评估，应得分数： 分			
17. 初期（前3个月）进入零售卖场数量			评分标准
A	6个		得4分
B	4～6个		得3分
C	2～4个		得2分
D	1个		得1分
经调查评估，应得分数： 分			
18. 仓库状况			评分标准
A	自有仓库，库存量丰富		得3分
B	租赁仓库，面积较大，库存量丰富		得2分
C	租赁仓库，面积较小，库存量较少		得1分
经调查评估，应得分数： 分			
19. 业务人员数量			评分标准
A	10人以上		得5分
B	6～9人		得4分
C	3～5人		得3分
D	2人		得2分
E	1人		得1分
经调查评估，应得分数： 分			
20. 业务员月收入			评分标准
A	6000元以上		得5分
B	4001元～6000元		得4分
C	2801元～4000元		得3分
D	1500元～2800元		得2分
E	1500元以下		得1分

续表

加盟商姓名		加盟区域	
评估人员		评估时间	
三、业务能力			
21.合同每月单店最低订货额			评分标准
A	10万元以上		得5分
B	8万～10万元		得4分
C	5万～8万元		得3分
D	3万～5万元		得2分
E	3万元以下		得1分
总计分为：　　　分以上为优秀，　　　分以上为良好，　　　分以上为一般，　　　分以下为差			

表格3：新经销商发货申请表

新经销商发货申请表见表6-5。

表6-5　新经销商发货申请表

区域：_____　省份：_____　　　　　　　　日期：_____年____月____日

经销商资料
公司名称：_____　　　　　邮编：_____ 公司地址：_____　　　　　邮箱：_____ 法人代表：_____　　　　　联系人：_____ 电话、传真：_____　　　　手机：_____ 供货价格：_____　　　　　信用额度：_____ 付款方式：_____　　　　　经销商定位：_____ 返利说明：_____　　　　　增值税发票：□有　□无 营业执照：□有　□无　　　　　税务登记证：□有　□无 其他：
区域负责人概述及日期：
销售经理意见：
渠道拓展部经理意见：
营销中心总经理意见：

注：信用额度在5万元以上的需经营销中心总经理审批。

表格4：区域经理渠道支持工作周志

区域经理渠道支持工作周志见表6-6。

表6-6 区域经理渠道支持工作周志

_____年____月____日 星期_____ 办事处：_____ 区域：_____ 省份：_____

区域经理：_____ 审核：_____

序号	工作对象（代理、客户）	工作时间		日常工作内容										存在问题	解决办法
		开始	结束	A	B	C	D	E	F	G	H	I	J		
需向上级通报的问题	1. 2.							需向代理通报的问题						1. 2.	

注：A—政策宣讲；B—信息传递；C—销售情况；D—订货；E—库存；F—宣传品使用；G—广告宣传；H—行业开拓；I—市场秩序；J—市场动态。

表格5：×××渠道建设____月工作总结

×××渠道建设____月工作总结见表6-7。

表6-7 ×××渠道建设____月工作总结

____年__月 区域_____ 省份_____ 区域经理_____

项目	主要内容
本月工作计划及工作目标	
本月渠道建设工作回顾	1.销售任务 本月完成销售额_____元，季度完成率_____% 2.渠道规划与发展 本月新发展代理商_____家，新发展三方协议经销商_____家 新增覆盖城市有_____ 分销商1_____发展经销商____家，发展率为____% 分销商2_____发展经销商____家，发展率为____% 3.出差 本月出差天数____天，出差城市有_____ 4.走访代理 本月走访代理____家，分别是： _____ _____ 5.走访用户 本月走访用户有____个，涉及行业有：_____ 6.走访业界公司 本月走访业界公司____家，待考察公司____家 7.待考察公司是 _____ 8.本月参加市场活动共____次，分别是 城市_____，主题：_____ 城市_____，主题：_____

续表

项目	主要内容
本月渠道建设工作回顾	9. 代理培训 本月参加或组织代理培训____次，培训性质为：□授权认证　□功能认证　□其他 10. 代理业绩回顾 本月为代理做业绩回顾____次，回顾对象是： _____ _____ 11. 市场秩序检查 本月□是　□否完成"市场秩序管理月报" 检查违规代理____家，处罚____家 销售协会□是　□否开会，城市_____ 12. 价格支持 共____次，支持代理为： _____ _____ 13. 渠道支持 （请回顾本月其他各项渠道支持工作）
本月存在的问题	
下月改进计划及工作目标	
部门经理意见	部门经理：_____　日期：_____

表格6：区域经理渠道拜访计划、总结表

区域经理渠道拜访计划、总结表见表6-8。

表6-8　区域经理渠道拜访计划、总结表

区域：_____　　省份：_____　　区域经理：_____

出差城市			出差天数		同行人	
拜访代理			拜访目的及主要任务			
日程安排	时间	地点	工作内容			
审批	渠道处经理：		需准备的资料或物品			
拜访总结	任务完成情况（根据每次任务不同列出任务完成情况表）： 为代理解决的问题： 代理认同度： 待处理问题（可能成交项目、竞争对手及品牌等）及建议： 收获、体会： （此栏不够，请另附纸）
审批	渠道支持部经理：

表格7：年度×××渠道规划推进表

年度×××渠道规划推进表见表6-9。

表6-9 年度×××渠道规划推进表

大区：　　　　　　　　省份：　　　　　　区域经理：
经理审核：　　　　　　主管总经理审批：

城市级别	城市名称	年度						第一季度						第二季度						第三季度						第四季度					
		分销商		代销商		经销商		分		代		经		分		代		经		分		代		经		分		代		经	
		A	B	A	B	A	B	A	B	A	B	A	B	A	B	A	B	A	B	A	B	A	B	A	B	A	B	A	B	A	B
合计																															

注：（1）表中"A"栏为规划数量，"B"栏为实际发展数量。经销商为签订三方协议的经销商。
（2）分——分销商，代——代销商，经——经销商。

表格8：年度×××（分销商、代理商）销售指标完成情况表

年度×××（分销商、代理商）销售指标完成情况表见表6-10。

表6-10 年度×××（分销商、代理商）销售指标完成情况表

大区：　　　　　　　　省份：
区域经理：　　　　　　经理审核：

代理名称	年度计划	年度销量	完成率	达到台阶	一季度			二季度			三季度			四季度		
					计划量	完成量	完成率	计划量	完成量	完成率	计划量	完成量	完成率	计划量	完成量	完成率
合计																

表格9：年度×××季度销售指标完成情况表

年度×××季度销售指标完成情况表见表6-11。

表6-11　年度×××季度销售指标完成情况表

大区：　　　　　　　　　　　　　省份：
区域经理：　　　　　　　　　　　经理审核：

代理名称	年度销量目标	_____季度			_____月		_____月		_____月	
		计划量	完成量	完成率	计划量	完成量	计划量	完成量	计划量	完成量
合计										

表格10：年度×××价格支持记录表

年度×××价格支持记录表见表6-12。

表6-12　年度×××价格支持记录表

大区：　　　　　　　　　　　　　省份：
区域经理：　　　　　　　　　　　经理审核：

代理名称	用户名称	所属行业	型号	数量	代理价	支持折扣	支持额度	支持日期
合计	—	—	—		—	—		—

表格11：年度×××分销（代理）商市场规划

年度×××分销（代理）商市场规划见表6-13。

表6-13　年度×××分销（代理）商市场规划

［由区域经理协助分销（代理）商制订］

```
公司名称：_____
分销（代理）定位：主要区域_____省
重点二级城市有_____

1  市场环境分析
1.1  本区域市场环境概述：_____
1.2  竞争对手状况：_____
1.2.1  竞争对手品牌目前在当地排位依次为（按市场占有率）：_____、_____、_____、_____
1.2.2  上述竞争对手对××产品产生威胁的市场策略：_____
本公司的应对措施：_____
1.3  本区域的地级城市市场状况或特点：_____
(1)_____
(2)_____
(3)_____
```

续表

本公司拟采取以下应对措施:
(1)_____
(2)_____
(3)_____
1.4 本公司目前在本地IT经销公司中规模_____(较大、中等、较小)
本年度计划(请选择)
□提升至_____ □维护、巩固目前地位 □可能会下降

2 目标
2.1 业务目标:
2.1.1 销售方式分解:

销售方式	分销: 销售给经销商的部分	批发: 销售给非经销商的部分	行业: 零售:
上年比例			
今年比例			

2.1.2 销量计划:

时间	本年预计销量	上年销量	同比增长率
合计			

2.2 管理目标:
2.2.1 班子建设_____
2.2.2 队伍建设_____
2.2.3 发展方向_____

3. 实施计划
3.1 渠道建设:
3.1.1 经与区域经理共同规划,确定在分销区域内发展特约经销商共____家

渠道发展规划是:

市场级别	城市名称	发展数量	市场级别	城市名称	发展数量

发展计划和重点发展经销商的城市是:

时间	发展数量	重点发展的城市

续表

3.1.2 本年度分销率目标要达到____%，各季度的计划为：

时间	经销商总销量	二三级市场批发量	总销量	分销率

3.1.3 预计发展经销商名单：

经销商名称	预计销量	城市	主要客户名称

3.1.4 本年度，分销工作中重点要解决的问题和采取的措施是：

3.1.5 本年度，对经销商的支持计划（从销售、宣传、资金、培训、奖励等方面提出计划）是：

3.1.6 本年度，对经销商的管理措施（从筛选、资金、库存、样机订购、遵守价格等方面）是：

3.2 行业推广计划：
重点开拓的行业：□证券 □财税 □金融 □教育 □邮电 □制造 □交通 □能源 □保险

3.2.1 原有行业客户推广计划：（请筛选出重要客户）

客户单位名称	上年购买量	今年预计购量	增长率

3.2.2 新行业客户推广计划：（请筛选出3个重要客户）

新客户单位名称	计划销售量

3.3 产品推广计划：
3.3.1 主流产品的维护与增长计划：
(1) _____
(2) _____
(3) _____

续表

3.3.2 新产品系列的推广计划（如无，可不填）：
(1)_____
(2)_____
(3)_____
3.4 市场推广计划：
3.4.1 本年度预计销售额____万元，计划投入广告____万元，其中来自市场合作基金____万元，市场合作基金使用率达到____%，总计____万元，各季度投放比例大致为____、____、____、____。
3.4.2 重点媒体投放表：

重点投放媒体名称	投放比例

3.4.3 展示及市场活动表：

举办时间	地点	主题	参加对象	备注

3.4.4 资金投放比例表：

内容	活动	平面	电视	车身	路牌
比例					

3.5 资金运作计划：
3.5.1 预计全年进货金额____万元
3.5.2 需要占用流动资金总额____万元，全年周转____次
4 人员培训计划
本年度计划投入培训费用____元，除参加××组织培训外，举办内部培训不少于____次，培训内容侧重：_____方面
5 组织结构
今年结构框图与人员设置，请画图说明

规划制订人：

表格12：×××分销（代理）商业绩回顾表

×××分销（代理）商业绩回顾表见表6-14。

表6-14 ×××分销（代理）商业绩回顾表

每季度结束后一个月内由区域经理对分销（代理）商进行业绩回顾，在"是"或"否"选项下画勾，对"否"的选项找出问题，请填好"原因"及"如何解决"两项。

回顾项目及内容		是	否	原因及分析	解决措施及推进时间、责任人
销售及渠道建设	是否达到预计销量，完成率为____%				
	是否按渠道规划发展经销商				
	分销率是否达50%，实际为____%				
	下游经销商合格率是否达到80%				
	分销工作中重点问题的解决是否有效				
	对经销商的支持计划和管理措施是否执行				
	是否开拓出新的行业用户				
产品推广情况	是否新产品代理				
	有无针对新产品的策略及推广计划				
	新产品的销量是否达到计划要求				
	新产品推广过程有无问题				
市场推广情况	本季广告费用是否达到预计投放量				
	是否举办市场展示活动				
	是否有建立××形象店				
	是否有在媒体刊发××宣传文章				
资金运作情况	周转情况正常				
	进货额是否完成计划				
	是否无货款拖欠情况				
	流动资金占用额是否达计划				
培训情况	本季度是否参加过××举办的培训				
	受训人员是否对本公司人员进行了培训				
	您认为培训质量是否令人满意				

表格13：××渠道动态变化反馈表

××渠道动态变化反馈表见表6-15。

表6-15 ××渠道动态变化反馈表

省份： 　　　　　分销（代理）商： 　　　　　日期：

代理商名称		类别		
人员	1.公司负责×××的主要成员有如下变化： 　管理人员_____（公司级主管） 　渠道主管_____ 行业主管_____ 　市场人员_____（请填写人名） 2.处理意见：_____			

续表

代理商名称		类别		
场所	1.经营场所的变化情况：□扩大　　□缩小 2.新的地址：_____ 　通信地址：_____ 　电话：_____ 传真：_____ 3.处理意见：_____			
资信	1.财务状况已恶化，亏损金额：_____（估计） 2.已发生三角债，具体情况：_____ 3.流动资金存在严重短缺，原因：_____ 4.处理意见：_____			
物流	1.产品已存在严重积压，原因：_____ 2.积压产品名称及数量：_____ 3.处理意见：_____			
业务	1.主要业务方向已转移，业务方向：_____ 2.已销售竞争对手的产品，厂商及产品名称：_____ 3.处理意见：_____			
法律问题	1.代理存在违法行为，具体表现：_____ 2.代理存在法律纠纷与法律诉讼 □否　□是 　具体情况：_____ 3.处理意见：_____			
市场秩序	1.代理存在严重价格违规情况，主要表现：_____ 2.其他严重违规行为：_____ 3.处理意见：_____			

表格14：年度×××代理支持档案

年度×××代理支持档案见表6-16。

表6-16　年度×××代理支持档案

代理名称：　　　　　　　　　　省份：
区域经理：　　　　　　　　　　经理审核：
一、拜访记录

日期	拜访人及其职务	拜访内容	拜访效果	遗留问题	解决办法

二、业绩回顾记录

日期	参加人	上期问题的解决	本期提出的主要问题	解决措施	代理认同度

三、配合攻关记录

日期	用户名称	项目名称及购买数量	配合内容	攻关结果	待安排重点工作

四、价格支持记录

日期	用户名称	行业	支持过程中代理及××存在的问题	解决办法

五、宣传活动支持记录（有××出资）

日期	主题	宣传形式						费用来源及支持金额	宣传效果	存在问题	解决办法
		A	B	C	D	E	F	G				

注：A—活动；B—平面；C—电视；D—车身；E—路牌；F—店面；G—其他。

六、市场秩序问题记录

日期	违规现象	处理结果						解决办法
		A	B	C	D	E	F	

注：A—警告；B—扣罚违约金；C—停货；D—取消代理资格；E—取消市场秩序返点；F—沟通教育。

表格15：年度×××重点客户档案

年度×××重点客户档案见表6-17。

表6-17　年度×××重点客户档案

大区：　　　　　　省份：　　　　　　区域经理：　　　　　　经理审核：

一、客户基本情况
客户名称：＿＿＿＿＿＿＿＿＿＿＿＿　　对应渠道：＿＿＿＿＿＿＿＿＿＿＿＿
所属行业：□金融　□财税　□证券　□教育　□邮电　□保险　□公安　□铁路　□统计　□制造　□交通　□能源　□政府　□其他＿＿＿＿＿＿

二、沟通记录

日期	拜访人及其职务	沟通形式	沟通内容	近期主要项目及问题（如对手）	拟订对策	解决结果

三、购买记录

日期	项目名称	型号	数量	合同金额

表格16：市场秩序管理月报

市场秩序管理月报见表6-18。

表6-18　市场秩序管理月报

（×月）

一、本月市场秩序情况汇总
1. 本月代理有关市场秩序的投诉受理×起，已处理×起，处理结果××
    反映的突出问题是：
2. 走访代理×家
    反映的突出问题是：
    原因：
3. 电话抽查×家，合格×家，不合格×家，合格率：
    主要现象是：
4. 媒体检查共×次，不合格×次
    主要问题是：

二、本区域针对典型问题采取了哪些有效措施（即经验、成绩）

三、目前仍存在的问题

四、改进措施和所需配合、支持

表格17：代理授权申请书

代理授权申请书见表6-19。

表6-19　代理授权申请书

说明：本申请书作为申请公司授权认证的主要资料，请认真填写。
本申请书应具有真实性，××将对此保密。

公司基本信息			
公司名称：		申请日期：　　年　　月　　日	
申请签约类型：		□分销商　□代理商　□经销商	
地址	_____省（市）_____市（县）　　　邮编		
联系人及职务	联系人：　　　　　　职务：		
电话及传真	电话：区号_____号码_____　传真：区号_____号码_____		

续表

E-mail				
企业性质： □有限责任公司 □私营企业 □国有企业 □合伙 □个体 □其他			上级主管单位：	
主要经营范围				
注册资金		可用于××产品的流动资金		
店面（办公）面积	□自有：	平方米	□租用：	平方米
店面所在地址				
固定资产	车辆：□无 □有 （注明数量、类型）： 其他固定资产：			
如有分支机构，请列出				
所属主要经销渠道请列出				
公司经营状况				
产品经营、销售历史	时间： 时间： 时间：	合作公司： 合作公司： 合作公司：		经营产品： 经营产品： 经营产品：
公司经营的主要产品及厂商：				
公司年销售收入：		人均年销售收入：		
公司连续三年的营业额：2015年_____万、2016年_____万、2017年预计_____万				
公司直销额占营业总额____%；批发额占营业总额____%；分销额占营业额____%				
主要行业用户群：		主要零售用户群：		
贵公司独立策划的区域市场活动有： 贵公司独立进行的平面广告策划有： 贵公司独立进行的媒体宣传有：				
选择代理销售××产品的主要原因：				
贵公司未来的定位和发展方向是：				
希望××提供哪些支持与相关培训：				
公司人员情况和组织机构				
公司总经理	姓名：	性别：	年龄：	学历：
	工作经历	从事计算机类产品销售的时间： 从事产品： 所在公司：		
		时间：	单位：	主要任职：
		时间：	单位：	主要任职：
公司销售主管	姓名	性别	年龄	学历
	工作经历	从事计算机类产品销售的时间： 从事产品： 所在公司：		
		时间：	单位：	主要任职：
		时间：	单位：	主要任职：
		时间：	单位：	主要任职：
其他人员				

注：本表格请用E-mail发给区域经理，并将加盖公章的文本留存。

表格18：代理授权认证书

代理授权认证书见表6-20。

表6-20　代理授权认证书

（由区域经理实地考察后填写）

考察人（区域经理）：　　　　考察日期：　　　　填写日期：

一、申请授权公司全称：

_____

　上一年是否是××签约渠道：□是　　□否
　申请类型：□分销　□代理　□经销
　公司业务性质：□零售商　□批发商　□集成商　□行业　□其他_____
　公司总人数：__人　管理人员：__人　销售人员：__人
　商务人员：__人　市场人员：__人　其他人员：__人

二、对××政策的认同性

　该公司是否认同××渠道策略和××的经营理念：□是　□否

三、内部管理制度

　1.是否有专门的部门和人员负责×××的销售：□是　□否
　2.负责人员是否有相关的岗位要求：□是　□否
　3.财年是否能根据××产品销售的需求保证相应的组织结构：□是　□否

四、公司经营的忠诚度和同类产品销售经验

　1.公司经营产品是否有较好的忠诚度：□是　□否
　2.公司是否具备同类产品的销售经验：□是　□否
　3.如果该公司不具备同类产品销售经验，该公司是否具备经营××产品的能力：□是　□否

五、公司在当地业界的口碑如何

　□很好　□较好　□一般　□较差　□很差

六、公司信息系统建设（E-mail、传真和WWW浏览）是否达标

　□是　□否

七、公司实力

　1.公司的注册资金规模：_____
　2.公司的流动资金规模：_____
　3.门市营业面积：_____
　4.网店规模：_____
　5.是否具备市场推广能力：□是　□否

八、申请分销商条件

　1.是否与××有过合作：□是　□否
　2.固定经销渠道数量：_____

九、公司销售规模

　1.公司连续三年营业额：2015年_____万、2016年_____万、2017年预计_____万
　2.公司在当地市场的销量和排名是否达到标准：□是　□否

十、公司直销规模比例是否达到标准

　□是　□否

十一、公司的定位与用户群

　1.公司是否计划在IT业长期发展：□是　□否
　2.公司的定位、业务方向、销售方式等是否比较明确，且符合本省的渠道规划：□是　□否
　3.公司有无固定的经销渠道：□无　□有_____家
　4.公司有无固定用户群：□无　□有　主要为：_____
　5.固定用户群与现有渠道是否有较大的冲突：□是　□否
　6.公司目前销售的主要产品：
　_____
　_____

十二、销售方式

　1.公司直销额占公司营业总额为：__%
　2.公司批发额占公司营业总额为：__%
　3.公司分销额占公司营业总额为：__%

续表

十三、区域经理意见综述
1.该公司的主要优势：_____   2.该公司的劣势：_____   3.该公司的基本条件是否符合授权标准：□是　　□否

注：区域经理应对以上所填内容的真实性负责。

表格19：分销商、代理商签约申请表

分销商、代理商签约申请表见表6-21。

表6-21　分销商、代理商签约申请表

分销商名称：　　　　省份：　　　城市：　　　申请时间：

公司名称	上年情况	签约产品	上年××产品销售额	所签台阶	公司类型	人数	所在城市
签字及日期	区域经理（办事处）： 　　年　月　日	营销总监 审核： 　　年　月　日			总经理： 批准： 　　年　月　日		

注：1.上年情况，A—签约分销商；B—签约代理商；C—非签约公司。
2.上年××产品销售额：上年签约代理完成_____销售额。
3.公司类型：A—零售商；B—系统集成商；C—渠道代理商；D—行业公司；E—其他。

表格20：特约经销商三方协议签约申请表

特约经销商三方协议签约申请表见表6-22。

表6-22　特约经销商三方协议签约申请表

分销商名称：　　　　　　　　　　　　　省份：
城市：　　　　　　　　　　　　　　　　申请时间：

公司名称	上年情况	签约产品	上年××产品销售额	所签台阶	公司类型	人数	所在城市
签字及日期	区域经理（办事处）： 　　年　月　日	营销总监 审核： 　　年　月　日			总经理： 批准： 　　年　月　日		

注：1.上年情况：A—签约代理；B—签约经销商；C—非签约公司。
2.上年××产品销售额：上年签约代理完成_____销售额。
3.公司类型：A—零售商；B—系统集成商；C—批发商；D—行业公司；E—其他。

表格21：代分销业绩回顾表

代分销业绩回顾表见表6-23。

表6-23　代分销业绩回顾表

每季度结束后一个月内由业务代表依照规划书对分销商进行业绩回顾，在"是"或"否"选项下画勾对"否"的选项找出问题，请填好"原因"及"如何解决"两项。

回顾项目及内容		是	否	原因及分析	解决措施及推进时间、责任人
销售及渠道建设	是否达到预计销量，完成率为____%				
	是否按渠道规划发展经销商				
	分销率是否达到80%，实际为____%				
	经销商合格率（达台阶一）是否达到80%				
	分销工作中重点问题的解决有效				
	对经销商的支持计划是否执行				
	对经销商的管理措施是否执行				
产品推广情况	是否新产品代理				
	有无针对新产品的策略及推广计划				
	新产品的销量是否达到计划要求				
	新产品推广过程有无问题				
市场推广情况	本季广告费用是否达到预计投放量				
	是否举办市场展示活动				
	媒体按计划刊发宣传文章				
资金运作情况	周转情况正常				
	进货额是否完成计划				
	是否按时还款（信誉金）				
	流动资金占用额是否达计划				
培训情况	本季度是否参加过举办的培训				
	受训人员是否对本公司人员进行了培训				
	您认为培训质量是否令人满意				

表格22：代理业绩回顾表

代理业绩回顾表见表6-24。

表6-24　代理业绩回顾表

每季度结束后一个月内由业务代表依照计划书对代理进行业绩回顾，在"是"或"否"选项下画勾对"否"的选项找出问题，请您填好"原因"及"如何解决"两项。

回顾项目及内容		是	否	原因及分析	解决措施及推进时间、责任人
销售行业推广	季度预计销量完成率_____%				
	行业销量是否达标				
	有无在谈项目				
	有无计划推进项目				

续表

	回顾项目及内容	是	否	原因及分析	解决措施及推进时间、责任人
产品推广情况	是否新产品代理				
	有无针对新产品的策略及推广计划				
	新产品的销量是否达到计划要求				
	新产品推广过程有无问题				
市场推广情况	本季广告费用是否达到预计投放量				
	是否举办市场展示活动				
	媒体按计划刊发联想宣传文章				
资金运作情况	周转情况正常				
	进货额是否完成计划				
	是否按时还款（信誉金）				
	流动资金占用额是否达计划				
培训情况	本季度是否参加过联想举办的培训				
	受训人员是否对本公司人员进行了培训				
	本季培训费用是否达到计划季均水平				
	您认为培训质量是否令人满意				

表格23：代理商资信调查表

代理商资信调查表见表6-25。

表6-25　代理商资信调查表

代理商：　　　　　调查人员：　　　　　调查结果：

一、经营者
1. 家庭关系是否紧张（3分）　　　　　　　　　　　　　【A】否　【B】是
2. 是否沾染赌博、酗酒等不良嗜好（3分）　　　　　　　【A】否　【B】是
3. 是否对工作放任自流，不闻不问（3分）　　　　　　　【A】否　【B】是
4. 经营人员是否努力工作，锐意进取（2分）　　　　　　【A】是　【B】否
5. 经营者之间是否存在财产争夺的隐患（3分）　　　　　【A】否　【B】是
6. 经营者是否高高在上，脱离员工（2分）　　　　　　　【A】否　【B】是
7. 是否为筹集资金而伤神（1分）　　　　　　　　　　　【A】否　【B】是
8. 经营者之间是否存在面和心不和，相互掣肘的情况（2分）【A】否　【B】是
9. 经营者说话是否颠三倒四，朝令夕改（2分）　　　　　【A】否　【B】是
10. 经营者是否难寻踪影（2分）　　　　　　　　　　　　【A】否　【B】是
11. 经营者是否整日面容憔悴，疲惫不堪（1分）　　　　　【A】否　【B】是
12. 经营者是否制订出明确的经营指标（3分）　　　　　　【A】是　【B】否
13. 经营者对经营指标是否一无所知，或一知半解（2分）　【A】否　【B】是
14. 社会上是否有负面传闻（1分）　　　　　　　　　　　【A】否　【B】是
15. 经营者打电话时员工是否经常窃窃私语，神秘兮兮（2分）【A】否　【B】是
16. 同行业者对其评价是否良好（2分）　　　　　　　　　【A】是　【B】否
17. 员工对其评价是否良好（1分）　　　　　　　　　　　【A】是　【B】否
18. 是否身体健康，体力充沛（2分）　　　　　　　　　　【A】是　【B】否
19. 经营者对本行业前景是否认同（2分）　　　　　　　　【A】是　【B】否
20. 经营者对本公司及产品是否认同（3分）　　　　　　　【A】是　【B】否
得分小计：

续表

二、企业内部管理		
1. 员工是否崇尚团队精神，团结一致（2分）	【A】是	【B】否
2. 员工是否服从上司领导，做到令行禁止（2分）	【A】是	【B】否
3. 对分配的工作，员工是否按时按质完成（2分）	【A】是	【B】否
4. 辞职率是否居高不下（2分）	【A】否	【B】是
5. 员工中是否有人从事第二职业（1分）	【A】否	【B】是
6. 员工上班纪律是否松懈（2分）	【A】否	【B】是
7. 员工是否将牢骚、不满向企业外部人员倾诉（2分）	【A】否	【B】是
8. 员工是否在已知总经理行踪情况下仍对询问故作不知（1分）	【A】否	【B】是
9. 总经理不在时，员工是否表现出兴高采烈的表情（1分）	【A】否	【B】是
10. 办公场所是否经常有身份不明的外来人员（1分）	【A】否	【B】是
11. 办公区域、仓库是否杂乱无章，一片狼藉（2分）	【A】否	【B】是
12. 员工是否每日无所事事（2分）	【A】否	【B】是
13. 员工是否有不检点行为（1分）	【A】否	【B】是
14. 员工是否违规操作，以中饱私囊（2分）	【A】否	【B】是
15. 库存量是否急剧增减（2分）	【A】否	【B】是
16. 管理人员能力是否胜任工作要求（2分）	【A】是	【B】否
17. 管理人员是否受员工尊重和信任（2分）	【A】是	【B】否
18. 管理人员是否用心培养员工（2分）	【A】是	【B】否
19. 企业氛围是否积极向上、士气高昂（2分）	【A】是	【B】否
20. 公司经营业绩是否良好（3分）	【A】是	【B】否
得分小计：		
三、财务状况		
1. 资金实力是否雄厚，风险承担能力强（3分）	【A】是	【B】否
2. 现金不足，是否提前回收货款以解决资金不足（3分）	【A】否	【B】是
3. 是否为筹措资金低价抛售产品（2分）	【A】否	【B】是
4. 是否有传闻其他债权无法索回借款（1分）	【A】否	【B】是
5. 是否开始利用高息贷款（2分）	【A】否	【B】是
6. 是否频繁更换商业银行（2分）	【A】否	【B】是
7. 经营者和财务负责人是否经常奔走于各类金融机构（2分）	【A】否	【B】是
8. 与业务银行关系是否紧张（2分）	【A】否	【B】是
9. 业务银行是否对其采取强制性措施（2分）	【A】否	【B】是
10. 与其他债权人关系是否紧张（2分）	【A】否	【B】是
得分小计：		

注：（1）本调查报告共50条，每一条调查结果为【A】的，得满分，调查结果为【B】的，得0分，最终得分为累计之和。
（2）对经营者的调查可通过与经营者交流的方式；对企业内部管理的调查可通过与员工的谈话、公司实际观察等方式；对财务状况的调查则可通过与财务人员及第三方的交流。

表格24：代理商考核表（一）

代理商考核表（一）见表6-26。

表6-26 代理商考核表（一）

代理商名称			考核人员		考核年度	
评价因素		评价要点			评分标准/分	考评得分
市场拓展	1	市场拓展非常得力，分销商开发达成率100%			15	
	2	市场拓展得力，分销商开发达成率95%			11	
	3	市场拓展基本合乎要求，分销商开发达成率90%			7	
	4	市场拓展力度不够，分销商开发达成率仅达80%			4	
	5	市场拓展被动，分销商开发达成率不足80%			1	

续表

代理商名称			考核人员		考核年度	
评价因素		评价要点			评分标准/分	考评得分
销售额	1	业绩优秀，年度销售目标达成率100%			15	
	2	业绩优良，完成年度销售目标的95%			11	
	3	业绩尚可，完成年度销售目标的90%			7	
	4	业绩一般，仅完成年度销售目标的80%			4	
	5	业绩较差，年度目标达成率低于80%			1	
配合度	1	主动配合公司有关政策，执行良好			15	
	2	基本能执行公司有关政策，未发生违规行为			11	
	3	尚能执行公司有关政策，发生1次违规行为			7	
	4	对公司部分政策有抵触行为，发生3次以上违规行为			4	
	5	拒绝执行公司有关政策，经常发生违规行为			1	
销售增长率	1	年度销售总额增长达30%			15	
	2	年度销售总额增长达20%			11	
	3	年度销售总额增长达10%			7	
	4	年度销售总额增长达5%			4	
	5	年度销售总额几乎没有增长，增长率尚不足5%			1	
消费者投诉	1	年度内未发生消费者投诉			15	
	2	年度内消费者投诉次数1次			11	
	3	年度内消费者投诉次数达2次			7	
	4	年度内消费者投诉次数达3次			4	
	5	年度内消费者投诉次数达4次及以上			1	
代理商投诉	1	年度内未发生下属代理商投诉			10	
	2	年度内下属代理商投诉次数2次及以内			8	
	3	年度内下属代理商投诉次数达5次			6	
	4	年度内下属代理商投诉次数达8次			4	
	5	年度内下属代理商投诉次数达10次及以上			1	
回款准时率	1	无须跟催，总能按约定时间准时或提前回款			15	
	2	年度内未延迟付款，准时率100%			11	
	3	年度内发生1次延迟付款			7	
	4	年度内发生2次延迟付款			4	
	5	年度内发生3次延迟付款			1	
综合得分						
年度评语						

表格25：代理商考核表（二）

代理商考核表（二）见表6-27。

表6-27 代理商考核表（二）

代理商名称			考核人员		考核年度	
评价因素		评价要点			评分标准/分	考评得分
市场拓展	1	市场拓展非常得力，分销商开发达成率100%			20	
	2	市场拓展得力，分销商开发达成率95%			15	
	3	市场拓展基本合乎要求，分销商开发达成率90%			10	
	4	市场拓展力度不够，分销商开发达成率仅达80%			5	
	5	市场拓展被动，分销商开发达成率不足80%			1	
销售额	1	业绩优秀，年度销售目标达成率100%			20	
	2	业绩优良，完成年度销售目标的95%			15	
	3	业绩尚可，完成年度销售目标的90%			10	
	4	业绩一般，仅完成年度销售目标的80%			5	
	5	业绩较差，年度目标达成率低于80%			1	
配合度	1	主动配合公司有关政策，执行良好			15	
	2	基本能执行公司有关政策，未发生违规行为			11	
	3	尚能执行公司有关政策，发生1次违规行为			7	
	4	对公司部分政策有抵触行为，发生3次以上违规行为			4	
	5	拒绝执行公司有关政策，经常发生违规行为			1	
销售增长率	1	年度销售总额增长达30%			20	
	2	年度销售总额增长达20%			15	
	3	年度销售总额增长达10%			10	
	4	年度销售总额增长达5%			5	
	5	年度销售总额几乎没有增长，增长率尚不足5%			1	
消费者投诉	1	年度内未发生消费者投诉			15	
	2	年度内消费者投诉次数1次			11	
	3	年度内消费者投诉次数达2次			7	
	4	年度内消费者投诉次数达3次			4	
	5	年度内消费者投诉次数达4次及以上			1	
代理商投诉	1	年度内未发生下属代理商投诉			10	
	2	年度内下属代理商投诉次数2次及以内			8	
	3	年度内下属代理商投诉次数达5次			6	
	4	年度内下属代理商投诉次数达8次			4	
	5	年度内下属代理商投诉次数达10次及以上			1	
综合得分						
年度评语						

表格26：业务代表渠道拜访计划、总结表

业务代表渠道拜访计划、总结表见表6-28。

表6-28 业务代表渠道拜访计划、总结表

大区：_____　　　省份：_____　　　业务代表：_____

出差城市			出差天数		同行人	
拜访代理			拜访目的及主要任务			

日程安排	时间	地点	工作内容

审批	渠道处经理：	需准备的资料或物品	

拜访总结	任务完成情况： 为代理解决的问题： 代理认同度： 待处理问题（可能成交项目、竞争对手及品牌等）及建议： 收获、体会： （此栏不够，请另附纸）

审批	渠道处经理

表格27：区域市场信息反馈表

区域市场信息反馈表见表6-29。

表6-29 区域市场信息反馈表

经销商名称：_____　　　类别：A□　B□　C□
　　　　　　　　　　　　　　　月　日至　月　日

产品陈列与库存			
总陈列面积	陈列面积	陈列位置	陈列面积比率
			%
单品陈列数量（注货号）			

续表

仓储面积		产品库存评估						
终端宣传物料利用情况								
易拉宝		KT板		模特		平面广告		
数量	陈列情况	数量	陈列情况	数量	陈列情况	数量	展示情况	
本月畅销的五款产品								
地区	货号	色号	数量、单位		原因分析			
本月滞销的五款产品								
地区	货号	色号	数量、单位		原因分析			

近期竞品畅销的产品				近期竞品开发的新产品			
品牌	品名	颜色	备注	品牌	品名	颜色	备注
			提供样品				提供样品
			提供样品				提供样品
			提供样品				提供样品
竞品当期促销政策（品牌1）				市场反映情况			
竞品当期促销政策（品牌2）				市场反映情况			

网络开发与维护	
新增网络：二批（　　）	新增网络：直营终端（　　）
1.　　　　2. 3.　　　　4. 5.　　　　6.	1.　　　　2. 3.　　　　4. 5.　　　　6.
现况分析及建议：	

制表人：　　　　审核：　　　　批准：

表格28：样品表

样品表见表6-30。

表6-30　样品表

订样处				
原因说明				
信息提供人		采集区域		
采集场所		采集时间		
零售价		批发价		出厂价	
收集人		收集日期		

表格29：第（　）季度A类客户计划销售目标表

第（　）季度A类客户计划销售目标表见表6-31。

表6-31　第（　）季度A类客户计划销售目标

事项＼姓名					
上年度前季销售					
上年度本季销售					
本年度前季销售					
本年度本季销售					
本年度下季销售					
下季度第1月销售目标					
回款计划					
下季度第2月销售目标					
回款计划					
下季度第3月销售目标					
回款计划					

制订：　　　　审核：　　　　批准：

表格30：第（　）季度B类客户计划销售目标表

第（　）季度B类客户计划销售目标表见表6-32。

表6-32 第（ ）季度B类客户计划销售目标

事项＼姓名										
本年度前季销售										
本年度销售计划										
本年度下季销售										
下季度第1月销售目标										
回款计划										
下季度第2月销售目标										
回款计划										
下季度第3月销售目标										
回款计划										

制订： 审核： 批准：

表格31：第（ ）季度C类客户计划销售目标表

第（ ）季度C类客户计划销售目标表见表6-33。

表6-33 第（ ）季度C类客户计划销售目标

事项＼姓名										
本年度前季销售										
本年度销售计划										
本年度下季销售										
下季度第1月销售目标										
回款计划										
下季度第2月销售目标										
回款计划										
下季度第3月销售目标										
回款计划										

制订： 审核： 批准：

表格32：出差路线图

出差路线图见表6-34。

表6-34 出差路线图

区域： 日期：

序号＼内容	出差工作内容	项目		至	项目		住宿	执行效果
		日期	地区		日期	地区		

区域经理： 销售经理： 跟进人：

表格33：A类经销商区域网络图

A类经销商区域网络图见表6-35。

表6-35　A类经销商区域网络图

一级网络：

二级网络：包括直营终端和二批经销商

三级网络：包括二批经销商和三批经销商

制表人：　　　　　制表日期：　　年　　月　　日

表格34：B类经销商区域网络图

B类经销商区域网络图见表6-36。

表6-36　B类经销商区域网络图

一级网络：

二级网络：包括直营终端和二批经销商

制表人：　　　　　制表日期：　　年　　月　　日

表格35：二批经销商档案表

二批经销商档案表见表6-37。

表6-37 二批经销商档案表

总代理名称		法人姓名		手机	
二批公司名称		法人姓名		手机	
二批公司地址		电话		传真	
二批商联系人		职务		手机	
主要经营品牌	主要经营商场、超市	品项	负责人姓名	电话、手机	地址
其他说明及建议：					

制表人：　　　　　　　　　　　　　　　制表时间：　年　　月

表格36：直营终端档案表

直营终端档案表见表6-38。

表6-38 直营终端档案表

总代理名称			法人姓名		手机		
商、超名称		地址	联系人	电话	责任业务员	电话、手机	
其他竞品陈列单品数量及销售额							
品牌	销售额（　月）	竞品品项			品项及销售额（　月）		
其他说明及建议：							

制表人：　　　　　　　　　　　　　　　制表时间：　年　　月　　日

 **学习总结**

通过本章的学习，我对渠道管理有了以下几点新的认识：

1.＿＿＿＿＿＿＿＿＿＿＿＿＿＿＿＿＿＿＿＿＿＿＿＿＿＿＿＿＿＿＿＿＿＿

2.＿＿＿＿＿＿＿＿＿＿＿＿＿＿＿＿＿＿＿＿＿＿＿＿＿＿＿＿＿＿＿＿＿＿

3.＿＿＿＿＿＿＿＿＿＿＿＿＿＿＿＿＿＿＿＿＿＿＿＿＿＿＿＿＿＿＿＿＿＿

4.＿＿＿＿＿＿＿＿＿＿＿＿＿＿＿＿＿＿＿＿＿＿＿＿＿＿＿＿＿＿＿＿＿＿

5.＿＿＿＿＿＿＿＿＿＿＿＿＿＿＿＿＿＿＿＿＿＿＿＿＿＿＿＿＿＿＿＿＿＿

我认为根据本公司的实际情况，应制订以下制度和表格：

1.＿＿＿＿＿＿＿＿＿＿＿＿＿＿＿＿＿＿＿＿＿＿＿＿＿＿＿＿＿＿＿＿＿＿

2.＿＿＿＿＿＿＿＿＿＿＿＿＿＿＿＿＿＿＿＿＿＿＿＿＿＿＿＿＿＿＿＿＿＿

3.＿＿＿＿＿＿＿＿＿＿＿＿＿＿＿＿＿＿＿＿＿＿＿＿＿＿＿＿＿＿＿＿＿＿

4.＿＿＿＿＿＿＿＿＿＿＿＿＿＿＿＿＿＿＿＿＿＿＿＿＿＿＿＿＿＿＿＿＿＿

5.＿＿＿＿＿＿＿＿＿＿＿＿＿＿＿＿＿＿＿＿＿＿＿＿＿＿＿＿＿＿＿＿＿＿

我认为本章的内容不够全面，还需补充以下方法、制度和表格：

1.＿＿＿＿＿＿＿＿＿＿＿＿＿＿＿＿＿＿＿＿＿＿＿＿＿＿＿＿＿＿＿＿＿＿

2.＿＿＿＿＿＿＿＿＿＿＿＿＿＿＿＿＿＿＿＿＿＿＿＿＿＿＿＿＿＿＿＿＿＿

3.＿＿＿＿＿＿＿＿＿＿＿＿＿＿＿＿＿＿＿＿＿＿＿＿＿＿＿＿＿＿＿＿＿＿

4.＿＿＿＿＿＿＿＿＿＿＿＿＿＿＿＿＿＿＿＿＿＿＿＿＿＿＿＿＿＿＿＿＿＿

5.＿＿＿＿＿＿＿＿＿＿＿＿＿＿＿＿＿＿＿＿＿＿＿＿＿＿＿＿＿＿＿＿＿＿

第七章 客户管理

引言

据统计，常规企业每年的客户流失率超过10%，争取一个新客户所耗费的成本是保持一名现有客户的5倍，如果客户的流失率降低5%，其利润就能增加25%～85%。因此，现代企业不得不承认：客户是给企业发工资的人，客户是企业最宝贵的财富。

本章学习指引

目标	了解客户关系管理的要点，并能够运用所提供的范本，根据本企业的实际情况制订相应的管理制度、表格

学习内容

管理要点	· 了解客户管理的对象 · 建立客户管理资源系统 · 导入CRM管理系统 · 对客户进行ABC分类管理
管理制度	· 销售客户管理办法 · 客户分级管理制度 · 客户信用管理制度 · 客户信用风险管理制度 · 客户信用期限、信用等级和信用额度管理制度 · 大客户管理制度 · 客户拜访区域规划制度 · 公司客户接待管理规定
管理表格	· 客户评级表综合评定表 · 客户资信等级评估表 · 客户基本信息采集表 · 客户信用风险客观评估表 · 客户信用等级、信用额度、信用期限申请表（新客户） · 客户信用等级、信用额度、信用期限申请表（老客户） · 临时额度申请表 · 客户信用额度核定表 · 变更信用额度申请表 · 客户信用评估与建议表 · 各类客户信息管理跟踪调查表 · 客户地址分类表 ……

第一节　客户管理要点

要点1：了解客户管理的对象

既然是客户管理，其对象当然就是客户。从不同的角度出发，客户群有不同分类。比如，客户群的分类可按客户的地理位置、企业类型、企业规模、收入水平、年龄、所购买的产品类型和特定性来分。这里介绍5种常见的客户分类。

（一）从营销的角度分类

从营销的角度出发，客户可以分为以下4类，如图7-1所示。

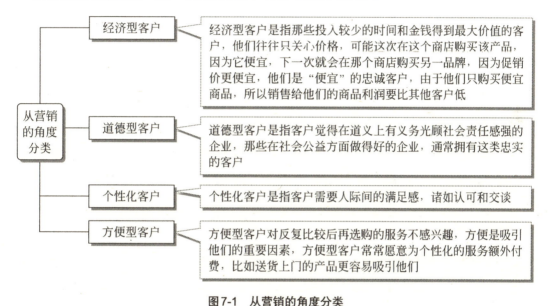

图7-1　从营销的角度分类

（二）从管理的角度分类

从管理的角度来看，客户可划分为4个类型，如图7-2所示。

类别一　关键客户

关键客户除了希望从企业那里获得直接的客户价值外，还希望从企业那里得到社会利益，如成为客户俱乐部的成员等，从而体现一定的精神满足，他们都是企业比较稳定的客户，虽然人数不是占多数，但对企业的贡献却高达80%左右

类别二　潜力客户

潜力客户希望从与企业的关系中增加价值，从而获得附加的财务利益和社会利益，这类客户通常与企业建立一种伙伴关系或者战略联盟，他们是企业与客户关系的核心，是客户中的关键部分

图7-2

> **类别三** 常规客户

常规客户主要希望从企业那里获得直接好处，获得满意的客户价值，他们是经济型客户，消费具有随机性，讲究实惠，看重价格优惠，是企业客户的最主要部分，可以直接决定企业短期的现实收益

> **类别四** 临时客户

临时客户是从常规客户中分化出来的，这些客户可能一年中会跟企业订货一两次或购买一两次，并不能为企业带来大量的收入，实际上，当本企业考虑到以下因素时，甚至会觉得他们在花企业的钱——将他们列入客户记录所花费的管理费、寄邮件的邮费，以及库存一些只有他们可能购买的商品的费用，这些客户可能最令人头痛

图7-2 从管理的角度分类

（三）按客户的性质分类

按客户的性质可以划分为以下4类。
（1）政府机构及非营利机构。主要指各级政府机构、医院和各种非营利的协会等。
（2）特殊公司。如与本企业有特殊业务的企业、供应商等。
（3）普通公司。
（4）交易伙伴及客户个人。

（四）按交易的过程划分

按交易的过程可以分为曾经有过交易业务的客户、正在进行交易的客户和即将进行交易的客户。

（五）按时间顺序划分

可分为老客户、新客户和未来客户。

要点2：建立客户管理资源系统

客户作为企业的一项重要资源是可以管理的。企业只有对客户资源加以有效管理，才能使客户资源价值得以充分的实现。客户管理的核心是对企业相对独立的市场管理、销售管理与售后服务等业务进行集成，提供统一的运作平台，对各种数据进行加工、处理与分析，形成制订各种决策可以参考的报告。

（一）客户信息系统

客户信息系统是客户资源管理系统中重要的组成部分，它为客户管理提供最基础的信息数据，为企业的经营决策提供原始数据。客户信息主要包括客户的基本资料、客户购买行为特征、客户服务记录、客户维修记录、客户订单记录、客户对企业及竞争对手的产品服务评价、客户建议与意见等。如图7-3所示。

（二）销售服务支持平台

销售服务支持平台是客户资源管理系统中最关键的部分。它应包括市场管理平台、销售支持平台、订单录入与跟踪、产品服务价格的设计与组合、客户服务等部分。如图7-4所示。

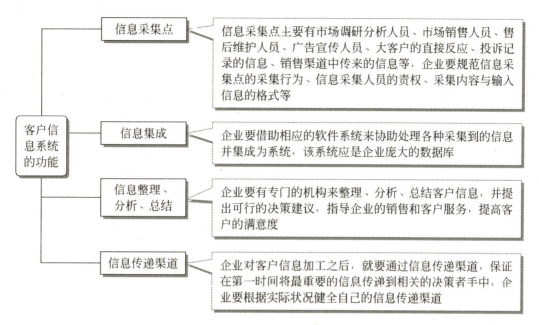

图7-3　客户信息系统的功能

| 平台一 | 市场管理平台 |

市场管理平台包括市场预测与市场策划管理，企业在对客户信息分析、整理的基础上提出市场预测，为企业经营提供足够的有效信息；市场策划管理包括市场策划方案、跟踪评价、市场策划知识库等，企业在市场预测的基础上，针对不同市场的需求特点策划出一些经营方案，同时对这些方案的执行进行跟踪评价，并把经验和获得的知识放入市场策划知识库，以便参考

| 平台二 | 销售支持平台 |

销售支持平台包括销售计划的制订；有效、快速、安全的交易方式；订单与合同管理；信息查询；辅助方案的配置；定价管理；销售渠道管理与销售统计分析等

| 平台三 | 订单录入与跟踪 |

市场销售人员与服务人员可以查询某一客户的订单执行情况，以决定是否应该由自己提供服务，这样便于保持整个销售出口的统一，客户也可以查询自己订单的执行过程，以了解订单的执行状态

| 平台四 | 产品服务价格的设计与组合 |

针对不同的客户群，销售部门可以设计不同的产品、服务、价格组合，以适应他们的个性化需求

| 平台五 | 客户服务 |

客户服务应包括对客户的整体关怀、客户咨询、技术支持、故障处理、发票处理、记录产品的索赔及退货等内容

图7-4　销售服务支持平台的组成

要点3：导入CRM管理系统

CRM是Customer Relationship Management的简写，即客户关系管理。CRM的主要含义就是通过对客户详细资料的深入分析，来提高客户满意程度，从而提高企业的竞争力的一种手段。

通常人们所指的CRM，是指通过计算机来实现上述流程自动化的软件系统。CRM系统可以有效地把各个渠道传来的客户信息都集中在一个数据库里，公司各个部门之间可以共享这个客户资料数据库，这样发生在这个客户上的各种接触，无论是他曾经索要过公司简介，还是他曾经购买过产品都会记录在案，每个与这一客户打交道的部门经手人就可以很轻易地查询到这些数据，让这个客户得到整体的关怀。

（一）导入客户关系管理的好处

引入CRM客户关系管理系统有以下好处，如图7-5所示。

好处一　提升销售业绩

CRM客户关系管理系统可以真实详细地记录平时进行销售活动反馈收集到的各种信息资料，通过全面深入的分析，销售人员可以挖掘出更有价值的客户，销售人员无需再花费很多的时间查找客户资料，也无须记住每个客户的联系周期、何时联系等琐事，从而提高工作效率，并有更多的时间去拜访客户和实施策略
联系客户前，随时查询客户的各方面资料，可以更了解客户需求，从而提高销售访问质量

好处二　降低销售费用

企业和市场人员可以更有针对性地对目标客户发放他们所需要的资料，选择沟通渠道，而不必像以往那样，去大量散发昂贵的印刷品和资料给所有现有和潜在的客户，由于传统方式针对性不强，必然广种薄收，成本居高不下，而系统内方便快捷的费用查询及全方位的分析（按费用项目、产品、区域、销售代表等进行分类统计），可以多角度了解费用结构及每笔费用涉及的客户情况或销售活动，在事前、事中、事后更有针对性地关注有问题的费用支出，并进行严格审查

好处三　提升销售成功率

通过对客户联系周期的审查、调整及自动提醒，销售人员与客户和有望成为客户的人的联系及时性增强，通过对客户历史联系记录的分析，使得对整个销售过程的动态分析和掌控成为可能，可以及时调整销售方法，采取最佳策略，销售人员辨别和选择机会时可以更仔细，及早放弃那些不好的机会，从而全神贯注于那些高成功率的机会

好处四　提高客户满意度

为客户提供服务时可以即时查询客户资料及历史服务记录，减少了解决客户问题的时间，从而提高了服务效率，减少了由于错误信息导致的客户服务误差的数量，从而提高了服务质量；通过设定联系周期，可对大量客户进行定期回访，及时发现和解决问题，随时掌握客户使用情况，提高客户满意度，那些能够更快得到所需信息的客户、获得了更好服务的客户和那些乐于建立关系营销而销售员又能够提供此项服务的客户都将感到更满意

图7-5　导入客户关系管理的好处

（二）CRM 系统的分类

CRM 系统按照其功能可分为三类，即渠道型、操作型和分析型。如图 7-6 所示。

类别一　渠道型CRM

渠道型CRM主要是指通过提高对客户服务请求的响应速度来提升客户满意度的一套管理系统，在信息时代飞速发展的今天，客户除了通过传统的信件、电话传真或直接登门造访等形式来与企业接触外，还会通过电子邮件(E-mail)、呼叫中心(Call-center)、互联网(Internet)等新兴的信息手段来达到与企业进行信息交流、商品交换的目的，这就要求企业各部门提高对客户多种信息交换形式响应的速度和质量，将各部门对客户信息交流的需求统一在一个平台上，于是，渠道型CRM就应运而生了，值得一提的是，这里的客户是广义的客户，包括直接终端客户和企业的分销商

类别二　操作型CRM

操作型CRM是企业通过利用信息技术来帮助企业自身实现对客户资料管理、营销管理、销售环节管理、服务管理等环节的流程自动化，达到利用IT技术来提高企业的运营效率、降低企业运作成本的目的，最终实现企业利润最大化和利润的持续增长的目的

类别三　分析型CRM

分析型CRM是在包括上述两种CRM功能的同时，更加强调CRM系统本身的分析功能，系统通过建立客户数据库、销售数据库、服务数据库等三个基本的环节，将企业员工的行为、思想和企业文化充分融合，通过对销售数据库的分析得到客户消费商品的款式、周期、金额等详细内容，并进一步了解企业的服务需求、周期等内容，对大量的客户信息进行最大限度的数据化、量化，从而能针对客户的实际需求制订相应的营销战略，开发出相应的产品和服务，更好地满足客户的需求，实现企业自身的价值——获取利润

图 7-6　CRM 系统的分类

其实，不管是哪一类型的CRM，它都是在强调三个方面：其一，"以客户为中心"，一切都从客户出发；其二，它强调的是一整套思想、一整套体系；其三，它强调的是通过维护好与客户的关系而创造利润。

（三）实施CRM客户关系管理

1.向客户提供个性化的产品和服务

对客户的服务与支持，即通过控制服务品质以赢得客户的忠诚度，比如对客户快速准确的技术支持、对客户投诉的快速反应、为客户提供产品查询等。

一个良好的客户关系管理系统可帮助企业对每个客户的数据进行整合，提供对每个客户的总的看法，瞄准利润贡献度较高的客户，同时提高每个公关销售人员为企业带来的收入，减少销售费用和营销费用，使其更快更好地发现销售机会，更快更好地响应客户查询，向高层管理人员提供关于销售和营销活动状况的详细报告。

2.获得企业上下的支持

像其他大型的、复杂的信息系统一样，CRM系统涉及公司内很多业务领域，如销售、营

销、客户服务、财务、制造、库存、分销等，它的实现离不开各工作岗位上员工的支持、推动、努力和合作。获得公司员工的支持对CRM的成功实现具有决定性意义。如果能在项目小组中吸纳这些部门的代言人，确保企业各部门的充分合作和对新系统的支持，就会使得CRM系统在选择和安装之前，具备了很好的组织上的保障。获得公司范围的支持包括以下内容。

（1）获得从上到下的承诺。
（2）从下到上地获得系统用户的支持。
（3）能全心全力投入系统实施的项目小组。
（4）从高层和财务部门获得对整个解决方案预算的支持。

3. 成立CRM项目小组

一旦CRM项目获得了企业范围内上上下下的支持，就可以从各部门选择适当的人员组成CRM项目小组。项目小组是CRM系统实施的原动力，他们要就CRM的实施作出各种决策，给出建议，就CRM的细节和带来的好处与整个公司的员工进行沟通。一般来说，项目小组应该包括高层领导（一般为副总）、公关和营销部门的人员、IT部门的人员、财务人员，还要包括所有的最终用户的代言人。

除了上面的人员外，项目小组还要包含一个重要的组成部分，那就是外部的顾问人员。一个合格的CRM咨询顾问具有丰富的项目实施经验，能在CRM实施之前和实施中提供企业所需的帮助。他们可以分析并确定企业真正的业务需求，改进对系统功能的设置。

4. 业务需求分析

在业务需求分析阶段，要同公关、营销和客户服务经理举行一系列的会议，就CRM系统的要求和策略进行讨论，最终达成对理想中的CRM系统的一致看法。为了了解企业当前存在的问题，确定对系统的需求，了解各部门对系统所持的期望，应该以一种正式的方式在企业内部收集信息。以下是一个进行CRM业务需求调查的提纲。

（1）你所在的部门的主要职责是什么。
（2）你主要利用哪些方面的信息。
（3）你是怎样与客户进行互动的。
（4）为了帮助你更好地了解客户，你当前能获得哪些信息。
（5）在增强与客户的沟通方面，请提供一些建议。
（6）在你看来，我们怎样可以减少行政性或官僚性的时间浪费，从而把更多的时间交给客户。
（7）你主要以何种方式进行与客户的互动，如电话营销、信件、E-mail、微博、微信等。
（8）你怎样对潜在客户进行跟踪，怎样进行数据的共享，你打算怎样逐步改善这些过程。

在进行这份调查时，一定要尽量多地从系统的最终用户、销售人员、客户服务人员、营销人员、订单执行人员、客户管理人员获取信息，因为他们最清楚为了改善客户关系，应该作出哪些改变。

通过CRM调查和业务分析，可以发现哪些业务领域最需要自动化，哪些领域需要业务流程的改善，在选择CRM解决方案时应该考虑哪些技术特点。

5. 制订CRM行动计划

前面的工作提供了理想化的客户关系管理系统的蓝图，下一步就是制订行动计划，把客户关系管理从理想变为现实。在制订行动计划时，有很多要考虑的问题。

（1）如何着手选择CRM解决方案。CRM行业有很多专业的咨询人员和研究人员，他们的主要工作就是研究和评价各种CRM方案,可以提供对市面上主要的CRM解决方案的系统评价。

(2)怎样确定某一方案可能适合本公司。在对软件解决方案进行评价时,需要用户的参与,不断改进对CRM解决方案的要求。

(3)如何缩小CRM解决方案的范围。这个过程需要很多细致的工作,它们都有助于缩短你手中长长的解决方案列表。与软件供应商联系,询问自己关心的话题,要求软件供应商提供可行性报告,访问软件供应商的网站,这都是很有效的途径。还有重要的一点就是,别忘了要求他们进行一次演示活动。

从软件、供应商和技术方面对解决方案进行了审查后,还要考虑一个重要的因素——费用。根据国外的经验,就整个CRM项目的费用而言,软件的费用一般占1/3,咨询、实施、培训的费用占2/3。另外,特别要当心系统升级和改变系统所需的费用。有一些软件,在改变系统时,需要软件商的技术人员和咨询顾问的充分参与才能完成,这将给企业带来额外的费用。

6.系统的实施和安装

CRM的成功依赖于有步骤、有规划地实施。实施是利用CRM软件中蕴含的管理思想、流程和方法来为企业进行管理规划。将通用的CRM管理软件按照企业特点进行个性化应用,是一个协助企业从现有管理模式逐步接近,最后达到目标模式的过程。在实施过程中,咨询顾问将详细了解企业的运营、管理状况,企业管理者也将更深入地理解CRM软件中包含的管理思想、流程和规范,在此基础上再确立适应企业本身特点的CRM应用模式,并将之固化于软件之中。系统的实施和安装步骤如图7-7所示。

步骤一 理念导入

理念导入主要包括组建实施小组、确定人员和时间、项目动员和CRM理念培训,其中CRM的理念培训是实施中的重要价值点,"以客户为中心"的管理方式,将客户而非产品放在企业核心竞争力的位置上,企业要能够真正应用好CRM系统,必须首先从理念上了解、接受和认识这一点

步骤二 业务梳理

业务梳理是系统实施的重要步骤和控制实施周期的关键点,通过流程分析,CRM的咨询顾问可以了解企业现有的经营状况及工作方式,提炼出市场、销售、服务中各环节的关键控制点,暴露出隐藏的问题,同时咨询顾问可充分发挥第三方的优势,提出个性化的实施建议,并对实施中可能出现的阻力作充分准备,这也是进行下一个步骤"方案设计"的基础

步骤三 流程固化

流程固化的重点是在调整和优化原有工作流程的基础上,建立基于CRM系统的、规范的、科学的、以客户为中心的企业运营流程,在方案设计过程中,CRM咨询顾问将运用在相关行业的成功实施经验,根据在业务梳理过程中总结的有关信息,重新进行流程规划调整

图7-7

步骤四 系统部署

系统部署主要完成正式启用系统的数据准备工作，在系统部署过程中，咨询顾问将根据方案设计中规定的企业运营流程、工作传递关系、组织结构以及经营产品的特点等将基础数据录入或导入到系统，指导企业建立协调统一的信息标准（或参照ISO标准），系统部署由咨询顾问和企业内部的CRM项目负责人共同完成，确保知识的传递

步骤五 应用培训

在应用培训阶段，CRM认证讲师根据实施方案，结合应用流程对企业工作人员提供培训，通过培训，企业员工能够很快熟悉系统，了解自身工作在系统中的角色及如何利用系统提高工作效率，使系统得以尽快投入到实际工作中，解决现有的问题，加强工作协调

步骤六 系统上线

将原有模式切换至CRM系统，系统正式启用，在系统实施并应用以后每隔一段时间，需要对客户提供一次应用评估
软件供应商会根据客户的应用评估结果给出一定的整改意见，这将大大帮助企业在CRM应用上的提高

图7-7 系统的实施和安装

应用CRM一段时间后，企业已经有了一定的数据基础和积累，为进一步的深度应用（如升级销售、交叉销售等）奠定了基础。数据的积累何时可以支撑对业务信息的挖掘、应用过程中还存在什么样的问题、现有操作方式是否能够满足不断扩张的业务以及如果不再满足需求应该做如何的调整等，这些专业的问题必须由供应商派专人来进行处理。

7.CRM系统的维护

很多CRM系统提供了性能指标功能。系统应该能向相关人员提供合适的数据，并使得他们能方便地获得这些数据。为了确保系统能产生预期的效果，应该在系统向全部用户开放前就对其进行测试。如果不能满足需求的话，就要花时间对系统进行改进，直到它能满足需求。用户的反馈可为这种改进提供很好的意见。

最后，CRM系统也要向领导小组和项目组提供反馈，如哪些功能运行良好、哪些功能难以驾驭、可以采取哪些措施来充分利用现有的技术投资。

要点4：对客户进行ABC分类管理

客户管理的一个重要原则就是要做好对重要客户的管理，为此，要进行客户类型分析，也就是在成交额和发展潜力的基础上对现有客户进行分类，这就是ABC分析法。

（一）客户金字塔

任何企业的资源都是有限的，所以企业的各项投资与支出都应该花在"刀刃"上。客户金字塔（如图7-8所示）是以销售收入或利润等重要客户指标为基准确定的，它把客户群分为VIP（Very Important Person）客户（A类客户）、主要客户（B类客户）、普通客户（C类客户）与小客户（D类客户）四个类别。

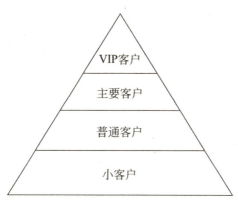

图7-8　客户金字塔

1. VIP客户（A类客户）

金字塔中最上层的金牌客户，是在过去特定的时间内，购买金额最多的前1%客户。若客户总数为500，则VIP客户一般多指的是花钱最多的前5位客户。

2. 主要客户（B类客户）

客户金字塔中，特定时间内，消费金额最多的前5%客户中，扣除VIP客户后的客户。若所有客户为500，则主要客户多是指扣除VIP客户外，花钱最多的20位客户。

3. 普通客户（C类客户）

购买金额最多的20%客户中，扣除VIP客户与主要客户之外的客户。若所有客户数为500，则普通客户是扣除VIP客户与主要客户之外，花钱最多的75位客户。

4. 小客户（D类客户）

除了上述三种客户外，剩下的80%客户。

（二）ABC管理法

在划分了不同等级的客户后，企业可对其分别采取不同的管理方法。

1. VIP客户（A类客户）管理法

A级客户是非常有利可图并值得花费大量的时间来服务的。他们往往订单数量大，信誉较好，并且能很快付款，管理这类客户时应注意以下4点。

（1）A类客户进货额占总销售额的70%～80%，影响相当大，应加强注意。

（2）密切注意其经营状况、财务状况、人事状况的异常动向等，以避免倒账的风险。

（3）要指派专门的销售人员经常去拜访这类客户，定期派人走访，提供销售折扣，并且熟悉客户的经营动态，业务主管也应定期去拜访他们。

（4）应优先处理A类客户的投诉案件。

2. 主要客户（B类客户）的管理方法

B类客户的进货额只占销售总额的10%～20%，略具影响力，平常由业务员拜访即可。

这类客户往往比较容易变为企业的忠诚客户，因此，是值得企业花些时间和金钱来建立忠诚度的。如果这类客户的订单频率和数量没有上升或者如果他们向竞争对手订更多的东西，那就要给他们提供更多的服务。在放弃一个主要客户之前，要找出他们从竞争对手那里订更多货的原因。

3. 普通客户（C类客户）管理法

C类客户进货额只占10%以下，每个客户的进货额很少。对此类客户，企业若没有策略性的促销战略，在人员、财力、物力等限制条件下，可减少推销努力，或找出将来有前途的"明日之星"，培养为B类客户。对这类客户，企业将对其服务的时间削减一半，但和这些客户保持联系，并让他们知道当他们需要帮助的时候，公司总是会伸出援手。

4. 小客户（D类客户）的管理方法

这类客户往往锱铢必较，忠诚度很低，不及时付款，订单不多却要求很多。对这些客户企业应提供很少的服务。

第二节　客户管理制度

制度1：销售客户管理办法

××公司标准文件		××有限公司 销售客户管理办法	文件编号××-××-××	
版本	第×/×版		页次	第×页

1　目的

为了进一步规范和加强销售有限公司（以下简称"本公司"或"公司"）对销售客户的管理，防范销售风险，制订本办法。

2　适用范围

本办法适用于购买公司主营产品的法人或个人，对于偶发的购买公司固定资产、原材料等其他的客户不适用本办法。

3　管理规定

3.1　销售客户的选择

3.1.1　公司对区域内的用户群、消费市场份额，结合当地市场销售状况，提出市场规划，确定区域代理商的数量和级次。

3.1.2　公司深入了解区域内经销商的资质情况、资金实力、信誉度、销售能力、售后服务等综合实力，与经销商进行初步洽谈。

3.1.3　公司根据初步洽谈的结果，提出发展经销点的建议。

3.2　客户的分级管理

3.2.1　公司按照市场规划以及客户的实际情况，对分销商客户进行分级。

依照客户订单的大小及未来发展潜力，根据其销售金额、回款金额、占有率、战略影响等标准，在经过一年正常的商业往来，将客户进行评分后分为"A""B""C"三类等级。

（1）销售金额（主要参考客户过去一年或半年度实际合同金额及回款额）。

——当年度合同金额大于等于1000万元，评为10分。

——当年度合同金额大于等于800万元小于1000万元，评为8分。

——当年度合同金额大于等于500万元小于800万元，评为6分。

——当年度合同金额大于等于100万元小于500万元，评为4分。

——当年度合同金额小于100万元，评为2分。

（2）销售回款率（当年回款金额占当年销售额比例）。

——回款率在100%以上，评为10分。

——回款率大于等于80%小于100%，评为8分。

——回款率大于等于50%小于80%，评为6分。

——回款率大于等于30%小于50%，评为4分。

——回款率小于30%，评为2分。

（3）客户年底应收账款。

——年末应收账款小于等于1万元，评为10分。

——年末应收账款大于1万元小于等于20万元，评为8分。

××公司标准文件		××有限公司 销售客户管理办法	文件编号××-××-××	
版本	第×/×版		页　次	第×页

——年末应收账款大于 20 万元小于等于 80 万元，评为 6 分。
——年末应收账款大于 80 万元小于等于 200 万元，评为 4 分。
——年末应收账款大于 200 万元，评为 2 分。
（4）战略影响（指客户对公司现有市场或目标市场的影响程度）。
——当处于行业的龙头客户时，评为 10 分。
——当处于比较关键的地位，具有较大的影响力时评为 8 分。
——当处于重要客户的地位，只具有一定的影响力时评为 6 分。
——当处于一般客户的地位，只具有较小的影响力时评为 4 分。
——当处于零星客户地位，基本不具备影响力时评为 2 分。
注：此条款需业务部经理以上领导评定。

综合得分＝销售金额得分×30%＋销售回款率得分×25%＋应收账款得分×30%＋战略影响×15%

当客户综合得分不低于 8 分时，评为"A"级，此客户为公司的重要客户。
当客户综合得分不低于 5 分时，评为"B"级，此客户为公司较重要客户。
当客户综合分值低于 5 分时，评为"C"级，此客户为公司一般性客户。
注：新开发的客户，不管规模大小，一年之内都列为 C 等级。

3.2.2　客户级别的评定每年末进行一次，由销售公司牵头，财务部参与共同评定。
3.3　客户的信用管理
3.3.1　公司根据不同的分销商客户等级，制订不同的信用政策。
3.3.2　公司销售信用的政策。
（1）对评定为 A 级的重要客户，可采用赊销，赊销期不得长于 50 天，累计赊销金额不得高于 100 万元。
（2）对评定为 B 级的较重要客户，可采用赊销，赊销期不得长于 50 天，累计赊销金额不得高于 50 万元。
（3）对评定为 C 级的一般客户，原则上不允许赊销。
3.3.3　对于特殊情况下，需要超过客户信用的销售，应严格按照以下审批后方可执行。
（1）对 A 级重要客户超过规定赊销限额 20%（含）以内由销售分管副总审批，超过规定赊销限额 20%～30%（含）由总经理审批，超过规定赊销限额 30% 以上由总经理办公会审议。
（2）对 B 级较重要客户超过规定赊销限额在 10%（含）以内由销售分管副总审批，超过规定赊销限额在 10%～20%（含）由总经理审批，超过规定赊销限额 20% 以上由总经理办公会审议。
（3）对 C 级一般客户，原则上不赊销。如需赊销，需先提出申请，赊销申请需经销售分管副总审批通过。
3.3.4　对客户评级和信用确定后，由销售部编制客户信用明细表，报主管副总审核，报总经理审批后执行。
3.4　销售发货的管理
3.4.1　仓储物流部应严格按照客户的信用审核情况进行发货，信用外未得到审批，严禁销售发货。
3.4.2　对应收账款超期较长的客户，销售部要严格把握对其的供货，必要时可款到发货，或需偿还部分老欠款后方可予以发货。
3.5　销售回款的管理
3.5.1　对货款的回笼按照公司规定的回款期考核，超过时间期限计算和收取滞纳金，对经销商要求延期付款的特殊情况，应及时报告主管经理审批。
3.5.2　公司规定的最长回款期为 50 天，由客户收到产品之日开始计算。超过回款期后，客户除应归还欠款外还需向公司支付欠款滞纳金。滞纳金为每超期一天欠款的万分之二。欠款滞纳金可以累积计算，并在次年核算年终返利奖时扣除。
3.5.3　按公司销售政策和经销商实际完成情况，计算对经销商的各项奖励，经公司各部门批准后及时予以兑现。
3.5.4　销售部建立应收账款台账，及时登记客户应收账款余额增减变动情况和信用额度使用等情况。客户的信用额度和信用期限原则上每季度进行一次复核，财务部根据反馈的有关客户的经营状况、付款情况随时予以跟踪调整其信用标准及信用条件。

××公司标准文件		××有限公司 销售客户管理办法	文件编号××-××-××	
版本	第×/×版		页 次	第×页

3.5.5 对于应收账款余额超过信用额度的客户，要及时提醒业务员催要货款。对于账龄超过回款期（50天）的货款，应按应收账款催收流程进行催收。

3.5.6 对有超期货款的客户，按以下程序催收。

（1）先与其电话沟通，了解超期原因，并通知相关业务员进行催收。

（2）对于短期内确实无法还款，且资信良好的客户，由销售部报主管副总审批后与客户签订《应收账款还款协议书》，协议书上写明超期应收账款总额、还款办法及具体还款期限等。

（3）对于客户长期欠账，恶意拖欠的，经咨询公司法律顾问后可采用法律手段追讨货款。

3.5.7 对于客户以物抵账等形式偿还欠款，公司应进行评估，确认该项资产价值，同时报经主管领导、财务总监审核后，报总经理审批。财务按照企业准则的规定进行账务处理。

3.5.8 对于确实无法收回的应收款，由销售业务员提出申请，报公司主管领导、财务部审核后，报总经理审批，财务进行账务处理。

财务部及销售部应建立坏账核销登记簿，继续催收。审计部不定期向客户核实催收情况，对销售款的回收进行监督检查。

3.6 客户的维护

3.6.1 客户拜访是客户维护的重要渠道，是以及时研究市场、了解竞争对手同时强化与客户的感情联系，达到推动开发新客户、推广新产品、提高公司产品的覆盖率为目的。

3.6.2 拜访对象。

（1）业务往来的客户。

（2）目标客户。

（3）潜在客户。

（4）同行业。

3.6.3 拜访作业。

（1）拜访计划：销售人员每月底提出拜访计划书，报部门负责人审核。

（2）客户拜访的准备。

——每月底应提出下月客户拜访计划书。

——拜访前应事先与拜访单位取得联系。

——确定拜访对象。

——拜访时应携带物品的申请及准备。

——拜访时相关费用的申请。

（3）拜访注意事项。

——注重仪容、言行举止要体现本公司一流的形象。

——尽可能地建立一定程度的私谊，成为核心客户。

——拜访过程可以赠送物品及进行一些应酬活动（提前申请）。

——拜访是发生的公出，出差行为依相关规定管理。

（4）拜访后续作业。

——拜访应于两天内将拜访结果报告主管。

——拜访过程中答应的事项或后续处理的工作应及时进行跟踪处理。

——拜访后续作业的结果列入员工考核项目。

3.6.4 销售人员应依据《拜访日报表》所订的内容，按时前往拜访客户，并根据结果填写客户意见。

如因工作因素而变更行程，除应向主管报备外，并须将实际变更的内容及停留时数记录于《拜访日报表》内。

3.6.5 销售人员拜访时应将客户关于服务质量、产品质量方面的意见和建议记录于《拜访日报表》意见栏。

3.6.6 对于产品质量类问题业务人员应将客户意见通报质量管理部、技术中心以及生产车间。对于服务类问题，由销售部定期总结，改进服务质量。

销售部将各单位反馈处理意见及时回复客户。

拟订		审核		审批	

制度2：客户分级管理制度

××公司标准文件		××有限公司 客户分级管理制度	文件编号××-××-××	
版本	第×/×版		页次	第×页

1 目的

针对不同类别客户，对客户分类进行规范化、系统化管理，提高对客户的服务水平，进而培育优质客户，保障公司市场网络长期稳定的发展，增强市场竞争能力，合理运用公司的资源。

2 适用范围

适用于公司的所有客户。

3 职责

3.1 营销中心负责对客户的具体分类管理与服务、维护与提升工作；商务部负责提供客户销售数据分析等相关资料；业务部负责定期对公司所有客户，组织进行分类级别的评定和修改更新。

3.2 财务部负责客户资信等级的评定、货款核实、及时对账调账等相关结算工作。

4 管理规定

4.1 分类等级指标。根据销售我公司产品年度销量、信用水平及客户在当地的影响力等多项综合指标，对公司所有客户分四级进行评估管理。

4.1.1 销量指标见下表。

客户分级销量指标

序号	客户级别	销售额界定	备注
1	VIP客户	年度销售超过1000万元以上的客户	各区域每月汇总销售，分析客户的稳定性及影响因素、成长与提升空间、是否该放弃客户，在销售服务与跟进上切实实行"保大扶中放小"原则
2	A级别客户	年度销售额在500～1000万元档的客户	
3	B级别客户	年度销售额在200～500万元档的客户	
4	C级别客户	年度销售额在200万元以下的客户	

4.1.2 综合指标见下表。

客户分级综合指标

序号	评定指数	评定内容（以好、较好、一般、差为四等标准）
1	销售实现	年度销售实现是否在列定计划以上的客户，销售状态是否稳定
2	综合实力	经济实力如何，是否在当地有一定的客户与市场资源，有无专卖店店面（位置如何）
3	资源优势	所在地城市级别，区域市场辐射面
4	经营理念	有无良好的经营理念与管理经验以及品牌忠诚度
5	合作忠诚度	合作时限，有无长期共同发展的意愿
6	资信度	信誉度，回款及时准确率和账务工作规范性
7	经营管理能力	管理经验，市场拓展与活动策划能力，店面维护规范与售后服务能力
8	与公司的协作	能否配合公司的各种营销活动与销售政策，积极推广新品与提供有效建议等信息

4.2 客户分类的评定办法。

4.2.1 客户分类的评定时间：每年进行一次客户分类的综合评定，包含VIP客户及客户的资信等级的审定。一般在每年末月的25～30日。

4.2.2 客户分类的评定的组织：各区域主管负责事先对所管辖区域的客户，根据客户的销售额、合作状况及发展趋向等相关指标进行初步评级，并填写《客户资信评估表》。由业务部经理牵头召集各部门，以会议形式进行讨论复评，并修正《客户资信评估表》，按以下类别进行分类汇总。

（1）关于VIP客户：VIP客户资格的延续、提报新的VIP客户、VIP客户的撤销。

（2）关于A类或B类客户：列定A类与B类客户的名单，对A、B类客户的提升计划。

××公司标准文件		××有限公司 客户分级管理制度	文件编号××-××-××	
版本	第×/×版		页 次	第×页

（3）关于享有公司特殊政策的客户：核实已给予了特殊政策的客户的稳定性，以及提出建议新政策或需调整的政策。

（4）关于客户资信等级的审定：按公司规定的结算政策中部分客户享受特别方式的稳定性、对新增特殊结算方式客户的提请或调整撤销（《客户资信等级评估表》）。

（5）新合作的客户：按C类级别客户处理，在合作满六个月后，进行评估。

4.3 客户分类管理的实施。由营销中心在日常的各项工作认真贯彻实施，由业务部经理具体安排与组织实施中定期抽查。

4.4 VIP客户的管理。

4.4.1 VIP客户和管理概念。VIP客户是公司营销网中的重点客户。VIP客户因为有共同发展的愿望与意识，所处市场容量大，与我公司合作忠诚、信誉好，竞争力与实力强，并且有良好的发展潜力，成为我公司营销网中的领导者、基本力量和最主要的合作者。VIP客户的确认与管理是软的服务与硬的优惠结合的过程管理。VIP客户不采用终身制，依季度评定。

4.4.2 VIP客户的内部管理与服务支持。

（1）VIP客户合作协议的拟订、修正：由商务部经理会同业务部经理执行。

（2）VIP客户的申报评估与确认，每年度一次，具体时间依年度安排而定（附《VIP客户评定表》）。由区域主管（经理申报）、营销总监负责审核，总经理批准。

（3）VIP客户档案独立管理，由区域经理更新内容，相关商务助理负责存档。

（4）每季度由商务部经理组织填写《VIP客户工作报表》，及时向客户通报销售情况，由获得客户反馈后一并入档保存。

4.5 A、B、C类客户的管理。

4.5.1 对A类客户参照VIP客户管理办法进行管理。具体政策弹性依客户的具体情况届时制订。

4.5.2 对B类客户的管理参照VIP客户管理办法进行管理。不执行VIP政策。

4.5.3 对C类客户按正常流程操作，品牌部每月列定一定数量的C类客户的提升计划。

4.6 管理办法。

4.6.1 未按本流程要求作业者，处罚10元/次罚款。

4.6.2 未按本流程规定时间完成工作者，一律处以10元/天罚款。

5 记录与表格

5.1 《VIP客户综合评定表》。

5.2 《VIP客户年度工作报表》。

5.3 《客户资信等级评估表》。

拟订		审核		审批	

制度3：客户信用管理制度

××公司标准文件		××有限公司 客户信用管理制度	文件编号××-××-××	
版本	第×/×版		页 次	第×页

1 目的

为了建立和规范客户信用管理工作体系，通过科学严谨评估客户信用等级、制订合理客户信用额度，有效规避和预防公司经营风险，保障销售应收账款按时回收，特制订本制度。

2 适用范围

适用于本公司客户信用的管理工作。

3 术语解释

3.1 延期付款是指在销售活动中，货物的控制权及与此相关的风险和报酬已经向客户发生转移，但客户未支付货款的情况。

3.2 信用调查是指公司财务、销售部门对客户的资质和信用状况所进行的调查。

3.3 授信是指公司对特定客户所规定的信用额度和回款期限等政策。

续表

××公司标准文件		××有限公司 客户信用管理制度	文件编号××-××-××	
版本	第×/×版		页 次	第×页

3.4 信用额度是指给予特定客户延期付款的最高额度。
3.5 回款期限是指给予客户的信用持续期间，即自发货日至要求的客户结算回款的期间。

4 职责划分
客户信用管理涉及多部门通力合作，相关职责划分见下表。

客户信用管理职责划分说明

相关部门	职责界定
客户服务部	（1）收集客户资料，对相关资料的真实性进行初步审核并核实结果，对客户进行信用调查 （2）提出初始信用额度及其调整的申请，并负责及时更新客户信用档案 （3）已授信客户公司状况发生重大变化时负责及时向公司财务部及分管领导汇报
财务部	（1）负责信用管理制度的推进和完善 （2）负责客户信用调查资料的审核、相关信息的了解、测评及核实 （3）负责对客户信用等级及信用额度的审定 （4）编制客户授信额度执行评价月报表，及时填写结款通知单、催款通知单、公司对账函等财务书面文件，向销售部通报当期客户逾期付款的发生情况，并敦促销售部及时催要逾期的应收账款
销售部	（1）协助财务部向信用客户送达结款通知单、催款通知单、公司对账函等 （2）根据财务部提供的欠款明细，及时主动催要超过信用期限的欠款
法务部	（1）核对销售合同是否与信用政策一致，是否符合公司相关规定及国家法律规定 （2）协助销售部办理相关法律事务，必要时对长期拖欠货款的信用客户进行法律诉讼

5 管理规定
5.1 客户信用调查。
5.1.1 客户信用调查的内容。
（1）客户服务部进行客户信用调查的内容均需通过客户盖章确认，销售部和财务部应严格按规范执行。
（2）客户服务部进行客户资信调查的主要内容包括5个方面，具体见下表。

客户信用调查内容说明

序号	信用调查内容	具体说明
1	客户基本信息	包括公司简介、公司章程、股权结构图、营业执照复印件、税务登记证复印件、信用评级机构对客户的信用评级证书复印件等资料
2	银行结算信息	主要往来银行账户结算情况，包括公司全称、开户行、银行账号、银行评估的信用等级复印件等
3	财务信息	过去三年的年度财务报告、审计报告及申请信用前最近一个月的财务报告，包括资产负债表、利润表、现金流量表等
4	业务信息	该客户的过往业务记录，包括近三年在本公司的发货、回款情况及是否有不良信用记录
5	其他信息	如客户口碑、业内评价等

5.1.2 客户信用调查方法。客户服务部对客户进行资信调查，一般包括但不限于如下5种方式。
（1）向客户寻求配合，收集有关资料。
（2）通过接触法和观察法获取。
（3）向工商、税务、银行等单位查询。
（4）财务、销售部门所存客户档案及与客户往来交易的资料。

续表

××公司标准文件		××有限公司	文件编号××-××-××	
版本	第×/×版	客户信用管理制度	页 次	第×页

（5）委托中介机构调查。

5.1.3 客户信用调查结果处理。

（1）客户服务部调查完成后应及时编写"客户信用调查报告"，并在规定时间内递交审核。

（2）客户服务部撰写调查报告时，切忌主观臆断，应以资料和事实说话，尽量以量化数字说明问题，调查项目应保证明确全面。

（3）财务部会计负责对报送来的客户资信资料和"客户信用调查报告"进行审核，审核无误后建立"客户信用调查评定表"，该表需重点审核五项内容，具体如下图所示。

◎ 客户提供的相关资料之间有无自相矛盾、前后不一

◎ 本公司与该客户的过往业务往来情况是否准确

◎ 对客户的财务报表进行详细分析

◎ 该客户的过往业务信用记录是否准确

◎ 其他需重点关注的事项

客户信用调查审核内容示意图

5.1.4 客户信用的复审。"客户信用调查评定表"要求至少每年度全面更新一次，如发生变化，应及时对资料进行补充修改。

5.2 客户信用等级评定。

5.2.1 信用评级原则。客户信用等级评定遵循统一标准、严格程序、分级管理、动态调整的原则。

5.2.2 评级维度及指标。客户服务部对客户进行评级，可从客户企业基本状况、资本情况、信用情况、偿债能力及盈利能力5个维度进行评估。具体指标设计可参照下表。

客户等级评分表

评估维度	评估指标	指标说明	权重设置
基本情况	行业地位	根据客户在经营区域内的市场占有率评定	5%
	业务关系持续期	与本公司交易时间	5%
信用情况	注册资本	注册资本额的多少	5%
	营业增长率	$\frac{本季销售收入-上季销售收入}{上季销售收入} \times 100\%$	10%
偿债能力	按期履约率	$\frac{上年累计偿还到期信用额}{上年累计到期信用额} \times 100\%$	15%
	呆、坏账记录	有无呆、坏账记录	15%
盈利能力	流动比率	$\frac{上季末流动资产总额}{上季末流动负债总额} \times 100\%$	15%
	资产负债率	$\frac{上季末总负债}{上季末总资产} \times 100\%$	15%
资本情况	销售毛利率	$\frac{上一年销售毛利}{上一年销售额} \times 100\%$	5%
	销售净利率	$\frac{上一年净利润}{上一年销售额} \times 100\%$	10%

××公司标准文件		××有限公司 客户信用管理制度	文件编号××-××-××	
版本	第×/×版		页　次	第×页

5.2.3　客户信用评级报告编制。评级报告主要应包括客户资信调查、财务分析、综合评价和信用等级初评结果等内容。

5.2.4　客户信用评级频率。

（1）客户信用等级每年评定一次，原则上于年度财务报表形成后评级。

（2）对新拓展客户可随时评级，原则上使用上年度财务报表数据。

（3）已评定信用等级客户年中发生改制、注册资本变化等情况的，若客户生产经营及财务状况未发生明显变化，可沿用原信用等级评定结果，若客户生产经营及财务状况发生重大变化，应该重新评级。

5.2.5　降级条件。发生以下情况的，客户服务部须对客户进行降级处理。

（1）客户提供的财务报表和有关资料明显失实或相互矛盾。

（2）客户出现重大经营困难或财务指标明显恶化。

（3）客户法定代表人及主要管理人员涉嫌重大贪污、受贿、舞弊、抽逃资本金等违法经营案件的。

（4）客户出现主要店面关闭或核心管理人员发生重大变更等可能对本公司造成重大不利影响的情形。

（5）客户对本公司发生重大违约行为。

（6）关联公司发生重大经营或财务困难，可能对客户产生重大不利影响的。

（7）其他本公司认为需要降低信用等级的情形。

5.3　客户授信政策制订。

5.3.1　客户回款期限确定。

（1）客户服务部可确定一个最高限额，根据实际情况和客户评定等级设定不同的回款期限。比如，对于A类，其回款期限可以不受限制；对于B类，可先确定一个限度基数，以后再逐渐放宽限制；对于C类，则应仔细审核，适当地给予少量的信用限度。

（2）对同一客户的信用限度也不是一成不变的，应随着实际情况的变化而有所改变。

（3）销售人员所负责的客户要超过规定的回款期限时，须向销售经理、总经理汇报。

5.3.2　客户信用额度确定方法。

（1）销售额测定法，即客户总购入额（预计销售额×成本率）×本企业供货比率×信用期限。

（2）周转资产分割法，即周转资产（流动资金－流动负债）÷供货商个数。

（3）流动比率法，如果流动比率高于一般水平，可确定高于一般水平的信用限度。

（4）净资产分割法，即（资产－负债）×供货商个数。

（5）综合判断法，即根据客户收益性、安全性、流动性、销售能力、购货情况、员工素质等各种因素，综合确定一个大致的信用限度额，然后根据支付状况和交易额大小，适当地逐步提升信用限度。

5.4　客户授信执行。

5.4.1　客户授信原则。

（1）货到发款原则。

（2）总量控制原则。

（3）区别对待原则。

（4）及时调整原则。

（5）风险控制原则。

5.4.2　客户授信执行。

（1）销售部门及业务人员应严格执行已批准的客户授信，同时加大货款清收的力度，确保公司资产安全。

（2）财务部会计人员具体承担对销售部门授信执行情况的日常监督职责，加强对业务单据的审核，非经财务总监、总经理书面批准，对于超出信用额度的订单，不得审核发货。

（3）公司所有延期付款必须在每年12月31日前进行彻底清收。

（4）销售部应建立健全回款责任制度，将货款回收情况与销售专员的考核相挂钩，以加大货款清收力度。

5.4.3　回款责任。

（1）公司财务部每月必须稽核销售部门的授信及执行情况并向财务总监汇报。

（2）对客户进行信用评级及授信的过程中，销售专员、销售部经理和营销总监为回款责任人。

（3）若由于回款责任人的故意或重大过失导致授予信用额度的客户在办理赊销业务后出现违约，没有在规定的时间内偿还货款的，由相应责任人负部分赔偿责任。

——自超过约定回款日期30天起，每月按违约金额的0.5%扣除上述责任人的当月工资，由上述责任人按照5∶3∶2的比例承担损失。

——约定回款日期120天的，视为呆账，按欠款金额的20%扣除上述责任人的当月工资，由上述责任人按照5∶3∶2的比例承担。

——呆账后期完全回收后，扣除的责任人工资在货款全部回收的当月予以补发。

拟订		审核		审批	

制度4：客户信用风险管理制度

××公司标准文件		××有限公司 客户信用风险管理制度	文件编号××-××-××	
版本	第×/×版		页次	第×页

1 目的

为有效防范和控制由于客户信用风险给公司经营可能造成的损失，保证公司信用付款（预付账款、赊销账款）的安全回收，特制订本制度。

2 适用范围

公司各业务部在业务活动过程中必须遵守本制度。

3 管理规定

3.1 客户信用风险及评定适用范围

3.1.1 客户信用风险是指与公司存在业务关系的客户，其在自身经营过程中由于经营者素质、管理方法、资本运营、生产水平、经营能力等各方面因素造成其在资金支付、商品交付过程中出现危机，使公司对其的预付款项、赊销款项无法安全回收，致使公司出现损失的可能性。

3.1.2 公司与客户在交易结算过程中采用预付款、赊销方式时使用客户信用单据评定指标对客户进行信用等级评定。公司按客户信用评定等级设定预付、赊销额度或比例，客户信用风险等级越高，与其交易的安全性越低，公司对其信用额度越低；客户信用风险等级越低；与其交易的安全性越高，公司对其信用额度越高。

3.2 客户信用等级评定要素

3.2.1 客户信用等级评定指标由客观评价指标（财务数据、非财务数据）和主观评价指标组成。

其中：财务数据指标权重占50%；非财务数据指标权重占30%；主观评价指标权重占20%。

3.2.2 财务数据指标包含资产负债率、流动比率、净资产收益率、销售收入总额、经营性现金流量、资产总额六项指标。

其中：资产负债率权重占10%；流动比率权重占10%；净资产收益率权重占10%；销售收入总额权重占10%；经营性现金流量权重占5%；资产总额权重占5%；六项指标权重合计50%。

3.2.3 非财务数据指标包括国别、营业年限、所有制、公司品牌、质量认证、政策性业务六项指标。

其中：国别权重占5%；营业年限权重占5%；所有制权重占7%；公司品牌权重占4%；质量认证权重占4%；政策性业务权重占5%；六项指标权重合计30%。

3.2.4 主观数据指标包涵客户经营稳定性、客户人员总体素质、客户对五矿的依存度、客户与公司合同履约率、客户市场知名度、客户经营发展趋势六项指标。

其中：客户经营稳定性权重占4%；客户人员总体素质权重占3%；客户对五矿业务依存度权重占3%；客户合同履约率权重占4%；客户市场知名度权重占3%；客户经营发展趋势权重占3%；六项指标权重合计20%。

3.2.5 各项指标分值为十分制，具体评分标准参见《客户信用风险评估标准》，公司ERP系统已设定分值参数计算程序，业务部评分后，系统将自动生成"客户风险考核分值表"。

3.3 客户信用风险等级申请管理

3.3.1 各业务部与客户进行商品交易，均需向公司风险管理部提出客户信用额度申请。

3.3.2 各业务部申请客户信用额度需提交以下资料。

（1）客户基本信息表。

（2）客户基本信息表附属资料（上年度经年检的营业执照复印件；上一年度资产负债表、损益表、现金流量表）。

3.3.3 业务员根据取得的资料，将客户信息及相关财务数据输入公司ERP系统，并对信用风险进行主观评估。公司ERP系统将根据输入信息自动生成《信用风险考核分值表》，各业务部总经理应对本部门的申请资料及业务员评分结果进行审核并负责。

3.3.4 风险管理部根据业务部提出的申请，对申请资料及附属资料进行审核，审核无误后，对《信用风险考核分值表》进行汇总，并由ERP系统自动计算客户信用等级。

3.3.5 风险管理部根据客户信用等级评级结果，提出客户授信额度或预付款比例，并将评级结果、授信额度通知业务部，如无异议，报主管副总经理和总经理审批。

3.3.6 业务部如对评级结果或授信额度有异议，可将有关意见会商风险管理部，并报主管副总经理、总经理审批。

3.4 客户信用风险等级使用管理

3.4.1 各业务部在编制业务合同预算时，若对客户需预付款或赊销，由业务员提出使用额度申请，报业务部总经理审核，业务部总经理审核后，报风险管理部进行额度使用复核。

××公司标准文件		××有限公司 客户信用风险管理制度	文件编号××-××-××	
版本	第×/×版		页 次	第×页

  3.4.2 业务员可在信用额度内，与客户进行涉及信用额度的结算和交易。在业务进行中，按公司付款审批流程进行款项支付的申请，在额度内的信用付款，经有权审批人同意后可以付款。该授信额度如未使用完毕，可以在下次交易中继续使用，但实际占用时点数不能超过额度总额。
  3.4.3 如因业务需要，对客户的信用支付超过信用额度，由业务部提出申请，经业务部总经理同意后报风险管理部，由风险管理部根据业务实际情况、客户历史交易情况等提出意见，报主管副总经理、总经理审批。
  3.4.4 同一客户只能申请一个授信额度，如公司内多个业务部与同一客户有业务关系，则信用额度的使用按优先原则。若某一业务部门申请使用时，客户信用额度使用完毕，则参照3.4.3执行。
  3.4.5 对客户预付款采购货物入库、赊销的货款入账后，客户使用的信用额度即清除。某一客户的信用额度的使用在时点上不能超过其信用额度余额，如需超额使用，则参照3.4.3执行。
  3.4.6 客户信用额度原则上每年审批一次，中间不作调整。
 3.5 信用风险评估岗位职责
  3.5.1 公司领导、各部门总经理、业务人员应在客户信用风险评估过程中严格遵守公司相关规定，严格按照授权操作，对各自经办和审核内容负责。
  3.5.2 业务部业务员应负责取得申请授信额度客户的相关资料，对取得客户相应资料来源的真实性负责。审核录入信息是否准确，并保证评分的客观性。
  3.5.3 业务部总经理应对业务员输入信息进行初审，并审核业务人员评分结果是否合理。
  3.5.4 风险管理部应对业务部输入信息进行审核，保证输入的基本信息准确无误。对业务部评分结果进行复核，对不合理内容有权要求业务部重新核定。根据评级结果确定客户信用额度，应保证核定额度客观、公正。负责对业务部提供客户文字资料进行保管，并建立客户资料数据库，保证客户资料的完整、连续。每年年终后，对客户评级进行年度审核和更新。定期向公司通报和即时提供客户资信评级。跟踪客户及业务部授信额度余额，审批单笔放账额度，提出同意或否决意见。
  3.5.5 主管副总经理应对风险管理部评定等级、确定额度进行审核，对不合理的内容有权要求业务部、风险管理部重新核定。
  3.5.6 公司总经理对客户信用评级及信用额度享有最终审批权，并对审批结果负责。对业务部、风险管理部评定等级、额度如有异议，有权要求业务部、风险管理部作出解释，并要求重新核定。

拟订		审核		审批	

制度5：客户信用期限、信用等级和信用额度管理制度

××公司标准文件		××有限公司 客户信用期限、信用等级和信用额度管理制度	文件编号××-××-××	
版本	第×/×版		页 次	第×页

1 目的
  为规范往来客户的信用评级授信及其后续管理工作，有效地控制商品销售过程中的信用风险，减少应收账款的呆坏账，加快资金周转，结合本公司实际制订本制度。
  本制度的具体目标包括以下内容。
  （1）对客户进行信用分析、信用等级评定，确定客户的信用额度。
  （2）迅速从客户群中识别出存在信用风险、可能无力偿还货款的客户。
  （3）财务部和营销部紧密合作，提供意见和建议，尽可能在扩大销售额的同时避免信用风险。
2 适用范围
  适用于本公司的往来客户的信用评级授信业务及其后续管理工作，是该项业务操作的基本依据。
3 职责分工
  3.1 营销部负责客户评级授信的操作及其后续管理工作。
  3.2 财务部负责对该项业务的初审和监督。
  3.3 总经办对该项业务进行终审。

续表

××公司标准文件		××有限公司	文件编号××-××-××	
版本	第×/×版	客户信用期限、信用等级和信用额度管理制度	页 次	第×页

4 管理规定

4.1 信用期限。

4.1.1 信用期限是公司允许客户从购货到付款之间的时间。

4.1.2 根据行业特点，信用期限为30～90天不等。对于利润高的产品，能给予较长的信用期限。对于利润率低的产品，给予的信用期限较短甚至采用现款现货。

4.2 新客户的评级与授信。包括首次交易的客户授信，不适用临时额度申请的客户。营销业务主管对于客户进行首次往来交易时，必须进行资信调查，填写新客户信用等级、信用额度、信用期限申请表。

4.3 老客户的评级与授信。

4.3.1 包括有历史交易但尚未授信过的客户授信、已授信过客户的重新授信，不适用临时额度申请的客户。

4.3.2 营销业务主管需填写老客户信用等级、信用额度、信用期限申请表。

4.4 临时额度申请。包括各种特殊情况下的临时额度调整如超额度发货特批等，营销业务主管需填写临时额度申请表。

4.5 信用等级评定。

4.5.1 信用等级共设定AAA、AA、A、B、C五个等级，等级标准见下表。

信用等级标准

等级	类别	标准
AAA级	超优级客户	得分90分以上，且对本公司到期货款偿还状况、在本公司的采购状况二项指标得分分别在35分及27分以上，有一项不达标的信用等级下调一个等级
AA级	优良客户	得分80～89分，且对本公司到期货款偿还状况、在本公司的采购状况二项指标得分分别在30分和24分以上，有一项不达标的信用等级下调一个等级
A级	基础客户	得分70～79分，且对本公司到期货款偿还状况、在本公司的采购状况二项指标得分分别在25分和21分以上，有一项不达标的信用等级下调一个等级
B级	一般客户	得分60～69分，且对本公司到期货款偿还状况、在本公司的采购额状况二项指标得分分别在20分和18分以上，有一项不达标的信用等级下调一个等级
C级	存在风险客户	合作价值小，得分59分以下

4.5.2 出现以下任何情况的客户，应评为信用C级。

（1）过往2年内与我方合作曾发生过不良欠款、欠货或其他严重违约行为（对于本条需进行具体分析，客户不按照合同规定的期限进行付款的原因是本公司出现了某些不符合合同的事项，如产品质量客诉、交货不及时，引起客户不满，此种情况排除在外）。

（2）经常不兑现承诺。

（3）出现不良债务纠纷，或严重的转移资产行为。

（4）资金实力不足，偿债能力较差。

（5）生产、经营状况不良，严重亏损，或营业额持续多月下滑。

（6）最近对方产品生产、销售出现连续严重下滑现象，或有不公正行为（如以质量客诉为由，拖欠正常无客诉货款）。

（7）开具空头支票给本公司。

（8）出现国家机关责令停业、整改情况。

（9）客户已被其他供应商就货款问题提起诉讼。

（10）对于出口业务，为保证货款的安全性，对客户的信用额度定为C级，即通常采用货到付款的形式。

续表

××公司标准文件		××有限公司 客户信用期限、信用等级和信用额度管理制度	文件编号××-××-××	
版本	第×/×版		页次	第×页

4.5.3 原则上新开发客户或关键资料不全的客户不应列入信用AA级（含）以上。少数行业内声誉较高的客户首次交易可列入信用AA级（含）以上，需要经过特批。

4.6 授信原则。

4.6.1 新客户授信额度＝客户预计月平均销售额×信用期限×风险修正系数。
老客户授信额度＝客户历史月平均销售额（按照实际有发货月份的销售额）×信用期限×风险修正系数。
AAA级客户：信用状况相当良好，极具合作前景，信用额度需要考虑战略合作协议等因素。
AA级客户：形象良好，信用度高。
A级客户：偿债能力和信用状况一般。
B级客户：存在风险，授信额度从严控制。
C级客户：风险很大，不能给予授信，业务往来采取预付订金或款到发货方式进行。
具体风险修正系数的规定见下表。

风险修正系数的规定

风险级别	修正系数
AAA	150%～300%
AA	100%
A	80%
B	60%
C	0

4.6.2 原则上信用等级越高，给定的授信额度越大，具体按客户的实际情况确定。

4.6.3 对于首次交易的客户，通常不进行授信（除了行业内实力较强的新客户可以给予授信）。对零散客户和交易量少的客户通常不进行授信，交易采取现款现货等方式进行。

4.6.4 对于新客户的信用额度逐步放大，采取如客户按时付款则逐步增加信用额度。对于新客户给予3个月的考察期，随着与客户往来的增多，客户能够证明他们可以支付更大的金额，则可以提高其信用额度。

4.6.5 如客户支付能力不足，财务部将维持现有额度以限制客户的购买，甚至降低额度。

4.6.6 授信时，应实施以下控制措施。

（1）公司对实施授信总额控制，原则上授信总额不能超过最近一个月月末合并财务报表流动资产总额的40%。

（2）公司应根据客户的信用等级实施区别授信，确定不同的信用额度。

（3）对信用额度在100万元以上或信用期限在1个月以上的客户，营销主管每季度应不少于1次走访。信用额度在200万元以上，信用期限在1个月以上的，除营销业务主管每季度应不少于1次走访外，营销经理（在有可能的情况下副总经理或总经理）每年必须走访1次以上。在客户走访中，应重新评估客户信用期限、信用等级和信用额度的合理性并结合客户的经营状况、交易状况及时调整信用等级。

4.7 评级与授信后的业务运作。信用等级、信用额度及信用期限的复测原则上每季度全面更新一次，期间如果需要对个别客户进行紧急调整，应及时对相关资料进行补充修改。

4.8 责任的划分。

4.8.1 信用等级、信用额度及信用期限的管理部门为公司的营销部和财务部，财务部负责数据传递和信息反馈，营销部负责客户的联系、资信调查和款项催收，财务部和销售部共同负责客户信用等级、信用额度及信用期限的确定。

4.8.2 营销业务主管负责进行客户资信前期调查，保证所收集客户资信资料的真实性，认真填写《客户信用等级、信用额度、信用期限申请表》，经营销业务主管复核后，由营销部文员输入ERP系统，经营销部经理在ERP系统中审核，财务总监审批，副总经理进行最终审批。填表人应对《客户信用等级、信用额度、信用期限申请表》内容的真实性负全部责任。

（1）信用额度申请审批流程图如下：营销业务主管填写信用额度申请表→销售文员输入ERP→营销部经理审批→财务总监审批→副总经理终审。

续表

××公司标准文件		××有限公司 客户信用期限、信用等级和信用额度管理制度	文件编号××-××-××	
版本	第×/×版		页次	第×页

（2）超信用额度申请审批流程图如下：营销业务主管填写临时额度申请表→销售文员输入ERP→营销部经理审批→财务总监审批→副总经理终审。

4.8.3 营销部经理和财务总监具体承担对营销部授信执行情况的日常监督职责。

4.9 注意事项。

4.9.1 信用额度审批的起点，是在接受销售订单之前，进行信用额度的审批。如客户信用额度超额，业务员将无法下订单。

4.9.2 单个客户的信用额度不得超过500万元。

4.9.3 超过信用额度的客户订单需要审批。

4.9.4 所有货物的发出需经过财务部审批。如客户应收账款余额超过信用额度，客户仍未回款，财务部有权停止发货。

4.9.5 对于超出信用额度的发货，财务部审批人员必须在填写并完成《临时额度申请表》的审批程序或是得到上级相关部门的正式批准文书后，方可放行发货。如发生超越授权和重大风险情况，应及时上报。

4.9.6 对于款到发货销售的发货指令由财务部发出，财务部确认收到款项，营销部才能发出货物。

4.9.7 收到客户远期支票，将不会恢复客户的信用额度，只有当远期支票到期后，才能恢复信用额度。

4.10 资料存档。

4.10.1 客户的客户信用等级、信用额度、信用期限申请表信息资料为公司的重要档案，所有经管人员须妥慎保管，确保不得遗失，如因公司部分岗位人员的调整和离职，该资料的移交作为工作交接的主要部分，凡资料交接不清的，责任自负。

4.10.2 在完成客户的信用等级、信用额度、信用期限审批后，《信用等级、信用额度、信用期限申请表》由销售部和财务部各备存一份。

5 相关表单

5.1 《新客户的评级与授信表》。

5.2 《老客户的评级与授信表》。

5.3 《临时额度申请表样表》。

拟订		审核		审批	

制度6：大客户管理制度

××公司标准文件		××有限公司 大客户管理制度	文件编号××-××-××	
版本	第×/×版		页次	第×页

1 目的

为了与大客户建立日常沟通机制，实现双向式的信息共享，通过信息交换在第一时间发现问题并加以解决，提高大客户服务水平，规范大客户管理部人员的工作，提高销售额，增加销售效益，特制订本制度。

2 大客户岗位人员岗位职责

大客户管理部人员岗位职责及主要工作如下。

2.1 大客户经理

大客户经理的职责为：在零售部经理的直接领导下，制订大客户年度销售计划，负责大客户开发、关系维护与管理工作，推广企业产品及增值服务项目。主要工作具体如下。

（1）负责制订、组织实施和完成大客户年度目标。

（2）负责大客户的开发与维系工作，与目标大客户建立良好的工作关系，挖掘大客户的需求，高效灵活完成销售任务。

（3）参与市场调查、竞争对手研究、营销策划等，并定期或不定期地为营销决策提供相关市场信息和市场开拓的意见，及时反馈市场开发和营销进展的情况。

（4）安排人员做好大客户的咨询和相关服务，及时处理大客户投诉等事宜。

（5）负责建立大客户信息档案和管理工作，并进行科学的客户管理，及时有效地为大客户提供高品质服务。

续表

××公司标准文件		××有限公司 大客户管理制度	文件编号××-××-××	
版本	第×/×版		页次	第×页

（6）对本部门员工进行指导和培训，提高业务能力与服务水平，并对其实施考核。
（7）按期核对并负责应收账款的回收与催讨工作，保证销售回款。
（8）组织制订售后服务计划、标准并监督实施。

2.2　大客户主管

大客户主管的职责为：向大客户经理报告，直接接受大客户经理领导，并指导和管理区域内的大客户专员的工作。主要工作如下。
（1）制订销售计划和开发计划。
（2）完成公司部署的销售任务、业绩目标。
（3）配合公司关于市场调查、竞争对手研究、营销策划等，并定期或不定期地为营销决策提供相关市场信息和市场开拓的意见。
（4）督导、指挥大客户专员执行任务。
（5）下属员工的培训、管理，公司相关制度的落实、监督。
（6）定期召开大客户专员例会，传达布置任务，提升团队学习氛围。
（7）负责应收账款的回收与催讨工作，保证销售回款。
（8）了解企业新产品信息及各项拓展服务项目，并做好传达工作。

2.3　大客户专员

大客户专员的职责为：根据上级部署的工作内容，积极开展市场调研、客户拜访及客户开发等业务工作，按考核期完成销售任务。主要工作如下。
（1）服从上级领导安排，开展具体工作，完成各项任务。
（2）按照计划开展市场调研工作，进行信息的收集、汇总与整理。
（3）根据业务拓展的需要定期进行客户拜访工作，与客户保持良好关系。收集反馈信息并完成市场开拓目标和新客户发展的目标，不断提高产品在市场上的占有率。
（4）接受客户的咨询与投诉，解答客户的疑问，宣传本企业的品牌战略。
（5）按照计划完成推广工作，按时按量完成任务。
（6）负责应收账款的回收与催讨工作，保证销售回款。
（7）完成上级领导临时交办的任务。
（8）对合同执行情况进行跟踪、督促，建立与客户之间签订的销售合同或协议。
（9）定期与客户进行电话回访，并做好记录。
（10）对客户反馈的意见进行及时传递、处理，建立客户档案。
（11）适时将企业营销策略传递给客户，了解企业重点品种目录。

3　管理规定

3.1　大客户定义、分级和大客户业务选择原则及选择程序

3.1.1　大客户定义。大客户是实现企业利润和可持续发展的重要的保障之一，对于企业具有无与伦比的重要性和战略意义。

大客户又被称为重点客户、主要客户、关键客户、优质客户等，大客户是指对产品（或服务）消费频率高、消费量大、客户利润率较高而对企业经营业绩能产生一定影响的重点客户，而除此之外的客户群则可划入中小客户范畴。
（1）A类一级客户：指年用量在50万元以上且用量大、回款信誉好的客户。
（2）A类二级客户：指年用量在20万元以上30万元以下且用量较大、回款信誉较好的客户。
（3）B类一级客户：指年用量在5万元以上10万元以下具有较大增长潜力的客户。
（4）B类二级客户：指年用量在2万元以上5万元以下增长潜力较小的客户。
（5）C类客户：此类客户用量较大，但对公司利润贡献率较低。
（6）D类客户：此类客户用量较小，但对公司利润率较高，有一定发展潜力的客户。

3.1.2　大客户业务类型。
（1）协议大客户：指与公司具有长期合作意向且签有《VIP客户协议》的政府单位、企事业单位等终端客户。
（2）会员大客户：个人年用量较大，消费频率较高的忠实客户。

3.1.3　大客户选择原则。
（1）大客户须达到较高的诚信度，具有较强的财务能力和较好的信用。
（2）大客户须具有积极的合作态度。

续表

××公司标准文件		××有限公司	文件编号××-××-××	
版本	第×/×版	大客户管理制度	页次	第×页

(3) 大客户须遵守双方在商业和相关业务技术上的保密原则。
(4) 大客户的成本管理和成本水平必须符合公司要求。
3.1.4 大客户选择程序。
(1) 一般调查。
——了解该客户概况、最新年度决算表等文件。
——与该客户的负责人交谈，进一步了解其情况、方针和对本公司的基本看法。
(2) 实地调查。根据一般调查的总体印象作出总体判断，衡量新客户是否符合上述基本原则。在此基础上，会同大客户经理、大客户主管等对新客户进行实地调查，调查结束后，提交客户认定申请表。
3.1.5 开发选择认定。提出认定申请报告，根据调查结果，提出大客户选择申请报告，该报告主要包括以下项目。
(1) 与大客户交易的理由及基本交易方针。
(2) 交易商品目录与金额。
(3) 调查资料与调查结果。
3.1.6 签订供应合同。由公司大客户部人员及客户的法人代表或指定人员签订正式《销售协议》或《VIP客户协议》。
3.2 大客户开发管理实施细则
3.2.1 大客户开发计划，其步骤如下。
(1) 确定新客户范围，选择新客户开发计划的主攻方向。
(2) 搜集资料，制作潜在大客户名录。
(3) 分析潜在客户情况，为大客户开发活动提供背景资料。
(4) 将上述资料上报大客户经理。
3.2.2 实施大客户开发计划，确定与潜在客户联系的渠道与方法。
3.2.3 召开会议，交流业务进展情况，总结经验，提出改进对策，布置下一阶段工作。
3.2.4 按公司对外接待办法接待客户，按贵宾级别接待重要客户。
3.2.5 对一些较重要、未来将发展的新客户，公司应有两个以上的人员与之联系，并建立联系报告制度。
3.2.6 负责与大客户联系的员工调离公司时，公司应及时通知有关客户，指派其他员工迅速与该客户建立联系。
3.2.7 组织实施潜在客户调查，根据调查结果，筛选评价，确定重点开发客户。
3.2.8 大客户主管和大客户专员在与新大客户接触过程中，应力争与其建立业务联系，同时对其信用、经营能力等方面进行调查。在调查过程中，如果发现客户存在信用问题，须向上级汇报请求中止调查和业务洽谈。
3.3 公司大客户信息管理办法
3.3.1 为保证公司对大客户的管理规范化、有效化，保证稳定开展，特制订本办法。
3.3.2 大客户信息管理。
(1) 大客户档案的建立。
——每发展、接触一个新大客户，均应建立客户档案。
——客户档案应标准化、规范化，包括客户名称、法定代表人、地址、邮编、电话、传真、邮箱、经营范围、注册资本等内容。
(2) 大客户档案的更新、修改。
——大客户的重大变动、与本公司的业务交往，均须记入档案。
——积累大客户年度业绩和财务状况报告。
3.3.3 公司各部门与大客户单位接触的重大事项，均须报告大客户部，不得局限在销售或业务人员个人范围内。
3.3.4 遵守客户信息保密制度。客户信息、经营数据、合作协议、资金往来、财务数据等机密直接关系到企业利益，每位员工都有保守企业经营机密的义务，不得随意透露客户资料、经营数据、合作协议等相关信息。
员工调离公司时，不得带走大客户资料，其业务应会同大客户部主管接收、整理、归档其客户资料。
3.3.5 设定大客户信息查阅权限制，未经许可，不得随意调阅大客户档案。

××公司标准文件		××有限公司	文件编号××-××-××	
版本	第×/×版	大客户管理制度	页次	第×页

3.3.6 客户资料分为交易往来客户原始资料和交易往来客户一览表两种，前者存于大客户经理处备用，后者可分配到具体负责主管使用。

3.3.7 按严格的登记程序，向大客户部经理借阅交易往来客户资料，大客户部经理对于资料保管应尽职尽责，避免资料污染、破损和遗失。

3.3.8 大客户部应一年两次定期调查交易往来客户，如果有变化，应在交易往来客户名册及交易往来客户一览表中记录和修正。

3.4 大客户部工作管理规定

3.4.1 工作期间应面带微笑，工作认真积极有耐心，负有责任心。

3.4.2 与客户沟通的过程中，应积极主动全面了解客户的情况，及时为其解决问题。

3.4.3 根据当天的工作情况，详细把与客户接触的不同情况以工作报表的形式进行登记，并向部门经理汇报。

3.4.4 应严格遵守公司和部门的各项规章制度，按时出勤上下班，做好签到。

3.4.5 在工作期间，代表公司的形象，应注意语言的技巧，不得与客户发生争执，不得做有损公司利益的事情。

3.4.6 在上班时，应积极努力工作，不得从事任何与工作无关的事情。不得私自会客，不得接打私人电话，不得拨打信息台、浏览与工作无关的网站、打游戏等。

3.4.7 在工作期间应保持严谨的工作态度，不应破坏公司的形象及管理制度，每天递交完整、真实、标准的工作报告。

3.5 大客户拜访管理制度

3.5.1 拜访目的。

（1）市场调查、了解市场。

（2）了解竞争对手。

（3）客情维护：增进并强化与客户的感情联系，建立核心客户，提升销量，结清货款。

（4）开发新客户。

（5）新产品推广。

（6）提高公司产品的市场占有率。

3.5.2 拜访次数。依据老客户的年采购量、财务信用状况及销售潜力确定回访事宜，对于年采购量大、财务信用优、销售潜力大的老客户拜访频率要高于年采购量小、财务信用一般、销售潜力小的老客户。老客户回访次数规定针对的是专门的老客户回访工作，正常业务联系拜访除外。

（1）对于A类一级客户：直接负责该业务的大客户专员每两周电话联络一次，每月上门回访一至二次，回访对象为客户经办层面的联系人及经办层负责人，部门直接主管每季度上门回访一次，回访对象为客户相关业务负责人如办公室主任、采购部经理等。年末由大客户专员派送或邮寄公司挂历、贺卡，逢传统重大节日如中秋节、春节由公司高层与客户关键决策人进行高层与高层之间的沟通。

（2）对于A类二级客户：直接负责该业务的大客户专员每两周电话联络1次，每1个月上门回访1次，回访对象为客户经办层面的联系人及经办层负责人，部门直接主管每半年上门拜访1次，回访对象为客户相关业务负责人如办公室主任、采购部经理等。年末由大客户专员派送或邮寄公司挂历、贺卡，逢传统重大节日如中秋节、春节由公司高层与客户关键决策人进行高层与高层之间的沟通。

（3）对于B类一级客户：直接负责该业务的大客户专员每3周电话联络2次，每2个月上门回访1次，回访对象为客户经办层面的联系人及经办层负责人，年末由大客户专员派送或邮寄公司挂历、贺卡，部门直接主管每年上门回访1次。回访对象为客户关键决策人。

（4）针对招投标客户：直接负责该业务的大客户专员每月电话联络1次，每年上门回访2次，回访对象为客户经办层面的联系人及经办层负责人，年末由大客户专员派送或邮寄公司挂历、贺卡，部门直接主管每年上门回访1次，回访对象为客户关键决策人。

3.5.3 拜访实施。

（1）拜访计划。依据销售计划执行销售工作，并依据工作内容，填制拜访计划呈部门主管核阅。部门主管核阅后，大客户专员按拜访计划表中所订的内容，按时前往拜访客户。

（2）客户拜访的准备。

——拜访前应事先与拜访单位取得联系。

——确定拜访对象。

××公司标准文件		××有限公司	文件编号××-××-××	
版本	第×/×版	大客户管理制度	页 次	第×页

——拜访时应携带的物品准备。如公司资质文件、宣传画册、产品手册、价格表、相关证明文件以及随身带的名片、笔记本、笔等。
——拜访时相关费用的申请。拜访时如需赠送礼品必须提前申报部门主管，经部门主管同意后执行。拜访中如需其他的应酬活动费用必须提前请示部门主管，经部门主管同意后方可执行。
(3) 拜访注意事项。
——服装仪容、言行举止要体现公司的一流形象。
——尽可能地与客户建立一定程度的私谊，成为核心客户。
——拜访过程可以视需要赠送物品及进行一些应酬活动（必须提前请示部门主管，经部门主管同意后方可执行）。
——拜访中答应客户的事项或后续待处理的工作应及时进行跟踪、处理。
3.5.4 拜访管理制度。
(1) 大客户专员应于每周六填写下周的《周拜访计划表》，并提交直接部门主管核阅。
(2) 大客户专员依据《周拜访计划表》所订的内容，按时前往拜访客户，并根据拜访结果填制《周拜访记录表》、《月度客户拜访记录表》。大客户专员每周六须提交本周的《周拜访记录表》至部门主管，由部门主管核阅并提出指导意见，每月5日前提交上月的《月度客户拜访记录表》至部门主管，由主管核阅并报送至大客户管理部。
(3) 大客户专员如因工作因素而变更行程，除应向主管报告外，并须将实际变更的内容及停留时数记录于《周拜访计划表》、《周拜访记录表》内。
(4) 大客户部门主管审核《周拜访记录表》时，应与《周拜访计划表》对照，了解大客户专员是否依计划执行。
(5) 大客户部门主管每周应依据大客户专员的《周拜访计划表》与《周拜访记录表》，以抽查方式用电话向客户查询，确认大客户专员是否依计划执行或不定期亲自拜访客户，以查核大客户专员是否依计划执行。
(6) 大客户部门主管查核大客户专员的拜访计划作业实施时，应注意技巧，并监督相关报表的执行落实，根据报表完成情况等与人力资源部相关文件一起作为员工绩效考核有效的参考依据。
3.6 绩效考核
3.6.1 考核周期。
(1) 季度考核。当季考核于季度结账日结算。
(2) 年度考核。当年考核于次年1月15日之前进行。
3.6.2 考核内容。
(1) 大客户销售任务完成情况。
(2) 考核期内大客户开发量。
(3) 考核期内大客户的流失情况。
(4) 大客户销售合同履行情况和回款情况。
(5) 大客户关系管理。
(6) 大客户投诉解决处理情况。
(7) 大客户信息管理、保密情况。

拟订		审核		审批	

制度7：客户拜访区域规划制度

××公司标准文件		××有限公司	文件编号××-××-××	
版本	第×/×版	客户拜访区域规划制度	页 次	第×页

1 目的
　　为了提高客户拜访工作的效率，掌握渠道，圆满完成客户拜访任务，进一步了解客户的需求，特制订本制度。

续表

××公司标准文件		××有限公司 客户拜访区域规划制度	文件编号××-××-××	
版本	第×/×版		页　次	第×页

2　适用范围
适用于客户服务部的客户拜访区域规划工作。
3　权责
由客户服务部经理负责客户拜访区域规划方案制订并监督客户服务人员执行。
4　管理规定
4.1　客户拜访区域规划。
4.1.1　客户拜访区域规划的准则。
（1）可行性。区域规划应该使客户服务人员经过努力可以实现。
（2）全面性。必须进行科学全面的规划，将所有客户包括其中。
（3）易读性。尽量实现数字化，表述明确，容易让人理解。
（4）顺序性。目标的设置要体现出实现目标过程中的努力因素。
4.1.2　明确客户拜访区域的边界，避免重复工作及与其他区域的业务摩擦。
4.1.3　客户拜访区域规划的要素。
（1）合理的客户拜访顺序。距离短、客户数多、用时少、拜访效率高。
（2）适宜的地理区域规划。地理条件、特殊限制、行政管制区域。
（3）有效的市场规划。市场反馈、销售区域、客户满意、同行业动态、渠道组织发展。
4.1.4　适当的交通工具。以节省时间为目的，以节约经费为原则。
4.2　客户拜访路线规划的工作程序。
4.2.1　客户资料的分析。
（1）客户服务经理根据策划资料及客户服务人员获得的客户登记资料，列出客户明细资料（区域内客户分布状况、客户的等级）
（2）填写统一的客户拜访表，内容包括拜访客户的基本信息、拜访目的、拜访区域、拜访日期、拜访顺序。
（3）客户服务人员注销无效客户。
（4）客户服务人员对客户明细资料进行修改、确认。
（5）客户服务人员对客户基本信息、拜访时间、交通时间及有效客户进行确认。
4.2.2　时间分析，明确各渠道客户数量或频次。
（1）确认拜访客户的时间、频次。
（2）客户服务人员说明重新规划的目的，并听取建议。
4.3　画图作业：将区域内客户标注在地图上，以目标明确、线路明了、节约时间为原则。
4.4　考察交通情况：主要考虑配送便利程度。
4.5　按客户数量划分路线。
（1）按客户数量划分路线。
（2）满足交通、配送、拜访频率的要求。
4.6　路线变化。
（1）运用管理科学的知识来优化客户服务人员每日拜访客户的路线。
（2）确定路线。
（3）根据工作要求，确认路线拜访标准。
4.7　客户服务人员根据实际工作状况及时调整拜访内容、拜访频次。

拟订		审核		审批	

制度8：公司客户接待管理规定

××公司标准文件		××有限公司 公司客户接待管理规定	文件编号××-××-××	
版本	第×/×版		页　次	第×页

1　目的
随着公司业务量日益增多，外来客户参观考察越来越多，为进一步规范接待工作，提高接待工作效率和质量，确保圆满完成各项接待任务，特制订本规定。

续表

××公司标准文件		××有限公司 公司客户接待管理规定	文件编号××-××-××	
版本	第×/×版		页次	第×页

2 适用范围

公司所有需要接待客户的部门。

3 职责

3.1 公司接待由行政部统一负责,若涉及其他部门,其他部门应积极、主动配合。

3.2 行政部在接到客户信息后,安排专人接待,落实来访客人名单、身份、人数、性别、目的、路线等具体信息。

3.3 行政部统筹安排入住酒店档次、用餐酒店标准、陪同人员、礼品等相关工作,与公司领导沟通,沟通后按照计划实施。

4 定义

热情礼貌、服务周到、厉行节约、对口接待、严格标准、统一管理,使客人高兴而来,满意而归。

5 程序

5.1 销售接待流程。

5.1.1 各相关部门应积极、主动配合,以销售公司为主,并设立接待负责人,对来访客户接待工作进行统一协调、沟通、安排、跟进、落实。

5.1.2 销售部门在第一时间接到客户来访信息时,应由专人负责落实并与相关项目负责人联系,确定来客时间、人数、性别、身份、职务、停留时间、目的、路线等具体信息,然后回馈至销售公司内务主管。

5.1.3 销售部门内务主管落实各相关信息和要求后,依据来访客户级别及要求,统筹安排入住酒店档次、用餐酒店标准、参观考察地点、陪同人员、准备物品和礼品等相关工作,报部门经理同意后下发通报,发至各相关部门,各相关部门依据通报要求准备接待工作,销售部门接待负责人对各部门接待工作进行监督、检查、落实,确保无误。

5.1.4 在接待过程中,遇突发事件或更改、变动行程时,由接待负责人及时与相关部门沟通,及时变更。

5.2 在接待完成后,由销售部门(接待负责人或销售内勤)在2日内填写《来访客户接待记录表》,以销售部门为主,其他部门配合为辅,各相关部门接待人员按表格要求填写完毕后交行政部经理审核,审核后行政部、销售部门各备存一份。

5.3 借款及报销。

5.3.1 公司接待。

(1) 公司接待费用由行政部统一打借条(注明接待哪里客户、谁的客人等内容),由行政部经理审批后至财务部借款,费用由行政部统筹安排资金使用。

(2) 所有接待费用报销,由经办人粘贴票据后交至行政部经理审核,总经理审批签字后方可报销。

5.3.2 销售部门接待。

(1) 销售部门接待所需支出费用暂由销售公司接待负责人打借条(注明接待哪里客户、谁的项目),由销售部门经理审批至财务部借款,销售部门接待负责人统筹安排资金使用。

(2) 行政部负责可签单费用支出(如酒店、住宿等)。

(3) 所有接待费用报销,由经办人粘贴票据及写清明细后交至销售公司接待负责人,经行政部经理审核(注明已单列)、总经理审批签字后方可报销。

5.3.3 在接待完成后,行政部两日内将所有接待费用汇总表报销售部门内务主管,由销售人员核对认可签字后交至财务部。销售人员根据汇总表所列总金额补办借款手续,由销售公司内务主管持销售人员借款手续到财务部及时挂账。

5.3.4 签字认可费用汇总表财务部、行政部、销售人员各存一份。

5.4 考核。若因协调、配合、落实不到位,造成接待脱节,给客户带来不好影响者,给予相关责任人 2～10分的经济考核扣分。

拟订		审核		审批	

第三节 客户管理表格

表格1:客户评级表综合评定表

客户评级表综合评定表见表7-1。

表7-1　客户评级表综合评定表

客户评级表综合评定表				部门		区域主管	
评定时间段：第　季度				区域		商务助理	
				日期		审核	
客户姓名			公司名称				

季度＼项目	销售额	回款额	备注
一季度			
二季度			
三季度			
四季度			

类	序	评定项目	好(10分)	较好(8分)	一般(5分)	较差(3分)	差(1分)	附注
客户方面（由区域主管填写）	1	店面位置						
	2	经营面积						
	3	在当地商圈的影响力						
	4	客户的忠诚度与重视度						
	5	季度销售实现						
	6	资信履行						
	7	与公司补件与退货协同						
	8	与公司品质纠纷						
	9	促销配合与执行成效						
	10	店面形象维护						
	11	品牌宣传推广贡献						
	12	设计能力						
	13	业务人员的素质与管理						
	14	竞争应对能力						
	15	信息沟通传递的准确性						
	16	售后服务管理与能力						
	17	行业地位与声誉						
内部服务（由商务助理填写）	18	出样组合与适销性						
	19	店面形象维护						
	20	推广宣传协助						
	21	人员培训与提升						
	22	投诉解决						
	23	账务控制						
问题与改善	客户方面：				内部服务方面：			

注：VIP客户，满200分以上；A类客户，满150分以上；B类客户，满100分以上；C类客户，满80分以上。

表格2：客户资信等级评估表

客户资信等级评估表见表7-2。

表7-2 客户资信等级评估表

客户资信等级评估表 评定时间段：第　季度		部　门		区域主管	
		区　域		商务助理	
		日　期		审　核	
客户姓名			公司名称		

经济指标：　（　）VIP客户　（　）A类客户　（　）B类客户　（　）C类客户
综合指标：　（　）较好　（　）好　（　）一般　（　）差
资信指标：
1. 在行业内的资信口碑
　（50）较好　　　　（30）好　　　　（20）一般　　　　（10）差
2. 自身的支付实力
　（50）较好　　　　（30）好　　　　（20）一般　　　　（10）差
3. 每笔汇款单填写准确，按时到账
　是（50）　否（30）　不稳定（20）
4. 通常办理付款的方式是
　（　）个人电汇　（　）电汇
5. 订货返单频率
　（50）约每季度三次以上　　（40）约每季度二次
　（30）约每季度一次　　　　（10）不稳定
6. 每季度提货额
　（50）上下季度差距约10%～30%　（40）上下季度差距约在30%～50%
　（30）上下月差距在50%以上
7. 对我司品牌的忠诚度
　（50）较好　　　（30）好　　　（20）一般　　　（10）差

评估：依以上综合评估，该客户的资信等级属
（　）较好＝★★★★　（　）好★★★　（　）一般★★　（　）差★

审核	商务部经理：	营销总监：	财务：	总经理：

备注：1. 本单由商务部经理牵头，在每季度末的25～30日间组织对主要客户的资信等级作评定与复核，即本单有效期为三月，经复核通过可以继续延期
　　　2. 本单主要应用于与客户往来结算方式有特殊支持时的重要凭证
　　　3. 本单经评估审批后一式两份，一份财务部、一份商务部，共同执行

资信等级的星级服务标准：（请财务提议）

资信级别	服务措施
★★★★	可以享受在特殊情况下短时的延误付款（如临时加单、遇节假出货等） 可以享受凭正确的电汇传真底单出货，即普通电汇（不能即时到账） 可以享受年内资金额度在50万元以下的资金周转延期付款 可以享受公司依客户具体情况列定的资金支持政策
★★★	可以享受在特殊情况下短时的延误付款（如临时加单、遇节假出货等） 可以享受凭正确的电汇传真底单出货，即普通电汇（不能即时到账）
★★	按公司常规政策办理
★	列入调整目标

注：★★★★200分；★★★150分；★★100分；★60分

编制：　　　　　　　日期：　　　　　　　审核：
审批：　　　　　　　日期：

表格3：客户基本信息采集表

客户基本信息采集表见表7-3。

表7-3　客户基本信息采集表

一、客户基本情况 1.客户名称（国别）： 　注册地点与执照号：　　　　　　　通信地址与邮编： 　法人代表：　　　　　　　　　　　注册资本： 　电话：　　　　　E-mail：　　　　传真： 2.客户所有制性质： 　　中国：国有企业（　）　合资企业（　） 　　　　　外商独资企业　（　） 　　　　　政府、事业单位（　）　民营企业（　） 　　国外：国有（　）　上市公司（　）　私有（　） 　　　　　世界500强企业（　）　与公司业务密切企业（　） 3.是否政策性业务　　是（　）　否（　） 4.已营业年限：　　　　　　年 二、客户财务情况 财务报表年份：　　　　　　报表是否审计：是（　）　否（　） 总资产＝　　　　　所有者权益＝　　　销售收入总额＝ 流动比率＝流动资产÷流动负债＝ 资产负债率＝负债总额÷资产总额＝ 净资产收益率＝净利润÷所有者权益＝ 经营性现金流量＝

部门：　　　　　　　　业务员：　　　　　　　部门总经理：

表格4：客户信用风险客观评估表

客户信用风险客观评估表见表7-4。

表7-4　客户信用风险客观评估表

客户名称：

评价要素	指标	分值	权重	分值×权重
财务数据	流动比率		10%	
	资产负债率		10%	
	净资产收益率		10%	
	资产总额		5%	
	销售收入总额		10%	
	经营现金流量		5%	
	合计		50%	
非财务数据	国别		5%	
	经营年限		5%	
	所有制		7%	
	质量认证		4%	
	公司品牌		4%	
	政策业务		5%	
	合计		30%	

续表

评价要素	指标	分值	权重	分值×权重
主观数据	经营稳定性		4%	
	人员总体素质		3%	
	对五矿依存度		3%	
	合同履约率		4%	
	市场知名度		3%	
	经营发展趋势		3%	
	合计		20%	

业务员： 部门总经理： 风险管理部经理：

注：分值为10分制

表格5：客户信用等级、信用额度、信用期限申请表（新客户）

客户信用等级、信用额度、信用期限申请表（新客户）见表7-5。

表7-5 客户信用等级、信用额度、信用期限申请表（新客户）

客户名称： 时间： 年 月 日

序号	评定内容			评定结果			
				A	B	C	D
1	品质特性评价	整体印象	A.公司为上市公司，在业界享有很高声誉 B.成立3年以上，公司规模较大，员工素质较高，同业中形象良好 C.成立1年以上，公司规模较中等，员工素质较一般，同业中形象良好 D.成立未满1年，公司规模较小，员工素质较低，同业中形象较差	10	9	7	
2		行业地位	A.在当地销售规模处于前三名 B.在当地销售规模处于前十名 C.在当地有一定销售规模，但排名在前十名以后 D.在当地处于起步阶段	10	8	5	0
3		负责人品德及企业管理素质	A.主要负责人品德及企业管理素质好 B.主要负责人品德及企业管理素质一般 C.主要负责人品德及企业管理素质差	10	6	0	
4		业务关系强度	A.计划以本公司为主供货商 B.计划以本公司为次供货商 C.只是计划偶尔在本公司提货	10	6	0	
5		发展潜力	A.业务发展方向和本公司高度一致，产品线与本公司主推产品一致，能完全配合本公司业务发展规划 B.业务发展的某个方向与本公司一致，有部分产品是本公司非主推产品，基本能配合本公司业务发展规划 C.业务发展方向与本公司不一致，产品并非本公司，无法配合本公司业务发展规划	10	5	0	
6		员工人数	A.人员稳定，从业人数100人以上 B.从业人数30～100人 C.从业人数少于30人或人员流动性大	10	7	0	

续表

序号	评定内容			评定结果			
				A	B	C	D
7	品质特性评价	诉讼记录	A.无诉讼记录 B.有诉讼记录但已全部胜诉 C.有未决诉讼，或已胜诉但不能执行 D.有诉讼记录，败诉	10	8	3	0
8	未来月度平均采购额预计		A.100万以上 B.50～100万 C.20～50万 D.0～20万	20	16	10	5
9	资金结算方式		A.现金、银行存款 B.承兑汇票、即期支票 C.远期支票	10	7	6	0

得分合计		信用等级申请	
信用额度申请		信用期限申请	
申请人		营销经理意见	
财务总监意见			
总经办意见			

注：1.信用等级划分：得分90～100为AAA级，得分80～89为AA级，得分70～79为A级，得分60～69为B级，59分以下为C级。

2.信用期限30天、45天、60天和90天及其他××天。

3.信用额度每10万元一个档次，单个客户信用额度不得超过500万。

表格6：客户信用等级、信用额度、信用期限申请表（老客户）

客户信用等级、信用额度、信用期限申请表（老客户）见表7-6。

表7-6 客户信用等级、信用额度、信用期限申请表（老客户）

客户名称： 　　　　　　　　　　　　　　时间：　　年　　月　　日

序号	评定内容		得分/分
1	到期货款偿还状况	（1）到期货款未清还数占该客户月均销售额的10%以下	40
		（2）到期货款未清还数占该客户月均销售额的10%～20%	35
		（3）到期货款未清还数占该客户月均销售额的20%～30%	30
		（4）到期货款未清还数占该客户月均销售额的30%～40%	25
		（5）到期货款未清还数占该客户月均销售额的40%～50%	20
		（6）到期货款未清还数占该客户月均销售额的50%～60%	15
		（7）到期货款未清还数占该客户月均销售额的60%～80%	10
		（8）到期货款未清还数占该客户月均销售额的80%～100%	5
		（9）到期货款未清还数占该客户月均销售额的100%以上	0
2	在本公司的采购状况	（1）在本公司的年采购额200万元以上且逐年增长	30
		（2）在本公司的年采购额200万元以上并保持原状，或150万元以上200万元以下且逐年增长	27
		（3）在本公司的年采购额200万元以上但逐年下降，或150万元以上200万元以下并保持原状	24

续表

序号	评定内容		得分/分
2	在本公司的采购状况	（4）在本公司的年采购额150万元以上200万元以下但逐年下降，或100万元以上150万元以下且逐年增长	21
		（5）在本公司的年采购额100万元以上150万元以下并保持原状，或80万元以上100万元以下且逐年增长	18
		（6）在本公司的年采购额80万元以上100万元以下但逐年下降，或50万元以上80万元以下并保持原状	15
		（7）在本公司的年采购额50万元以上80万元以下但逐年下降，或40万元以上50万元以下且逐年增长	12
		（8）在本公司的年采购额40万元以上50万元以下并保持原状	6
		（9）在本公司的年采购额40万元以上50万元以下但逐年下降，或40万元以下	0
3	品质特性评价	整体印象	
		A.公司为LED国内外上市公司，在业界享有很高声誉	5
		B.成立3年以上，公司规模较大，员工素质较高，同业中形象良好	3
		C.成立1年以上，公司规模较中等，员工素质较一般，同业中形象良好	2
		D.成立未满1年，公司规模较小，员工素质较低，同业中形象较差	0
4		行业地位	
		A.在当地销售规模处于前三名	5
		B.在当地销售规模处于前十位	3
		C.在当地有一定销售规模，但排名在前十名以后	1
		D.在当地处于起步阶段	0
5		负责人品德及企业管理素质	
		A.主要负责人品德及企业管理素质好	5
		B.主要负责人品德及企业管理素质一般	3
		C.主要负责人品德及企业管理素质差	0
6		业务关系持续期	
		A.与本公司的业务关系持续1～2年	5
		B.与本公司的业务关系持续2～12个月	3
		C.与本公司的业务关系期少于2个月	1
7		业务关系强度	
		A.以本公司为主供货商	5
		B.以本公司为次供货商	3
		C.偶尔在本公司提货	0
8		发展潜力	
		A.业务发展方向和本公司高度一致，产品线与本公司主推产品一致，能完全配合本公司业务发展规划	5
		B.业务发展的某个方向与本公司一致，有部分产品是本公司非主推产品，基本能配合本公司业务发展规划	3
		C.业务发展方向与本公司不一致，产品并非本公司，无法配合本公司业务发展规划	0

得分合计		信用等级申请	
信用额度申请		信用期限申请	
申请人		营销经理意见	
财务总监意见			
总经办意见			

注：1.客户信用等级划分：得分90～100为AAA级，得分80～89为AA级，得分70～79为A级，得分60～69为B级，59分以下为C级。

2.信用期限30天、45天、60天和90天及其他天数。

3.信用额度每10万元一个档次，单个客户信用额度不得超过500万。

表格 7：临时额度申请表

临时额度申请表见表 7-7。

表 7-7　临时额度申请表

时间：　　年　　月　　日

客户名称		客户编码	
已定信用等级			
已定信用额度			
临时额度申请		有限时间	
申请原因	申请人：　　　　　　　日期：		
营销经理意见			
财务总监			
总经办意见			
备注			

表格 8：客户信用额度核定表

客户信用额度核定表见表 7-8。

表 7-8　客户信用额度核定表

客户编号						
客户名称						
地址						
负责人						
部门别	以往交易已兑现额	最近半年平均交易额	平均票期	收款及票据金额	原信额	新申请信额
主办信用综合分析研判（包括申请表复查、商业道德、经营盈亏分析、偿债能力、核定额度、附带应注意事项等）	信额核定或审查意见		签章及日期			
	主办信用					
	业务主任					
	区经理					
	总公司					
	生效日期					

表格9：变更信用额度申请表

变更信用额度申请表见表7-9。

表7-9　变更信用额度申请表

业务员：　　　　　　　　　　　　　　　　　　　日期：

客户名		编号		负责人	
地址		电话		传真	
与本公司交易日期					

往来记录	年						前六个月	月					
	销售额							销售额					

原信用额度及办法

拟变更的信用额度及办法

经理批示	主管批示

表格10：客户信用评估与建议表

客户信用评估与建议表见表7-10。

表7-10　客户信用评估与建议表

编号：＿＿＿＿＿＿　　　　　　　　　　　　　　日期：＿＿＿＿＿＿

客户编号		建议发货最高限度	
客户名称			
成立日期			

预计销货	向本公司采购产品：	
	每月平均采购数量、金额：	
	采购旺季：	
客户业务状况	销售产品名称：	
	平均月销售量：	
	销售地区比例：	
	未来营运方针：	
结论	商场经营经验：	
	市场销售能力：	
	财务状况：	
	关系企业名称：	
	其他供应厂商：	
	对该公司意见：	

经理：　　　　　　　主管：　　　　　　　调查人：

表格11：各类客户信息管理跟踪调查表

各类客户信息管理跟踪调查表见表7-11。

表7-11　各类客户信息管理跟踪调查表

序号	客户等级	负责人	公司名称	电话	邮件	国家及地区	每年购买需求量	对什么产品关心	每月联系客户次数	客户性格分析	家庭状况	客户困难	客户信誉度

表格说明：客户等级分为A、B、C三类，A类指重点客户、B类指潜力客户、C类指一般客户。

表格12：客户地址分类表

客户地址分类表见表7-12。

表7-12　客户地址分类表

序号	客户名称	编号	地址	与公司之间的距离	经营类别	不宜拜访时间	备注

表格13：客户总体分类表

客户总体分类表见表7-13。

表7-13　客户总体分类表

分类标准	客户比例			
性别	男性比例		女性比例	
年龄	18岁以下所占比例	18～45岁所占比例	45～60岁所占比例	60岁以上所占比例
地域	乡村比例　城市比例	东部比例	西部比例	南部比例　北部比例
消费额	高额比例	中额比例		低额比例
需求类型	生产资料需求所占比例		生活资料需求所占比例	
工薪水平	1500元以下所占比例	1500～4000元所占比例		4000元以上所占比例
偏好的购物方式	摊点零售比例	市场批发比例		厂家批发比例

表格14：客户区域分析表

客户区域分析表见表7-14。

表7-14 客户区域分析表

年度：

年度\项目	区域	客户数量	占客户总数量的比例	占该区总销售额的比例

审核：　　　　　　　填写：　　　　　　　编制：

表格15：客户销售分析表

客户销售分析表见表7-15。

表7-15 客户销售分析表

年度：

客户名称\销售额\产品	A产品	B产品	C产品	D产品	E产品	F产品	G产品	合计
合计								

审核：　　　　　　　填写：　　　　　　　编制：

表格16：客户分级表

客户分级表见表7-16。

表7-16 客户分级表

客户等级分类	A级（销售额所占比例90%以上）	业　种					
		客户名称					
		客户代码					
	B级（销售额所占比例80%～90%）	业　种					
		客户名称					
		客户代码					
	C级（销售额所占比例70%～80%）	业　种					
		客户名称					
		客户代码					
	D级（销售额所占比例60%～70%）	业　种					
		客户名称					
		客户代码					
	E级（销售额所占比例60%以下）	业　种					
		客户名称					
		客户代码					

表格17：重点客户管理表

重点客户管理表见表7-17。

表7-17　重点客户管理表

序号	销售额前10名		销售增长率前10名		销售利润率前10名	
	客户名称	销售额	客户名称	增长率	客户名称	利润率
重点管理客户	销售额目标		将其设为重点客户的原因		实现目标的行动措施	
客户服务部经理建议						
总经理建议						

表格18：重要客户对策表

重要客户对策表见表7-18。

表7-18　重要客户对策表

序号	客户名称	负责人	销售情况	问题所在	应对策略
1					
2					
3					
4					
扩大重要客户数量的基本方针	1. 2.				
备注					

表格19：问题客户对策表

问题客户对策表见表7-19。

表7-19　问题客户对策表

序号	客户名称	负责人	销售范围	所在位置	恶化趋势	问题表现	应对策略
备注							

表格20：客户关系评估表

客户关系评估表见表7-20。

表7-20　客户关系评估表

客户名称：　　　　　　　　　　　　　　　　　　　　编号：

评估指标	指标权重	得分	等级	得分依据	备注
合计			标准分		
评估结果及建议	□发展关系		□维持关系		□终止关系

表格21：客户联络计划表

客户联络计划表见表7-21。

表7-21　客户联络计划表

序号	客户名称	地址	联系方式	联络人员	联络时间	联络目的	联络地点

表格22：客户联系预定表

客户联系预定表见表7-22。

表7-22　客户联系预定表

序号	日期	客户名称	具体时间	负责人	针对部门	备注

表格23：客户拜访记录表

客户拜访记录表见表7-23。

表7-23　客户拜访记录表

制表：　　　　　　　　　　　　　　　　　　　　　　　　填写日期：

客户名称		
详细地址		
拜访对象		
注意事项	成长率	
	信用度	
	总利润率	
	综合评价	
	顺序评核	
	业界地位	
	其他	
已解决的问题		
以后应注意的事项		

表格24：客户拜访日报表

客户拜访日报表见表7-24。

表7-24　客户拜访日报表

日期	星期	填表人	主管	部门经理	经理
费用项目		金额/元	备注		
合计					
客户	面谈者	商谈计划（选择）	面谈概要	成果（选择）	
		a b c		A B C D E	
		a b c		A B C D E	
		a.初次拜访 b.处理问题 c.建立关系	A.商谈成功 C.再度访问 E.继续观察	B.有希望 D.无希望	
本日拜访数目		本日处理问题	本日未处理问题	同行者	

表格25：客户招待申请表

客户招待申请表见表7-25。

表7-25　客户招待申请表

申请人		部门			申请日期			
客户名称		宴请场所			宴请日期			
客户方面同席人员		招待费用预算	会议	用餐	交通	礼品	其他	合计
本公司同席人员		金额/元						
招待事宜安排人员		实际支出额/元						
招待目的		费用说明						
注意事项								
客户服务部经理审核		总经理审核			财务部审核			

表格26：客户招待报告表

客户招待报告表见表7-26。

表7-26　客户招待报告表

客户名称		招待日期		报告人	
招待目的		招待地点		报告时间	
客户同席人员名单		支出费用报告	项目	金额/元	备注
			会议		
			用餐		
			住宿		
本公司同席人员名单			礼品		
			交通费		
			合计		
想要搜集的信息		注意事项			
		接待效果			
		如何用于今后的活动			
客户服务部经理审核		总经理审核		财务部审核	

表格27：客户接待安排表

客户接待安排表见表7-27。

表7-27　客户接待安排表

来访客户		来访日期时间	
客户人数		离开日期时间	
客户背景、爱好及来访目的			
公司接待人员		公司出席谈判人员	

参观安排				
会议室安排		投影仪（是否用）		
入住安排（人员姓名、日期、酒店、结算方式）				
订餐		订车		
费用申请		直接上级签字		
其他要求				
申请人		日期		
部门主管签字		日期		
营销副总审批		日期		

表格28：接受客户招待时的检查表

接受客户招待时的检查表见表7-28。

表7-28 接受客户招待时的检查表

客户交际记录（　　　　　　）					
月	日	客户名、承办者姓名	招待内容	谢函	报告
（记载事项）					

表格29：礼品馈赠计划表

礼品馈赠计划表见表7-29。

表7-29 礼品馈赠计划表

客户名称	从事行业	负责人	姓名	合作现状	馈赠目的	礼品名称	礼品数量	预算价值/元	备注

经理：　　　　　主管：　　　　　填表人：　　　　　填写日期：　年　月　日

表格30：礼品馈赠申请表

礼品馈赠申请表见表7-30。

表7-30　礼品馈赠申请表

礼品馈赠申请部门				礼品管理部门			
馈赠日期	馈赠对象	礼品收受人员	礼品名称	数量	价值/元	备注	
填表人		部门主管		礼品管理人员	办公室主任		副经理

表格31：客户资料管理卡

客户资料管理卡见表7-31。

表7-31　客户资料管理卡

		公司名称		电话		传真	
		地　　址				邮编	
		企业类型		注册资金			
		营业内容	内销：　　%　外销：　　%				
营业概况		内外销比					
		营业性质					
		信用状况					
		营业状态					
		员工人数					
		淡旺季分布					
		最高购买额/月					
		平均购买额/月					
主要负责人概况	姓名	职务	电话	性格特点		嗜好	
使用本公司主要产品							
首次交易时间							
备注				总经理	经理	主管	制卡

表格32：新产品潜在客户追踪表

新产品潜在客户追踪表见表7-32。

表7-32　新产品潜在客户追踪表

编号	产品名称	潜在客户		预定采购时间				预算金额	报价表号码	竞争者	结果
		客户名称	接洽人（电话）	一个月内	三个月内	六个月内	一年内				

表格33：新开发客户报告表

新开发客户报告表见表7-33。

表7-33　新开发客户报告表

客户名称		电话	
公司地址		电话	
主办人员			
推销产品			
第一次交易额及品名			
开拓经过			
备注			
批示			

经理：　　　　　　　　　报告人：

表格34：客户统计表

客户统计表见表7-34。

表7-34　客户统计表

产品	地址	客户数	销售额	平均每家年销售额	前三名客户名称及销售额					
					名称	金额	名称	金额	名称	金额

表格35：客户销货统计表

客户销货统计表见表7-35。

表7-35 客户销货统计表

日期：

客户编号	客户名称	销货金额	退货金额	销货净额	欠款额	备注

经理：　　　　　主管：　　　　　制表：

表格36：客户地域分布表

客户地域分布表见表7-36。

表7-36 客户地域分布表

编号	客户号	客户姓名	原居住地址	成交日期	备注

制表人：_____　　　　填表日期：_____年____月____日

表格37：一级客户登记表

一级客户登记表见表7-37。

表7-37 一级客户登记表

客户名称	负责人员	经营项目	年交易额	优惠产品及价格

表格38：客户名册登记表

客户名册登记表见表7-38。

表7-38 客户名册登记表

序号	姓名	电话	住址	来电来访日期	看好单位	客户追踪	跟进情况

制表人：_____　　　　填表日期：_____年____月____日

表格39：问题客户检核表

问题客户检核表见表7-39。

表7-39 问题客户检核表

公司名称	销售负责范围及所在位置	移动方向	问题点	对策

表格40：特殊客户申请表

特殊客户申请表见表7-40。

表7-40 特殊客户申请表

申请人： 客户数目：

厂商名称	负责人	经营项目	上年交易金额	本年预计金额	拟给予价格与产品	批 示

批示： 审核：

表格41：客户投诉处理报告表

客户投诉处理报告表见表7-41。

表7-41 客户投诉处理报告表

年 月 日

投诉处理报告表	
投诉受理日	年 月 日上午、下午 时 分
投诉受理方式	1.信 2.传真 3.电话 4.来访 5.店内
投诉内容	内容分类：1.品质（有杂物） 2.品质（故障） 3.品质（损坏） 4.品质（其他____） 5.数量 6.货期 7.态度 8.服务
投诉见证人	
地址	
处置紧急度	1.紧急 2.急 3.普通
承办人	
处理日	
处理内容	
费用	
保障	
原因调查会议	
原因调查人员	
原因	1.严重原因 2.偶发原因 3.疏忽大意 4.不可抗拒原因
记载事项	
检讨	

报告人： 签章：

 **学习总结**

通过本章的学习，我对客户关系管理有了以下几点新的认识：

1.＿＿＿＿＿＿＿＿＿＿＿＿＿＿＿＿＿＿＿＿＿＿＿＿＿＿＿＿＿＿＿＿

2.＿＿＿＿＿＿＿＿＿＿＿＿＿＿＿＿＿＿＿＿＿＿＿＿＿＿＿＿＿＿＿＿

3.＿＿＿＿＿＿＿＿＿＿＿＿＿＿＿＿＿＿＿＿＿＿＿＿＿＿＿＿＿＿＿＿

4.＿＿＿＿＿＿＿＿＿＿＿＿＿＿＿＿＿＿＿＿＿＿＿＿＿＿＿＿＿＿＿＿

5.＿＿＿＿＿＿＿＿＿＿＿＿＿＿＿＿＿＿＿＿＿＿＿＿＿＿＿＿＿＿＿＿

我认为根据本公司的实际情况，应制订以下制度和表格：

1.＿＿＿＿＿＿＿＿＿＿＿＿＿＿＿＿＿＿＿＿＿＿＿＿＿＿＿＿＿＿＿＿

2.＿＿＿＿＿＿＿＿＿＿＿＿＿＿＿＿＿＿＿＿＿＿＿＿＿＿＿＿＿＿＿＿

3.＿＿＿＿＿＿＿＿＿＿＿＿＿＿＿＿＿＿＿＿＿＿＿＿＿＿＿＿＿＿＿＿

4.＿＿＿＿＿＿＿＿＿＿＿＿＿＿＿＿＿＿＿＿＿＿＿＿＿＿＿＿＿＿＿＿

5.＿＿＿＿＿＿＿＿＿＿＿＿＿＿＿＿＿＿＿＿＿＿＿＿＿＿＿＿＿＿＿＿

我认为本章的内容不够全面，还需补充以下方法、制度和表格：

1.＿＿＿＿＿＿＿＿＿＿＿＿＿＿＿＿＿＿＿＿＿＿＿＿＿＿＿＿＿＿＿＿

2.＿＿＿＿＿＿＿＿＿＿＿＿＿＿＿＿＿＿＿＿＿＿＿＿＿＿＿＿＿＿＿＿

3.＿＿＿＿＿＿＿＿＿＿＿＿＿＿＿＿＿＿＿＿＿＿＿＿＿＿＿＿＿＿＿＿

4.＿＿＿＿＿＿＿＿＿＿＿＿＿＿＿＿＿＿＿＿＿＿＿＿＿＿＿＿＿＿＿＿

5.＿＿＿＿＿＿＿＿＿＿＿＿＿＿＿＿＿＿＿＿＿＿＿＿＿＿＿＿＿＿＿＿

第八章　销售团队管理工具

引言

销售团队是公司的"血液"。一支优秀的销售团队，不但可以开拓市场，同时也会增加企业的影响力。做好销售团队的建设和管理就尤为重要。

本章学习指引

目标	了解销售团队管理的要点，并能够运用所提供的范本，根据本企业的实际情况制订相应的管理制度、表格

学习内容

管理要点	·营销人员招聘 ·营销人员培训 ·营销人员薪酬设计 ·营销人员考核
管理制度	·营销团队管理办法 ·销售部薪资及绩效考核管理方案 ·营销人员招聘方案 ·营销人员培训管理制度 ·销售日常行为管理制度 ·销售员业绩考核方案 ·营销例会管理制度 ·销售拜访作业计划查核细则 ·销售工作日报表审核制度 ·销售人员士气调查管理办法
管理表格	·销售人员应聘登记表 ·营销人员培训计划表 ·营销人员培训记录表 ·营销人员培训报告书 ·营销人员培训实施表 ·营销人员培训考核表 ·请假申请单 ·未参加例会赞助单 ·晨会主持安排表 ·值日主任帮助成长统计表 ·营销会议记录单 ·营销人员工作日志 ……

第一节　销售团队管理要点

要点1：营销人员招聘

（一）选择合适招聘渠道

营销人员招聘渠道很多，企业在进行营销人员的招聘工作时必须选择适合企业自身的招聘渠道。常用的营销人员招聘渠道如下。

（1）大中专院校及职业学校的应届毕业生。
（2）人才交流会。
（3）广告招聘。
（4）聘用或推荐聘用。
（5）各种媒体广告。
（6）通过内部职员。
（7）行业协会。
（8）业务接触。
（9）猎头公司。
（10）网络招聘渠道。

（二）按照需求招聘营销人员

企业在招聘营销人员时，如果仅仅只是凭感觉，而不是根据企业特定的需求设定销售特质的话，招来的人员往往不能给企业的销售带来大的起色。因此，招聘应以本行业成功营销人员的素质为标准，建立起一套真正适合本企业的招聘测评系统。

鉴于营销人员招聘中优势比较强调工作经验，因此为了防止应聘者在学历或者工作经历中作假，应该重点关注以下3个问题。

（1）离职原因。必须深入了解原因，以便防止出现再次跳槽。比如，可以询问：哪些因素使你产生离职意向？你如何提出离职申请的？你当时提出的离职理由是什么？你觉得你想应聘的这个职位与以前的职位有什么最大不同？
（2）要注意工作时间上的连续性。不可以有空缺和间断，否则很有可能是造假。
（3）要关注他求职过的单位及岗位、职位，有可能的话应该求证对方单位的意见。

要点2：营销人员培训

"所谓营销人员培训，是要锻炼营销人员做人的本领，同时传授他从事工作所必需的知识，并提高他们的工作技巧，使其积累一定的工作经验。"这是一般人所认识的营销人员培训的定义，不过也有人错误地认为"企业是追求利益的经济单位，用不着进行什么人才培养教育"。

营销人员培训的内容见表8-1。

表8-1 营销人员培训的内容

序号	项目	内容
1	企业知识	(1) 企业历史及成就 (2) 企业文化、价值及目标 (3) 企业的组织结构和管理流程 (4) 企业的主要领导人 (5) 企业的发展战略 (6) 企业在所属行业的地位 (7) 企业的各项政策 (8) 企业对新营销人员的期望及要求
2	产品知识	(1) 产品的类型与组成 (2) 产品的品质与特征 (3) 产品的优点与利益点 (4) 产品的制造方法 (5) 产品的用途及限制 (6) 产品包装与产品价格 (7) 竞争产品的相关情况及优缺点 (8) 相关产品及替代品的相关情况及发展趋势 (9) 典型顾客的使用后评价 (10) 产品的获奖信息及当前的市场反映
3	市场知识	(1) 市场环境及企业所处行业的情况 (2) 竞争对手的情况，如政策、优势与劣势 (3) 顾客情况，如顾客的需求、购买习惯、购买决策影响因素等 (4) 其他一些市场知识
4	销售技巧	(1) 信息收集方法 (2) 顾客辨识技巧 (3) 接近潜在顾客的方法，包括面访技巧和销售开启技巧 (4) 分析顾客需求的技巧 (5) 销售展示技巧 (6) 达成交易的时机把握技巧 (7) 销售术语 (8) 销售计划与拜访计划制订技巧等
5	顾客激励	(1) 顾客需求分析技巧 (2) 顾客心理分析技巧 (3) 有效沟通技巧 (4) 激励方式选择等
6	行政管理	(1) 如何撰写销售报告和处理文书档案 (2) 如何控制销售费用 (3) 如何实施自我管理 (4) 如何进行时间管理 (5) 经济法律知识等

要点3：营销人员薪酬设计

营销人员薪酬问题是营销管理中又一个重要课题。在诸多激励手段中，薪酬对营销人员的激励作用是无可替代的，甚至在有些情况下激励效果是最好的。事实上，在现今销售人才特别是高级销售人才流失率不断上升的情况下，建立一套有效、合理的营销人员薪酬体系以留住和引进销售人才更显得尤为重要。

（一）薪酬设计的原则

企业在为营销人员设计薪酬时应遵从以下原则，如图8-1所示。

原则一　清晰、简单、明了

薪酬制度的出台就是让员工们更清楚地知道和理解，如果企业的薪酬都是深奥费解或者是模棱两可的语言，营销人员就根本弄不清楚他们的福利待遇的真正价值，营销主管应当简明易懂地为下属解释各种额外收入

原则二　大力度宣传

当一个营销人员应当受到奖励时，尽可能广泛地传播这个消息；使各种不同的薪酬制度顺利执行，就得保证企业的制度有所不同，在一些企业，奖金已成为一项固定收入，营销人员把奖金当成另一个月的工资，就像另外应得到的权利一样，奖励就失去它应有的作用

原则三　不能事事都用钱来解决

钱不是万能的，要更多地利用绩效挂钩付酬制度，可以根据文化背景的差异来调整

原则四　薪酬和职位分离

不要把报酬和权力绑在一起，如果把报酬与职位挂钩，则多半留不住优秀的营销人员，所以，应给营销人员更多的机会，比如，在不晋升的情况下提高工资级别

图8-1　薪酬设计的原则

（二）薪酬设计的类型

企业可以根据企业所处不同阶段的特点及不同的目标为员工制订不同的薪酬组合，如图8-2所示。

类型一　纯粹薪水制度

纯粹薪水制度就是无论营销人员的销售额多少，均可于一定的工作时间之内获得定额的薪酬，即一般所谓的计时制

固定薪酬的调整，主要依照评价营销人员的表现及成果，这样不仅易于了解且计算简单，营销人员的收入可获得保障，营销人员有安全感，适用于若干集体努力的销售工作，但是缺乏激励作用，不易激发营销人员的创新性，不适于亟需快速扩张业务的企业，因为付出跟收获可能会不成正比，工作优良者与工作恶劣者就没有区别了

类型二　纯粹佣金制度

纯粹佣金制度是薪酬制度与一定的销售工作成果或销售数量直接有关，即按一定比率给予佣金，佣金的计算可根据销售量的金额或单位（毛额或净额），其计算可以是基于总销量，也可以是基于超过配额的销售量，或配额的若干百分数，佣金也可以根据营销人员的销售对企业利润的贡献来定

佣金比率可以是固定的，即第一个单位的佣金比率与第八十个单位的佣金比率都一样，也可以是累进的，即销售量或利润贡献等基准越高，其佣金比率越高，比率也可以是递减的，即销售量越高，其比率越低

纯粹佣金制度富有激励作用，营销人员可获较高的薪酬，较容易控制销售成本，但是在销售波动的情况下不易适应，营销人员的收入欠稳定，营销人员的心态不稳，这样就人为增加了管理方面的困难

| 类型三 | 纯粹奖金制度 |

奖金制度是向营销人员付酬的一项重要手段，主要是对有突出业绩的营销人员给予奖励，也有对特殊事件给予奖励的，奖金可能按月发，也可能按季或按年发，但是，奖金一般作为薪酬方式的一种，很少有企业把纯粹奖金制度作为营销人员薪酬制度的基础

纯粹奖金制度灵活，由营销主管或企业所掌握，可与企业的绩效直接挂钩，有直接明了的指向作用，但是若奖金发放不及时则会影响激励的效果，团体奖金容易让一些营销人员搭便车，往往带有主观色彩

| 类型四 | 薪水加佣金制度 |

薪水加佣金制度是以单位销售或总售货金额的较少百分率作佣金，每月连同薪水支付，或年终时累积来支付

纯粹薪水制度缺乏弹性，对营销人员的激励作用不够，而且纯粹佣金制度令营销人员的收入波动较大，营销人员缺乏安全感，薪水加佣金的混合制度则调和了这两个方面的不足

薪水加佣金制度与奖金制度相类似，收入比较稳定，有较强的刺激作用，但是佣金太少，则激励作用效果不大，企业销售成本较高

| 类型五 | 薪水加奖金制度 |

奖金是酬劳营销人员完成对企业有贡献的工作而支出的，比如宣传工作、推销新产品、增加新客户、降低推销费用等，运用此项制度，营销人员除了可以按时收到一定薪水外，还可获得许多奖金

薪水加奖金制度可鼓励营销人员兼做一些涉及销售管理的工作，便于调整营销人员的努力方向，但是它不重视销售额的多少，易造成不公平现象

| 类型六 | 薪水加佣金再加奖金制度 |

此项报酬制度兼顾了上述三种方法，利用佣金及奖金以促进工作的成效，营销人员每月可获得稳定的收入及另发的佣金与奖金，而在管理方面也能有效地控制销售人力资本

薪水加佣金再加奖金制度，实行此制度需要较多有关记录及报告，因此提高了管理费用

| 类型七 | 特别奖励制度 |

特别奖励就是规定报酬以外的奖励，即额外给予的奖励，这种额外奖励分为钱财奖励及非钱财奖励两种

钱财奖励包括直接增加薪水或佣金，或间接的福利，比如带薪假期、保险制度、退休金制等；非钱财奖励的方式很多，比如，通过推销竞赛给予营销人员一定的荣誉，像记功、颁发奖章及纪念品等

额外奖励可根据营销人员超出指标的程度、控制推销费用的效果或所获得新客户的数量等

特别奖励制度鼓励作用更为广泛有力，常常可以促进滞销产品的销售，但是奖励标准或基础不够可靠，可能会引起营销人员之间的不平以及管理方面的困扰

| 类型八 | 股票期权 |

为了留住高素质营销人员有时可通过提供股票期权的方式来解决，享有股票期权，营销人员就有了将来可按低于市场价格的现行价格来购买企业股票的权利，如果股票价格上涨，营销人员可通过股票价格的增幅获得收益，如果股票价格没有上涨，也就不存在未来的激励价值

股票期权可以令企业的未来发展与营销人员的长远利益能很好地结合起来，还可以令企业可以不支付现金而实现激励营销人员的目标

图8-2　薪酬制度类型

(三)薪酬设计实施及评价

1. 薪酬制度的实施

通常,一旦选定了某一薪酬制度,便应向所有营销人员详细说明,并确保他们明了,以避免误解。凡报酬中不固定的部分,则必须先行规定各营销人员的薪水高低,其标准应尽量依据企业所制订的一般薪水制度,不可有歧视或欠公平的地方。

2. 薪酬制度的评价

评估薪酬制度的目的是检验经过试行的制度或现有的制度是否有效。任何新订或修正的薪酬制度经过一年或一定支付期间试用后,对此制度所产生的结果必须详加分析与考察,以确定是否可以正式实施或有无修正或调整的必要。评价的标准如下。

(1) 营销人员的成绩如何。
(2) 薪酬制度不同,营销人员的成效自然有显著的差异。
(3) 预算、推销费用比率及毛利情况。

要点4:营销人员考核

(一)考核类型

营销人员的考核可以分为以下2类。

1. 定量指标

定量指标相对较客观,也容易理解和管理应用。

2. 定性指标

定性指标是一些行为分析指标。定性指标相对比较主观,如评估营销人员的态度、产品知识、团队精神与合作能力等,定性指标更强调营销人员销售活动的质量而不是数量,但是应用起来却很不好把握与界定。定性指标是定量指标的补充,也是营销人员业绩评估当中不可缺少的一大类指标。

(二)考核要点

1. 销售业绩考核指标

销售业绩考核指标主要评估营销人员的产出与销售成果。其具体包括:销售额、销售量、销售指标完成率、销售毛利润、利润、新客户开发数、销售费用与费用率、订单数量、区域市场份额、货款回收率等。

评估的标准一般是年度销售额与上一年度销额增长的比较,也可以是实际销售额对销售指标的完成率,或是新客户增加的数目或原有客户的流失等。

2. 销售工作技巧考核

销售工作技巧考核的主要内容是评估营销人员寻找目标顾客的能力和数量、取得客户推荐目标顾客的数量。考核要点为依靠评估人员或营销主管与营销人员共同访问客户时对营销人员的表现以及运用各项销售技巧处理客户问题能力的观察,也可通过培训、客户的反馈等来进行评估。

3. 专业知识考核

专业知识考核的主要内容是评估营销人员对本企业、行业和客户、市场竞争情况的了解和认识,对产品性能和产品应用等知识的掌握程度。其考核要点为专业知识层面,比较容易通过问卷的形式进行考核，如分为产品知识、市场知识、客户需求知识、竞争对手知识等进行考查。

4. 客户服务和客户关系考核

客户服务和客户关系考核的主要内容是评估营销人员是否能够为客户提供优质的服务，是否能维持和发展与客户的良好关系。如是否有客户投诉、营销人员是否能够及时回应客户的抱怨和投诉、是否能够及时处理客户的订单或合同使合同能够按期执行、营销人员的访问工作与客户维系工作能否有利于建立长久合作的关系。其要点为，具体可设计如客户维系比例指标、原有客户销售量增长率、客户投诉处理时间指标、客户满意程度指标等。

5. 营销人员自我管理考核

营销人员自我管理考核的主要内容是评估营销人员在时间管理、工作效率方面的表现。这包括以下内容。

（1）营销人员如何有效地运用时间在自己所负责区域内安排差旅，开展销售活动，为客户提供服务。

（2）合理地安排用于不同客户之间的时间。销售主管可以通过营销人员的工作计划、工作总结来获得相关信息，不过，营销人员自我管理方面不易量化。

（3）清楚合理地保存客户的信息档案。

（4）做好每日每周每月的工作计划，从而提高工作效率，取得更好的销售业绩。

6. 费用控制考核

费用控制考核的主要内容评估的不仅是营销人员对差旅费用的控制，还应该包括营销人员执行企业的产品价格和折扣政策的成效，是否能够在销售产品的同时争取到有利于企业的付款条件。如果营销人员的费用超出预算，或者营销人员所给出的销售折扣超过其权限，那么评估得分自然较低。

7. 个人行为考核

个人行为考核其主要内容是评估营销人员与本部门同事、其他部门同事的关系，以及在工作中所表现出来的团队合作精神等。其要点是：应该注意营销人员平时的工作态度、工作作风等个人特点方面的评估。

第二节　销售团队管理制度

制度1：营销团队管理办法

××公司标准文件		××有限公司 营销团队管理办法	文件编号××-××-××	
版本	第×/×版		页　次	第×页
1　总则 　1.1　为了加强管理，完善各项工作制度，促进公司发展壮大，提高经济效益，根据国家有关法律、法规及公司章程的规定，特制订本管理细则。 　1.2　公司全体员工必须遵守公司章程，遵守公司的各项规章制度和决定。 　1.3　公司禁止任何部门、个人做有损公司利益、形象、声誉或破坏公司发展的事情。 　1.4　公司通过发挥全体员工的积极性、创造性和提高全体员工的技术、管理、经营水平，不断完善公司的经营、管理体系，实行多种形式的责任制，不断壮大公司实力和提高经济效益。				

续表

××公司标准文件		××有限公司 营销团队管理办法	文件编号××-××-××	
版本	第×/×版		页次	第×页

1.5　公司提倡全体员工努力学习业务知识和各种常识，努力提高员工的整体素质和水平，造就一支思想新、作风硬、业务强、技术精的员工队伍。

1.6　公司鼓励员工积极参与公司的决策和管理，鼓励员工发挥才智，提出合理化建议。

1.7　公司为员工提供平等的竞争环境和晋升机会。公司推行岗位责任制，实行考勤、考核制度，评先树优，对做出贡献者予以表彰、奖励。

1.8　公司提倡求真务实的工作作风，提高工作效率。提倡厉行节约，反对铺张浪费。倡导员工团结互助，同舟共济，发扬集体合作和集体创造精神，增强团体的凝聚力和向心力。

1.9　员工必须维护公司纪律，对任何违反公司章程和各项规章制度的行为，都要予以追究。

2　员工守则

2.1　遵纪守法，忠于职守，爱岗敬业。

2.2　维护公司声誉，保护公司利益。

2.3　服从领导，关心下属，团结互助。

2.4　爱护公物，勤俭节约，杜绝浪费。

2.5　不断学习，提高水平，精通业务。

2.6　积极进取，勇于开拓，求实创新。

3　考勤管理

3.1　出勤。

3.1.1　工作时间：员工须按各部门的《营销团队日常工作管理和作息时间制度》规定时间上下班。

3.1.2　迟到：上班时间未到或未到岗者，即为迟到。上班时间开始后5分钟至30分钟内到班者，按迟到论处。

3.1.3　早退：未到下班时间而提前离岗者，即为早退。

3.1.4　旷工：未经请准假或假期满未继续假擅自不到职者，即为旷工。

3.2　请假。

3.2.1　员工若早上有急事不能上班者，应在前一日向部门负责人请假或在当日上午8:30前用适当方法向部门负责人请假，并需部门负责人同意，否则视为旷工处理或请假无效。

3.2.2　请假制度。

（1）假别分为：病假、事假、婚假、产假、年假、工伤假、丧假等七种。凡发生以上假者取消当月全勤奖。

（2）病假：指员工生病必须进行治疗而请的假别。病假必须持县级以上医院证明，无有效证明按旷工处理。出据虚假证明加倍处罚。病假每月2日内扣除50%的基本日工资，超过2天按事假扣薪。

（3）事假：指员工因事必须亲自办理而请的假别，但每月事假累计不得超过3天，超过天数按旷工处理。事假按实际天数扣罚日薪。

（4）婚假：指员工达到法定结婚年龄并办理结婚证明而请的假别。

（5）年假：指员工在公司工作满一年后可享受3天带薪休假，可逐年递增，但最多不得超过7天，特殊情况根据工作能力决定。

（6）工伤假：按国家相关法律法规执行。

（7）丧假：指员工父母、配偶父母、配偶、子女等因病伤亡而请的假别。丧假期间工资照发，准假天数如下。

——父母或配偶父母伤亡给假7天。

——配偶或子女伤亡给假10天。

3.2.3　当月工资计算方法：（月合计工资−全勤奖）÷当月天数×实际出勤天数。

3.3　考勤统计。

3.3.1　每月考勤时间：本月1日至本月31日。

3.3.2　有以下情况之一者，扣除当月全勤奖。

（1）全月累计迟到4次者（包括4次）。

（2）除公休外，请假1天以上者（包括1天）。

（3）月度旷工1次者（包括1次）。

4　奖惩制度

4.1　奖励。

续表

××公司标准文件		××有限公司 营销团队管理办法	文件编号××-××-××	
版本	第×/×版		页次	第×页

4.1.1　公司奖励方法。
（1）大会表扬。
（2）奖金奖励。
（3）物质或晋升奖励。
4.1.2　有下列表现之一的员工，应给予嘉奖并通报，颁发奖金____元，奖金随当月工资发放。
（1）遵纪守法，执行公司规章制度，思想进步，文明礼貌，团结互助。
（2）完成营销团队工作计划指标，创造较大经济效益。
（3）向营销团队提出合理化建议，被营销团队采纳，并取得一定效益的。
（4）节假日经常加班，并取得显著效果者。
（5）忠于职守、积极负责、不断改进工作、工作绩效突出者。
（6）堵住营销团队的经济漏洞，并为营销团队挽回经济损失者。
（7）全年无缺勤，积极做好本职工作。
（8）节约资金、节约费用。
（9）其他对营销团队做出贡献者，总经理认为应当给予奖励的。
4.1.3　公司设有"管理创新及合理化建议奖"、"杰出销售代表"、"优秀管理者"等奖励，在每个工作年度结束后，进行评选和奖励。
4.2　处罚。
员工有下列行为之一，经批评教育不改的，视情节轻重，分别给予扣除一定时期的奖金、扣除部分工资、警告、记过、降级、辞退、开除等处分。
（1）迟到、早退一次罚款____元/次。
（2）旷工者扣除当日双倍工资，连续3个月累计达3次辞退。
（3）销售代表工作前未做好售前准备、扫尾工作、次日准备____元/次。
（4）在工作时间嬉戏、擅离工作岗位或从事与工作无关的事情罚款____元/次。
（5）轻微过失致发生工作错误造成损失的罚款____元/次。
（6）不按要求打扫卫生罚款____元/次。
（7）对同事恶意攻击或诬告、中伤他人、制造事端者罚款____元/次。
（8）遗失经营管理的重要文件、物品或工具罚款____元/次。
（9）不按时参加公司的会议及销售培训者罚款____元/次。
（10）不服从上级管理或不服从工作安排扣____元/次，连续两个月累计达四次辞退。

5　费用报销制度
5.1　差旅费。
5.1.1　差旅费是指公司员工外出公干期间为完成预定任务所发生的必要的合理费用，具体包括：在途交通费、住宿费、市内交通费、其他公务杂费等。
5.1.2　使用规定。
（1）员工出差使用交通工具为火车、汽车等普及工具。
（2）市内交通工具应使用公共交通工具等，如因特殊情况，可以乘出租车，但需在票据上注明起始地点和原因。
（3）员工出差期间，标准内住宿费用实报实销（但不包含酒店清单上所列私话、餐费、洗衣费等费用）。
（4）员工外出期间产生的公务费，如邮电费、文件复印费、传真费等，实报实销。
5.2　备用金管理。根据工作需要，员工出差或业务活动可预先向公司借支备用金，借支额度根据实际需要确定，由总经理签批。
5.3　报销管理。
5.3.1　驻外人员原则上每月报销1次，各办事处人员的报销票据由各事业部门经理签字后交出纳审核。
5.3.2　费用报销单应严格按公司要求妥善贴好，不符合标准，或填报单据不符、金额不符、重复报销，一律退回。

6　工资及福利制度
6.1　本公司员工的工资，依其学历、工作经验、技能、内在潜力及其担任工作的难易程度、责任轻重等综合因素核发。

续表

××公司标准文件		××有限公司 营销团队管理办法	文件编号××-××-××	
版本	第×/×版		页次	第×页

6.2 员工工资类别。
6.2.1 本公司从业员工工资构成。
（1）底薪。
（2）提成。
（3）考核奖金主要是全勤奖金，每月除公司规定的休假日外，均无请假、旷工、迟到、早退记录的人员，应给予全勤奖金。
（4）工龄工资。是指在公司工作一年者才有，算法是每月_____元，工作两年者是每月____元，其后以此类推。
（5）加班费。算法是月合计工资÷当月天数×实际加班天数。
6.2.2 从业员工福利如下。
（1）员工在工作上下班途中的车费完全报销。
（2）员工每月发放____元电话费。
（3）依据实际情况给予在外租房住的员工房租补贴及伙食补贴。
（4）业务部外勤人员自备机车者，均发给机车补贴。
（5）在端午节、中秋节、春节等节日给予员工物资或现金。
（6）在春季、妇女节、秋季会进行集体外出旅游活动。
（7）根据公司的情况会进行一些文体活动及娱乐活动。
（8）教育培训。
（9）员工工伤保险。
6.3 员工工资管理。
6.3.1 从业人员的工资计算时间为报到服务之日到退职之日，对于新任用及辞职的员工，当月工资均以其实际工作天数计算。
6.3.2 从业人员的薪金订为每月15日发给上月份的薪金，特殊原因另有调整。
6.4 员工晋升管理。
从业人员晋升规定如下。
（1）效率晋升：凡平日表现优秀、情况特殊者由主管办理临时考绩，给予效率晋升，效率晋升包括职称、职等、职级晋升三种。
（2）定期晋升：每年1月1日起为上年度考绩办理期，每年3月1日为晋级生效日，晋级依考绩等次分别加级。
6.5 附则。"职薪等级表"的金额及各项加给、津贴，可根据近期市场的物价波动及公司财务状况作适当弹性调整。

7 员工的离职管理制度
7.1 若因工作环境不适或因其他个人因素而想自行离职者，规定如下。
7.1.1 在3个月试用期内提出离职，须提前15天以书面上报公司，否则以15天薪水相抵，补偿公司损失。
7.1.2 到职满3个月以上，已转正后若须辞职者，须提前1个月以书面上报公司，否则以1个月薪水相抵，补偿公司损失。
7.1.3 工作在1年以上的员工提出离职时，须提前1个月以书面上报公司核准，未经核准而自行离职者，自愿放弃上月薪资及任何工作奖金。
7.2 员工办理任何请辞时，须先行填写"书面辞职报告"，经核准后，方可离职。
7.3 员工在自动离职或请辞期间内，因职务交接不清，或手续不全而导致公司资金及财物上有所损失，须负赔偿责任，公司将依法解决。
7.4 已请辞员工在待退期间，若在公司表现恶劣，或影响公司其他人员或公然破坏公司制度者，可予以直接开除。
7.5 离职员工交接重点。
第一项：个人职责所属资产列报表，清点移交予接管人员。
第二项：原服务客户各项余额、资料档案及后续服务重点移交。
第三项：个人所负责的各项本册移交。
第四项：呈报手中未完成的客户单予会计查核。
注：员工办理离职手续完成后，到离职前，若取消去意仍可继续恢复工作。

××公司标准文件		××有限公司 营销团队管理办法	文件编号××-××-××	
版本	第×/×版		页 次	第×页

7.6 员工无论到职时间长短,表现优异者,可直接升级或跳级。员工表现极差者,须实施在职教育,仍不合格者予以辞退。
7.7 员工的裁减或增加,须以部门业绩表现而改善,淘汰劣质员工,保留优质员工。

8 员工的辞退管理制度
公司对有下列行为之一者,给予辞退。
(1) 试用期未满,被证明不符合录用条件或能力较差、表现不佳而不能保质完成工作任务的。
(2) 一年内记大过3次者。
(3) 连续旷工3日或全年累计超过6日者。
(4) 营私舞弊、挪用公款、收受贿赂。
(5) 工作疏忽,贻误要务,致使企业蒙受重大损失者。
(6) 违抗命令或擅离职守,情节重大者。
(7) 品行不端、行为不简,屡劝不改者。
(8) 违背国家法令或公司规章情节严重者。
(9) 泄漏业务上的秘密情节严重者。
(10) 办事不力、疏忽职守,且有具体事实情节重大者。
(11) 精神或机能发生障碍,或身体虚弱、衰老、残废等经本公司认为不能再从事工作者,或因员工对所从事的工作,虽无过失,但不能胜任者。
(12) 为个人利益伪造证件,冒领各项费用者。
(13) 年终考核成绩不合格,经考察试用不合格者。
(14) 因公司业务紧缩须减少一部分员工时。
(15) 工作期间因受刑事处分而经法院判刑确定者。
(16) 由于其他类似原因或业务上的必要者。

9 培训管理制度
9.1 入职培训:包括公司简介和发展史、公司规章制度,(销售代表)要进行产品知识、销售技巧及仪器的使用等培训。
9.2 岗位培训:为提高员工的岗位技能,根据年度培训计划及工作需要临时安排的培训。
9.3 委外培训:为吸收外部新鲜血液,提高自身综合素质,针对公司现状发展需要,公司安排主管级以上人员及骨干人员参加委外培训。

10 员工工伤保险
10.1 根据国家的规定,企业为员工购买工伤保险,以下行为即可构成工伤。
10.2 在工作时间和工作场所内,因工作原因受到事故伤害的。工作时间前后在工作场所内,从事与工作有关的预备性或者收尾性工作受到事故伤害的。在工作时间和工作场所内,因履行工作职责受到暴力等意外伤害的。患职业病的。因工外出期间,由于工作原因受到伤害或者发生事故下落不明的。在上下班途中,受到机动车事故伤害的。法律、行政法规规定应当认定为工伤的其他情形。
10.3 费用由公司承担。

拟订		审核		审批	

制度2:销售部薪资及绩效考核管理方案

××公司标准文件		××有限公司 销售部薪资及绩效考核管理方案	文件编号××-××-××	
版本	第×/×版		页 次	第×页

1 目的
1.1 为了促进公司业务的发展,激发销售部员工的工作热情,实现公司的销售目标,特制订本制度。
1.2 增加销售人员工作的主动积极性,提升销售人员的新客户拓展、商务谈判、营销技巧及客户维护等综合能力,并培养销售队伍的团队合作精神,以使公司整个销售团队形成互相帮助、交叉学习和共同提高的良好局面,同时为公司人才梯度的建设打下良好的基础。
1.3 培养销售人员对公司的忠诚度,能长期地追随公司共同成长。

××公司标准文件		××有限公司 销售部薪资及绩效考核管理方案	文件编号××-××-××	
版本	第×/×版		页 次	第×页

2 制订原则

本方案本着公平、竞争、激励、经济、合法的原则制订,旨在客观评价员工业绩的基础上,奖励先进、鞭策后进、提高员工工作兴趣和热情,体现以选拔、竞争、激励、淘汰为核心的用人机制。强调薪酬的竞争性和激励性,并向营销体系的核心骨干人员倾斜。

2.1 实事求是原则:销售人员定期并如实地上报工作回顾和工作计划,客观地反映客户、竞争对手及行业等相关信息至公司。

2.2 绩效落实原则:根据销售人员的工作业绩,公司及时地落实相关绩效。

2.3 公平公正原则:公司在各类奖励机制,如人员培训计划、员工晋升计划等方面要尽量做到公平公正原则。

3 适用范围

适用于公司销售部所有人员。

4 管理规定

4.1 销售部组织架构如下图所示。

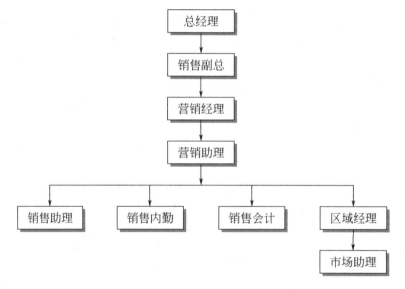

销售部组织架构

4.2 薪酬模式。

4.2.1 计算公式。

$$总体收入 = 基本工资 + 绩效奖金 + 津贴补助$$
$$实际收入 = 总收入 - 扣除项目$$
$$绩效奖金 = 销售奖金 + 绩效工资$$

津贴补助:话费补助、差旅补助等。

扣除项目:个人所得税、社保个人支付部分及其他应扣款项等。

4.2.2 各项目说明。

(1)绩效奖金:公司销售业绩达到一定标准,为奖励员工辛勤工作而设立的薪资项目,绩效奖金分为月度奖金和管理奖。

(2)津贴补助:此处是指对营销人员在工作过程中所产生的费用给予一定的补助。

(3)销售奖金:根据区域销售业绩给予的一种激励奖金。

(4)绩效工资:通过对员工的工作业绩、工作态度、工作技能等方面的综合考核评估。

续表

××公司标准文件		××有限公司 销售部薪资及绩效考核管理方案	文件编号××-××-××	
版本	第×/×版		页 次	第×页

4.3 薪酬模式说明。

4.3.1 设置原则：奖金高于基本工资，公司通过高奖金的形式鼓励区域经理提高工作积极性，增加产品销量，让销售业绩突出者实现高奖金高收入。

4.3.2 基本工资。

基本工资＝基础工资＋岗位工资＋工龄工资

（1）基本工资说明。基本工资：基本工资不是销售人员的主要收入来源，它是销售人员基本收入，是销售人员最基础的生活和工作保障。

——基础工资：参照当地职工平均生活水平、最低生活标准、生活费用价格指数和国家有关法律法规确定，基础工资在基本工资总额中占45%左右。

——岗位工资：岗位工资是根据职务高低、岗位责任繁简轻重、工作条件等确定，岗位工资在基本工资总额中占50%。

——工龄工资：按员工为企业服务年限长短确定，鼓励员工长期、稳定地为企业工作。

（2）基本工资管理规定。

——基本工资调整。根据公司经营效益，经董事会批准可以对基本工资进行调整。原则上是每年×月进行调整，基础工资的调整幅度主要根据当地的生活水平和最低工资来调整，岗位工资和工龄工资则根据公司薪酬制度规定。

——岗位工资管理。按照公司薪酬制度有关规定，员工根据聘用的岗位和级别，核定岗位工资等级，初步确定岗位在同类岗位的最下限一级，经半年考核，再调整等级。对于岗位变动的，根据晋升增薪、降级减薪的原则，工资变更从岗位变动的后1个月起调整。

4.3.3 绩效奖金。

（1）津贴补贴。

——津贴补贴说明：包括有通信补贴、市内交通津贴、出差伙食津贴。

——津贴补贴规定：销售人员出差时会给予一定补贴。

（2）绩效奖金。绩效奖金＝销售奖金＋绩效工资。

——销售奖金。

计算公式：销售奖金＝基准奖金×销售达成率。

基准奖金：公司规定的固定值（详见后面的基准奖金部分）。

销售达成率：销售达成率＝实际销售额÷目标销售额×100%。

目标销售额：是在对市场销售情况进行综合调研及切实评估后经公司批准确定销售金额，目标销售额是在充分遵循市场规则的前提下制订的，不同的销售区域其目标销售额可能不一样，就是同一销售区域因不同阶段其目标销售额也可能不一样。

——绩效工资。为了充分调动各方面的积极性，形成科学合理的绩效管理机制，推动公司业务发展和效益提高，不断提高员工的执行意识和工作绩效，对员工的工作及时进行考核。

将个人的收入同其本人的工作绩效直接挂钩，会鼓励员工创造更多的效益，同时又不增加企业的固定成本。

严格的、长期的绩效工资体系是一种有效的方法，让公司不断改进员工的工作能力、工作方法，提高员工绩效。

这种方法使绩效好的员工得到了奖励，同时也能获取、保留绩效好的员工。

附：工资构成表

续表

××公司标准文件		××有限公司	文件编号××-××-××	
版本	第×/×版	销售部薪资及绩效考核管理方案	页次	第×页

工资构成表

项目 薪等	岗位	基础工资	岗位工资	绩效考核	津贴补贴		备注
					通信费	交通费	
一	销售副总						一、试用期为3个月
二	营销经理						
三	营销助理						二、市场助理晋升至区域经理需连续6个月以上100%完成销售任务额,且每月需开发1家以上进货额不低于5万元的客户
四	区域经理						
五	市场助理						
六	销售助理						
七	销售会计						
八	销售内勤						

4.4 试用期薪酬。
4.4.1 试用期间的工资为"基础工资+岗位工资"。
4.4.2 试用期间被证明不符合岗位要求而终止劳动关系的或试用期间员工自己离职的,不享受试用期间的绩效奖金。
4.4.3 试用期合格并转正的员工,正常享受试用期间的绩效奖金。

附:销售部区域经理绩效考核表

销售部区域经理绩效考核表

级别	月销售回款业绩	基础工资	岗位工资	提成比例	交通费	通信费	招待费
见习	____万以上(含 万)			%			
初级	____万以上(含 万)			%			
中级	____万以上(含 万)			%			
高级	____万以上(含 万)			%			
资深	____万以上(含 万)			%			

销售部业绩核定及奖励细则
(1)转正之后的大区经理,月销售回款在____万元以下,底薪按____%发放,销售回款只算年累计,当月不记提成,连续两个月月销售回款在____万元以下,底薪按____%发放,招待费用减半。 (2)各办事处经理底薪在上述标准之上底薪增加____元/月,通信费用为____元/月,招待费用在上述基础上增加____元,出差交通费用实报实销,住宿与餐费按____元/天核定报销。 (3)营销经理销售提成:区域经理人均销售____万以上,提成为销售额的____%;区域经理人均销售____万以上,提成为销售额的____%;区域经理人均销售____万以上,提成为销售额的____%;销售团队区域经理人均业绩低于____万的,只发基础工资。 (4)营销内勤:区域经理人均销售____万以上,提成为销售额的____%;区域经理人均销售____万以上,提成为销售额的____%;区域经理人均销售____万以上,提成为销售额的____%;区域经理人均业绩低于____万的,只发基础工资。 (5)销售提成按季结算60%,其余40%年终发放;销售部设立季度销售冠军与销售回款冠军奖,奖金____元;设立新客户开发奖,新增客户(化工客户买化纤也称为新客户,化纤客户买化工也成新增客户)连续三个月的销售回款金额按____%给予奖励

惩罚细则
(1)月度销售额(销售回款金额)连续两个月倒数第一名,处罚____元;月度销售额(销售回款金额)连续两个月倒数第二,处罚____元。 (2)不按时上报5日报表的第一次罚____元,两次以上的每次处罚____元;不按时上交下月销售计划,一次处罚____元。 (3)赊销账期超过50天的账款,按超出时间计算,以月息1.5分计算利息;超过3个月的账款,在计算考核销售回款时扣除赊销金额进行月度考核(原则上扣除金额不超出总赊销金额的40%),并以此参与月度绩效考核
备注:凡营销人员或管理人员经公司考核不合格者,给予辞退或降职,触犯法律的,公司依法追究其法律责任

续表

××公司标准文件		××有限公司 销售部薪资及绩效考核管理方案	文件编号××-××-××	
版本	第×/×版		页　次	第×页

附：市场助理薪酬体系

市场助理薪酬体系

级别	区域月销售	基本工资	岗位工资	销售提成	交通补贴	通信补贴
见习	＿＿＿万以上（含　万）					
初级	＿＿＿万以上（含　万）					
中级	＿＿＿万以上（含　万）					
高级	＿＿＿万以上（含　万）					

销售助理考核规范
（1）遵守工作纪律，服从区域经理工作安排，圆满完成销售实验 （2）做好实验室值班工作，认真、严肃完成值班实验，并清洁好实验室，摆放好实验药剂，做好实验结果汇报 （3）协助大区经理做好销售前、售中、售后跟踪服务，及时向大区经理和公司反应客户生产经营情况及使用我们公司产品情况，及时处理客户异议 （4）协助大区经理做好市场调研，不断开发新客户资源 （5）市场助理：区域经理人均销售＿＿＿万以上，提成为销售额的＿＿＿%；区域经理人均销售＿＿＿万以上，提成为销售额的＿＿＿%；区域经理人均销售＿＿＿万以上，提成为销售额的＿＿＿%；区域经理人均业绩低于＿＿＿万的，只发基础工资 （6）不断学习，提高试验技能，丰富销售管理知识，提高营销技能

奖励与处罚
（1）奖励 实验奖：成功放大货，并且产生销售，一次奖励＿＿＿元 创新奖：优化实验结果，产生最大效益，经过公司鉴定适于推广者，一次奖励＿＿＿元，参加月度技能考核 （2）处罚：实验值班缺席一次，处罚＿＿＿元，没有找人替代值班者处罚＿＿＿元/次；区域经理应及时指导助理进行实验，并检查效果，没有尽到检查指导工作者，一次处罚＿＿＿元

4.5　绩效考核。为了调动公司员工的工作积极性，激发员工工作热情，提升工作业绩，增强公司竞争力，保证公司目标的顺利达成，特制订本绩效考核办法。考核内容为员工本人当月工作完成情况及综合表现。

4.5.1　绩效考核管理目标项目见下表。

绩效考核项目

考核项目	权重比率	标准分数/分	计算方式
销售业绩	60%	100	实际销售额÷当月销售任务×0.6
业务知识技能	10%	100	下错单、发错货、资料错、客诉每次扣10分
开拓新客户数量	10%	100	每月至少开发一家新客户，否则扣除全部分数
服从上级领导	10%	100	不服从领导工作安排、顶撞领导等每次扣10分
出勤情况	10%	100	每缺席一次会议或迟到、上班迟到均扣10分

注：考核成绩在95分以上发放100%绩效工资，85～94分发放80%绩效工资，60～84分发放60%绩效工资，60分以下不发放绩效工资。

备注：奖惩方面考核的得分直接加减当月的绩效考核得分。

续表

××公司标准文件		××有限公司 销售部薪资及绩效考核管理方案	文件编号××-××-××	
版本	第×/×版		页次	第×页

4.5.2 奖惩方面考核。
（1）奖惩架构。
奖励：记功、记大功。
惩罚：记过、记大过、撤职开除。
全年度累计三小功为一大功。全年度累计三小过为一大过。功过相抵：以一功抵一过，一大功抵一大过。全年度累计三大过者解雇。记功一次加当月考核3分，记大功一次加当月考核9分。记过一次扣当月考核3分，记大过一次扣当月考核9分。
（2）奖励办法。
——开拓"新地区""新客户"，成绩卓著者，记功一次。
——达成月度销售目标者，记功一次。
——达成半年、全年度销售目标者，记功一次。
——超越年度销售目标20%（含）以上者，记功一次。
——其他表现优异者，视贡献程度予以记功。
（3）惩罚方面。
——挪用公款者，一律开除。公司并循法律途径向挪用人追踪公款。
——做私生意者，一经查证属实，一律开除。直属主管若有呈报，免受连带惩罚。若未呈报，不论是否知情，记大过一次。
——与客户串通勾结者，一经查证属实，一律开除。
——凡利用公务外出时，无故不执行任务者，一经查证属实，以旷工处理，并记大过一次，若是领导协同部属者，该领导并记大过一次。
——挑拨部门员工的感情，或泄漏职务机密者，一经查证属实，记大过一次，情况严重者开除。
——上半年销售未达销售目标的70%者，记过一次。
——全年度销售未达销售目标的80%者，记过一次。
——未按规定建立客户资料经领导查获者，记过一次。
——私自使用营业车辆者，记过一次。
——公司规定填写的报表等，未按时提交者，每次记过一次。
——其他给公司形象造成负面影响者，视影响程度予以惩罚。
（4）奖惩办法的加分或扣分也按月度进行。

拟订		审核		审批	

制度3：营销人员招聘方案

××公司标准文件		××有限公司 营销人员招聘方案	文件编号××-××-××	
版本	第×/×版		页次	第×页

1 招聘原则
　　为保证公司营销部门工作高效、有序地开展，为公司创造更辉煌的业绩，公司坚持按照"公开、平等、竞争、择优"的用人原则，采取内部推荐和外部招聘相结合的招聘原则，按照公司的"组织机构及人员编制"录用。
2 招聘渠道
　　2.1　人才交流中心、劳动职业介绍机构。适用于日常招聘活动，可根据岗位需求的不同特点选用不同类型、规模的人才交流中心及职业介绍机构。
　　2.2　网上招聘。免费网站：58同城网、赶集网。付费网站：前程无忧。
　　2.3　校园招聘。
　　2.4　员工推荐。为提高招聘效果，降低招聘成本，公司鼓励在职员工向公司推荐优秀人才。所有经内部推荐的应聘人员均要与其他应聘者平等竞争，参加公司统一面试与招聘流程，不能降低录用标准。
　　2.5　QQ、微信平台。

续表

××公司标准文件		××有限公司 营销人员招聘方案	文件编号××-××-××	
版本	第×/×版		页 次	第×页

3 管理规定

3.1 招聘需求申请和批准步骤。

3.1.1 流程示意图如下图所示。

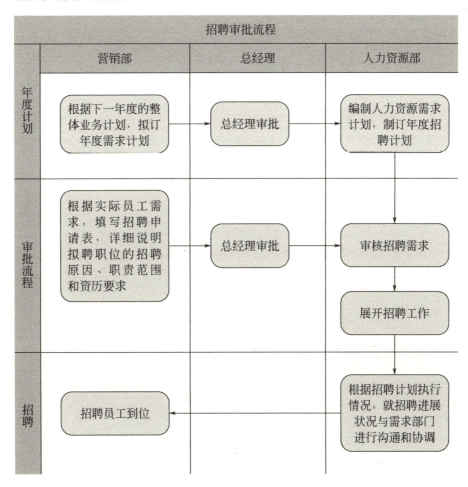

招聘审批流程

3.1.2 流程说明。

（1）营销部门根据年度工作发展状况，核查本部门各职位，于每年年底根据公司下一年度的整体业务计划，拟订人力资源需求计划，报总经理审批，递交人力资源部门备案。

（2）人力资源部根据公司年度发展计划、编制情况及营销部的人力资源需求计划，制订公司的年度招聘计划。

（3）营销部根据实际业务需求，提出正式的员工需求申请，填写"招聘申请表"，详细说明招聘职位的招聘原因、职责范围和资历要求，报总经理审批后，递交人力资源部审核。

（4）人力资源部审核完毕后，展开招聘工作，实施过程中根据招聘计划执行情况，每月同有关招聘部门就人员招聘进展状况进行沟通和协调，尽快将人员招聘到位。

3.2 招聘流程。

3.2.1 流程示意图如下图所示。

续表

××公司标准文件		××有限公司营销人员招聘方案	文件编号××-××-××	
版本	第×/×版		页次	第×页

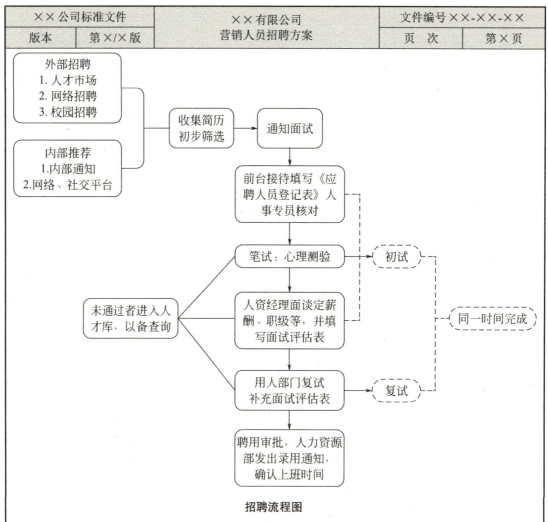

招聘流程图

3.2.2　流程说明。

（1）通过内外部招聘方式的结合，在不同平台上发布招聘信息，收集简历。发布简历时为了保持公司招聘信息在众招聘企业中排在前列，我们需要周期性的重新发布同一职位，其中业务专员岗位要求以1个月为周期重新发布1次。网络招聘人力资源需每天9:00、11:30与17:00对招聘信息分别进行刷新，进而保证公司招聘信息的置前性。

（2）查阅、筛选简历。筛选网络简历时需把握两个时间点，上午的10点至11点，下午的4点至5点，这样可以保证我们及时、全面的筛选人员信息。对于符合公司要求的简历进行电话邀约面试，并发短信通知具体的面试地点。

（3）电话邀约通知面试。现场招聘在现场通过初试的人员出具《面试通知单》，应聘者按照《面试通知单》要求到公司参加复试。邀约过程中，邀约人的声音一定要清晰、适中、自然，打电话之前，整理下自己的情绪、表情、坐姿和讲话内容的逻辑关系、先说什么后说什么等。对公司概况、周边环境一定要了如指掌，这样才能给对方信任感，愿意参加公司的面试。

（4）统计简历来源。人力资源需依据《招聘日报表》内容，做好简历来源统计，每月汇总《招聘渠道分析表》，依据此表内容把握各个渠道效果，便于后期招聘渠道的维护及管理。

（5）初试。由人力资源部进行初试，需注意以下两个问题。

——面试提问。面试前要清楚掌握不同岗位的招聘条件，比如我们的业务人员，主要关注的是"与人沟通、交流的能力，能给客户信任感就可"，所以我们面试过程中会重点关注这一点。同时，面试提问中，尽量避免提问应聘者需要回答是或否的封闭式问题，应多采用开放式的、情景式的面试方法，这样能更真实、全面地了解应聘者信息。针对业务人员，我们也可以采取集体面试的方法。

续表

××公司标准文件		××有限公司 营销人员招聘方案	文件编号××-××-××	
版本	第×/×版		页　次	第×页

　　——公司介绍。首先要介绍公司的规模、优势、核心竞争力、经营模式，让应聘人员产生能加入这样的公司是件自豪的事情的感觉，吸引应聘者；其次要向面试者传达清晰准确的工作内容、工作任务以及工作中可能遇到的困难；第三就是要向面试者介绍我们作息时间、薪酬政策以及获得报酬的条件。洽谈的时候宜采取"减法"，以驻店销售员岗位薪资为例，"在我们公司，一名合格的驻店销售员一个月可以拿到____元，合格的驻店销售员必须满足以下几个条件：工作态度端正，平均每个月签单2个，如果达不到，就会扣除相应的绩效及提成，如果个人能力优秀的话，其基础工资、提成及绩效会有很大的提升空间。我们驻店销售员的薪资结构是这样的：基础工资+绩效奖金+定金奖金+个人提成"。初试应主要把握应聘人员的形象气质、谈吐表达、经验、职业素质、薪资要求等是否与岗位要求符合，并择优通知复试，并填写面试评估表交用人部门，不符合要求的应聘人员资料需录入公司人才库，以备后续查询。

　　（6）复试，由用人单位负责人完成，把握应聘者的专业知识、专业技能、实践操作等，并印证初试结果，并完善面试评估表交人力资源部门审批录用，不合格者资料需录入公司人才库，以备后续查询。

　　（7）审批录用。应聘者通过复试考核，由人力资源通知录用及进行入岗指引。应聘者的《员工登记表》经人力资源确认（包括确认岗位、薪酬、联系电话、紧急情况联系人等信息），并由部门负责人签字后由人力资源负责存档。

　　（8）面试环节时间安排。初试→复试→入岗要控制在最短时间内，筛选到合适简历后要尽快通知面试，邀约面试前视情况与执行复试的负责人约定复试时间（即如果初试通过的话直接按照约定的时间进入复试，以提高效率）。如果执行复试的部门负责人时间不方便，则须将复试时间控制在最短期限内（最长不超过2天），复试通过后即刻通知办理入岗，原则上从简历筛选到入岗，时间不得超过3天。

　　（9）面试注意事项。一是应聘者填写完《应聘人员登记表》后，立即安排面试不得拖延时间让应聘者久等；二是面试过程中要营造一个良好的面试环境，人事主管一定要面带微笑，消除面试者的紧张情绪，便于我们能更深层次的了解面试者。

3.3　入职安排。

3.3.1　入职流程示意图如下图所示。

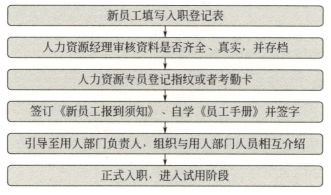

入职流程图

3.1.2　流程说明如下。

（1）员工入职当天，人力资源负责审核相关资料的真实性，主要包括：身份证、学历证书、专业技术职称原件及复印件；户口本的户主及本人页复印件；一寸白色近期彩照4张；与原单位解除劳动合同的证明；个人开户银行的银行卡复印件。

（2）指导员工签订《新员工报到须知》，指引到所在部门，同时将所有资料作为员工档案存档并依据信息建立电子档，录入人事台账。公司提倡正直诚信，个人资料如有虚假，由员工本人一概承担由此引发的后果及责任。

（3）员工的试用期自入职之日起计，原则上为1～3个月，新员工的试用期经过培训、试用、考核、转正四个阶段。试用期内，公司或员工均可提前终止试用和解除合同。经试用未达到任职要求的员工，公司有权终止试用和解除合同。试用期员工的工资总收入原则上不含绩效，其余工资组成部分以实际出勤天数核算。

拟订		审核		审批	

制度4：营销人员培训管理制度

××公司标准文件		××有限公司 营销人员培训管理制度	文件编号××-××-××	
版本	第×/×版		页次	第×页

1 目的

为提高公司市场销售人员的营销技巧与职业素质，改善个人与营销团队的销售业绩，满足公司与个人的发展需要，根据公司相关规章制度和国家的法律规定，特制订本制度。

2 适用范围

凡公司销售人员的教育培训及相关事项均按照本制度办理。

3 管理规定

3.1 培训的原则

3.1.1 系统性原则。员工培训是一个全方位、贯穿于员工整个职业生涯的系统性工作。

3.1.2 主动性原则。员工培训要求员工积极参与和互动，发挥员工的主动性。

3.1.3 多样性原则。员工培训要充分考虑培训对象的层次、类型，考虑培训内容和形式的多样性。

3.2 培训内容

3.2.1 本公司针对销售人员的培训。

（1）新员工培训。本公司针对新入职的销售人员的培训主要是了解、熟悉公司的环境；公司及部门的规章制度；所在岗位的工作流程与要求；产品知识与企业文化等。

（2）在职员工培训。公司针对员工工作中所表现的工作状态、方式方法等，结合公司的具体情况，对在职员工的岗位技能进行一系列的培训与指导。

（3）员工自我培训。员工在工作中积累经验的同时发现自身的不足，自己通过讨论、阅读等多种方式提高营销技巧与职业素质。

3.2.2 培训方式。本公司针对销售人员的培训一般采用以下5种培训方式。

（1）有经验的老员工讲授。

（2）培训讲师授课。

（3）会议与互动讨论。

（4）组织培训游戏。

（5）其他。

3.3 培训计划

3.3.1 制订培训计划：销售部每年进行培训需求调查，并由此结合公司的实际情况在每月15日提出下月的销售人员培训计划并提交给总经理与人力资源部。

3.3.2 制订费用预算：销售部根据培训计划制订合理的培训预算，报请总经理审批。

3.4 培训组织与实施

3.4.1 实施培训。销售部根据培训计划和上级领导的要求，与公司人力资源部协调工作，合理安排培训事项。

（1）依照培训项目的安排，向参加此次培训的相关部门与人员发出备忘通知。

（2）联系确定培训讲师，与讲师协同确定培训的方式与内容。

（3）准备培训场地、用具，打印培训时间表、培训内容、学员名单和考勤表。

（4）正式发出通知给有关部门、参加学员与讲师。

（5）监督培训过程，做好考勤记录，解决培训过程中的问题。

（6）严格执行年度预算，做好各期培训的预算与费用控制。

3.4.2 培训考核与结果处理。

（1）培训学员考核评估：培训结束后，所有参加培训的人员都必须接受考核，考核的方式主要有问卷调查、面谈、笔试等，考核结果采取百分制形式给出。

（2）培训讲师考核评估：培训结束后，培训讲师也必须接受考核，考核的方式主要是问卷调查，考核结果采取百分制形式给出。

（3）培训效果调查：追踪、调查培训效果，填写培训效果调查表，关注培训学员的工作情况，收集整理反馈与意见。

3.4.3 培训工作总结：编写培训小结，向总经理汇报情况，提出培训相关的改进意见与建议。

3.4.4 培训资料整理：培训结束后，所有培训计划、培训教材、培训记录和考评资料等由人力资源部保管。

3.4.5 培训结果运用：培训结果将被人力资源部门运用到绩效考核、晋升等方面。

拟订		审核		审批	

制度5：销售日常行为管理制度

××公司标准文件		××有限公司 销售日常行为管理制度	文件编号××-××-××	
版本	第×/×版		页　次	第×页

1　目的
为加强公司销售管理，达成销售目标，提升经营绩效，将销售人员的业务活动制度化，特制订本规定。

2　适用范围
凡本公司销售人员的管理，除另有规定外，均依照本制度所规范的体制管理。

3　工作职责
销售人员除应遵守本公司各项管理规定外，应职守下列工作职责。
　3.1　部门主管
（1）负责推动完成销售目标。
（2）执行公司所交办的各种事项。
（3）督导、指挥销售人员执行任务。
（4）控制产品销售的应收账款。
（5）控制销售部门的经费和预算。
（6）随时审核销售人员各项报表、单据。
（7）按时向上级呈报：产品销售报告、收款报告、销售日报告、考勤报表。
（8）定期拜访客户，借以提升服务品质，并考察销售效果及信用状况。
　3.2　销售人员
　3.2.1　基本事项。
（1）应以谦恭和气的态度和客户接触，并注意服装仪容的整洁。
（2）对于本公司各项销售计划、行销策略、产品开发等应严守商业秘密，不得泄漏予他人。
（3）不得无故接受客户的招待，不得于工作时间内酗酒。
（4）不得有挪用公款的行为。
（5）遵守公司规定，有经验销售人员帮助和指导新销售人员完成日常工作。
　3.2.2　销售事项。
（1）向客户描述公司产品功能、优势特点、价格的说明。
（2）客户抱怨的处理；催收货款。
（3）定期拜访客户，收集并记录下列信息：对产品的反应、对价格的反应、客户需求、客户对竞争产品的反应、评价及销售状况。
（4）整理各项销售资料，即时填写《客户拜访记录表》和《客户资料登记卡》。
　3.2.3　货款处理。
（1）收到客户货款应当日缴回。
（2）不得以任何理由挪用货款。
（3）不得以其他支票抵缴收回的现金。
（4）不得以不同客户的支票抵缴货款。
（5）产品不符合客户需求可以交换，但不得退货或以退货来抵缴货款。

4　管理规定
　4.1　销售计划
　4.1.1　销售人员每年应依据本公司《年度销售计划表》，制订个人的《年度销售计划表》，并填制《月销售计划表》，主管核定后，按计划执行。
　4.1.2　作业计划。销售人员应依据《月销售计划表》，填制《拜访计划表》，主管核准后实施。
　4.1.3　客户管理。销售人员即时填写《客户资料登记卡》，将客户资料详细录入客户管理系统。
　4.1.4　销售工作日报表。
（1）销售人员依据作业计划执行销售工作，并将每日工作的内容，填制于《销售工作日报表》和《客户拜访资料登记表》。
（2）《销售工作日报表》应于次日外出工作前，交于主管查看。
　4.1.5　月收款实绩表。销售人员每月初应填制上月份的《月收款实绩表》，呈报主管核实，作为绩效评核、账款收取审核与对策的依据。
（1）产品销售一律以本公司规定的售价为准，不得任意变更售价。
（2）如有赠品亦须依照本公司的规定办理。

续表

××公司标准文件		××有限公司 销售日常行为管理制度	文件编号××-××-××	
版本	第×/×版		页次	第×页

4.1.6 销售管理。
（1）销售人员负责客户开发、网络销售、催收货款等工作。
（2）销售主管应与各销售人员共同负起客户考核的责任。
（3）产品售出一律不得退货，更不准以退货抵缴货款。产品本身存在技术问题可依照公司有关规定办理退货。

4.1.7 收款管理。
（1）销售人员收款，必须于收款当日缴回公司财务。
（2）销售人员应于规定收款日期，向客户收取货款。
（3）所收货款如为支票，应及时交财务办理银行托收。
（4）未按规定收回的货款或支票，除依据相关规定惩处负责的销售人员外，若产生坏账时，销售人员须负赔偿的责任。

4.1.8 货款回收：销售人员应对货款回收事宜负责，回收货款必须遵守下列规定。
（1）在受理合同签订或提出方案和报价时，应与对方谈妥付款条件。
（2）产品售出或实施完成后立即发出清款单，付款日向客户发出催款通知。
（3）经常与客户保持密切联络，不断设法使对方如期付款。

4.1.9 无法收款时的赔偿：当货款发生无法兑现，判定已无收款可能时，负责人员须由其薪资中扣除相当于此货款的30%额度，作为赔偿。

4.1.10 不良债权的处理：交货后6个月内，对方仍赊欠货款时，一般视为不良账款，应由负责人员从其薪资中扣除相当于该款项的15%金额，赔偿给公司。但是，前项规定实施后的两个月以内，如果该货款的总额已获回收，则赔偿金的2/3应退还给负责人员。

4.1.11 事前调查：从事销售业务人员，对于对方的付款能力等，应做事前调查，并衡量我公司的研发是否能满足客户的需求，再行决定是否受理该业务。

4.1.12 严格遵守产品价格及交货期。在销售产品时，除应遵守公司规定的售价及交付实施外，也应确实遵守：付款日期、付款地点、现金或支票、支票日期、收款方式。

4.1.13 合同签订：如前述条件已具备，应将客户需求书、报价单、实施方案及合同等资料，一起提出给所属的主管。

4.1.14 免费追加产品：产品销售和实施后，若基于客户的要求或其他情况的需要，必须免费追加产品或功能的情况，必须事前提出附有说明的相关资料给总经理，取得其裁决。

4.1.15 销售价格表：销售价格表须随身携带，但不可借给或流传到第三者手中。经过公司许可借出的资料，也应迅速设法收回。

4.1.16 宣传资料：产品配套的宣传册和彩页等必要资料，必须慎选对象后发放。

4.1.17 回扣的范围：客户回扣必须以签约或交货方为主，发票金额内的回扣须扣除增值税，客户尾款结清后结算回扣，转账到客户方通过手机短信或QQ所指定的银行账户，国营机构和政府公务人员回扣不予认可。

4.1.18 产品退货：当发生订货取消或要求退货的情况，应立即将对方的凭证资料提交给部门负责人，并待公司裁决同意退货时，方可退货。如果事情的责任须归属该负责人，则须从该负责人的薪资中扣除差旅费、招待费及其他相关的费用，以作为对公司的赔偿。

4.1.19 产品售后的折扣：如产品卖出或实施后，货款被打折，应将对方的相关资料连同合同、订单等提交给所属上司。不管被打折扣是事出何因，负责人都应从薪资中扣除相当于折扣金额的款项给公司，作为赔偿。

4.1.20 实施技术人员的派遣：关于派遣技术人员到其他公司服务时，须事先向所属主管请示，取得许可，并填写派遣委托书方可派遣。

4.2 工作移交规定
销售人员离职或调职时，除依照《离职工作移交办法》办理外，并得依下列规定办理。

4.2.1 销售单位主管。
（1）移交事项：财产清册；公文档案；销售账务；货品及赠品盘点；客户送货单签收联清点；已收未缴货款结余；领用、借用的公物；其他。
（2）注意事项：销售单位主管移交，应呈报由移交人、交接人、监交人共同签写《移交报告》，交接报告的附件，如财产应由移交人、交接人、监交人共同签字确认。销售单位主管移交由总经理监交。

续表

××公司标准文件		××有限公司 销售日常行为管理制度	文件编号××-××-××	
版本	第×/×版		页　次	第×页

4.2.2　销售人员。

（1）移交事项：负责的客户名单；应收账款单据；领用的公物；其他。

（2）注意事项：应收账款单据由交接双方会同客户核认无误后签字确认；应收账款单据核认无误签章后，交接人即应负起后续收款的责任；交接报告书由移交人、交接人、监交人共同签字后呈报总经理室（监交人由销售主管担当）。

4.3　纪律及出差规定

销售人员应依照本公司《员工管理办法》的规定，办理各项出勤考核，但基于工作的需要，销售部人员应按规定的出勤时间上下班。

4.3.1　工作时间必须高度集中注意力，行走坐立要讲究风度仪态，始终保持良好的精神状态。

4.3.2　员工在对外交流中，必须严格保守公司的秘密。

4.3.3　接待来访者必须主动、热情、大方，使用文明礼貌语言。遇有询问，应诚恳、详尽解释，如自己不清楚，应主动将其引导给其他了解情况的人员。

4.3.4　接听电话时，必须主动报公司名称，对自己不熟悉的业务事项，应尽快找熟悉的人接听，要找的人不在时，须作好记录并及时转告，接电话让顾客等待超过一分钟要主动致歉。通话要简明扼要，尽量放低声音，以免影响他人工作。

4.3.5　公司电话只能用于工作事由。

4.3.6　因公外出必须告知本部门负责人，部门经理外出须告知总经理。

4.3.7　必须重视公司安全保卫工作，注意防火防盗。下班前必须清理文件，锁入文件柜，保持桌面整洁，关闭电灯、空调、门窗及其他仪器设备电源。

4.3.8　接待来访必须在业务室进行，不准随意将外来人员带进财务办公室。

4.3.9　在接待访客或洽谈中，避免使用消极词汇和太多炫耀意味的形容词，避免厚此薄彼。无论何时，不准与客户和外来人员争吵。

4.3.10　洽谈业务或回答有关咨询时，应根据公司已有的原则和规定予以答复，不准对外做与自身职务不相适应的承诺。

4.3.11　不准使用粗俗、污秽语言，禁止诽谤、侮辱以致损害他人，禁止酗酒、赌博、吵架。

4.3.12　工作时间不准擅离职守或妨碍他人工作。禁止聚集聊天、办私事、吃零食、大声喧哗。不准在办公室内抽烟、吃东西。

4.3.13　工作时间衣着合适得体，协调大方，不准穿破、脏衣服，女士不准穿短于膝盖上三寸的裙子。男士头发长不过耳，衣领、胡须保持干净，女士化装清淡相宜，不浓妆艳抹。鞋子保持干净，皮鞋常上油。

4.3.14　不论有无报酬，未征得公司同意，不准在外兼任第二职业。

4.3.15　公司所有报刊、杂志和书籍，仅限于职工在公余时间借阅，阅后放归原处，勿污损、丢失。上班时间不准看报纸、杂志和书籍。

4.3.16　保持工作环境整洁，不准随地吐痰，乱丢纸屑或其他杂物。

4.3.17　爱护公司财物，不准随意损坏、丢弃、浪费各种办公用品，努力降低损耗。

4.3.18　严格遵守公司一切规章制度。遵守职业道德，爱岗敬业，做好自律。

4.3.19　团结互助，互相学习，积极进取，不得拉帮结派，不酗酒、不赌博。

4.3.20　销售人员每月出勤不低于23天，否则按旷工处理，每月出勤天数少一天罚款20元，超过3天后扣除半个月工资，超过一周扣除一个月工资。

4.3.21　销售部人员出差期间，每逢5日、10日用当地固定电话向公司汇报，每月出差前、后到公司登记，以便考核工资。

4.3.22　业务员每月出差回公司后，必须按时上班，每天早8:30签到，如有事请假要办理请假手续，经主管审批后方可离开公司。

4.3.23　业务员出差期间，不得关机，否则每一次关机罚款10元。

4.3.24　出差期间应合理安排工作时间，要有工作计划，出差日记要详细，每月要按时交回公司，交回公司的奖励10元，未交的罚款20元。

4.3.25　正确处理客户异议，注意工作方式，树立个人形象，打造产品品牌。

4.3.26　不得私自截留公款，一经查出移交公安机关处理。

4.3.27　每月30日回公司报到，参加每月例会，不得无故缺席，否则每次罚款100元（特殊情况除外）。

4.3.28　每月出差回公司后，应积极核对账目，以免长时间不对账，发生账目混乱现象。

××公司标准文件		××有限公司	文件编号××-××-××	
版本	第×/×版	销售日常行为管理制度	页 次	第×页

4.4 营销用语规定

4.4.1 自我介绍和打招呼。与客户会面时，应主动向客户问好打招呼，然后作自我介绍。

（1）问好时，态度要真诚，面带微笑，动作要规范，声音要适中，努力给对方留下良好的第一印象。

（2）对其他人也要点头致意。

（3）作自我介绍时应双手递上名片。

（4）随身携带物品，在征求对方后，再放置。

（5）打招呼时，不妨问寒问暖。

（6）若对方负责人不在，应与其上级或下级洽谈，千万不能随便离去。

（7）若对方很忙，要等对方忙完后再洽谈。若自己能帮上忙，应尽力趋前帮忙，边干边谈，与对方尽快亲近，是打开局面的良策。

（8）注意察言观色，相机行事，千万不能妨碍对方工作。

（9）准确地称呼对方职务，过高过低都会引起对方不快。

4.4.2 话题由闲聊开始到推销过程，是一个相互交流、相互信任的过程，所以不能开门见山，一见面就让对方拿出订单。通过闲聊，了解对方，也让对方了解自己，是寻找洽谈契机的不可省略的过程。

（1）闲聊的话题是多种多样的，但原则有一个——使对方感兴趣，如天气、人文地理、趣闻轶事、体育、社会时尚、企业界动态等。

（2）注意不能一个人滔滔不绝，耐心地听对方高谈阔论，更能取得好感。

（3）见好就收，一旦发现对方对某一话题不感兴趣，应立刻谈其他话题。

（4）切勿忘掉与客户闲谈的本意是为了切入正题，因而应将话题向企业管理、信息化建设、网络技术等方面引导。

（5）在闲聊中注意了解对方的故乡、母校、家庭、个人经历、价值观念、兴趣爱好、业务专长等。

（6）在交谈过程中，注意了解客户经营情况、未来发展计划、已取得的成就和面临的困难。

（7）在交谈过程中，善于征求对方对市场走势、畅销产品、经营对策、产品价格、需求动向的意见。不论对方意见如何，都要虚心听取，不能反驳。

（8）在交谈过程中，始终要给予对方优越感。

（9）在交谈过程中，应不断地向对方提供与其业务相关的实用信息。

4.4.3 业务洽谈的技巧。在闲聊过程中，由双方共同感兴趣的话题直接转入业务洽谈，往往是顺理成章的。一旦时机成熟，推销员就可以与对方直接洽谈业务。

（1）洽谈过程中，不能强硬推销，首先讲明本企业产品的优势、企业的信誉和良好的交易条件。

（2）洽谈过程中，根据对方的决定行事，尊重对方。

（3）适时地给客户演示我们的产品，辅助推销。

（4）不能因小失大，以哀求的口吻要求对方订货。

（5）注意战略战术，进退适宜，攻防结合，勿追穷寇。

（6）在洽谈商品价格时，一方面申明本企业无利可图（举成本、利润等数字），一方面列举其他企业产品价格高不可攀。

（7）在涉及其他企业及产品时，注意不能使用攻击性语言，不能出口伤人。

（8）更多地列举实例，说明某企业使用我们的产品取得了多大的经济效益。

4.4.4 推销受阻应急技巧。推销受阻是经常遇到的，对推销员讲，最重要的是乐观地对待失败，有坚定的取胜信心。而且，推销受阻并不意味着失败，所以不必垂头丧气，更不能自寻台阶，顺势而下。这时须保持冷静的头脑，化被动为主动，冲破障碍，方能柳暗花明，绝处逢生。

（1）当对方拒绝购买我们产品时，首先应问清原因，以对症下药。

（2）若对方提出资金周转困难时，应强调我们产品对企业的好处（列举具体数字说明）。

（3）若对方回答负责人不在，应问明负责人什么时间回来、是否可以等候，或什么时间可再来联系，也可请对方提出大致意向。

（4）若对方提出现在很忙，无暇洽谈时，要判断这是对方有意推辞，还是确实没时间。不论为何，都要对在百忙之中打扰对方，提出歉意，并提出与对方仅谈5分钟（可视情况递减）。注意洽谈一定要按约定时间结束。

（5）若对方嫌价格太高时，应首先申明我们公司奉行低价优质政策，然后举实例，与同类产品比较，强调一分钱一分货的道理，强调我们优质的售后服务系统。

续表

××公司标准文件		××有限公司 销售日常行为管理制度	文件编号××-××-××	
版本	第×/×版		页 次	第×页

（6）若对方提出购买其他公司产品时，首先要问清原因，然后以数字进行比较，说明我们产品的优越性。

（7）若对方犹豫不决时，应集中力量，打消其顾虑。

（8）若对方对自己的推销工作提出讥讽时，如"你的嘴可真厉害"、"你可真难对付"之类，推销员首先应向对方表示歉意，讲明为了工作，属不得已而为之，全无恶意，旨在与对方建立良好的业务关系，基于对对方的充分信任等。

（9）若对方提出已经购买其他公司产品时，应转问是否需要我们公司的其他产品，举例说明我们产品的优势，说明对方产品功能上的弱点。

（10）若对方提出退货，应首先问明退货的理由。如果理由成立，应引导客户购买我们公司其他产品，或者功能修改（需要指明与公司商量）。

（11）若对方偏好其他企业产品，则应用具体数字说明我们产品绝不逊于其他产品，且有其他产品不可替代的特性。

（12）若对方对本企业抱有成见，或以往发生过不愉快的事，或对推销员本人抱有偏见时，首先要向对方赔礼道歉，然后问明缘由，做出解释。最后，诚恳地希望对方对本企业和本人工作提出建设性意见，并利用这一时机，进一步与客户洽谈业务。

（13）若对方提出我们公司实施不及时，销售员应首先表示歉意，然后讲明事出有因，最后保证改进工作，决不再发生类似问题。

（14）如果对方默不作声，有问无答时，应直接明了地提出自己的看法——这样不利于双方交流，如对本人有什么看法，请明示，然后可采取以下对策。

——反复讲明。

——寻找新话题。

——询问对方最关心的问题。

——提供信息。

——称赞对方稳健。

——采用激将法，迫使对方开口。

4.4.5 销售要善始善终，当洽谈结束，并不意味着大功告成。销售员应从未来着眼，为下一次上门推销打下基础。

（1）向对方在繁忙中予以接待表示谢意。

（2）表明以后双方加强合作的意向。

（3）询问对方下一次洽谈的具体时间。自己可以提出几个时间，让对方选择。

（4）询问对方是否有个人私事，需要自己帮忙。

（5）向对方及其他在场人员致谢、辞行。

4.5 拜访客户的要点

4.5.1 销售经理对客户进行访问，不同于销售员上门推销，但意义与后者同样重要。通过对客户的访问，可以完成以下事项。

（1）了解市场动态，听取客户反映，收集市场信息。

（2）开拓新市场，争取到更多的新客户。

（3）把握客户的信用状况。

（4）为调整促销重点、促销方法、交易方法提供依据。

4.5.2 拜访客户的主要目的。

（1）与客户打招呼、问候、联络感情。

（2）实地考察客户是否有进一步扩大产品功能和客户端数量的余地。

（3）直接向客户说明本企业产品的特性、优点及价格偏高的原因（如：① 高水平的研发人才；② 高投入的产品研发过程；③ 与其他企业产品的性能价格比等）。

（4）向客户提出增加功能模块和客户端的要求。

（5）希望客户与公司建立长期稳固的合作联系。

（6）在时机成熟时，向客户提出按期支付货款要求。

（7）与客户交流经营管理经验，互为参考。

（8）把客户访问作为开拓新市场的一种手段。

续表

××公司标准文件		××有限公司 销售日常行为管理制度	文件编号××-××-××	
版本	第×/×版		页次	第×页

4.5.3 应正确确定拜访的人及拜访顺序。
（1）客户若是小公司，拜访人员级别与顺序如下。
——店长（或经理，或主任）。
——采购负责人。
——销售负责人。
（2）客户是大公司，拜访人员级别与顺序如下。
——网络管理员（重点访问对象）。
——首席信息官（CIO）。
——总经理（礼节性拜访）。
4.5.4 会面时礼节性问候。与被访者会面时，不论是否已经相识，都要致以礼貌性问候。言词应恳切、热情，主要话题如下。
（1）祝贺高升。
（2）问候身体情况。
（3）祝贺事业发达。
（4）贸然打扰之歉意。
4.5.5 进入正题时话题要点。
（1）对选择我们的产品表示谢意，对给予我们销售员的照顾表示感谢。
（2）向对方请教我们的产品在哪些方面具有优势、在哪些方面做的不足、原因何在。
（3）请对方介绍其经营情况。
（4）与对方的交谈过程中，有意识地进行客户调查。
（5）听取对方陈述对我们公司和产品意见或建议，共商解决办法。
（6）听取客户对产品的希望，对我们产品的销售方法、售后服务等忠告。
（7）在适宜场合，介绍我们的新产品。访问结束时，应逐一与被访者辞行、致谢。辞行顺序是先高后低（即职务或级别高低）。
4.6 销售员业务技巧要点
4.6.1 销售员的素质要求。特殊的工作性质，要求销售员不断提高自身素质，陶冶情操，加强修养。
（1）注意个人身体，有健康的体魄，以胜任繁重的工作。
（2）工作要有计划性、条理性、适应性。
（3）要有坚忍不拔的精神、克服困难的决心、不达目的决不罢休的信念。
（4）在业务上要有进取心，虚心好学，不耻下问，不仅有宽阔的知识面，而且对我们的产品要做到精通。
（5）有高超的语言技巧、公关能力和灵敏的反应能力。
（6）面对客户，不管出于怎样的目的，都应以诚待人，以信为本，以义行事，取得客户的信赖，保持责任感，保持良好的人格与节操。
（7）具有较强的统计分析能力，时刻注意搜集信息，判断信息，抓住机会，迎接挑战。
4.6.2 勤务要求规范。
（1）遵守作息时间，不迟到、不早退，休息时间不得擅自外出。
（2）外出联系业务时，要按规定手续提出申请，讲明外出单位、外出目的、外出时间及联系方法。
（3）外出时没有他人监督，必须严格要求自己，自觉遵守企业的规章制度。
（4）外出时，不能公私兼顾、公款私用。
（5）外出使用公司物品时，必须说明使用目的和使用理由，并办理借用或使用手续。
（6）公司与客户达成的意向或协议，销售员无权擅自更改，特殊情况下，必须征得有关部门的同意。
（7）在处理合同、收付款时，必须恪守法律和业务上的各项规定，避免出现失误。
（8）外出时，应节约交通、通信和住宿费用。销售员外出时，应及时向上级汇报业务进展情况，听取上级指示，遇到特殊情况时，不能自作主张。外出归来后，要将业务情况详细向上级报告并录入客户管理系统。
4.6.3 非外出时间的工作。
（1）日常业务。销售员因没有外出业务而在公司时，主要负责客户资料的搜集、整理、准备；货款的核算；与客户相关的报价、方案制作等工作。另外还包括下次出差的准备、退货的处理等业务。

续表

××公司标准文件		××有限公司 销售日常行为管理制度	文件编号××-××-××	
版本	第×/×版		页　次	第×页
（2）销售员将外出时所见所闻，包括市场状况、客户需求趋势与要求、竞争对手的营销动态、价格变动动态、新产品开发情况等及时向相关负责人反映。 （3）工作安排。出差前应对下一段工作做出计划，具体如下。 ——对上段工作的总结与回顾。 ——上级对下阶段工作的指示。 ——下一阶段具体的业务对象、工作重点与对策。 （4）出差前的准备应包括如下内容。 ——产品宣传资料的准备。 ——客户地址和乘车路线。 ——各种票据、报价、方案的准备。 ——电脑演示系统的检查。 ——差旅费准备。				
拟订		审核	审批	

制度6：销售员业绩考核方案

××公司标准文件		××有限公司 销售员业绩考核方案	文件编号××-××-××	
版本	第×/×版		页　次	第×页
1　总则 　　1.1　为鼓励销售人员工作热情，提高工作绩效，积极拓展市场，促进公司业务的发展与推进，维护公司的正常发展，特制订本方案。 　　1.2　本方案采用定性与定量相结合的方法，用公平、公正、合理的方式来评估考核公司销售人员，以提倡竞争、激励先进、鞭策落后。 **2　营销人员的薪资** 　　公司销售员的薪资构成主要是底薪+业务提成+绩效奖金。 　　底薪是维持销售员基本生活保障和开展业务工作所必需的支出。底薪由公司和销售员协商确定并实施。 **3　业绩考核办法** 　　本业绩考核办法分为月度考核、季度考核和年度考核三项。 　　3.1　月度考核（附月考核表）。 　　3.1.1　月度业务指标的制订。 　　（1）销售员每个月都应该制订自己的业务计划，根据公司下达的本月营销目标，设定本月的业务量。公司根据销售员设定的业务量，结合公司本月的营销目标确定本月度每个销售员的基本业务指标。 　　（2）基本业务指标是每个销售员必须完成的业务量，是销售员获得基本底薪的必要条件。业务员只要完成基本业务指标量的80%以上，就可以获得基本底薪。未达到基本业务指标量80%，只能获得80%的底薪。 　　3.1.2　销售员完成当月基本指标量提成额度为：完成公司指标按3%，超出指标50%按3.5%，超出指标80%以上的按4%。未完成基本业务指标量的80%的，当月没有提成。 　　3.1.3　基本业务指标量是指：开发新客户的数量及公司下达的销售金额。 　　3.1.4　考核将业绩分与个人行为表现分挂钩，业绩分满分为80分，64分为合格，表现分满分为20分，12分为合格。若业绩分达标而表现分低于12分，则最终考核结果为不合格。 　　3.1.5　一些不确定的变数公司将另行考虑。 　　（1）销售员本月有已经达成意向的客户，但尚未正式确定的。 　　（2）销售员本月花费相当大的精力完成了一个重量级客户，没有精力开发其他新客户的。 　　（3）销售员本月有其他突发情况不能完成任务的。 　　针对以上情况，公司不以单月的成绩来评定销售员的业务水平。 　　3.2　季度考核（附季度考核表）。				

××公司标准文件		××有限公司 销售员业绩考核方案	文件编号××-××-××	
版本	第×/×版		页次	第×页

3.2.1 季度考核的目的。季度考核是在月度考核的基础上,针对业务工作的特点而设立的。由于销售工作很多时候不能明确的按月计算,为了公平公正起见,也为了更好的激励销售人员,充分发挥销售员的能力,所以季度考核就有了存在必要。3个月也是对销售员的基本考核期限。

3.2.2 季度考核办法。季度考核主要是将季度内3个月份的基本指标加权,再综合每个销售员该季度内每月业绩和总的业绩,确定营销人员的考核成绩。

3.2.3 季度考核等级及奖惩。
(1) 季度内3个月都完成基本指标的,评定为合格。
(2) 季度内3个月有1个月未完成,但总体完成的,评定为合格并补发所扣基本工资。
(3) 季度内3个月有2个月未完成,但总数完成的,评定为合格并补发所扣基本工资。
(4) 季度内3个月都完成基本指标,并有1～2个月超额完成的,评定为良好。
(5) 季度内3个月都未完成的,评定为不合格。
(6) 季度内3个月都超额完成的,评定为优秀。
(7) 公司对不合格销售员,将予以相应处罚或解聘。对良好和优秀等级业务员根据超额实际金额酌情予以奖励。奖励办法如下。
——良好等级的销售员,奖励_____。
——优秀等级的销售员,奖励_____。
——根据具体的业务完成量,确定获得"季度销售明星"荣誉的人选。

3.3 年终考核（附年度考核表）。

3.3.1 年终考核是总结一个年度营销工作开展的重要工作。年终考核主要是在季度考核的基础上,综合本年度四个季度的考核情况,结合销售人员的其他表现,对销售人员的工作作出一个综合评分,以此作为年终提成和奖励的主要依据。

3.3.2 年终考核的等级划分。
(1) 每个季度都评定为合格的,年终评定为合格。
(2) 一年内有1个季度为良好或者优秀,其余为合格的,年终评定为合格。
(3) 一年内有2个季度为良好或者优秀,其余为合格的,年终评定为良好。
(4) 一年内有2～3个季度为优秀,其余为良好的,年终评定为优秀。
(5) 一年内有3个季度为良好,其余为合格的,年终评定为良好。
(6) 一年内4个季度都评定为良好的,年终评定为优秀。
(7) 一年内4个季度都评定为优秀的,年终评定为"年度销售明星"。
(8) 一年内4个季度都评定为"季度销售明星"的,年终评定为"年度销售明星"。
按照一年的综合表现,确定等级。

3.3.3 年终考核的奖励措施。
(1) 对评定为年度良好的销售员给予晋升为高级销售专员。
(2) 对评定为年度优秀的销售员给予晋升为市场销售主任。
(3) 年度销售明星除获得晋升市场销售主任外,还可以得到总经理年度奖励一次并颁发荣誉证书。
(4) 年终奖金与年终考核等级挂钩,等级高奖励就越高。
(5) 对获得晋升的销售人员申请调薪一次,幅度视其综合表现而定。

4 营销工作开展的费用补贴

销售员开展业务工作,必然会产生一些必要的费用,这些费用由公司承担。公司按相关标准以实报实销的方式给予报销。根据公司的实际情况,结合销售工作开展的需要,参照同行的相关标准,制订业务工作开展的补贴标准。

5 试用期营销人员的薪资

营销人员的试用期一般为3个月,试用期营销人员的底薪为面谈,试用期内没有提成。在试用期内完成公司指定的任务的,转为正式员工。试用期表现优异的,可以提前转正,并给予一定奖励。

6 其他与考核相关的事项

6.1 销售员工作失误的判定和措施。销售员在工作中由于自身的原因导致的业务流失、泄露商业秘密、公司形象受损、公司蒙受损失等情况,一方面要采取果断措施挽回损失,一方面要追究责任。判定损失的要素主要有以下4方面。
(1) 营销人员自身原因还是公司原因。

××公司标准文件		××有限公司 销售员业绩考核方案	文件编号××-××-××	
版本	第×/×版		页 次	第×页

(2) 业务流失量。
(3) 损失程度。
(4) 不良的社会影响和业内影响程度。

从以上4个方面来判定责任。一旦造成损失，公司应综合该销售员的工作业绩和损失情况作出处理意见，并允许销售员有补救的机会，出现失误及时补救，尽快总结，避免再次出现同样的问题。若因销售员自身原因造成公司重大损失或触犯法律的，公司将保留采取进一步措施的权利。

6.2 销售员作息考勤管理及其他。销售员应严格遵守公司的各项规章制度，也是年终考核的依据之一。

6.2.1 营销人员休息时间的规定。根据国家法律法规和公司的实际情况，公司营销人员每周可以休息一天，一般定在周日，如有特殊情况可予以调整。

6.2.2 出勤管理（附考勤表）。每天在早上8:00以前到公司报到，下午18:00为正常下班时间。下班之前需回公司报道并提交有关报表，若因开展业务需要或出差需滞留，须当日以打电话方式说明情况并在回公司后补交报表。对于没有来公司报到且没有说明者，将予以警告或相应处罚。

6.2.3 请假管理（附请假单）。销售人员生病或有事需请假，需提前向公司说明，并填写请假单经部门批准后报总经理批复，或者事后补办请假手续。如不说明的，按旷工处理，旷工超过3天/月，公司将予以解聘。

6.2.4 销售会议制度。每天一次晨会，每天八点到公司报到后即由部门负责人组织召开，简单交流上一天的工作情况和当天的工作计划安排。

每月一次工作总结会，总结当月工作，核定业务的完成情况，制订下月计划。

针对一些重要业务项目，可召开业务专题会，探讨攻坚战术。

6.2.5 销售人员工作计划及总结制度。每位销售员都应真实记录自己每天的工作情况，每月做一次工作总结报告，并提出下月工作计划，以正式文本形式交部门负责人。公司对销售人员的工作总结和计划作出批复。

6.2.6 客户信息汇总制度。营销人员在公司工作期间开发的客户都属于公司的信息资源，每一个营销人员应将开发的客户资料制成客户资料表，以客户信息报表形式交公司备案。

拟订		审核		审批	

制度7：营销例会管理制度

××公司标准文件		××有限公司 营销例会管理制度	文件编号××-××-××	
版本	第×/×版		页 次	第×页

1 目的
为规范营销团队例会流程，树立营销团队员工良好的精神风貌和工作作风，做到例会的激励化、高效化、可执行化，特制订本制度。

2 适用范围
本制度适用于公司营销团队。

3 职责
3.1 由营销团队负责人负责本制度的实施执行。
3.2 各成员协助执行。

4 晨会内容及要求
4.1 时间地点。
4.1.1 晨会要求营销全体人员参加，如有特殊情况不能例行参加，须经部门主管批准。
4.1.2 晨会要求营销全体人员按时在公司内进行，要求30秒内集合完毕。
4.1.3 晨会时间必须控制在30分钟以内（特殊情况除外）。
4.2 主持安排。
4.2.1 晨会由营销团队负责人进行统一安排并进行宣布。营销团队负责人每周于部门进行公布营销全体员工《晨会主持安排表》。

××公司标准文件		××有限公司 营销例会管理制度	文件编号××-××-××	
版本	第×/×版		页 次	第×页

4.2.2 晨会由营销全体员工轮流主持。
4.3 值日主持工作要求。
4.3.1 值日主持必须严格按照晨会流程进行主持，不得随意增减内容。具体流程参见附件《晨会流程》。
4.3.2 值日主持须负责当天团队成员的环境卫生、着装及工作总结计划检查，对出现的问题应及时提出，并进行解决。
4.4 值日主持评分。
4.4.1 晨会结束后由团队成员进行当天值日主持的评分。由第二天值日主持统计分数后交至纪律委员。
4.4.2 每月纪律委员将值日主持得分进行收集、统计，并进行评选公布。
4.5 赞助款收取。值日主持负责晨会监督、检查及收取赞助款，并于第二天晨会上交至部门主管统一管理。具体内容参见附件《赞助条例》。
4.6 赞助管理办法。除特别注明外，情节严重者，处于规定赞助金额2～5倍的赞助。

5 夕会内容及要求
5.1 时间地点。
5.1.1 夕会要求营销部门全体人员参加。如有特殊情况不能例行参加，须经部门主管批准。
5.1.2 夕会要求营销部门全体人员按时参加，要求30秒内集合完毕。
5.1.3 夕会时间必须控制在30分钟以内（特殊情况除外）。
5.2 夕会工作要求。
5.2.1 夕会由部门负责人进行统一安排。
5.2.2 夕会记录由各部门人员轮流负责记录，记录人员每天将会议记录上报部门负责人，部门负责人以电子邮件的形式转发抄送营销总监、总经理。
5.2.3 部门负责人必须严格按照夕会流程进行，不得随意增减内容。具体流程参见附件《夕会流程》。
5.2.4 部门成员应在夕会上提交工作日志，部门负责人负责监督检查。
5.3 赞助款收取。纪律委员负责夕会监督、检查及现场收取赞助款，并于第二天晨会上交至部门负责人统一管理。具体内容参见附件《赞助条例》。
5.4 赞助管理办法。除特别注明外，情节严重者，处于规定赞助金额2～5倍的赞助。

附件一：晨会流程

晨会流程

一、早会问候
（1）时间：8:30。
（2）目的：唤起大家的精神。
（3）内容：主持人大声问候："大家早上好！"伙伴们："好。"（1分钟气氛带动，内容为问候、激励的话语）
二、工作计划安排
（1）时间：8:32。
（2）目的：检查审核每个成员工作，使每个成员明确部门的整体工作计划及个人的工作安排。每人准备记事本，工作总结、计划以手写形式提交。
（3）内容：成员分享，部门负责人总结。
三、宣布前天值日成绩
（1）时间：8:45。
（2）目的：监督激励的作用。
四、检查仪容仪表及个人工位卫生
（1）时间：8:48。
（2）内容：若有不规范者，值日主持负责收取赞助。
五、部门相关事宜通报
时间：8:50。
六、激励口号
（1）时间：8:52。
（2）目的：齐呼激励口号，激扬斗志开始一天的工作。
（3）内容：今天的心情——好极了；今天的沟通——棒极了；今天的目标——实现了；永不言退，我们是最好的团队。
七、团队风采展现
（1）时间：8:55。
（2）内容：各小组风采展示（队名、口号、对歌）。

续表

××公司标准文件		××有限公司 营销例会管理制度	文件编号××-××-××	
版本	第×/×版		页次	第×页

附件二：夕会流程

夕会流程
一、夕会问候 （1）时间：16:30。 （2）内容：下午好！——好！工作好！——好！心情好！——好！业绩好！——好！ 二、团队成员工作总结 （1）时间：16:32。 （2）内容：部门员工分别总结当日工作完成情况（每人2分钟发言时间）。 三、经验分享 （1）时间：16:42。 （2）内容：部门员工分别分享当日工作心得及经验（每人2分钟发言时间）。 四、部门经理工作总结 （1）时间：16:52。 （2）内容：部门经理检查部门员工当天工作日志完成质量，部门经理重点工作安排。 五、部门激励 （1）时间：16:55。 （2）内容：部门经理2分钟的激励话语，提出对部门成员的建议及对成员工作表现的认可。 六、结束语 （1）时间：17:00。 （2）内容：小组风采展示。

拟订		审核		审批	

制度8：销售拜访作业计划查核细则

××公司标准文件		××有限公司 销售拜访作业计划查核细则	文件编号××-××-××	
版本	第×/×版		页次	第×页

1 总则
1.1 制订目的
（1）本细则依据公司《销售人员管理办法》的规定制订。
（2）促使本公司销售人员确实执行拜访作业计划，达成销售目标。
1.2 适用范围
本公司销售人员拜访作业计划的核查，依本细则管理。
2 查核规定
2.1 计划程序
2.1.1 销售计划。销售人员每年应依据公司《年度销售计划表》，拟订个人的《年度销售计划表》，并填制《月销售计划表》，呈主管核定后，按计划执行。
2.1.2 作业计划。
（1）销售人员依据《月销售计划表》，每月填制《拜访计划表》。
（2）销售人员应于每月底前，将次月计划拜访的客户及其预定停留时数，填制于《拜访计划表》的"客户"及"计划"栏内，呈主管审核。
（3）经主管审核后，销售人员应依据计划实施，主管则应确实督导查核。
2.2 查核要项
2.2.1 销售人员。
（1）销售人员应依据《拜访计划表》所订的内容，按时前往拜访客户，并根据拜访结果填制《客户拜访报告表》。

续表

××公司标准文件		××有限公司 销售拜访作业计划查核细则	文件编号××-××-××	
版本	第×/×版		页次	第×页

（2）如因工作因素而变更拜访行程，除应向主管报备外，并须将实际变更的内容及停留时数记录于《拜访计划表》内。
  2.2.2 部门主管。
（1）审核《销售拜访报告表》时，应与《拜访计划表》对照，了解销售人员是否依计划执行。
（2）每周应依据销售人员的《拜访计划表》与《销售拜访报告表》，以抽查方式用电话向客户查询，确认销售人员是否依计划执行，或不定期亲自拜访客户，以查明销售人员是否依计划执行。
 2.3 注意事项
（1）销售部主管应使销售人员确实了解填制《拜访计划表》并按表执行的目的，以使销售工作推展更顺畅。
（2）销售部主管查核销售人员的拜访计划作业实施时，应注意技巧，尤其是向客户查询时，须避免造成以后销售人员工作的困扰与尴尬。
（3）拜访计划作业实施的查核结果，应作为销售人员年度考核的重要参考。

拟订		审核		审批	

制度9：销售工作日报表审核制度

××公司标准文件		××有限公司 销售工作日报表审核制度	文件编号××-××-××	
版本	第×/×版		页次	第×页

1 总则
 1.1 制订目的
为加强本公司销售管理，使销售人员的销售能力得以充分发挥，以提升销售绩效，特制订本制度。
 1.2 适用范围
凡本公司销售人员工作日报表的审核，均依照本办法管理。
2 工作日报作业规定
 2.1 日报作业流程
  2.1.1 销售人员。
（1）每日应将当日拜访的工作内容，详细填入《销售工作日报表》，并呈部门主管。
（2）前一日的《销售工作日报表》，应于次日工作日10时前（外出作业前）交出，不得延误。
  2.1.2 部门主管。查核销售人员所呈的《销售工作日报表》后，转呈部门经理批示。
  2.1.3 部门经理。将各销售主管转呈的《销售工作日报表》批示后，交内务汇总，转呈企划部。
  2.1.4 企划部。将各销售部送交的《销售工作日报表》核计，并加以分析，作为制订修正销售计划的依据。
 2.2 审核要领
  2.2.1 销售主管。
（1）应依据《拜访作业计划查核细则》的规定，确认销售人员是否按照拜访计划执行。
（2）将销售人员所呈的《销售工作日报表》与客户订单及缴款明细表等核对，以确认日报表的正确性。
（3）对销售人员所提出的问题及处置对策，应予以初步的核示。
  2.2.2 销售部经理。
（1）综合审查各销售单位所呈的《销售工作日报表》。
（2）出现异常情况，应立即加以处理。
  2.2.3 企划部门。
（1）核对并统计《销售工作日报表》的各项内容。
（2）依据《销售工作日报表》与《拜访计划表》，计算各销售人员成功率与变动率。
（3）将统计资料呈核，并拟订对策供销售部门参考。

拟订		审核		审批	

制度10：销售人员士气调查管理办法

××公司标准文件		××有限公司 销售人员士气调查管理办法	文件编号××-××-××	
版本	第×/×版		页　次	第×页

1　总则
　1.1　制订目的。为激励本公司销售人员工作士气，以提升销售绩效，达成销售目标，特制订本办法。
　1.2　适用范围。凡本公司销售人员，均应依照本办法的规定接受士气调查。
2　士气调查规定
　2.1　调查主旨。
　（1）销售绩效成果，除了本公司的组织运作外，最重要的在于销售人员的工作士气。
　（2）达成公司所设定的销售目标，销售人员的工作士气高昂。
　（3）在销售主管指导下，一致合作，愉快而积极地完成职责的一种集体工作热情。
　（4）本公司的销售人员士气调查，亦即销售工作情绪调查，其用意在于了解销售人员中有多少人热诚服务于工作目标，并探讨销售组织运作上的问题点，作为相关单位改进的指标。
　2.2　调查重点。销售人员士气调查重点如下。
　（1）对本公司是否具有向心力。
　（2）组织运作是否合理且有效率。
　（3）对主管的领导统御方式是否具有信心。
　（4）同事间相处是否和谐。
　（5）销售人员精神上的建设是否健全。
　2.3　调查时间。本公司每年一月及七月，定期调查一次。
　2.4　调查方式。
　（1）本公司销售人员士气调查应以无记名方式进行。
　（2）以各销售单位为调查单位。
　2.5　调查程序。
　（1）总经理室应排定各销售单位接受调查的预定时间，并事前行文通知。
　（2）总经理室于预定时间派员至各销售单位，集合全体销售人员，分发《士气调查问卷》，请大家填写。
　（3）接受调查人员应翔实填写《士气调查表》，以提供有效资讯作为公司制订政策的参考。
　（4）总经理室应于调查完后一周内，将《士气调查表》统计分析并作成报告，报告应包括解决对策，对策内容应包括下列各项。
　——提出具体而明确的改善方针。
　——销售人员适应性调整组合建议。
　——对产生的问题点提出分析与检讨。
　——提出如何增进组织运作与检讨。
　——报告应呈总经理审核，副本转销售部各有关主管参考。必要时应召开会议，以商讨解决问题的方案和对策。
3　士气调查问卷
　3.1　总经理室应将每次的销售人员士气调查作成《士气调查问卷》，《士气调查问卷》应针对本办法的调查重点编制。
　3.2　问卷内容。总经理室编制《士气调查问卷》，除了应考虑本办法的调查重点外，原则上仍应考虑下列各项调查内容。
　（1）公司的方针或指示，是否都能彻底实施？
　（2）你对自己目前的工作是否感到满意？
　（3）是否有因为指挥工作的人过多，而感到无所适从的情形？
　（4）职务或工作上的分配有没有偏颇现象，或感到不满？
　（5）直属上司在工作上的指导是否适当？
　（6）在工作上，是否需要学习更多的知识或技术？
　（7）对于每天的工作，是否觉得倦累？
　（8）休息时间是否能够充分利用？
　（9）现有的设施，若运用得法，是否还能进一步提高效率？
　（10）你认为薪资、奖金的决定公平吗？

续表

××公司标准文件		××有限公司 销售人员士气调查管理办法	文件编号××-××-××	
版本	第×/×版		页 次	第×页

（11）你觉得你的薪资计算方法是否太过琐碎？
（12）你觉得工作环境中，哪个地方最不方便？
（13）你工作的四周，有没有危险有害的地方？
（14）你知道你的薪资计算明细吗？
（15）你认为改善什么地方最能提高工作效率？
（16）你认为公司的干部是否十分了解员工的心情或思想？
（17）你认为公司的气氛很好吗？
（18）你是否打算一直在这家公司工作？
（19）你为工作上的事情常与上司商量吗？
（20）你曾为私人的事情常与上司商量吗？
（21）你是否希望常常有与公司干部聚集谈话的机会？

拟订		审核		审批	

第三节 销售团队管理常用表单

表格1：销售人员应聘登记表

销售人员应聘登记表见表8-2。

表8-2 销售人员应聘登记表

姓名		性别		籍贯		身高		
出生日期		文化程度		婚姻状况		血型		
家庭地址								照片
身份证号码		联系电话	私人		联系人			
			家庭固定		联系人			
应聘岗位			其他选择					
期望待遇			可上班日期			实际报到		
就职履历								
起止时间		工作单位		最高职务		月实际总工资		离职原因
教育及培训								
教育	时间		学校			专业		结果
培训	时间		培训课			地点		结果

续表

家庭主要成员				
家庭成员姓名	称谓	工作单位	职位	联系电话
个人核心能力表现	①	②	③	
最近任职公司上级姓名：	职务：	联系电话：	人力资源部电话：	
本人保证以上所填资料真实完整，否则自愿承担一切后果　　　签名：				
城市经理评定				
大区经理评定				
销售部门评定				
人力资源部核定				

表格2：营销人员培训计划表

营销人员培训计划表见表8-3。

表8-3　营销人员培训计划表

培训编号：　　　　　　　　　　　　　　　　培训部门：

培训名称			培训时间		自　　　至			
培训课程时数及负责人								
课程	培训时间	负责人	起止时间	课程	培训时间	负责人	起止时间	
参加人员共　人，名单如下								
职务	姓名	职务	姓名	职务	姓名	职务	姓名	
费用预算： 每人分摊费用：								

批准：　　　　　　　　　　审核：　　　　　　　　　　拟订：

表格3：营销人员培训记录表

营销人员培训记录表见表8-4。

表8-4 营销人员培训记录表

部门： 日期：

姓名	1			2			3			费用合计
	培训名称	期间	费用	培训名称	期间	费用	培训名称	期间	费用	

表格4：营销人员培训报告书

营销人员培训报告书见表8-5。

表8-5 营销人员培训报告书

培训名称及编号			参加人员姓名	
培训时间			培训地点	
培训方式			使用资料	
教师姓名			主办单位	
培训后的检讨	培训人员意见	受训心得（值得应用于本公司的建议）：		
		下次派员参加本培训课程的建议事项：		
	主办单位意见			

总经理： 营销主管： 主办单位：

表格5：营销人员培训实施表

营销人员培训实施表见表8-6。

表8-6 营销人员培训实施表

课程	项目	班次	人数	时间	费用	备注
1. 2. 3.	预定					
	实际					
1. 2. 3.	预定					
	实际					
1. 2. 3.	预定					
	实际					
1. 2. 3.	预定					
	实际					

表格6：营销人员培训考核表

营销人员培训考核表见表8-7。

表8-7 营销人员培训考核表

项目	内容和标准	评分	初核	复审
判断力	常识专精，判断正确	15		
	当机立断，思考周详	12		
	分析精实，见解正确	9		
	犹豫不决，见解平庸	6		
	循规蹈矩，毫无见解	3～0		
企划力	学识丰富，艺多创新	20		
	稍具学识，常有创新	16		
	经验平庸，偶有创新	12		
	见解正确，尚能创新	8		
	常识欠缺，不能创新	4～0		
实施力	自动自发，贯彻始终	25		
	坚守岗位，力行不懈	20		
	忠于职守，尚能务实	15		
	因循拖延，行而不力	10		
	态度冷漠，徒尚空言	5～0		
效率	交给任务，提前完成	15		
	交给任务，按照完成	12		
	交给任务，略有延误	9		
	交给任务，逾期完成	9		
	交给任务，无法完成	3～0		
勤勉	积极进取，认真勤奋	15		
	自动自发，任劳任怨	12		
	照章行事，尚尽职分	9		
	工作懒散，草率行事	6		
	迟到早退，懒惰成性	3～0		
责任感	处事积极，主动负责	10		
	处事稳健，主动负责	8		
	尚尽职守，时须督促	6		
	处理松散，遇事被动	4		
	推脱责任，敷衍了事	2～0		
考核总分：		考核等级：优（ ） 良（ ） 中（ ） 合格（ ） 差（ ）		

表格7：请假申请单

请假申请单见表8-8。

表8-8　请假申请单

姓名		部　门	
请假原因	□事假　　□病假		
请假时间	由＿＿＿年＿＿＿月＿＿＿日＿＿＿午＿＿＿时＿＿＿分 到＿＿＿年＿＿＿月＿＿＿日＿＿＿时＿＿＿分 共计：＿＿＿天＿＿＿小时		
部门批准	行政人事确认		总经理签字
注：请假在3天以内由部门批准后送交行政人事确认生效，3天以上（含3天）部门批准后送交行政人事确认再送交总经理签字批准方可。			

表格8：未参加例会罚款单

未参加例会罚款单见表8-9。

表8-9　未参加例会罚款单

```
＿＿＿＿：
　　您好！在＿＿＿年＿＿＿月＿＿＿日的工作中，您因＿＿＿＿＿＿＿＿＿＿＿，违反了例会
管理制度，特处予＿＿＿元的罚款。
希望您得到成长！
                                                          ××有限公司
                                                          赞助收取人：
                                                    ＿＿＿年＿＿＿月＿＿＿日
```

表格9：晨会主持安排表

晨会主持安排表见表8-10。

表8-10　晨会主持安排表

月份：

值班日期	姓名	部门	岗位	备注

表格10：值日主任帮助成长统计表

值日主任帮助成长统计表见表8-11。

表8-11　值日主任帮助成长统计表

日期	姓名	部门	岗位	事由	赞助数额

表格11：营销会议记录单

营销会议记录单见表8-12。

表8-12　营销会议记录单

（会议名称）	
时间	
地点	
出席人	
缺席人	
主持人	
记录人	
会议发言记录：	
主持人（签名）：　　　　　　记录人（签名）：	
备注：	

表格12：营销人员工作日志

营销人员工作日志见表8-13。

表8-13　营销人员工作日志

年　月　日

姓名		部门		岗位	
时间	工作内容			备注	
上午					
下午					
明日工作计划					

表格13：客户拜访计划

客户拜访计划见表8-14。

表8-14　客户拜访计划

年　月　日

NO.	客户名称	客户类型	拜访目的	预计时间	联系人	备注

批准：　　　　　　　　　审核：　　　　　　　　　填表：

表格14：客户拜访报告

客户拜访报告见表8-15。

表8-15 客户拜访报告

客户名称		客户类型	
拜访目的		拜访时间	
接洽人		联系方式	
客户拜访记录			
问题点及改善对策			
后续行动			

主管：　　　　　　　　　　　　　　　　　　　　　　　　　　拜访人：

表格15：拜访日报表

拜访日报表见表8-16。

表8-16 拜访日报表

日期：_____
制表：_____

项次	访问客户	访问时间				访问目的						结果			下次计划行动
		到达		离开		收款	订货	开发	服务	介绍	其他	收款	订货	其他	
		时	分	时	分										

总结	今日访问家数　今日销收总额_____ 本月累计访问家数　本月销收总额_____ 明日计划访问家数　预定收款额_____	市场信息	
工作检讨及建议		竞争者信息	
		批示	

企划部：　　　　　销售部经理：　　　　　销售部主管：　　　　　制表人：

表格16：部门销售管理月报

部门销售管理月报见表8-17。

表8-17　部门销售管理月报

客户编号	客户名称	销售额	销售折扣	收款金额			收款余额	债权余额	毛利	毛利率	回收率	计划达成率	
				现金	票据	扣除						销售	毛利

表格17：产品营销分析表

产品营销分析表见表8-18。

表8-18　产品营销分析表

	品质类别	说明		厂牌	价格	等级	品质	外观	服务	信誉	备注
产品分析	功能		竞争状况分析								
	品质等级										
	外观										
	耐久性										
	故障率										
	使用难易										
价格	产品名称 成本项目		市场动态	顾客评价 顾客转换状况							
	原材料成本										
	辅助材料成本										
	人工成本										
	制造费用										
	制造成本		评定								
	期间费用										
	总成本										
	获利率										

表格18：个人月份销售实绩统计表

个人月份销售实绩统计表见表8-19。

表8-19　个人月份销售实绩统计表

姓名	销售额	销货退回	销货退让	销货报损	销货净额	成本	毛利	个人费用				部门分摊	净利益	收款记录			绩效
								津贴	旅费	其他	合计			应收	实收	未收	

表格19：部门销售业绩分析报告

部门销售业绩分析报告见表8-20。

表8-20　部门销售业绩分析报告

月度　季度　年度

人员状况	部门	一部	二部	三部	营业大厅	零售
销售员	人数					
	教育					
	技能					
客户	数量					
	水平					
	潜在客户					
促销活动	商品企划					
	广告					
	促销					
	技术服务					
销售管理	销售事务					
	交货运送					
	回收管理					
供货厂商						
综合评价						

表格20：销售部目标完成情况分析表

销售部目标完成情况分析表见表8-21。

表8-21　销售部目标完成情况分析表

目标项目	必达	挑战	实际完成	年累计	完成率	年累计完成率	备注
销量							
回款							
终端							
毛利润							

表格21：销售目标管理分类分析表

销售目标管理分类分析表见表8-22。

表8-22 销售目标管理分类分析表

1. 销量——产品分析

销量——产品分析

制表：

产品类别	型号	数量	年累计	占总销量比率	与上月比率
合计					
合计					

备注：简要分析说明产品类型变化，备下月计划产品。

2. 销量——采购类型

销量——采购类型

制表：计划员

采购类型	型号	数量	年累计	占年销比例
监控车				
现款				
未销监控				
外采				

3. 销量——按销售人员分

销量——按销售人员分

制表人：

姓名	任务量	销售量	达成目标比例	完成年度比例
×××				
年累计				

4.回款率分类表

回款率分类表

制表人：

	成本金额	销售额	回款额	应收款
金额				
年累计				
完成占月目标率				
完成占年目标率				

5.已回款明细

已回款明细

制表：　　　　　　　日期：

销售人员	型号	开票日期	入库日期	在途时间	出库时间	库存时间	回款时间	回款天数	周期天数

6.应收款明细

应收款明细

责任人	型号	开票日期	入库日期	在途时间	出库时间	库存时间	回款时间	回款天数	周期天数

表格22：销售终端分析表

销售终端分析表见表8-23。

表8-23　销售终端分析表

1.销售流向表——二类网点

销售流向表——二类网点

制表：计划员

	××县	××县	××县	××县	××县	××县	其他	终端
数　量								
年累计								
占本月销量比例								
占年度销量比例								
年累计								

终端情况分析：

2.终端——区域分析

终端——区域分析

制表:

产品类别	型号	区域						
		××县	××县	××县	××县	××县	××县	××县
年累计								

3.毛利润——按车型类别

毛利润——按车型类别

制表人:

产品类别	型号	数量	成本	销售价格	毛利/台	毛利率
合计						
合计						
合计						
总计						

4.毛利润——按销售人员

毛利润——按销售人员

制表人:

姓名	产品型号	销售价格	成本	毛利	毛利率
×××					
月累计					
年累计					
×××					
月累计					
年累计					

毛利率简要分析与建议:

学习总结

通过本章的学习，我对销售团队管理有了以下几点新的认识：

1. _____

2. _____

3. _____

4. _____

5. _____

我认为根据本公司的实际情况，应制订以下制度和表格：

1. _____

2. _____

3. _____

4. _____

5. _____

我认为本章的内容不够全面，还需补充以下方法、制度和表格：

1. _____

2. _____

3. _____

4. _____

5. _____

第九章 销售业务过程控制工具

引 言

企业的销售业务并不是简单的交易过程，而是分步骤的交易行为：从收到对方的订单，洽谈交易事宜，到货物的交接，再到货款的支付，甚至还有退货和折让的发生。这些业务都需要加以控制。

本章学习指引

| 目标 | 了解销售业务过程控制的要点，并能够运用所提供的范本，根据本企业的实际情况制订相应的管理制度、表格 |

学习内容

管理要点	·销售业务的流程 ·销售业务各环节的主要风险防范 ·销售和收款业务风险控制制度
管理制度	·销售计划管理规定 ·销售与收款内部控制制度 ·销售退货内部控制制度 ·销售过程控制程序 ·客户调查制度 ·客户拜访管理制度 ·销售合同管理细则 ·销售合同执行跟踪管理规定 ……
管理表格	·年度销售计划表 ·市场年度销售计划表 ·月工作计划及执行结果说明 ·周销售计划及执行结果说明 ·日拜访记录表 ·跟单总控表 ·丢单报告 ·____月份丢单汇总分析报告 ·法人委托书申请书 ·法人委托书发放记录 ·销售合同专用章申请书 ·销售合同专用章发放记录 ……

第一节 销售业务过程控制要点

要点1：销售业务的流程

企业强化销售业务管理，应当对现行销售业务流程进行全面梳理，查找管理漏洞，及时采取切实措施加以改正。与此同时，还应当注重健全相关管理制度，明确以风险为导向的、符合成本效益原则的销售管控措施，实现与生产、资产、资金等方面管理的衔接，落实责任制，有效防范和化解经营风险。

如图9-1所示，综合不同类型企业形成的销售业务流程图，具有普适性。企业在实际操作中，应当充分结合自身业务特点和管理要求，构建和优化销售业务流程。

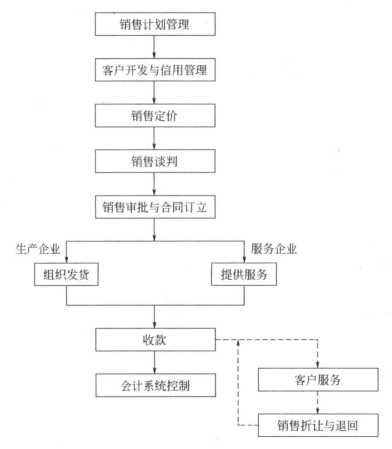

图9-1 销售业务流程图

要点2：销售业务各环节的主要风险防范

企业销售业务流程，主要包括销售计划管理、客户开发与信用管理、销售定价、订立销售合同、发货、收款、客户服务和会计系统控制等环节。

（一）销售计划管理

销售计划是指在进行销售预测的基础上，结合企业生产能力，设定总体目标额及不同产品的销售目标额，进而设定具体营销方案和实施计划，以支持未来一定期间内销售额的实现，其主要风险与管控措施如图9-2所示。

主要风险：销售计划缺乏或不合理，或未经授权审批，导致产品结构和生产安排不合理，难以实现企业生产经营的良性循环

主要管控措施：
(1) 企业应当根据发展战略和年度生产经营计划，结合企业实际情况，制订年度销售计划，在此基础上，结合客户订单情况，制订月度销售计划，并按规定的权限和程序审批后下达执行
(2) 定期对各产品（商品）的区域销售额、进销差价、销售计划与实际销售情况等进行分析，结合生产现状，及时调整销售计划，调整后的销售计划需履行相应的审批程序

图9-2　销售计划管理的主要风险与管控措施

（二）客户开发与信用管理

企业应当积极开拓市场份额，加强现有客户维护，开发潜在目标客户，对有销售意向的客户进行资信评估，根据企业自身风险接受程度确定具体的信用等级，其主要风险与管控措施如图9-3所示。

主要风险：
(1) 现有客户管理不足、潜在市场需求开发不够，可能导致客户丢失或市场拓展不利
(2) 客户档案不健全，缺乏合理的资信评估，可能导致客户选择不当，销售款项不能收回或遭受欺诈，从而影响企业的资金流转和正常经营

主要管控措施：
(1) 企业应当在进行充分市场调查的基础上，合理细分市场并确定目标市场，根据不同目标群体的具体需求，确定定价机制和信用方式，灵活运用销售折扣、销售折让、信用销售、代销和广告宣传等多种策略和营销方式，促进销售目标实现，不断提高市场占有率
(2) 建立和不断更新维护客户信用动态档案，由与销售部门相对独立的信用管理部门对客户付款情况进行持续跟踪和监控，提出划分、调整客户信用等级的方案，根据客户信用等级和企业信用政策，拟订客户赊销限额和时限，经销售、财会等部门具有相关权限的人员审批，对于境外客户和新开发客户，应当建立严格的信用保证制度

图9-3　客户开发与信用管理的主要风险与管控措施

（三）销售定价

销售定价是指商品价格的确定、调整及相应审批，其主要风险与管控措施如图9-4所示。

（四）订立销售合同

企业与客户订立销售合同，明确双方权利和义务，以此作为开展销售活动的基本依据，其主要风险与管控措施如图9-5所示。

主要风险
(1) 定价或调价不符合价格政策，未能结合市场供需状况、盈利测算等进行适时调整，造成价格过高或过低，销售受损
(2) 商品销售价格未经恰当审批，或存在舞弊，可能导致损害企业经济利益或者企业形象

主要管控措施
(1) 应根据有关价格政策，综合考虑企业财务目标、营销目标、产品成本、市场状况及竞争对手情况等多方面因素，确定产品基准定价，定期评价产品基准价格的合理性，定价或调价需经具有相应权限人员的审核批准
(2) 在执行基准定价的基础上，针对某些商品可以授予销售部门一定限度的价格浮动权，销售部门可结合产品市场特点，将价格浮动权向下实行逐级递减分配，同时明确权限执行人，价格浮动权限执行人必须严格遵守规定的价格浮动范围，不得擅自突破
(3) 销售折扣、销售折让等政策的制订应有具有相应权限人员的审核批准，销售折扣、销售折让授予的实际金额、数量、原因及对象应予以记录，并归档备查

图9-4 销售定价的风险与管控措施

主要风险
(1) 合同内容存在重大疏漏和欺诈，未经授权对外订立销售合同，可能导致企业合法权益受到侵害
(2) 销售价格、收款期限等违背企业销售政策，可能导致企业经济利益受损

主要管控措施
(1) 订立销售合同前，企业应当指定专门人员与客户进行业务洽谈、磋商或谈判，关注客户信用状况，明确销售定价、结算方式、权利与义务条款等相关内容，重大的销售业务谈判还应当吸收财会、法律等专业人员参加，并形成完整的书面记录
(2) 企业应当建立健全销售合同订立及审批管理制度，明确必须签订合同的范围，规范合同的订立程序，确定具体的审核、审批程序和所涉及的部门人员及相应权责，审核、审批应当重点关注销售合同草案中提出的销售价格、信用政策、发货及收款方式等，重要的销售合同，应当征询法律专业人员的意见
(3) 销售合同草案经审批同意后，企业应授权有关人员与客户签订正式销售合同

图9-5 订立销售合同的风险与管控措施

（五）发货

发货是根据销售合同的约定向客户提供商品的环节，其主要风险与管控措施如图9-6所示。

主要风险
未经授权发货或发货不符合合同约定，可能导致货物损失或客户与企业的销售争议、销售款项不能收回

主要管控措施
(1) 销售部门应当按照经审核后的销售合同开具相关的销售通知交仓储部门和财会部门
(2) 仓储部门应当落实出库、计量、运输等环节的岗位责任，对销售通知进行审核，严格按照所列的发货品种和规格、发货数量、发货时间、发货方式、接货地点等组织发货，形成相应的发货单据，并应连续编号
(3) 应当以运输合同或条款等形式明确运输方式、商品短缺、毁损或变质的责任，以及到货验收方式、运输费用承担、保险等内容，货物交接环节应做好装卸和检验工作，确保货物的安全发运，由客户验收确认
(4) 应当做好发货各环节的记录，填制相应的凭证，设置销售台账，实现全过程的销售登记制度

图9-6 发货的风险与管控措施

（六）收款

收款指企业经授权发货后与客户结算的环节。按照发货时是否收到货款，可分为现销和赊销，其主要风险与管控措施如图9-7所示。

主要风险：企业信用管理不到位，结算方式选择不当，票据管理不善，账款回收不力，导致销售款项不能收回或遭受欺诈；收款过程中存在舞弊，使企业经济利益受损

主要管控措施：
(1) 结合公司销售政策，选择恰当的结算方式，加快款项回收，提高资金的使用效率；对于商业票据，结合销售政策和信用政策，明确应收票据的受理范围和管理措施
(2) 建立票据管理制度，特别是加强商业汇票的管理
——对票据的取得、贴现、背书、保管等活动予以明确规定
——严格审查票据的真实性和合法性，防止票据欺诈
——由专人保管应收票据，对即将到期的应收票据，及时办理托收，定期核对盘点
——票据贴现、背书应经恰当审批
(3) 加强赊销管理
——需要赊销的商品，应由信用管理部门按照客户信用等级审核，并经具有相应权限的人员审批
——赊销商品一般应取得客户的书面确认，必要时，要求客户办理资产抵押、担保等收款保证手续
——应完善应收款项管理制度，落实责任、严格考核、实行奖惩，销售部门负责应收款项的催收，催收记录（包括往来函电）应妥善保存
(4) 加强代销业务款项的管理，及时与代销商结算款项
(5) 收取的现金、银行本票、汇票等应及时缴存银行并登记入账，防止由销售人员直接收取款项，如必须由销售人员收取的，应由财会部门加强监控

图9-7 收款的主要风险与管控措施

（七）客户服务

客户服务是在企业与客户之间建立信息沟通机制，对客户提出的问题，企业应予以及时解答或反馈、处理，不断改进商品质量和服务水平，以提升客户满意度和忠诚度。客户服务包括产品维修、销售退回、维护升级等，其主要风险与管控措施如图9-8所示。

主要风险：客户服务水平低，消费者满意度不足，影响公司品牌形象，造成客户流失

主要管控措施：
(1) 结合竞争对手客户服务水平，建立和完善客户服务制度，包括客户服务内容、标准、方式等
(2) 设专人或部门进行客户服务和跟踪，有条件的企业可以按产品线或地理区域建立客户服务中心，加强售前、售中和售后技术服务，实行客户服务人员的薪酬与客户满意度挂钩
(3) 建立产品质量管理制度，加强销售、生产、研发、质量检验等相关部门之间的沟通协调
(4) 做好客户回访工作，定期或不定期开展客户满意度调查；建立客户投诉制度，记录所有的客户投诉，并分析产生原因及解决措施
(5) 加强销售退回控制，销售退回需经具有相应权限的人员审批后方可执行，销售退回的商品应当参照物资采购入库管理

图9-8 客户服务的主要风险与管控措施

（八）会计系统控制

会计系统控制是指利用记账、核对、岗位职责落实和相互分离、档案管理、工作交接程序等会计控制方法，确保企业会计信息真实、准确、完整。会计系统控制包括销售收入的确认、应收款项的管理、坏账准备的计提和冲销、销售退回的处理等内容，其主要风险与管控措施如图9-9所示。

主要风险	缺乏有效的销售业务会计系统控制，可能导致企业账实不符、账证不符、账账不符或者账表不符，影响销售收入、销售成本、应收款项等会计核算的真实性和可靠性
主要管控措施	(1) 企业应当加强对销售、发货、收款业务的会计系统控制，详细记录销售客户、销售合同、销售通知、发运凭证、商业票据、款项收回等情况，确保会计记录、销售记录与仓储记录核对一致，具体为：财会部门开具发票时，应当依据相关单据（计量单、出库单、货款结算单、销售通知单等）并经相关岗位审核；销售发票应遵循有关发票管理规定，严禁开具虚假发票；财会部门对销售报表等原始凭证审核销售价格、数量等，并根据国家统一的会计准则制度确认销售收入，登记入账；财会部门与相关部门月末应核对当月销售数量，保证各部门销售数量的一致性 (2) 建立应收账款清收核查制度，销售部门应定期与客户对账，并取得书面对账凭证，财会部门负责办理资金结算并监督款项回收 (3) 及时收集应收账款相关凭证资料并妥善保管，及时要求客户提供担保，对未按时还款的客户，采取申请支付令、申请诉前保全和起诉等方式及时清收欠款，对收回的非货币性资产应经评估和恰当审批 (4) 企业对于可能成为坏账的应收账款，应当按照国家统一的会计准则规定计提坏账准备，并按照权限范围和审批程序进行审批；对确定发生的各项坏账，应当查明原因，明确责任，并在履行规定的审批程序后作出会计处理；企业核销的坏账应当进行备查登记，做到账销案存；已核销的坏账又收回时应当及时入账，防止形成账外资金

图9-9 会计系统控制的主要风险与管控措施

要点3：销售和收款业务风险控制制度

（一）建立客户信用评估和控制机制

在签订销售合同以及办理销售发货的业务环节中，一个非常重要的控制环节就是客户信用评估。过去由于企业对客户信用评估不重视，为了占领市场盲目扩大客户源，为日后销售收款埋下了巨大的隐患。一些销售业务人员更是利用企业信用管理的漏洞，冒险向不该发货的"特殊客户"大量发货，导致企业出现巨额的坏账损失，这就是业务人员舞弊活动的后果。为此，规模到了一定程度的成熟企业纷纷建立了独立于销售部门的信用管理部，并制订客户信用评估控制程序，内容如图9-10所示。

信用评估部门须了解客户信息，建立客户档案，对客户资料实行动态管理，及时更新，为评定客户的信用等级提供依据，依此确定采用不同的销售方式。

（二）建立客户访问和应收账款对账制度

作为控制和预防销售舞弊风险的重要政策，企业可以制订内控和内审人员对客户进行访问的制度。企业高层领导可定期或不定期访问客户，内控人员也应当对被审计单位的客户进

内容一	当销售业务人员和客户谈判签订销售合同前，必须事先经过信用管理部门的调查和风险评估
内容二	销售部门提出的赊销额度，事先也必须获得信用管理部门的审核并经过主管副总或总经理的批准
内容三	当销售业务人员向物流部提出发货申请前，必须经过信用管理部的核查，确保发货额度控制在已经批准的赊销限额之内
内容四	信用管理部门有权根据客户的资信情况和过去的付款情况拒绝或批准销售发货申请

图9-10 客户信用评估控制程序的内容

行随机抽查访问，可以直接了解客户对被审计企业销售业务人员的看法，以及对公司客户服务水平的反馈意见。企业的财务部应收账款主管人员以及信用部人员也应当对客户定期进行对账，达到对本企业销售业务人员遵守企业规定起到监督作用。

（三）制订严格的销售收款政策

保证销售货款安全、及时足额返回企业是一项重要工作。财务部是应收账款和收款业务的主体，企业应制订严格的销售收款政策，内容如图9-11所示。

内容一	企业应当明确规定禁止销售业务人员收取现金货款，同时尽可能要求客户直接向公司指定账户汇款支付销售货款
内容二	对于一些临时需要支付现金或承兑汇票的客户，则应当制订程序要求客户或销售业务人员提前向公司财务部主管和其销售主管报告具体的付款时间、付款数额、付款方式以及携带转账的安全措施，以预防相关业务人员内外勾结实施贪污、挪用、截留等舞弊行为
内容三	企业内控人员、财务主管以及销售业务主管应当定期对销售回款进行监督检查，抽查核对与客户的往来账务，预防舞弊行为的发生

图9-11 严格的销售收款政策的内容

（四）建立应收账款分析、催收和预警制度

企业要建立应收账款账龄分析制度和逾期应收账款催收制度。

销售部门负责应收账款的催收，财务部门有权督促销售部门加紧催收。应收账款超过2年会失去诉讼时效，企业应按季度分析账龄，建立风险预警程序，向货款清收部门预警接近诉讼时效的应收账款，以及时采取财产保全、法律诉讼等措施，对催收无效的逾期应收账款通过法律程序予以解决，最低程度降低应收账款形成坏账的风险。

（五）建立确认制度与销售台账

1.建立确认制度

要求销售人员做到，及时取得客户的收货确认函和收到发票确认函，销售部门负责专门整理和保存，避免对方恶意拖欠或货物丢失，造成公司损失。

2.设置销售台账

台账应及时反映各种商品销售的开单、发货、收款情况。销售台账应当附有客户订单、销售合同、客户签收回执等相关购货单据,如果客户恶意拖欠,产生了法律纠纷,这些资料和单据将是企业以后维权的有力证据。

(六)控制销售渠道

有些企业放弃对销售业务人员的控制,只要完成预定的销售目标和费用指标后,销售人员干什么企业也不管。这种做法弊端显而易见,销售人员容易和客户或竞争对手勾结,做出损害公司利益的事情。

有些企业或者干脆将销售业务包括售后维修服务都委托第三方贸易公司和专业维修公司去做,大多数家电行业即是例子。这样做的好处是充分利用第三方的专业营销能力和维修技术力量,便于集中精力做好产品质量和提高生产效率,但是其缺陷也非常明显,这些第三方将控制企业的整个销售渠道和商业秘密。

(七)建立舞弊案件举报制度

为了预防各种舞弊行为产生,企业也会建立特别的舞弊案件举报处理规定。企业的内部审计、内部控制、纪检监察等有关部门设立了一个舞弊案件举报中心,设置公开的电子邮箱,接受来自企业员工或外部相关单位及人员的举报,这里包括来自客户甚至竞争对手的举报。

(八)严格执行退货和三包政策

产品销售后的三包政策也是销售—收款循环中的一个分支环节。执行三包政策的关键是要对退货商品进行严格的鉴定,原则上只有质量部门才能对客户退货进行质量鉴定,见到质量部门的鉴定报告后,属于退赔范围的,销售部门才能执行退赔,要预防销售业务人员利用三包政策从事舞弊活动。

(九)销售人员自律声明

销售业务人员作为敏感岗位职工应当签署员工自律声明。此外,企业还应当制订销售人员保证书,该保证书主要针对销售人员特别设计,这里包括:承诺遵守公司内控管理政策;遵守和客户、销售代理商和经销商的交往原则;遵守信息发布规矩;填写销售人员工作日志等。

销售人员特别要对违反申明承诺后的公司处罚事先做出接受承诺,以保证企业发现销售人员违反职业道德后能够及时做出有效的处罚。销售人员保证书对销售—收款业务中的各业务环节都具有预防舞弊风险的作用。

第二节 销售业务管理制度

制度1:销售计划管理规定

××公司标准文件		××有限公司 销售计划管理规定	文件编号××-××-××	
版本	第×/×版		页次	第×页
1 目的 通过建立本公司全年、季度及月度的销售目标计划、回款目标计划、市场目标计划以及相应的费用预算计划,以保证所对应各产品的销售数量的供给和各月份销售中心对资金的需求额度,协助供应链保证产品交付能力,同时为公司整体的经营决策提供有效的数据支持。				

续表

××公司标准文件		××有限公司 销售计划管理规定	文件编号××-××-××	
版本	第×/×版		页　次	第×页

2　范围
全年销售计划适用于总公司，其余子计划适用对象为销售中心。

3　销售计划内容及提交规定

　3.1　公司年度销售计划

　　依照公司现有产品及在研产品的情况，结合公司市场经销渠道、人力资源、资金实力及产能等实际情况，同时参考国家政治、经济、社会等诸多因素，由管理中心及销售中心牵头，参考过去年度本公司和竞争对手的销售实绩，结合三大中心提供各自的基础数据拟订出全年的经营销售计划（销售目标、回款目标、市场目标、费用预算计划）。

　　计划完成时间：每年的12月31日前提交下一年度的全年销售计划。责任部门：管理中心、销售中心。协助部门：研发中心、运营中心。责任人：总经理、销售总监。

　3.2　销售中心年度及季度销售计划

　　以公司全年的经营计划为基础，分部门按产品分解年度计划，制订出综合销售部、渠道销售部及行业销售部的年度销售计划，内容为年度销售目标、回款目标、市场目标及费用预算计划。

　　计划完成时间：每年的12月31日至次年的1月15日，提交下一年度的全年销售计划，季度计划在每季度末的最后一周提交。责任部门：综合销售部、渠道销售部、行业销售部及服务部，其中服务部只提交费用计划和服务收费计划。责任人：主要责任人为销售总监，协助责任人为综合销售部、渠道销售部、行业销售部及服务部经理。

　3.3　销售中心月度计划

　　每月的月度销售计划要以年度及季度计划为基础，同时接合各部门在各区域实际需求、竞争状况、在谈项目等具体情况以及我司产品在各地区的使用运行情况制订出切合实际同时又具备一定挑战性的月度计划目标。

　　计划完成时间：每月底最后一周内，提交下一个月销售计划，内容为月度销售目标、回款目标、市场目标、月度费用预算、在谈项目表。责任部门：综合销售部、渠道销售部、行业销售部及服务部，其中服务部只提交费用计划和服务收费计划。责任人：主要责任人为综合销售部、渠道销售部、行业销售部及服务部经理。协助责任人：各区域经理。

4　销售计划输出管理

　4.1　年度销售计划

　　年度销售计划须经总公司批复同意，其中的销售目标计划分产品及数量汇总之后由销售中心销售助理提交给运营中心物控部计划员，销售目标、回款目标及费用预算计划提交给财务部主管，销售目标、回款目标、费用预算计划及市场目标下达至各部门经理。输出时间：总公司批复同意之后一周内。

　4.2　季度销售计划

　　季度销售计划要结合上季度实际完成情况，经四大中心共同商讨确认并经总经理批复同意后，由销售中心销售助理提交给运营中心物控部及管理中心财务部，内容同年度计划。销售目标、回款目标、费用预算计划及市场目标下达至各部门经理，同时将分解后的销售计划下达到各个办事处的区域经理。时间：总经理批复同意之后一周内。

　4.3　月度销售计划

　　月度销售计划是对季度销售计划的细分，由销售中心总监结合季度销售计划、近月实际完成情况及与各部门经理及区域销售经理就所有在谈项目进行充分沟通之后确认。其中的销售中心月度费用预算由所有销售人员的月度费用预算及销售中心的其他营销费预算（广告宣传、展会、培训交流等费用）组成。所有计划的收集汇总工作由销售助理完成。

5　销售计划的提交及输出结果考核

　销售中心对销售计划的提交及输出结果实行月度考评季度考核制，根据月度考评结果输出季度考核结果。

　5.1　销售计划提交的考核

　　销售人员按照公司规定时间提交销售计划，包括月度销售计划、月度回款计划、6个月滚动备货计划、市场计划、费用计划等。销售中心记录每次计划反馈的及时性。

　5.2　销售计划输出结果的考核

　　5.2.1　月度销售计划考核。每月初销售中心输出各销售人员上月销售业绩，结合其当月销售计划，输出月度销售完成率。

续表

××公司标准文件		××有限公司 销售计划管理规定	文件编号××-××-××	
版本	第×/×版		页 次	第×页

5.2.2 月度回款计划考核。每月初销售中心输出各销售人员上月回款总额，结合其当月回款计划，输出月度回款率。

5.2.3 滚动备货计划考核。每月初销售中心输出各销售人员上月各机型实际销售数量，结合其当月备货计划，输出备货计划准确率。

5.2.4 市场目标计划考核。市场目标计划主要包括渠道拓展、举办展会等，以实际完成与计划的比率作为考核。

5.2.5 费用计划考核。每月初管理中心财务部协助提供销售中心销售人员月度实销费用，销售中心结合每个销售人员月度销售额、月度费用计划，输出费用计划准确性。

以上考核项目的输出结果由销售助理全面负责，各考核项目均纳入销售在中心季度考核KPI指标。

拟订		审核		审批	

制度2：销售与收款内部控制制度

××公司标准文件		××有限公司 销售与收款内部控制制度	文件编号××-××-××	
版本	第×/×版		页 次	第×页

1 总则

1.1 控制目标

（1）规范销售行为。

（2）防范销售过程中的差错和舞弊。

（3）降低坏账风险。

（4）降低销售费用，提高销售效率。

1.2 适用范围

本制度适用于公司及各控股子公司（房地产公司除外）。

2 岗位分工与授权批准

2.1 不相容岗位分离

（1）销售部门的销售业务与发货业务分离。

（2）销售业务、发货业务与会计业务分离。

（3）发运员与仓库保管员分离。

（4）销售政策和信用政策的制订人员与执行人员分离，信用管理岗位与销售收款岗位分设。

（5）销售业务人员与发票开具人员分离。

（6）公司不由同一部门或个人办理销售与收款业务的全过程。

2.2 业务归口办理

（1）销售业务部门主要负责处理订单、签订合同、执行销售政策和信用政策、催收货款。

（2）发货业务部门主要负责审核发货单据是否齐全并办理发货的具体事宜。

（3）财务部门主要负责销售款项的结算和记录、监督管理货款回收。

（4）销售收据和发票由财务部门指定专人负责开具。

（5）严禁未经授权的部门和人员经办销售业务。

2.3 岗位定期轮换

办理销售业务的人员定期进行岗位轮换。

2.4 授权批准

2.4.1 授权方式。

（1）销售业务除公司另有规定，需经股东大会或董事会批准的销售事项外，由公司总经理审批。

（2）公司总经理对各级人员的销售业务授权，每年初公司以文件的方式明确。

2.4.2 审批权限见下表。

续表

××公司标准文件		××有限公司 销售与收款内部控制制度	文件编号××-××-××	
版本	第×/×版		页次	第×页

审批权限

序号	项目	审批人	审批权限
1	销售政策、信用政策	总经理	（1）制订和修订 （2）以总经理办公会议形式审定 （3）以内部文件等形式下发执行
2	销售费用预算	董事会	按《预算管理实施办法》规定审批
3	销售价格表和折扣权限控制表	总经理或授权审批人	（1）制订和修订 （2）以经理办公会议形定审定 （3）以文件或其他方式下达执行人员执行
4	销售价格确定和销售合同签订	总经理授权审批	按公司授权审批
5	超过公司既定销售和信用政策规定范围的特殊事项	总经理	总经理办公会或其他方式集体决策

2.4.3 审批方式。
（1）销售政策和信用政策、销售价格目录和折扣权限控制表等政策性事项，由总经理召开总经理办公会议或授权总经理决定，并以文件或其他形式下达执行。
（2）销售业务的其他事项审批，在业务单或公司设定的审批单上签批。
2.4.4 批准和越权批准处理。
（1）审批人根据公司对销售业务授权批准制度的规定，在授权范围内进行审批，不得超越审批权限。
（2）经办人在职责范围内，按照审批人的批准意见办理销售业务。
（3）对于审批人超越授权范围审批的销售业务，经办人有权拒绝并应当拒绝，并及时向审批人的上一级授权部门报告。

3 销售和发货控制

3.1 政策控制
（1）公司对销售业务制订明确销售目标，列入年度预算，确立销售管理责任制。
（2）公司对销售进行定价控制，由公司制订产品销售价目表、折扣政策、付款政策等并督促执行人员严格执行。
（3）公司对客户进行信用控制，在选择客户时，由销售部门的信用管理人员对客户进行信用评价，充分了解和考虑客户的信誉、财务状况等情况，降低货款坏账风险。
3.2 客户信用管理和赊销控制
3.2.1 客户信用管理。
（1）销售部负责进行客户信用调查，填写"客户调查表"，建立客户信用档案。根据客户信用，确定客户信用额度、信用期限、折扣期限与现金折扣比率。
（2）销售部门确定的客户信用额度，必须经公司授权审批人批准后方可执行。
（3）对客户信用进行动态管理，每年至少对其复查一次，出现大的变动，要及时进行调整，调整结果经公司授权审批人批准。
（4）对于超过信用额度的发货，必须按公司授权进行审批。
3.2.2 赊销控制。
3.2.2.1 业务流程如下图所示。

×× 公司标准文件		×× 有限公司 销售与收款内部控制制度	文件编号 ××-××-××	
版本	第×/×版		页 次	第×页

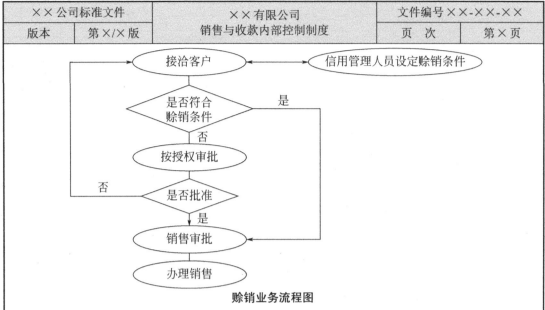

赊销业务流程图

3.2.2.2 控制要求。
（1）销售人员严格遵循规定的销售政策和信用政策。
（2）对符合赊销条件的客户，按公司授权，经审批人批准方可办理赊销业务。
（3）超过销售政策和信用政策规定的赊销业务，按公司权限集体决策审批。
3.3 销售和发货业务流程控制
3.3.1 销售和发货业务流程如下图所示。

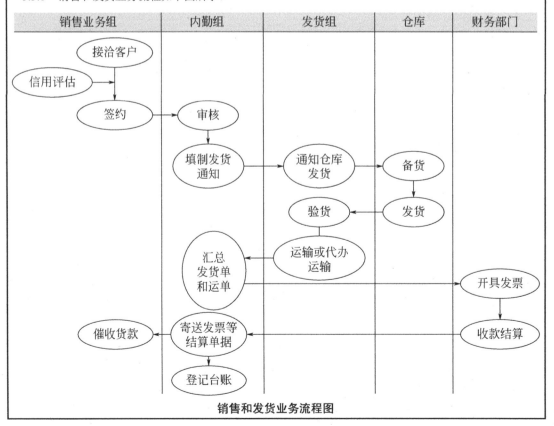

销售和发货业务流程图

续表

××公司标准文件		××有限公司 销售与收款内部控制制度	文件编号××-××-××	
版本	第×/×版		页 次	第×页

3.3.2 接单和签约控制。
3.3.2.1 接单和销售谈判。
(1) 销售业务员负责客户订货的管理,收到每一份购货订单必须在"购货订货登记簿"上登记。
(2) 在销售合同订立前,由公司业务员就销售价格、信用政策、发货及收款方式等具体事项与客户进行谈判。
(3) 重大合同的谈判,谈判人员至少有两人以上。
(4) 销售谈判的全过程应有完整的书面记录。
3.3.2.2 合同订立。
(1) 合同订立前,信用额度由信用管理人员经信用评估后确定。
(2) 超过信用额度的合同,必须按公司授权,事前进行审批,未经审批,合同不得签订。
(3) 合同签订按公司授权,由经授权的有关人员与客户签订销售合同,金额重大的销售合同的订立,应当征询法律顾问或专家的意见。
(4) 合同条款应符合《中华人民共和国合同法》。
3.3.2.3 合同审批。
(1) 销售部门内勤人员应当对合同进行审核,主要审核销售价格、信用政策、发货及收款方式等项目是否违反公司规定。
(2) 公司签订的销售合同按公司授权进行审批,合同未经审批程序,不得将合同交予客户。
3.3.3 发货控制。
3.3.3.1 发货期的确定。业务员在接受订货、签订合同时,根据产品库存情况和公司生产周期确定交货期限。
(1) 全部有库存的客户订货,按客户要求确定交货期。
(2) 库存不足的订货,根据产品生产周期和生产能力与客户协商确定交货期。
3.3.3.2 产品生产和开发。
(1) 库存不足的订单,由销售内勤人员与生产部门协调,发出生产任务单,由生产部门组织生产。
(2) 业务员在接到用户提出的新产品开发意向后,要向用户全面收集产品使用的条件及有关技术参数,由业务员填写"新产品开发建议书",经公司有关部门会签后交技术中心或事业部组织开发。
3.3.3.3 发货通知。
(1) 发货通知单由销售部内勤人员根据客户订单或合同填写。
(2) 发货通知单一式六联。
(3) 发货通知由发运组负责办理发货和运输事宜。
3.3.3.4 发货控制。
(1) 仓储部门根据"发货通知单"组织备货、发货,仓储部门发货后,按实填写实发数,并盖章注明"已发货"字样,以免重复发货。
(2) 由专人不定期对出库通知单与装箱进行核对检查。
3.3.3.5 发运控制。
(1) 发运组对发货通知单与发货实物进行核对相符。
(2) 发运组根据合同要求组织运输或代办运输。
(3) 发运组必须要求承运人在发货通知单上签名,并向承运人取得相关运输凭证,并及时交内勤人员送财务部门。
3.3.4 销售发票开具控制。
(1) 销货发票由财务部门指定的专人负责开具。
(2) 开票人员必须以客户的购货合同和业务员开出的发货通知单、运单为依据。
(3) 开票人员按税务部门的规定开具销售发票。
(4) 开具的发票必须是从主管税务部门购买或经主管税务部门批准印制的税务发票。
(5) 财务部定期对销售发票开具进行检查。
3.3.5 销售退回的控制。参见公司销售退货的相关规定。
4 销售货款收取控制
4.1 货款催收和办理
4.1.1 催收。
(1) 货款催收由销售部门办理,财务部门督促销售部门加紧催收,并协助办理。

续表

××公司标准文件		××有限公司	文件编号××-××-××	
版本	第×/×版	销售与收款内部控制制度	页次	第×页

（2）对催收无效的逾期应收账款，由销售部门会同财务部门申请，经财务总监审核，总经理批准，通过法律程序予以解决。

4.1.2 催收记录。

（1）销售部门在向客户催收货款时，应做好催收记录，并尽可能取得客户的签证。

（2）公司销售部门会同财务部门定期或不定期向客户发出催收函，并将发函凭证保存，作为催收记录的依据。

4.1.3 收款业务办理。

（1）公司财务部门应当按照《现金管理暂行条例》《支付结算办理》和《内部会计控制制度——货币资金》等规定，及时办理销售收款业务。

（2）财务部门应将销售收入及时入账，不得账外设账，不得擅自坐支现金。

销售人员除事先经财务部门授权外，应当避免接触销售现款。

4.2 应收货款管理

4.2.1 应收账款台账。

（1）公司销售部门内勤组、业务员按责任范围建立应收账款台账，及时登记每一客户应收账款余额的增减变动情况和信用额度使用情况。

（2）财务部门按客户进行应收账款核算，对长期往来客户的应收账款，按客户设立台账登记其余额的增减变动情况。

（3）销售部门内勤人员、业务员定期与财务部门核对应收账款余额和发生额，发现不符，及时查明原因，并进行处理。

（4）销售部门信用管理人员应对长期往来客户建立完善的客户资料，并对客户资料实行动态管理，及时更新。相关资料由内勤人员、业务员和财务部门提供。

4.2.2 与客户核对应收账款。

（1）销售部门业务员或内勤人员每半年与客户核对应收货款余额和发生额，发现不符，及时查明原因，向财务部门报告，并进行处理。

（2）财务部门每年至少一次向客户寄发对账函，对金额重大的客户，财务部门认为必要时或销售部门提出申请时派员与客户对账，发现不符，及时向上级报告，会同相关部门及时查明原因，并进行处理。

4.2.3 账龄分析和坏账处理。

（1）财务部门定期对应收账款龄进行分析，编制账龄分析表，对逾期账款进行提示，并建议相关部门采取加紧催收措施或其他解决措施。

（2）对可能成为坏账的应收账款，按《内部控制制度——坏账损失审批》的规定办理。

（3）公司财务部门对已核销的坏账，应当进行备查登记，做到账销案存，已注销的坏账又收回时，应当及时入账，防止形成账外款。

4.2.4 应收票据管理。

（1）公司应收票据的取得和贴现必须有保管票据以外的主管的书面批准。

（2）公司由出纳保管应收票据，对于即将到期的应收票据，应及时向付款人提示付款。已贴现票据应在备查簿中登记，以便日后追踪管理。

（3）对逾期未能实现的应收票据，经财务经理批准，转为应收账款，并通知相关责任人员及时催收。

5 销售记录控制

5.1 销售过程记录

公司在销售与发货各环节设置相关的记录，填制相应的凭证，对销售过程进行完整登记。

5.2 销售台账

（1）销售部门应设置销售台账，及时反映各种商品、劳务等销售的开单、发货、收款情况。

（2）销售台账应当记载有客户订单、销售合同、客户签收回执等相关购货单据资料。

（3）销售部门的销售台账定期与财务部门核对。

5.3 销售档案管理

销售部门应定期对销售合同、销售计划、销售通知单、发货凭证、运货凭证、销售发票、客户签收回执等文件和凭证进行相互核对，并整理存档。

6 监督检查

6.1 监督检查主体

6.1.1 公司监事会。依据公司章程对公司销售与收款管理进行检查监督。

续表

××公司标准文件		××有限公司 销售与收款内部控制制度	文件编号××-××-××	
版本	第×/×版		页 次	第×页

6.1.2 公司审计部门。依据公司授权和部门职能描述，对公司销售管理进行审计监督。
6.1.3 公司财务部门。依据公司授权，对公司销售管理进行财务监督。
6.1.4 上级对下级进行日常工作监督检查。
6.2　监督检查内容
（1）销售与收款业务相关岗位及人员的设置情况。重点检查是否存在销售与收款业务不相容职务混岗的现象。
（2）销售与收款业务授权批准制度的执行情况。重点检查授权批准手续是否健全，是否存在越权审批行为。
（3）销售的管理情况。重点检查信用政策、销售政策的执行是否符合规定。
（4）收款的管理情况。重点检查销售收入是否及时入账、应收账款的催收是否有效、坏账核销和应收票据的管理是否符合规定。
（5）销售退回的管理情况。重点检查销售退回手续是否齐全、退回货物是否及时入库。
6.3　监督检查结果处理
对监督检查过程中发现的销售与收款内部控制中的薄弱环节，公司有关责任部门和责任人应当采取措施，及时加以纠正和完善。

拟订		审核		审批	

制度3：销售退货内部控制制度

××公司标准文件		××有限公司 销售退货内部控制制度	文件编号××-××-××	
版本	第×/×版		页 次	第×页

1　总则
1.1　控制目标
（1）防止销售退货业务中的差错和舞弊。
（2）减少退货损失。
（3）规范销售退货业务行为。
1.2　适用范围
本制度适用于公司销售退货管理，控股子公司参照执行。
1.3　销售退货条件
公司售出的产品出现下列情况应该允许退货。
（1）由于产品本身缺陷，如质量问题、储运、损坏。
（2）产品品种、规格、型号与合同不符。
（3）经授权批准人批准的其他原因。
2　岗位分工和授权审批
2.1　不相容岗位分离
（1）退货的审批人与执行人分离。
（2）质量检验与审批人分离。
（3）负责退货的销售业务员与仓库保管员分离。
（4）退货业务与会计业务分离、退货人员与退款人员分离。
2.2　业务归口办理
（1）销售退货业务由销售部门办理。
（2）退货质量检验由质检人员办理。
（3）退款由财务部门办理。
2.3　授权批准
2.3.1　授权方式。销售退货业务由公司总经理授权审批人审批。
2.3.2　审批方式。审批人员根据质检报告，在退货审批表签批。
2.3.3　审批权限。年初公司以文件的方式明确。

续表

××公司标准文件		××有限公司	文件编号××-××-××	
版本	第×/×版	销售退货内部控制制度	页次	第×页

3 退货业务流程

3.1 国内客户退货

3.1.1 销售退货程序如下图所示。

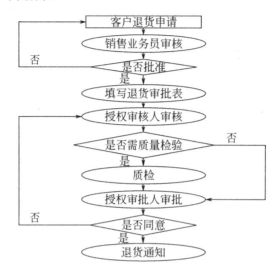

国内客户销售退货流程图

3.1.2 退货审批内控要求见下表。

退货审批内控要求

序号	业务	操作人	内控要求
1	客户退货申请（通知）	客户	(1) 有明确理由，附有质量不符或与合同不符的检验报告 (2) 一般通知经办业务员或销售业务组
2	退货申请审核	销售业务员	(1) 核实退货原因 (2) 填写退货申请并签署建议 (3) 提取退货样本或依据公司退货政策或合同，通知客户退货
		销售内勤	(1) 对退货申请和客户提供的退货资料进行审核，填写退货审批表，登记退货申请台账 (2) 属质量问题，通知质检人员质检
3	质检	质检员	(1) 及时对退货样本或从退货产品中抽样检验 (2) 出具检验报告 (3) 与相关部门分析，提出质量改善措施
4	审批	授权审批人	(1) 按授权范围审批 (2) 及时审批，审批后及时送交销售内勤
5	退货、换货通知	销售内勤	(1) 根据审批意见，及时通知销售业务员转告客户退货 (2) 对客户退货后返货（换货）的，通知发运组发货
		销售业务员	(1) 正式通知客户退货，并与客户商定退货补偿方式：退款或换货（注：销售合同已明确的除外，并且一般销售合同应有退货的处置条款） (2) 向客户取得相关退货凭证

续表

××公司标准文件		××有限公司 销售退货内部控制制度	文件编号××-××-××	
版本	第×/×版		页　次	第×页

3.1.3　退货、换货处理。
（1）公司对退货一般采用退货返货制即换货制（合同明确应退款的除外）。
（2）授权审批人审批后，方可执行退货业务。
（3）货物退回公司或公司指定地点后，须经质检人员检验和仓库人员清点后，办理入库手续。质检部门对客户退回的货物进行检验，并出具检验证明。仓库人员在清点货物、注明退回货物的品种和数量后，填制退货接收报告（收货单）。
（4）需要办理退款的退货，财务部门应对检验报告、退货接收报告以及退货方出具的退货凭证等进行审核后，方可以办理退款手续，支付退货款须经授权审批人审批。
3.2　国外退货
3.2.1　国外退货原则。
（1）属于质量原因的退货，采用就地报废。
（2）属于非质量原因退货采用就地销售原则。
3.2.2　国外退货程序。
3.2.2.1　一般工作流程见下表。

国外退货工作流程

客户	销售内勤	审批人	处置单位
退货通知 →	分析和审核 →	审批 →	退货处理

3.2.2.2　内控要求见下表。

国外退货内控要求

序号	业务	操作人	内控要求
1	客户退货申请（通知）	客户	（1）必须有经公司认可的质量检验机构的质量检验报告 （2）有不符双方约定质量标准的事实
2	审核	销售内勤	（1）对客户传送的退货资料进行审核和分析，必要时，将相关资料送交质量、技术部门分析 （2）填写客户退货审批表
3	审批	授权审批人	（1）按授权范围审批 （2）有明确的审批处理意见 （3）及时审批
4	退货处理	销售内勤	（1）通知客户退货，并报废处理 （2）取得退货报废处理证明
		客户	（1）按公司要求，送交处理单位报废处理 （2）取得报废处理的相关资料

拟订		审核		审批	

制度4：销售过程控制程序

××公司标准文件		××有限公司 销售过程控制程序	文件编号××-××-××	
版本	第×/×版		页次	第×页

1 目的

确定和实施与顾客的沟通，充分了解和评审顾客对产品的要求，确保满足顾客的需求，并不断增进顾客的满意度。

2 范围

适用于本公司与顾客的沟通，确定顾客对产品的要求，并对所有销售合同的评审。

3 术语

3.1 特殊合同：指符合以下一条或多条的合同，新产品开发合同均属特殊合同。
（1）全新产品开发。
（2）超生产能力。
（3）超技术要求。
（4）有收汇风险。
（5）利润低于常规。

3.2 常规合同：除特列合同以外的合同，老产品订单均属常规合同。

4 职责

4.1 业务部。
4.1.1 为本程序的归口管理部门。
4.1.2 负责与顾客沟通、确定顾客对产品的需求、组织合同（订单）的评审，以及有效、及时处置顾客反馈信息（含投诉、抱怨、建议等）。
4.1.3 负责合同的合法性、完整性和明确性以及售后服务（培训、技术支持等）质量保证期限的评审。
4.1.4 做好与顾客沟通的记录和每次合同评审记录，并妥善保存。
4.2 技术部：针对合同技术要求、技术标准评审要求是否有违法违规，对合同指定的产品进行分类，特殊合同需评审研发、设计能力以及设计开发周期能否满足交期的要求。
4.3 生产部：根据客户对产品交期的要求评审生产周期、设备工装、模具配置、人员配置是否满足交付周期要求。
4.4 质检部：评审合同的质量条款、产品验收标准，以及厂内产品生产检验验证的能力。
4.5 采购部：对组织生产材料的采购能力、客户指定部件供货单位资质的要求能否满足进行评审。
4.6 财务部：负责对合同产品销售价格、结算方式、付款期限及相关费用予以评审。
4.7 总经理：负责销售合同最终意见的签署。

5 工作程序

5.1 产品要求的确认。业务部通过走访、调查、信函、传真、电话等方式，了解并确定顾客对产品的要求。这些要求应包括如下内容。
（1）顾客明示的要求（技术要求、交货期、价格、售后服务、质保期、付款方式等）。
（2）隐含的要求和法律法规的要求（安全性、可靠性、辐照防护等）。
（3）本公司自己的附加要求（品牌和预期使用寿命要求等）。

5.2 合同签订的前期工作。
5.2.1 业务部负责答复顾客其所需产品的经营性报价。
5.2.2 业务部负责针对顾客提供的产品规格书，通知技术部门制订产品技术协议草稿，技术协议经分管副总批准后，由业务部递交客户审核、签订。
5.2.3 如客户采取招标方式确定设备供应商的，业务部还须针对顾客提供的招标书，组织技术、生产、质检、采购、财务等部门主管进行标书会议评审，标书评审由分管副总、总经理批准后，由业务部编制投标书，参加投标。无论投标成功与否，业务部均应保持对顾客规格书、技术协议、标书及其评审的全部记录。

5.3 合同评审。
5.3.1 本公司规定：无论是我方拟订的销售合同还是客户提供的购销合同，都要进行评审，评审应在正式签订合同前进行，只有确认能满足合同的全部要求时，才能签订正式合同。
5.3.2 合同评审及签订的程序。
5.3.2.1 对于与顾客签订了技术协议，确立了合同签订意向的或经过标书评审并中标的产品合同，由业务部发放《订单标书、合同评审表》给有关职能部门，相关部门在职责范围内，分别对合同进行评审，填写评审意见。
5.3.2.2 评审结果应确定以下事项。

××公司标准文件		××有限公司 销售过程控制程序	文件编号××-××-××	
版本	第×/×版		页次	第×页

(1) 客户的各项要求（价格、产品规格、技术要求、型号、数量、交付日期、质量的要求等）是否合理。
(2) 各项规定是否明确，或有关特殊内容在合同中是否得到说明。
(3) 合同的各项要求，本公司是否有履行能力。
(4) 与合同不一致的要求是否得到解决。
(5) 是否符合法律、法规的要求。
5.3.2.3 《订单标书、合同评审表》经分管领导、公司总经理确认后，评审即告结束。
5.3.2.4 合同评审方式分为会议评审、传递评审两类，可任选一种方式或交叉进行，通常情况下，常规合同传递评审即可。
5.3.2.5 评审结论。
(1) 正常可行。
(2) 通过采取额外管理措施可行。如通过加班、外协外购、添置设备、加强控制等，职能部门负责人要落实相关的措施、责任人和完成时间。评审中出现内部意见分歧时，由总经理协调解决。
(3) 修订要求可行。如改变交货时间、方式、质量要求、付款方式等，由业务与客户协商，取得一致意见。
5.4 合同的签订。在通过评审，确保本公司已具有满足合同全部要求的前提下，业务部方可与顾客签订正式合同，并妥善保存已有的销售合同、技术协议。
5.5 合同的履行。合同一经正式签订即具有法律效力，业务部应即时将合同相关信息通过《产品生产任务通知单》的形式，传递给技术、生产、采购、质检等部门，以便实施设计开发、采购、质检和生产准备。
5.6 合同的修订。
5.6.1 当顾客提出合同修订意见或补充条款要求时，业务部应及时征求本公司有关职能部门的意见，在取得一致意见的情况下方可进行修订。重大的修订（如产品重要特性、生产数量、进度、交期等要求发生变化时）必须重新进行评审，在取得一致意见并确认能满足顾客提出的修订要求后，方可进行修订。重大修订结果应通过会议传达、有效邮件、重新下发《产品生产任务通知单》等任一方式通知到位。
5.6.2 本公司提出的修订，业务部应先征得顾客的书面同意，并将合同修订的内容及时传递到有关职能部门。
5.7 标书、合同、技术协议、评审记录、修订备忘、补充条款等相关文本的管理。
5.7.1 无论合同生效与否，所有与顾客相关的记录，必须按客户实施档案分类管理。业务部要对客户档案逐一进行编号，做好《合同卷内文件目录》，并登记在《合同记录表》中。
5.7.2 对正在执行的销售订单形成电子版本的《销售情况汇总表》，每发生一笔，信息更新一次，并用邮件方式发送到副总经理以上级别人员。
5.7.3 生效的销售合同文本，须发财务部一份备份。
5.8 业务部应及时了解合同执行情况，定期向总经理以及必要时向顾客报告。
5.9 顾客信息反馈的处置。
5.9.1 销售人员应及时地对顾客的信息反馈予以处置。
5.9.2 对有关产品的信息、合同（订单）的处理结果的查询，以及售后服务的执行等一般信息反馈，由业务部按顾客要求及时处理，并作好相应记录。
5.9.3 对顾客提出的建议、投诉、抱怨等信息，业务部应立即按照《不合格品控制程序》填写《客诉处理单》，经部门负责人审核签字后，报送管理者代表，由管理者代表按程序组织相关部门采取相应的纠正和预防措施。业务部应将改进情况及时向顾客报告。
5.10 业务部按程序要求妥善保存全部相关的记录。

6 相关支持性文件
6.1 《记录控制程序》。
6.2 《不合格品控制程序》。

7 相关表格
7.1 《订单标书、合同评审表》。
7.2 《产品生产任务通知单》。
7.3 《客诉处理单》。
7.4 《合同登记表》。
7.5 《合同卷内文件目录》。
7.6 《销售情况汇总表》电子版加密。

拟订		审核		审批	

制度5：客户调查制度

××公司标准文件		××有限公司 客户调查制度	文件编号××-××-××	
版本	第×/×版		页次	第×页

1 目的

为规范公司的客户调查管理行为，推行客户标准化管理，提升公司客户服务质量，增加客户满意度，与公司客户建立长期稳定的业务关系，增强市场竞争能力，特制订本制度。

2 适用范围

适用于本公司的客户调查业务。

3 管理规定

3.1 公司客户调查制度的基本原则

3.1.1 根据客户情况的变化，不断加以调整客户关系管理，并做跟踪记录。

3.1.2 客户关系管理的重点是维护现有客户，不断开发未来客户或潜在客户。

3.1.3 及时收集和整理客户关系资料，提供给销售公司经理和关联人。利用客户资料对客户进行分析，使客户关系资料的作用得到充分发挥。

3.1.4 建立客户管理档案，由客户管理档案员负责管理，制订严格的查阅制度。

3.2 客户调查制度的内容

3.2.1 收集、分析、保存客户信息，填写《客户基本信息表》《客户清单》，积累有关客户与竞争对手的信息。

3.2.2 定期对客户的情况进行分析，包括客户的构成、与公司的交易数量金额、货款回收、销售区域等。

3.2.3 定期对客户进行回访，了解客户对公司产品质量、包装、运输方式、服务等方面的意见和建议。

3.2.4 对客户的投诉意见进行整理，联系相关责任部门，对提出的处理意见或建议及时反馈给客户。

3.2.5 制订客户计划，挖掘现有客户的合作潜力，开发新的客户，重点是终端大客户。

3.3 客户调查制度实施细则

3.3.1 营销业务员与客户交谈过程中，注意了解客户家庭状况、个人信息、个人经历、兴趣爱好、业务专长、价值观念等，对此调查记录应严格保密。

3.3.2 营销业务员在取得上述资料时，应该具有涵养和忍让精神，要耐心地倾听对方的谈话，并能引导客户自然地透露你所关心的信息资料，并及时填写《客户个人信息卡》归档。

3.3.3 营销业务员定期整理《客户个人信息卡》，适时地对客户做好个人事务的联络工作，以加深感情。

3.3.4 关注客户的一切商业动态。譬如，客户的周年庆典及时给予庆贺，利用各种机会加强与客户之间的感情交流。

3.3.5 每年组织一次客户恳谈会，加强与客户之间的交流与沟通，听取客户对企业产品、服务、营销等方面的意见和建议。对客户的意见和建议做详细记录。

3.3.6 每年组织一次企业高层主管与大客户之间的座谈会，加深与客户之间的感情，增强客户对企业的忠诚度。

3.4 客户接待管理制度

3.4.1 公司客户来访由销售公司做出计划，详细记录来访客人的基本情况，包括人数、姓名、性别、民族、年龄、职务、抵离方式及时间、活动内容及要求等，了解客人的工作、生活习惯。

3.4.2 总经理工作部根据销售公司客户来访计划，安排车辆、会议室、餐饮、住宿等相关事项。

3.4.3 根据来访客人的职务或者重要程度，由总经理、副总经理、本部部长、营销员接待洽谈并始终陪同。

3.4.4 接待环境要求物品整洁、摆放整齐，地面干净，空气流通清新，室温适度，灯光合适。会谈以烟茶、饮料、水果等方式招待。外出就餐由销售公司经理指派人员陪同。

3.4.5 需要给客户赠送礼品的，由销售分公司提出方案，经销售副总或总经理批准后，按照方案要求执行。

3.4.6 接待人员须严格遵守公司相关规定，注重仪表，对来访客人态度亲切，接待过程中遇有客户提出办理限制事宜，请示主管经理后给予答复。

3.4.7 客户参观工作现场时，应当佩带安全帽，由该部门的技术人员陪同并解答客户提出来的问题，原则上介绍者在先、接待经办在后。未经过主管经理批准，参观的客户不得在生产现场拍照。作业人员须集中精力工作，不许与参观人员交谈，如有必要可礼貌示意。

××公司标准文件		××有限公司 客户调查制度	文件编号××-××-××	
版本	第×/×版		页　次	第×页

3.4.8　在接待工作中，与协议宾馆和其他有关单位发生的费用，由总经理工作部确定的专人签字，其他人员签字一律无效。
3.4.9　客户接待程序及费用标准根据公司《客户接待流程及标准》的规定执行。
3.4.10　档案的整理、存档。归档资料包括日程安排、接待日志、汇报材料、重要讲话、新闻报道资料、照片、菜单、生活习惯等，接待任务完成后应整理、说明，交由客户档案管理员存档、管理，以备查考。
3.5　客户回访管理制度
3.5.1　客户回访工作的职能管理由相关的销售分公司负责，营销业务员具体执行，回访书面总结送交档案管理员存档。
3.5.2　客户在办理完公司货物提取业务后，由相关销售业务员对客户进行回访，可采用上门回访、电话回访、信函回访、发放客户意见调查表等形式进行。
3.5.3　客户业务负责人对客户向公司直接反映的问题进行记录、整理，传递给有关责任部门，并负责将处理意见反馈客户。
3.5.4　对客户反映的问题进行分析，属于一般问题，由相关销售业务员负责解答，反馈时间不超过2个工作日。属于比较集中的重点、难点问题，及时向责任部门通报，并将有关办理情况汇总、上报主管副总经理和总经理，反馈时间不超过5个工作日。
3.5.5　客户回访记录应当在5个工作日内归入客户管理档案。
3.5.6　根据客户回访收集到的意见和建议不断改进销售内部管理和服务工作。
3.6　客户保密管理制度
3.6.1　营销人员必须要端正思想，树立"客户是公司的客户"意识，维护公司客户资源。
3.6.2　销售人员向外界泄漏公司客户资料等商业机密，如有违反者，处以经济处罚，情节严重者将追究其法律责任。
3.6.3　不得利用所掌握的客户资料谋求不正当的个人利益，否则将按公司有关规定予以处罚。给公司造成经济损失的，除处以经济赔偿外，情节严重的将追究其法律责任。
3.6.4　销售人员如有工作调动或岗位调整等情况，应将其客户资料与客户签订的合同等文件全部交清，方准予离职。如因工作调动后，又从事与营销相同的行业，两年内不得与原公司的客户发生业务，如有违反者，将按其与公司所签订的劳动合同条款追究法律责任。

拟订		审核		审批	

制度6：客户拜访管理制度

××公司标准文件		××有限公司 客户拜访管理制度	文件编号××-××-××	
版本	第×/×版		页　次	第×页

1　拜访目的
1.1　信息收集，了解客户。
1.2　客情维护：增进并强化与客户的感情联系，建立核心客户，提升销量，结清货款。
1.3　开发新客户。
1.4　新品推广。
1.5　提高公司市场占有率。
2　拜访次数
2.1　关于老客户的回访次数。依据老客户的年采购量、财务信用状况及销售潜力确定回访事宜，对于年采购量大、财务信用优、销售潜力大的老客户拜访频率要高于年采购量小、财务信用一般、销售潜力小的老客户。老客户回访次数规定针对的是专门的老客户回访工作，正常业务联系拜访除外。
2.1.1　对于A类一级客户。
（1）直接负责该业务的大客户专员每周电话联络不少于2次，每月上门回访不少于4次，回访对象为客户经办层面联系人及经办层负责人。

续表

××公司标准文件		××有限公司	文件编号××-××-××	
版本	第×/×版	客户拜访管理制度	页 次	第×页

（2）部门直接主管每月上门回访1次，回访对象为客户相关业务负责人如办公室主任、采购部经理等。

（3）年末由大客户专员派送或邮寄公司挂历、贺卡。

（4）逢传统重大节日如中秋节、春节、周年庆典等节日由公司高层与客户关键决策人进行高层与高层之间的沟通。

2.1.2 对于A类二级客户。

（1）直接负责该业务的大客户专员每周电话联络不少于1次，每月上门回访不少于3次，回访对象为客户经办层面联系人及经办层负责人。

（2）部门直接主管每月上门回访1次，回访对象为客户相关业务负责人如办公室主任、采购部经理等。

（3）年末由大客户专员派送或邮寄公司挂历、贺卡。

（4）逢传统重大节日如中秋节、春节、周年庆典等节日由公司高层与客户关键决策人进行高层与高层之间的沟通。

2.1.3 对于B类一级客户。

（1）直接负责该业务的大客户专员每周电话联络不少于1次，每月上门回访不少于2次，回访对象为客户经办层面联系人及经办层负责人。

（2）部门直接主管每月上门回访1次，回访对象为客户相关业务负责人如办公室主任、采购部经理等。

（3）年末由大客户专员派送或邮寄公司挂历、贺卡。

（4）逢传统重大节日如中秋节、春节、周年庆典等节日由公司高层与客户关键决策人进行高层与高层之间的沟通。

2.1.4 对于B类二级客户。

（1）直接负责该业务的大客户专员每两周电话联络不少于1次，每月上门回访不少于1次，回访对象为客户经办层面联系人及经办层负责人。

（2）部门直接主管每月上门回访1次，回访对象为客户相关业务负责人如办公室主任、采购部经理等。

（3）年末由大客户专员派送或邮寄公司挂历、贺卡。

（4）逢传统重大节日如中秋节、春节、周年庆典等节日由公司部门主管与客户关键决策人进行高层与高层之间的沟通。

2.1.5 对于C级客户。

（1）直接负责该业务的大客户专员每两周电话联络不少于1次，每月上门回访不少于1次，回访对象为客户经办层面联系人及经办层负责人。

（2）部门直接主管每季度上门回访1次，回访对象为客户相关业务负责人如办公室主任、采购部经理等。

（3）年末由大客户专员派送或邮寄公司挂历、贺卡。

（4）逢传统重大节日如中秋节、春节、周年庆典等节日由公司部门主管与客户关键决策人进行高层与高层之间的沟通。

2.1.6 针对招投标客户。

（1）直接负责该业务的大客户专员每月电话联络不少于1次。

（2）每季度上门回访不少于1次，回访对象为客户经办层面联系人及经办层负责人。

（3）年末由大客户专员派送或邮寄公司挂历、贺卡。

（4）逢传统重大节日如中秋节、春节、周年庆典等节日由公司部门主管与客户关键决策人进行高层与高层之间的沟通。

2.2 关于潜在目标客户的拜访次数。

2.2.1 对于潜在目标客户，可根据跟进情况，采取适当的跟进方式，一般采取电话联络方式，每周电话联络1次，每两周上门拜访1次，根据跟进情况如客户需求强烈、需求时间的紧迫性要求等作相应的上门拜访次数安排。

2.2.2 大客户专员依据自身和客户的接触、对客情的把握安排拜访频率。

2.2.3 关键决策人的拜访要在取得客户经办层负责人的同意或引荐后进行。

3 拜访实施

3.1 拜访计划：依据业务开发计划开展业务工作，填制《周拜访计划表》，呈部门主管核阅。部门主管核阅后，大客户专员按《周拜访计划表》中所订的内容，按时前往拜访客户。

3.2 客户拜访的准备。

续表

××公司标准文件		××有限公司 客户拜访管理制度	文件编号××-××-××	
版本	第×/×版		页　次	第×页

3.2.1　拜访前应事先与拜访单位取得联系。
3.2.2　确定拜访对象。
3.2.3　拜访时应携带的物品准备。如公司资质文件、宣传画册、采购手册、价格目录、相关证明文件以及随身带的名片、笔记本、笔等。
3.2.4　拜访时相关费用的申请。拜访时如需赠送礼品必须提前申报部门主管,经部门经理同意后执行,拜访中如需其他的应酬活动费用必须提前请示部门主管,经部门主管同意后方可执行。
3.3　拜访注意事项。
3.3.1　服装仪容、言行举止要体现公司的一流形象。
3.3.2　尽可能地与客户建立一定程度的私谊,成为核心客户。
3.3.3　拜访过程可以视需要赠送物品及进行一些应酬活动(必须提前请示部门主管,经部门主管同意后方可执行)。
3.3.4　拜访结束后应于两天内填写《周拜访记录表》。
3.3.5　拜访中答应客户的事项或后续待处理的工作应及时进行跟踪、处理。
4　拜访工作管理规范
4.1　大客户专员应于每周六、日填写下周的《周拜访计划表》,并提交直接部门主管核阅。
4.2　大客户专员依据《周拜访计划表》所定的内容,按时前往拜访客户,并根据拜访结果填制《周拜访记录表》、《月度客户拜访记录表》。大客户专员每周六须提交本周的《周拜访记录表》至部门主管,由部门主管核阅并提出指导意见;每月5日前提交上月的《月度客户拜访记录表》至部门主管,由主管核阅并报送至客服部经理。
4.3　大客户专员如因工作因素而变更行程,除应向主管报告外,并须将实际变更的内容及停留时数记录于《周拜访计划表》《周拜访记录表》内。
4.4　大客户主管审核《周拜访记录表》时应与《周拜访计划表》对照,了解大客户专员是否按计划执行。
4.5　大客户部门主管每周应依据大客户专员的《周拜访计划表》与《周拜访记录表》,以抽查方式用电话向客户查询,确认大客户专员是否依计划执行或不定期亲自拜访客户,以核查大客户专员是否按计划执行。
4.6　大客户部门主管查核大客户专员的拜访计划作业实施时,应注意技巧,并监督相关报表的执行情况,根据报表完成情况等与人力资源部相关文件一起作为员工绩效考核的参考依据。

拟订	审核	审批

制度7:销售合同管理细则

××公司标准文件		××有限公司 销售合同管理细则	文件编号××-××-××	
版本	第×/×版		页　次	第×页

1　目的
为严格规范股份公司合同签订的全过程,加强相应管理及执行力度,保障股份公司的经济利益,减少呆、死账的发生,特制订本管理规定。
2　术语和定义
2.1　销售合同:指卖方同意销售,买方同意购买一批货物、一项工程或一个系统集成项目的书面记载。
2.2　合同拟签订人:持有有效法人委托书并在有效范围内进行合同前期工作,但尚未签订正式销售合同的销售人员。
2.3　合同签订人:持有法人委托书并在有效范围及时间内签订了合同的市场销售人员。
2.4　代表处合同联系人:是指在代表处协助实体签订合同时,代表处负责联系该合同业务的人员。
2.5　到期应收款:是指进入合同付款期,应收回的货款部分。
2.6　迟收货款:是指超过合同付款期,而未收回的货款部分。如:某合同规定从1月1日起5天内对方应付合同款1万元,则此货款在1月1日～5日统计为到期应收款,在1月6日(含)以后如未收回,则统计为迟收货款。

××公司标准文件		××有限公司销售合同管理细则	文件编号××-××-××	
版本	第×/×版		页 次	第×页

3 管理规定

3.1 法人委托书的管理。

3.1.1 市场总部商务部是法人委托书主管部门，负责法人委托书的申请的接收、初审、报批、制作、发放、回收、归档。

3.1.2 申请程序：办理法人委托书应由事业部根据工作需要向商务部提出书面申请，填写《法人委托书申请书》，并明确以下内容。

（1）申请人姓名及自然情况。

（2）申请人与公司的劳动合同期限。

（3）表明申请人正在从事销售工作。

（4）明确申请人签订合同的权限（产品、最高金额）及申请期限。

（5）事业部负责人签字确认。

（6）申请人一寸免冠近照一张。

3.1.3 审批程序。

（1）商务部对《法人委托书申请书》进行初审，合格者由商务部制作《法人委托书》，并报市场总部副总、主管市场副总裁审核，总裁批准。

（2）签发后的法人委托书由总裁办公室盖骑缝钢印，经营财务部盖法人名章后，由商务部发放。

3.1.4 发放程序。制作完成的法人委托书由商务部登记，发放给申请部门的相关管理人员。发放时要填写《法人委托书发放记录》。

3.1.5 法人委托书的保管。

（1）事业部应设专人（即法人委托书管理员）对法人委托书进行管理，负责本部门法人委托书的申请、领取、发放、回收等管理工作并留有记录。

（2）法人委托书由持有者妥善保管，不得遗失或转借。

3.1.6 法人委托书的回收。

（1）发生下列情况之一时，法人委托书管理员应于发生下列情况之日起 5 个工作日内将法人委托书收回，并交市场总部商务部。

——超出法人委托书规定的授权期限的。

——法人委托书持有人因工作变动，不再从事法人委托书授权范围内的工作。

（2）商务部办理回收手续后交档案室归档保存。

3.2 销售合同专用章的管理。

3.2.1 销售合同专用章由公司总裁办公室统一刻制并发放。

3.2.2 事业部申请销售合同专用章时应具备：该事业部至少有一名持有有效法人委托书的销售人员。

3.2.3 销售合同专用章由事业部向总裁办公室提出书面申请。

3.2.4 审批。

（1）总裁办公室销售合同专用章管理人员核实申请书内容准确无误后报主管市场副总裁审核，总裁批准。

（2）总裁签发后由总裁办公室负责登记、发放。

3.2.5 发放：总裁办公室将销售合同专用章发放给事业部合同管理员，并做书面记录。

3.2.6 保管：事业部设专人（通常为合同管理员）对销售合同专用章进行管理，负责本事业部销售合同专用章的申请、领取、登记、保管、使用、上交等管理工作。

3.2.7 使用。

（1）销售合同专用章只能在签订销售合同时使用。

（2）合同管理员在收到合同评审记录、资信调查结果后方可向签订合同人员提供合同专用章，并把合同专用章使用情况记录在案。

（3）销售合同专用章不得转借或遗失。

（4）总裁办公室应不定期对各单位合同专用章使用情况进行监督检查。

3.2.8 回收。

（1）事业部变更名称、机构调整、撤销时，合同管理员应在变更名称、机构调整或撤销后 5 个工作日内将合同专用章及使用审批记录交总裁办公室。

（2）合同专用章使用审批记录由总裁办公室交档案室归档保存。

3.3 销售合同文本的管理。

续表

××公司标准文件		××有限公司 销售合同管理细则	文件编号××-××-××	
版本	第×/×版		页　次	第×页

3.3.1　标准销售合同文本的提出和使用。
（1）标准销售合同文本的提出。
——市场总部负责《标准合同文本》的制作，并负责组织对标准合同文本的评审。
——市场总部根据需要制作《标准合同文本》。
——需用部门可以向市场总部提出制作《标准合同文本》的需求或本部门制作《标准合同文本》草稿后交市场总部审核后，组织评审。
——对标准合同文本的评审应由市场总部组织总裁办公室法律事务专员、经营财务部、技术管理部及相关单位负责人参加。总裁办公室讨论通过后即为标准销售合同文本。
（2）标准销售合同文本自发布之日起使用。销售人员在进行营销工作的过程中应优先使用股份公司的标准销售合同文本。
3.3.2　非标准销售合同文本的提出和使用。
（1）非标准销售合同文本使用条件：当标准销售合同文本不能满足销售的实际需要时，事业部应根据实际需要拟制销售合同文本。
（2）非标准销售合同文本必须具备的内容：合同号、买方和卖方的名称、地址、货物名称、数量、质量、货款金额、付款时间和期限、付款方式、交货时间、地点、争议解决。建议写明：货物验收标准、售后服务、合同生效时间、运输费承担等。
（3）非标准销售合同文本必须由法律事务专员出具法律意见书方可使用。
3.4　对合同对方进行资信调查的管理。
3.4.1　对方初次合作，或合作的间断时间超过6个月的，合同签订前应进行"资信调查"，并将调查结果填写《资信调查表》。
3.4.2　资信调查由合同签约人组织实施，作为合同评审的一项参考条件。
3.4.3　资信调查分常规和非常规项目。对于合同金额在50万元（含）以上的需方单位为初次合作的（其中不包括中国电信、移动、联通、网通、铁路、中国邮政等系统运营商和煤炭、电力、石油、军队、医院及集团内部）必须填写资信调查表的非常规项。
3.4.4　在充分了解顾客要求、与对方达成初步合作意向后，拟制合作草稿，在正式合同签订之前，销售人员应保留在合同谈判过程中的会谈纪要、书面承诺、信函、传真、合作意向书等材料。
3.5　销售合同号的管理。各部门签订的合同要统一编号，规定如下。（略）
3.6　合同评审。
3.6.1　合同评审的内容。
（1）顾客的各项要求是否合理、明确并形成文件。
（2）合同是否符合有关法律法规的要求。
（3）公司现有的生产和技术能力（包括公司集成或OEM/ODM产品）能否满足合同、标书的技术和质量特性的要求。
（4）产品交付的时间、地点、方式、联系人等是否明确。
（5）公司有否履行合同（或订单）中产品要求的能力（包括供货周期、安装调试、开通验收、售后服务、付款条件等因素）。
3.6.2　合同评审的时机：合同评审应在合同正式签订及修改之前进行。
3.6.3　合同评审的实施。
（1）合同签订部门组织相关部门及人员对合同进行评审。
（2）合同签订人员将合同草案、资信调查资料报本部门合同管理员，合同管理员根据合同内容组织采购、生产、技术、质量等方面的人员进行评审。参加评审人员根据合同内容适当增、减，必要时邀请公司内部相关职能部门、人员参加。
——对合同金额在100万元以上或没有采用标准合同文本签订的合同，应由总裁办公室法律事务专员出具法律意见书。
——如用户订购的产品本单位仅能完成一部分，另一部分可由公司内部其他实体或公司外部单位完成，则公司的技术管理部和相关实体应参加评审并出具意见。
——对合同金额在100万元以上的合同，市场总部、财务部应参加评审并出具意见。
（3）合同评审可采用会议、会签方式。
（4）合同评审应填写《合同评审记录表》，并由参加评审人员签字，并报批。

××公司标准文件		××有限公司 销售合同管理细则	文件编号××-××-××	
版本	第×/×版		页次	第×页

3.6.4 合同评审的审批。
(1) 合同批准的权限。
——合同金额在200万元以内(含)的由实体总经理或副总经理审批。
——合同金额在200万元以上的由主管副总裁审批。
(2) 合同审批人根据经营的目标,参考合同评审记录、法律意见书、合同草稿等,做出"批准"、"不批准"、"继续修改"的决定。
——如"批准",则与顾客正式签订合同并执行合同。
——如"不批准",则该项目终止。
——如"继续修改",则与顾客继续协商,经修改后,再进行评审、审批。
3.6.5 对投标书的评审应在递交标书前进行,评审办法参考合同评审程序执行。
合同签订人权限见下表。

合同签订人权限

合同签订人	合同最高金额/万元			
总裁	100000以上			
副总裁	100000(含)			
各事业部	宽带产品事业部		数据网络事业部	
	总、副总经理	1000(含)	总、副总经理;市场总监	7000(含)
	部门经理	500(含)	网络集成经理	3000(含)
	区域经理	300(含)	销售经理	500(含)

注:(1) 任何合同签订都应进行书面评审。
(2) 合同评审可以以会签或会议形式进行。
(3) 合同签约人是合同评审的组织者,如合同签约人公差在外,该部门合同管理员负责组织该合同的评审工作。
(4) 合同评审参与单位。
——事业部内部:生产和供货部门、售后服务部门、事业部负责人、合同评审组织者、合同管理员。
——其他部门(视情况参与评审):经营财务部、市场总部商务部、总裁办公室法律事务专员。
(5) 评审记录及结果应由合同管理员填写并由参与评审人签字确认,评审结果应明确(可、否),如合同草案未通过评审可以修改后再次评审。
(6) 评审结果的审批:评审结果应由有权审批人审批后生效。
(7) 有权审批人的权限。
——事业部内低于总、副总经理合同签订权限的评审结果可由事业部总、副总经理审批。
——总、副总经理合同签订权限以上(含)的评审结果由其上级领导审批(总裁合同签订权限的评审结果由总裁办公室审批)。
3.7 合同的签订。
3.7.1 合同签约人的要求。
(1) 合同拟签约人持有法人委托书或授权书。
(2) 合同内容在法人委托书、授权书的范围、时间内。
3.7.2 合同的签订。
(1) 如签约人具备其应具备的条件,经合同评审通过,合同签约人方可在合同上签字并加盖销售合同专用章。
(2) 合同书优先采用市场总部提供的《标准合同文本》,填写时要字迹清晰、语言准确,按合同书内容逐项填写(不许有空项)。出现划改时,应在划改处双方签字或盖章确认。
(3) 合同中对设备的质量要求、技术标准,要对应设备型号标出国家或行业或企业标准号。
(4) 对各种系统产品的销售应把系统配置的内容、接口参数等作为合同附件,与合同正本有同等效力。
(5) 合同中应明确需方对出厂设备的验收方式和验收标准。
(6) 产品的保修期限应参照国家相关规定及公司相关管理办法。

续表

××公司标准文件		××有限公司 销售合同管理细则	文件编号××-××-××	
版本	第×/×版		页 次	第×页

（7）销售人员对所签订合同的货款回收负责。
（8）如顾客为增值税纳税人，要写明纳税人登记号。
（9）合同正本一式两份，供方、需方各一份。
3.8 合同的生效。合同经双方签字盖章后依合同约定生效。如合同无明确约定的，自双方签字盖章之日起生效。如双方签字盖章的日期不同时，合同于最后签字盖章完成之日起生效。
3.9 合同的执行。合同签订单位对合同执行的全过程进行管理和控制。
3.10 货款回收工作的管理。
3.10.1 货款回收的责任及管理。
（1）市场总部是货款回收工作的主管部门。
（2）事业部是货款回收工作的直接责任单位。
（3）合同签订人及合同签订批准人对其签订（或批准）的合同的货款回收工作负主要责任。
（4）代表处对其协助由实体签订的合同，如该合同经相应实体核实确为代表处协助签订并经确认该合同额度计入代表处订单，且股份公司实体、事业部保质、保量、按时履行的合同，货款未按时回收，则该合同货款回收由合同签订人与代表处合同联系人共同负责，并同时受本办法的考核与处罚。
（5）股份公司内实体、事业部的合同管理员每月25日前向市场总部商务部上报《合同登记表》，同时向经营财务部上报。
（6）货款应按时回收，不许拖延，实际收到时间以股份公司财务入账时间为准。
（7）例外条款：由于我方原因致使合同不能按约定正常履行的，实体、事业部应采取各种措施使合同继续正常履行或终止该合同，未收回部分不计入迟收货款。我方原因包括但不限于：我方未及时发货、发出货物的质量或数量有问题等情况，导致对方未及时付款。
3.10.2 迟收货款的统计和报告。对未及时收回货款的合同签订人和合同签订批准人，上报主管领导和相关单位。
（1）股份公司内实体、事业部每月25日前向市场总部商务部上报《货款回收统计表》。
（2）市场总部按月制作《货款回收统计表》，该表对每份合同的迟收金额、迟收发生日、欠款人（单位）合同号和产品名称、签约部门、签约人、当月迟收总额、当月新增迟收金额等事项做出统计和记录。
（3）《迟收货款情况》主送主管副总裁，抄送相关实体、总裁办公室法律事务专员。市场总部依据档案相关管理规定将此文件归档备查。
（4）应付款人（单位）出现以下异常情况，合同签约部门应立即通知市场总部和总裁办公室法律事务专员。
——应付款人（单位）明确表示拒绝付款。
——应付款人（单位）发生严重财务危机，可能导致支付困难。
——应付款人（单位）停业、破产、法人代表失踪。
——应付款人（单位）发生可能导致大额支付的诉讼、仲裁。
——其他可能导致货款不能收回或不能按时收回的重大异常情况。
（5）单笔货款超过付款时间5日未收回，签约部门应在5个工作日内书面通知市场总部和总裁办公室法律事务专员，并将与该笔货款有关的合同、买方接收和检验货物的证明、买方付款的证明（复印件）以及其他与该合同有关的全部资料归入专档（合同签订人负责专档的建立、搜集证据及相关工作）。
3.10.3 迟收货款催收。
（1）一般迟收，指单笔迟收货款金额在30万元以下，且迟收期限在2个月以内的，由合同相关责任人负责催收。
（2）重大迟收，指单笔迟收货款金额在30万元以上100万元以下，或迟收期限在2个月以上6个月以内的，由合同相关责任人负责。
（3）特别重大迟收，指单笔迟收货款金额在100万元以上，或者迟收期限在4个月以上的，由合同相关责任人共同负责。
（4）如一笔迟收货款同时符合上述（2）（3）两种迟收标准划分，则视其为情节严重者。如：一笔金额为115万元的货款，迟收时间为80天，既符合重大迟收标准又符合特别重大迟收标准，则视此笔迟收货款为特别重大迟收。
（5）迟收货款催收流程。
——合同签订人在自货款逾期之日起5个工作日内应向对方以传真、EMS或挂号信发出催收函。催收函应由合同签订人留底。
——催收函设定的答复期限应与合同的约定一致。签订合同时，催收函答复时间建议定为5个工作日。

××公司标准文件		××有限公司 销售合同管理细则	文件编号××-××-××	
版本	第×/×版		页　次	第×页

——答复中要求延期还款的，应要求其出具欠款确认函。
——出具欠款确认函后，应签订延期还款协议，延期还款协议应在自出具欠款确认函之日起5个工作日内签订。
——下列情况，应及时与总裁办公室法律事务专员沟通，采取适当的方式解决。
● 明确对欠款提出异议的。
● 不在期限内答复催收函的。
● 提出延期还款请求，但拒绝出具欠款确认函的。
● 出具确认函，但未按期签订延期还款协议的。
● 签订延期还款协议后，不能按照约定提供担保的。
● 签订延期还款协议后，再次逾期金额超过逾期金额的50%的。
● 签订延期还款协议后，再次逾期金额超过5万元，而且再次逾期时间超过6个月的。
（6）下列迟收货款应移交总裁办公室法律事务专员以法律手段进行催收。
——欠款人（单位）出现上述异常情况的。
——根据我方掌握的情况，总裁办公室法律事务专员认为不迅速采取法律行动，可能导致收回欠款难度加大或不能收回的。
——迟收期限已超过6个月。
——其他必须通过法律手段催收的情况。
（7）法律事务专员参与催收，应由法律事务专员或者合同签订部门向公司主管市场工作副总裁提出建议，建议获得批准的，合同签订部门应在收到批准2个工作日内将与合同有关的全部资料原件移交法律事务专员。
（8）案件由法律事务专员参与后，合同签订部门仍是该合同货款回收工作的责任单位。
3.11　合同变更、终止。
3.11.1　合同变更、终止的条件。
（1）客户主体资格发生变更、终止。
——客户单位名称的变更、终止。
——客户组织机构和场所的变更。
——客户经营范围的变更。
（2）合同一方或双方对合同存在重大误解。
（3）情事变更使合同履行显失公平。
（4）不可抗力导致合同不能按约定履行、终止。不可抗力是指不能预见、不能避免并不能克服的客观情况，包括但不限于水灾、旱灾、地震、台风等自然原因及战争或其他军事行动等原因。
（5）合同双方协议同意变更合同。
——因客户原因进行的变更、终止。
● 客户在合理情形下要求延后、终止合同履约（包括交货、验收、付款、开通时间）。
● 其他导致客户要求变更、终止合同的原因。
——因我方原因进行合同变更、终止。
● 因我方原因交货期延后、终止。
● 我方不能及时开具或送达完整的发票导致合同变更、终止。
● 我方原因导致验收期延后、终止。
（6）其他法律规定的合同变更、终止的情形
3.11.2　变更、终止合同的审批程序。变更、终止合同的审批程序及审批权限参照合同签订的审批程序进行，如出现以下情形中任意一种，则该合同变更、终止的审批人应为原合同审批人的上级主管领导（如原合同审批人为总裁则应由总裁办公室会议讨论决定，如原合同审批人为总裁办公室会议则应由总裁办公室会议再次讨论决定）。
（1）放弃原合同中我方应享有的权利。
（2）增加或加重原合同中我方应履行的义务。
（3）变更司法管辖地或法律适用。
3.11.3　合同变更、终止的通知过程。合同单位应在变更、终止合同的审批程序确定合同变更、终止之日起2个工作日内将合同变更、终止通知送达本单位相关部门及市场总部商务部。
3.12　对合同责任人的考核。

续表

××公司标准文件		××有限公司 销售合同管理细则	文件编号××-××-××	
版本	第×/×版		页次	第×页

3.12.1 合同的签约人在签订、履行合同的过程中应尽职尽责，确保货款按期收回。

3.12.2 合同签订人、合同管理员、档案保管员及合同签订批准人有以下行为，由事业部决定交人力资源部给予当事人扣减绩效奖金，直至降职处理（薪随职变）。股份公司保留要求其赔偿损失的权利。

（1）法人委托书不得遗失，如有遗失事业部应及时报商务部，并写出书面检讨，公司对事发人进行通报批评。

（2）销售合同专用章不得转借或遗失，如有违反，该事业部应做出书面检讨，公司给予通报批评并视造成的影响和损失扣发合同管理员、事业部负责人及相关当事人当期绩效奖金的10%～50%作为惩罚。事业部如将销售合同专用章遗失，应自遗失之日起在2个工作日内报总裁办公室，该事业部应做出书面检讨，并办理遗失声明事宜，公司给予通报批评并视造成的影响和损失扣发合同管理员、事业部负责人及相关当事人当期绩效奖金的20%～100%作为惩罚，直至降职处理。

（3）未按规定制作、收集、移交、保存合同书（合同变更书）、货物交接和检验的证明、付款证明，以及其他资料，造成货款迟收或不能收回的，视造成的影响或损失扣发责任人当期绩效奖金的5%～50%，直至降职处理。

（4）未按规定及时、准确统计和通报迟收货款，造成货款迟收或不能收回的，视造成的影响或损失扣发责任人当期绩效奖金的5%～50%，直至降职处理。

（5）未按规定及时通报本规定列举的异常情况，造成货款迟收或不能收回的，视造成的影响或损失扣发责任人当期绩效奖金的5%～50%，直至降职处理。

（6）不按规定积极催收，造成货款迟收或不能收回的合同负责人（合同签订人、代表处合同联系人）应采取的处罚措施如下。

——一般迟收：市场总部及合同单位共同责令合同负责人1个月内回收迟收货款，并扣发责任人当期绩效奖金的5%～15%。

——重大迟收：市场总部及合同单位共同责令合同负责人1个月内回收迟收货款，并扣发责任人当期绩效奖金的15%～40%，直至降职处理。

——特别重大迟收：市场总部及合同单位共同责令合同签订人回收货款并视造成的损失扣发责任人当期绩效奖金的30%～100%，直至降职处理。

（7）对合同签订批准人的考核。

——对该事业部的迟收货款情况负责，每月根据市场总部提出的《迟收货款情况》对合同签订人进行考核。

——如合同单位或合同签订人调动或机构进行调整，由合同签订批准人负责或其指定专人对合同的货款回收工作负责。

（8）不按规定积极催收，造成货款迟收或不能收回的代表处，按照《驻外代表处考核办法》中经营指标完成成绩进行考核。

3.13 对已签署合同文本及相关文件记录的制作和保存。

3.13.1 在签订和履行销售合同的各个环节，相关责任人必须按照要求制作和保存以下文件。

（1）合同中必须写明买方和卖方的名称、货物名称、数量、质量、货款金额、付款时间、付款方式、交货时间、地点。建议写明：货物验收标准、售后服务、合同生效时间、运输费承担、争议解决等。可以采用合同书、协议书、订货单等形式。必须有买方盖章或法人代表签字。

（2）买方接收货物的证明，指买方收到货物时出具的，表明其已收到货物的证明。证明应写明：货物名称、数量、接收日期、地点、接收人、交货人。必须有买方盖章或者其指定的接收人签字。

（3）买方检验货物结果的证明，指合同定有检验条款时，买方按照合同对货物进行检验后出具的，证明检验结果的文件。必须有买方盖章或者其指定的检验人签字。

（4）买方付款的证明，指能够证明买方付款的文件，如增值税发票存根、银行到账通知等。

3.13.2 3.13.1中（1）、（2）、（3）项所列文件由合同签订人负责制作、收集。3.13.1第（4）项所列文件，由股份公司财务部负责制作、收集。

3.13.3 各部门应有专人负责档案保管，合同签订人应自合同签订之日起3个工作日内将该合同原件及相关文件归档，合同签订人及合同管理员处可保留复印件，上报合同时也应将合同复印件同时上报。

3.13.4 各部门档案保管员应督促合同签订人将3.13.1（1）、（2）、（3）项资料原件交其统一保管。按照集团档案管理规定，应由档案室保管的材料，各部门档案保管员应联系移交档案室保管。

3.14 合同纠纷的处理。

3.14.1 合同双方协商解决并可依实际情况进行合同变更。

3.14.2 协商不成时可依合同约定的纠纷解决方式进行诉讼或仲裁。

拟订		审核		审批	

制度8：销售合同执行跟踪管理规定

××公司标准文件		××有限公司	文件编号××-××-××	
版本	第×/×版	销售合同执行跟踪管理规定	页　次	第×页

1　目的
　　通过对销售合同（包括产品订单、要货传真件等要约性文件）执行过程的跟踪，提高合同履行质量，提高公司合同履行信誉，减少公司资金风险。

2　范围
　　对所有有效的销售合同（包括产品订单、要货传真件等要约性文件）的执行过程的管理。

3　职责
　3.1　业务办负责所有销售合同跟踪的组织协调，监督销售合同执行的效果。
　3.2　各办事处负责其所管辖区域销售合同具体的跟踪执行，并为公司及时提供合同执行的相关信息。
　3.3　相关领导对销售合同执行偏差做出处理决定。

4　工作流程
　4.1　工作流程图如下图所示。

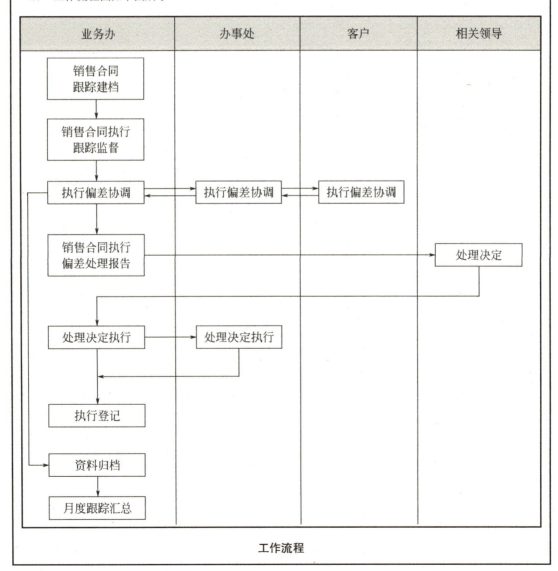

工作流程

续表

××公司标准文件		××有限公司 销售合同执行跟踪管理规定	文件编号××-××-××	
版本	第×/×版		页次	第×页

4.2 工作流程说明见下表。

工作流程说明

序	流程块	工作标准	期量标准
1	销售合同跟踪建档	及时建立销售合同跟踪文档,内容见《销售合同跟踪记录表》	销售合同签订后一天内
2	执行偏差协调	(1)业务办在销售合同执行过程中对《销售合同跟踪记录表》上的每一项内容进行记录,并检查每一项业务执行是否与合同约定一致,如不一致必须及时与相关部门进行协调,其中,与客户相关部分通过办事处与客户协调,并把协调过程和结果传业务办进行记录,包括问题原因、问题的处理建议、如何处理、信息传达形式(即文字或是口头的)、由谁经办等,如协调未果,则报告相关领导处理 (2)办事处在销售合同执行过程中,发现合同执行与合同约定不一致时,应分别与客户和业务办进行协调,并把协调结果传递给业务办进行记录 (3)重要内容必须通过《销售合同执行协调书》进行协调	业务发生的当天
3	执行偏差报告	销售合同执行出现严重偏差或主要内容出现偏差,协调不成的由业务办通过提出《销售合同偏差处理报告》以及《风险发货申请报告》(如需要发货时)交主管业务副总经理(如业务副总经理出差,则可提交其他领导)决定	业务发生的当天
4	执行决定	业务办、办事处及相关部门依据领导的处理决定意见执行	1～2天
5	执行登记	业务办在执行决定完毕后的5天内把执行决定过程和结果填写到《销售合同偏差处理报告》中	1～2天
6	资料归档	每一份销售合同执行完毕后,其有关记录均与销售合同文本一起归档保存	当天
7	月度跟踪汇总	业务办每月把销售合同跟踪情况进行汇总(填写《销售合同执行月度记录表》),并报相关部门及领导审阅备用	每月的10日前

5 相关文件
5.1 《合同评审程序》。
5.2 《货款回收管理制度》。
6 记录
6.1 销售合同跟踪记录表。
6.2 销售合同执行协调书。
6.3 销售合同执行偏差处理报告。
6.4 合同执行过程中的有关协调资料,包括来往信件、电子邮件、补充协议、会谈纪要。
7 注释
销售合同执行偏差是指在销售合同履行过程中出现的与合同条款约定不一致的地方。

拟订		审核		审批	

制度9：发货（发样）管理制度

××公司标准文件		××有限公司	文件编号××-××-××	
版本	第×/×版	发货（发样）管理制度	页次	第×页

1 目的

服务公司客户的产品销售，满足客户的发货要求，保证发货的及时性、准确性和有效实施发货数据管控的原则，防止因管理不善和失误而给公司造成经济损失，确保公司发货流程的顺畅，提高公司和客户的经济效益。

2 适用范围

适用于公司营销部、财务部、物控部所辖职责内工作。

3 责任

3.1 销售部区域经理或销售部经理（含副经理），负责制订发起发货申请。

3.2 销售部文员负责根据发货申请初审，提交初审报告给销售部经理（副经理）。

3.3 销售部经理（副经理）负责发货终审。

3.4 生产部负责生产客户所需产品。

3.5 物控部负责发货及发货回执给销售部文员存档。

4 流程控制

4.1 销售部区域经理、部门经理、网络销售人员负责发起发货申请，填写《发货申请单》，若因工作场所不便等情况，可电话口述或发信息至销售文员填写《发货申请单》。

4.2 《发货申请单》发起人在不满足发货条件下，需书面或短信证明在《发货申请单》上面担保货款安全。

4.3 销售部文员根据发货条件初审《发货申请单》，并按《发货申请单》所定内容签订意见，交销售部经理终审。

4.4 销售部经理（副经理）负责最终审核《发货申请表》，交销售部文员执行流转。对不具备发货条件的《发货申请单》也要作出批示，交销售文员回复发货申请人。

4.5 销售文员负责及时将销售部经理（副经理）批准发货的《发货申请单》以书面或传真方式交物控部发货。对于量较少的发货需求，可在物控部经理于《发货申请单》上签订由销售部代发意见情况下，由销售文员在销售备用库存中发货。

4.6 物控部负责根据《发货申请单》进行发货，并将货运信息最迟在第二个工作日告知销售文员存档。在缺货或不能按《发货申请单》要求正常发货情况下，应当即告知销售文员，同时告知可以发货的时间。

4.7 销售文员负责将物控部流转的货运信息转发至《发货申请单》发起人。在得知缺货或不能正常发货情况下，应当即与《发货申请单》发起人取得联系，协商发货时间或取消发货。

4.8 销售文员在发货完成后，认真将发货信息记录填入销售统计表，同时每月上报财务部与物控部。

4.9 样品的发放同样按照本制度流程执行，在样品发放后，发货发起人需跟盯好样品的发货过程，及时通知客户取货，并做好样品试用后结果的跟踪。在样品试用周期完成后，发样发起人需出具书面总结报告，报销售文员处，由销售文员转发到研发部经理。

4.10 每件样品的发放试用周期完毕后，均要做试用完成后的总结报告。

4.11 样品的发放条件。

（1）填写具体信息的新客户且单个新客户试验总重量不超过3千克。

（2）由研发部发起的特定发货对象。

4.12 正常发货条件。

（1）货款已收或已列入公司优质客户名单的客户。

（2）不属于发样且已签购销合同，《发货申请单》发起人担保的情况。

（3）公司董事长或总经理特批。

4.13 提保上限条件。

（1）区域经理4000元以内。

（2）销售部经理8000元以内。

（3）总经理50000元以内，董事长100000元以内。100000元以上情况需公司董事长、总经理、财务部经理、销售部经理召开短会协商。若在实际操作中担保超出岗位上限数值，需向上级请示，同时超出部分出现的责任由同意发货终审人负责。

4.14 凡超出本制度所辖范围内的发货需求情况，均报请董事长批准。

续表

××公司标准文件		××有限公司 发货（发样）管理制度	文件编号××-××-××	
版本	第×/×版		页　次	第×页

4.15　销售部在每月第一个星期一向物控部提交本月产品销售计划。
4.16　物控部在每月第一个星期一向销售部提交上月成品库存表。
5　附件
5.1　《发货申请表》。
5.2　《发货流程图》。

拟订		审核		审批	

制度10：销售货款回收管理制度

××公司标准文件		××有限公司 销售货款回收管理制度	文件编号××-××-××	
版本	第×/×版		页　次	第×页

1　目的
为了规范企业销售货款的回收管理工作，确保销售账款能及时收回，防止或减少企业呆账的发生和不良资产的形成，特制订本制度。
2　适用范围
适用于本企业销售货款的回收管理。
3　职责
3.1　销售部负责销售回款计划的制订与应收账款的催收工作。
3.2　财务部负责应收账款的统计及相关账务处理工作，并督促销售部门及时催收应收款。
4　管理规定
4.1　结算。
4.1.1　信息交流与反馈。
（1）在日常销售业务中，对购销方通过银行汇入公司银行账户的货款，销售部门应当日通知财务部。
（2）财务部进行查询和确认后将结果当日反馈给销售部门。
4.1.2　收据管理事项。
（1）销售部门收到客户的预付款或应收款等款项（转账支票、银行汇票、银行承兑汇票等）要及时送交财务部出纳进行登记并开具收款收据。
（2）出纳人员对收到票据要分清客户单位，确认印件是否齐全、清晰，单位名称是否相符，对不符支付和结算要求的票据要退回，对收到款项要及时存存银行或转付公司财务处，确保销售货款的安全。
4.1.3　收到的货款以汇到公司账户或出纳人员开具收款收据的日期为准，作为考核业务员的依据。
4.2　合同履行。
4.2.1　销售部按照合同的要求，对有预付款的客户，应掌握和控制发货数量，以免造成应收款项与发货不符。
4.2.2　销售部对收到的销售货款，要按合同要求的结算方式，及时申请到财务部开具发票，并与购销单位办理结算手续。
4.3　未收款的管理。
4.3.1　当月到期的应收货款在次月5号前尚未收回，从即日起至月底止，将此货款列为未收款。
4.3.2　未收款处理程序。
（1）财务部应于每月10日前将未收款明细表交至销售部。
（2）销售部将未收款明细表及时通知相应的销售业务员。
（3）销售业务员将未收款未能按时收回的原因、对策及最终收回该批货款的时间于5日内以书面的形式提交销售经理，销售经理根据实际情况审核是否继续向该客户供货。
4.3.3　销售经理负责每月督促各销售业务员回收未收款。
4.3.4　财务部于每月月底检查销售业务员承诺收回货款的执行情况。
4.4　催收款的管理。
4.4.1　未收款在次月5日前尚未收回，从即日起此应收账款列为催收款。

续表

××公司标准文件		××有限公司 销售货款回收管理制度	文件编号××-××-××	
版本	第×/×版		页次	第×页

4.4.2 催收款的处理程序。
（1）销售经理应在未收款转为催收款后的3日内将其未能及时收回的原因及对策，以书面的形式提交总经理批示。
（2）货款经列为催收款后，销售经理于5日内督促相关销售业务员收回货款。
4.4.3 货款列为催收款后的30日内，若货款仍未收回，企业将暂停对此客户供货。
4.4.4 货款列为催收款后的30日内，若货款仍未收回，对销售业务员按每日1‰的利息进行扣款。
4.4.5 货款列为催收款后的30～90日内，若货款仍未收回，对销售业务员按每日1.5‰的利息进行扣款。
4.4.6 货款列为催收款后的90天以外，若货款仍未收回，对销售业务员按每日2‰的利息进行扣款。
4.5 准呆账的管理。
4.5.1 财务部应在下列情形出现时将货款列为准呆账。
（1）客户已宣告破产，或虽未正式宣告破产但破产迹象明显。
（2）客户因其他债务受到法院查封，货款已无偿还可能。
（3）支付货款的票据一再退票而客户无令人信服的理由，并已供货1个月以上者。
（4）催收款迄今未能收回，且已停止供货1个月以上者。
（5）其他货款的收回明显存在重大困难，经批准依法处理者。
4.5.2 企业准呆账的回收以销售部为主力，由财务部协助。
4.5.3 通过法律途径处理准呆账时，以法律顾问为主力，由销售部、财务部协助。
4.5.4 财务部每月月初对应收款进行检查，按照准呆账的实际情况填写《坏账申请批复表》报请财务部经理批准。

拟订		审核		审批	

制度11：销售退货管理规定

××公司标准文件		××有限公司 销售退货管理规定	文件编号××-××-××	
版本	第×/×版		页次	第×页

1 目的
为了规范销售退货管理流程，明确退货责任和损失金额，确保每批退货产品均能得到及时、妥善的处置。

2 适用范围
销售点退回的所有成品，包括呆滞、不良、报废品。

3 职责分工
3.1 销售点负责退货原因的确认、退货申请、包装防护、分类标识、开具通知单和物资的托运交付。
3.2 销售部负责各销售点退货信息、数据的登记、传递、产品的交接、退货运输损失的统计。
3.3 分厂物流负责销售退货的临时存放保管、登账，通知质量部、生产分厂和销售部评审退货产品。
3.4 质量部负责销售退货的质量评审、责任认定、统计汇总、整改报告的回复。
3.5 分厂负责销售退货的报废、返修，提供返工返修费用、原因分析。
3.6 生产计划负责退回物资的价值估算和损失测算。

4 流程说明
4.1 确认。
4.1.1 退货的原因。
（1）质量原因：材料、外观、外形结构、尺寸、性能和货物错发等不合格造成的退货，包括样品不合格。
（2）销售原因：计划下达错误、装卸及运输变形或损坏（包括产品退货时的防护不当）、销售点有质量问题的库存等造成的退货、主机厂计划变更、下达的订单计划未履行或未完全履行、产品使用损坏、产品改型。

××公司标准文件		××有限公司 销售退货管理规定	文件编号××-××-××	
版本	第×/×版		页　次	第×页

（3）技术原因：图纸设计分解或变更错误、变更不及时、包装防护设计不合理等造成的退货。

4.1.2　任何原因的退货，销售负责人或由其安排人员应到主机厂现场对退货原因进行确认，对于有争议的质量问题，销售点有必要通知公司质量部或分厂派人前往一同确认、商谈。经确认需退货的产品在退货前，业务员应传报销售部进行传递。

4.2　办理退货。

4.2.1　销售业务员根据确认结果，有质量问题的根据清退要求办理退货。

4.2.2　可以返修的，由销售业务员联系生产计划，安排分厂相关人员到主机厂进行返修处理，无需退回公司。

4.3　货物退回的处理。

4.3.1　因计划取消或改型呆滞需退回的完好成品销售点需按原样进行包装、防护。

4.3.2　有质量问题的退回相对应的分厂进行整理分类、清点数量、做好标识。

4.3.3　货物退回后，由驾驶员将《销售退货通知单》交于销售部签字登记。销售部在《销售退货通知单》上注明退货产生的运输费用，以便生产计划统计。

4.3.4　分厂物流在接收到销售点的退货产品后，根据退货明细在1个工作日内将退货产品的型号、数量清点清楚，确认无误后在《销售退货通知单》上签注实收数，若通知单和实收数有差异，需及时向销售部汇报，由销售部落实对型号、数量差错的处理，分厂物流根据销售退货通知单，建立手工退货台账，开具红冲出库凭证。

4.4　退货评审。

4.4.1　分厂物流在接受后半个工作日内通知质量部进行评审，质量部应组织生产分厂、销售部、技术部等相关部门在2天内对退货产品进行原因分析、责任认定，填写《销售退货评审单》签署评审处理意见（合格、返工、报废、待定），相关部门人员进行会签（技术原因需技术部会签、销售原因需销售部会签、质量原因需分厂会签）。

4.4.2　评审需返工由分厂巡检开返工、返修通知单，技术工艺提供返工、返修方案，分厂进行返工，返工后通知检验员检验，合格后流转入库。报废产品按不合格品流程执行。分厂需统计退货品返工产生的人工及材料损失，在2个工作日内以书面形式交生产计划部。

拟订		审核		审批	

制度12：销售档案管理制度

××公司标准文件		××有限公司 销售档案管理制度	文件编号××-××-××	
版本	第×/×版		页　次	第×页

1　目的

为了规范本公司销售业务和客户信息的收集和管理工作，增强档案的实用性和有效性，保证公司信息管理工作顺利进行，促进公司营销工作，特制订本制度。

2　适用范围

适用于本公司的销售档案管理。

3　细则

3.1　本制度所称的档案包括销售业务流程管理和客户信息管理，本着"科学、真实、全面、完整、准确、及时"的原则，从客户潜在分析、初期接触到签订合同直至日常维护的全过程管理，建立起以市场和客户为导向的流程体系和管理制度，对公司的营销业务提供可靠的数据支持和操作程序。

3.2　公司建立客户档案及销售业务档案的目的如下。

3.2.1　及时掌握客户的基本情况，包括客户的市场潜力、发展方向、财务信用能力、竞争力等方面的内容。

3.2.2　缩减销售周期和销售成本，有效规避市场风险，寻求扩展业务所需的新市场和新渠道，并且通过提高、改进客户价值、满意度、盈利能力以及客户的忠诚度来改善公司经营的有效性。

3.2.3　方便营销工作的各类信息查考、利用，提供全方位的管理视角，帮助正确分析和决策，赋予最大化客户收益率。

××公司标准文件		××有限公司 销售档案管理制度	文件编号××-××-××	
版本	第×/×版		页次	第×页

3.2.4 考评销售人员的业务能力，为营销人员的营销业绩提供考核依据。

4 管理规定

4.1 档案管理程序。

4.1.1 公司的档案按照业务发展流程编制，实行动态化管理，具体内容如下。

（1）营销业务员负责填写客户的基本信息，具体内容参见《客户基本信息卡》。

（2）由营销业务员提供销售合同，档案管理员填写合同重要条款电子档，并收录销售合同复印件。

（3）营销业务员依据自己日常工作收集的客户市场信息，在客户档案中填写补充信息。

（4）销售业务部部长依据营销业务员提供的客户信息及回款情况对客户资质状况进行分析，并提交客户资质评估报告。

（5）统计员每周向营销业务员提交销售统计表。

（6）档案管理员对每月、每季度、每年度销售市场分析材料存档管理。

4.1.2 档案的基本内容。

（1）《客户基本信息卡》。

（2）客户资质评估报告。

（3）《销售合同》。

（4）《销售统计报表》。

（5）销售市场分析。

4.2 档案管理的内容。

4.2.1 基础资料。即企业所掌握的客户的最基本的原始资料，是档案管理应最先获取的第一手资料。基本内容包括：客户的名称、注册地址、电话、法定代表人及他们的个人性格、兴趣、爱好、家庭、学历、年龄、能力、经历背景等，以及创业时间、生产的产品、与本公司交易时间、组织形式、企业规模（职工人数、销售额等）。

日常运营中一些重要数据资料进行归档，如各级会议记录；客户日常来信和传真；客户预订货记录；销售合同；客户访问表；日销售报表和月、季、年销售报表及计划总结；市场分析；客户的表扬、投诉及处理意见；各大活动方案的计划、实施、收效等文献档案。日常档案要时时更新，重要记录及时归入各大类档案中。

4.2.2 客户特征。客户所属的行业及行业地位、市场区域、业务范围、经济规模、采购能力、发展潜力、经营观念、经营方式、经营政策、经营特点等。其中对大客户，还要特别关注和收集客户市场区域的政府贸易政策动态及信息。

4.2.3 业务状况。客户目前以及以往的销售业绩、经营管理者和业务人员的素质、与其他竞争公司的关系、与本公司的业务联系及合作态度等。

4.2.4 交易活动现状。销售活动状况、存在的问题、具有的优势、未来的对策，以及信用状况、交易条件、以往对本公司产品及服务的意见和建议、对本公司的投诉及处理（包括投诉退货、折价、投诉退货及折价审批、退货及折价原因、责任鉴定）情况等。

4.3 档案管理方法。

4.3.1 档案由多个部分构成，需要从不同的部门收集信息。需要确认档案的主要管理部门、主要管理人和文档的归集方法及交接标准。

4.3.2 建立《客户基本信息卡》。由营销业务员填写，并在同客户接触的一个工作日内交给档案管理员。《客户基本信息卡》主要记载各客户的基础资料，取得基本资料主要有以下4种方式。

（1）由销售业务员进行市场调查和客户访问时整理汇总。

（2）向客户寄送客户资料表，请客户填写。

（3）通过公开披露的信息收集。

（4）委托专业调查机构进行专项调查。

档案管理员根据各种渠道反馈的信息，进行整理汇总，填入客户档案卡。

4.3.3 根据客户的基本信息，对公司的客户进行分类，提高销售效率，促进营销工作的展开。

（1）按客户的性质分类。可分为中间商、终端客户。逐步压缩中间商，发展终端客户。

续表

××公司标准文件		××有限公司 销售档案管理制度	文件编号××-××-××	
版本	第×/×版		页 次	第×页

（2）按客户的规模分类。可分为大客户、中等客户、小客户。开拓大客户、稳定中等客户、压缩小客户，以便于对客户进行商品管理、销售管理和货款回收管理。

（3）按销售区域分类。可分为华北地区、华南地区、华东地区、华中地区、东北地区、西南地区、西北地区。按照不同区域的销售比重，制订营销策略和物流方案。

（4）按信用等级分类。根据实际情况，确定客户等级标准。可分A、B、C三个等级，根据信用等级的级别，确定营销对策和货款回收管理。

（5）按产品分类。可分为老产品、新产品。

4.3.4 根据客户分类情况，对合同签订及履行情况进行登记。

（1）合同签订情况。客户与公司签订的合同、协议情况，包括历次签订合同协议记录、具体合同协议文本，按签订的时间先后登记。

（2）合同履行情况。客户历次货款的支付方式、支付时间；拖欠货款的数量、时间；拖欠款还款协议；延期还款审批单。如有诉讼，明确登记诉讼标底、还款方式、生效判决的执行过程等。

4.3.5 销售公司内部人员激励机制的执行情况，详细记录销售产品、价格、数量、区域等业绩，包括销售业务员、管理人员、其他业务员、内勤的奖罚结果。

4.3.6 档案应当填写完整的目录并编号，以备查询和资料定位。档案每年分年度清理，整理成电子文档和纸面文档两大类。纸面文档按类装订成固定卷保存。负责管理档案人员应正确、详尽地填写档案封面的各项内容，以便方便、快捷地进行业务操作。

4.3.7 重要文件（包括自制文件）应及时存档。如有必要，可进行多份复制。

4.3.8 在销售业务过程中发生的往来传真等，如需长期存放，必须复印。这类传真包括：提单、订单、合同、关键性的客户确认等。

4.3.9 出口业务档案按年度业务发票号排放，内销业务档案按客户名称排放。已执行完业务档案归档封存管理。

4.4 客户档案的查阅审批。

4.4.1 客户档案由公司档案管理员统一管理。

4.4.2 营销员在提交档案前要认真审核、校对，确保档案的真实准确性。

4.4.3 所有客户档案均需有经办人、部门领导审批签字方可入档。

4.4.4 每位营销员有权随时查阅自己所负责客户的档案记录。

4.4.5 总经理、市场部部长有权查阅公司所有客户的档案记录。其他营销员或部长需查阅不属本部负责的客户档案时，需办理《借阅档案申请表》，送销售经理审批后方可查阅。

4.4.6 管理档案人员应注意档案的存放，应在方便取用的同时，注重档案的保密。

档案借阅者必须做到以下2点。

（1）爱护档案，保持整洁，严禁涂改。

（2）注意保密，严禁擅自翻印、抄录、转借，防止遗失。

4.5 客户档案的增加、修改、销毁。

4.5.1 档案管理应当保持动态性，根据新的行业发展趋势、竞争对手的最新动态等，不断地补充新资料。

4.5.2 客户档案存在差错，应当及时进行修改。对客户档案进行修改前要经过销售公司经理的同意批示，并留有修改记录和修改原因。

4.5.3 销售分公司会同大客户关系管理中心及客户信用评级办公室每年召开一次客户档案补充更新专题会，确定年度重点关注的客户名单。每年召开一次营销分析会，并根据客户订单及履行情况，对其进行各类客户档案动态转换。

4.5.4 对错误和过时行业情报、死档进行及时的销毁和删除。由档案管理员填写《档案资料销毁审批表》，提交市场部部长审核，经总经理批准后，指定专人监督销毁。档案管理员应当认真核对，经批准的《公司档案资料销毁审批表》和将要销毁的档案资料做好登记并归档。

附：销售档案管理流程

续表

××公司标准文件		××有限公司 销售档案管理制度	文件编号××-××-××	
版本	第×/×版		页次	第×页

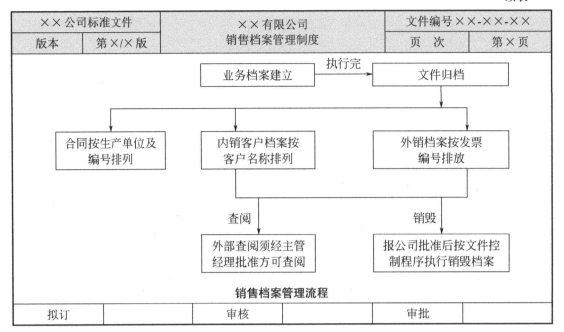

	销售档案管理流程			
拟订		审核		审批

第三节 销售业务过程管理表格

表格1：年度销售计划表

年度销售计划表见表9-1。

表9-1 年度销售计划表

客户名称： 　　　　　　　　　　　　　年 月 日

	上年度计划			本年度计划			策略
	计划	实际	达成率	计划	实际	达成率	
1月							
2月							
3月							
4月							
……							
合计							

制表：

表格2：市场年度销售计划表

市场年度销售计划表见表9-2。

表9-2 市场年度销售计划表

地区：_____　　　　　　　　　　　　　　　　　　　　　　　　　　单位：元

项目	计划销售量	计划销售金额总数	计划边际利润率	备注说明
上年度本公司预期				
竞争对手预期				
损益平衡点基准				
资产周转率基准				
纯利润基准				
附加价值基准				
事业发展计划基准				
决定计划				
本年度公司预期				

注：损益平衡点基准＝（固定费用预计＋计划销售利润）÷计划边际利润率×100
计划边际利润率＝1－（变动费用预计÷销售总额×100%）
资产周转率基准＝计划资产×一年周转次数
纯利润基准＝计划年度税前净利÷计划销售总额对税前纯利率×100
附加价值基准＝（计划人员数量×每人附加价值目标）÷计划附加价值率×100%

经理：_____　主管：_____　填表人：_____　制表日期：___年___月___日

表格3：月工作计划及执行结果说明

月工作计划及执行结果说明见表9-3。

表9-3 月工作计划及执行结果说明

月份：　　月　　　　　　　　制表日期：　年　月　日

部门		单位		计划人	
本月原预计营业额		实际累计营业额		达标率	%
本月预计可达成营业额		实际达成营业额		达标率	%
本月预计收款额		实际收款额		达标率	%
本月预计开发新客户数		实际开发新客户数		达标率	%
本月预计拜访客户数		实际拜访客户数		达标率	%

No.	星期	工作计划内容	计划完成时间	实际完成时间	实际完成情况说明
1	一				
2	二				
3	三				
4	四				
…	…				
		主要工作计划说明		主要工作计划执行成果说明	

说明：本表分为两部分：每月25日前需编写下月工作计划及营业预计提交上级主管，次月25日再将执行结果说明填写完成，连同次次月的本表一并再提交上级主管。

表格4：周销售计划及执行结果说明

周销售计划及执行结果说明见表9-4。

表9-4　周销售计划及执行结果说明

周起止日期：　年　月　日～　　年　月　日

制表日期：　年　月　日　　　　　　　　提报人：

部门		填表人		计划人	
本周原预计营业额		本月实际累计营业额		达标率	%
本周预计可达成营业额		本周实际达成营业额		达标率	%
本周预计收款额		本周实际收款额		达标率	%
本周预计开发新客户数		本周实际开发新客户数		达标率	%
本周预计拜访客户数		本周实际拜访客户数		达标率	%

日期	星期	工作计划内容	计划完成时间	实际完成时间	实际完成情况说明
	一				
	二				
	三				
	四				
	五				
	六				
	日				
主要工作计划说明			主要工作计划执行成果说明		

表格5：日拜访记录表

日拜访记录表见表9-5。

表9-5　日拜访记录表

分公司：　　　　　　　　　　　　　　填表人：

序号	拜访日期	客户姓名	联系电话	客户行业	客户级别	有无需求	在用品牌	是否建档	建档编号	需求机型	需求台量	需求日期	工作结论	当天非拜访工作
1	__月__日													
2	__月__日													
3	__月__日													
4	__月__日													

备注：(1)"有无需求"栏，直接填"有"或"无"，若无，则后面栏目除"是否建档"和"建档编号"外，其他栏不填。

(2)"工作结论"栏，指：① 确定与我公司签单；② 已与我公司签单；③ 已丢单；④ 需继续跟踪。对应分别填写："能签、已签、丢单、跟单。"

表格6：丢单报告

丢单报告见表9-6。

表9-6　丢单报告

填表人：　　　　　　　　　　　　　　　　　　时间：

客户身份信息					
单位		地址		新老客户	□老 □新
姓名		职务	性别　□男 □女	电话	
单位性质		企业规模	□大 □中 □小	客户类别	□A □B □C
行业类别	□公路　□铁路　□矿山　□煤炭　□石料场　□砂场　□农村建设　□水泥 □港口　□水利　□油田　□城建　□商混站　□租赁　□工程承包　□其他_____				

客户需求情况				
种类	规格	购买台量	购买时间	主要关注点
		□1　□2　□3以上	___年___月___日	
		□1　□2　□3以上	___年___月___日	
		□1　□2　□3以上	___年___月___日	

对抗情况描述								
产品种类	规格	成交品牌	成交机型	成交价格	成交商务条件	我方机型	我方价格	我方商务条件

战败原因分析			
品牌原因	□品牌不如对手强	配件原因	□配件价格偏高 □配件难买，供应不及时
产品原因	□产品性能不如竞争对手好 □产品质量不如竞争对手稳定 □产品使用成本高	关系原因	□客户关系不到位 □竞争对手铁杆客户，难撬动
商务原因	□缺货，或者交货不及时 □价格偏高，性价比低 □付款条件比竞争对手差 □促销力度不如竞争对手	销售原因	□对客户需求了解不够，介绍不充分 □没有及时跟踪拜访客户
服务原因	□售后服务响应速度比竞争对手慢 □售后服务解决问题能力比竞争对手弱 □售后服务的态度比竞争对手差	其他原因	□请注：

工作改进措施

客户级别：指客户规格大小，大—拥有设备10台以上，中—3～10台，小—1～2台
客户类别：指客户采购迟缓，A—一个月内采购，B—三个月内采购，C—近期无采购
产品类别：1—装载机，2—压路机，3—推土机，4—起重机，5—平地机，6—旋挖机，7—挖掘机
新老客户：有本公司产品为老客户，无本公司产品为新客户

表格7：___月份丢单汇总分析报告

___月份丢单汇总分析报告见表9-7。

表9-7　___月份丢单汇总分析报告

丢单行业统计			丢单竞争品牌统计			丢单原因统计			
客户行业	丢单台数	百分比	品牌	丢单台数	百分比	丢单原因		丢单台数	百分比
						品牌原因	品牌不如对手强		
						产品原因	产品性能不如竞争对手好		
							产品质量不如竞争对手稳定		
							产品使用成本高		
						商务原因	缺货，或者交货不及时		
							价格偏高，性价比低		
							付款条件比竞争对手差		
							促销力度不如竞争对手		
						服务原因	售后服务响应速度比竞争对手慢		
							售后服务解决问题能力比竞争对手弱		
							售后服务的态度比竞争对手差		
						配件原因	配件价格偏高		
							配件难买，供应不及时		
						关系原因	客户关系不到位		
							竞争对手铁杆客户，难撬动		
						销售原因	对客户需求了解不够，介绍不充分		
							没有及时跟踪拜访客户		
合计			合计			合计			

填表人：　　　　　　　　　　　　　　　　　　　　　　填表日期：

表格8：法人委托书申请书

法人委托书申请书见表9-8。

表9-8　法人委托书申请书

法人委托书申请书
申请被授权人： 姓　　名：_____　性　别：_____　年　龄：_____ 工作部门：_____　职　务：_____ 　　申请被授权人在_____（工作部门）从事销售工作，其与××股份有限公司的劳动合同期限从____年___月___日始至____年___月___日止。现申请代表××股份有限公司进行_____（授权范围）_____万元人民币以内的市场推广和销售合同的商谈、会议纪要、意向书及合同草稿及相关书面文件的签署，对××股份有限公司形成法律约束力的文件，必须盖销售合同专用章确认。 被授权人义务：

续表

第一条　被授权人以××股份有限公司所进行的一切活动必须在以上授权范围内进行。 第二条　被授权人不得将法人委托书擅自涂改、转借、滥用或丢失。 第三条　被授权人必须遵守并执行公司内部相关管理规程。 第四条　被授权人如违反协议中相关内容，公司可对其进行通报批评、扣发工资、扣发绩效奖金、降职，直至解除劳动合同等惩罚，公司同时保留对公司遭受损失要求赔偿责任的权利。 　　被授权人签字：　　　　　　　　　部门负责人：	

表格9：法人委托书发放记录

法人委托书发放记录见表9-9。

表9-9　法人委托书发放记录

证号	单位	姓名	有效期	发放时间	变更时间	领证人	备注

发文部门：　　　　　　　　　拟制：　　　　　　　　　批准：
日期：　　　　　　　　　　　日期：

表格10：销售合同专用章申请书

销售合同专用章申请书见表9-10。

表9-10　销售合同专用章申请书

销售合同专用章申请书
总裁办公室： 　　　　　　　　　　　　（申请单位）现有持有有效法人委托书的销售人员_____名，现因销售工作需要申请销售合同专用章____枚。 　　请协助办理！ 　　　　　　　　　　　　　　　　　　_____（申请单位） 　　　　　　　　　　　　　　　　　　_____（负责人签名） 　　　　　　　　　　　　　　　　　　　　　年　　月　　日

表格11：销售合同专用章发放记录

销售合同专用章发放记录见表9-11。

表9-11　销售合同专用章发放记录

序号	印章样本	领用部门	领章人	经办人	发放日期	回收日期	备注

表格12：资信调查表（合同签订前）

资信调查表（合同签订前）见表9-12。

表9-12　资信调查表（合同签订前）

顺序号：

★需方单位名称（全称）：			
★需方单位地址：			
营业执照号码		开户银行	
经济性质		★账号	
注册资金		★法定代表人或负责人	
需方单位概况及项目资金来源：			
是否初次合作：			
历次合作回款情况（我方或第三方是否有违约情况发生）：			
是否有可靠资信：			
★联系人姓名		★联系人电话	
★填表单位			
★填表人姓名		★填表日期	

注：1.本表一式二份由合同签订人员填写，一份报合同评审组作为合同评审依据，一份交市场总部。
2.有★标记的为常规项目。
3.需方营业执照复印件附后。

表格13：合同评审记录表

合同评审记录表见表9-13。

表9-13　合同评审记录表

编号：　　　　　　　　　　　　　　顺序号：
□初次评审　　　　　　　　　　　　□修订

合同编号		需方单位	
评审方式		评审日期	
评审负责人		评审单位	
产品技术部门意见：		生产部门意见：	
评审人：	日期：	评审人：	日期：

续表

采购部门意见：		销售部门意见：	
评审人：	日期：	评审人：	日期：
法律事务专员意见：		财务经营部意见：	
法律事务专员：	日期：	评审人：	日期：
市场总部意见：		其他相关部门意见：	
评审人：	日期：	评审人：	日期：
备　　　注			
评审结论			
审批人：	日期：		

注：本表一式二份，由合同签订部门负责填写，一份报市场总部，一份由合同签订部门随合同归档。

表格14：销售合同评审表

销售合同评审表见表9-14。

表9-14　销售合同评审表

客户名称		联系人		预备合同编号	
联系电话		联系地址		邮政编码	
合同类型	□一般　□特殊　□传真　□口头				
评审方式	□传审　　　　　　□会审				
评审内容			评审		
			部门	评审人	日期
各项要求是否接受					
1.技术要求		□是 □否			
2.质量要求		□是 □否			
3.交货期		□是 □否			
4.交货方式		□是 □否			
5.付款方式		□是 □否			
6.验货方式		□是 □否			
7.其他		□是 □否			
8.是否具有满足订单要求的能力		□是 □否			
评审结论： 审批人： 日　期：＿＿年＿＿月＿＿日					

表格15：合同登记表

合同登记表见表9-15。

表9-15　合同登记表

编号：　　　　　　　　　　　　　　　　　　　　　　　　　　　　顺序号：

序号	合同编号	需方单位	主要产品名称、型号	金额/万元	签订日期	货款回收记录	备注

单位名称：　　　　　填表人：　　　　　主管：　　　　　填表日期：

注：本表由签订合同的部门负责填写，一式两份，每月25日前报市场总部。

表格16：销售合同跟踪记录表

销售合同跟踪记录表见表9-16。

表9-16　销售合同跟踪记录表

客户：　　　　　　　　填报日期：

合同经办人						
合同主要内容约定					执行情况	
产品	型号	价格	金额/元	交货期	交货情况	付款情况
其他主要约定及其执行情况记录 （本表填不下可加附页）						
内容	内容约定		执行情况		原因和处理记录	
运费及承担						
结算形式						
结算期						
其他内容						

记录人：

表格17：销售合同执行跟踪表

销售合同执行跟踪表见表9-17。

表 9-17　销售合同执行跟踪表

销售人员：_____　　　　　　　　　　　编号_____

客户名称						
合同编号				合同金额		元
预付款	日期		金额	元	比例	%
发货	发货日期					
	货运公司					
	货运单号					
	经办人					
	回单签章					
退货	退货日期					
	退货数量					
	退货原因					
	处理办法					
	查收人					
回款	应收账期					
	应收金额					
	实收金额					
	欠款金额					
	累计欠款					
发票	发票金额					
	发票号码					
	领票人					
	对方签收					

表格18：销售合同执行协调书

销售合同执行协调书见表9-18。

表 9-18　销售合同执行协调书

填报时间：　　　　　　　　　　　　　年　月　日

买方		合同编号	
合同执行偏差内容综述：			
协调描述：			
协调内容：			

表格19：销售合同偏差处理报告

销售合同偏差处理报告见表9-19。

表9-19　销售合同偏差处理报告

填报时间：　　年　　月　　日　　　　　　　　　　　有关附件：　有□　无□

买方		合同编号	
合同执行偏差内容综述：			
偏差执行处理建议：			
领导处理决定：			
执行决定过程及结果：			

表格20：风险发货申请报告

风险发货申请报告见表9-20。

表9-20　风险发货申请报告

申请单位		经办人		申请时间	
要货单位		办事处主任签字			
发货理由					
客户经营现状					
客户的财务状况，尤其是资产和负债状况					
存在风险说明					
业务办意见					
销售公司领导意见					
股份公司领导意见					

表格21：销售合同执行月度记录表

销售合同执行月度记录表见表9-21。

表9-21　销售合同执行月度记录表

合同经办人					
合同执行情况记录					
序号	合同单位	正常执行与否	有偏差已处理结束	有偏差未处理结束	备注
如为非正常执行合同，需续填下表					
合同非正常执行情况记录					
序号	合同单位	偏差事实	协调处理参与人	偏差处理有关资料	备注

表格22：合同变更申请单

合同变更申请单见表9-22。

表9-22　合同变更申请单

单位：
编号：　　　　　　　　顺序号：

合同号：　　　　　订货单位：	
合同变更内容：	
相关事项：（在相关项后的括弧内打"√"） 1.提出更改单位：用户（　）　本实体（　） 2.变更依据：传真（　）用户手稿（　）协议（　） 　　　　　　电报（　）电话记录（　）补充合同（　） 　　　　　　其他： 3.通知本实体的：技术部门（　）采购部门（　）计划部门（　） 　　　　　　　　生产部门（　）库管部门（　）交付部门（　） 　　　　　　　　其他： 4.通知相关部门：	
拟　制		申请日期	
审　核		批　准	
备　注			

注：（1）本表一式两份，由签订合同部门负责填写，报送市场总部一份。
　　（2）合同签订单位负责向档案室归档。

表格23：合同变更通知单

合同变更通知单见表9-23。

表9-23 合同变更通知单

单位：
编号：　　　　　　　　　　　　　顺序号：

合同号：	订货单位：			
合同变更内容：				
通知部门				
签字				
日期				

注：（1）本表一式多份，由合同签订部门负责填写，并报送相关部门和市场总部
（2）合同签订单位负责向档案室归档

表格24：＿＿＿年1～＿＿＿月货款回收统计表

＿＿＿年1～＿＿＿月货款回收统计表见表9-24。

表9-24 ＿＿＿年1～＿＿＿月货款回收统计表

单位：　　　　　　　　　　　　　　　　　　　　　　　　　　　　　　　单位：元

序号	合同号	客户名称	产品名称	签订日期	付款方式及时间	合同总额	已开发票		货发但未开发票		已收货款		应收账款	到期应收款	迟收货款		本月发生迟收情况	货款回收率	合同签订人	代表处协助签订人	合同批准人	备注
							金额	时间	金额	时间	金额	时间			金额	发生日						

填表单位：　　　　　主管领导：　　　　　填表人：　　　　　填表日期：

填表要求：
（1）各单位应准确、翔实的填写此报表，填表数据统计截止日期为每月25日
（2）"付款方式及时间"一栏应具体注明
（3）货款回收率的计算方法为：本年度已收货款÷（已收货款＋迟收货款）×100%
（4）对有迟收货款合同应详细注明原因，此表应于每月25日前上报市场总部商务部，数据网络事业部及宽带接入事业部应同时报送经营财务部
（5）"应收账款"＝"已开发票金额"－"已收货款金额"
（6）"到期应收款"为已到合同收款期但未收回部分

表格 25：欠款通知函

欠款通知函见表 9-25。

表 9-25　欠款通知函

欠款通知函
市场总部、总裁办公室法律事务专员： 　　_____公司与我公司____年____月__日签订合同，他方合同号为_____，我方合同号为_____。合同约定我部向该公司提供_____货物（服务），该批货物（服务）总价为_____元人民币（￥_____元）。 　　该批货物（服务）我部已按合同约定提供，该公司迄今未通知我部货物验收不合格（服务质量不合格）。 　　该公司付款情况如下（单位：人民币，万元）

	第一次	第二次	第三次	第四次
到期日				
应付金额				
实付金额				
逾期金额				
逾期合计				

依据该公司与我公司签订的合同，上述款项已逾期，未支付。

　　　　　　　　　　　　　　　　　　　　　　　　　　____年____月____日

表格 26：欠款催收函

欠款催收函见表 9-26。

表 9-26　欠款催收函

欠款催收函
本传真可能含有保密信息，仅供收件人使用。未经允许，请勿对其进行利用、公开或复制。如果您不是传真的收件人，请尽快与我们联系并归还本传真。 To（收件人）： Cc（抄送）： FAX（收件传真号）： Date（日期）： Page（s）（页数）： From（发件人）： FAX（发件传真号）： Re（关于）： 　　贵公司与我公司____年____月__日签订合同，贵方合同号为_____，我方合同号为_____。合同约定我公司向贵公司提供_____货物（服务），该批货物（服务）总价为_____元人民币（￥_____元）。 　　该批货物（服务）我公司已按合同约定提供，贵公司迄今未通知我公司货物验收不合格（服务质量不合格）。

续表

贵公司付款情况如下（单位：人民币，万元）

	第一次	第二次	第三次	第四次
到期日				
应付金额				
实付金额				
逾期金额				
逾期合计				

依据贵公司与我公司签订的合同，上述款项已逾期未支付，望贵公司尽快支付。

如对本传真内容存有任何异议，请于____年____月__日前书面通知本传真发件人，我公司将从速派人与贵公司友好协商解决。

如届时未获答复，我公司将不得不遗憾地引用合同违约责任条款及争议解决条款处置。

如蒙尽快回复，将不胜感谢！

×× 股份有限公司
签字盖章
_____年____月____日

表格27：欠款确认函

欠款确认函见表9-27。

表9-27 欠款确认函

欠款确认函

To（收件人）：
Cc（抄送）：
FAX（收件传真号）：
Date（日期）：
Page（s）（页数）：

From（发件人）：
FAX（发件传真号）：
Re（关于）：

贵公司与我公司____年____月__日签订合同，贵方合同号为_____，我方合同号为_____。合同约定贵公司向我公司提供_____货物（服务），该批货物（服务）总价为_____元人民币（¥_____元）。

该批货物（服务）我公司已按照合同接受（验收），货物（服务）质量符合合同规定。

我公司目前付款情况如下（单位：人民币，万元）

	第一次	第二次	第三次	第四次
到期日				
应付金额				
实付金额				
逾期金额				
逾期合计				

由于合同外原因，我公司如期支付上述逾期款项存有困难，请求贵公司准予延期支付。

如蒙贵公司同意，我公司将指派人员与贵公司洽商签订延期还款协议。

此致！

×× 股份有限公司
（签字盖章）
____年____月____日

表格28：延期付款协议书

延期付款协议书见表9-28。

表9-28　延期付款协议书

延期付款协议书

甲方：××股份有限公司
乙方：

鉴于：
1.甲乙双方于_____年___月__日签订合同，双方在合同中约定，甲方向乙方提供_____（货物、服务），该批货物（服务）总价为_____元人民币（¥_____元）。该合同甲方编号为_____，乙方编号为_____，该合同以下简称"合同"。
2.乙方在合同项下的付款情况如下（单位：人民币，万元）

	第一次	第二次	第三次	第四次
到期日				
应付金额				
实付金额				
逾期金额				
逾期合计				

3.甲方已完全、适当地履行合同义务，乙方对此并无任何异议。
4.乙方请求延期支付上表所列逾期款项（以下简称"逾期款项"），甲方同意在本协议约定的条件下，接受乙方此一请求。

就此情况，经双方经协商一致，签订协议如下。

1.乙方将分_____期，在本条约定的截止日之前，按照下表（以下简称"还款时间表"）载明的金额偿还合同项下的款项。

	第一期	第二期	第三期	备注
截止日				
还款金额				
延期合计				

2.乙方按照还款时间表，在每期截止日之前偿还的款项（以下简称"延期款项"），不论是否超过合同约定的付款期限，甲方均不再要求支付违约金。
3.乙方未按照还款时间表还款，自截止日次日（含）起，超过截止日的金额（以下简称"再次逾期款项"）每日应支付_____%的逾期付款违约金。
4.根据第3条计算得出的再次逾期款项应支付的违约金低于按照合同约定的计算方法乙方应支付的违约金数额时，甲方有权选择采用两者中较高的一个。
5.乙方应在本协议生效日（含）起5日内向甲方提供不低于逾期款项金额110%的还款担保。
6.在下列情况下，甲方有权解除本协议。
（1）再次逾期款金额项超过逾期款项金额的50%。
（2）乙方未按照本协议提供还款担保。
7.本协议解除，甲方有权按照合同要求乙方支付逾期付款违约金。延期款项仍可以计入逾期款项中。
8.本协议一式两份，具有相同法律效力，双方各执一份。
9.与本协议理解、执行有关的一切纠纷，由甲方住所地有管辖权的人民法院管辖。如合同关于司法管辖权的约定与本条的约定不符，应以本条的约定为准。
10.本协议自双方签字盖章之日起生效。

甲方：××股份有限公司　　　　　　乙方：
（签字盖章）　　　　　　　　　　　（签字盖章）
_____年___月___日　　　　　　　　_____年___月___日

表格29：产品发货明细单

产品发货明细单见表9-29。

表9-29 产品发货明细单

客户名称		订单号		□一次交货
客户地址		交货日期		□分批交货
产品名称	产品编号	数量	单价	金额

仓库：　　　　　　主管：　　　　　　核准：　　　　　　填单：

表格30：应收账款分析表

应收账款分析表见表9-30。

表9-30 应收账款分析表

月份	销售额	累积销售额	未收账款	应收票据	累积票据	未贴现金额	兑款金额	累积金额	退票金额	坏账金额
财务分析建议										
领导审批意见										

复核人：　　　　　　初核人：　　　　　　制表人：

表格31：销售费用控制表

销售费用控制表见表9-31。

表9-31 销售费用控制表

费用项目	预算数	实际数		差额	原因分析
		金额	占总费用比重		
销售人员工资					
办公费					
通信费					
水电费					
差旅费					
修理费					
销售佣金					
运输费					
广告费					
招待费					

续表

费用项目	预算数	实际数		差额	原因分析
		金额	占总费用比重		
仓储费					
租赁费					
包装费					
保险费					
其他费用					
合计					

销售部经理：　　　　销售主管：　　　填表人：　　　日期：___年___月___日

表格32：销售档案借阅申请表

销售档案借阅申请表见表9-32。

表9-32　销售档案借阅申请表

申请部门		申请人	
借阅原因			
借阅档案名称		档案编号	
审批		日期	

表格33：销售档案资料销毁审批表

销售档案资料销毁审批表见表9-33。

表9-33　销售档案资料销毁审批表

申请部门		申请人	
销毁原因			
销毁档案名称		档案编号	
审核		批准	

表格34：销售退货通知单

销售退货通知单见表9-34。

表9-34　销售退货通知单

编号：

销售点		客户		退货日期	
产品名称	规格型号	退货数	退货原因	实收数	责任分厂
运输费用			销售部登记		
退货人		承运人		收货人	

注：《销售退货通知单》一式四联，一联销售部留存，一联分厂物流留存，一联质量部留存，一联生产计划留存。

表格35：销售退货评审单

销售退货评审单见表9-35。

表9-35　销售退货评审单

分厂：　　　　　　　　　　　　　　　　　　　　　　　　　　日期：

产品型号	退货数量	退货原因	回用产品责任区分					报废产品责任区分					报废单价	报废损失区分					备注
			分厂原因	销售原因	呆滞品	更改	其他	分厂原因	销售原因	呆滞品	更改	其他		分厂原因	销售原因	呆滞品	更改	其他	

统计（流转员）：　　　　　　　　　　批准（分厂负责人）：

表格36：客户退货报告

客户退货报告见表9-36。

表9-36　客户退货报告

日期：　　　　　　客户名称：　　　　　　客户代码：

销售单号码	产品名称	产品代码	数量	是否付款	价格	退货原因

建议处理办法：

销售员签名：　　　　　　　　　　日期：

处理意见：

经理签名：　　　　　　　　　　　日期：

注意事项：（1）销售人员核查产品是否符合退货标准并确认产品为过往销售产品。
（2）客户经理审核并批准退货申请报告。
（3）司机凭退货报告在客户处收取退货，并确认符合退货申请报告的规定，完成签收手续。
（4）仓库管理员按照退货申请报告核收产品，在退货申请报告上签收。
（5）分支机构财务人员凭签收的退货申请报告进行财务处理。

 **学习总结**

通过本章的学习,我对销售业务过程控制有了以下几点新的认识:

1.＿＿＿＿＿＿＿＿＿＿＿＿＿＿＿＿＿＿＿＿＿＿＿＿＿＿＿＿＿＿＿
2.＿＿＿＿＿＿＿＿＿＿＿＿＿＿＿＿＿＿＿＿＿＿＿＿＿＿＿＿＿＿＿
3.＿＿＿＿＿＿＿＿＿＿＿＿＿＿＿＿＿＿＿＿＿＿＿＿＿＿＿＿＿＿＿
4.＿＿＿＿＿＿＿＿＿＿＿＿＿＿＿＿＿＿＿＿＿＿＿＿＿＿＿＿＿＿＿
5.＿＿＿＿＿＿＿＿＿＿＿＿＿＿＿＿＿＿＿＿＿＿＿＿＿＿＿＿＿＿＿

我认为根据本公司的实际情况,应制订以下制度和表格:

1.＿＿＿＿＿＿＿＿＿＿＿＿＿＿＿＿＿＿＿＿＿＿＿＿＿＿＿＿＿＿＿
2.＿＿＿＿＿＿＿＿＿＿＿＿＿＿＿＿＿＿＿＿＿＿＿＿＿＿＿＿＿＿＿
3.＿＿＿＿＿＿＿＿＿＿＿＿＿＿＿＿＿＿＿＿＿＿＿＿＿＿＿＿＿＿＿
4.＿＿＿＿＿＿＿＿＿＿＿＿＿＿＿＿＿＿＿＿＿＿＿＿＿＿＿＿＿＿＿
5.＿＿＿＿＿＿＿＿＿＿＿＿＿＿＿＿＿＿＿＿＿＿＿＿＿＿＿＿＿＿＿

我认为本章的内容不够全面,还需补充以下方法、制度和表格:

1.＿＿＿＿＿＿＿＿＿＿＿＿＿＿＿＿＿＿＿＿＿＿＿＿＿＿＿＿＿＿＿
2.＿＿＿＿＿＿＿＿＿＿＿＿＿＿＿＿＿＿＿＿＿＿＿＿＿＿＿＿＿＿＿
3.＿＿＿＿＿＿＿＿＿＿＿＿＿＿＿＿＿＿＿＿＿＿＿＿＿＿＿＿＿＿＿
4.＿＿＿＿＿＿＿＿＿＿＿＿＿＿＿＿＿＿＿＿＿＿＿＿＿＿＿＿＿＿＿
5.＿＿＿＿＿＿＿＿＿＿＿＿＿＿＿＿＿＿＿＿＿＿＿＿＿＿＿＿＿＿＿